Olivier BERRUYER

STOP !
TIRONS LES LEÇONS
DE LA CRISE

Et ce n'est pas fini :
la preuve par les chiffres...

éditions
Yves Michel

5 allée du Torrent - 05000 Gap (France)
Tél. 04 92 65 52 24
www.yvesmichel.org

Couverture : marie@mariethebird.com
Mise en page : A'Prim / Fouras (17)
Impression et façonnage : XLPrint / Saint-Etienne (42)
Imprimé sur Satimat Green certifié FSC à partir d'encres végétales

Dépôt légal : août 2011
ISBN 978 2 913492 99 8

éditions
Yves Michel

5 allée du Torrent - 05000 Gap (France)
Tél. 04 92 65 52 24
www.yvesmichel.org

Table des matières

Titre IV
Pistes de solutions

Ce livre est dédié à Noam Chomsky, Maurice Allais et à tous ceux qui, par-delà les préjugés et avec une parole libre et intègre, savent remettre en question les « tabous indiscutés », permettant ainsi aux citoyens d'exercer un réel contrôle sur leur vie.

À M&M...

Avant-propos

Pourquoi un nouveau livre sur la crise, le paysage éditorial en étant déjà saturé ? Quelle est son originalité ?

Et bien, premièrement, de ne pas se cantonner à une vision étriquée de la crise économique actuelle, mais de la replacer dans un large **contexte historique** afin d'en comprendre les racines. Deuxièmement, de mettre en avant des **faits**, illustrés par de très nombreux graphiques originaux, afin que le lecteur puisse se faire sa propre opinion. L'objet de ce livre n'est pas d'être partisan ou militant. Bien entendu, une vision d'ensemble, pragmatique, se dégagera ; au lecteur de voir s'il la partage ou pas puisqu'il disposera des données. Troisièmement, d'essayer de présenter les choses le **plus simplement possible**, sans entrer dans trop de détails, afin de donner une vision d'ensemble (le *big picture* des anglo-saxons) des phénomènes décrits, à destination de non-spécialistes. Et enfin, d'utiliser un **ton « léger »**, non académique, et d'agrémenter le propos de citations et de dessins de presse, cet art ayant le don de faire sourire tout en alimentant la réflexion. Je remercie chaleureusement les dessinateurs qui ont autorisé la reproduction de leur œuvre dans ce livre, et je vous incite à les récompenser en allant visiter leurs sites Internet, ou en achetant leurs publications.

Je ne suis pas économiste, mais actuaire ; ce métier correspond à celui d'ingénieur statisticien dans le domaine des assurances et implique d'analyser les données et de se projeter dans l'avenir afin de gérer les risques à très long terme. D'où un regard pragmatique de praticien et non pas de théoricien cherchant à défendre un dogme.

Dans un premier temps, j'ai trouvé étonnant que la plupart des économistes qui hantent nos médias n'aient pas su prédire cette crise d'ampleur historique – quand ils n'ont pas théorisé son impossibilité. Dans un second temps, j'ai découvert que de très nombreux analystes de talent avaient parfaitement annoncé la crise actuelle et son déroulé. Je pense ici à des personnalités venant d'horizons très variés, tels que Michel Aglietta, Maurice Allais, Jacques Attali, Franck Biancheri, Yves Cochet, James K. Galbraith, Jean-Luc Gréau, Paul Jorion, François Leclerc, Frédéric Lordon, André Orléan, Henri Regnault, Jacques Sapir, Emmanuel Todd, Jean-Claude Werrebrouck...

On ne peut finalement que rester pantois devant l'absence d'autocritique et de recul des économistes « officiels », et se demander pourquoi ils restent toujours aussi présents dans les médias pour nous annoncer la sortie de crise « imminente », et ce depuis deux ans... Force est également de constater que le système médiatique actuel ne laisse que peu de place aux analyses divergentes, face à cette caste des « experts officiels » défendant coûte que coûte un *statu quo* très dangereux.

Pourtant, quand un médecin n'arrive pas à prédire l'évolution de la maladie de son patient en deux ans, on peut raisonnablement penser que le diagnostic était erroné et que, la maladie s'approfondissant, il serait raisonnable de changer de praticien au plus vite... En fait, on s'aperçoit que la « science économique » actuelle est souvent bien plus proche du terrain religieux, par sa foi affichée dans les dogmes et tabous actuels, que de la science.

« Jamais, depuis les débuts de la réflexion économique, on n'avait vu une telle coalition des représentants de la discipline. Alors que l'histoire des théories économiques est tissée de **violentes controverses**, ardentes le plus souvent et parfois violentes, sur la valeur, la nature de la monnaie, les formes de la concurrence, le rôle présumé du capital, les bienfaits ou les dangers de l'intervention publique dans la marche des affaires, le débat d'aujourd'hui offre une **morne plaine**. [...] Un véritable **clergé**, composé d'économistes institutionnels, de banques, d'organismes de recherche à escamoter tout ce qui pourrait être mis en question pour **éclairer** les dirigeants politiques [...] Au fond, ce à quoi s'emploient nos précepteurs de cette vulgate néo-libérale, c'est à nous faire prendre les vessies de **l'accumulation financière et de l'exploitation cynique du travail et du talent** de l'homme pour les lanternes de la concurrence enfin pleinement épanouie. Ils doivent être confondus. » [Jean-Luc Gréau, ancien économiste au Medef, *La trahison des économistes*]

Rappelons cette pensée du grand intellectuel américain Noam Chomsky, qui résume bien la vision qui a présidé à l'écriture de ce livre : **nul besoin** d'être « économiste » pour comprendre la crise, et encore moins pour avoir réussi à la prédire, un peu d'analyse et de bon sens commun suffisent largement, comme vous le verrez à la lecture des graphiques.

« **Les prétentions à l'expertise sont très étonnantes**. Ainsi, les économistes vous disent « Nous savons comment diriger l'économie » ; les experts ès sciences-politiques vous disent « Nous savons comment diriger le monde, et **vous ne devez pas vous en mêler car vous n'avez ni les connaissances ni la formation spécifiques.** »

Quand vous y regardez de plus près, **les prétentions s'effritent assez rapidement**. Il ne s'agit pas de physique quantique où on trouve certes des prétentions infondées, mais parfois aussi des fondements à ces prétentions. **Mais ce qui se rapporte à la vie humaine est, de façon caractéristique, très largement à la portée d'une personne se sentant concernée et prête à se donner la peine.** » [Noam Chomsky]

Ainsi, si la prédiction économique est une chose difficile, on peut aussi penser avec Claude Allègre que :

« Dieu a inventé les économistes pour que les météorologues se sentent moins seuls. » [Claude Allègre]

Enfin, je réponds par avance à une accusation fréquente : celle de « **pessimisme** », nouvelle insulte proférée par les optimistes béats, au service de la pensée unique. Pourtant, face à de gros nuages noirs avec des éclairs, du tonnerre, se dirigeant vers soi, est-ce véritablement du pessimisme que de penser qu'il va pleuvoir, surtout si cela permet de prendre son parapluie ? Que vaut alors la vision d'un « expert » nous expliquant qu'il ne pleuvra pas puisqu'il fait beau depuis quinze jours ?

« **La différence entre un optimiste et un pessimiste tient au fait que le pessimiste est généralement mieux informé**. » [Claire Booth Luce, députée américaine]

« Le pessimisme de l'intelligence n'est nullement incompatible avec **l'optimisme de l'action**. » [Maurice Allais]

« Ce qui est important, ce n'est ni d'être optimiste, ni d'être pessimiste, mais d'être **déterminé**. » [Jean Monnet]

Ainsi, la vision développée dans ce livre est que plusieurs problèmes importants se profilent devant nous. La stratégie de l'autruche est la pire qui soit dans ce contexte, un crime contre la construction d'un avenir commun de prospérité.

Au contraire, une bonne anticipation de ces risques, une compréhension de ces phénomènes par le plus grand nombre, une mobilisation de nos forces pourra permettre à notre créativité et à notre capacité d'adaptation de les surmonter. Mais ceci ne se fera pas sans adaptations importantes et sans remise en cause profonde de nos modes de vie occidentaux. Refuser d'accepter le changement nous conduira à ce qu'il nous soit imposé de force par les événements.

« Mieux vaut prendre le changement par la main avant qu'il ne nous prenne par la gorge. » [Winston Churchill]

Je proposerai enfin en conclusion de ce livre soixante pistes de réformes, afin de montrer que bien des solutions sont possibles – toutes exigeant cependant des efforts...

Puissent nos systèmes médiatiques et démocratiques relever ces nouveaux défis pour l'Humanité, et leur apporter des réponses à leur hauteur.

Olivier Berruyer

Juillet 2011

« Ce livre est dédié aux innombrables victimes dans le monde entier de l'idéologie libre-échangiste mondialiste, idéologie aussi funeste qu'erronée, et à tous ceux que n'aveugle pas quelque passion partisane. » [Maurice Allais, prix Nobel d'économie en 1988, préface de *La mondialisation : La destruction des emplois et de la croissance, l'évidence empirique*, 1999]

Titre I

Liberté, Inégalité, Cupidité 1980-2006

« Je ne vois donc rien qui nous empêche de revenir un jour à quelques-uns des principes les plus sûrs et les moins douteux de la religion et de la vertu traditionnelles – que **l'avarice est un vice, la pratique de l'usure un délit, et l'amour de l'argent détestable, que ce sont ceux qui pensent le moins au lendemain qui progresseront le plus sûrement sur le sentier de la vertu et de la sagesse authentique**.

Nous chérirons à nouveau la fin plutôt que les moyens et préférerons le bien à ce qui est utile. Nous honorerons ceux qui nous apprendront à cueillir chaque heure et chaque jour comme il convient et dans la vertu, ainsi que ces êtres merveilleux qui savent apprécier les choses à leur juste valeur : « les lys des champs, qui ne peinent ni ne filent » (Mathieu 6 : 28).

Mais prenez garde ! **Le temps n'en est pas encore venu**. Il nous faudra encore pour un siècle ou davantage, nous prétendre à nous-mêmes ainsi qu'aux autres, que le juste est vil et que le vil est juste ; car le vil est utile alors que le juste ne l'est pas. L'avarice, l'usure et la méfiance demeureront nos dieux pour encore un temps. Car eux seuls sont capables de nous faire émerger du tunnel de la nécessité économique, vers la lumière du jour. » [John Maynard Keynes, *Perspectives économiques pour nos petits-enfants* (1930), traduction Paul Jorion]

Introduction

On peut distinguer, au cours des cent trente dernières années, trois âges du capitalisme, d'une quarantaine d'années chacun.

Le **premier âge** du capitalisme, **le capitalisme familial**, correspond à l'entreprise familiale de la fin du XIXe siècle. Il est centré sur la personne du bourgeois entrepreneur et les valeurs bourgeoises.

Son esprit repose sur une large croyance dans le progrès, dans la science et la technique, donc dans les bienfaits de l'industrie au service du bien commun, idéalisée par le « chevalier d'industrie ».

C'est le règne des **entreprises familiales** dirigées par leurs propres propriétaires.

Le **deuxième âge** du capitalisme, **le capitalisme industriel**, trouve son développement entre les années 1930 et 1980. Il correspond à la grande entreprise industrielle centralisée et hiérarchisée. Il est centré sur l'organisation et la planification fordienne. Sa représentation est le Directeur/Manager, personnage « héroïque » tout au service de l'entreprise en opposition avec l'entrepreneur-propriétaire, qui serait égoïste et uniquement tourné vers son intérêt personnel. Il est donc également en opposition avec « l'actionnaire » pour les mêmes raisons.

Son esprit s'appuie encore plus fortement sur la croyance en la science et la technique, mais avec un idéal « civique », reposant sur la solidarité institutionnelle, la socialisation et la collaboration avec l'État dans une visée de justice sociale. Il apporte à la fois une opportunité de carrière par ascension dans la hiérarchie pour les cadres et une dimension de sécurité pour l'ensemble des travailleurs du fait du gigantisme des organisations.

C'est le règne des **sociétés anonymes** à capital dilué.

Le **troisième âge** du capitalisme est celui du **capitalisme financier mondialisé** que nous vivons depuis la fin des années 1970. Son esprit est passé du collectif à l'individuel, il érige la liberté, la dérégulation, la réussite individuelle en valeur absolue. Sa figure est le « PDG actionnaire. »

Il s'est construit à coups de déréglementation et de financiarisation de l'économie. C'est la victoire du néo-conservatisme partisan d'un pseudo « ultralibéralisme », pour qui les interventions de l'État en économie n'ont que des effets destructeurs. Il se cache derrière le terme de « libéralisme », détourné, pour mieux cacher ses véritables objectifs : l'enrichissement de quelques privilégiés au détriment de la très vaste majorité.

C'est le règne des **multinationales**.

Nous allons donc analyser en détail les changements induits par ce troisième âge, qui ont fini par conduire fort logiquement à la crise économique majeure que nous vivons, liée en particulier à une **gestion de court terme** induite par un paroxysme de cupidité. Il apparaîtra qu'elle aura marqué la fin de ce troisième âge, le quatrième étant à construire, et démarrant sous nos yeux.

Notons enfin que si, de tout temps, la poursuite de l'enrichissement individuel a bien évidemment prévalu, il n'était auparavant que **la récompense méritée**, issue de l'enrichissement de la nation. Mais dans ce troisième âge, cet « effet induit » est devenu le seul but, sans considération de véritables objectifs industriels ou de progrès humain. Ce phénomène, dont les bases avaient déjà été analysées par Max Weber en 1904, a finalement été poussé à l'excès extrême par la mondialisation du système financier.

> « L'éthique protestante est entièrement dépouillée de tout caractère hédoniste, son but étant de gagner de l'argent, toujours plus d'argent en se gardant des jouissances strictement de la vie [...] **Le gain est devenu la fin que l'homme se propose**, il ne lui est plus subordonné comme moyen de satisfaire ses besoins matériels. » [Max Weber - *L'Éthique protestante et l'esprit du capitalisme* (1904)]

Chapitre 1.

L'avènement du « financiarisme »

© Subito

« Le monde se partage entre deux systèmes rivaux qui se livrent une lutte acharnée : le capitalisme et le collectivisme. Le capitalisme n'est pas acceptable dans ses conséquences sociales. **Il écrase les plus humbles**. Il transforme l'homme en un loup pour l'homme. Le collectivisme n'est pas davantage acceptable : il ôte aux gens le goût de se battre : il en fait des moutons. **Il faut trouver une troisième voie, entre les loups et les moutons** [...] : **la participation et la planification**. La participation, parce qu'elle doit associer les travailleurs à la marche de l'entreprise, leur rendre une dignité que le capitalisme leur enlève ; la planification, parce qu'elle permet de corriger les erreurs du marché, qui est aveugle si on en perd complètement le contrôle. » [Charles De Gaulle, d'après Alain Peyrefitte, *C'était De Gaulle*, Tome I, 1962, p.690]

1. Le règne de l'actionnaire

Fragmenté et dispersé, l'actionnaire est longtemps resté le parent pauvre de la distribution des profits. Au début des années 1980, un certain nombre de réformes portées par la vague des néo-conservateurs anglo-saxons (avec Ronald Reagan et Margaret Thatcher) ont rompu le « pacte entrepreneurial » du modèle fordien ayant prévalu durant les Trente Glorieuses, **où un équilibre prévalait entre les parties prenantes**, et où les salariés bénéficiaient des fruits de la croissance par des hausses de salaire régulières, et une amélioration de leur protection sociale. Ils alimentaient ainsi une consommation forte, d'où découlait une croissance robuste.

Ces réformes néo-conservatrices ont conduit les actionnaires à beaucoup mieux s'organiser, arrivant ainsi à exercer un pouvoir quasi absolu, en n'étant confrontés à aucun contre-pouvoir dans l'entreprise.

Sous leur pression, les pouvoirs publics ont en effet incité l'épargne des ménages à se financiariser, à se détourner des livrets pour aller s'investir sur des produits boursiers, par le biais de lois de désintermédiation, de ristournes fiscales, de promotion de « l'actionnariat populaire », etc.

Avec cette croissance des placements collectifs, les actionnaires vont alors rompre leur isolement en se regroupant. C'est la période dorée des fonds de pension, sicav, investisseurs institutionnels, *hedge funds*, etc.

Ainsi, l'« actionnaire » véritable n'est désormais plus le petit porteur, mais bien son représentant, le gérant de la Sicav ou du fonds de pension dans lequel il a investi, et qui va agir en son nom et en celui de milliers d'autres, avec le pouvoir colossal que représentent les milliards d'euros qu'il aura levés.

Il convient de bien percevoir cette différence, car on regroupe souvent sous le vocable facile de « l'actionnaire » des entités très différentes : le petit porteur, choisissant avec soin une entreprise dont il souhaite accompagner le développement en y investissant un ou dix ans, le gestionnaire de fonds qui investira trois mois, le pur spéculateur qui restera moins d'une semaine, voire moins d'une heure ou d'une minute...

Fort de son nouveau poids, l'actionnaire va alors « convaincre » le pouvoir politique de lui ouvrir les frontières, via la création de ce qu'on a appelé « la libre circulation du capital », érigé au rang de quasi nouveau « droit de l'homme ». La dématérialisation permise par l'informatique va alors pourvoir donner libre cours à toute la créativité de la nouvelle science financière, pour le meilleur et, surtout, le pire...

« L'actionnaire » possède désormais un énorme pouvoir de décision et une liberté d'action quasiment sans limite. Il va devenir volage, changeant d'entreprise au gré des opportunités. Tout naturellement et fort logiquement, les nouvelles structures actionnariales vont attendre que les entreprises s'orientent vers un seul objectif : la rentabilité – faire de l'argent, beaucoup et vite... C'est la naissance des « marchés financiers », dont nous reparlerons.

On atteint alors un stade ultime possible du système : celui où **l'actionnaire a tout le pouvoir** (et qui est aussi pervers que celui où tout le pouvoir appartient aux salariés ou aux clients). Les mots ayant un sens, nous nous refuserons par la suite à parler de « capitalisme financier », car il n'a plus grand-chose du capitalisme – et même s'y oppose. Nous proposons de parler plutôt de « **financiarisme** ». De même, nous parlerons de **néo-conservatisme** plutôt que de néo-libéralisme, les libéraux ayant historiquement combattu les conservateurs (ce fort clivage persiste d'ailleurs de nos jours, par exemple sur la légalisation des drogues, l'euthanasie ou les droits de succession). Mais pour atteindre ce « financiarisme ultime », il restait à l'actionnaire à lever un dernier obstacle : le management de l'entreprise.

« Par le rapide perfectionnement des instruments de production et l'amélioration infinie des moyens de communication, la bourgeoisie entraîne **dans le courant de la civilisation** jusqu'aux nations les plus barbares » [Karl Marx, 1848]

« Le capitalisme, c'est la **croyance stupéfiante** selon laquelle les pires hommes vont faire les pires choses pour le plus grand bien de tout le monde » [John Maynard Keynes]

« Corrosif, Voltaire a posé la question centrale : « Quoi ? Depuis que vous êtes établi en corps du peuple, vous n'avez pas encore le secret d'obliger tous les riches à faire travailler tous les pauvres ? ». C'est sans doute là une définition possible du capitalisme : **le système qui oblige les riches à faire travailler les pauvres**. » [Michel Beaud, *Histoire du Capitalisme*]

« L'économie de marché, c'est un **marché régulé**, le marché mis au service du développement, au service de la société, au service de tous. Ce n'est pas **la loi de la jungle**, ce n'est pas des profits exorbitants pour quelques-uns et des sacrifices pour tous les autres. [...]

Le capitalisme, ce n'est pas le court terme, c'est **la longue durée**, l'accumulation du capital, la croissance à long terme. Le capitalisme, ce n'est pas la primauté donnée au spéculateur. C'est la primauté donnée à **l'entrepreneur**, le capitalisme, c'est la **récompense du travail, de l'effort et de l'initiative**. Le capitalisme, ce n'est pas la dilution de la propriété, l'irresponsabilité généralisée. Le capitalisme, c'est la propriété privée, la responsabilité individuelle, l'engagement personnel, **le capitalisme, c'est une éthique**, c'est une morale, ce sont des institutions. C'est d'ailleurs le capitalisme qui a permis l'essor extraordinaire de la civilisation occidentale depuis sept siècles. [...]

La crise actuelle doit nous inciter à **refonder le capitalism**e, le refonder sur une éthique, celle de l'effort et celle du travail, elle doit nous inciter à retrouver un **équilibre** entre la liberté nécessaire et la règle, entre la responsabilité collective et la responsabilité individuelle. » [Nicolas Sarkozy, Toulon, 25/09/2008]

« **Le capitalisme peut-il survivre ? Non, je ne crois pas qu'il le puisse**. [...] Il existe une **tendance à l'autodestruction**, inhérente au système capitaliste. [...] Cependant, un pronostic n'implique aucun jugement de valeur relatif à la série d'événements prévue. Si un médecin prédit que son patient va mourir sur l'heure, ceci ne veut pas dire qu'il souhaite ce décès. » [Joseph Schumpeter, économiste libéral, *Capitalisme, socialisme et démocratie*, 1942]

© Gérard Mathieu, pour Alternatives économiques

2. La naissance du « PDG actionnaire »

Il y a une trentaine d'années, le Directeur, « seigneur dans son château-entreprise » était un véritable entrepreneur, souvent ancien ingénieur de son domaine d'activité, parfaitement au fait du cœur de métier, pour qui la rentabilité actionnariale était un objectif au mieux secondaire face à la nécessité d'innover, d'investir, de se développer.

Nous avons vu que l'actionnaire dispose désormais du **bâton** : mieux organisé, il peut désormais plus facilement licencier le Directeur, qui se retrouve alors avec une importante pression sur les épaules. D'autant que l'actionnaire veut désormais tout voir, tout savoir, tout contrôler. Il exige même que l'entreprise publie désormais ses résultats tous les trimestres, voire tous les mois, pour convaincre « le marché » – en attendant les résultats hebdomadaires ? Tout ceci n'a évidemment guère de sens, et, comme aux « beaux jours » de l'Union soviétique, une importante énergie se dissipe dans du *reporting* et non dans de la production.

Mais, beaucoup plus efficace, il lui restait à inventer la **carotte**. Comment faire en sorte que le PDG agisse dans le seul intérêt des « actionnaires » (entendu ici comme volonté de gagner beaucoup d'argent à court terme) ? Dans un premier temps, il a suffi d'augmenter sensiblement sa rémunération. Mais ensuite l'idée est venue d'en faire un « hyper-actionnaire », par le biais des stock-options, inventées à la fin des années 70, et dont on peut penser qu'elles ont joué un rôle important dans la crise actuelle.

Rappelons ce que sont ces « options sur action ». En simplifié, on donne gratuitement le droit au bénéficiaire d'acheter X actions de la société dans cinq ou dix ans au prix actuel. Comme il pourra les revendre immédiatement (ce qu'il fait toujours), il encaissera donc simplement la différence entre le prix actuel et le prix futur pour chaque option, sans avancer d'argent. Si la valeur de l'action a augmenté (ce qui est l'intérêt de l'actionnaire), il touchera un gain. Si elle a diminué, le bénéficiaire n'exerce pas son droit et ne fait rien (d'où le terme « option ») : il ne perd donc rien. En résumé, « **Pile, je gagne ; face, je ne perds rien** ». Par exemple, supposons qu'une entreprise a des actions cotées 10€ et qu'elle attribue 100 000 stock-options à son PDG ; dans cinq ans, si l'action est à 15€, il encaissera directement 500 000 €, mais si l'action est à 8€, il ne fera rien et ne touchera rien (mais ce sera alors un excellent moment pour se faire attribuer des stocks options à prix très bas...).

Il s'agit donc d'une **rémunération asymétrique**, par nature porteuse d'incitations perverses. C'est même plutôt un **pur pari spéculatif sur le niveau de la bourse dans cinq ans**. Or, au lieu d'avoir conservé ce système dans des limites raisonnables, les stock-options ont été distribuées essentiellement aux dirigeants, et pour des montants représentant plusieurs années (voire décennies !) de rémunération fixe. Ce qui ne peut qu'inciter le « pilote » à prendre de plus en plus de risques, pour obtenir une (éphémère) rentabilité à court terme, puisque le seul critère de résultat du PDG est la valeur de l'action – comme si elle reflétait vraiment d'une part la valeur de l'entreprise et surtout, le travail du seul dirigeant !

« **La Bourse n'a jamais été faite pour donner la valeur d'une entreprise**. C'est un lieu d'échanges où se rencontrent ceux qui veulent vendre quelques actions et ceux qui veulent en acheter. » [Claude Bébéar, 2009]

De plus, la réglementation, dans un souci de transparence, a rendu publics les salaires des PDG. Mais du coup, un salaire moyen a été facilement calculé. Et quel PDG accepterait d'être moins payé que la moyenne ? Une surenchère a alors eu lieu et les PDG se sont mutuellement attribués de plus en plus de stock-options (car le PDG A préside le comité de rémunération du PDG B, qui préside celui du PDG C, etc.), jusqu'à des niveaux faramineux – se chiffrant en dizaines de millions d'euros par bénéficiaire (plus de 170 M€ pour Antoine Zacharias, l'ancien PDG de Vinci ; le directeur général américain du groupe de capital investissement Blackstone, Stephen Schwarzman, a touché en 2008 702 M$ de revenus dont 700 M$ de stock-options...).

Rappelons que vers 1890, le grand banquier américain John Pierpont Morgan disait qu'il ne traiterait jamais avec une entreprise dont le dirigeant gagnerait plus de **vingt** fois le salaire de ses ouvriers. Rockefeller fixait quant à lui la barre à **quarante** fois le niveau de ses salariés – toujours loin des **quatre** fois évoquées par Platon.

« Si un État veut éviter la désintégration sociale, il doit veiller à **ne tolérer aucune augmentation de l'extrême pauvreté comme de l'extrême richesse** dans quelque partie que ce soit du corps social, parce que l'une comme l'autre conduisent au désastre. **C'est pourquoi le législateur doit veiller à fixer clairement les limites acceptables de la richesse comme de la pauvreté.** » [Platon – *Les Lois*]

« Il y a trente ans, le facteur multiplicatif entre le salaire moyen d'une entreprise et le salaire le plus élevé était de 20. Cette règle était très sage. Maintenant, on avoisine les 200. C'est extrêmement pernicieux. [...] **Il y a aujourd'hui une attention démesurée portée aux revenus et à la richesse. Cela détruit totalement l'esprit d'équipe.** » [Peter Drucker, 2000]

Évolution des salaires des 3 PDG américians les mieux payés (en $ 2009) (Source : Associated Press survey)

	1980			1990		
	Entreprise	Salaire PDG	Ratio	Entreprise	Salaire PDG	Ratio
1	Esmark	9 241 000 $	290	Walt Disney	44 190 000 $	1 380
2	CBS	7 635 000 $	240	Reebok	30 375 000 $	950
3	Union Oil	7 098 000 $	220	Paramount	25 378 000 $	790

	2000			2008		
	Entreprise	Salaire PDG	Ratio	Entreprise	Salaire PDG	Ratio
1	Walt Disney	299 439 000 $	9 380	Motorola	105 966 000 $	3 320
2	CAI	299 058 000 $	9 370	Oracle	85 869 000 $	2 690
3	CitiGroup	206 532 000 $	6 470	Walt Disney	51 866 000 $	1 620

On constate donc une multiplication par dix à vingt des rémunérations des trois PDG américains les mieux payés – le ratio les exprimant en fonction du salaire moyen des employés se situant désormais à plus de cent fois la norme du début du XXe siècle...

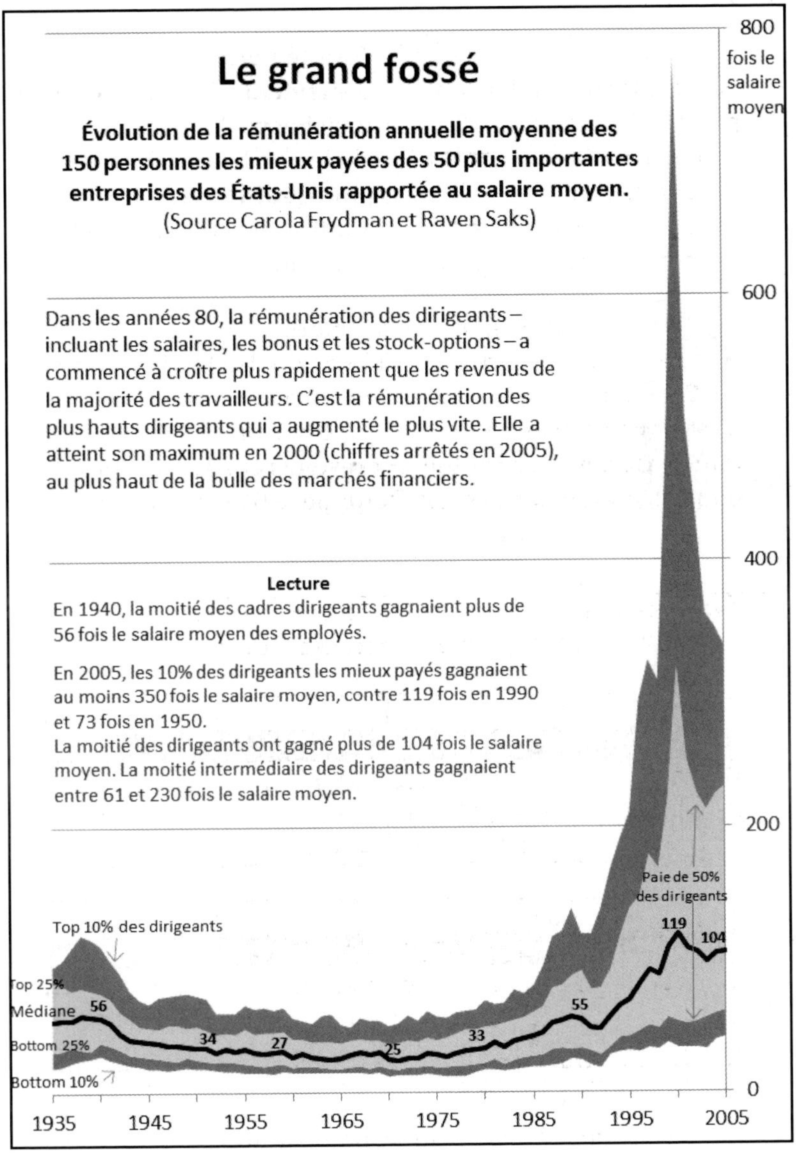

Le grand fossé
Évolution de la rémunération annuelle moyenne des 150 personnes les mieux payées des 50 plus importantes entreprises des États-Unis rapportée au salaire moyen.
(Source Carola Frydman et Raven Saks)
Dans les années 80, la rémunération des dirigeants – incluant les salaires, les bonus et les stock-options – a commencé à croître plus rapidement que les revenus de la majorité des travailleurs. C'est la rémunération des plus hauts dirigeants qui a augmenté le plus vite. Elle a atteint son maximum en 2000 (chiffres arrêtés en 2005), au plus haut de la bulle des marchés financiers.
Lecture
En 1940, la moitié des cadres dirigeants gagnaient plus de 56 fois le salaire moyen des employés.
En 2005, les 10% des dirigeants les mieux payés gagnaient au moins 350 fois le salaire moyen, contre 119 fois en 1990 et 73 fois en 1950.
La moitié des dirigeants ont gagné plus de 104 fois le salaire moyen. La moitié intermédiaire des dirigeants gagnaient entre 61 et 230 fois le salaire moyen.
800
fois le salaire moyen
600
400
200
0
Paie de 50% des dirigeants
Top 10% des dirigeants
Top 25%
Médiane
Bottom 25%
Bottom 10%
56
34
27
25
33
55
119
104
1935
1945
1955
1965
1975
1985
1995
2005

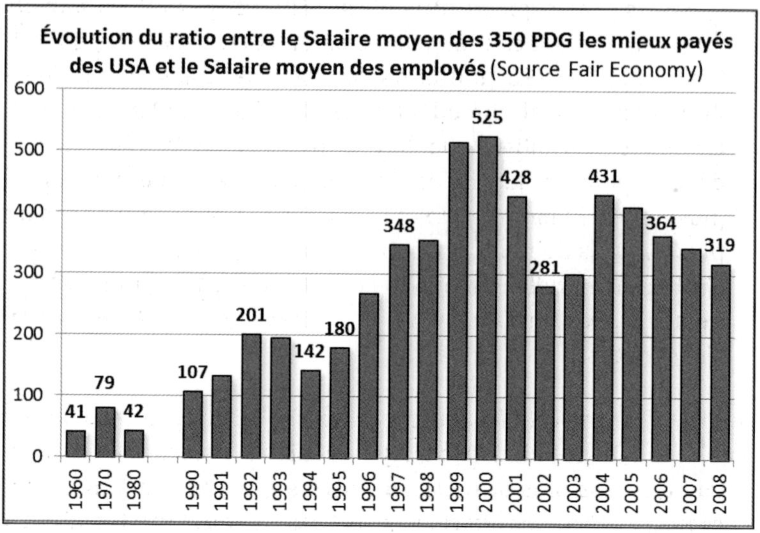

On constate ainsi que les rémunérations des dirigeants ont rompu un consensus sociétal ayant prévalu durant plus d'un siècle, passant d'un ratio de 40 à environ 400 – soit dix fois plus…

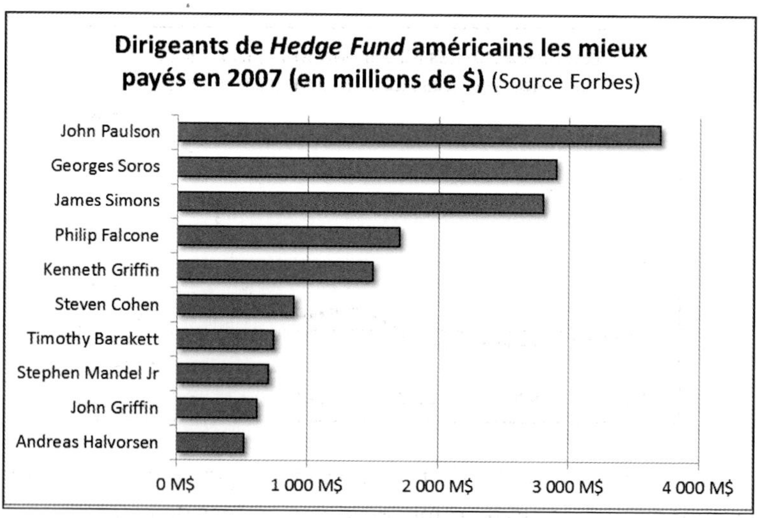

On apprendra également que quelques happy few, dirigeants de *hedge funds* (fonds d'arbitrage spéculatifs), disposent de **rémunérations de plus d'un milliard de dollars par an**.

> « Des gens gagnent **plus d'un milliard de dollars par an**. Oui : pas en capital, mais bien en revenus, eh oui, un milliard... [...] Les 793 [milliardaires recensés dans le monde en 2005 par Forbes] possèdent ensemble 2600 milliards de dollars [soit] la totalité de la dette extérieure de tous les pays en développement. [...] Le revenu des cinq cents personnes les plus riches du monde est supérieur à celui des 416 millions les plus pauvres du monde. On finirait par se perdre dans tous ces chiffres, mais voilà : **un hyper-riche touche plus qu'un million de ses frères humains réunis**... » [Hervé Kempf, *Comment les riches détruisent la planète*]
>
> « Si l'Américain à haut revenu vers 1905 était par essence un baron de l'industrie qui possédait des usines, son homologue cent ans plus tard est un **cadre supérieur** immensément récompensé de ses efforts par des primes et des stock-options » [Paul Krugman (prix Nobel d'économie 2008), *L'Amérique que nous voulons*, 2008]

On entend parfois que ces hausses de rémunérations sont liées au fait que les entreprises ont grandi, et réalisent plus de bénéfices.

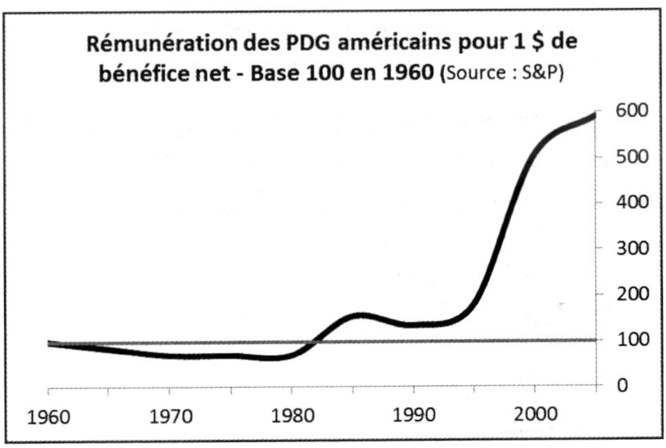

On constate pourtant qu'il n'en est rien, et que, bien au contraire, la rémunération des PDG ramenée aux bénéfices de leur entreprise est six fois supérieure au consensus historique. D'ailleurs, il n'y a pas de raison dans l'absolu que cette rémunération soit directement indexée sur le volume des profits...

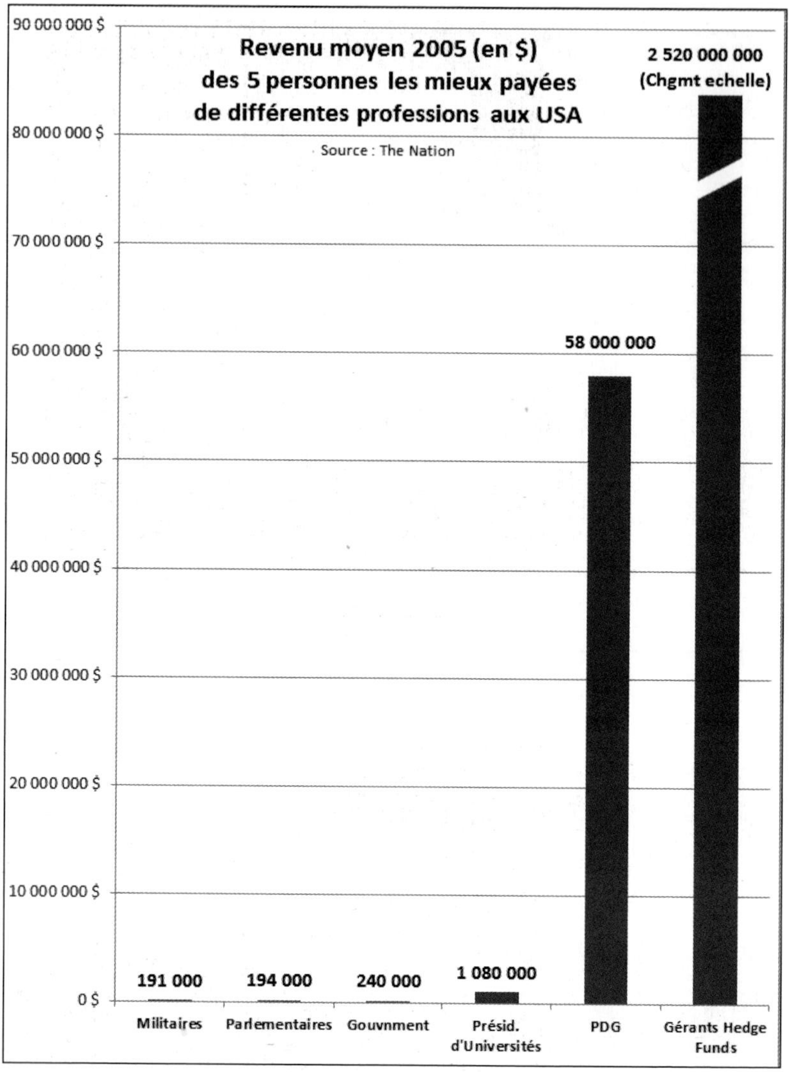

On observe évidemment que, désormais, la rémunération absolue des PDG américains ne peut plus se justifier face à celle des principaux dirigeants, politiques, juges, fonctionnaires ou chercheurs du pays.

© Brian Duffy

© RJ. Matson – www.rjmatson.com

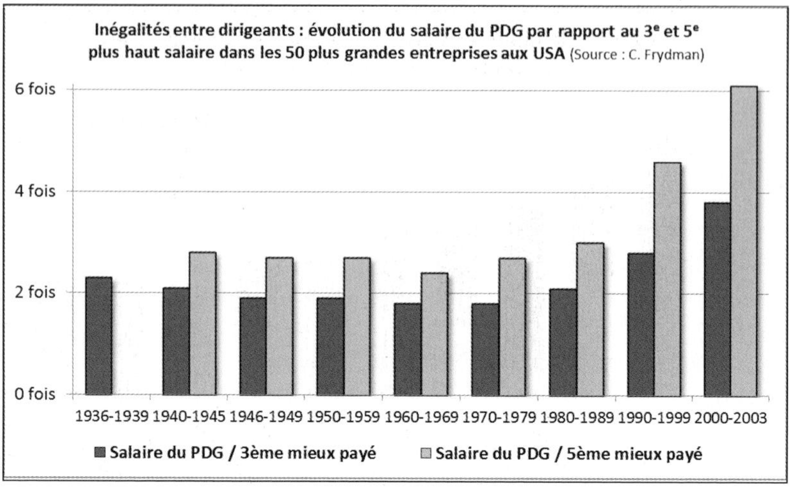

On constate également sur le graphe précédent que l'accroissement des inégalités est très concentré, l'écart entre le PDG et les n°3 et n°5 doublant également.

Intéressons-nous maintenant à l'évolution de la structure de la rémunération, entre salaire fixe et salaire variable.

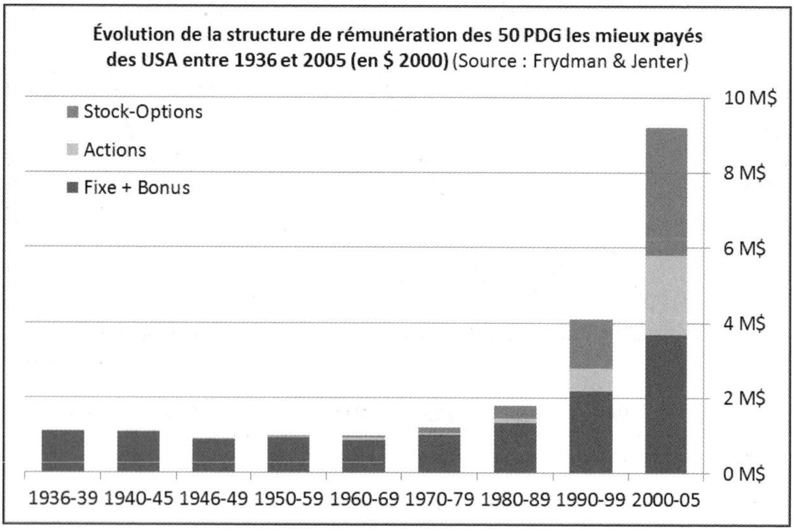

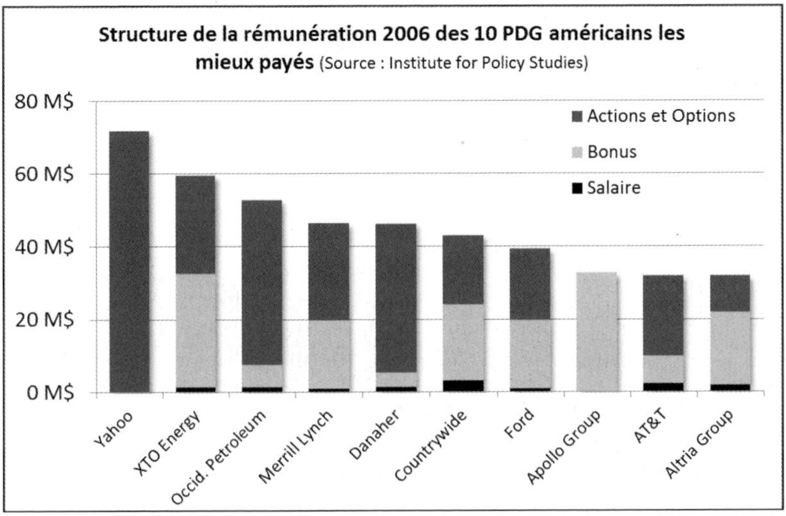

NB. Deux entreprises sur les dix ont disparu durant la crise (Merrill Lynch et Countrywide)...

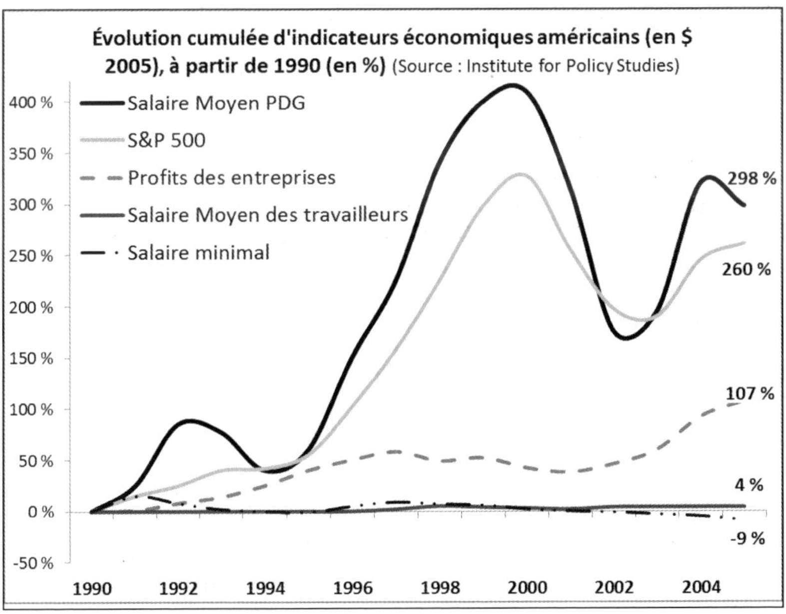

On constate que la part fixe du salaire est désormais négligeable, la fortune des PDG se faisant par l'évolution des **cours boursiers**, avec lesquels elle est très corrélée, bien plus qu'avec l'évolution des profits. *A contrario*, le pouvoir d'achat des travailleurs n'a connu aucune progression en quinze ans.

Observons enfin l'évolution de la hiérarchie des salaires des PDG.

Évolution des revenus totaux des 10 PDG français les mieux payés

	2006	2007	2008	2009
1	14 111 000 €	23 200 000 €	17 300 000 €	9 150 000 €
2	11 453 000 €	12 400 000 €	13 172 000 €	6 930 000 €
3	9 156 000 €	12 200 000 €	9 294 000 €	6 920 000 €
4	8 165 000 €	10 200 000 €	8 356 000 €	5 860 000 €
5	6 992 000 €	10 000 000 €	7 360 000 €	4 550 000 €
6	6 067 000 €	7 000 000 €	5 866 000 €	4 100 000 €
7	5 840 000 €	6 000 000 €	5 066 000 €	3 840 000 €
8	5 672 000 €	5 800 000 €	4 957 000 €	3 530 000 €
9	5 410 000 €	5 300 000 €	4 842 000 €	3 520 000 €
10	4 784 000 €	5 200 000 €	4 804 000 €	3 470 000 €
Moyenne	7 765 000 €	9 730 000 €	8 101 700 €	5 187 000 €
		+25 %	-17 %	-36 %

(Source : Capital, L'Expansion)

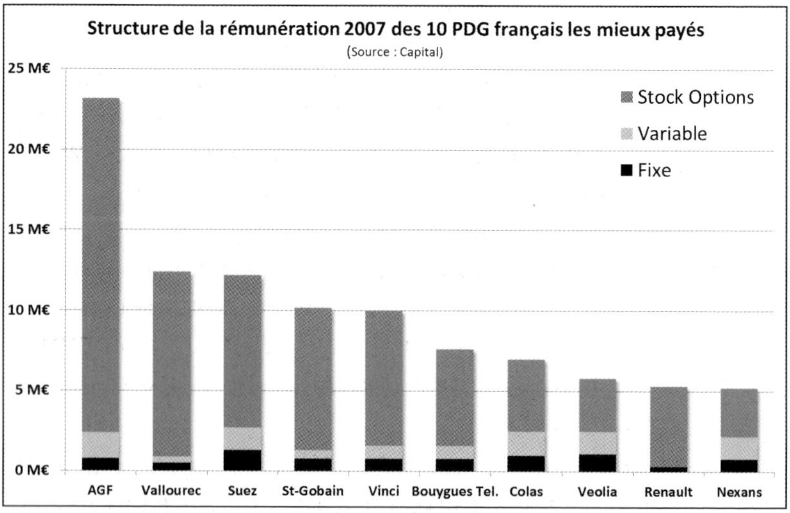

Ainsi, le même phénomène s'observe en France, seule l'ampleur des rémunérations étant nettement moins élevée. Rappelons toutefois que 10 M€ par an, c'est environ **50 000 € par jour travaillé**...

Nous avons donc observé que les politiques de dérégulation, qui ont commencé au début des années 1980 ont induit une explosion des rémunérations des PDG des grandes entreprises, rompant des niveaux plus « raisonnables » ayant prévalu pendant des décennies. À l'évidence, ces rémunérations ne correspondent plus ni à des services réellement rendus (la principale valeur ajoutée de l'entreprise vient tout de même des salariés !) ni à la personnalité unique d'un patron, qu'il convient de ne pas idéaliser. La plupart sont de grande qualité, mais tous ne sont pas des génies : il n'y a pas quarante Claude Bébéar construisant une groupe international quasiment à partir de rien ! C'est la qualité de l'homme qui fera le grand dirigeant, alors qu'on a tendance à raisonner à l'inverse « puisqu'il est PDG, c'est un grand homme ». Au final, ces rémunérations sont aussi de plus en plus difficilement acceptables tant par l'ensemble des salariés de l'entreprise (car détruisant tout esprit d'équipe) que par la société.

Cette question souffre finalement de l'absence de repère : **combien payer « les meilleurs PDG » ?** Aujourd'hui, c'est 10 M€, mais pourquoi ceci plutôt que 1 M€ ou 100 M€, l'entreprise faisant des milliards d'euros de résultat ? On conçoit bien qu'il ne peut y avoir de « marché » en l'espèce, de véritable loi de l'offre et de la demande efficiente, puisqu'il s'agit de fixer la borne supérieure. D'ailleurs, si tel était le cas, tous nos PDG devraient être chinois ou indiens et payés 200 000 € par an... C'est donc bien à la société de fixer le niveau qu'elle considère acceptable – car c'est ce niveau qui va définir la grille des salaires. Trop bas, il ne récompensera pas de façon juste les efforts, talents et services rendus à la société ; trop haut, il délitera les relations dans l'entreprise et le tissu social. On ne parle bien entendu ici que de **moins de cent dirigeants** en France.

Mais finalement, ce qui est de loin le plus dangereux dans ces rémunérations, au-delà du niveau absolu, est bien leur caractère

variable, hautement spéculatif et asymétrique qui ne peut qu'inciter, directement ou non, à des prises de risques non contrôlés et des politiques sans durabilité ni projet industriel de long terme. Enfin, comment diriger sereinement une entreprise quand vous disposez de cent millions d'euros de stock-options, pouvant ne plus rien valoir ou doubler en fonction de l'évolution du marché et de l'opinion (juste ou fausse) d'analystes financiers sur vos choix ?

Et ce phénomène devient explosif quand il se produit dans des entreprises de la sphère financière, dont le caractère immatériel rend possible des politiques de nature à engager un déséquilibre systémique. On peut évidemment faire beaucoup moins de dégâts en étant PDG de Walt Disney que de Contrywide, une des entreprises ayant inventé les prêts *subprime* – et qui a fait faillite en 2008. Mais son ancien PDG, Angello Mozzilo, un des patrons américains les mieux payés à l'époque, aura néanmoins gagné plus de 500 M€ dans l'aventure ; quelle morale doit-il en tirer, si ce n'est qu'il a personnellement bien fait de créer ces prêts *subprime* ?

Finalement, on comprend que ce système met en permanence les dirigeants (qui sont les pilotes du système économique) dans des situations de conflit éthique se résumant en « *Dois-je prendre cette décision, qui risque de me rapporter cinq millions de dollars, sachant qu'il y a 1 % de chances qu'elle induise des problèmes pour l'entreprise ou les clients ?* ». Pile je gagne, face l'entreprise perd... Et il se trouvera toujours des « bonnes âmes » pour expliquer que la probabilité est sans doute plutôt de 0,01 %.

Ce phénomène est parfois un peu tempéré par la présence de PDG « mégalomanes » retrouvant la volonté de puissance des Trente Glorieuses, qui l'emportait alors sur la simple cupidité. De nos jours, ces quelques PDG cherchent alors à créer un quasi-empire (Vivendi, France Telecom...) – c'est le seul frein que rencontre, un temps, cette règle du « tout pour l'actionnaire », qui signe un retour à la confrontation historique entre le capitalisme industriel et le financiarisme. Mais même dans ce cas, règne souvent l'idéologie de la croissance « externe » – qui n'apporte aucune croissance réelle de l'économie, et dont les restructurations sont souvent destructrices, pour les salariés, voire même pour les actionnaires (une étude McKinsey a montré que 60 % des fusions échouaient, en détruisant de la valeur). Les grands projets de créations industrielles de jadis sont enterrés (« l'entreprise sans usine »)...

Il convient donc de s'interroger sur ce point qui n'est même plus discuté : les rémunérations variables et les bonus. Quelle est donc leur justification réelle ? Joseph Stiglitz pointe brillamment du doigt le problème :

> « Lorsqu'on rémunère chacun à proportion de sa contribution à la société, on a une économie plus efficace. [...] Le capitalisme ne peut pas fonctionner si les rémunérations privées n'ont **plus de lien avec les bénéfices sociaux.** Or, c'est bien ce qui s'est passé avec le capitalisme financier à l'américaine du début du XXIe siècle. [...]
>
> Les banquiers (pour la plupart) ne sont pas nés plus cupides que les autres. Ils ont peut être seulement davantage d'occasions de mal agir aux frais d'autrui, et des incitations plus puissantes à le faire. Quand les rémunérations privées sont bien alignées sur les objectifs sociaux, tout va bien ; quand elles ne le sont pas, les choses peuvent mal tourner. [...]
>
> Le marché a changé notre façon de penser. On en a un bel exemple avec les attitudes en matière de rémunérations incitatives. Qu'est-ce qu'une société où un PDG déclare : **« Si vous me payez 5 M$ et pas plus, vous n'aurez qu'un petit pourcentage de mes efforts. Si vous voulez tout, il faut me donner une part des profits »** ? Or, c'est bien ce que disent les PDG quand ils réclament qu'on les motive par une rémunération qui augmente avec les résultats. [...]
>
> Dans de nombreux secteurs où « la rémunération au résultat » avait été essayée, elle a été abandonnée depuis longtemps. Si les travailleurs sont payés sur la base d'un « salaire à la pièce » et s'ils ont la moindre marge de manœuvre (et c'est presque toujours le cas), **ils fabriqueront les produits les plus lamentables qui puissent « passer » sans leur causer de problème**. Ils sont payés sur la base de la quantité, pas de la qualité. [...]
>
> Dans les systèmes [**pervers**] de rémunération incitative « surpuissante » de la finance, les banquiers partageaient les profits mais pas les pertes. [...] Les partisans de ces systèmes soutiennent qu'ils incitent puissamment les cadres supé-

rieurs à travailler dur. **L'argument est mensonger, puisque ces derniers trouvent le moyen d'être bien rémunérés même quand l'entreprise est en difficulté.** Il y a manifestement peu de rapport entre rémunération et résultats. [...]

L'alpha et l'oméga est que **la rémunération est forte quand les résultats sont bons et quand ils sont mauvais**. » [Joseph Stiglitz, *Le Triomphe de la Cupidité*, 2010]

Pour l'anecdote, on peut aussi citer la campagne de publicité 2010 du Crédit Mutuel, qui pointe le phénomène : « *Au Crédit Mutuel, mon chargé de clientèle n'est pas commissionné* ». Cela résume le problème – car un PDG est très fortement commissionné...

Imagine-t-on de payer son plombier en cas de fuite, puis ensuite de vérifier la réparation, et de lui donner alors un bonus si la fuite est bien réparée ? Pire, ce système revient finalement à une forme de destruction de la notion de salarié, remplacée par une forme de **métayage** : « travaille, et je verrai ensuite combien je te paye ». Or, les PDG sont souvent des gens brillants travaillant énormément. Un salaire fixe élevé (avec 20 % ou 30 % de variable) serait bien plus logique que de telles rémunérations variables. D'autant que ce système se retourne finalement contre les propres intérêts des actionnaires et de l'entreprise.

« [Les entreprises subissent les coûts] d'**un management exclusivement focalisé sur le gain de profits immédiats** sur lesquels sont alignées la rémunération du PDG et sa réputation, actif essentiel dans le star-system au détriment des intérêts de long terme de l'entreprise. S'y ajoutent parfois le coût d'acquisitions exclusivement motivées par une volonté d'expansion déconnectée des possibilités financières de l'entreprise. [...] L'une des explications essentielles des dérives des années récentes tient l'articulation de l'intérêt patrimonial du PDG et de celui de l'entreprise qu'il dirige. De très mauvaises habitudes sont nées en matière de rémunération et de recrutement de PDG. Aux États-Unis, mais ailleurs aussi, on a vu prospérer une génération de PDG qui, à l'instar des actionnaires, voyait presque exclusivement leur intérêt personnel, et, au surplus, ne faisait que passer, quittant leur poste fortune faite, **sans s'intéresser au devenir de l'entreprise qu'ils abandonnaient**. [...]

Il faut appeler un chat un chat : le travail du conseil d'administration, c'est, aussi, de **virer les patrons indélicats ou seulement incompétents** avant qu'ils n'aient fait trop de dégâts. Sur ce sujet, force est de reconnaître que la France n'est pas très brillante ! » [Claude Bébéar, *Ils vont tuer le capitalisme,* 2003]

« **Les salariés payés au variable ne sont pas plus performants que les autres**. Selon une étude réalisée par le cabinet de conseil en ressources humaines, Hewitt Associates, 41 % des 138 entreprises interrogées dans quinze pays considèrent leurs dispositifs de rémunération variable comme inefficaces ou doutent de leur efficacité. » [Capital.fr, février 2010]

En conclusion, le but d'un dirigeant d'entreprise est normalement de prendre ses décisions dans **l'intérêt de l'entreprise**. Toute la question, finalement – et elle est bien plus compliquée qu'il n'y paraît – est de savoir « quel est l'intérêt de l'entreprise » ? Est-ce uniquement celui des actionnaires, ou celui des salariés et de la société ? Et même, est-ce l'intérêt des petits actionnaires, qui investissent sur le long terme, croyant dans le projet industriel de celle-ci, ou des méga actionnaires spéculateurs, qui vont rester un trimestre ou un mois (voire une heure désormais) dans l'entreprise ?

Soulignons également qu'il ne faut pas jeter l'opprobre sur tous les « patrons » : le salaire moyen d'un des 300 000 dirigeants en France est de moins de 50 000 €, et il faut souligner tout le mérite qu'ils ont souvent eu à se lancer dans l'entreprenariat et à développer l'emploi. On ne parle ici que d'une infime minorité (cinq ou dix personnes à la tête de certaines entreprises de dizaines de milliers de salariés, surtout aux États-Unis), dont les rémunérations ont perdu pied avec la réalité. Mais la pression qu'ils induisent au sein de leur entreprise se diffuse dans tout le tissu économique, via leurs fournisseurs, clients ou investissements.

Enfin, ne sombrons pas dans la « curée » dont sont parfois l'objet les grands PDG ou les traders par certains politiques ou medias. Car ce sont uniquement les bénéficiaires du système, pas ceux qui sont à son origine. **Ces dérives tout à fait prévisibles, car logiques** – après tout, ou nous arrêterions-nous si nous pouvions librement fixer notre salaire, sans aucune limite ? Un PDG agit en fonction de son intérêt personnel (comme tout un chacun), et applique les règles du jeu du capitalisme (la recherche du profit) qui ont été définies par le pouvoir politique, finalement le principal acteur à blâmer.

Tout est parfaitement légal ; ou bien c'est scandaleux (en raison de l'absence de limites posées au système), inefficace et très dangereux, et il convient de changer la loi, ou alors il ne faut rien dire. Mais faire des moulinets incessants en fronçant les sourcils, en lançant des appels à moraliser les choses n'est pas honnête, car un système qui marche très bien mais uniquement s'il est conduit par des saints hommes, des moines quasi ascètes, ou qui nécessite des règles définies à l'unanimité de 196 pays n'est pas un système viable...

« Le capital privé tend à se concentrer entre quelques mains, en partie à cause de la compétition entre capitalistes et en partie parce que le développement technologique et la division croissante du travail encouragent la formation d'unités de production plus grandes au détriment des plus petites.

Le résultat de ces développements est une oligarchie de capital privé dont le pouvoir exorbitant ne peut effectivement pas être contrôlé même par une société dont le système politique est démocratique. » [Albert Einstein, *Monthly Review*, 1949]

Théorie de la classe de loisir, Thorstein Veblen, 1899

« L'institution d'une classe oisive s'est fait jour peu à peu [...] durant la transition d'une vie habituellement pacifique à une vie uniformément guerrière. [...] Elle est la conséquence naturelle d'une discrimination primitive entre des travaux dignes et des travaux indignes. Cette antique distinction veut que **soient dignes les activités qui se classent parmi les exploits** ; et indignes, celles qui ne font qu'être nécessaires, quotidiennes, et où presque rien n'évoque la prouesse. [...]

L'émergence d'une classe oisive coïncide avec les débuts de la propriété [...] Avec le temps, l'activité industrielle évincera peu à peu l'activité prédatrice. Les occasions de montrer physiquement sa vaillance se feront plus rares, ce qui augmentera l'importance de la **preuve indirecte de cette vaillance : la propriété**. [...]

La possession des biens n'avait été prisée qu'en témoignage de la **vaillance** ; désormais elle est en soi un acte **méritoire. La richesse est intrinsèquement honorable**, et confère l'honneur à son propriétaire. Par un surcroît de raffinement, il y aura désormais **plus d'honneurs et de raffinement à posséder une richesse transmise par des ancêtres**, qu'à en acquérir par ses propres efforts. [...]

Du moment où **la propriété fonde l'estime populaire**, elle devient non moins indispensable à ce contentement de soi que nous appelons amour-propre. Dans toute société où chacun détient ses propres biens, il est nécessaire à l'individu, pour la paix de son esprit, d'en posséder une certaine quantité, la même que possèdent ceux de la classe où on a coutume de se ranger ; et quelle énorme satisfaction que de posséder quelque chose **de plus** ! Or, au fur et à mesure qu'une personne fait de nouvelles acquisitions et s'habitue au niveau de richesse qui vient d'en résulter, le dernier niveau cesse tout à coup d'offrir un surcroît sensible de contentement. Dans tous les cas, la tendance est constante : faire du niveau pécuniaire actuel le point de départ d'un nouvel accroissement de la richesse ; lequel met à son tour l'individu à un autre niveau de suffisance, et le place à un nouveau niveau de l'échelle pécuniaire **s'il se compare à son prochain**. [...]

Tant que la comparaison lui sera nettement défavorable, l'individu normal, l'individu moyen vivra dans l'insatisfaction chronique et se trouvera mal loti ; et quand il aura rejoint ce qui peut s'appeler le niveau pécuniaire normal, cette insatisfaction fera place en lui à une **surtension** ; il n'aura de cesse que l'intervalle s'élargisse encore et toujours entre sa position et le niveau dit normal. L'individu qui se livre à une comparaison provocante ne la trouvera jamais assez favorable : il ne demanderait pas mieux que de se classer plus haut encore. [...]

Si l'aiguillon de l'accumulation était le besoin de moyens de subsistance ou de confort physique, alors on pourrait concevoir que les progrès de l'industrie satisfassent peu ou prou les besoins collectifs ; mais du fait que **la lutte est en réalité une course à l'estime, il n'est pas d'aboutissement possible**. [...]

Pour s'attirer et conserver l'estime des hommes, il ne suffit pas de posséder richesse ou pouvoir ; il faut encore les **mettre en évidence**, car c'est à l'évidence seule que va l'estime. En mettant sa richesse bien en vue, non seulement on fait sentir son importance aux autres, non seulement on aiguise et tient en éveil le sentiment qu'ils ont de cette importance, mais encore, chose à peine moins utile, on affermit et préserve toutes raisons d'être satisfait de soi. [...]

On s'honorait en s'abstenant de tout travail ; aujourd'hui la décence l'exige. [...] Chez les personnes raffinées, [...] le travail manuel est noté d'infamie, et ce sentiment peut prendre tant de force qu'en des circonstances critiques, il reniera même l'instinct de conservation. [...]

Cet aperçu de l'origine du loisir et de la consommation ostentatoire fait apparaître un élément qui leur est commun et fonde pareillement leur utilité : **le gaspillage**. **Dans un cas, il gaspille du temps, et de l'effort ; dans l'autre, des biens**. Ce sont deux méthodes pour démontrer la possession de la richesse, et on admet couramment qu'elles sont équivalentes. [...] **Le gaspillage ostentatoire est un principe directeur.** [...]

La rivalité joue ici le rôle de moteur : **l'esprit de comparaison provocante nous incite à laisser plus bas que nous les gens de notre condition.** [...]

Toute classe est mue par l'envie et rivalise avec la classe qui lui est immédiatement supérieure dans l'échelle sociale alors qu'elle ne songe guère à se comparer à ses inférieures [...]

On en arrive alors [...] à rapporter insensiblement tous les canons d'après lesquels une chose est considérée ou reçue, ainsi que les diverses normes de consommation, aux **habitudes de comportement et de pensée en honneur dans la classe la plus haut placée** tant par le rang que par l'argent – celle qui possède richesse et loisir. C'est à cette classe qu'il revient de **déterminer**, d'une façon générale, quel **mode de vie la société doit tenir pour recevable ou générateur de considération** [...]

La discipline des emplois pécuniaires [NDR : financiers] tend à conserver et à cultiver certaines aptitudes à la rapacité ; [...]

dans cette mesure-là, l'expérience de la vie économique favorise la survie et le renforcement du tempérament prédateur ; **elle encourage à penser en rapace**. [...]

La classe de loisir se recrute aujourd'hui parmi ceux qui ont réussi dans le domaine pécuniaire. On peut donc supposer qu'en fait de particularités rapaces, ces personnes ont été mieux dotées que l'ordinaire. On entre dans la classe de loisir en passant par les activités pécuniaires ; lesquelles, par sélection et adaptation, ne laissent accéder aux plus hauts paliers que certains lignages ; ceux-là même qui, mis à l'épreuve, ont montré des dons de rapace et ont survécu grâce à leurs aptitudes pécuniaires. Un individu retourne-t-il au naturel pacifique, il est aussitôt éliminé et rejeté dans les basses zones du monde pécuniaire. [...]

Pour ce qui est des dispositions naturelles, **l'homme de finance s'apparente au délinquant** [...] **en ce qu'il convertit sans scrupule hommes et biens à ses propres fins, qu'il considère avec un mépris endurci les sentiments et aspirations d'autrui, et qu'il se soucie fort peu du résultat éloigné de ses actes** ; mais il en est tout différent par le sentiment très vif qu'il a du rang social, et par la clairvoyance et l'application qu'il apporte à des visées plus lointaines. » [Thorstein Veblen, 1899]

© Gérard Mathieu, pour Alternatives économiques

© Steve Greenberg – www.greenberg-art.com

3. La libre circulation des capitaux

Disposant désormais d'alliés dévoués en la personne des PDG, le financiarisme va également obtenir une aide supplémentaire, par la suppression d'un élément constitutif de la souveraineté des États : le contrôle des capitaux. En effet, c'est au milieu des années 1980 que la liberté de circulation des capitaux a été reconnue comme un quasi « nouveau Droit de l'Homme ».

Préambule de la Charte des droits fondamentaux de l'Union européenne [2000]

« L'Union contribue à la préservation et au développement de ces valeurs communes dans le respect de la diversité des cultures et des traditions des peuples de l'Europe, ainsi que de l'identité nationale des États membres et de l'organisation de leurs pouvoirs publics aux niveaux national, régional et local ; elle cherche à promouvoir un développement équilibré et durable et assure la **libre circulation** des personnes, des biens, des services et **des capitaux**, ainsi que la liberté d'établissement.

Article 56 du Traité sur le fonctionnement de l'Union européenne (traité de Lisbonne)

Toutes les restrictions aux mouvements de capitaux entre les États membres **et entre les États membres et les pays tiers** sont **interdites.**

Il est parfois difficile de s'extraire d'un conditionnement psychologique sur des idées jamais réellement débattues. De sortir du « **bien évidemment, il faut que tout circule librement, la liberté c'est fondamental, c'est ce qui différencie les démocraties des dictatures**, etc. ». Cet article 56 du traité de Lisbonne laisse véritablement songeur. Car, si on peut estimer cohérente (mais sans forcément l'approuver), dans une optique de construction d'un marché commun européen, l'idée de limiter dans un traité européen les restrictions aux mouvements de capitaux entre pays européens, on peut également trouver proprement **scandaleux** d'imposer une ouverture des frontières, unilatérale et sans aucune restriction, aux capitaux de la finance internationale en provenance des pays tiers.

Pour bien comprendre le problème ici, il suffit tout bonnement de considérer que le capital ne devrait pas avoir plus de droits qu'un être humain, et de raisonner par analogie. Que penser des conséquences qu'aurait une formulation du type : « *Toutes les restrictions aux mouvements de* ***personnes*** *entre les États membres et entre les États membres* ***et les pays tiers*** *sont interdites.* » ? Notre pays aurait rapidement cinquante millions d'habitants supplémentaires.... Il se passe la même chose pour les capitaux. Libres comme l'air, dématérialisés, ils changent vingt fois de pays tous les jours, déstabilisant les économies.

Car en effet, toute médaille a son revers, et là aussi, la différence des analyses est remarquable. Que n'entendons-nous pas sur l'immigration, objet renouvelé de fantasmes, « d'étrangers qui vont venir nous voler notre pain, notre emploi et notre culture », affadir notre belle « identité nationale ». Mais on n'entend jamais (et sans angélisme ou volonté d'ignorer des problèmes), qu'un immigré est aussi un **travailleur**, qui **produit** de la richesse, consomme celles produites par d'autres, paie des impôts, et enrichit une culture. La conclusion est seulement qu'il faut des garde-fous, pour aboutir à une **solution équilibrée**.

Au contraire, que n'entendons-nous pas sur le capital étranger qui vient s'investir chez nous, créer des emplois, aider à notre développement, dont on ne peut pas se passer, etc. Mais, étrangement, on n'entend jamais rien sur le capital étranger « qui vient voler nos profits pour les rapatrier chez lui », « qui décide, nous empêchant d'être maîtres chez nous », « qui nous impose un modèle économique étranger », « qui impose des restructurations et donc des destructions d'emploi », etc. Là, par contre, toute forme de recherche d'équilibre est interdite, et même désormais sanctionnée par des traités européens.

La totale inversion des raisonnements entre capital et hommes est très étonnante. Les hommes sont expulsés, les capitaux attirés, **comme si c'était l'argent qui créait la richesse, et non les hommes**...

Enfin, le pouvoir politique s'est menotté : il est désormais à la merci du chantage à la fuite des capitaux vers un pays plus accueillant, en cas de réglementation contraignante. Les leçons du passé, et en particulier de la crise de 1929, ont été oubliées...

« Une forme quelconque de **protection est nécessaire face au risque de mouvements massifs et nerveux** des flux de capitaux. » [Nurkse, Rapport de la Société des Nations *L'expérience monétaire internationale*, 1944, p. 188]

« Non simplement comme caractéristique de la transition, mais en tant qu'accord permanent, le plan accorde à tous les gouvernements membres **le droit explicite de contrôler tous les mouvements de capitaux**. Ce qui avait habituellement été de l'hérésie est maintenant adopté comme orthodoxe. » [Keynes, travaux préparatoires à la Conférence de Bretton Woods, 1944]

« Celui qui ne connaît pas l'histoire est condamné à la revivre. » [Karl Marx]

« La mondialisation a d'abord été la mondialisation de l'épargne. Je veux dire très clairement que la mondialisation de l'épargne a engendré un monde où **tout était donné au capital financier**, tout, et presque rien au travail, où, l'entrepreneur passait après le spéculateur, où le rentier prenait le pas sur le travailleur, où les effets de levier – l'expression « effets de levier », tout le monde n'avait que cela à la bouche – atteignaient des proportions déraisonnables, et tout ceci a engendré un capitalisme dans lequel il était devenu **normal de jouer avec l'argent**, de préférence des autres, de gagner facilement, extrêmement rapidement, **sans effort** et souvent sans aucune création de richesses ou d'emplois, des masses d'argent absolument considérables. [...]

Une des caractéristiques les plus frappantes à mes yeux de ce capitalisme que nous avons laissé naître, c'est que le présent y était tout et l'avenir ne comptait plus. **Tout pour le présent immédiatement, plus rien pour l'avenir**. [...]

Le capitalisme purement financier est une dérive qui bafoue les valeurs du capitalisme. » [Nicolas Sarkozy, Davos, 27/01/2010]

« **La libéralisation financière** propage ses effets bien au-delà de l'économie. On sait depuis longtemps que c'est aussi une **arme puissante contre la démocratie**. La libre circulation des capitaux crée ce que certains ont appelé un « parlement virtuel » des investisseurs et des prêteurs, qui suivent de près les décisions prises par les gouvernements et « votent » contre elles lorsqu'elles sont considérées comme irrationnelles. **C'est-à-dire lorsqu'elles bénéficient aux peuples plutôt qu'aux cercles restreints** des puissances du secteur privé.

Les investisseurs et les prêteurs peuvent « voter » soit par une fuite des capitaux, soit par des attaques contre les monnaies et autres moyens d'action offerts par la libéralisation financière. C'est une des raisons pour lesquelles le système de Bretton Woods mis en place par les États-Unis et la Grande-Bretagne après la Deuxième Guerre mondiale avait institué le **contrôle des capitaux** et la réglementation du cours des devises. [...]

John Maynard Keynes, qui négociait au nom des Britanniques, considérait que **le plus important succès de Bretton Woods était la mise en place du droit pour les gouvernements de restreindre les mouvements de capitaux**.

En un fort contraste avec cette période, dans la phase néo-libérale qui a fait suite à l'effondrement du système de Bretton Woods dans les années 1970, le Trésor américain considère désormais la libre circulation des capitaux comme un « **droit fondamental** », à la différence de ces prétendus « droits » qui sont pourtant garantis par la Déclaration Universelle des Droits de l'Homme : santé, éducation, emploi décent, sécurité et autres droits que les gouvernements Reagan et Bush ont considéré comme autant de « lettres au Père Noël », « absurdes », de simples « mythes ». » [Noam Chomsky, www.noam-chomsky.fr, 2008]

Un fait majeur a accompagné la très forte augmentation du commerce mondial : l'émergence des **firmes transnationales** (terme en fait plus adapté que multinationales, à savoir des firmes disposant d'au moins une unité de production à l'étranger), de plus en plus gigantesques, que ce soit en nombre de salariés ou de chiffre d'affaires, ceux-ci dépassant le PIB de nombreux pays.

Selon l'ONU, les firmes transnationales étaient **7000** dans les années 1960, 37 000 en 1993, et environ **70 000** en 2006. Le nombre de filiales de ces firmes augmente également très rapidement : elles en comptaient 175000 en 1993, contre 690 000 en l'an 2000 et plus d'**un million** en 2010.

Un bon indicateur de ce phénomène est la croissance exponentielle des investissements directs étrangers, qui, en pourcentage du PIB mondial, ont doublé tous les dix ans depuis 1980. Elle a été rendue possible par la chute des coûts de transports et les nouvelles technologies de l'information.

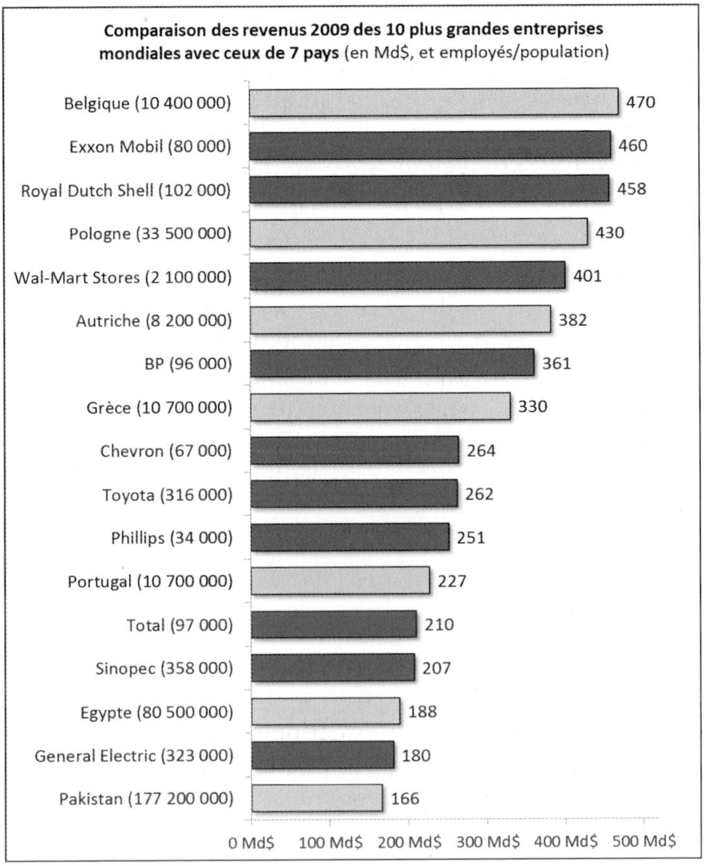
Comparaison des revenus 2009 des 10 plus grandes entreprises mondiales avec ceux de 7 pays (en Md$, et employés/population)
Belgique (10 400 000)
470
Exxon Mobil (80 000)
460
Royal Dutch Shell (102 000)
458
Pologne (33 500 000)
430
Wal-Mart Stores (2 100 000)
401
Autriche (8 200 000)
382
BP (96 000)
361
Grèce (10 700 000)
330
Chevron (67 000)
264
Toyota (316 000)
262
Phillips (34 000)
251
Portugal (10 700 000)
227
Total (97 000)
210
Sinopec (358 000)
207
Egypte (80 500 000)
188
General Electric (323 000)
180
Pakistan (177 200 000)
166
0 Md$
100 Md$
200 Md$
300 Md$
400 Md$
500 Md$

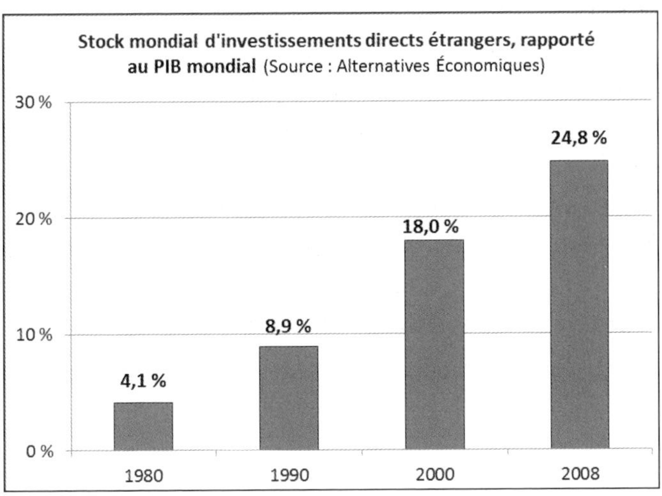
Stock mondial d'investissements directs étrangers, rapporté au PIB mondial (Source : Alternatives Économiques)
30 %
20 %
10 %
0 %
4,1 %
8,9 %
18,0 %
24,8 %
1980
1990
2000
2008

Dotées d'une incroyable capacité à utiliser l'espace mondial en fonction de leurs intérêts, ces firmes déplacent ainsi régulièrement leurs unités de production au gré des avantages temporaires de chaque pays (hier en Irlande, aujourd'hui en Chine), que ce soit des avantages économiques (coût de main-d'œuvre, marché de consommation), financiers (défiscalisation) ou politiques (stabilité).

15 plus grandes FTN employeurs à l'étranger

	Employés en 2009		
	A l'étranger	Totaux	%
Wal-Mart Stores	**649 000**	2 100 000	31%
Carrefour	**343 000**	495 000	69%
Siemens	**295 000**	427 000	69%
Deutsche Post	**284 000**	452 000	63%
IBM	**283 000**	398 000	71%
Nestlé	**274 000**	283 000	97%
ArcelorMittal	**249 000**	316 000	79%
Hewlett-Packard	**210 000**	321 000	65%
Telefónica	**197 000**	252 000	78%
Veolia Environnement	**189 000**	298 000	63%
Hutchison Whampoa	**182 000**	220 000	83%
Volkswagen Group	**179 000**	357 000	50%
General Electric	**171 000**	323 000	53%
Honda Motor Co	**166 000**	186 000	89%
Metro AG	**162 000**	266 000	61%

Source : CNUCED

10 FTN financières les plus présentes à l'international en 2009

	Pays	Employés	Nb Filiales étrangères	Nbre de pays
Citigroup	USA	323 000	723	75
Allianz	ALL	183 000	612	52
ABN AMRO	PBA	70 000	703	48
Generali	ITA	84 000	342	41
HSBC	R-U	331 000	683	54
Société Générale	FRA	160 000	345	53
Zurich Financial Services	SUI	57 000	383	34
UBS	SUI	77 000	432	35
Unicredito	ITA	174 000	1052	34
BNP Paribas	FRA	173 000	425	48

Source : CNUCED

« Cette doctrine [la « chienlit mondialiste laissez-fairiste »] a été littéralement imposée aux gouvernements américains successifs, puis au monde entier, par les multinationales américaines, et à leur suite par les multinationales dans toutes les parties du monde, qui en fait détiennent partout en raison de leur considérable pouvoir financier et par personnes interposées la plus grande partie du pouvoir politique. **La mondialisation**, on ne saurait trop le souligner, **ne profite qu'aux multinationales. Elles en tirent d'énormes profits**.

Cette évolution s'est accompagnée d'une **multiplication de sociétés multinationales ayant chacune des centaines de filiales**, échappant à tout contrôle, et elle ne dégénère que trop souvent dans le développement d'un **capitalisme sauvage et malsain**. [...]

Cette ignorance [des ressorts véritables de la crise actuelle par les « experts » officiels] et surtout la volonté de la cacher grâce à certains médias dénotent un **pourrissement du débat et de l'intelligence, par le fait d'intérêts particuliers souvent liés à l'argent.** Des intérêts qui souhaitent que l'ordre économique actuel, qui fonctionne à leur avantage, perdure tel qu'il est. Parmi eux se trouvent en particulier les multinationales qui sont les principales bénéficiaires, avec les milieux boursiers et bancaires, d'un mécanisme économique qui les enrichit, tandis qu'il appauvrit la majorité de la population française mais aussi mondiale. » [Maurice Allais, 1998 et 2009]

« Les grandes entreprises n'ont, pour ainsi dire, aucun compte à rendre au public, à la société ; elles agissent à la manière de **prédateurs dont d'autres entreprises seraient les proies**.

Pour s'en défendre, les populations ne disposent que d'un seul instrument : l'État. Or, ce n'est pas un bouclier très efficace, car il est, en général, étroitement lié aux prédateurs. À une différence, non négligeable, près : alors que, par exemple, General Electric n'a aucun compte à rendre, l'État doit parfois s'expliquer auprès de la population. » [Noam Chomsky]

4. Une mondialisation totalement déséquilibrée

Afin de prospérer, le financiarisme a également eu besoin de limiter le pouvoir des salariés. Ainsi, parallèlement à la libre circulation des capitaux a donc été instituée la libre circulation des biens et services, désormais connue sous le vocable de « mondialisation » – alors que le commerce international mondialisé est vieux comme l'homme (route de la soie...), et n'a d'ailleurs jamais été empêché par la présence de règles douanières.

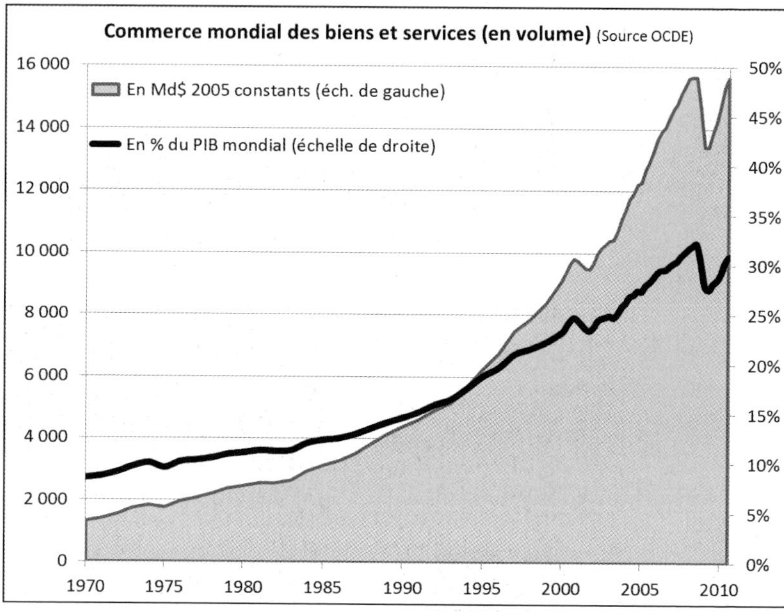

On constate sur le graphique précédent la très forte hausse du commerce mondial à partir du milieu des années 1980, puisque sa part exprimée en fonction du PIB mondial a **triplé** depuis lors. Elle est due au démantèlement des protections douanières, au développement du capitalisme en Russie et en Europe Orientale après la chute du communisme, à l'ouverture de la Chine, aux nouvelles technologies de l'information ayant accompagné la financiarisation de nos économies. On note également que la crise de 2009 a entraîné un large recul des échanges, mais la tendance à une forte croissance est déjà repartie. Toutefois, on conçoit également qu'une telle croissance ne pourra physiquement pas se poursuivre encore très longtemps au même rythme.

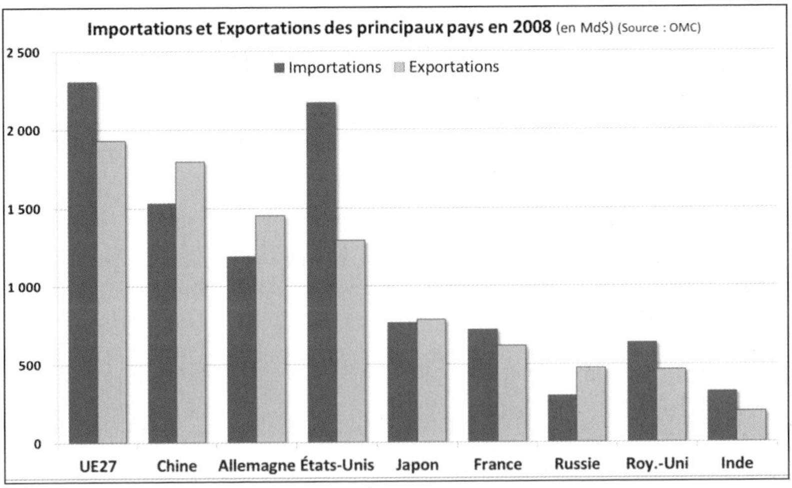

© RJ. Matson – www.rjmatson.com et © Jiho – http ://jiho.free.fr

Une des caractéristiques fortes de la mondialisation actuelle est son déséquilibre, dont l'ampleur a fortement augmenté à partir de 1998. À cette époque, les échanges étaient pratiquement équilibrés, seuls les États-Unis étant nettement importateurs, la différence étant fournie essentiellement par le Japon, principal exportateur.

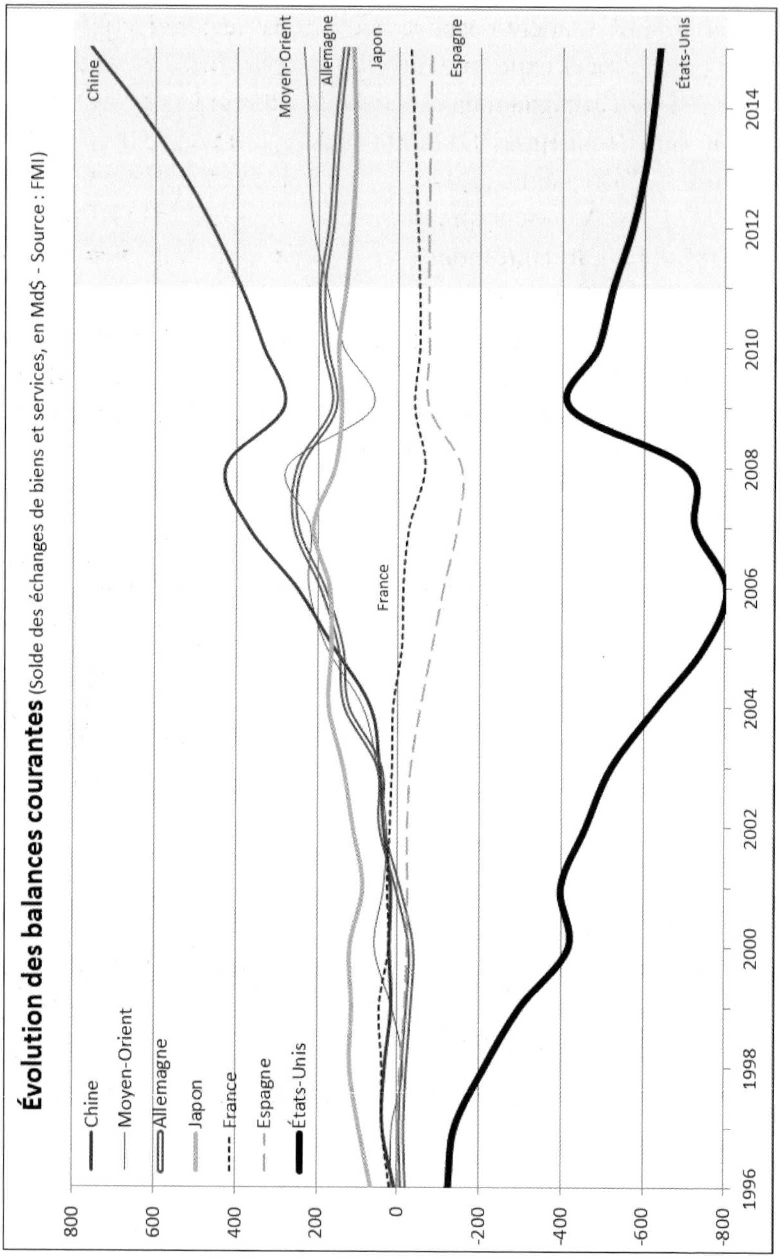
Évolution des balances courantes (Solde des échanges de biens et services, en Md$ - Source : FMI)
Chine
Moyen-Orient
Allemagne
Japon
France
Espagne
États-Unis
800
600
400
200
0
-200
-400
-600
-800
1996
1998
2000
2002
2004
2006
2008
2010
2012
2014

Mais le déficit commercial américain va alors se creuser de plus de six fois, ce gouffre dépassant 800 milliards de dollars en 2006. Cela n'est évidemment possible que parce que certains pays sont devenus fortement exportateurs : évidemment la Chine (surtout à partir de 2004, atteignant un excédent de 400 milliards – rappelons que la Chine a intégré l'OMC fin 2001), toujours le Japon (200 milliards), l'Allemagne (passée d'un déficit à un excédent de 250 milliards, grâce à une compression des salaires, des délocalisations en Europe de l'Est et une monnaie unique) et enfin le Moyen-Orient (plus de 200 milliards, grâce au pétrole).

Conséquence de la surconsommation américaine, vecteur majeur de la crise actuelle et sur laquelle nous reviendrons, nous allons étudier plus en détail ce gigantesque déficit américain, qui atteint des proportions inconnues jusqu'alors.

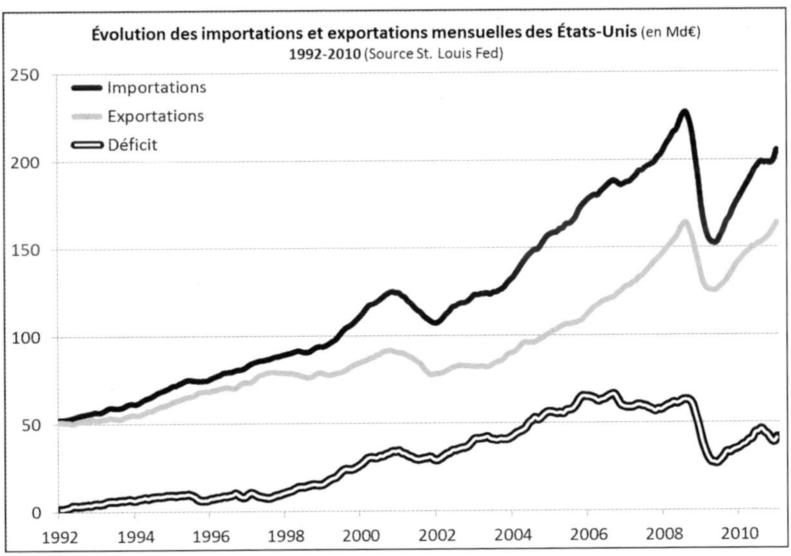

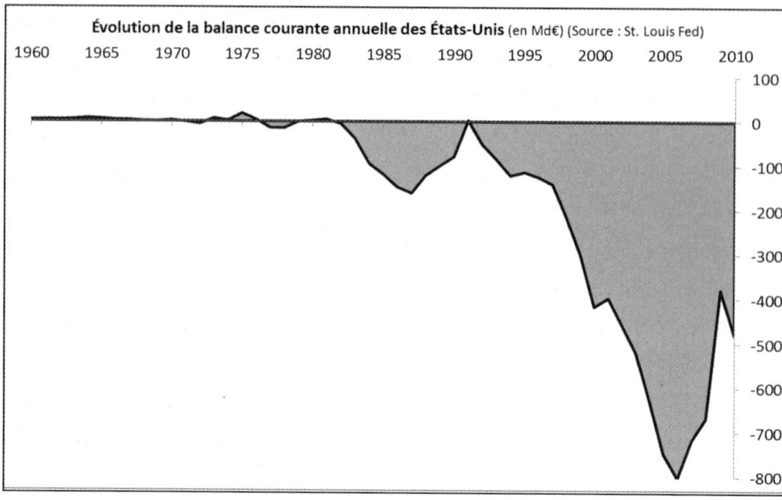

Intéressons-nous alors à la balance des paiements mondiale (solde des échanges de biens, services, revenus et capitaux), en étudiant les dix premiers pays à solde positif et les dix premiers à solde négatif en 2008 (hors États-Unis et Chine). Seule la tendance générale est alors intéressante. Il saute aux yeux que le système se déséquilibre totalement pour l'ensemble des pays, surtout à partir de 2003, comme le montre le graphique suivant en forme d'entonnoir :

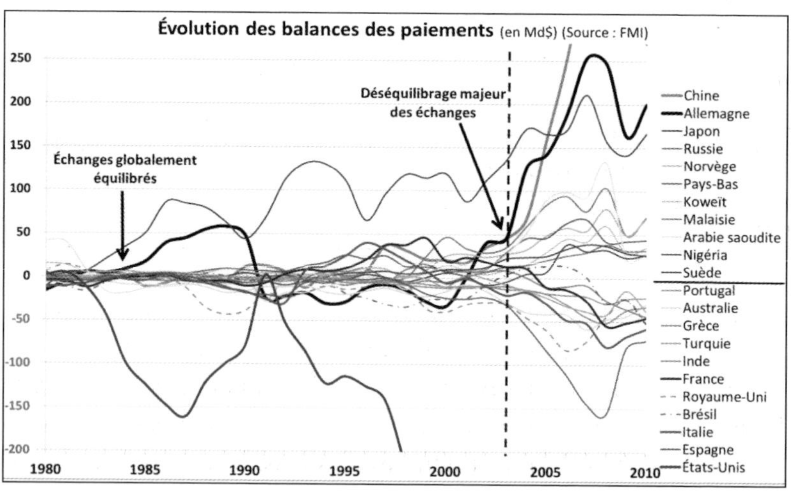

En fait, au cours de la décennie 2000, les États-Unis ont trouvé un fort intérêt au déséquilibre des échanges avec la Chine – au moins à court terme. Avec l'ouverture de la Chine, les américains ont pensé au début qu'ils allaient pouvoir vendre leurs produits à un milliard de chinois. Mais les entreprises américaines ont vite compris qu'elles avaient intérêt à délocaliser leur activité pour diminuer leurs coûts, salariaux en particulier : et ce sont finalement les chinois qui se sont mis à vendre leurs produits aux américains. Il s'est alors constitué un jeu particulier entre ces deux pays, qu'on appelle la « Chinamérique » (Chimerica). Il fonctionne ainsi : le consommateur américain achète des produits chinois, beaucoup plus que ce que le consommateur chinois n'achète de produits américains. Il se forme alors un énorme déficit commercial.

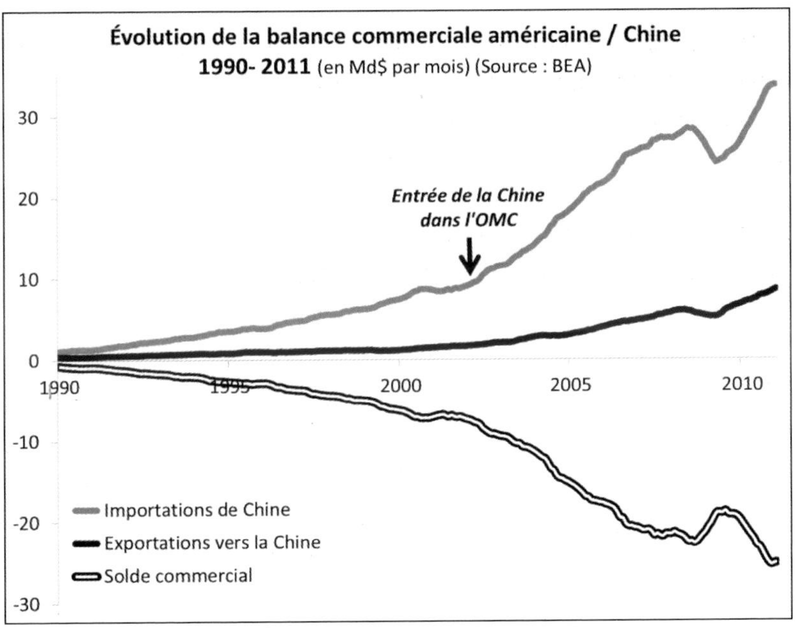

Évolution de la balance commerciale américaine / Chine 1990- 2011 (en Md$ par mois) (Source : BEA)

La Chine accumule donc des réserves de change en dollars très élevées (3 100 Md$ fin 2010). Comme elle ne veut pas apprécier sa monnaie, elle décide alors de renvoyer les dollars aux États-Unis. Le gouvernement américain peut alors creuser son déficit budgétaire, la Chine achetant sa dette avec ses dollars ; ceci contribue alors à garder les taux d'intérêt à long terme artificiellement bas aux États-Unis, et donc à entretenir des bulles spéculatives. La Chinamérique, c'est 13 % des terres émergées, 25 % de la population mondiale, 33 % du PIB mondial et plus de **50 % de la croissance mondiale** des six années avant la crise…

Ainsi, l'épargne chinoise et les dépenses trop importantes des États-Unis ont conduit à la crise financière de 2008. Ce système, grippé depuis 2008, risque donc de se terminer bientôt, car la Chine s'inquiète actuellement, et ne veut plus du dollar comme monnaie de réserve, voyant que sa valeur ne peut que diminuer fortement à l'avenir. Elle se désengage donc précautionneusement, en achetant des actifs réels (entreprises, mines, terres,...) pour ne pas faire s'écrouler d'un coup le dollar, et donc la valeur de ses réserves. La Chine devrait donc réorienter ses ressources vers d'autres sphères d'influence, comme l'Asie, la Russie et l'Afrique si riches en matières premières, sur fond de probables futures tensions commerciales importantes entre les deux anciens partenaires.

© RJ. Matson – www.rjmatson.com

« Le supermarché Amérique, profitez du dollar faible ! »
© Matt Wuerker – www.politico.com

« Des produits pourris contre des dollars pourris... »
© RJ. Matson – www.rjmatson.com

Tous ces déséquilibres ont naturellement conduit à une accumulation générale de devises par les banques centrales des pays exportateurs – atteignant début 2010 près de 8000 milliards de dollars (dont 2700 pour la Chine, 1100 pour le Japon, 600 pour l'Euro Zone et 500 pour la Russie).

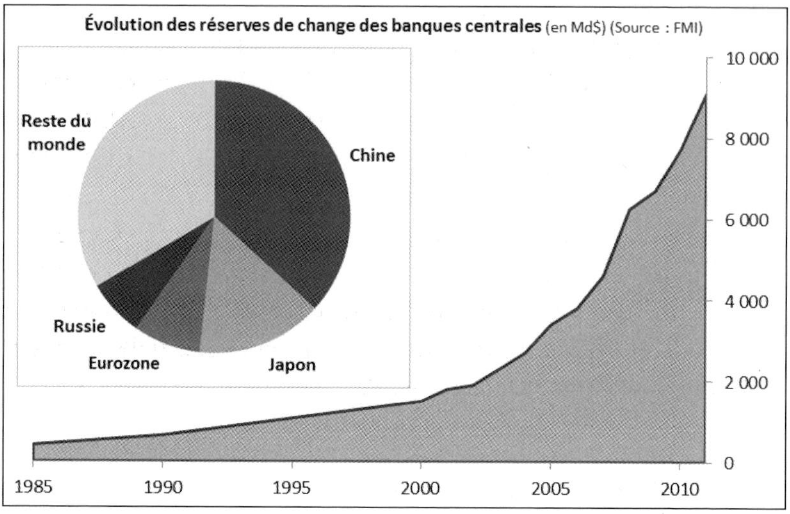

Or, **l'équilibre de la balance des paiements devrait être un objectif absolu**. Cela signifie que la règle des échanges entre deux pays devrait être « tu dois m'acheter autant que je t'achète ». C'est du bon sens : un déséquilibre structurel ne peut qu'entraîner des problèmes d'emploi dans le pays déficitaire, qui ne pourra longtemps accepter de jouer à un jeu où il perd tout le temps... Le modèle actuel de « course aux exportations nettes » est donc fondamentalement vicié car injuste et non durable – et n'est d'ailleurs même pas un modèle, puisque, évidemment, tous les pays ne peuvent être en même temps des exportateurs nets, la balance mondiale des paiements étant nulle.

Pour insister sur l'importance fondamentale de ce point et montrer qu'il ne s'agit pas d'une utopie de protectionnistes adorateurs du modèle nord-coréen, nous allons faire un détour en 1948, pour parler d'un document méconnu : la Charte de la Havane. Par une résolution en date du 18 février 1946, le Conseil Économique et Social des Nations Unies a convoqué une « Conférence internationale sur le commerce et l'emploi en vue de favoriser le développement de la production, des échanges et de la consommation des marchandises », qui s'est réunie durant quatre mois à la Havane. A l'issue des travaux, la Charte de la Havane a été signée le 24 mars 1948 par 53 pays.

Elle prévoyait la création d'une Organisation internationale du commerce (OIC) totalement intégrée à l'ONU. Malheureusement, la charte n'a pas été ratifiée par le congrès américain, et elle n'est jamais entrée en vigueur. Le commerce mondial a donc été régi seulement par le GATT (Accord général sur les tarifs douaniers et le commerce) pendant près de cinquante ans, jusqu'à ce que soit créée l'OMC (Organisation mondiale du commerce) en 1994. Mais les principes du libre-échange absolu de l'actuel OMC s'opposent entièrement à ceux qui auraient dû régir l'OIC – et qui de nos jours semblent hérétiques. Découvrons-les.

« LES PARTIES à la présente Charte s'engagent à coopérer entre elles et avec les Nations Unies dans les domaines du commerce et de l'emploi, en se proposant le but général suivant : atteindre les objectifs fixés par la Charte des Nations Unies, particulièrement **le relèvement des niveaux de vie, le plein emploi et les conditions de progrès et de développement** (Art. 1)

Chaque État membre prendra, conformément à ses institutions politiques, économiques et sociales, les mesures utiles aux fins de réaliser et de maintenir sur son territoire **le plein emploi** productif ainsi qu'une demande importante et en progression croissante. (Art 3)

Les États membres chercheront à éviter les mesures qui auraient pour effet de **mettre en difficulté la balance des paiements** d'autres pays. [...]

Les États membres reconnaissent que c'est à chacun d'eux qu'il incombe au premier chef de sauvegarder sa position financière extérieure et de **réaliser et de maintenir un équilibre stable de sa balance des paiements**. [...] Tout État membre pourra, en vue de sauvegarder sa position financière extérieure et sa balance des paiements, **restreindre le volume** ou la valeur des marchandises dont il autorise l'importation (Art. 3, 4 et 21)

Les États membres reconnaissent que les mesures relatives à l'emploi doivent pleinement tenir compte des droits qui sont reconnus aux travailleurs par des déclarations, des conventions et des accords intergouvernementaux. Ils reconnaissent que tous les pays ont un intérêt commun à **la réalisation et au maintien de normes équitables de travail en rapport avec la productivité de la main-d'œuvre** et, de ce fait, aux conditions de rémunération et de travail meilleures que cette productivité rend possibles. Les États membres reconnaissent que **l'existence de conditions de travail non équitables**, particulièrement dans les secteurs de la production travaillant pour l'exportation, crée des difficultés aux échanges internationaux. En conséquence, chaque État membre prendra toutes les mesures appropriées et pratiquement réalisables en vue de faire disparaître ces conditions sur son territoire. (Art. 7)

Les États membres coopéreront entre eux [...] en vue de faciliter et de favoriser le développement industriel et **le développement économique général** (Art. 10)

Un État membre a le droit : i) de prendre toutes mesures appropriées de **sauvegarde** nécessaires pour assurer que les **investissements étrangers** ne serviront pas de base à une ingérence dans ses affaires intérieures ou sa politique nationale ; ii) de déterminer s'il autorisera, à l'avenir, les investissements étrangers, et dans quelle mesure et à quelles conditions il les autorisera ; iii) de prescrire et d'appliquer des conditions équitables en ce qui concerne la propriété des investissements existants et à venir ; iv) de prescrire et d'appliquer d'autres conditions raisonnables en ce qui concerne les investissements existants et à venir » [*Charte de la Havane*, 1948]

En conclusion, les habitants des pays pauvres, en moyenne, vivent mieux maintenant qu'il y a trente ans, c'est indéniable. Mais il ne faut pas surestimer les effets, ni les attribuer systématiquement à la mondialisation – ils progressent car ils se développent vite, **partant de très bas**, comme nous l'avons fait nous-mêmes. D'ailleurs les pays qui se développent le mieux, comme la Chine, sont ceux qui ont le plus résisté au libéralisme intégral. « L'orthodoxe » Amérique latine a ainsi beaucoup souffert de cette forme de libéralisme.

Ainsi, une mondialisation plus équilibrée aurait très probablement abouti au moins au même résultat pour les pays pauvres. Car le problème est que cette forme de mondialisation a poussé ces pays à tourner leurs économies vers l'exportation, plutôt que sur le développement de leur demande intérieure, les fragilisant en cas de crise, et les enfermant dans un modèle de développement non durable – les économies ne pouvant fonctionner à long terme sur de forts déséquilibres commerciaux. Et en retour, c'est l'emploi dans les pays développés qui a souffert – la concurrence n'étant pas loyale...

© Rick Kollinger – www.kollinger.com

5. Une concurrence libre et très faussée

© Subito

© Paul Zanetti

On peut également voir dans la Charte de la Havane l'affirmation d'une réelle « **concurrence libre et non faussée** » qui n'est en rien ce prétexte néo-conservateur actuel visant à supprimer toute barrière douanière et toute forme de régulation. Car, une fois la barrière douanière supprimée, s'étend alors un vrai protectionnisme, celui des **structures**. La vraie concurrence libre et non faussée, c'est bien celle qui remet tous les acteurs sur un pied d'égalité !

Le bon sens indique pourtant qu'il semble illusoire d'attendre du salarié français qu'il soit « compétitif » face à un ouvrier roumain gagnant 300€ par mois (même en travaillant 40 heures par semaine !), à un salarié polonais dont l'entreprise fait des économies en rejetant du mercure et du souffre, à un salarié anglais dont la monnaie vient d'être dépréciée de 30 % – sans même parler d'un employé vietnamien ou chinois pour qui la notion de protection sociale reste un simple concept théorique. Or, tout ceci constitue bien une « concurrence libre et très faussée », au sens le plus libéral du terme...

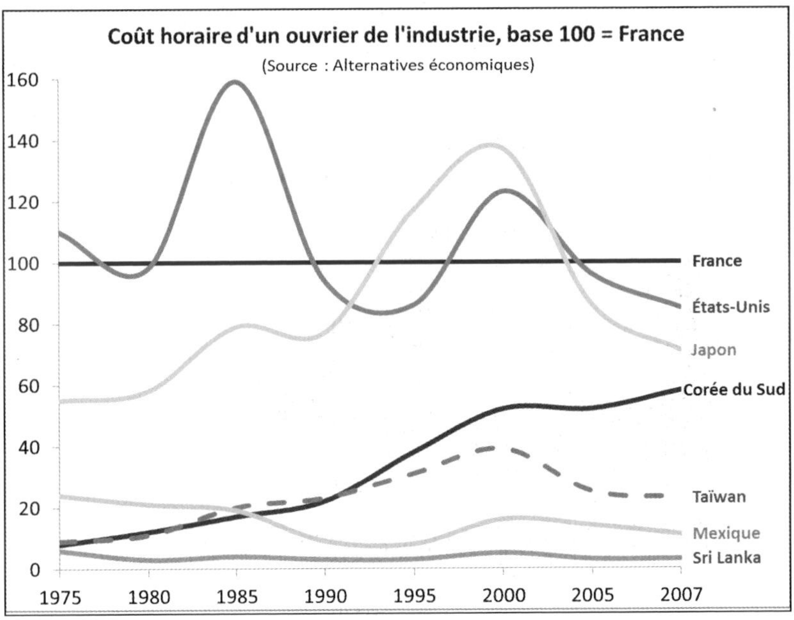

Soulignons que c'est aussi le seul moyen **d'introduire plus d'éthique** dans le système, par exemple pour faire progresser la prise en compte des facteurs environnementaux et sociaux par nos partenaires.

De plus, la théorie économique des avantages comparatifs ne trouve toutefois à s'appliquer **qu'entre pays à niveau de développement comparable**, où le niveau de salaire est corrélé au niveau de productivité et où la structure de production sera stable dans le temps. Or, ce n'est plus le cas. Car par exemple, nous ne pratiquons pas du libre-échange avec la Chine, au sens d'échanges de produits réalisés indépendamment dans le pays. On assiste en fait à une simple « délocalisation du salariat », la Chine devenant parfois simplement une usine offshore, où les salariés sont payés dix fois moins qu'en Europe… Avec les résultats prévisibles sur l'emploi dans notre pays…

Finalement, les économistes néo-conservateurs ne répondent finalement jamais à cette simple question : **comment peut-on être compétitif avec un salarié chinois payé 150 € par mois**, même en tenant compte des écarts de compétitivité ?

Alors quand la Chine produira tout (des services jusqu'aux avions), moins cher que nous, que lui vendrons-nous pour avoir de quoi lui acheter ses produits ? Car bien entendu, le commerce consiste simplement à échanger des biens contre des biens, l'argent ne servant que de stockage temporaire de valeur. Que peut faire la Chine de milliers de milliards d'euros, si elle n'a rien à acheter à l'Europe ?

> « **L'Argent n'achète rien**, il ne l'a jamais fait, et il ne fera jamais. C'est un axiome économique aussi vieux que le monde que des biens et des services ne peuvent être achetés qu'avec d'autres biens et services. » [Albert Jay Nock, *Memoirs of a Superfluous Man*, 1943]

On arrive alors à la **problématique monétaire** (en particulier pour le yuan), véritable scandale actuel, au cœur des déséquilibres précédemment évoqués.

Petit rappel historique. De la révolution industrielle jusqu'en 1914, le système monétaire international a été basé sur l'or. **L'étalon-or**, premier système monétaire international, se met en place entre 1870 et 1880 ; il permet la convertibilité des billets en or.

Après 1918, beaucoup de pays sont ruinés et n'ont plus d'or, beaucoup de monnaies sont donc inconvertibles. Une première période historique de flottement des monnaies s'instaure donc. Elle aura parfois des conséquences fâcheuses, comme l'épisode d'hyperinflation en Allemagne dans les années 1920.

Les accords de Gênes de 1922 créent un système **d'étalon de change-or** qui permet aux États d'émettre de la monnaie non plus en contrepartie d'or mais du dollar et de la livre sterling, seules devises convertibles en or. Ce système, instable, cesse rapidement avec la crise de 1929.

La plupart des gouvernements, empêtrés dans la Dépression, tentent de rétablir leur compétitivité par des dévaluations monétaires successives. Comme tous les pays pratiquent ainsi, cette politique n'a pas les effets escomptés, et provoque au contraire l'approfondissement de la crise en créant des spirales déflationnistes, une chute des revenus et de la consommation, et un chômage de masse.

1944. Les États-Unis disposent de l'économie la plus puissante au monde. Ils produisent la moitié du charbon, les deux tiers du pétrole et plus de la moitié de l'électricité au niveau mondial. Ils détiennent près de 70 % des réserves mondiales d'or. En comparaison, l'Europe et l'Extrême-Orient sont ruinés militairement et économiquement. C'est dans ce contexte que sont signés le 20 juillet 1944 par 44 pays les accords de Bretton Woods, visant à éviter les conflits économiques. Ils prévoient la création du FMI et de la Banque Mondiale, mais surtout le retour à un étalon de change-or (*Gold Exchange standard*), basé sur le seul dollar. Ainsi, toutes les monnaies sont définies en dollars, et seul le dollar est défini en or, sur la base de 35 dollars américains l'once d'or (28 grammes).

> « Les mesures collectives pour sauvegarder les peuples du monde de ce qui menace la paix [...] ne doivent pas être basées seulement sur une machinerie internationale pour gérer les disputes et prévenir les agressions, mais aussi sur une coopération économique entre les nations visant à prévenir et supprimer les désajustements sociaux et économiques. » [Henry Morgenthau, ministre des Finances américain]

« Notre tâche a été de trouver une mesure commune, un **étalon commun**, une règle commune, acceptable par tous et ne gênant personne. [...] Nous avons atteint ce soir un point décisif. Mais ce n'est qu'un début. Finalement, nous avons peut-être accompli ici à Bretton Woods quelque chose de plus important que ce qui est inscrit dans le présent Acte final.

Nous avons montré qu'une masse de 44 nations est capable de **travailler ensemble** à une tâche constructive, dans l'amitié et la concorde ininterrompue. Peu croyaient que cela serait possible. **Si nous arrivons à continuer dans une plus grande tâche**, ainsi que nous avons commencé à le faire dans cette tâche limitée, le monde peut garder espoir. Si nous pouvons continuer, ce cauchemar, dans lequel la plupart d'entre nous ont passé trop de leur vie, sera fini. **La fraternité** des hommes sera devenue plus qu'une expression. » [John Maynard Keynes, discours de clôture, Bretton Woods, 22/07/1944]

Ce système est resté inchangé durant les Trente Glorieuses. Jusqu'en 1958, il y a eu pénurie mondiale de dollars. Mais la situation s'est inversée par la suite, en raison des dépenses considérables liées à la guerre du Vietnam et à la course à l'espace. Les pays qui exportaient le plus vers les États-Unis ont alors accumulé d'immenses réserves en dollars, qui donnaient lieu à autant d'émissions dans leur propre monnaie, alimentant une inflation de plus en plus inquiétante. Le stock d'or américain a fondu de moitié, et la perte de confiance dans le dollar s'est accentuée. Le Général de Gaulle a demandé la conversion de tous nos dollars en or en 1965.

« Les conditions qui ont pu, naguère, susciter le « *Gold Exchange Standard* » se sont modifiées [...] Le total des réserves d'or des Six équivaut aujourd'hui à celui des Américains. [...] C'est dire que la **convention** qui attribue au dollar une valeur transcendante comme monnaie internationale ne repose plus sur sa base initiale, à savoir la possession par l'Amérique de la plus grande partie de l'or du monde. Mais, en outre, le fait que de nombreux États acceptent, par principe, des dollars au même titre que de l'or pour compenser, le cas échéant, les déficits que présente, à leur profit, la balance américaine des paiements, amène les États-Unis à **s'endetter gratuitement** vis-à-vis de l'étranger. En effet, ce qu'ils lui doivent, ils le lui paient, tout au moins en partie, avec des dollars qu'il ne tient qu'à eux **d'émettre**, au lieu de les leur payer totalement avec de l'or, dont la valeur est réelle. [...]

Les États-Unis, faute d'avoir à régler nécessairement en or, tout au moins totalement, leurs différences négatives de paiements suivant la règle d'autrefois qui contraignait les États à prendre, parfois avec rigueur, les mesures voulues pour **remédier à leur déséquilibre**, subissent, d'année en année, une balance **déficitaire**. [...]

Nous tenons donc pour nécessaire que les échanges internationaux s'établissent, comme c'était le cas avant les grands malheurs du monde, sur **une base monétaire indiscutable** et qui ne porte la marque d'aucun pays en particulier.

Quelle base ? En vérité, on ne voit pas qu'à cet égard il puisse y avoir de critère, d'étalon, autres que **l'or**. [...] Mais la loi suprême, la règle d'or – c'est bien le cas de le dire – qu'il faut remettre en vigueur et en honneur dans les relations économiques internationales, c'est **l'obligation d'équilibrer**, d'une zone monétaire à l'autre, par rentrées et sorties effectives de métal précieux, **la balance des paiements** résultant de leurs échanges. » [Charles de Gaulle, 04/02/1965]

Techniquement, c'est en fait l'Allemagne, très sensible en matière d'inflation, qui met fin aux accords de Bretton Woods en mai 1971. Les États-Unis ne voulant pas voir partir leur stock d'or, Richard Nixon suspend la convertibilité du dollar en or le 15 août 1971. Le 8 janvier 1976, les Accords de la Jamaïque confirment officiellement l'abandon du rôle légal international de l'or. **Depuis lors, il n'y a plus de système monétaire international organisé** : nous sommes passés en régime de changes flottants (qui s'oppose au régime de change fixe).

Les États européens ont cependant cherché à maintenir une certaine stabilité entre leurs monnaies. Le Serpent monétaire européen mis en place dans les années 1970 ne résiste pas, et cesse en 1978, ce qui conduit l'Europe à créer l'ECU, qui deviendra ensuite la monnaie unique : l'euro.

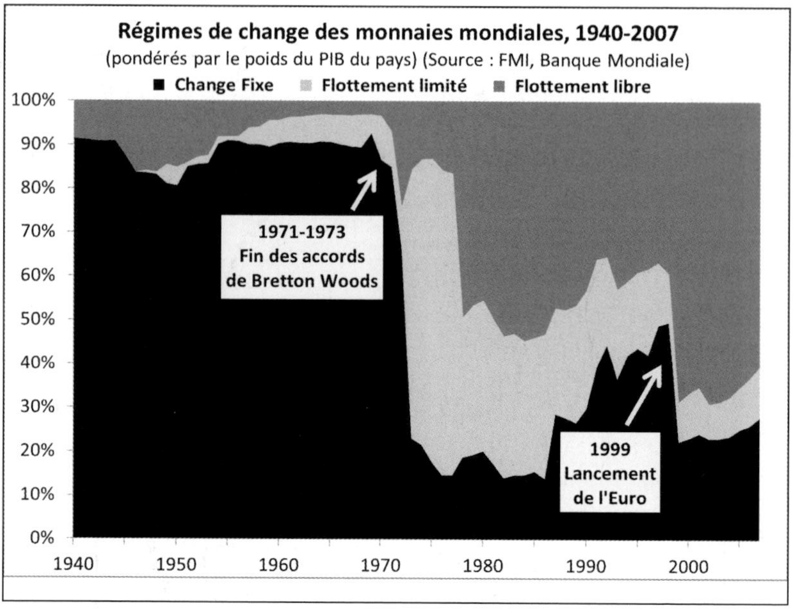

« La justification théorique du système des taux de change flottants, à savoir que les taux de change s'établissent automatiquement à leurs **valeurs d'équilibre**, ne vaut que si les flux monétaires ne correspondent qu'aux transactions sur les biens réels. Mais, en fait, cette condition n'est nullement réalisée dès lors que dans les balances des paiements interviennent des **mouvements massifs de capitaux à court terme** rendant impossible toute régulation des taux de change. » [Maurice Allais, 1999]

Comme on l'observe, la fin des accords de Bretton Woods a sonné le glas de la stabilité monétaire. Il faut également que les changes soient à leur niveau d'équilibre. Un problème important concerne le yuan, qui n'est pas échangeable internationalement car les autorités monétaires chinoises l'en empêchent par un strict contrôle des changes. Elles définissent ainsi une parité fixe avec le dollar, auquel le yuan est donc collé. En pratique, cela revient à ce que les autorités chinoises fixent librement le prix de leurs marchandises en dollars (avec l'accord des États-Unis). Le pro-

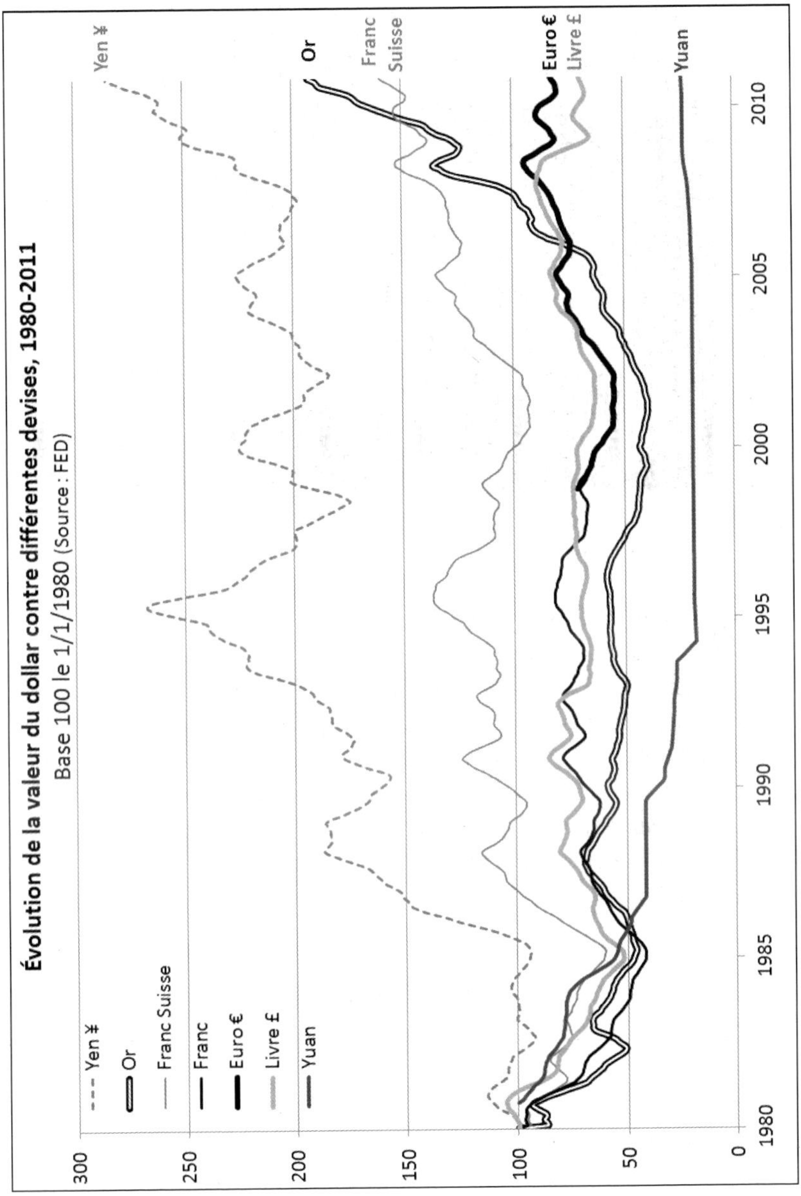

Lecture : le dollar a perdu 70 % de sa valeur contre l'or entre 2000 et 2010

blème est que le niveau fixé est scandaleusement bas, de -30 % à -50 %, et qu'il n'a pas évolué au gré du développement du pays. Il empêche ainsi un rééquilibrage naturel de la balance commerciale, à l'avantage de la Chine.

En synthèse, un régime totalitaire communiste a réussi à développer fortement son pays au détriment des pays capitalistes **grâce au libre-échange, tout en étant un des pays les plus protectionnistes du monde** (par sa monnaie ou ses nombreuses barrières douanières protégeant ses marchés). Concurrence libre et non faussée ?

« La politique chinoise de dépréciation de sa monnaie »
© Pat Bagley – The Salt Lake Tribune

« **Les capitalistes nous vendront eux-mêmes la corde avec laquelle nous les pendrons.** » [Lénine]

© Gérard Mathieu, pour Alternatives économiques

« **La Chine m'inquiète**. Au bout du compte, je ne suis pas certain que les Chinois veuillent vraiment que nous, les étrangers, ayons du succès. » [Jeffrey Immelt, PDG de General Electric, 12/2010]

« Il n'y a en Chine ni marché « normal », ni libre concurrence [...] le parti-État dicte les choix stratégiques. **Les dictatures créent de l'insécurité et de l'arbitraire pour s'assurer l'obéissance**. [...]. Nous, Occidentaux, avons donné aux post-communistes chinois la corde avec laquelle ils souhaitaient nous pendre. [...] Les chefs d'entreprises occidentaux n'ont pas hésité à **donner leurs secrets** de fabrication et à gonfler des réserves de change qui permettent aujourd'hui aux chinois de rafler matières premières et entreprises étrangères. Les marchés financiers ont tout bonnement **financé la survie de la dictature**, son inquiétante expansion impérialiste et son *hubris* nationaliste. Finance et dictature post-communiste ont fait système. » [Bernard Poulet, rédacteur en chef à *L'Expansion*, 12/2010]

> « En Chine, dans la plus grande usine du monde, Longhua, du groupe Foxconn, plus de 300 000 ouvriers fabriquent à la chaîne l'iPhone d'Apple, les téléphones portables Nokia, les consoles de jeu de Sony et les ordinateurs de Dell et Hewlett-Packard. [...]
>
> **Douze heures par jour, six jours par semaine, pour 1300 yuans par mois [156 euros], n'y a-t-il pas de quoi être déprimé ?** », répond Yao Wen, 19 ans, quand on lui demande pourquoi un tel vent de désespoir souffle sur son usine, qui, jusqu'alors, ne connaissait qu'un ou deux suicides par an, contre onze dans les cinq premiers mois de 2010. [...] À Foxconn, les ouvriers sont soumis à un régime quasi militaire, ils sont **privés de vie familiale et amoureuse**. Issus des zones rurales, ils se rendent vite compte que leur salaire de misère ne leur permettra jamais de fonder un foyer, ni d'avoir une place dans la vie urbaine. Ils se sentent comme en prison. » [...] Steve Jobs, le gourou d'Apple, déclare que son groupe « s'attelle au problème », tout en qualifiant l'usine de Foxconn de « **chouette** ». » [*Libération*, 3/6/2010]

Soulignons également que si l'excédent commercial chinois est fortement **surévalué** par sa scandaleuse politique de change, il se trouve que le second exportateur mondial manipule également la sienne, mais d'une autre manière : l'Allemagne bénéficie en effet du parapluie de l'euro, qui lui permet de commercer avec ses voisins sans rééquilibrage monétaire. En clair, si le pays avait conservé son mark, sa valeur aurait fortement augmenté, ce qui aurait diminué les exportations du pays...

Tout ceci est le cœur même de la vision de Maurice Allais, (seul prix Nobel français d'économie, qui se qualifiait de « libéral socialiste »), injustement méconnue.

> « Depuis deux décennies, une nouvelle doctrine s'est peu à peu imposée, **la doctrine du libre-échange mondialiste impliquant la disparition de tout obstacle aux libres mouvements des marchandises, des services et des capitaux**. Suivant cette doctrine, la disparition de tous les obstacles à ces mouvements serait une condition à la fois nécessaire et suffisante d'une allocation optimale des ressources à l'échelle

mondiale. Tous les pays et, dans chaque pays, tous les groupes sociaux verraient leur situation améliorée. Le marché, et le marché seul, était considéré comme pouvant conduire à un équilibre stable, d'autant plus efficace qu'il pouvait fonctionner à l'échelle mondiale. En toutes circonstances, il convenait de se soumettre à sa discipline. [...]

Les partisans de cette doctrine, de ce nouvel intégrisme, étaient devenus aussi dogmatiques que les partisans du communisme avant son effondrement définitif avec la chute du Mur de Berlin en 1989. [...]

Suivant une opinion actuellement dominante, le chômage, dans les économies occidentales, résulterait essentiellement de **salaires réels trop élevés et de leur insuffisante flexibilité**, du progrès technologique accéléré qui se constate dans les secteurs de l'information et des transports, et d'une politique monétaire jugée indûment restrictive.

En fait, **ces affirmations n'ont cessé d'être infirmées** aussi bien par l'analyse économique que par les données de l'observation. La réalité, c'est que **la mondialisation est la cause majeure du chômage massif et des inégalités** qui ne cessent de se développer dans la plupart des pays. Jamais des erreurs théoriques n'auront eu autant de conséquences aussi perverses. [...]

La récente réunion du G20 a de nouveau proclamé sa dénonciation du « **protectionnisme** », dénonciation absurde à chaque fois qu'elle se voit exprimée sans nuance, comme cela vient d'être le cas. Nous sommes confrontés à ce que j'ai par le passé nommé « des **tabous indiscutés** dont les effets pervers se sont multipliés et renforcés au cours des années ». **Car tout libéraliser, on vient de le vérifier, amène les pires désordres.**

Les grands dirigeants de la planète montrent une nouvelle fois leur **ignorance** de l'économie qui les conduit à confondre deux sortes de protectionnismes : il en existe certains de néfastes, tandis que d'autres sont entièrement justifiés. Dans la première catégorie se trouve le protectionnisme entre pays à salaires comparables, qui n'est pas souhaitable en général. **Par contre, le protectionnisme entre pays de niveaux de vie très différents est non seulement justifié, mais absolument nécessaire. C'est en particulier le cas à propos de la Chine, avec laquelle il est fou d'avoir supprimé les protec-**

tions douanières aux frontières. Mais c'est aussi vrai avec des pays plus proches, y compris au sein même de l'Europe. Il suffit au lecteur de s'interroger sur la manière éventuelle de lutter contre des coûts de fabrication cinq ou dix fois moindres - si ce n'est des écarts plus importants encore - pour constater que la concurrence n'est pas viable dans la grande majorité des cas.

Toute cette analyse montre que **la libéralisation totale des mouvements de biens, de services et de capitaux** à l'échelle mondiale, objectif affirmé de l'Organisation mondiale du commerce (OMC) à la suite du GATT, **doit être considérée à la fois comme irréalisable, comme nuisible, et comme non souhaitable**. [...]

Plus concrètement, les règles à dégager sont d'une simplicité folle : du chômage résulte des délocalisations, elles-mêmes dues aux trop grandes différences de salaires... À partir de ce constat, ce qu'il faut entreprendre en devient tellement évident ! Il est indispensable de **rétablir une légitime protection**. [...]

En fait, on ne saurait trop le répéter, la libéralisation totale des échanges et des mouvements de capitaux n'est possible et n'est souhaitable que dans le cadre d'**ensembles régionaux**, groupant des pays économiquement et politiquement associés, de **développement économique et social comparable**, tout en assurant un marché suffisamment large pour que la concurrence puisse s'y développer de façon efficace et bénéfique. [...]

Chaque organisation régionale doit pouvoir mettre en place dans un cadre institutionnel, politique et éthique approprié une protection raisonnable vis-à-vis de l'extérieur. Cette protection doit avoir un double objectif :

- éviter les distorsions indues de concurrence et les effets pervers des perturbations extérieures ;
- rendre impossibles des spécialisations indésirables et inutilement génératrices de déséquilibres et de chômage, tout à fait contraires à la réalisation d'une situation d'efficacité maximale à l'échelle mondiale, associée à une répartition internationale des revenus communément acceptable dans un **cadre libéral et humaniste**.

Dès que l'on transgresse ces principes, **une mondialisation forcenée et anarchique devient un fléau destructeur**, partout où elle se propage. [...]

L'absence d'une telle protection apportera la destruction de toute l'activité de chaque pays ayant des revenus plus élevés, c'est-à-dire de toutes les industries de l'Europe de l'Ouest et celles des pays développés. Car il est évident qu'avec le point de vue doctrinaire du G20, **toute l'industrie française finira par partir à l'extérieur.** Il m'apparaît scandaleux que des entreprises ferment des sites rentables en France ou licencient, tandis qu'elles en ouvrent dans les zones à moindres coûts [...]. Si aucune limite n'est posée, ce qui va arriver peut d'ores et déjà être annoncé aux Français : une augmentation de la destruction d'emplois, une croissance dramatique du chômage non seulement dans l'industrie, mais tout autant dans l'agriculture et les services. »

« En réalité, ceux qui, à Bruxelles et ailleurs, au nom des prétendues nécessités d'un prétendu progrès, au nom d'un **libéralisme mal compris**, et au nom de l'Europe, veulent ouvrir l'Union européenne à tous les vents d'une économie mondialiste dépourvue de tout cadre institutionnel réellement approprié et dominée par **la loi de la jungle**, et la laisser désarmée sans aucune protection raisonnable ; ceux qui, par là même, sont d'ores et déjà personnellement et directement responsables d'innombrables misères et de la perte de leur emploi par des millions de chômeurs, ne sont en réalité que les défenseurs d'une idéologie abusivement simplificatrice et destructrice, les hérauts d'une **gigantesque mystification**. [...]

Au nom d'un pseudo-libéralisme, et par la multiplication des déréglementations, s'est installée peu à peu une espèce de chienlit mondialiste laissez-fairiste. Mais c'est là oublier que l'économie de marché n'est qu'un **instrument** et qu'elle ne saurait être dissociée de son contexte institutionnel, politique et éthique. Il ne saurait être d'économie de marché efficace si elle ne prend pas place dans un cadre institutionnel et politique approprié, et une société **libérale** n'est pas et ne saurait être une société **anarchique**.

Cette domination se traduit par un incessant **matraquage** de l'opinion par certains médias financés par de puissants lobbies plus ou moins occultes. **Il est pratiquement interdit de mettre en question la mondialisation des échanges comme cause**

du chômage.

Personne ne veut, ou ne peut, reconnaître cette évidence : si toutes les politiques mises en œuvre depuis trente ans ont échoué, c'est que l'on a constamment refusé de s'attaquer à la racine du mal, la libéralisation mondiale excessive des échanges. Les causes de nos difficultés sont très nombreuses et très complexes, mais une d'elles domine toutes les autres : **la suppression progressive de la Préférence Communautaire** à partir de 1974 par « l'Organisation de Bruxelles » à la suite de l'entrée de la Grande-Bretagne dans l'Union européenne en 1973.

La mondialisation de l'économie est certainement très profitable pour quelques groupes de privilégiés. Mais les intérêts de ces groupes ne sauraient s'identifier avec ceux de l'humanité tout entière. Une mondialisation précipitée et anarchique ne peut qu'engendrer partout instabilité, chômage, injustices, désordres, et misères de toutes sortes, et elle ne peut que se révéler finalement désavantageuse pour tous les peuples. »

« En réalité, l'économie mondialiste qu'on nous présente comme une panacée ne connaît qu'un seul critère, « l'argent ». **Elle n'a qu'un seul culte, « l'argent ». Dépourvue de toute considération éthique, elle ne peut que se détruire elle-même.**

Partout se manifeste une **régression des valeurs morales**, dont une expérience séculaire a montré l'inestimable et l'irremplaçable valeur. **Le travail, le courage, l'honnêteté ne sont plus honorés. La réussite économique, fondée trop souvent sur des revenus indus**, ne tend que trop à devenir le seul critère de la considération publique.

En engendrant des inégalités croissantes et la suprématie partout du culte de l'argent avec toutes ses implications, le développement d'une politique de libéralisation mondialiste anarchique a puissamment contribué à accélérer la désagrégation morale des sociétés occidentales. » [Maurice Allais, extraits rédigés entre 1990 et 2009]

Une application erronée d'une théorie correcte : la théorie des coûts comparés

« La justification de la politique de libre-échange mondialisé de l'OMC se fonde dans ses principes sur la théorie des coûts comparés présentée par Ricardo en 1817. [NDR : elle explique que, dans un contexte de libre-échange, chaque pays, s'il se spécialise dans la production pour laquelle il dispose de la productivité la plus forte ou la moins faible, comparativement à ses partenaires, accroîtra sa richesse nationale. Ricardo donne l'exemple de l'avantage comparatif du vin pour le Portugal, et des draps pour l'Angleterre]

Mais ce modèle repose sur une hypothèse essentielle, à savoir que **la structure des coûts comparatifs reste invariable au cours du temps**. En fait, il n'en est ainsi que dans le cas des ressources naturelles. [...] Par contre, **dans le domaine industriel, aucun avantage comparatif ne saurait être considéré comme permanent**. Chaque pays aspire légitimement à rendre ses industries plus efficaces, et il est souhaitable qu'il puisse y réussir. Il résulte de là que la diminution ou la disparition de certaines activités dans un pays développé en raison des avantages comparatifs d'aujourd'hui pourront se révéler demain fondamentalement désavantageuses dès lors que ces avantages comparatifs **disparaîtront** et qu'il faudra **rétablir** ces activités. Tel est le cas, par exemple aujourd'hui en France de la sidérurgie, du textile, de la construction navale. [...]

Même lorsqu'il existe des avantages comparatifs de caractère permanent, il peut être tout à fait contre-indiqué de laisser s'établir les spécialisations qui seraient entraînées par une politique généralisée de libre-échange. Ainsi dans le cas de l'agriculture, le libre-échange n'aurait d'autre effet que de faire disparaître presque totalement l'agriculture de l'Union européenne [ce qui serait] de nature à compromettre son **indépendance en matière alimentaire**. [...]

Bien plus encore, la théorie simpliste et naïve du commerce international sur laquelle s'appuient les grands gourous du libre-échange mondialiste néglige complètement les **coûts externes** et les **coûts de transition**, et elle ne tient aucun compte des **coûts psychologiques**, très supérieurs aux coûts monétaires, subis par tous ceux que la libéralisation des échanges condamne au chômage et à la détresse. [Maurice Allais, prix Nobel d'économie en 1988, préface de *La mondialisation : La destruction des emplois et de la croissance, l'évidence empirique*, 1999]

« **La concurrence est naturellement malfaisante**. Elle devient **bienfaisante** lorsqu'elle s'exerce dans le cadre juridique qui la plie aux exigences de l'optimum du rendement social. » [Maurice Allais, 1943]

« **Le libre-échange intégral et la démocratie sont incompatibles**, tout simplement parce que **la majorité des gens ne veut pas du libre-échange.** Donc, soit la démocratie gagne et on renonce au libre-échange, soit on supprime le suffrage universel parce qu'il ne donne pas les résultats souhaités par les libéraux. Le seul pays à avoir jamais inscrit dans sa Constitution le libre-échange a été les États américains sudistes, esclavagistes. Le Nord, industriel et démocratique, derrière Lincoln, était protectionniste. Normal, puisque **le protectionnisme définit une communauté solidaire et relativement égalitaire**, alors que le libre-échange suppose des ploutocrates et une plèbe. » [Emmanuel Todd, 2007]

« Dans le monde actuel, capital et travail ne luttent pas à armes égales. Le capitalisme est mondial, le syndicalisme, comme la démocratie, est resté local. » [Jacques Attali, *L'Expansion*, 12/2010]

« L'Europe passe pour l'idiot du village global. » [Hubert Védrine]

La vision de Keynes en 1933 :
« De l'autosuffisance nationale »

« Comme la plupart des Anglais, j'ai été élevé dans le respect du libre-échange, considéré [...] presque comme une composante de la morale. Je considérais les entorses à ce principe comme stupides et scandaleuses. [...] J'ai cependant changé d'orientation, comme beaucoup de mes contemporains. [...] C'est **un long processus que celui de s'arracher à des modes de pensée** qui étaient ceux d'avant la guerre, ceux du XIXe siècle. Il est surprenant de constater combien un esprit traîne d'oripeaux obsolètes même après avoir changé ses conceptions centrales. [...]

Nous sommes aujourd'hui pacifistes [...] Mais il n'est pas évident que concentrer ses efforts sur la conquête de marchés étrangers, introduire dans les structures économiques d'un pays les ressources et l'influence de capitalistes étrangers et dépendre étroitement des politiques des autres pour sa propre vie économique garantisse la paix entre les nations. L'expérience et la prévoyance nous permettraient même d'affirmer le contraire. [...]

Je me sens donc plus proche de ceux qui souhaitent **diminuer l'imbrication des économies nationales** que de ceux qui voudraient l'accroître. Les idées, le savoir, la science, l'hospitalité, le voyage, doivent par nature être internationaux. **Mais produisons chez nous chaque fois que c'est raisonnablement et pratiquement possible, et surtout faisons en sorte que la finance soit nationale**. Cependant, il faudra que ceux qui souhaitent dégager un pays de ses liens le fassent avec prudence et sans précipitation. [...] En bref, l'autosuffisance nationale, même si elle a un coût, est un luxe que nous aurions les moyens de nous offrir, si nous le souhaitions. [...]

Le capitalisme international et néanmoins individualiste, décadent mais dominant depuis la fin de la guerre, n'est pas une réussite. Il n'est ni intelligent, ni beau, ni juste, ni vertueux, et il ne tient pas ses promesses. En bref, nous ne l'aimons pas et nous commençons à le mépriser. Mais quand nous nous demandons par quoi le remplacer, nous sommes extrêmement perplexes. [...]

L'internationalisme économique, avec ce qu'il comporte de libre mouvement, de capitaux et de fonds à investir, aussi bien que de libre-échange de marchandises, peut condamner mon propre pays, pour une génération, à un niveau de prospérité matérielle inférieur à celui qu'il pourrait atteindre dans un système différent. [...]

Cette nouvelle façon de voir les choses a une autre explication. Le XIXe siècle a donné une place extravagante à ce que l'on peut désigner, pour faire court, aux **« résultats financiers », promus critère d'appréciation de toute action**, qu'elle soit publique ou privée. [...]

La même règle de calcul financier, autodestructrice, régit chaque moment de la vie. Nous détruisons la beauté de la campagne parce que les splendeurs d'une nature qui n'appartient à personne n'ont aucune valeur économique. Nous sommes capables d'éteindre le soleil et les étoiles parce qu'ils ne rapportent aucun dividende. [...]

Je ne voudrais pas que l'on croie que j'approuve ce qui est actuellement fait par les politiques au nom du nationalisme économique. Loin de là. Mais mes critiques sont celles d'un homme portant un regard amical et sympathique sur les expérimentations menées avec obstination dans le monde contemporain, qui souhaite qu'elles réussissent, qui a lui-même des projets dans ce sens et qui, en dernier ressort, préfère n'importe quoi plutôt que ce que les rapports financiers appellent « l'opinion de Wall Street ».

Les nouveaux modèles économiques vers lesquels nous avançons à tâtons sont, par nature, au stade de l'expérimentation. Nous n'avons pas en tête, prête à l'emploi, l'idée exacte de ce que nous voulons. Nous la découvrirons chemin faisant, et nous devrons lui donner forme en fonction de notre expérience. Ce processus de critiques courageuses, libres et sans merci est la condition *sine qua non* du succès final. **Nous avons besoin du concours de tous les esprits brillants du moment**. » [John Maynard Keynes, *De l'autosuffisance Nationale*, The Yale Review, juin 1933, cité par la revue *L'économie politique*, 2006]

6. 60 ans de vie de l'économie française

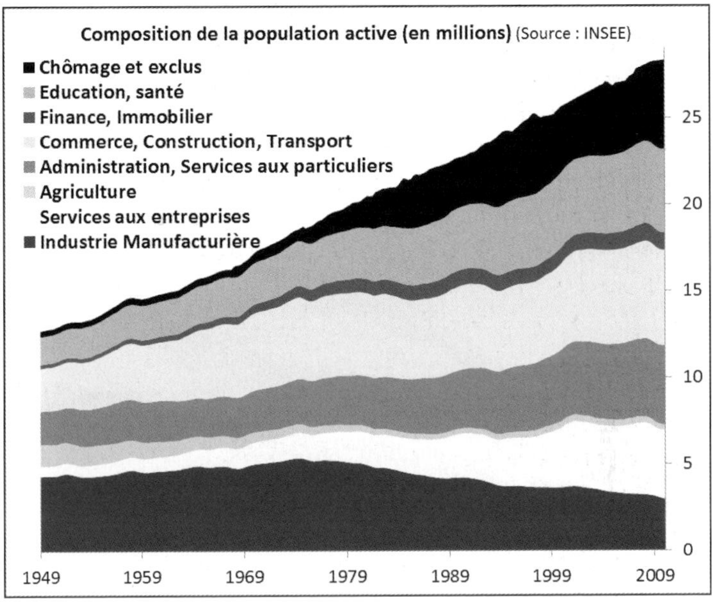

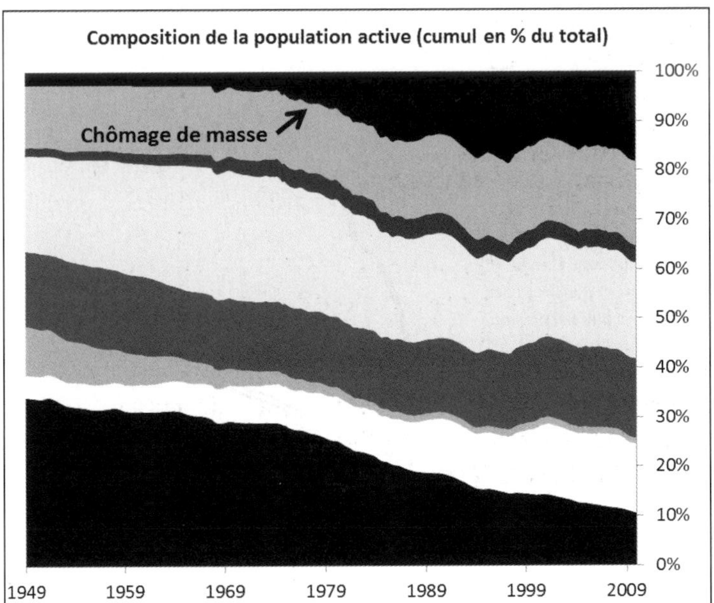

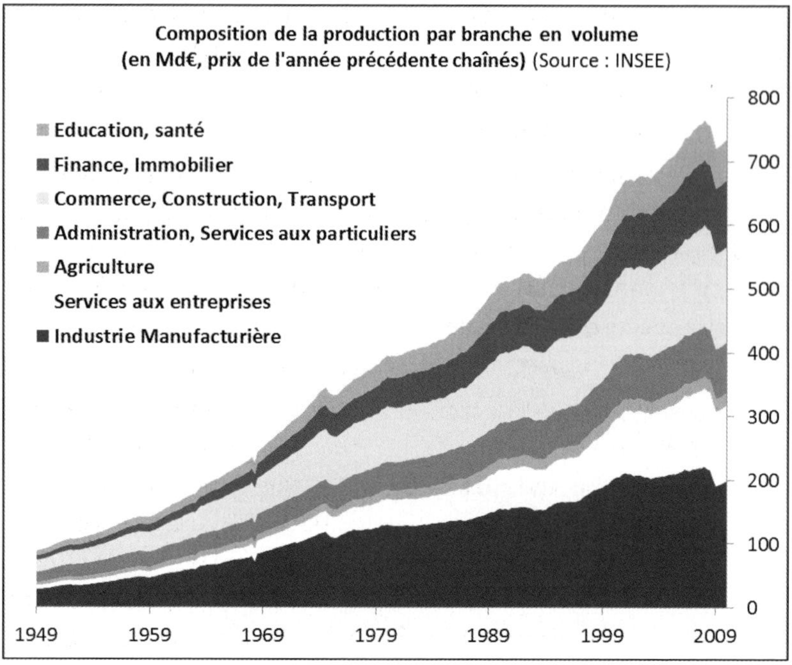
Composition de la production par branche en volume
(en Md€, prix de l'année précédente chaînés) (Source : INSEE)
Education, santé
Finance, Immobilier
Commerce, Construction, Transport
Administration, Services aux particuliers
Agriculture
Services aux entreprises
Industrie Manufacturière
800
700
600
500
400
300
200
100
0
1949
1959
1969
1979
1989
1999
2009

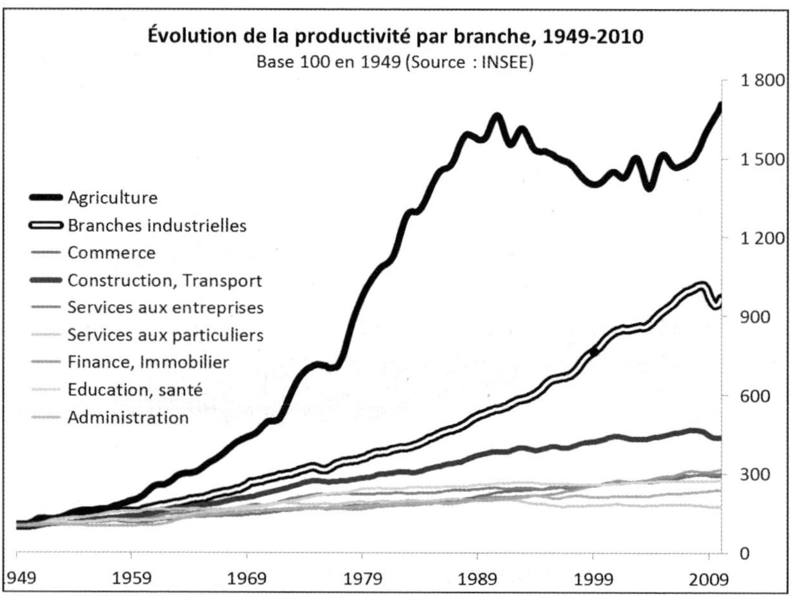
Évolution de la productivité par branche, 1949-2010
Base 100 en 1949 (Source : INSEE)
Agriculture
Branches industrielles
Commerce
Construction, Transport
Services aux entreprises
Services aux particuliers
Finance, Immobilier
Education, santé
Administration
1 800
1 500
1 200
900
600
300
0
949
1959
1969
1979
1989
1999
2009

Nous constatons sur les graphiques précédents l'évolution du système productif français par branche depuis 1949, tant au niveau des emplois que de la production. Nous ne commenterons ici que les très grandes tendances.

Le fait marquant est évidemment **la rupture historique de 1973**, qui marque **la fin du plein emploi** avec la très forte croissance du chômage et de l'exclusion (qu'il faut impérativement prendre en compte dans l'analyse, sous peine d'avoir une vision faussée). On passe ainsi d'un taux de 4 % à un taux fluctuant entre 15 et 25 %, autour de quatre millions de personnes.

Le second point est **la très forte chute du nombre d'emplois dans l'industrie** – la rupture est frappante, car depuis 1973 le nombre d'emplois industriels baisse continûment chaque année, malgré la croissance de la population active. Pourtant, la production industrielle, elle, ne cesse de croître, du moins jusqu'en 2008. Cela fait que la baisse de la part de la production industrielle dans le PIB a été relativement continue : elle n'a baissé que de cinq points alors que l'emploi industriel a baissé de près de vingt points.

Ceci implique donc **une forte hausse de la productivité industrielle**. On constate qu'elle a effet été multipliée par dix en soixante ans, ce qui est évidemment considérable. La mécanisation puis la robotisation l'ont fait croître en permanence, avec deux phases particulières d'accélération autour de 1985 et de 1995.

Autre point marquant : la poursuite de **la chute de l'emploi agricole**, qui passe de 10 % des emplois à 2 %. Mais tout comme pour l'industrie, la production agricole n'a pas baissé, et sa part dans le PIB a décru très lentement. Elle détient le record de la hausse de la productivité, multipliée par 16 en 40 ans. Elle a stagné entre 1985 et 2005 et progresse depuis lors.

Tous les autres secteurs ont connu une croissance proche de la productivité de l'ordre de 200 à 300 % en soixante ans.

Depuis 1973, les secteurs suivants ont vu leur part dans l'emploi baisser de :

- **-18 % pour l'Industrie** ;
- -5 % pour la Construction ;

- -2 % pour l'Agriculture ;
- -1 % pour le Commerce.

Cette baisse de 26 % étant compensé par la hausse de :

- **+6 % pour les services aux entreprises** ;
- +3 % pour l'Éducation et la Santé ;
- +2 % pour les services aux particuliers ;
- et surtout **+15 % pour le chômage** et les différentes formes d'exclusion.

Une partie de la baisse de l'emploi industriel est toutefois à relativiser quelque peu, puisque les entreprises industrielles ont externalisé certaines de leurs activités (informatique...), et qu'elles font aussi plus appel à l'intérim, activités qui sont toutes classées sous le vocable de services aux entreprises. Mais quoi qu'il en soit, le solde reste très largement négatif.

Rappelons à ce stade quelques notions simplifiées sur l'exploitation d'une entreprise :

- le Chiffre d'Affaires (CA) correspond aux ventes ;
- la Valeur Ajoutée (dite « brute au coût des facteurs », VA cf.) est égale au CA moins les consommations et impôts de production ;
- l'Excédent Brut d'Exploitation (EBE, marge brute avant amortissements) égal à la VA moins la rémunération salariale ;
- le Résultat d'Exploitation, égal à l'EBE moins les amortissements.

L'EBE n'est qu'un solde de gestion intermédiaire. Il sert ensuite à payer les charges financières (intérêts d'emprunts), l'impôt sur les sociétés, les actionnaires (dividendes) et à constituer l'autofinancement de l'entreprise.

Observons alors l'évolution du partage de la valeur ajoutée en France. Tordons d'abord le cou à une idée reçue : non, en France,

la part des rémunérations des salariés dans la valeur ajoutée n'a pas été notablement modifiée au cours des cinquante dernières années.

On constate bien une forte hausse vers 1982, mais il convient de reconnaître qu'il s'agissait d'une profonde « anomalie », due à un contexte particulier de crise. C'était alors une déformation trop importante en faveur des salariés (une toute autre époque...), puisque les entreprises ont distribué ces années-là une partie de leurs fonds propres en salaires. La situation de cette période 1980-1983 n'était évidemment pas durable, et elle a contribué à l'effondrement de grands pans de l'industrie française. Elle ne peut donc servir de référence, si ce n'est pour une manipulation idéologique de l'opinion.

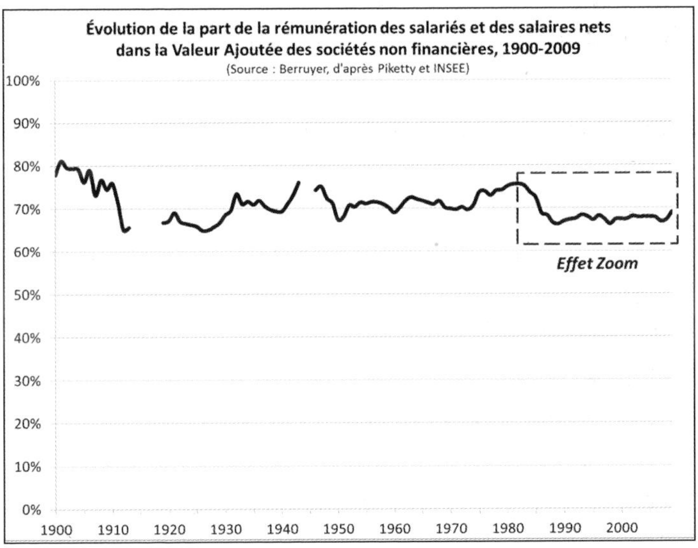

On constate au contraire une très grande stabilité de la distribution depuis près de vingt-cinq ans, correspondant pratiquement au niveau des années 1950 et 1960. Soulignons au passage le fait que l'échelle d'un graphique peut en fausser la perception en faisant apparaître une légère fluctuation comme un gouffre ; si on limite (comme souvent) quasi frauduleusement l'étude à la période commençant à 1982 (« effet zoom »), la manipulation est évidente.

En fait, on essaie souvent de faire montrer à cet indicateur un écrasement des salaires au bénéfice des actionnaires, comme s'il mesurait le partage « capital / travail ». Or, ce n'est pas le bon indicateur pour cela. Il ne mesure qu'une répartition entre des rémunérations et un solde intermédiaire, qui comprend les dividendes mais aussi des amortissements, des intérêts, des impôts. Il ne dit rien sur la « taille du gâteau » et, plus gênant, il ne tient pas compte de la composition de l'économie. Car la masse de la rémunération des actionnaires dépend aussi du montant des capitaux engagés : il en faut beaucoup pour de l'industrie (où la part des rémunérations est logiquement plus faible que la moyenne), peu pour les services (où elle est plus forte). Le montant absolu ne renseigne pas sur la rentabilité des capitaux engagés.

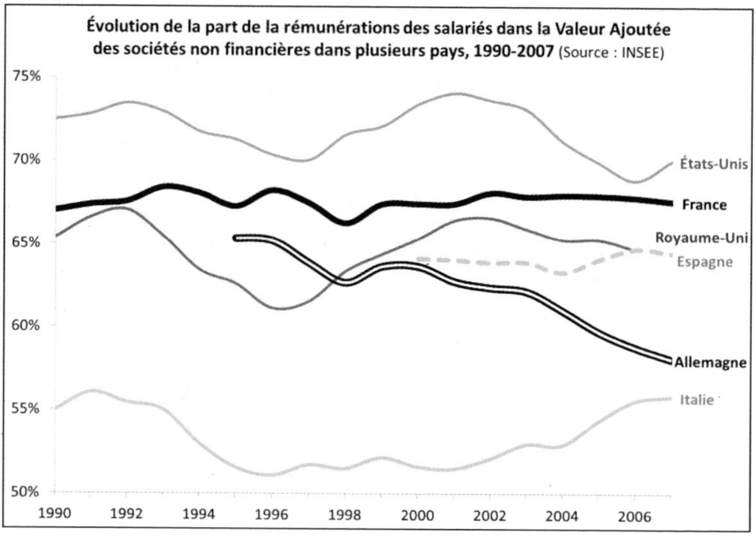

Une comparaison internationale montre ce phénomène : le niveau est très variable d'un pays à l'autre – car la part des industries et des services l'est également. En revanche, on observe bien qu'a eu lieu en Allemagne une forte baisse de la part des salaires – ce qui illustre la politique de compression salariale qu'elle a menée afin d'augmenter sa compétitivité et doper ses exportations. Mais nous y reviendrons plus loin.

Italie, Espagne, Royaume-Uni ont plutôt connu une tendance stable, les États-Unis une tendance plutôt orientée à la baisse.

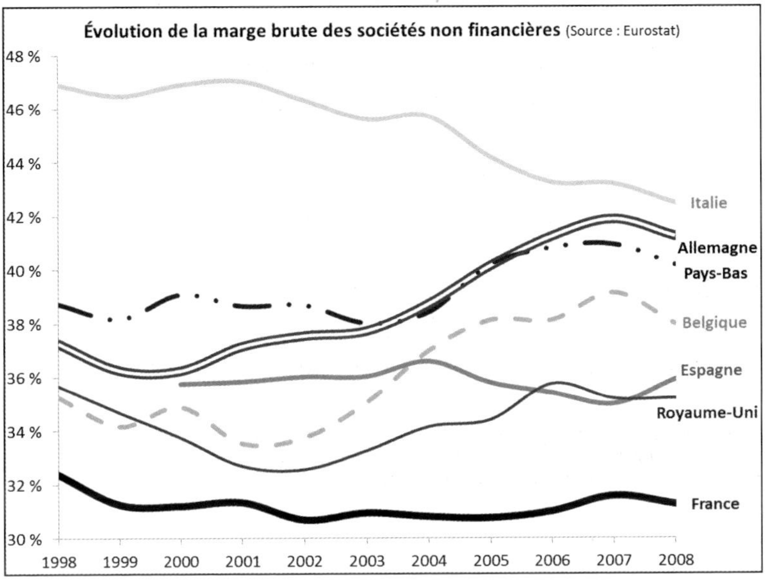

On constate également sur le graphique précédent que la France est lanterne rouge par rapport à ses partenaires en termes de profits : nos entreprises sont moins profitables que leurs concurrentes, dont la plupart ont augmenté leurs marges au cours de la décennie passée.

7. Le financiarisme en France

Analysons de plus près les données-clés liées aux marges des entreprises françaises, afin d'étudier leur devenir.

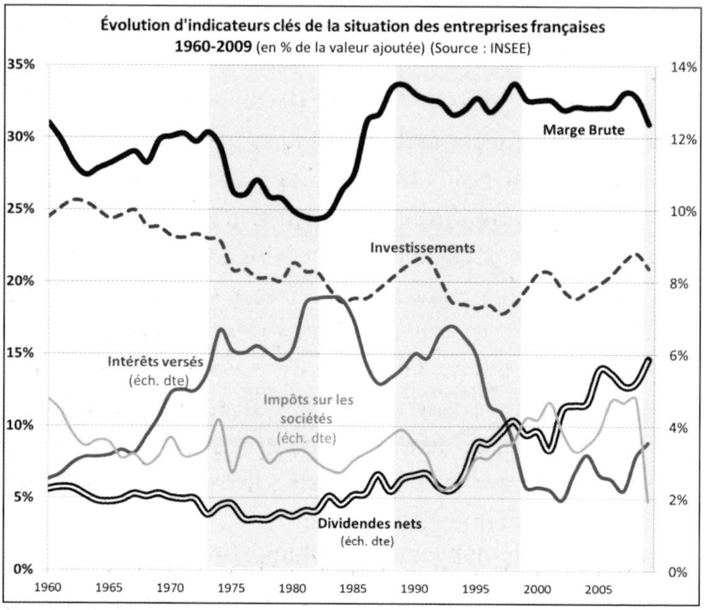

On peut définir six périodes dans la vie économique de nos entreprises au cours des cinquante dernières années :

- **1960-1973** : durant cette période de relative **prospérité**, les entreprises augmentent légèrement leurs profits (tout en investissant moins), et la charge de leur dette augmente ;
- **1973-1982** : période de **crise**. Les chocs pétroliers font s'effondrer leur marge. La chute des investissements se poursuit, ainsi que la hausse de leur endettement qui contribue à la dégradation de leur situation financière – tout comme la hausse des salaires précédemment évoquée. À la fin de la période, les entreprises sont en sous-investissement (pénalisant donc la croissance future), en surendettement, et ne peuvent plus rémunérer correctement les apporteurs de capitaux ;

- **1982-1988** : période de **très forte reprise**, soutenue par les plans de rigueur de 1982 et 1983 et la « désinflation compétitive ». Le taux de marge explose, passant du plus bas historique de 24 % au plus haut de 34 %. La chute de l'investissement est enrayée, grâce au retour des profits (comme le montre la hausse de l'impôt sur les sociétés et des dividendes). Les entreprises se désendettent ;
- **1988-1998** : période de **rétablissement** de l'économie. Le taux de profit est stable, gravitant en début et en fin de période sur ses plus hauts. Il est peu impacté par la récession de 1992 (qui grève temporairement les bénéfices). Les entreprises se désendettent et bénéficient fortement de la baisse des taux d'intérêt ; la diminution des intérêts versés fait plus que compenser la hausse des dividendes. On note surtout un problème au niveau des investissements (plus bas historique de 18 % en 1997 !), qui ne sont plus fortement corrélés aux taux de marge et d'épargne, et se stabilisent à un niveau trop bas. En revanche, le taux de distribution de dividendes augmente fortement ;
- **1998-2008** : période de **dégradation** « souterraine » insidieuse. Les marges brutes restent stables pendant la période, tout comme les intérêts financiers. Pourtant, les bénéfices augmentent fortement, et les dividendes versés augmentent encore plus. Aucun miracle dans cette situation, la réponse est l'**endettement**. Il a constamment augmenté depuis 1999 – allant jusqu'à des hausses historiques de plus de **15 % par an** en 2000. Cela n'apparaît pas clairement dans les intérêts versés, car la période a coïncidé avec des taux d'intérêts maintenus extrêmement bas, facilitant ce dangereux endettement ;
- **2008-20... : la grande Crise**. Tous les indicateurs plongent, la chute la plus frappante étant celle de l'impôt sur les sociétés, avec un impact direct sur les finances publiques. N'augmentent que les intérêts versés (en raison de la poursuite de l'endettement) et bien plus étonnant dans ce contexte,

le taux de **dividendes** versés, ce qui conforte notre propos précédent sur le financiarisme. Il faut enfin remarquer le net parallélisme entre la situation de 2009 et celle de 1973 ; la crise actuelle pourrait avoir les mêmes effets à l'avenir.

On peut enfin résumer cette vision sur un graphique cumulant les données pour visualiser le partage de la marge brute :

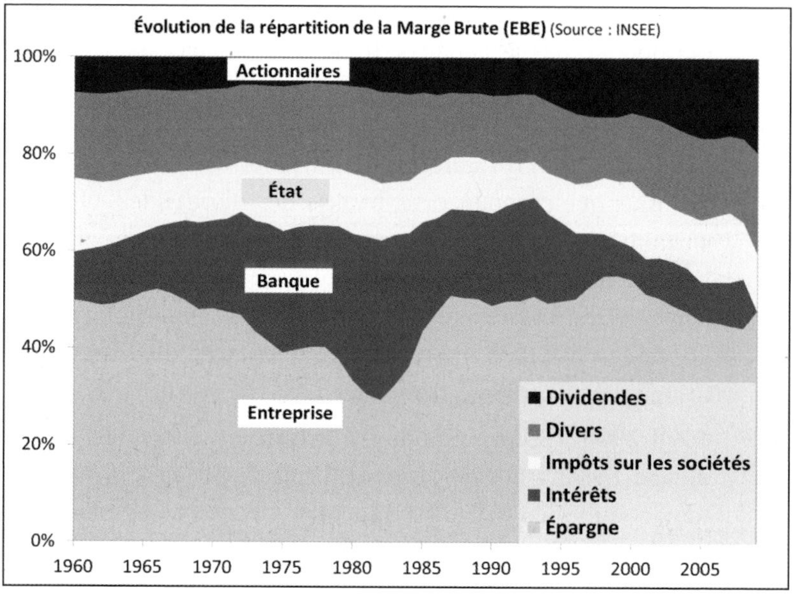

Sautent donc aux yeux le bol d'air occasionné par la baisse des taux d'intérêts dans les années 1980, et la distribution croissante de dividendes aux actionnaires – qui ne s'est pas faite au **détriment des salariés**, rappelons-le, mais **de l'entreprise** elle-même. On observe sur le graphique suivant la hausse continue de l'endettement au cours des années 2000.

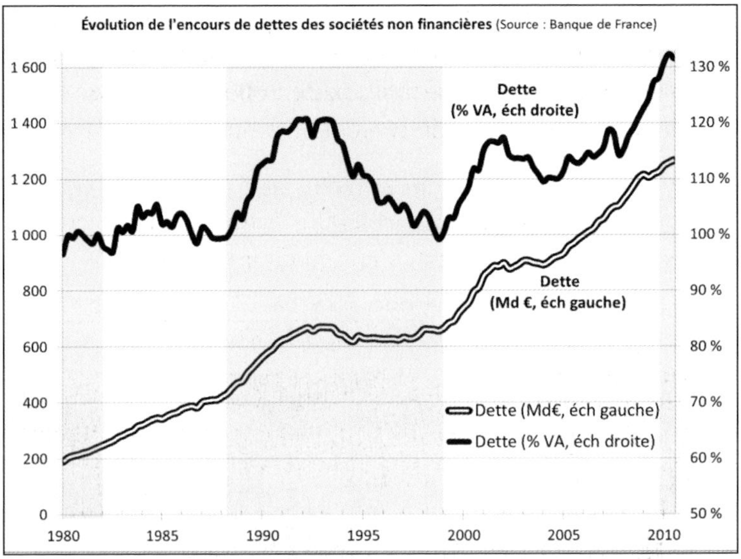

Observons ensuite l'évolution du profit distribuable :

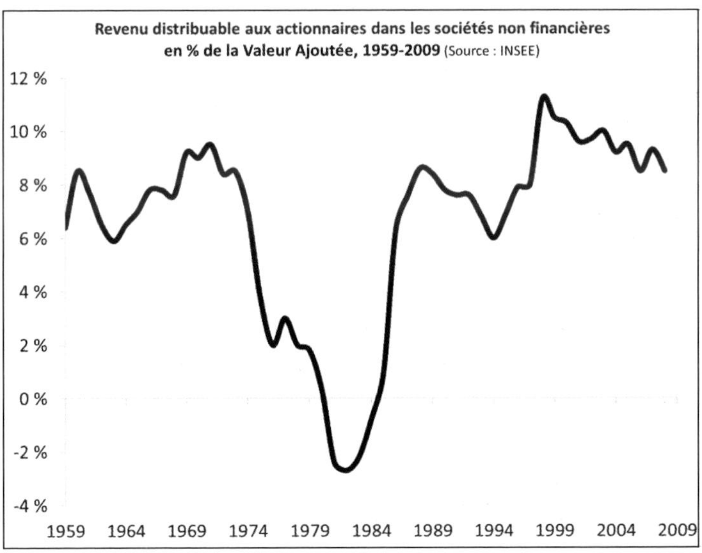

On constate bien l'anomalie de 1982 : les entreprises ont bien distribué leurs fonds propres en hausse de salaires. Cette situation ne pouvait évidemment pas durer...

On peut simplement conclure qu'au cours des dernières années, le profit distribuable en France n'a pas augmenté. Mais ce n'est pas le cas de la distribution finale aux actionnaires. Car tout est bon pour flatter l'actionnaire, puisque :

« **Chaque jour, sur le marché, les entreprises sont à vendre.** » [Frédéric Lordon]

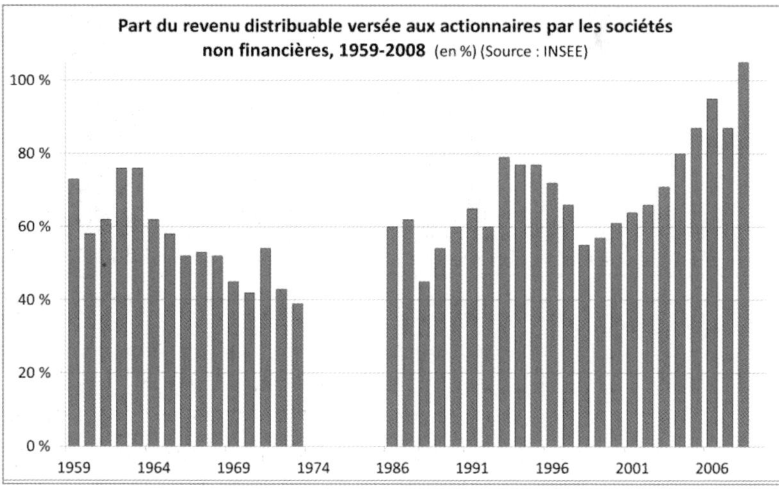

Comme on le constate, et alors que la part des salariés reste stable, et que le profit distribuable a tendance à diminuer, les actionnaires obtiennent des **distributions de plus en plus élevées**, allant jusqu'à la totalité du disponible, voire même une part des capitaux propres ! Contrairement à ce à quoi on pouvait s'attendre, les actionnaires ne s'en sont donc pas pris aux salariés, mais à l'entreprise ! **C'est finalement cela le financiarisme : un système productif sous-investisseur et sur-distributeur**. On aboutit alors à un phénomène d'usure actionnariale (au sens d'usurier).

Enfin, si on ne devait retenir qu'un graphique illustrant la pression rapace des actionnaires dans le financiarisme, cela pourrait être celui-ci : certes, les bénéfices ont fondu en 2009, mais les actionnaires ont obtenu une **part majorée de 50 %** par rapport à

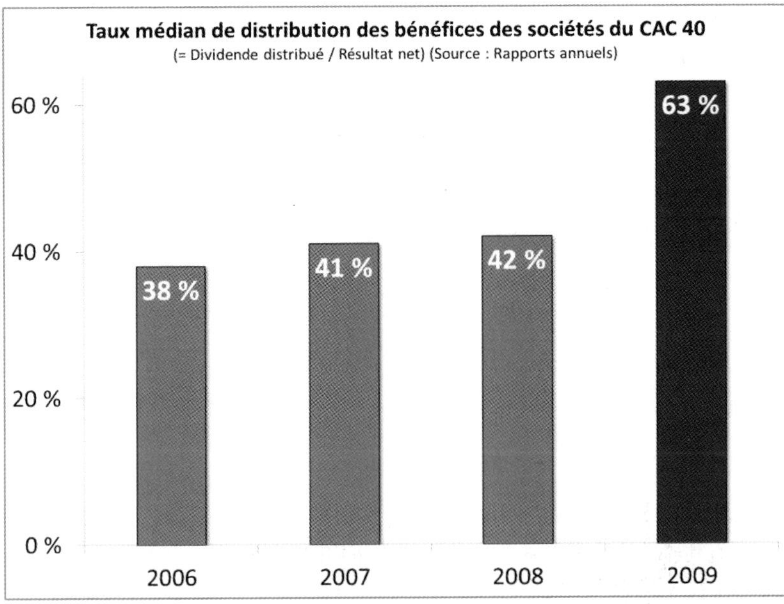

la situation d'avant la crise : ils n'imaginent plus ne rien recevoir, pour aider l'entreprise dans les moments difficiles comme doit le faire un actionnaire. Ils veulent désormais la sécurité du prêteur obligataire et la **rentabilité** de l'actionnaire...

« Dans ce contexte récessif, France Télécom a néanmoins annoncé le maintien de la politique de dividende élevé : **1,40 € par action pour 2009**, soit le versement de 3,65 milliards d'euros aux actionnaires, alors que le résultat net du groupe en données publiées s'établit à 2,997 milliards d'euros et le résultat net consolidé n'est que de 3,47 milliards d'euros. **France Télécom va donc verser des dividendes supérieurs aux bénéfices**. Ce que confirment bien les documents de référence, qui indiquent un **résultat net par action de 1,13 €**.

Cette décision choquante et **surréaliste** [constitue] un dévoiement des règles du capitalisme, qui pour autant ne bénéficie pas au cours de l'action France Télécom. La politique de dividendes élevés, selon la Direction financière, a pour objectif de soutenir le cours de l'action. **Mais les investisseurs sont ingrats**. Si France Télécom leur permet d'obtenir la meilleure rentabilité du CAC40 (entre 8,2 et 8,5 % de rentabilité sur capitaux investis selon la période de référence prise en compte), le cours de l'action a perdu plus de 30 % en deux ans, alors que l'indice CAC40 a, sur la même période, gagné plus de 4 %.

Il convient ici de rappeler deux règles-clés du capitalisme, de plus en plus souvent bafouées. D'abord, **la source essentielle du gain pour l'actionnaire, c'est la croissance du cours de l'action** – basé sur les perspectives de croissance de l'entreprise – qui lui permet de réaliser une plus-value. Ensuite, selon les théories de la valeur actionnariale, les actionnaires doivent obtenir un rendement supérieur à celui d'un rendement sans risque, puisqu'ils prennent précisément un risque. **L'actionnaire est donc censé être un partenaire de l'entreprise, qui gagne quand elle gagne, et perd quand elle perd**.

Mais les dérives du capitalisme financier sont telles qu'aujourd'hui, **l'actionnaire capte toute la valeur**, au-delà même de ce qui est engrangé par l'activité opérationnelle de l'entreprise, et **qu'on lui garantit**, via la politique de dividendes élevés, **un rendement sans risque** !

L'ADEAS souhaite que l'entreprise se dégage de l'aliénation aux dogmes des marchés financiers. Elle suggère au Conseil d'administration que le niveau des dividendes soit ramené à 0,50 € au lieu de 1,40 €, **au bénéfice de l'investissement et du désendettement**. » [Association pour la Défense de l'Épargne et de l'Actionnariat des Salariés de France Télécom, Mars 2010]

En 2010, EDF a fait encore mieux. Alors que son résultat net n'a été que de **1020 M€**, l'entreprise a puisé dans ses fonds propres pour distribuer **2100 M€** de dividendes !

Les années 2000 ont même vu une forte croissance d'un phénomène **contre-nature** : le rachat par l'entreprise de ses propres actions, qui augmente mécaniquement la rentabilité des actionnaires restants. L'entreprise, au lieu d'investir, emploie alors toutes ses disponibilités au seul bénéfice immédiat de l'actionnaire. On est ainsi arrivé aux États-Unis à la situation paradoxale où les distributions d'argent aux actionnaires ont été **supérieures** aux capitaux levés : la Bourse n'est alors même plus une source de financement (d'autant que la part des capitaux propres levés en bourse est marginale, moins de 3 % des besoins des entreprises), mais une source de dépenses.

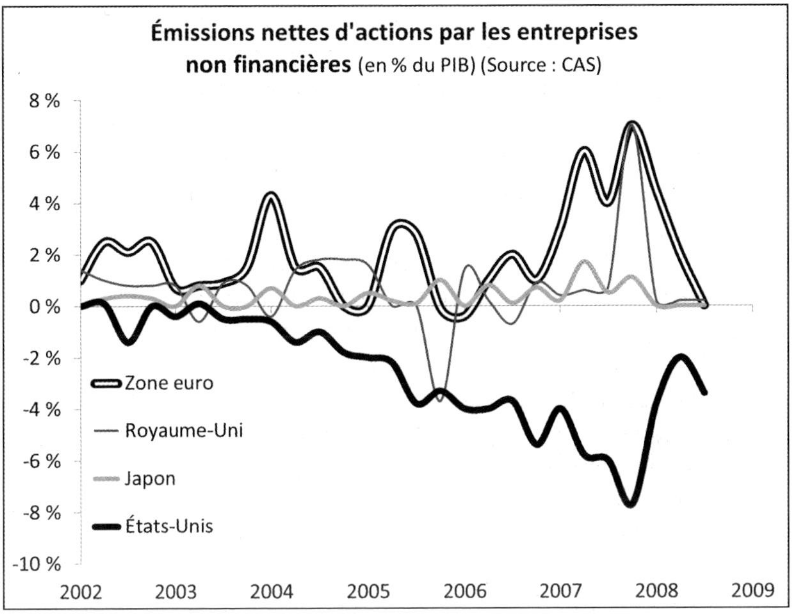

En synthèse, nous constatons qu'en France :

- le taux d'**investissement** des entreprises n'a cessé de chuter entre 1960 et 2000, ce qui a contribué à affaiblir la croissance et donc à limiter la progression du pouvoir d'achat des salariés ainsi que l'innovation, diminuant leur compétitivité internationale ;
- les entreprises ont réalisé de **gros efforts** pour rétablir leur situation financière entre 1982 et 1998 ;
- le taux de marge brute est resté stable durant les vingt dernières années. Bien qu'étant le plus faible d'Europe (de 4 à 8 points), il n'a pu augmenter au cours des dix dernières années, contrairement à la plupart des autres pays européens. Pire, l'intensité capitalistique ayant augmenté durant cette période, le taux de marge nette a donc baissé dans cette période ;

- depuis trente ans, les entreprises ne cessent d'augmenter leur taux de distribution de dividendes (passé de 2 % à 6 % de la VA). Au début, cette hausse n'a pas été dommageable en raison du retour des profits et de la forte baisse des taux d'intérêts versés aux prêteurs. Mais depuis dix ans, cette distribution a nettement **augmenté**, alors que les profits distribuables ont **diminué**, aboutissant à des situations non durables (par exemple, 106 % de distribution des profits en 2008) ;
- l'épargne brute et le taux d'autofinancement sont donc en nette baisse depuis dix ans. En conséquence, les entreprises s'endettent fortement depuis lors, le taux d'endettement ayant atteint un plus haut historique à 126 % de la VA fin 2009.

Ainsi, l'exigence de rendements à court terme trop élevés par rapport aux marges réelles a entraîné une **distribution excessive** qui a empêché les entreprises de **s'adapter** à la concurrence, et qui a entraîné le paradoxe d'avoir dégradé la situation financière des entreprises dans un contexte économique favorable. Cette pression des actionnaires a donc été **contraire aux intérêts** de l'entreprise, de ses salariés, de l'ensemble de l'économie, et donc des actionnaires eux-mêmes.

Les entreprises sont donc entrées dans la crise avec un système productif **sous-investisseur et sur-distributeur, doté d'une situation financière peu favorable**. La situation se dégradant fortement, les entreprises vont donc avoir beaucoup de **difficultés** pour redresser leur situation dans les années à venir.

> « Le capital est seulement le fruit du travail et il n'aurait jamais pu exister si le travail n'avait tout d'abord existé. » [Abraham Lincoln]

8. L'appauvrissement des salariés

Nous avons vu que la part attribuée aux rémunérations des salariés dans la valeur ajoutée est restée globalement stable. Mais il faut bien distinguer la rémunération brute du revenu salarial perçu.

Observons que, comme la VA a augmenté, la stabilité de la proportion indique que les salaires bruts ont également augmenté. En revanche, le coût de notre protection sociale a très fortement augmenté – la France ayant fait le choix de conserver un niveau de couverture élevé, comme le montre le graphique suivant.

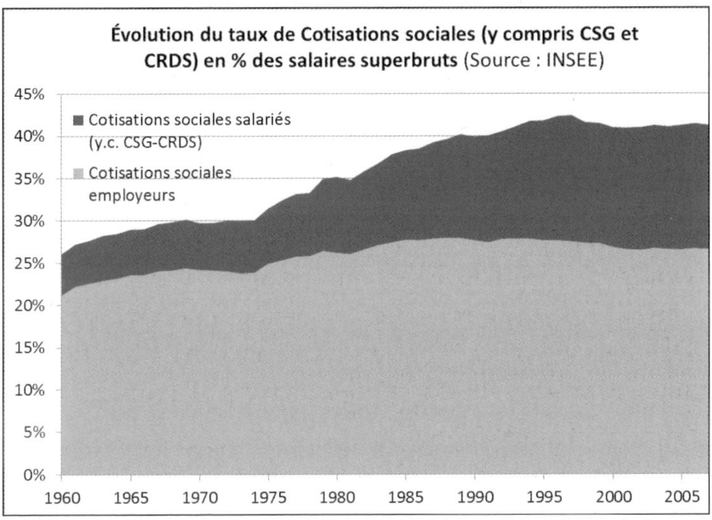

On observe en conséquence sur le graphique suivant un écroulement de la part des salaires nets, en raison de la hausse très importante des cotisations patronales et salariales. C'est une des causes de la différence de perception des entreprises (qui paient toujours autant) et des salariés (qui ont l'impression que leur pouvoir d'achat stagne).

Soulignons au passage que ces cotisations sociales sont **stigmatisées** par les idéologues néo-conservateurs, comme les impôts, via la diabolisation de toute forme de prélèvement obligatoire, qui amputerait le pouvoir d'achat – c'est le fameux « nous avons un des taux de prélèvements obligatoires les plus élevés au monde ».

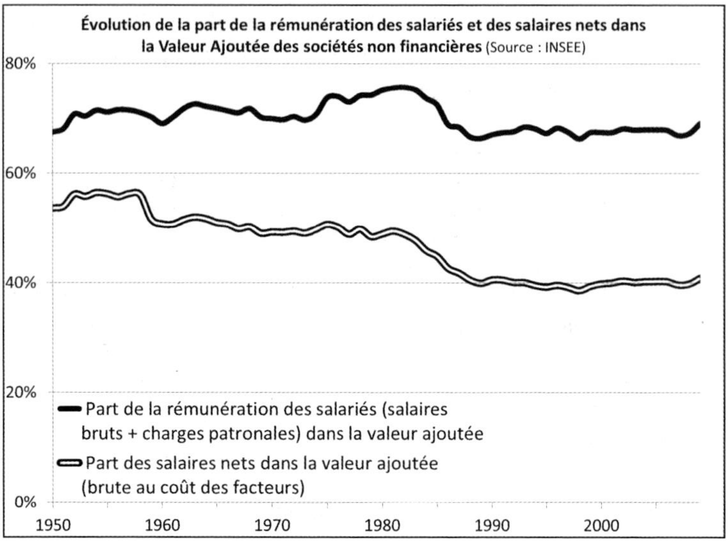

Et c'est vrai. Et ce n'est pas forcément un problème. Car, sans être un apôtre de la dépense publique, ces prélèvements ne sont pas des sommes s'évaporant du système économique, brûlées dans on ne saurait quel incinérateur. Et nous avons donc un des « taux de services collectifs » les plus élevés au monde. **Tout euro d'impôt est intégralement redistribué aux français** sous forme de prestations sociales (retraite, indemnités journalières, remboursement de médicaments) ou de salaires (médecins, infirmières). Les prélèvements sont neutres en termes de pouvoir d'achat, car redistribués. Ce sont donc bien des sommes alimentant le pouvoir d'achat, sauf que celui-ci est indirect, donc faiblement ressenti.

Ainsi, raisonner sur un niveau de prélèvements obligatoires n'a guère de sens. Les questions sont plutôt : **les Français en ont-ils pour leur argent, ou la socialisation est-elle plus intéressante qu'un régime individuel** (en éliminant des frais marketing et de commercialisation, et par des économies d'échelle par exemple). Les États-Unis sont le pays développé qui dépense le moins pour sa santé sous forme socialisée ; bref, les américains paient le moins d'impôts pour leur santé. Mais ce sont eux qui dépensent le plus pour leur santé au global – sous forme privée. Ainsi, en quoi remplacer 1000€ d'impôts pour la santé par 1500 € de dépenses privées, pour strictement la même chose pour le patient, est-il une bonne idée ? Bref, en l'espèce, **l'idéologie forcenée devrait céder la place à plus de pragmatisme...**

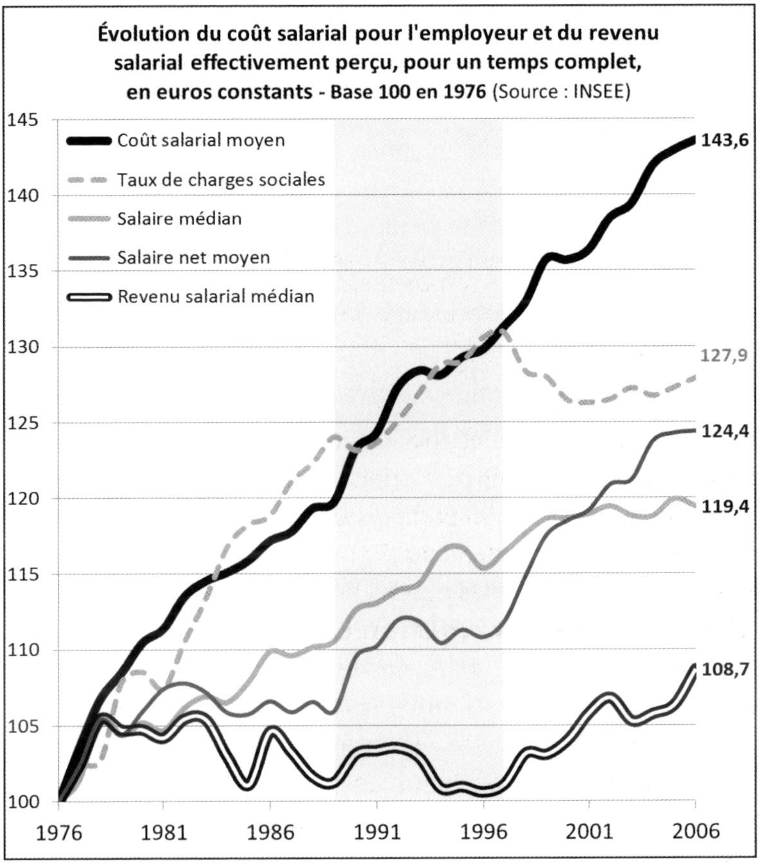

On constate sur le graphique précédent que :

- le coût salarial en euros constants augmente continûment pour les entreprises ;
- entre 1976 et 1989, le taux de charges sociales augmente fortement, dû à l'explosion du chômage : la progression du salaire net moyen est brisée, et celui-ci reste totalement stable. Toutefois, le salaire médian (salaire séparant la moitié des salariés qui gagnent le plus de la moitié qui gagnent le moins) augmente lentement. Cela signifie qu'un transfert de

masse salariale s'opère à valeur constante : les salaires élevés diminuent (en euros constants, ils sont en fait grignotés par l'inflation) alors que les salaires faibles augmentent ;

- entre 1989 et 1996, le taux de charges sociales augmente toujours, mais l'amélioration économique fait que les salaires moyens et médians augmentent de concert ;
- depuis 1996, le taux de charges sociales diminue en raison de la politique d'allègement de charges et de la baisse du chômage. Le salaire moyen net augmente donc très fortement, mais la hausse du salaire médian est limitée, et il stagne à partir de 1998 : ce sont les salaires supérieurs qui préemptent la masse salariale disponible.

Toutefois, les salaires moyens et médians rendent imparfaitement compte de la **précarisation de l'emploi**. On introduit donc la notion de revenu salarial, qui rapporte la masse salariale au nombre total de personnes ayant eu un emploi salarié dans l'année – mais pas forcément toute l'année. Ici deux mi-temps comptent pour deux, alors qu'ils ne comptent que pour un dans le salaire moyen. C'est donc une notion correspondant mieux à la réalité perçue par les salariés. **Ce revenu salarial stagne entre 1978 et 1984, baisse entre 1984 et 1996 et ne remonte que faiblement depuis lors. Il n'a augmenté que de 9 % en trente ans**.

Observons alors à la lumière des dernières études de l'INSEE la distribution des salaires et des niveaux de vie :

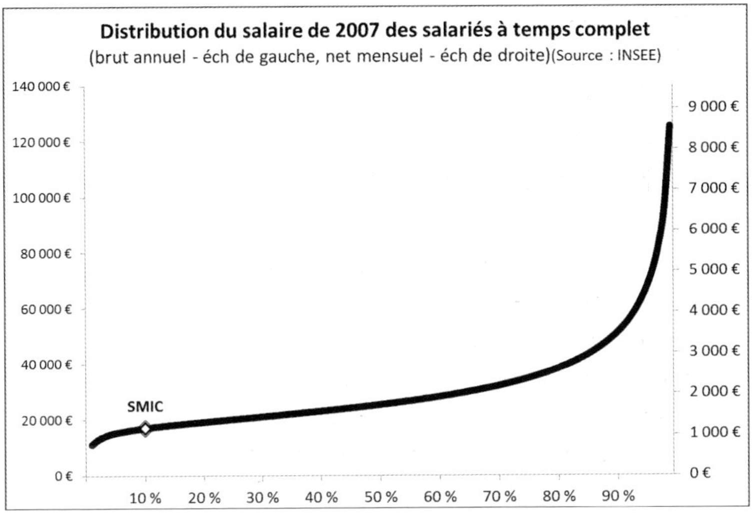

Lecture : 90 % des salariés gagnent moins de 3500 €

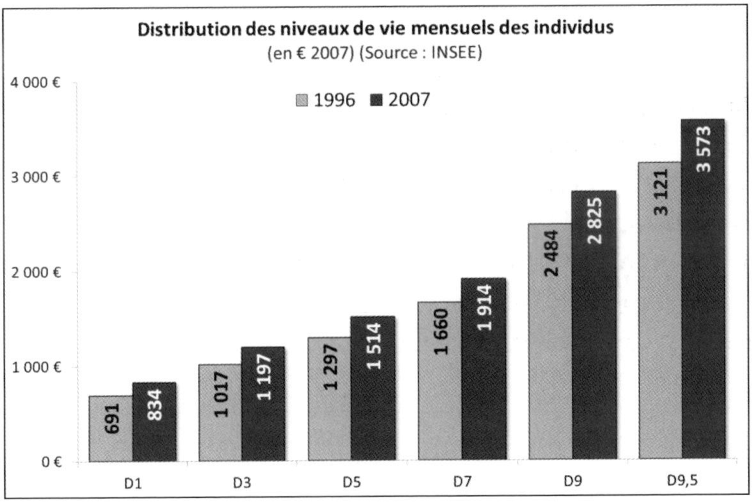

On constate par exemple que la moitié des Français disposent d'un niveau de vie inférieur à 1 520€ nets par mois, et que 90 % ont un niveau de vie inférieur à 2 825€ – ce qui relativise singulièrement la notion de « richesse » à ce niveau. *A contrario*, 10 % des français disposent de moins de 834€ mensuels pour (sur)vivre…

Phénomène nouveau, on constate également que ce ne sont plus les retraités qui sont les plus touchés par la pauvreté, mais les jeunes, et en particulier les femmes.

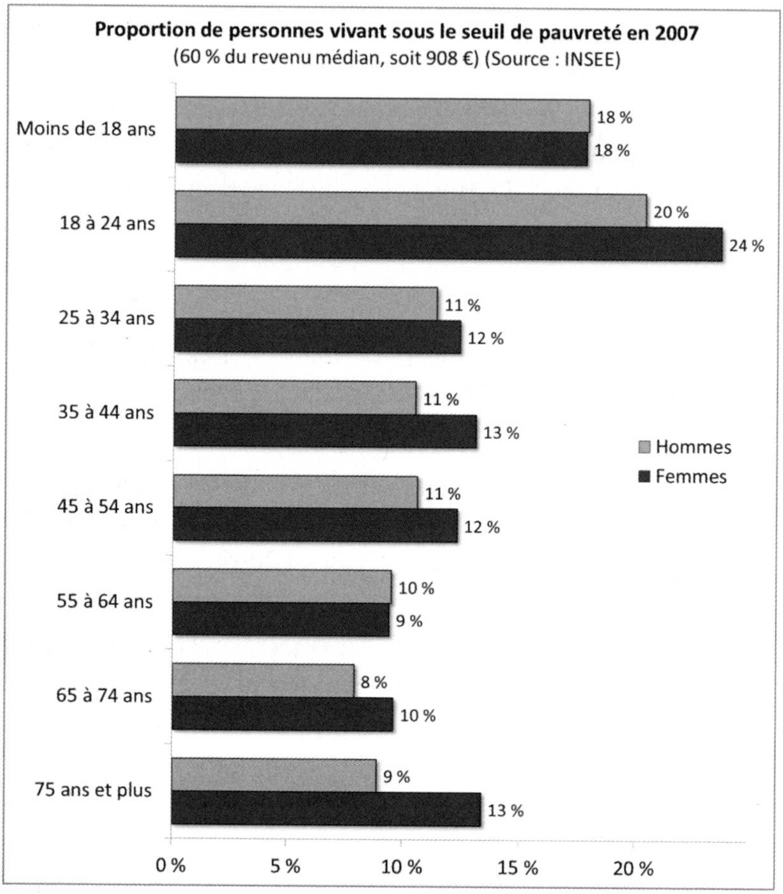

Comme nous l'avons vu, un phénomène de stagnation a touché les revenus salariaux en France. Ce phénomène de déflation salariale (la déflation est le contraire de l'inflation) a touché beaucoup de pays développés, où il y a eu stagnation, et même régression, du revenu de la majorité de la population. Dans les autres pays, on est en présence d'un phénomène de paupérisation relative qui accroît le déséquilibre entre salaires et profits dans le partage de la valeur ajoutée. Ainsi :

- en France :

  - en 2005, les 50 % des foyers qui gagnent le moins (17,5 millions sur 35) ont gagné en moyenne 13 000 €, chiffre qui n'a progressé que de 4 % au total entre 1998 et 2005 ;

  - en 2006, 50 % des salaires nets mensuels les plus faibles sont inférieurs à 1 650 €.

  - en 2009, un quart des salariés a perçu moins de 9000 euros nets au cours de l'année 2008 (soit moins de 0,73 Smic). En moyenne, ces 6,25 millions d'actifs gagnant moins de 750 € par mois ont un revenu salarial annuel net de 310 euros par mois.

- en Espagne :

  - près de 63 % des Espagnols gagnent moins de 1100 euros bruts par mois en 2009.

- aux États-Unis :

  - la part de la rémunération du travail dans le revenu national est tombée à 51 % en 2006 – son point historique le plus bas depuis 1929 –, contre 55 % en 2000 ;

  - pour la période 2000-2007, l'accroissement du salaire réel médian n'a été que de 0,1 %, tandis que le revenu du ménage médian baissait de 0,3 % par an en termes réels. La réduction a été plus forte pour les ménages les plus pauvres. ;

  - au cours de la même période, les 20 % les plus pauvres ont vu leur revenu baisser de 0,7 % par an.

En conséquence, les salariés sont alors incités à prendre un deuxième travail, voire un troisième, comme aux États-Unis. Et travailler le dimanche, ou en arrêt maladie... C'est une forme du « travailler plus pour gagner plus » (notons qu'il est encore heureux de gagner plus en travaillant plus...) mais cela a tendance à faire oublier la question principale : la juste rémunération de son (premier et seul) travail...

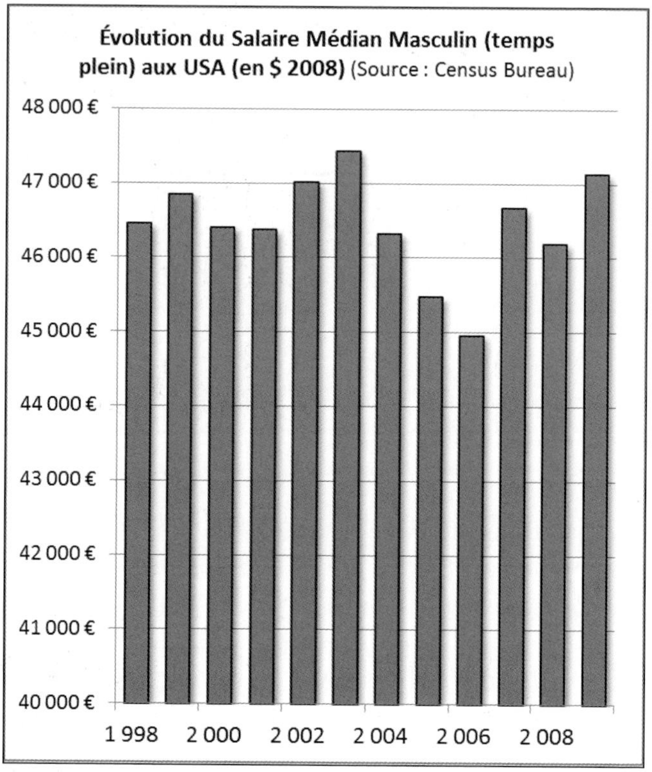
Évolution du Salaire Médian Masculin (temps plein) aux USA (en $ 2008) (Source : Census Bureau)
48 000 €
47 000 €
46 000 €
45 000 €
44 000 €
43 000 €
42 000 €
41 000 €
40 000 €
1 998
2 000
2 002
2 004
2 006
2 008

© Jacques-Armand Cardon – Le Canard Enchaîné

© Gérard Mathieu, pour Alternatives économiques

© Goubelle – www.goubelle.net et © Jiho – www.jiho.free.fr

© Tartrais - www.tartrais.com

Chapitre 2.

Une société d'inégalités croissantes

© Man

© Subito

1. Dans le monde

Observons la répartition mondiale du PIB et de la population :

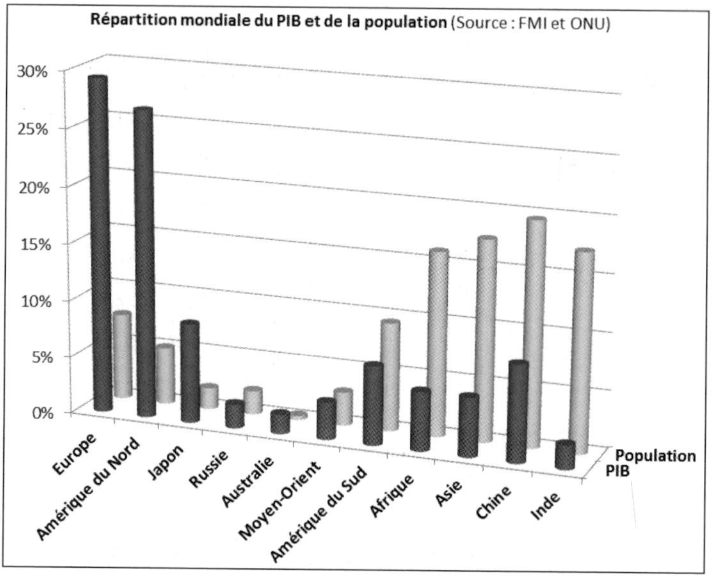

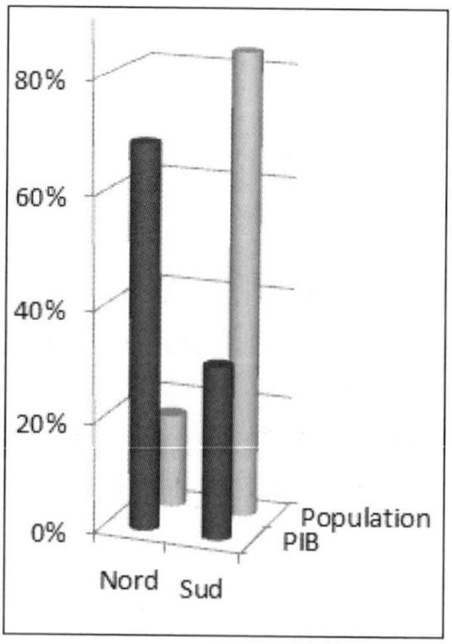

On constate – sans grande surprise – que la répartition planétaire des revenus est profondément inégalitaire, 20 % de la population s'adjugeant près de 70 % du PIB, les miettes restant donc pour 80 % de la population.

Nous obtenons un graphique très intéressant pour saisir une cause majeure de la crise si nous représentons la répartition du PIB entre pays au cours des cinq derniers siècles :

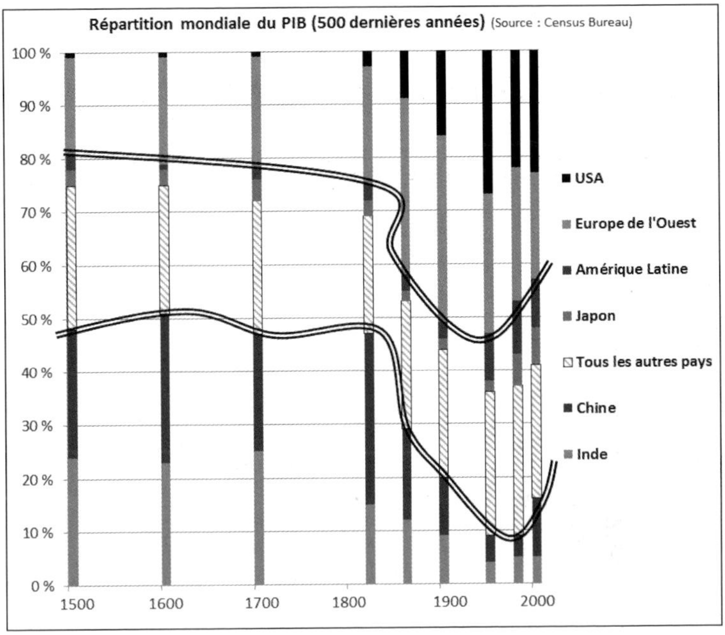

On constate à quel point le poids relatif de la Chine et l'Inde a fondu. Leur croissance actuelle n'est donc que la correction d'une anomalie historique, visant à retrouver leur part « normale » de PIB.

Nous allons alors observer sur les prochains graphiques la répartition du PIB entre pays riches et pays pauvres.

> « L'expansion économique qui a débuté en 2001 a été **extraordinaire pour les bénéfices des entreprises**, mais elle n'a produit à ce jour aucun gain significatif pour les travailleurs américains ordinaires. Et désormais, il semble bien qu'elle n'en produira jamais. » [Paul Krugman, *The Sum of Some Fears*]

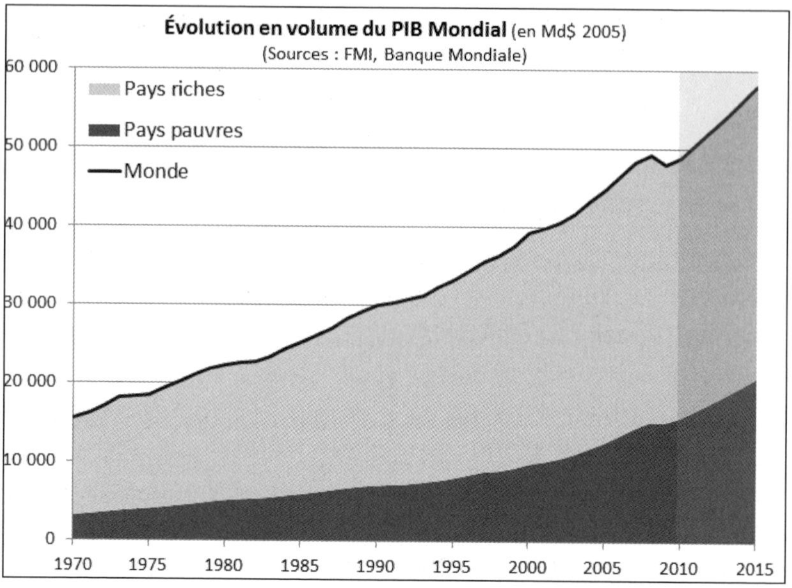

Nous constatons que le PIB mondial a connu une croissance en volume relativement régulière depuis les années 1970, et que la part des pays pauvres augmente plus nettement depuis 2000. Mais la perception est tout autre quand on s'intéresse au PIB par habitant :

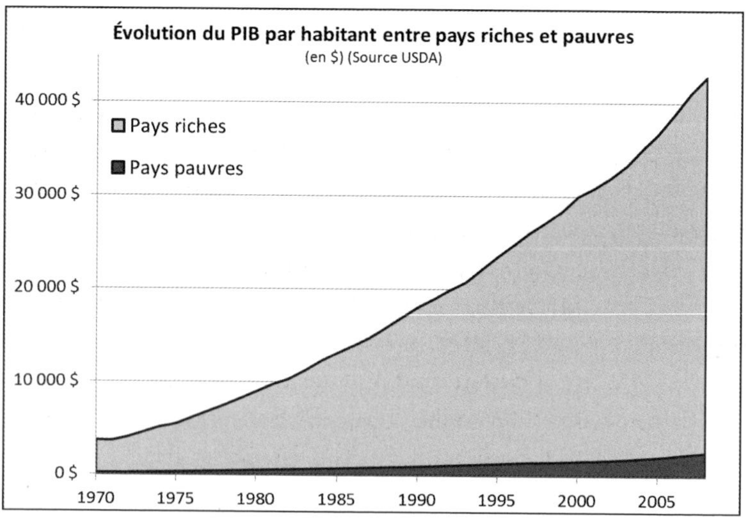

Cela tempère donc grandement les discours sur les bienfaits de la mondialisation ! On ne peut que souligner que contrairement à ce qui est souvent avancé, **le libre-échange en tant que tel n'a pas été un facteur de développement des pays les plus pauvres**, et son effet sur la réduction de la pauvreté a été fortement surestimé, quand il n'a pas été le produit d'erreurs de calcul.

Par exemple, selon la Banque Mondiale, dans les années 1960, la croissance annuelle du PIB par habitant, à l'échelle mondiale, était de 4 % dans les années 1970, 3 % dans les années 1980 et 2,5 % dans les années 1990 et 2000...

De plus, toujours d'après la Banque Mondiale, les écarts de revenus se sont creusés : en 1960, les 710 millions d'habitants des pays riches gagnaient 8 654 dollars, soit **trente fois** le revenu d'un des 399 millions d'habitants des pays classés comme pauvres par la banque mondiale. En 2007, le revenu moyen des 1056 millions d'habitants des pays riches était parvenu à 28777 dollars, soit **89 fois** le revenu moyen des 1296 millions d'habitants des pays pauvres. En à peine cinquante ans, **cet écart a donc triplé**. Il s'est constamment accru, sauf au tout début des années 2000.

L'Inde a connu une croissance soutenue au cours de la dernière décennie. Mais pour l'instant, le revenu moyen d'un Indien, qui représentait 2,4 % de celui d'un habitant des pays riches en 1980, n'en pèse toujours que 2,3 % aujourd'hui. Alors que chaque Brésilien gagnait en moyenne 18 % de ce que gagnait un habitant des pays riches en 1980, ce ratio n'est que de 19 % en 2008. Le Mexique, lié aux États-Unis depuis 1994 par un accord de libre-échange, a vu la situation relative de ses habitants se dégrader nettement : en 1980, un Mexicain touchait en moyenne 26 % du revenu d'un habitant des pays riches ; en 2008, ce n'était plus que 23 %. Le constat est encore plus net en Afrique. Au Nigeria, par exemple, le géant du continent avec ses 147 millions d'habitants : chaque Nigérian disposait en moyenne en 1980 de 8 % du revenu d'un habitant des pays riches ; en 2008, ce pourcentage n'était plus que de 3 %. La tendance est la même pour toute l'Afrique.

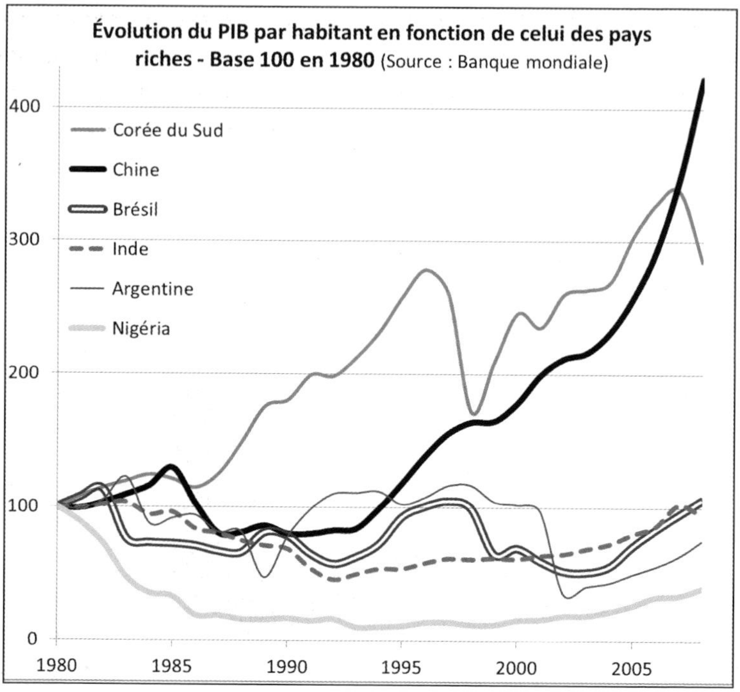

Cette croissance des écarts ne concerne cependant pas tous les pays en développement. Les pays d'Asie ont en effet su tirer leur épingle du jeu de la mondialisation. En Corée du Sud, le revenu par habitant ne s'élevait en 1980 qu'à 15 % de celui des pays riches, alors qu'il atteint désormais pratiquement les 45 %. Et en Chine, le revenu par habitant n'était que de 2 % de celui des pays riches en 1960, mais il est monté à 8 % aujourd'hui – spectaculaire, mais l'écart reste énorme.

On notera toutefois que ces pays asiatiques ont su protéger leurs marchés et leurs entreprises en conservant des politiques industrielles **volontaristes**. La Chine joue également sur le **taux de change** de sa monnaie, en empêchant son appréciation qui aurait pour effet de diminuer sa compétitivité et donc de rééquilibrer les échanges. Ainsi, vis-à-vis des salaires français, par exemple, **les salaires chinois ont baissé** depuis le début des années 2000 en dépit de la spectaculaire croissance économique du pays.

L'étude *La Répartition mondiale du patrimoine des ménages* de l'Institut mondial de recherche sur l'économie du développement de l'Université des Nations Unies (UNU-WIDER) a dressé en 2006 un saisissant portrait de la distribution mondiale du patrimoine en 2000 :

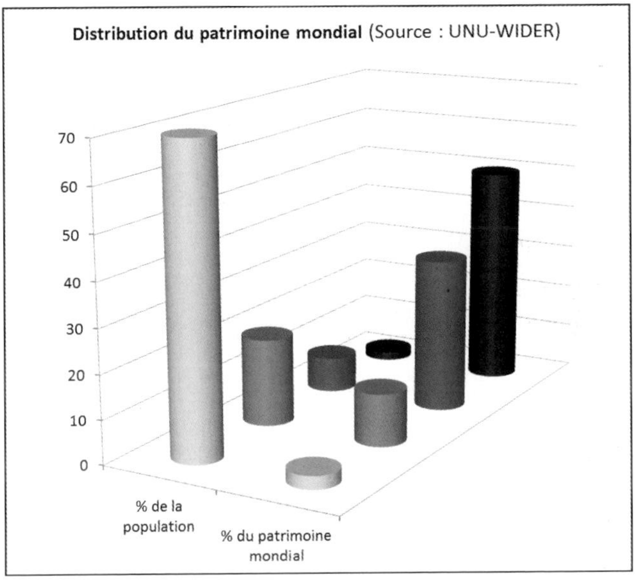

Distribution du patrimoine mondial en 2000 (Source UNU)

% de la population	% du patrimoine mondial
70	3
20	12
8	35
2	50

Ainsi, 70 % de la population mondiale ne possède que 3 % du patrimoine mondial, alors que 2 % en possède la moitié.

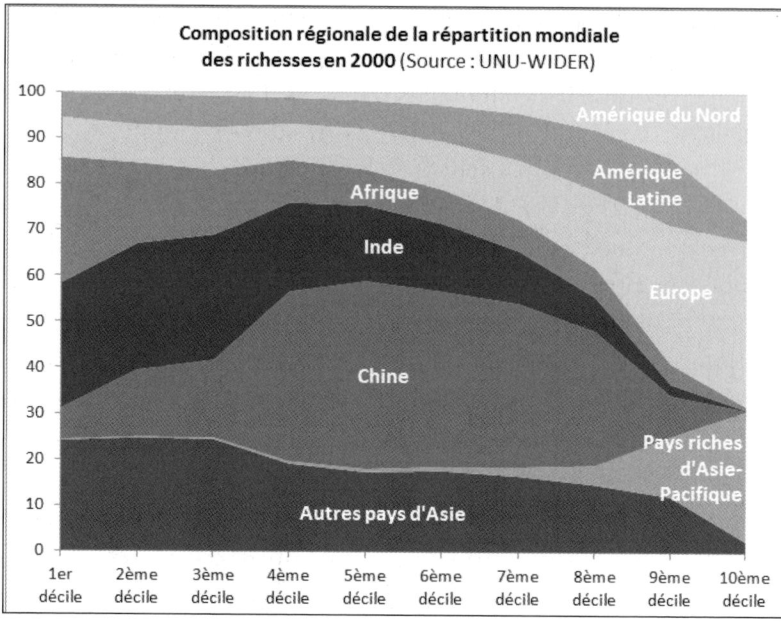
Composition régionale de la répartition mondiale
des richesses en 2000 (Source : UNU-WIDER)
100
90
80
70
60
50
40
30
20
10
0
Amérique du Nord
Amérique
Latine
Afrique
Inde
Europe
Chine
Pays riches
d'Asie-
Pacifique
Autres pays d'Asie
1er décile
2ème décile
3ème décile
4ème décile
5ème décile
6ème décile
7ème décile
8ème décile
9ème décile
10ème décile

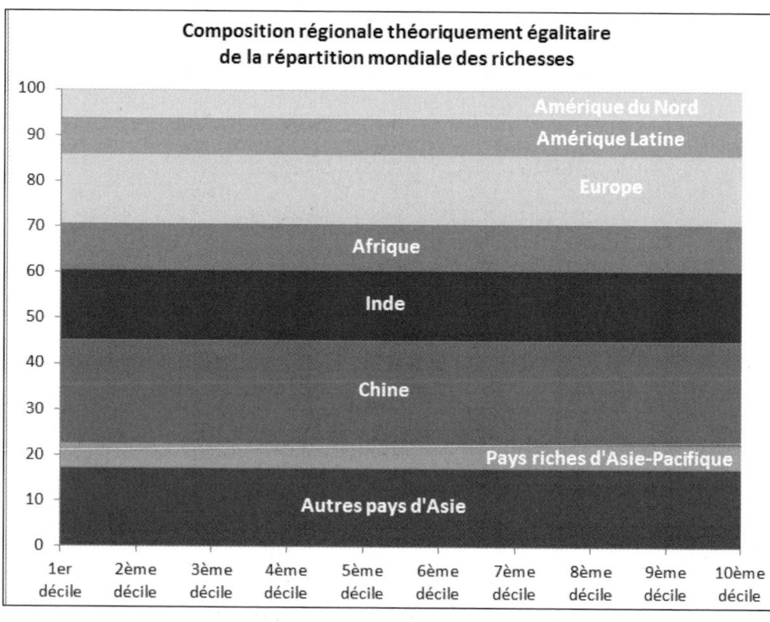
Composition régionale théoriquement égalitaire
de la répartition mondiale des richesses
100
90
80
70
60
50
40
30
20
10
0
Amérique du Nord
Amérique Latine
Europe
Afrique
Inde
Chine
Pays riches d'Asie-Pacifique
Autres pays d'Asie
1er décile
2ème décile
3ème décile
4ème décile
5ème décile
6ème décile
7ème décile
8ème décile
9ème décile
10ème décile

Le graphique précédent représente la répartition mondiale géographiquement et par décile (les 10 % qui possèdent le moins – 1er décile), puis les 10 % suivants, jusqu'aux 10 % qui possèdent le plus – 10e décile). Il se lit ainsi : par exemple, parmi les 10 % de la population qui possèdent le moins (soit 370 M d'adultes), 27 % sont en Inde et 27 % en Afrique ; parmi les 10 % les plus riches, 36 % sont en Europe. L'aire totale d'une zone est donc proportionnelle à sa population totale en 2000, la Chine et l'Inde étant logiquement prépondérantes. Si chaque terrien disposait du même patrimoine (soit 20 000 $), on aurait donc le second graphique. La déformation visible entre les deux correspond donc à celle de la distribution de la richesse : Afrique et Inde sont les plus perdantes, puis la Chine.

Le patrimoine mondial était ainsi estimé à 125 000 milliards de dollars, soit environ trois fois le PIB ou 20 000 $ par terrien.

Les seuils de patrimoine étaient les suivants.

Il fallait posséder plus de :

- 2 200 $ pour faire partie des 50 % les plus riches ;
- 14 000 $ pour faire partie des 20 % les plus riches ;
- 61 000 $ pour faire partie des 10 % les plus riches ;
- 500 000 $ pour faire partie des 1 % les plus riches.

A contrario, il fallait posséder moins de :

- 900 $ pour faire partie des 30 % les plus pauvres ;
- 500 $ pour faire partie des 20 % les plus pauvres ;
- 200 $ pour faire partie des 10 % les plus pauvres.

« De vastes océans de pauvreté entourent ces îlots de richesses. » [Madhav Gadgil, environnementaliste]

La répartition des masses de richesse par décile est représentée sur le graphique suivant. Il se lit ainsi : le décile le plus riche s'adjuge 85 % de la richesse mondiale, le décile suivant 9 %, etc. On a représenté en clair une répartition théorique ou chaque décile aurait le même patrimoine, afin de mieux visualiser l'écart.

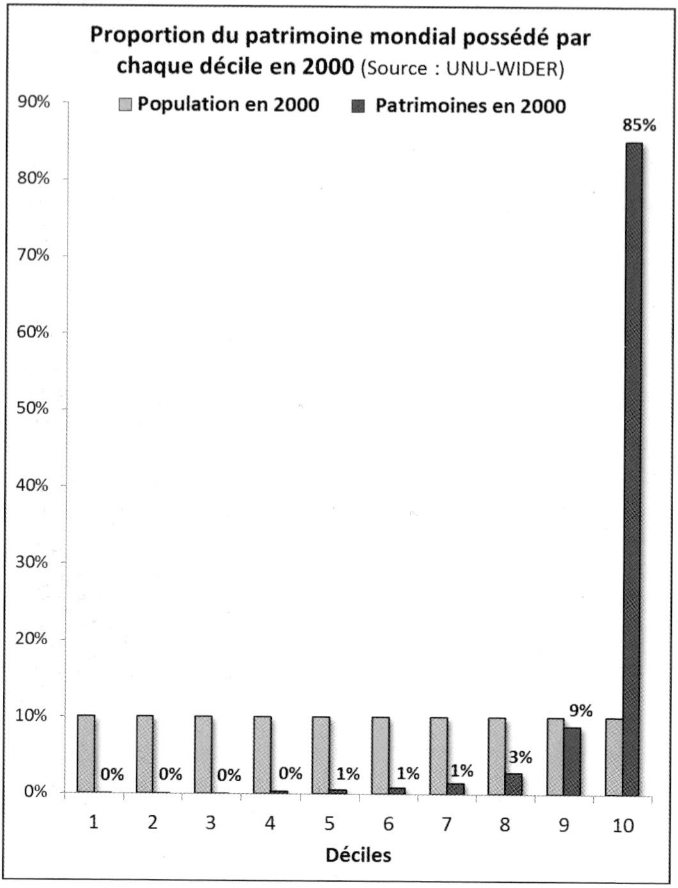

Ainsi, si le monde était un groupe de dix personnes, la plus riche possèderait 85 % des richesses, la seconde presque 10 %, et les huit autres devraient se partager les 5 % restants.

Afin de mesurer l'inégalité, on cumule la part de chaque décile et on trace ce qu'on appelle la « courbe de Lorentz » (Max Lorentz était un économiste américain) de la répartition du patrimoine mondial en 2000 :

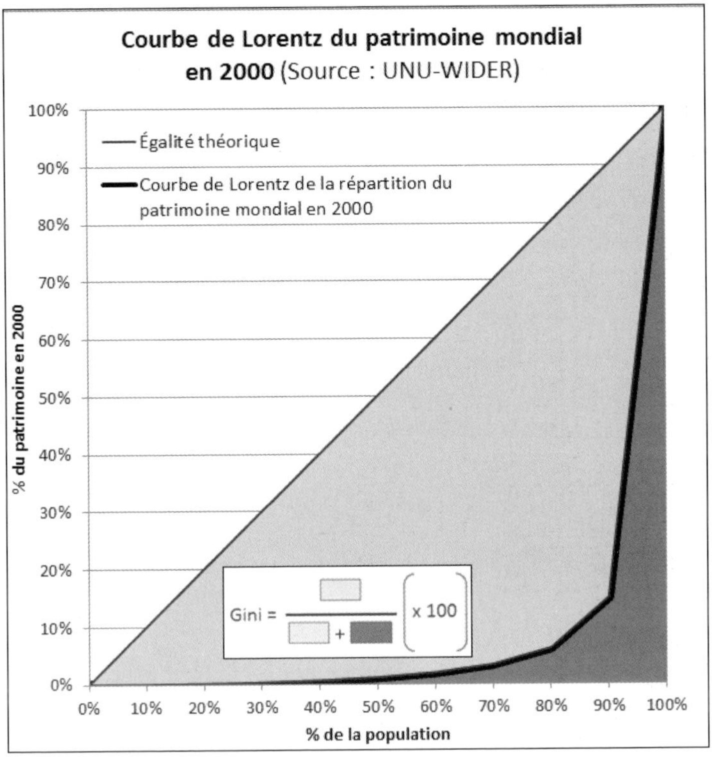

Elle se lit ainsi : les 80 % des personnes les plus pauvres disposaient de 6 % du patrimoine total et les 90 % les plus pauvres de 15 %. C'est une bonne façon de visualiser l'inégalité : l'égalité parfaite dans la population serait ainsi la bissectrice (droite fine). On définit à partir de cette courbe « l'indice ou le coefficient de Gini » (Corrado Gini était un statisticien italien) pour la quantifier. Il est égal à la surface claire entre la bissectrice et la courbe tracée, valant 0 en cas d'égalité parfaite et 1 (ou 100) en cas d'inégalité totale.

Disposant souvent de peu d'informations sur les patrimoines, on utilise généralement cet indice pour les inégalités de revenus. Observons sur les cartes suivantes la distribution de l'indice de Gini pour les revenus (Source : World CIA Factbook 2009 et Eurostat).

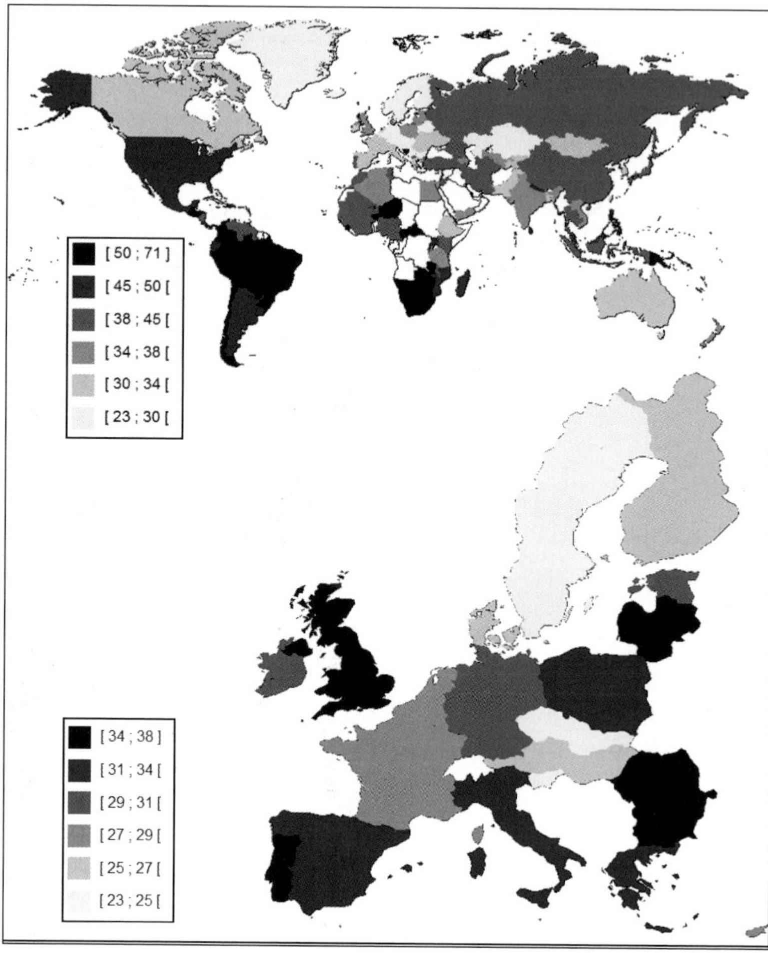

Les deux graphiques suivants représentent la proportion du revenu total perçu par le pourcent le plus riche de la population de différents pays. C'est une bonne illustration des inégalités.

Part des revenus avant impôts perçus par les 1% les plus riches (Source : OCDE)
États-Unis
Royaume-Uni
Canada
Irlande
Australie
20 %
18 %
16 %
14 %
12 %
10 %
8 %
6 %
4 %
2 %
0 %
1930
1935
1940
1945
1950
1955
1960
1965
1970
1975
1980
1985
1990
1995
2000
2005

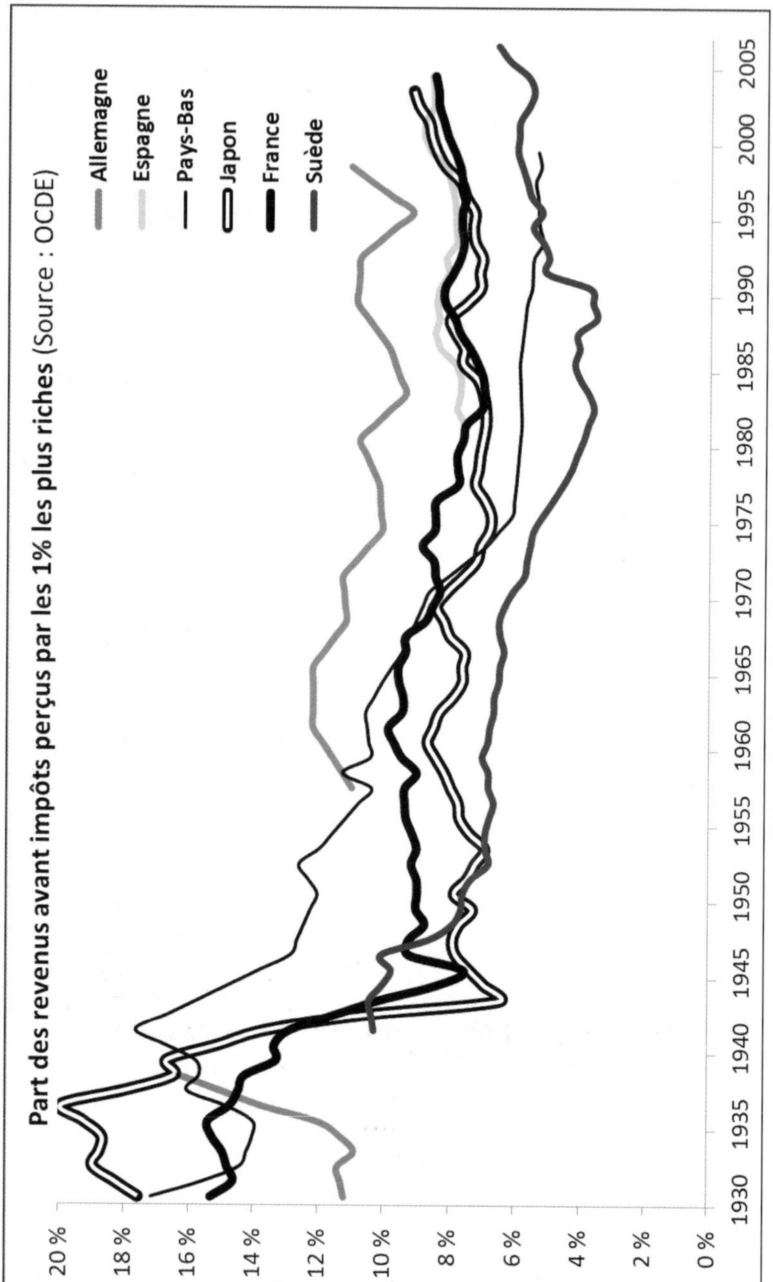
Part des revenus avant impôts perçus par les 1% les plus riches (Source : OCDE)
Allemagne
Espagne
Pays-Bas
Japon
France
Suède
20 %
18 %
16 %
14 %
12 %
10 %
8 %
6 %
4 %
2 %
0 %
1930
1935
1940
1945
1950
1955
1960
1965
1970
1975
1980
1985
1990
1995
2000
2005

On constate bien une nette différence entre les groupes anglo-saxons (à commencer par les États-Unis), en nette croissance des inégalités depuis une vingtaine d'années, et les groupes d'Europe continentale et du Japon, avec une plus grande stabilité ou une croissance nettement plus modérée et très récente.

Il apparaît donc que :

- la légère réduction des inégalités mondiales n'empêche pas un net approfondissement des inégalités dans chaque pays ;
- ce mouvement généralisé de croissance des inégalités a commencé aux États-Unis dès la fin des années 1960, avec des conséquences plus tangibles au milieu des années 1980.

Ce phénomène se perçoit particulièrement au niveau des très hauts revenus et de leur patrimoine :

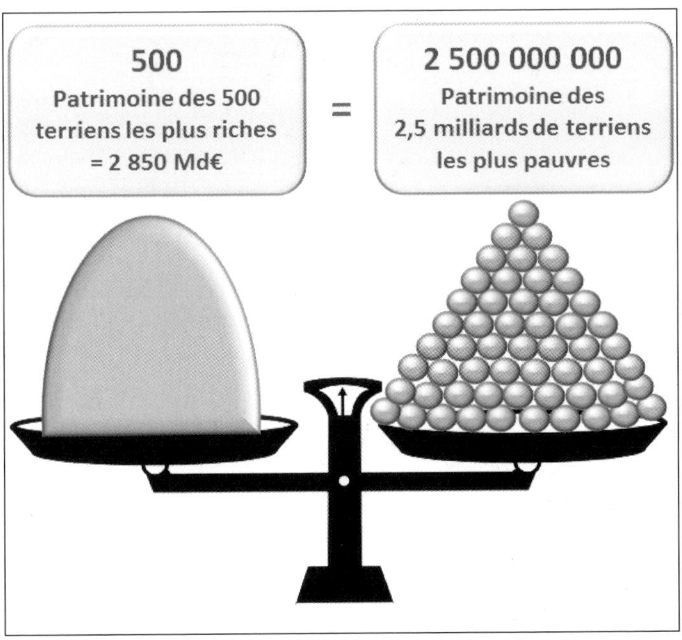

On constate ainsi que des terriens possèdent autant que cinq millions de leurs frères réunis...

Classement des 25 terriens les plus riches mi-2011 (Source : Forbes)

Rang	Nom	Pays	Age	Richesse (Md$)	Évol. 1 an
01	Carlos Slim Helu	Mexique	71	74,0	38%
02	Bill Gates (Microsoft)	États-Unis	55	56,0	6%
03	Warren Buffett	États-Unis	80	50,0	6%
04	Bernard Arnault (LVMH)	France	62	41,0	49%
05	Larry Ellison (Orade)	États-Unis	66	39,5	41%
06	Lakshmi Mittal	Inde	60	31,1	8%
07	Amancio Ortega (Zara)	Espagne	74	31,0	24%
08	Eike Batista	Brésil	54	30,0	11%
09	Mukesh Ambani	Inde	53	27,0	-7%
10	Christy Walton (Walmart)	États-Unis	56	26,5	18%
11	Li Ka-shing	Hong Kong	82	26,0	24%
12	Karl Albrecht	Allemagne	91	25,5	9%
13	Stefan Persson (H&M)	Suède	63	24,5	9%
14	Vladimir Lisin	Russie	54	24,0	52%
15	Liliane Bettencourt	France	88	23,5	18%
16	Sheldon Adelson	États-Unis	77	23,3	151%
17	David Thomson	Canada	53	20,0	5%
18	Charles Koch	États-Unis	75	22,0	26%
18	David Koch	États-Unis	70	22,0	26%
20	Jim Walton (Walmart)	États-Unis	63	21,3	3%
21	Alice Walton	États-Unis	61	21,2	3%
22	S. Robson Walton	États-Unis	67	21,0	6%
23	Kwok Thomas & Raymond	Hong Kong		20,0	18%
24	Larry Page (Google)	États-Unis	37	19,8	13%
25	Sergey Brin (Google)	États-Unis	37	19,8	13%
	Les 25 premiers			*740,0*	*19%*

Un mort de faim toutes les trois secondes

« Aujourd'hui, **un milliard de personnes dans le monde sont sous-alimentées**. La faim et la malnutrition sont, au niveau mondial, le risque numéro un pour la santé humaine – leur impact dépasse celui du SIDA, du paludisme et la tuberculose réunis. [...] Ainsi plus de **neuf millions de personnes meurent chaque année** par suite de la dénutrition, soit **25 000 par jour** dont **14 000 enfants**.

En 2009, le nombre de personnes vivant avec moins de 1,25 dollar par jour a atteint un total de **1,2 milliard**. » [Source : Rapport 2010 du Programme alimentaire mondial (PAM)]

2. Aux États-Unis

Au vu de leur rôle de « précurseur » dans la croissance des inégalités, nous allons étudier en détail la situation des États-Unis. Et pour cela, commencer par étudier leur indice de Gini.

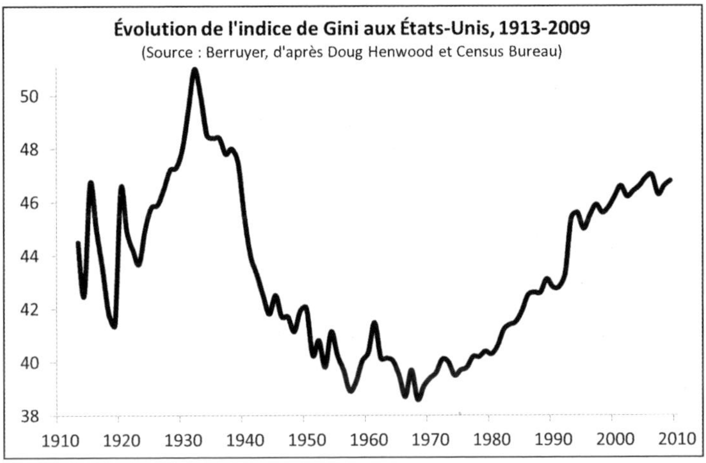

Comme nous l'avons vu, l'indice américain est nettement plus élevé qu'en Europe : le pays est bien plus inégalitaire : **son minimum historique est supérieur au maximum européen**.

On observe un apogée de l'indice juste avant la crise de 1929, marquant le terme d'une période de très forte croissance des inégalités survenue dans la période 1915-1930. La crise de 1929, le *New Deal* du président Roosevelt (qualifié de « seul président américain de gauche » par Noam Chomsky) et la Seconde Guerre mondiale marqueront une forte chute des inégalités. Mais ce qui est remarquable est que ce mouvement s'est poursuivi après la guerre et durant presque toutes les Trente Glorieuses : le minimum de l'indice est atteint en 1968. Depuis, les inégalités n'ont cessé d'augmenter, avec une nette accélération dans les années 1980. Ainsi, le néo-conservatisme des années Reagan a finalement représenté un retour à la situation des années 20.

Faisons à ce stade un bref aparté sur la copie européenne de ce modèle : le Royaume-Uni.

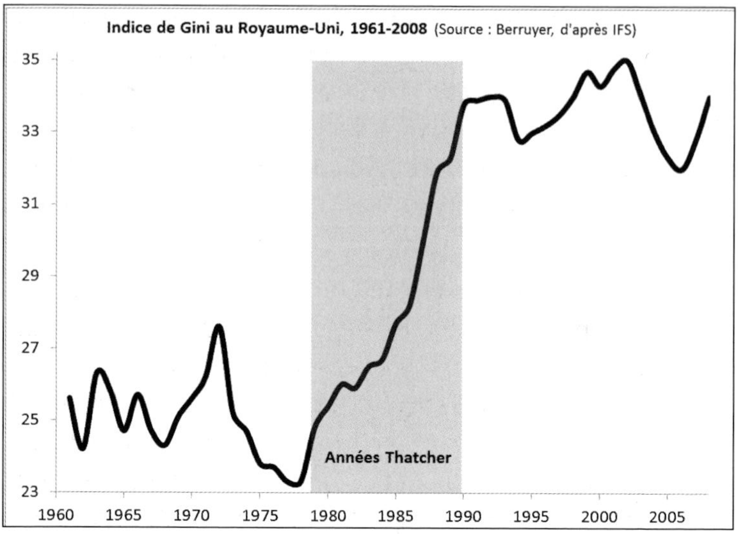

On constate que les années Thatcher (en gris) sont « remarquables », au sens étymologique du terme. L'indice a véritablement **explosé** dans les années 1980, alors que le pays, contrairement aux États-Unis, avait une tradition beaucoup plus égalitaire, l'indice d'après-guerre faisait partie des plus bas historiques mondiaux. On observe que depuis 1990, l'indice s'est globalement stabilisé, mais à un niveau élevé.

C'est l'illustration de l'école de pensée néo-conservatrice, pour qui les inégalités ne doivent pas être combattues mais au contraire recherchées : le modèle d'inégalités croissantes.

« **Nous nous devons de tolérer les inégalités, car elles constituent un moyen pour tous d'atteindre plus de prospérité et plus d'opportunités.** » [Brian Griffiths, octobre 2009 – Conseiller de la banque Goldman Sachs et ancien conseiller de Margaret Thatcher]

« **Tout pour nous et rien pour les autres**, voilà la **vile maxime** qui paraît avoir été, dans tous les âges, celle des maîtres de l'espèce humaine. » [Adam Smith, *La Richesse des Nations*, Livre III, Chapitre IV, 1776]

Nous allons observer de plus près la répartition détaillée des hauts revenus. Soulignons (et déplorons) tout d'abord **la pauvreté générale des statistiques** officielles sur ce sujet, à l'heure de l'informatique. Mais nous avons la chance de disposer d'un travail remarquable de chercheurs sur cette thématique, réalisé par les français Thomas Piketty et Emmanuel Saez. Cette partie doit beaucoup à leurs statistiques – qu'ils en soient remerciés.

Quelques définitions : face à une **courbe de distribution quelconque**, on appelle **fractile** ou **quantile** des points pris à intervalles réguliers. Ces valeurs marquent des limites entre des sous-jeux consécutifs. Les 1000-quantiles sont appelés « milliles », les 100-quantiles sont appelés « centiles », les 25-quantiles « quartiles », les 20-quantiles « quintiles », les 10-quantiles « déciles », le 2-quantile est la médiane – soit la valeur qui scinde la population en deux parts égales (50 % des gens gagnent plus que la médiane, et 50 % gagnent moins). On notera P90 le 90e centile (qui sépare les 10 % des personnes gagnent le plus), P99 le 99e centile, et P90-99 la fraction de la population située entre P90 et P99 – donc les 9 % gagnant le moins parmi les 10 % gagnant le plus. De même P99,9 marque la limite de 1/1 000 gagnant le plus, et P99,99 celle du 1/10 000.

Ces valeurs sont intéressantes pour percevoir les répartitions. Pour mieux comprendre, imaginons par exemple un bar rempli de clients. Si Bill Gates rentre dans ce bar, le revenu moyen des clients explose, mais la médiane ne change pratiquement pas – ce qui est intuitivement plus correct pour percevoir la situation réelle.

Les chiffres pour la distribution des revenus aux États-Unis sont les suivants :

Seuil et revenu dans les groupes supérieurs du dernier décile US en 2008 (Saez)

Seuil en quantile	Seuil en revenu	Groupes de revenus	Nombre de foyers	Revenu moyen dans chaque groupe	Part du revenu total
		Population totale	152 462 000	54 300 $	100%
		Top 10%	15 246 200	262 000 $	48%
		Bottom 90%	137 215 800	31 200 $	52%
Top 10%	109 100 $	Top 10-5%	7 623 100	127 200 $	12%
Top 5%	152 700 $	Top 5-1%	6 098 480	211 500 $	16%
Top 1%	368 200 $	Top 1-0,50%	762 310	443 100 $	4%
Top 0,50%	558 700 $	Top 0,50-0,10%	609 850	878 100 $	6%
Top 0,10%	1 695 100 $	Top 0,10-0,01%	137 220	3 238 400 $	5%
Top 0,01%	9 141 200 $	Top 0,01%	15 250	27 342 200 $	5%

Ainsi, en 2008 :

- 10 % des Américains (le « Top 10 % », soit 15 246 200 foyers) gagnaient plus de 109 100 $ (= P90) ;
- 0,01 % des Américains (soit 15 246 foyers) gagnaient plus de 9 141 200 $ (= P99,99), et en moyenne 27,3 M$;
- les 90 % gagnant le moins (le « Bottom 90 % ») gagnaient donc moins de 109 k$ (P90) et en moyenne 31 200 $ (= P0-90) ;
- la moitié inférieure du 1 % gagnant le plus (P99-P99,5) gagnait en moyenne 443 100 $.

Le graphique suivant présente visuellement les parts de chaque sous-groupe du décile supérieur (P90-100), ainsi que leur évolution au cours du siècle passé. Le second graphique est un simple rappel de la répartition non des revenus mais de la population. Le décile supérieur (les personnes gagnant plus de 110 k$), c'est donc 10 % de la population, mais gagnant près de 50 % de la masse des revenus (le cumul des six sous-groupes). Mais à l'intérieur, 9 % n'ont « que » 30 % des revenus et le Top 1 % en gagne près de 20 %, dont le Top 0,01 % gagne près de 5 %.

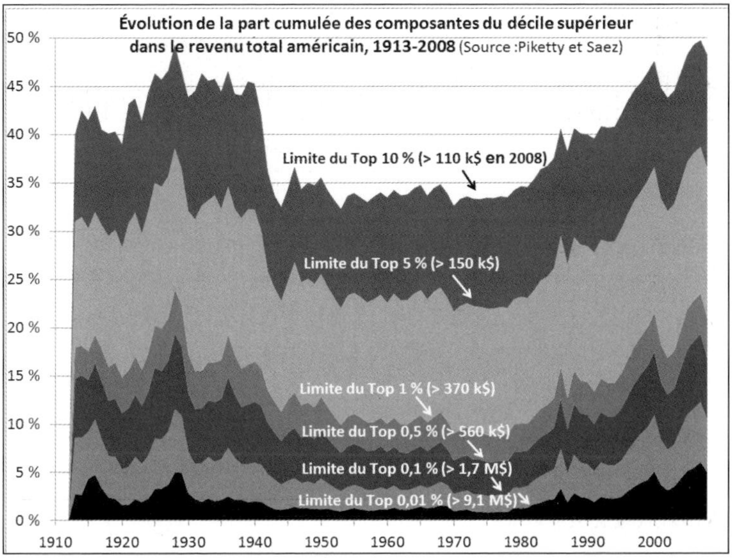

Évolution de la part cumulée des composantes du décile supérieur
dans le revenu total américain, 1913-2008 (Source :Piketty et Saez)
50 %
45 %
40 %
35 %
30 %
25 %
20 %
15 %
10 %
5 %
0 %
Limite du Top 10 % (> 110 k$ en 2008)
Limite du Top 5 % (> 150 k$)
Limite du Top 1 % (> 370 k$)
Limite du Top 0,5 % (> 560 k$)
Limite du Top 0,1 % (> 1,7 M$)
Limite du Top 0,01 % (> 9,1 M$)
1910
1920
1930
1940
1950
1960
1970
1980
1990
2000

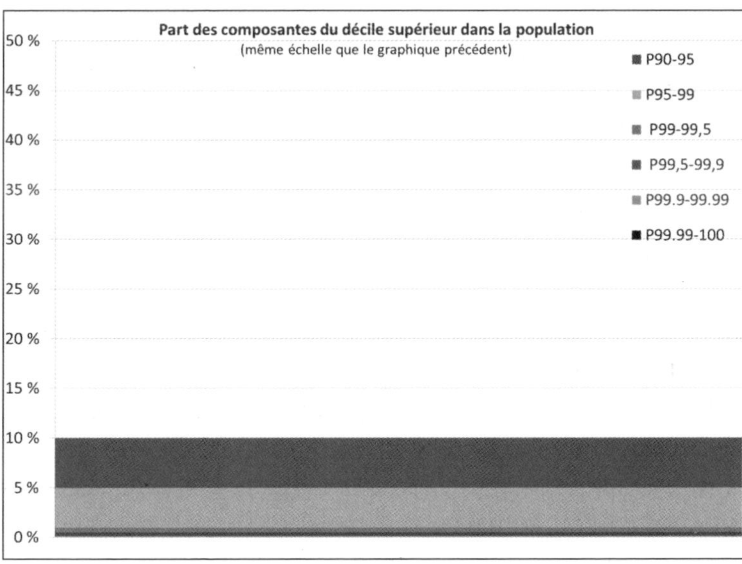

Part des composantes du décile supérieur dans la population
(même échelle que le graphique précédent)
50 %
45 %
40 %
35 %
30 %
25 %
20 %
15 %
10 %
5 %
0 %
P90-95
P95-99
P99-99,5
P99,5-99,9
P99.9-99.99
P99.99-100

On constate de façon frappante la chute brutale de la part des revenus du décile supérieur survenue à la fin des années 30, et la grande stabilité jusqu'au début des années 1980. Les États-Unis ont ainsi retrouvé une structure de rémunération identique à celle des années 1920... Mais ce qui est peut-être encore plus frappant est le degré de concentration de l'évolution récente :

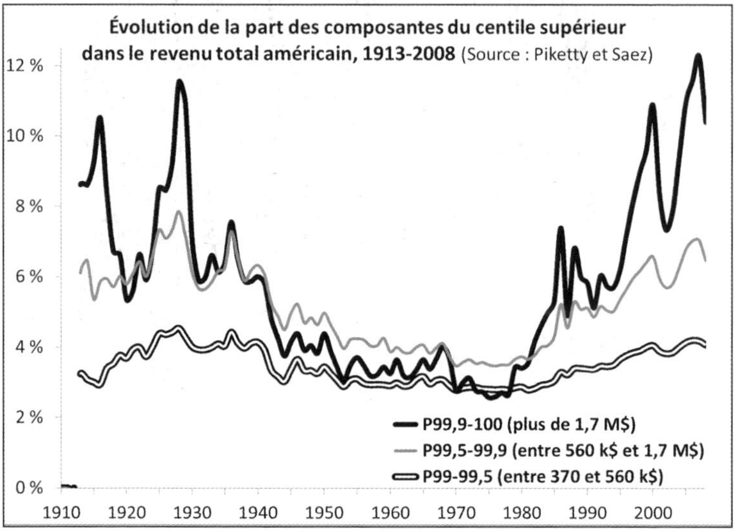

Nous observons la profonde inégalité même à l'intérieur du centile supérieur. Si la première moitié augmente bien un peu, les 40 % suivants constatent une hausse qui commence à être appréciable (leur part augmente de 50 %) mais c'est encore le décile supérieur du centile supérieur (le « Top 0,1 % ») qui bénéficie largement du système, captant à lui seul 70 % de la nouvelle richesse disponible, et multipliant par quatre sa part dans le revenu global !

En conclusion, le nouveau modèle d'inégalités croissantes ne commence à être intéressant que pour les très hauts revenus de plus de 500 000 $ par an, mais c'est le « jackpot » pour les 140 000 *happy few* gagnant plus de 1,7 M$ par an.

© Gérard Mathieu, pour Alternatives économiques

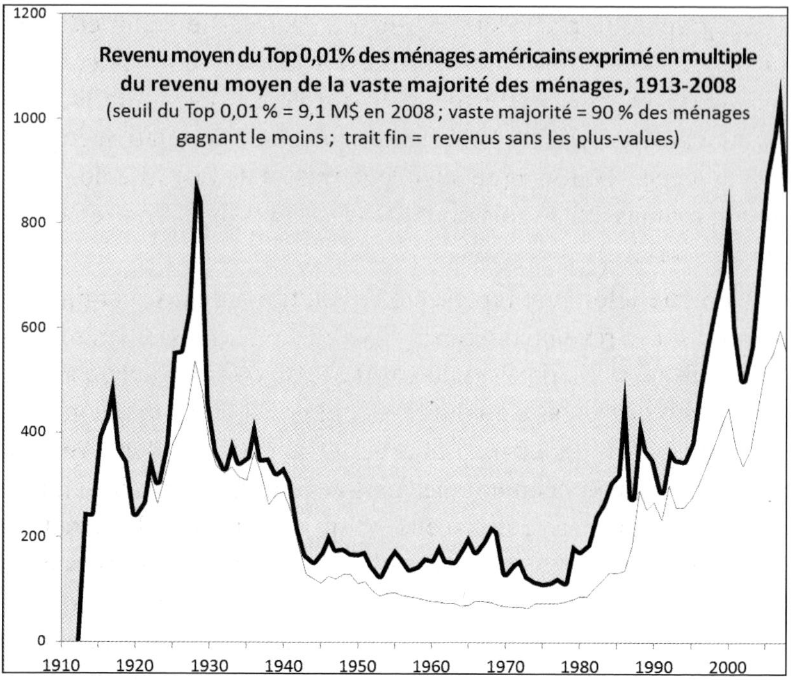
Revenu moyen du Top 0,01% des ménages américains exprimé en multiple du revenu moyen de la vaste majorité des ménages, 1913-2008
(seuil du Top 0,01 % = 9,1 M$ en 2008 ; vaste majorité = 90 % des ménages gagnant le moins ; trait fin = revenus sans les plus-values)
1200
1000
800
600
400
200
0
1910
1920
1930
1940
1950
1960
1970
1980
1990
2000

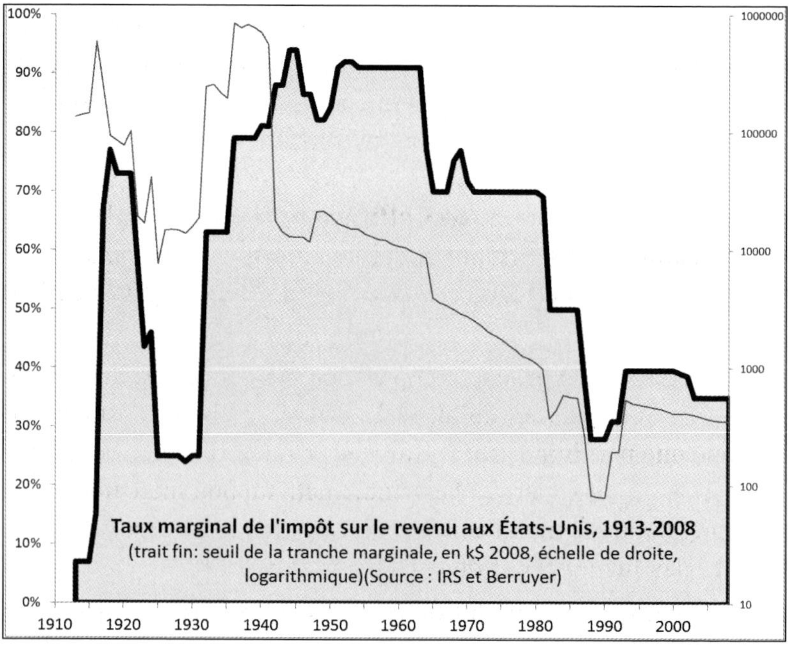
Taux marginal de l'impôt sur le revenu aux États-Unis, 1913-2008
(trait fin: seuil de la tranche marginale, en k$ 2008, échelle de droite, logarithmique)(Source : IRS et Berruyer)
100%
90%
80%
70%
60%
50%
40%
30%
20%
10%
0%
1000000
100000
10000
1000
100
10
1910
1920
1930
1940
1950
1960
1970
1980
1990
2000

Le graphique précédent est double. La partie supérieure représente l'évolution du revenu moyen du Top 0,01 % (15 200 ménages), exprimé cette fois en multiple du revenu du Bottom 90 %. Par exemple, en 1975, cette tranche de population gagnait en moyenne 120 fois le revenu de la très vaste majorité de la population, mais 1 100 fois en 2007 (dont 600 fois si on retranche les plus-values).

La partie inférieure représente l'évolution du taux marginal de l'impôt sur le revenu américain – on peut en effet s'attendre à un impact fiscal sur la richesse du Top 0,01. On constate avec surprise que le taux marginal a atteint le record de 94 % durant la guerre, mais qu'il s'est maintenu à plus de 90 % entre 1950 et 1965, en pleine expansion économique. Le trait fin représente le seuil de la tranche marginale, indispensable pour percevoir l'impact du taux (si le taux de 90 % ne s'applique qu'à trois personnes dans le pays, il sera forcément peu efficace). Lorsque Franklin Roosevelt triple le taux marginal lors de son accession au pouvoir, la tranche marginale est multipliée par dix et commence à un million de dollars, puis plus tard cinq millions, ce qui correspond à des sommes d'environ 200 et 800 millions de dollars constants 2008 : la tranche reste très limitée, et plutôt symbolique, mais tout le barème ayant été revu et augmenté, la mesure reste très efficace. L'arrivée de la guerre va faire baisser fortement la tranche, jusqu'à dix millions de dollars constants 2008 lorsque le taux sera de 90 %. Le barème est forcément **très efficace** pour empêcher la hausse des inégalités. C'est ensuite la baisse tendancielle des taux et de la tranche, jusqu'au maigre taux actuel de 35 % à partir de 350 k$ de revenus.

Bien entendu, la grande compression des inégalités des Trente Glorieuses n'est pas due qu'au barème fiscal, mais on constate qu'il y a joué une part importante – **la symétrie** des deux courbes étant frappante. Le taux marginal est finalement un bon indicateur de la réglementation du marché du travail et du **niveau d'acceptabilité sociale des inégalités** et des très hauts salaires.

Observons alors l'évolution des rémunérations des dirigeants et des salariés américains :

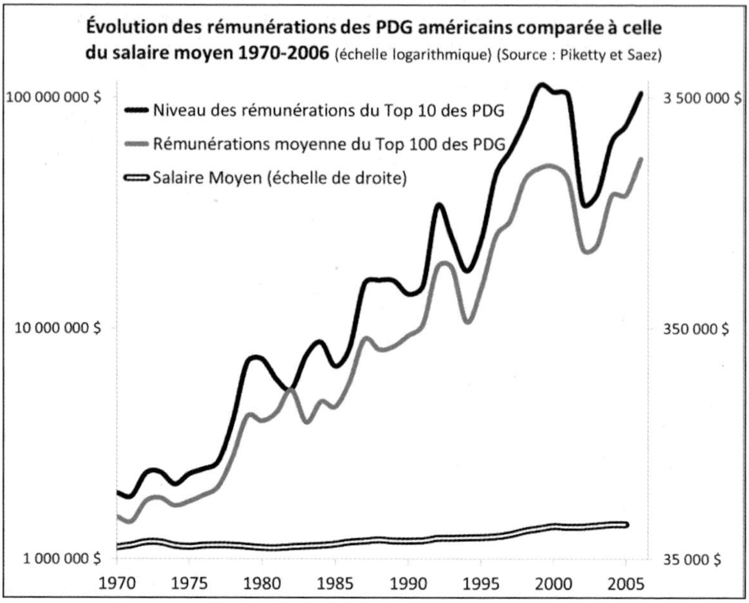

Bien évidemment, si les écarts se creusent, c'est en raison de la progression des salaires moyens des groupes. On voit sur le graphique précédent à quel point l'évolution des rémunérations des PDG est sans commune mesure avec celle du salaire moyen de l'ensemble de la population (les deux échelles sont logarithmiques, mais calées de 1 à 100 pour pouvoir être comparées).

Approfondissons l'étude des évolutions des revenus moyens. Le graphique suivant compare le niveau du revenu moyen du Top 1 % et du Bottom 99 % (en dollars constants 2008) depuis un siècle (même croissance d'échelle, de 1 à 5).

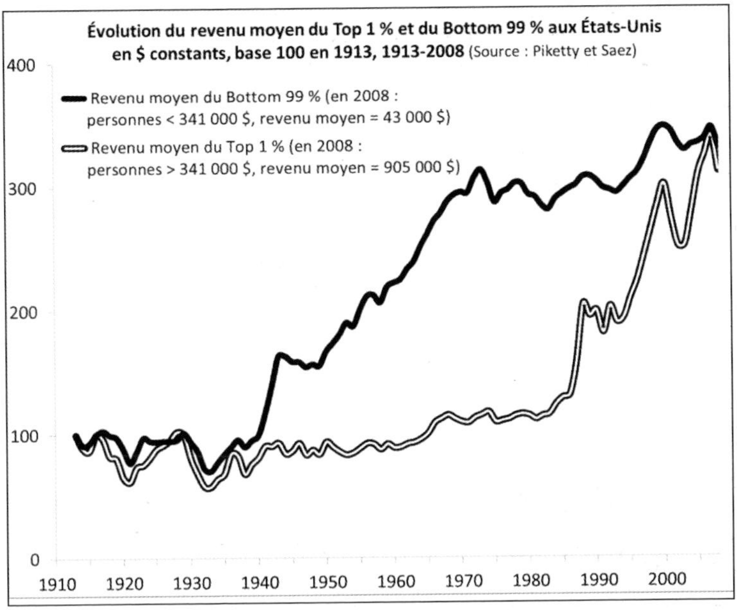

On constate bien l'effet de la « Grande Compression » (pour reprendre le terme de Paul Krugman) survenue durant les Trente Glorieuses : le revenu moyen de la très vaste majorité de la population a stagné jusqu'en 1940, fortement et régulièrement augmenté jusqu'en 1973, et enfin a stagné depuis lors.

Au contraire, les hauts revenus ont stagné jusqu'en 1982 et explosé depuis lors ; ils ont fini par rattraper le retard de croissance accumulé : c'est « la grande divergence ». Notons qu'il s'agissait d'un retard en pourcentage, mais que les écarts se sont approfondis en dollars réels (passer de 10 000 à 40 000 $ n'est évidemment pas tout à fait la même chose que passer de 200 000 à 800 000 $).

Le schéma suivant, issu des travaux du Congrès des États-Unis, montre la captation opérée par le haut de l'échelle des revenus, même après impôts.

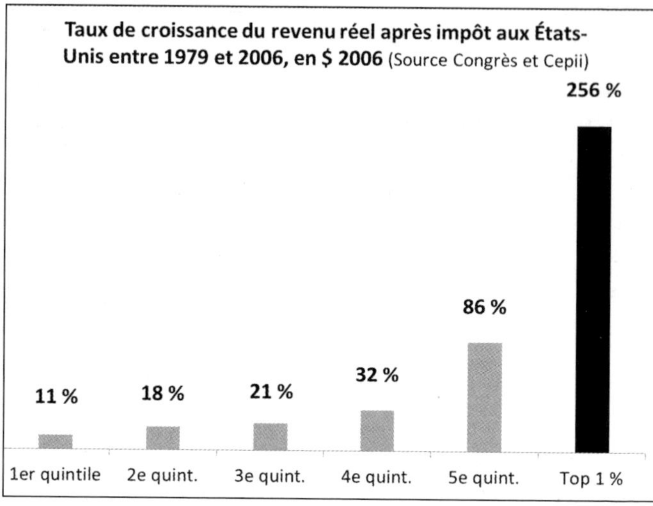

En près de trente ans, les revenus nets en dollars constants du Top 1 % ont augmenté de 256 %, alors que ceux de 80 % de la population n'ont augmenté que de 10 à 30 %.

Croissance annuelle nette des revenus par groupes aux États-Unis, 1993-2008 (Source : Saez)

		Revenu moyen Croissance annuelle en termes réels	Revenus du Top 1 % Croissance annuelle en termes réels	Revenus du Bottom 99 % Croissance annuelle en termes réels	Fraction de la croissance totale (ou de la décroissance) captée par le Top 1 %
Expansion Clinton	1993-2000	4,0%	10,3%	2,7%	45%
Récession de 2001	2000-2002	-6,0%	-16,8%	-3,3%	57%
Expansion Bush	2002-2007	3,0%	10,1%	1,3%	65%
Grande Récession	2007-2008	-9,9%	-19,7%	-6,9%	47%
Période totale	**1993-2008**	**1,30%**	**3,94%**	**0,75%**	**52%**

Le tableau précédent montre bien à quel point une infime minorité rapace capte les revenus. Ainsi, durant l'expansion Bush, le Top 1 % a capté à lui seul 65 % de la totalité de la masse de nouveaux revenus annuels. *A contrario*, il n'a capté que 47 % de la récession en 2008. **Ainsi, sur les quinze dernières années, et durant deux cycles économiques, ce sont 52 % des nouveaux revenus du pays qui sont allés au seul Top 1 %.**

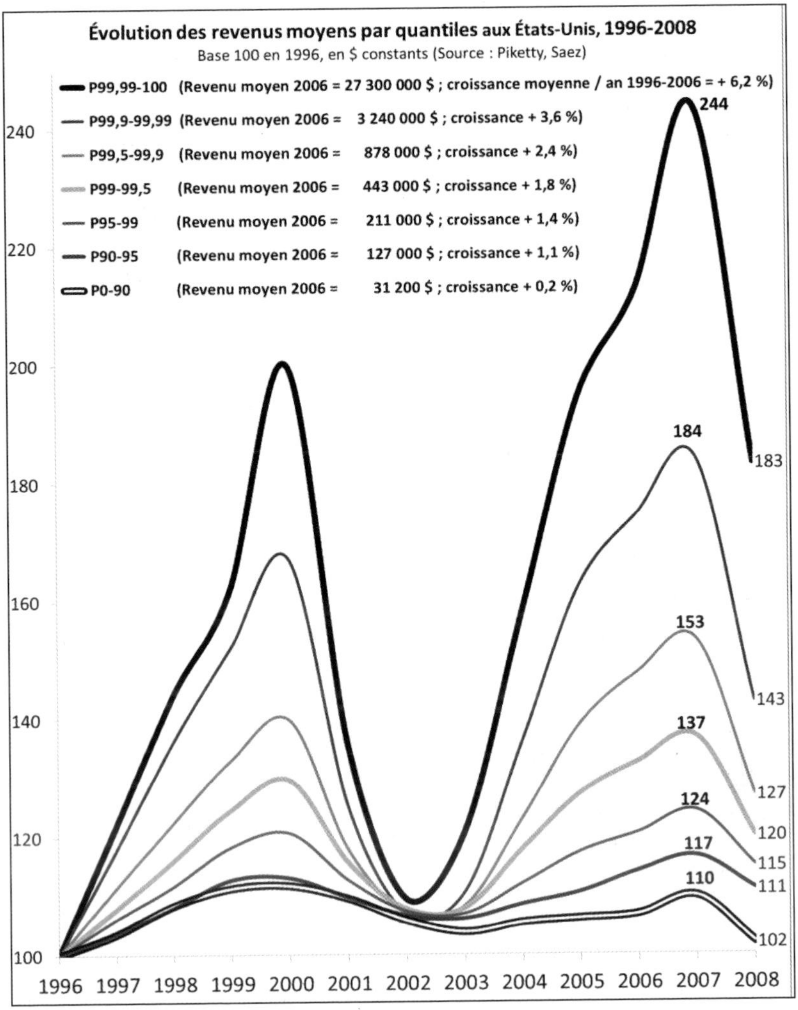

On observe ce phénomène sur le graphique précédent, représentant l'évolution du revenu moyen de différents quantiles, en base 100 en 1996. On observe les impressionnants taux de croissance annuelle du Top 0,01 % de +22 % en 1997, +18 % en 1998, +13 % en 1999, +24 % en 2000. Et, après le krach, de nouveau +31 % en 2004, +23 % en 2005, +9 % en 2006, +15 % en 2007. Ces hausses phénoménales semblent donc être un excellent indicateur avancé des crises majeures.

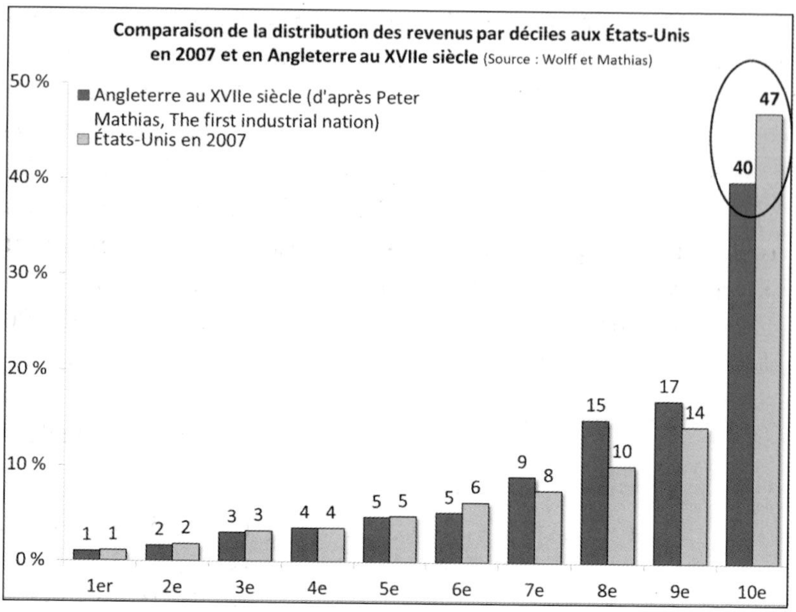
Comparaison de la distribution des revenus par déciles aux États-Unis en 2007 et en Angleterre au XVIIe siècle (Source : Wolff et Mathias)
50 %
40 %
30 %
20 %
10 %
0 %
Angleterre au XVIIe siècle (d'après Peter Mathias, The first industrial nation)
États-Unis en 2007
1 1
2 2
3 3
4 4
5 5
5 6
9 8
15 10
17 14
40 47
1er
2e
3e
4e
5e
6e
7e
8e
9e
10e

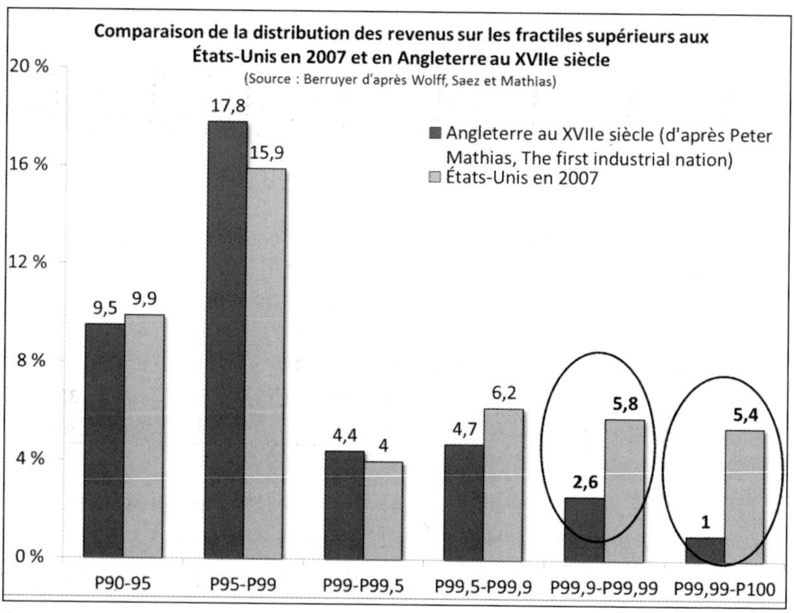
Comparaison de la distribution des revenus sur les fractiles supérieurs aux États-Unis en 2007 et en Angleterre au XVIIe siècle
(Source : Berruyer d'après Wolff, Saez et Mathias)
20 %
16 %
12 %
8 %
4 %
0 %
Angleterre au XVIIe siècle (d'après Peter Mathias, The first industrial nation)
États-Unis en 2007
9,5 9,9
17,8 15,9
4,4 4
4,7 6,2
2,6 5,8
1 5,4
P90-95
P95-P99
P99-P99,5
P99,5-P99,9
P99,9-P99,99
P99,99-P100

Terminons par une note historique cette analyse des revenus américains. Les deux graphiques précédents montrent la distribution des revenus aux États-Unis en 2007 et en Angleterre au XVIIe siècle (grâce au remarquable travail de Peter Mathias dans *The First Industrial Nation*, qui a analysé les revenus de l'ensemble des classes de la population). Le résultat est éloquent : **les inégalités sont nettement plus accentuées aux États-Unis actuellement qu'au XVIIIe siècle en Angleterre** ! Essentiellement en raison de l'accaparement du millile (Top 0,1 %) supérieur. Les 150 000 très gros salaires actuels s'adjugent donc trois à six fois plus de revenus que ne le faisaient les 186 lords (Top 0,01 %) et les 1400 baronets et chevaliers de l'aristocratie anglaise du XVIIe siècle...

Nous allons désormais nous intéresser aux conséquences des inégalités de revenus aux États-Unis : les inégalités de patrimoine, grâce aux travaux remarquables d'Edward N. Wolff. Elles sont encore bien plus criantes :

Répartition du patrimoine aux États-Unis en 2007 (Source : Wolff)

Fractiles	Part du patrimoine total en 2007	Patrimoine moyen en 1983 ($ 2007)	Patrimoine moyen en 2007 ($ 2007)	% d'évolution	% de captation de la richesse créée 1983-2007
Population totale	100%	270 400 $	536 100 $	98%	100%
Top 20%	85%	1 099 700 $	2 278 900 $	107%	89%
Bottom 40%	0,2%	5 900 $	2 200 $	-63%	-1%
P40-60	3,8%	70 600 $	106 000 $	50%	3%
P60-80	11%	170 000 $	291 000 $	71%	9%
P80-90	12%	354 500 $	641 900 $	81%	11%
P90-95	11%	656 600 $	1 201 300 $	83%	10%
P95-99	**27,3%**	1 510 000 $	3 656 000 $	142%	**32,3%**
Top 1%	**34,6%**	9 127 000 $	18 529 000 $	103%	**35,4%**

On constate ainsi que **1 % de la population possède 35 % du patrimoine**, et que les 4 % suivants en possèdent 27 %. On note aussi le régime d'inégalités croissantes : le Top 5 % s'arroge une part de la richesse créée plus grande que sa part initiale : sa proportion dans le patrimoine total augmente donc.

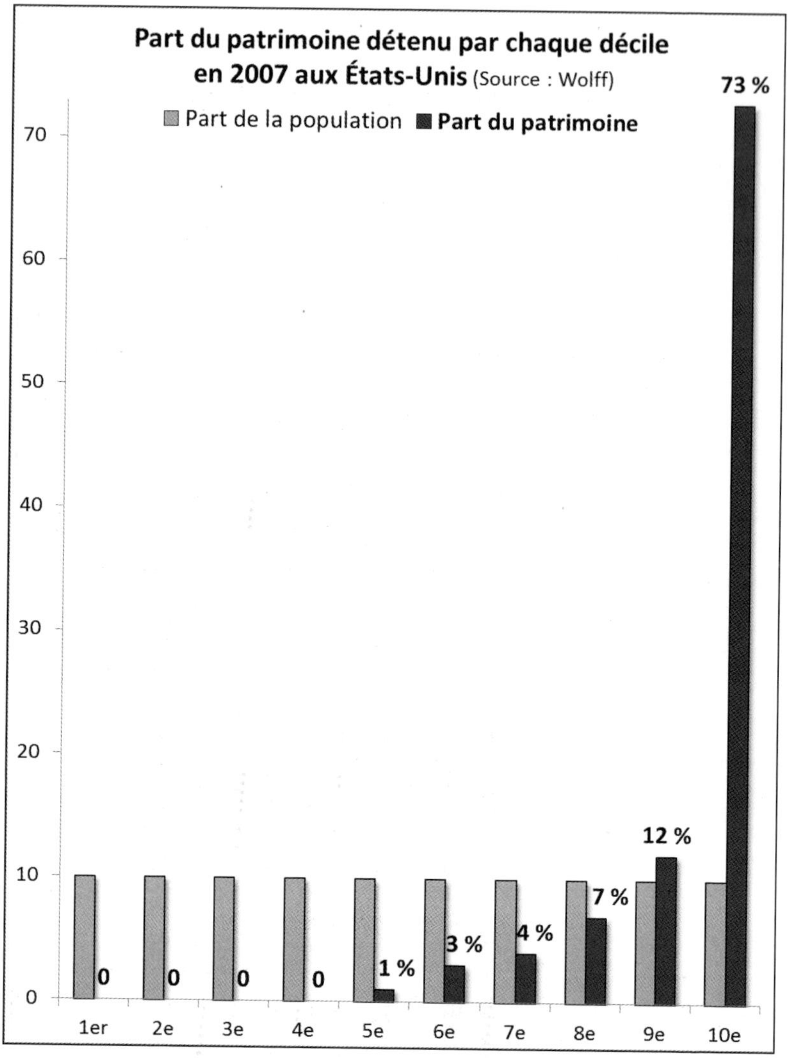

Ainsi, 85 % du pays appartient à 20 % de la population, alors que 40 % ne possède presque rien : en 2007, 19 % de la population a un patrimoine nul ou négatif, et 30 % un patrimoine de moins de 10 000 $. Étonnement, ceci n'est pas si loin de la distribution mondiale. On apprend également que le patrimoine moyen est de 540 000 $, mais que le patrimoine médian n'est que de 103 000 $.

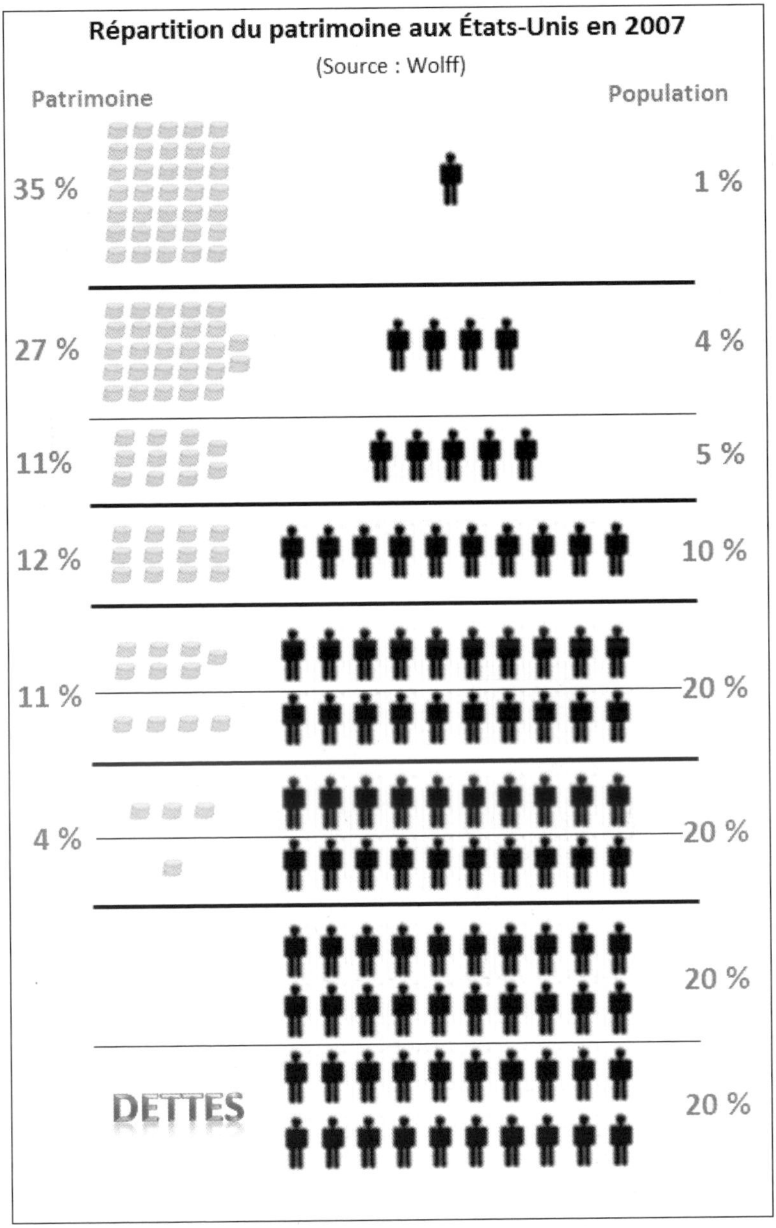
Répartition du patrimoine aux États-Unis en 2007
(Source : Wolff)
Patrimoine
Population
35 %
1 %
27 %
4 %
11%
5 %
12 %
10 %
11 %
20 %
4 %
20 %
20 %
DETTES
20 %

Le graphique suivant illustrera, sans trop développer le sujet qui mériterait un ouvrage à lui seul, la répartition des inégalités dans la population. Les États-Unis disposent par exemple de « statistiques ethniques ». Sans entrer dans le débat sur le bien-fondé ou non de celles-ci, on remarquera simplement qu'elles permettent de disposer de ce genre de statistiques, qui vaut mieux que bien de longs discours.

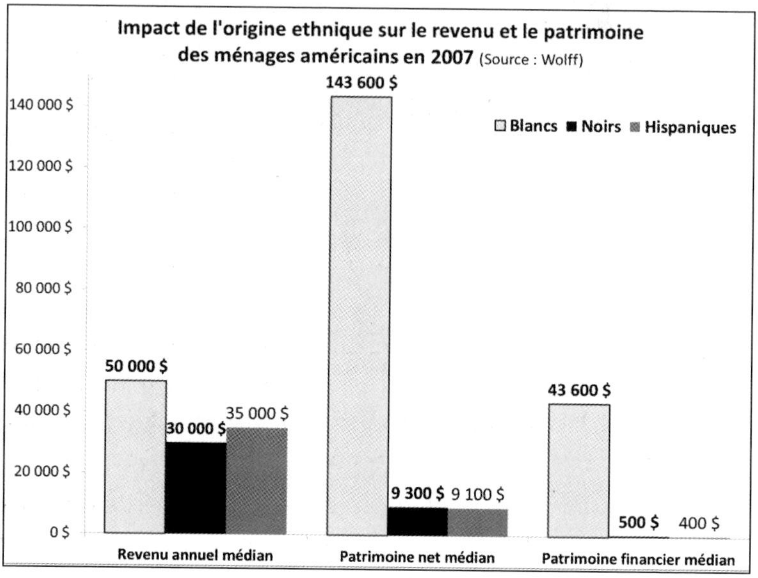

On apprend ainsi que 50 % des blancs ont un patrimoine inférieur à 143 600 $, mais que celui de 50 % des noirs est inférieur à seulement 9 300 $, soit de 1 à 15. L'écart va même **de un à cent** pour la médiane du patrimoine financier, chez les noirs comme chez les hispaniques. L'écart des revenus n'est « que » **de 40 %.**

Ceci est édifiant quant à la persistance de l'inégalité raciale, qui touche de très nombreux domaines. À titre d'exemple, un homme américain noir a une espérance de vie inférieure de **six années** à celle d'un homme américain blanc (Source : **www.cdc.gov**)...

© Jiho – http ://jiho.free.fr

Enfin, pour conclure notre étude des États-Unis, nous avons représenté sur le graphique précédent, comme pour les revenus, l'évolution de l'actif successoral du Top 0,01 % et celle du taux et de la tranche marginale de l'impôt sur les successions.

Par exemple, on observe que la part du Top 0,01 % dans les successions a connu un minimum en 1982, avec une part de 2,5 % de l'actif total. L'impôt sur les successions a connu un taux marginal très élevé de plus de 70 % durant près de cinquante ans, d'abord sur des tranches de patrimoine symboliques de 600 M$ constants 2009, mais ensuite cette tranche a fortement baissé, pour atteindre près de 10 M$ 2009 en 1981. La tranche et le taux ont ensuite continué à baisser jusqu'à ce que G.W. Bush quadruple le niveau de la tranche en 2000, et baisse ensuite encore son taux (45 %).

Bien entendu, le fait que les patrimoines résultent d'accumulations très longues (une trentaine d'années en moyenne suivant notre conjecture), et le fait que nous ne disposions que d'une vision des actifs successoraux plutôt que d'un patrimoine moyen sur l'ensemble de la population, empêchent des conclusions directes et définitives du rapprochement des deux informations.

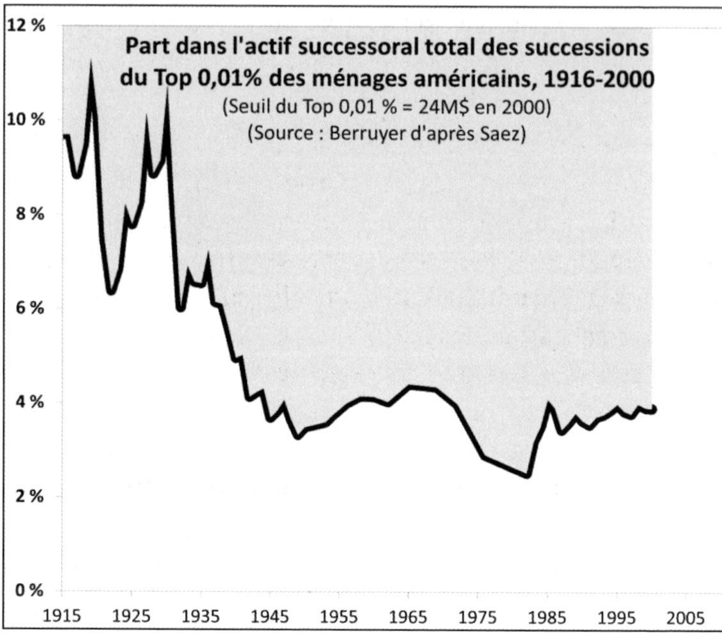
Part dans l'actif successoral total des successions
du Top 0,01% des ménages américains, 1916-2000
(Seuil du Top 0,01 % = 24M$ en 2000)
(Source : Berruyer d'après Saez)
12 %
10 %
8 %
6 %
4 %
2 %
0 %
1915 1925 1935 1945 1955 1965 1975 1985 1995 2005

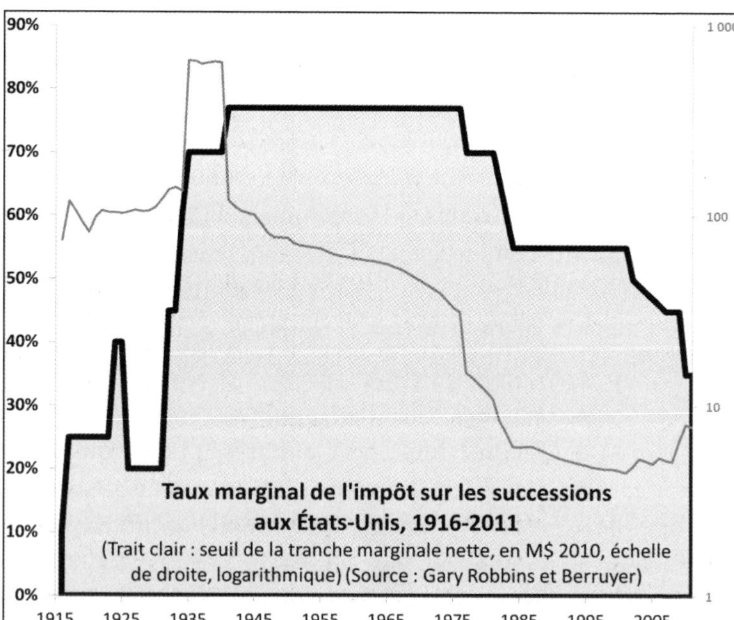
Taux marginal de l'impôt sur les successions
aux États-Unis, 1916-2011
(Trait clair : seuil de la tranche marginale nette, en M$ 2010, échelle
de droite, logarithmique) (Source : Gary Robbins et Berruyer)
90%
80%
70%
60%
50%
40%
30%
20%
10%
0%
1 000
100
10
1
1915 1925 1935 1945 1955 1965 1975 1985 1995 2005

On observe en tous cas sur le graphique une nette corrélation des évolutions. Cet impôt est lui aussi représentatif des normes d'acceptabilité sociale des inégalités.

Un intense débat a eu lieu aux États-Unis en 2001 et 2006, car G.W. Bush a proposé une suppression de cet impôt, « habilement » qualifié par les néo-conservateurs de *death tax* (taxe sur la mort). Le fait intéressant est que les personnes qui ont le plus protesté ont été une centaine de **milliardaires américains**, menés par Georges Sorros, Warren Buffett, les héritiers Rockefeller et le père de Bill Gates – cet impôt servant non seulement à financer l'État mais surtout à redistribuer les cartes sociales au moment d'un décès. Or, **si l'Amérique encourage l'enrichissement, elle ne le conçoit qu'en vertu du talent, et non d'un lien héréditaire**.

Pourtant, certains théoriciens n'hésitent pas à promouvoir ces régimes d'inégalités, au nom, comme toujours, de la soi-disant « concurrence », « compétitivité » et bien entendu « modernité » face à la « sclérose » ou au « carcan » égalitaire. Jean-Daniel Tordjman, ancien ambassadeur délégué aux investissements internationaux a illustré cette pensée en 2007, au moment de la proposition Bush :

> « La proposition du président Bush de supprimer totalement les droits de succession aux États-Unis a des chances sérieuses d'être adoptée par le Congrès américain. On imagine sans peine en ce cas les réactions des commentateurs français : « nouveau cadeau aux riches », « accroissement des inégalités aux États-Unis ».
>
> En revanche, pour ceux qui suivent l'évolution de l'économie mondiale et la prospérité de chaque zone, cette décision sera **un coup de maître historique**. Elle **renforcera** de manière décisive **l'attractivité** déjà forte des États-Unis comme lieu de résidence des investisseurs mondiaux [...]
>
> Cela confortera la position des entrepreneurs aux États-Unis et attirera dans ce pays, à titre de résidents permanents, les entrepreneurs asiatiques ou européens ayant réussi dans leur pays et qui paieront désormais aux États-Unis leurs impôts. [...] Cela n'est pas une vue de l'esprit mais une réalité tangible qui peut se concrétiser en quelques mois alors que ni l'Europe, ni

la France **bloquées dans leurs débats internes** ne sont préparées, intellectuellement ou législativement, à organiser leur riposte. [...]

Trois milliards de consommateurs et de producteurs **entrent avec enthousiasme et à marche forcée dans l'économie mondiale** face à une Europe inquiète, plus soucieuse de **défendre ses privilèges** que de conquérir ces nouveaux mondes et incapable de s'organiser. Face à cette réalité inexorable, on ne peut réagir par des barrières **ou la protection des droits acquis**. La seule défense, c'est l'attaque. [...]

S'ils adoptent la suppression des droits de succession, ils créeront pour les décideurs du monde entier soucieux de **transmettre aux générations futures** [sic !] le fruit de leur travail un **havre fiscal** à la dimension non d'un canton suisse mais de la première puissance mondiale. [...]

La France est un des pays les mieux placés au monde pour les recevoir par sa tradition d'accueil, par sa culture, par son histoire, par ses 30000 châteaux et ses sites magnifiques. Perdre cette manne qui peut tomber du ciel et créer les richesses et les emplois dont nous avons besoin pour financer la nécessaire solidarité serait une erreur pour les intérêts du pays. Mais les comportements politiques sont profondément ancrés dans la mémoire collective des peuples. Interrogés sur leur réaction face à une personne qui a matériellement réussi, 80 % des Américains répondent « devenir comme lui ». « Devenir riche » fait partie du rêve américain.

En France, l'opinion majoritaire serait plus « faire payer les riches » que « devenir riche comme eux ». Cette conception qui avait un certain sens dans des économies stables et fermées ne tient plus dans des économies ouvertes au monde. »
[Jean-Daniel Tordjman, 15/10/2007, www.lefigaro.fr]

Ceci est finalement paradoxal : comment donc pouvoir vouloir « devenir riche comme eux » s'ils ont hérité de leur fortune ? On peut difficilement changer de parents...

Heureusement, des penseurs stratégiques ont une vision différente.

« Le rêve américain repose sur le désir de bâtir une fortune sur une terre vierge. Pas vraiment sur la gestion d'un viager. **En fait, les vrais libéraux sont pour les droits de succession, les conservateurs, contre**. » [Jean-Pierre Petit, directeur de la recherche économique à Exane BNP Paribas, L'Expansion].

« Les riches doivent payer des droits de succession, parce qu'ils ont une dette spéciale. **Leur richesse n'aurait pas été possible sans une société forte soutenant le capitalisme**. Beaucoup des choses qui ont permis l'énorme avance de notre économie sont nées sur des campus ou dans des laboratoires. Et la plupart n'ont été possibles que parce que le gouvernement les a financées. » [William Gates Sr., 78 ans]

« Abroger l'Estate Tax serait une terrible erreur, l'équivalent de constituer l'équipe Olympique de 2020 en sélectionnant les plus jeunes enfants des médailles d'or des jeux de 2000. Nous considérerions ceci comme une folie en termes de compétition athlétique. Or, nous avons une **mobilité sociale** qui permet aux personnes de talent d'obtenir les postes qui leur correspondent le mieux. Sans les droits de succession, **vous aurez alors une aristocratie de la richesse**, ce qui signifiera que vous baserez la gestion des ressources du pays sur l'hérédité plutôt que sur le mérite. » [Warren Buffet]

« **Il n'y a rien de plus difficile à justifier que le droit que nous accordons aux Hommes de disposer de leurs biens après leur mort**. » [Adam Smith]

Les droits de succession représentent 25 Md$ par an, payés par 48 000 Américains tous les ans, soit moins de 2 % des décès, **la moitié** étant payée par les 4000 qui décèdent avec plus de 5 M$ d'actifs. Georges Bush ne l'a pas abrogée, mais il l'a néanmoins supprimée à titre exceptionnel en 2010. Obama n'a pas réussi à la rétablir, mais une polémique est née mi-2010 avec le décès de Dan L. Duncan, 74e fortune mondiale, qui a laissé neuf milliards nets d'impôt à ses héritiers, privant l'État de quatre milliards de dollars.

En conclusion de cette longue analyse, nous pouvons retenir les **faits saillants** suivants pour les États-Unis :

- un **très fort niveau d'inégalités des revenus** dans les années 20, jusqu'à la crise de 1929. Elle a été suivie d'une période de réduction majeure des inégalités (la « grande compression ») jusqu'à la fin des années 1970. Depuis, la situation de la vaste majorité de la population a stagné alors que les plus hauts revenus ont explosé ;
- la grande compression a été due à une moindre concentration des perceptions de dividendes, probablement liée à la **forte hausse de l'impôt sur le revenu** intervenue ;
- le nombre des principaux bénéficiaires de ces changements impulsés par les néo-conservateurs a été **très réduit** : c'est schématiquement le Top 0,5 % (plus de 500 k$ de revenus), et surtout le Top 0,1 % (plus de 1,7 M$) ;
- la distribution des fruits de la croissance des revenus de la dernière décennie a été particulièrement **inégalitaire** : le Top 1 % s'est adjugé plus de 50 % de la masse totale ;
- ce mouvement a renforcé la répartition extrêmement inégalitaire du patrimoine aux États-Unis, en particulier dans la détention du pouvoir actionnarial.

Les États-Unis sont le pays développé le plus inégalitaire, et ces inégalités se sont creusées depuis vingt ans. Ce pays a d'ailleurs réussi à **imposer son modèle néo-conservateur d'inégalités croissantes au reste du monde**. La prospérité du pays dans cette période n'a bénéficié qu'à une très faible fraction de la population, et s'est faite au détriment de la vaste majorité : les richesses captées ne sont nullement « redescendues ». « Enrichir les riches » a donc principalement servi... à enrichir les riches – et des velléités de suppression des droits de succession visent à perpétuer ces inégalités.

© Rick Kollinger – www.kollinger.com

« Le naufrage des classes moyennes »
© RJ. Matson – www.rjmatson.com

3. En France

> « Les économistes ont raison : le capital est du travail accumulé. Seulement, comme on ne peut pas tout faire, ce sont les uns qui travaillent et les autres qui accumulent. » [Auguste Detoeuf]

Après ce long détour outre-Atlantique, nous conclurons cette analyse des inégalités par la France, en reprenant la même trame d'analyse que pour les États-Unis, afin de faciliter les comparaisons. Il convient également de souligner la pauvreté des informations fournies par l'administration fiscale et l'INSEE sur les hauts revenus (et les revenus en général), et *a contrario* la richesse du travail mené par Thomas Piketty et Camille Landais dans l'analyse des inégalités.

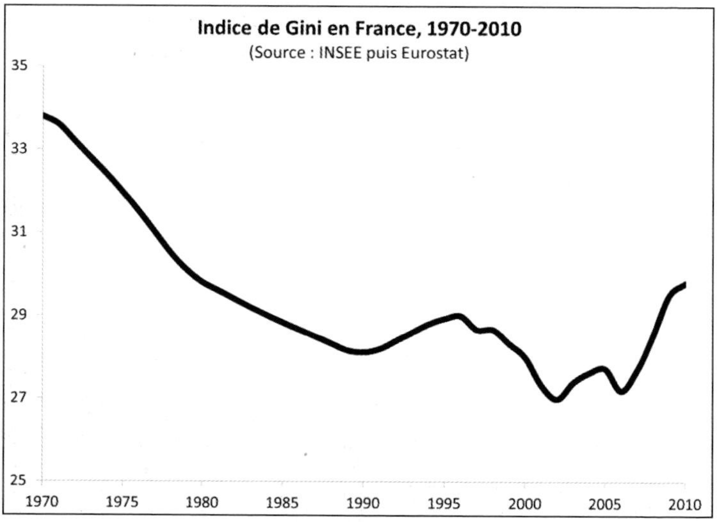

Les informations sur l'indice de Gini en France sont lapidaires. Des bribes disponibles, nous avons estimé son évolution sur le graphique précédent. La conclusion est relativement simple : l'indice a fortement baissé entre 1970 et 2000 pour se stabiliser à un niveau relativement bas. Il subit depuis 2007 une tendance à la hausse, suivant ainsi le mouvement mondial.

Distribution des niveaux de vie en 2007 (Source INSEE)

	Borne Sup.	Moyenne	Masse
10 % gagnant le moins	10 012	7 698	4%
2ème décile	12 403	11 253	5%
3ème décile	14 363	13 391	6%
4ème décile	16 201	15 297	7%
5ème décile	**18 165**	17 132	8%
6ème décile	20 316	19 220	9%
7ème décile	22 969	21 565	10%
8ème décile	26 624	24 698	12%
9ème décile	33 896	29 768	14%
10 % gagnant le plus		50 778	24%
Moyenne générale		21 078	

Lecture : 10 % des Français ont un niveau de vie de moins de 10012€ par an, avec une moyenne de 7698€. Ils représentent 4 % du total des niveaux de vie.

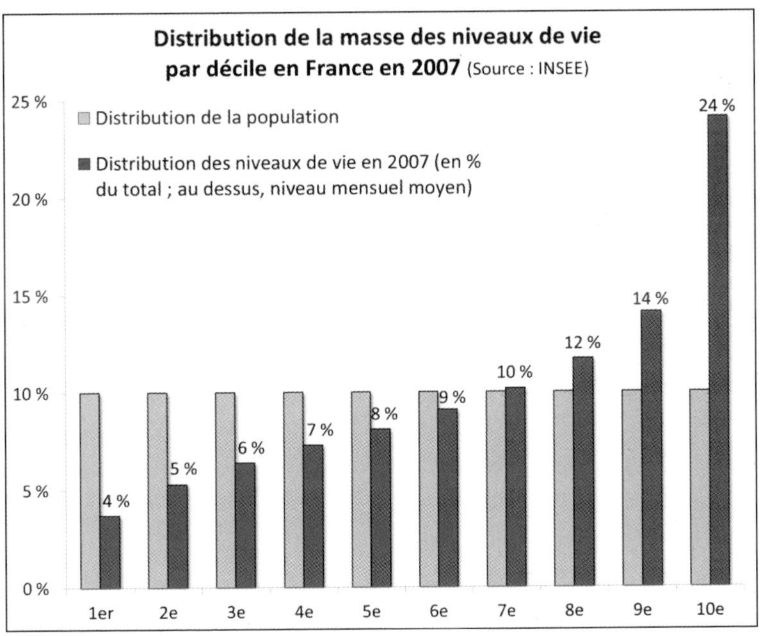

Lecture : le premier décile gagne 4 % du total des revenus, soit 640€ par mois

Le graphique suivant représente la distribution par décile des niveaux de vie 2007 par individu en France.

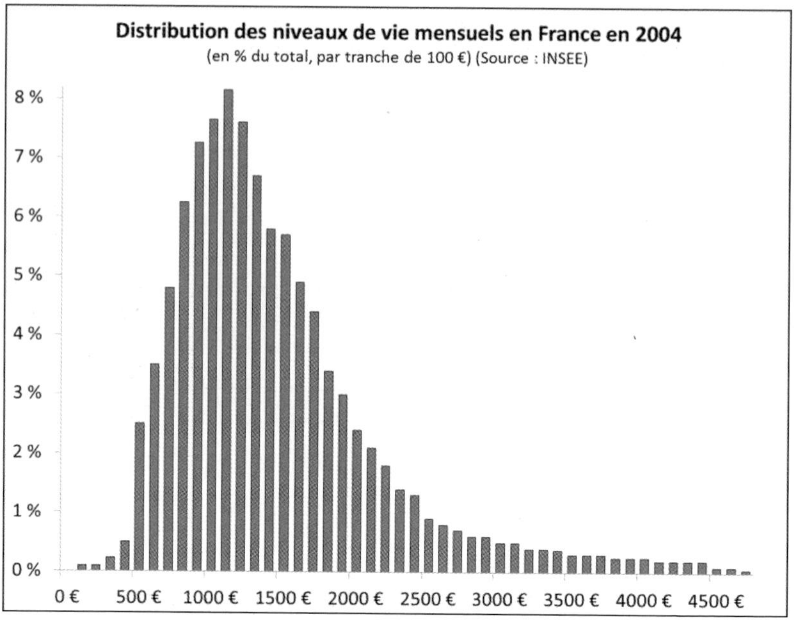

Lecture : 8,2 % des individus disposent d'un niveau de vie compris entre 1100 € et 1200 € par mois

Rappelons que le niveau de vie est égal au revenu disponible (revenu net après impôts et prestations sociales) du ménage divisé par le nombre d'unités de consommation (uc). Les unités de consommation sont généralement calculées selon l'échelle d'équivalence qui attribue 1 uc au premier adulte du ménage, 0,5 uc aux autres personnes de 14 ans ou plus et 0,3 uc aux enfants de moins de 14 ans.

On note de façon frappante que les niveaux de vie sont répartis de façon bien moins inégalitaire qu'aux États-Unis – ce qui confirme bien l'écart des indices de Gini.

Les quatre graphiques suivants montrent, à la même échelle, l'évolution de la part de chaque décile de niveau de vie, entre 1996 et 2002 puis entre 2002 et 2007 ; le graphique supérieur est exprimé en pourcentage d'évolution de la part, l'inférieur est en valeur absolue (en pourcentage du total de la masse des patrimoines).

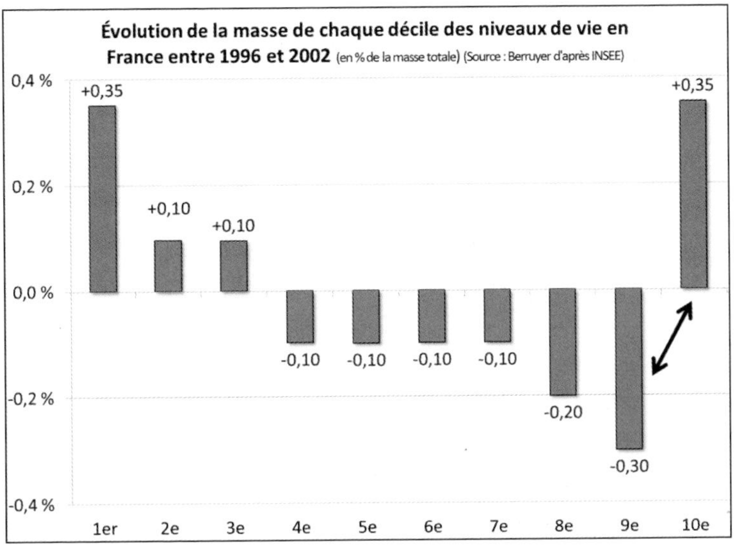

Lecture : le décile gagnant le moins a vu sa part dans la masse totale des niveaux de vie augmenter de 0,35 points du total. Les sommes du graphique inférieur sont évidemment nulles et montrent la redistribution réelle intervenue entre les déciles. La forte ponction des classes aisées au bénéfice des hauts-revenus est notable.

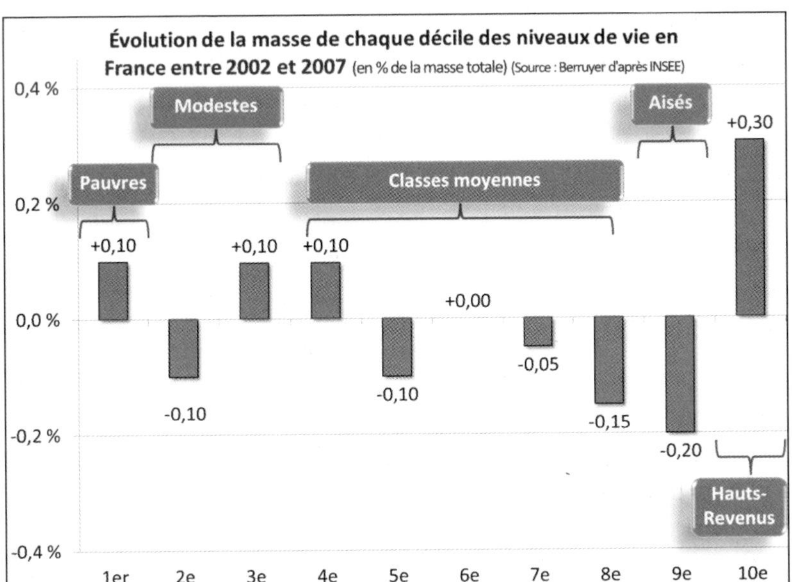

On observe ainsi clairement que 1996-2002 a correspondu à une période de grande **progression** de la part des revenus des plus **pauvres** et des plus **riches**, au détriment des classes moyennes et aisées.

La période 2002-2007 n'a pas connu cette amélioration pour les plus pauvres, mais l'enrichissement des plus **hauts revenus** s'est poursuivi, au détriment principal des classes aisées.

Thomas Piketty a réalisé une étude majeure : *Les hauts revenus en France au XXᵉ siècle*. Elle a été actualisée par Camille Langlais en 2008. Elle complète les statistiques de l'INSEE qui ne dépassent jamais le quantile P95, agrégeant des situations bien trop disparates. En voici les résultats.

Seuil et revenu moyen dans les groupes supérieurs du dernier décile en France en 2006 (Source : Piketty et Landais)

Seuil en quantile	Seuil en revenu	Groupes de revenus	Nombre de foyers	Revenu moyen dans chaque groupe	Part du revenu total
		Population totale	35 633 000	24 900 €	100%
		Top 10%	3 563 300	83 200 €	33%
		Bottom 90%	32 069 700	18 500 €	67%
Top 10%	48 200 €	Top 10-5%	1 781 650	54 900 €	11%
Top 5%	63 900 €	Top 5-1%	1 425 320	82 700 €	13%
Top 1%	123 400 €	Top 1-0.5%	178 170	141 100 €	3%
Top 0,50%	166 600 €	Top 0.5-0.1%	142 530	222 000 €	4%
Top 0,10%	346 000 €	Top 0.1-0.01%	32 070	513 300 €	2%
Top 0,01%	1 072 200 €	Top 0.01%	3 560	2 099 700 €	1%

Lecture : 32 070 foyers gagnent entre 346 et 1 072 k€, constituant la fourchette des 0,10 % à 0,01 % des mieux payés ; ils gagnaient en moyenne 513 k€.

Ainsi, en 2006 :

- **10 %** des ménages français (le « Top 10 % », soit 1,8 millions de français) gagnaient plus de **48 200 €** (= P90) ;
- 0,01 % des Français (soit 3 500 foyers) gagnaient plus d'un million d'euros (= P99,99), et en moyenne 2,1 M€ ;
- **les 90 % gagnant le moins** (le « Bottom 90 % ») gagnaient donc moins de 48 200 €, et en moyenne **18 500 €**.

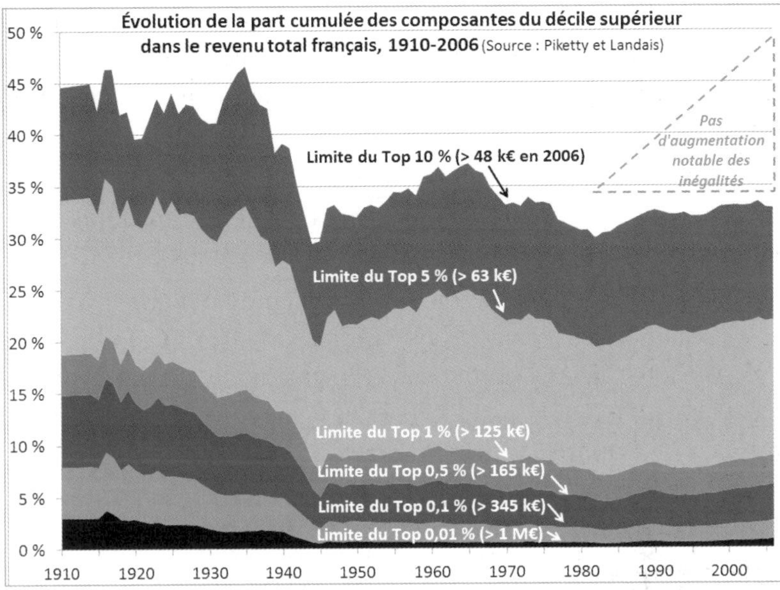
Évolution de la part cumulée des composantes du décile supérieur
dans le revenu total français, 1910-2006 (Source : Piketty et Landais)
50 %
45 %
40 %
35 %
30 %
25 %
20 %
15 %
10 %
5 %
0 %
1910
1920
1930
1940
1950
1960
1970
1980
1990
2000
Limite du Top 10 % (> 48 k€ en 2006)
Pas d'augmentation notable des inégalités
Limite du Top 5 % (> 63 k€)
Limite du Top 1 % (> 125 k€)
Limite du Top 0,5 % (> 165 k€)
Limite du Top 0,1 % (> 345 k€)
Limite du Top 0,01 % (> 1 M€)

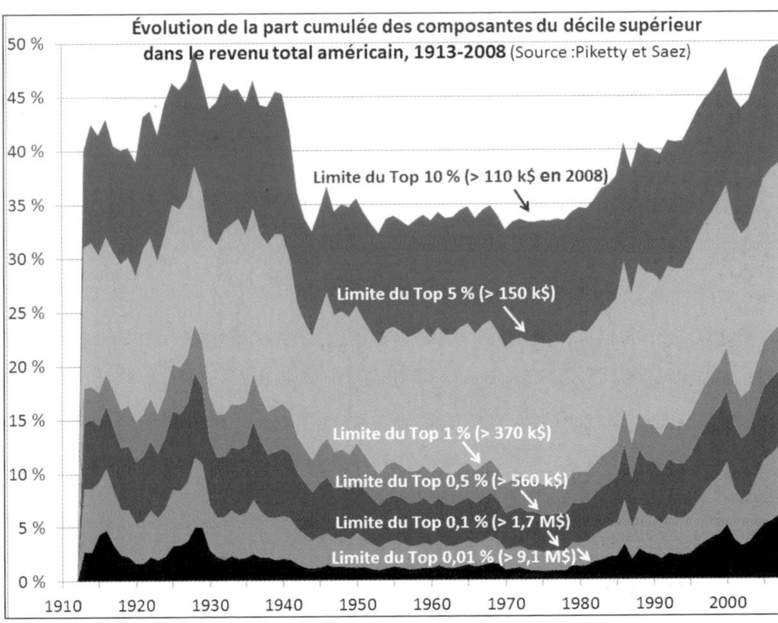
Évolution de la part cumulée des composantes du décile supérieur
dans le revenu total américain, 1913-2008 (Source :Piketty et Saez)
50 %
45 %
40 %
35 %
30 %
25 %
20 %
15 %
10 %
5 %
0 %
1910
1920
1930
1940
1950
1960
1970
1980
1990
2000
Limite du Top 10 % (> 110 k$ en 2008)
Limite du Top 5 % (> 150 k$)
Limite du Top 1 % (> 370 k$)
Limite du Top 0,5 % (> 560 k$)
Limite du Top 0,1 % (> 1,7 M$)
Limite du Top 0,01 % (> 9,1 M$)

Il est frappant de constater à quel point la structure française des hauts revenus est proche de celle des États-Unis (remise pour rappel) pendant 70 ans, et à quel point elles ont fini par totalement diverger. Ainsi en France, le Top 10 % :

- entre 1900 et 1940, s'adjuge près de 45 % de tous les revenus. La distribution des revenus est très inégalitaire. Le mouvement est identique aux États-Unis jusqu'à 1935 ;
- entre 1945 et 1980, voit sa part chuter drastiquement et se stabiliser en moyenne autour de 33 %. Les États-Unis sont encore plus stables que la France autour de cette moyenne ;
- voit sa part atteindre un point bas en 1980, à 30 %. Sa part remonte alors légèrement, elle se stabilise alors à 33 %. En revanche, aux États-Unis, **1980 marque une explosion des inégalités** de revenus, la part du Top 10 % montant alors à près de 50 % en 2007 – **supérieure à celle des années 1920**.

Sur la période 1910-1980, la structure des sous-quantiles est également extrêmement proche entre les deux pays.

La comparaison des deux graphiques suivants (celui des États-Unis est remis pour rappel) montre bien que **c'est le fait d'avoir empêché la captation des revenus par le Top 1 % qui a permis le maintien en France de la « grande compression »**.

Ainsi, la France a su échapper à la « grande divergence » qu'ont connue les États-Unis, et qui est en grande partie à l'origine de la crise actuelle.

Toutefois, force est de constater le maintien des velléités visant à renforcer les inégalités de revenus en France (bouclier fiscal, suppression des droits de succession, refus de taxer plus fortement les plus-values mobilières et immobilières...). On observe ainsi en France une tendance modeste mais continue à l'augmentation de la part du Top 1 %, sans interruption depuis 1997.

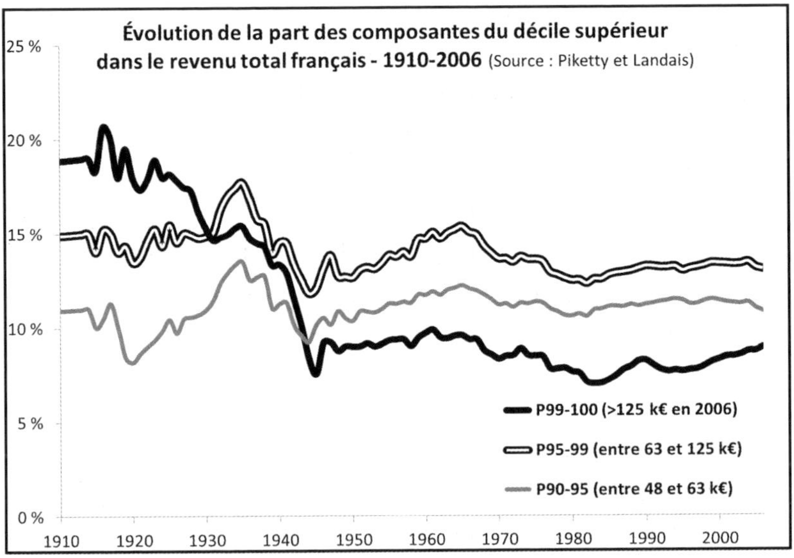

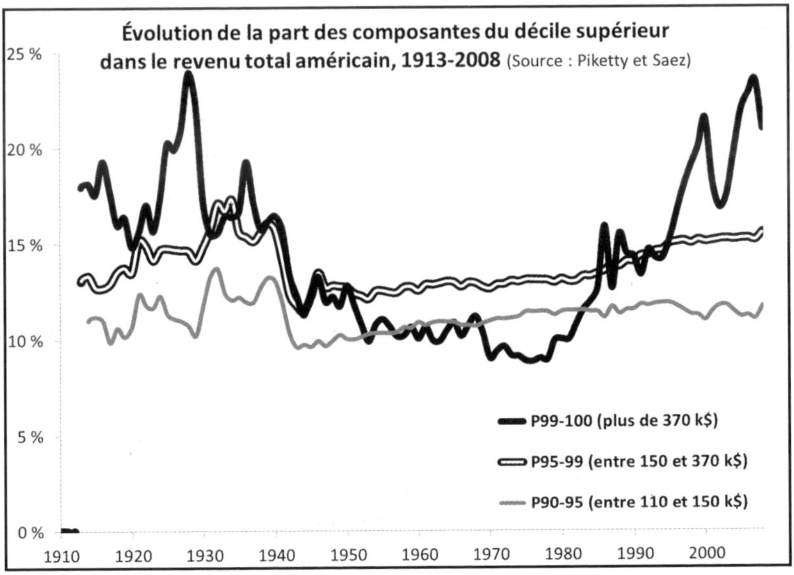

Le parallélisme des évolutions entre les deux pays, puis la rupture pour le seul Top 1 % américain est notable

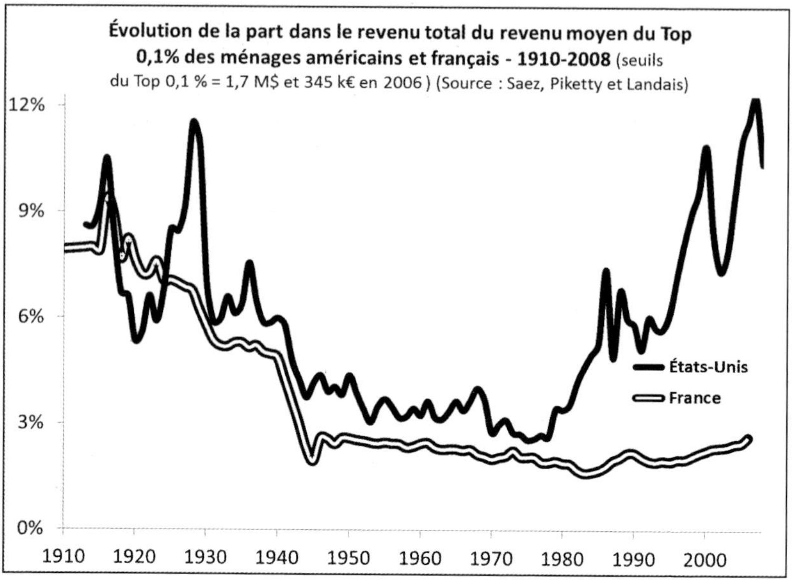

On observe enfin tout l'écart entre les deux pays sur l'évolution de la part du Top 0,1 %. Mais notons qu'en France, cette part a néanmoins augmenté de **plus de 30 %** entre 1997 et 2006 – ce qui est considérable.

On retrouve page suivante le graphique comparant l'évolution des revenus du Top 0,01 % des ménages avec celle de la tranche marginale de l'impôt sur le revenu. Comme pour les États-Unis, on remarque le net parallélisme entre les deux courbes. Plus encore, on observe les résultats de politiques fiscales divergentes :

- en 1981, la taxation marginale augmente en France (« effet Mitterrand ») : **la part du Top 0,1 % baisse de 20 % en deux ans**.
- en 1982, la taxation marginale chute aux États-Unis (« effet Reagan ») : **la part du Top 0,1 % augmente de 30 % en deux ans**. Et elle a quadruplé depuis lors.

Toutefois, la taxation marginale a continûment baissé depuis 1995, ce qui a immédiatement entraîné une hausse de la part des très hauts revenus. Le lien entre les deux actions semble donc réel.

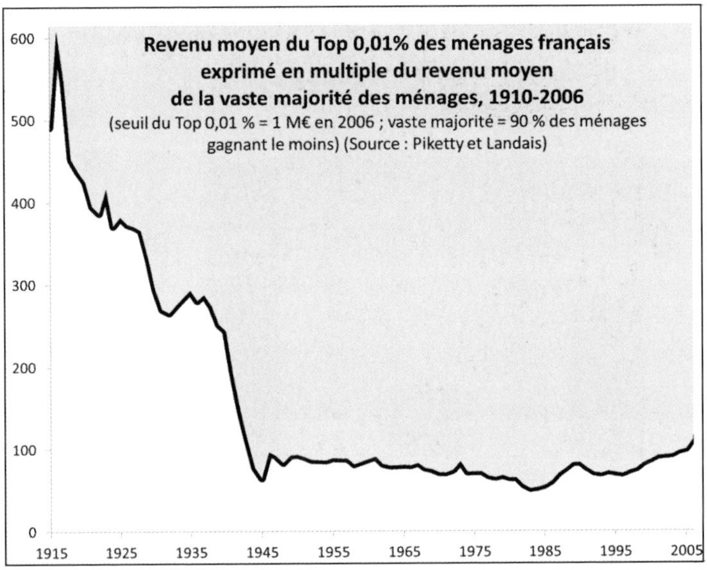

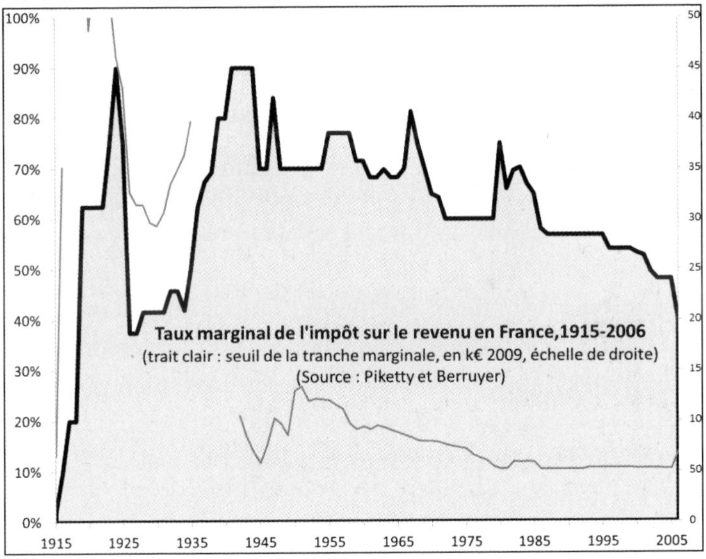

On observe en fait que la part des revenus du capital a connu une sévère chute au moment de la crise de 1929 et au moment de la Seconde Guerre mondiale. Elle est ensuite restée stable. L'évolution américaine est assez proche. La différence entre les deux pays tient au fait que la part des salaires du top 0,01 % est elle aussi restée stable en France, alors qu'elle a quadruplé aux États-Unis.

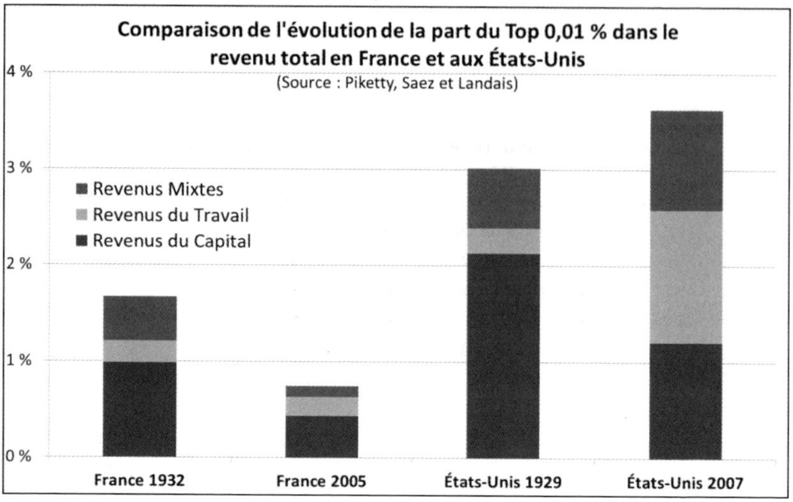

Cela se comprend, face à la démesure des très hauts salaires américains, les français font « pâle figure ». **C'est cette explosion des très hauts salaires américains qui explique principalement la hausse des inégalités aux États-Unis depuis 1980.**

Le graphique suivant nous montre l'évolution des revenus par quantile de population. **On observe une croissance de plus de 80 % des revenus du Top 0,01 % sur la période** (avec des pointes de +10 % en 1999 à +15 % en 2006), alors que le revenu de la très grande majorité de la population n'a augmenté que de **8 %**. Le fait surprenant est que la courbe P0-90 a largement surpassé celle de P90-95, et même P95-99. On retrouve bien le fait que la catégorie des revenus aisés a connu une diminution de sa part, grignotés par les classes pauvres mais surtout par les classes très riches. Par rapport aux États-Unis, on n'observe pas l'énorme à-coup de 2000.

Pour clore cette partie consacrée aux revenus, nous comparerons également l'évolution de la structure des revenus de la France, et comparerons sa situation en 2007 avec celle de l'Angleterre du XVIIe siècle. Sans surprise, on observera que, contrairement aux États-Unis, la situation y est nettement **moins** inégalitaire...

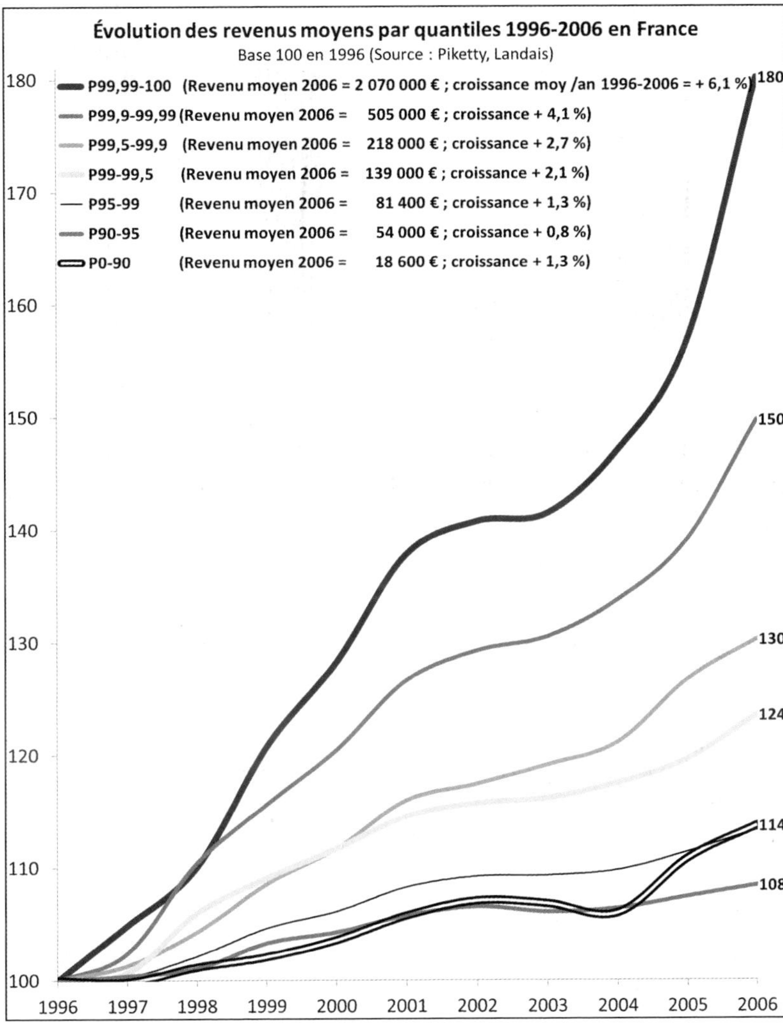
Évolution des revenus moyens par quantiles 1996-2006 en France
Base 100 en 1996 (Source : Piketty, Landais)
P99,99-100 (Revenu moyen 2006 = 2 070 000 € ; croissance moy /an 1996-2006 = + 6,1 %)
P99,9-99,99 (Revenu moyen 2006 = 505 000 € ; croissance + 4,1 %)
P99,5-99,9 (Revenu moyen 2006 = 218 000 € ; croissance + 2,7 %)
P99-99,5 (Revenu moyen 2006 = 139 000 € ; croissance + 2,1 %)
P95-99 (Revenu moyen 2006 = 81 400 € ; croissance + 1,3 %)
P90-95 (Revenu moyen 2006 = 54 000 € ; croissance + 0,8 %)
P0-90 (Revenu moyen 2006 = 18 600 € ; croissance + 1,3 %)
180
150
130
124
114
108
100
110
120
140
160
170
1996
1997
1998
1999
2000
2001
2002
2003
2004
2005
2006

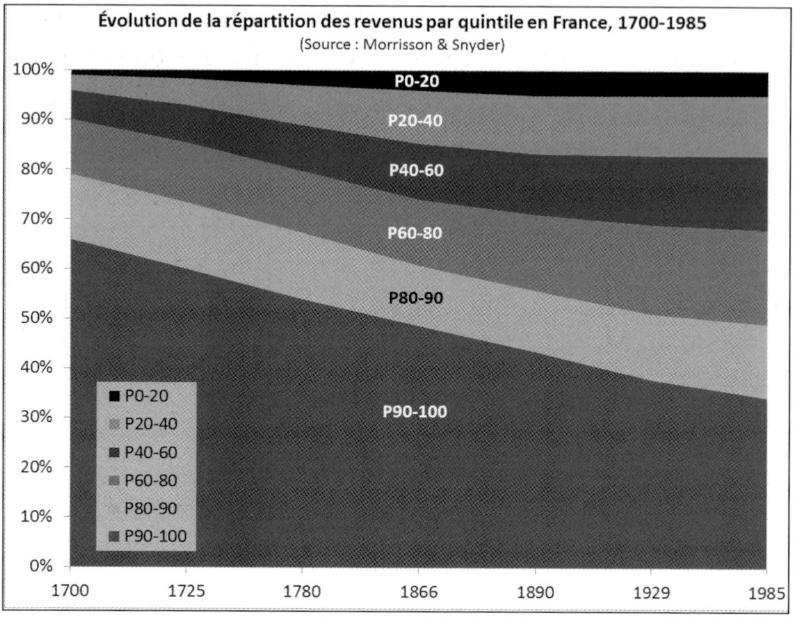
Évolution de la répartition des revenus par quintile en France, 1700-1985
(Source : Morrisson & Snyder)
100%
90%
80%
70%
60%
50%
40%
30%
20%
10%
0%
P0-20
P20-40
P40-60
P60-80
P80-90
P90-100
1700
1725
1780
1866
1890
1929
1985

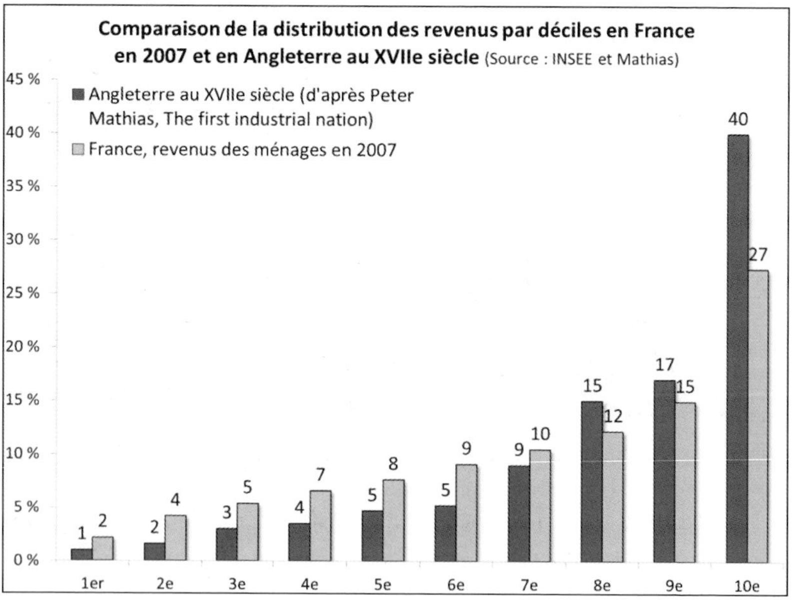
Comparaison de la distribution des revenus par déciles en France en 2007 et en Angleterre au XVIIe siècle (Source : INSEE et Mathias)
Angleterre au XVIIe siècle (d'après Peter Mathias, The first industrial nation)
France, revenus des ménages en 2007
45 %
40 %
35 %
30 %
25 %
20 %
15 %
10 %
5 %
0 %
1er
2e
3e
4e
5e
6e
7e
8e
9e
10e
1
2
2
4
3
5
4
7
5
8
5
9
9
10
15
12
17
15
40
27

On observe la très forte diminution des inégalités de revenus en France, continûment depuis le XVIIIe siècle. Contrairement aux États-Unis, la situation actuelle est beaucoup plus favorable à la vaste majorité de la population que durant l'Ancien Régime.

Cette évolution très favorable a bien évidemment été due à la fiscalité, et en particulier à l'impôt sur le revenu.

Rappelons que cet impôt a été créé en 1914, après des années de refus du Sénat, et uniquement devant l'imminence de la guerre. Il rapportait avant la crise de 2008 une cinquantaine de milliards d'euros par an, soit 15 à 20 % des ressources de l'État.

On observe sur le graphique suivant qu'il est resté longtemps très concentré : il a fallu attendre les années 1960 pour qu'une majorité de citoyens soient imposables. Après un pic en 1980, il s'est stabilisé autour d'un taux de 53 % de foyers imposables.

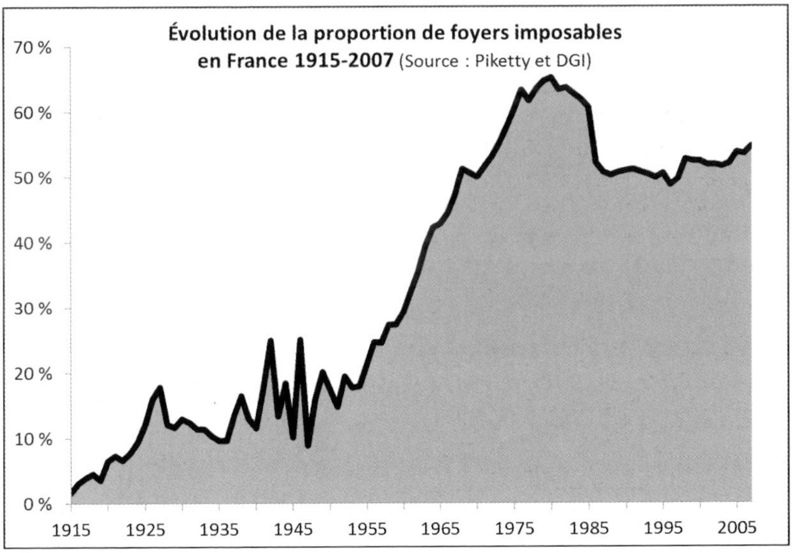

Le graphique suivant illustre la concentration des contributions. Ainsi, à ses débuts, 70 % de l'impôt était payé par 0,1 % des contribuables, et 99 % par le Top 10 %.

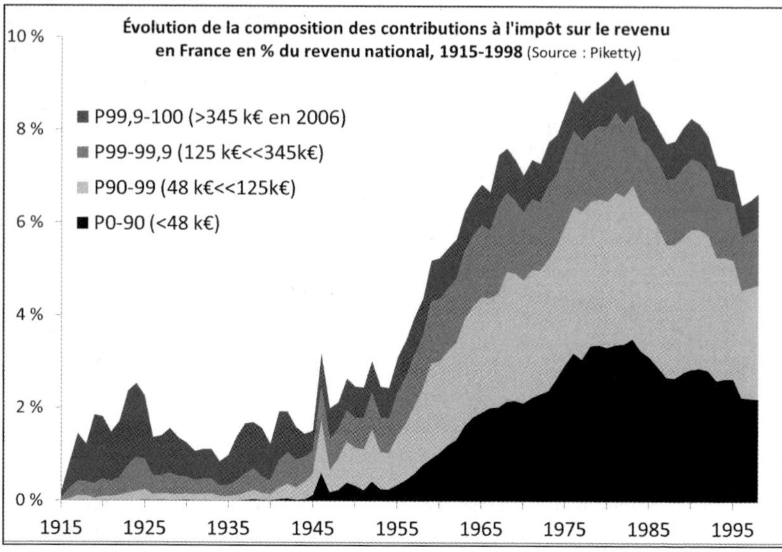

Cette structure s'est maintenue jusqu'à la Seconde Guerre mondiale. Un peu plus de français ont alors été mis à contribution. Mais c'est à partir de 1945 puis surtout de 1955 que l'impôt a pris son envol, triplant alors sa ponction sociétale, et affichant le profil que nous lui connaissons actuellement. En 2007, l'impôt reste très concentré : le décile inférieur a un impôt négatif de -8 % du total, les quatre suivants de -2 %, les deux suivants de +5 %, les deux suivants de +24 %, **le dernier décile payant 81 % du total** (Source : Minefe).

On observe en revanche une nette diminution de ses ressources depuis 1981, avec une baisse de près de 30 % de sa valeur en pourcentage du revenu national. Ceci est évidemment lié à la baisse continue des taux et des tranches.

Ceci a un impact majeur sur la progressivité de notre système fiscal. Les deux graphiques suivants montrent que l'imposition totale est en fait **faiblement progressive**, voire même **régressive** : le taux moyen d'imposition baisse en fait sensiblement en fonction des revenus pour les 500 000 français les plus riches (P99-100). Ce phénomène est lié en partie aux **niches fiscales** de l'impôt sur le revenu, mais surtout à la faible participation à la protection sociale à ces niveaux de revenus, car **le taux de CSG n'est pas progressif**.

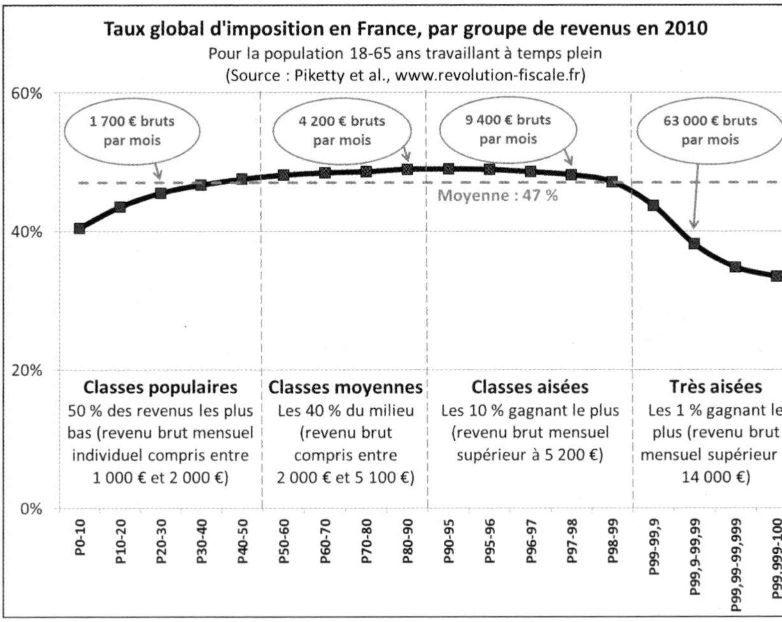

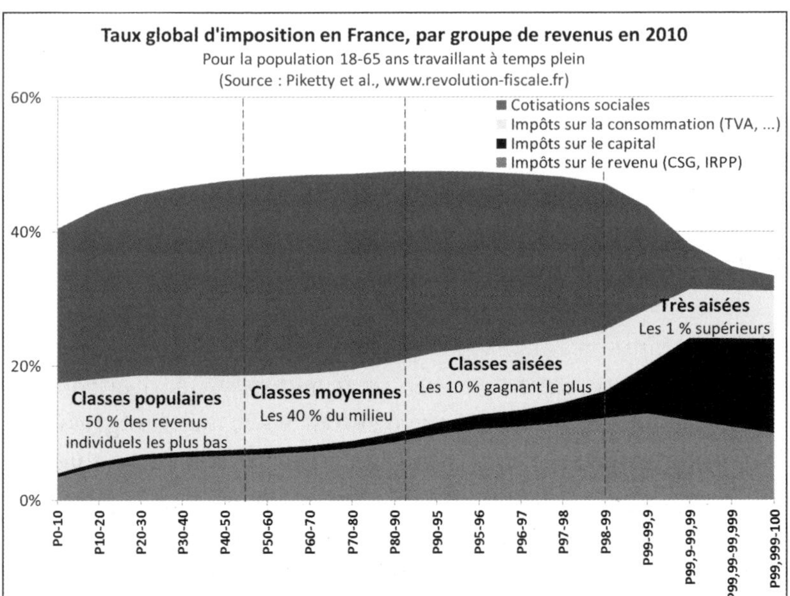

Enfin, comme pour les États-Unis, nous allons nous intéresser aux conséquences des inégalités de revenu : les inégalités de patrimoine. Toutefois, comme nous attendons toujours « l'Edward Wolff » français, nous ne disposons que des statistiques de l'INSEE, limitées, et inexistantes sur les hauts patrimoines ; l'étude sera donc brève. Soulignons également qu'il semble indispensable de créer une étude détaillée des revenus, taux d'épargne et déclarations de succession par fractile détaillé de revenu, afin de bien faire le lien entre revenus, héritage et patrimoine.

Distribution des patrimoines en 2003 (Source INSEE)

	Borne Sup.	Moyenne	Masse
5 % les plus pauvres	320		0%
10 % les plus pauvres	870	350	0%
2ème décile	3 870	2 140	0%
3ème décile	15 200	8 400	0%
4ème décile	52 100	30 800	2%
5ème décile	**98 000**	76 800	5%
6ème décile	136 200	116 800	7%
7ème décile	177 500	155 300	9%
8ème décile	235 500	204 900	13%
9ème décile	382 100	298 100	18%
10 % les plus riches		755 400	46%
Moyenne générale		164 900	
5 % les plus riches	569 300		32%

Lecture : le 3e décile des patrimoines comprend ceux situés entre 3 870 € et 15 194 €, et représente 8 357 € en moyenne. Il pèse 1 % du patrimoine total.

Ainsi en 2003 :

- les 10 % des Français les plus pauvres avaient un patrimoine total inférieur à 867€, représentant en moyenne **354 €** ;
- 50 % des Français avaient un patrimoine inférieur à 98 000 €, et ne possédaient que 7 % du patrimoine total ; en conséquence **les 50 % les plus riches possédaient 93 % du patrimoine total** ;
- les 10 % les plus riches possédaient en moyenne plus de 382 000 €, et possédaient **46 %** du patrimoine total.

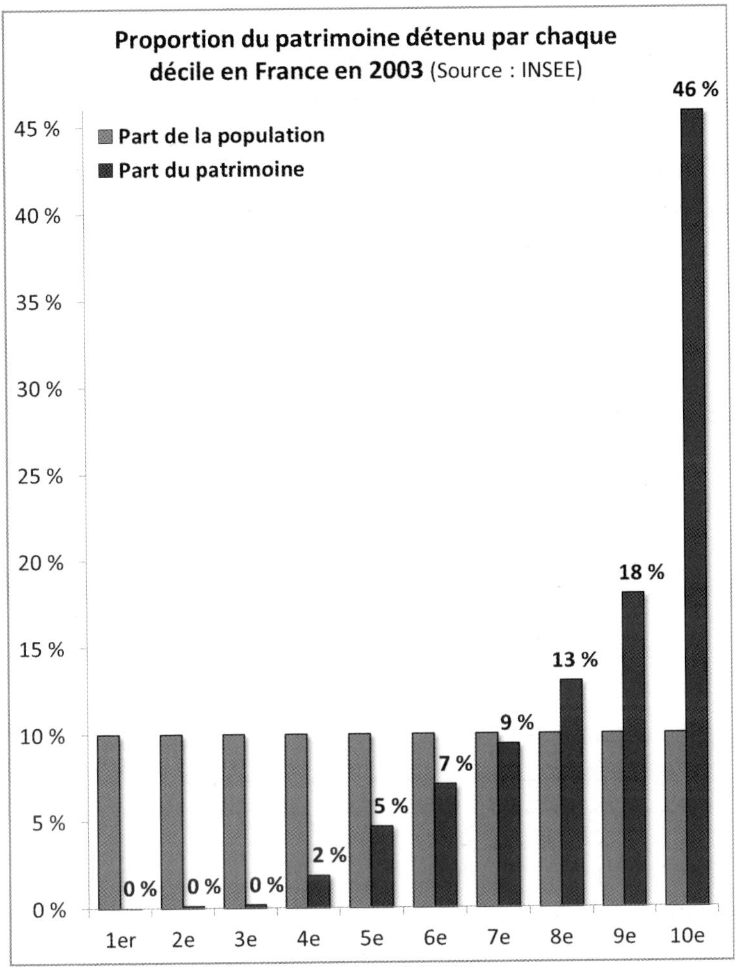

Cette forte inégalité de répartition aboutit à un indice de Gini du patrimoine égal à 64 – mais qui reste loin de la distribution américaine.

> « Dans tous les pays, et à toutes les époques [...], les "pauvres" [50 % de la population] possèdent toujours **moins de 10 %** du patrimoine total, et les "riches" [10 % de la population] **plus de 50 %**. » [Thomas Piketty, *Pour une révolution fiscale*]

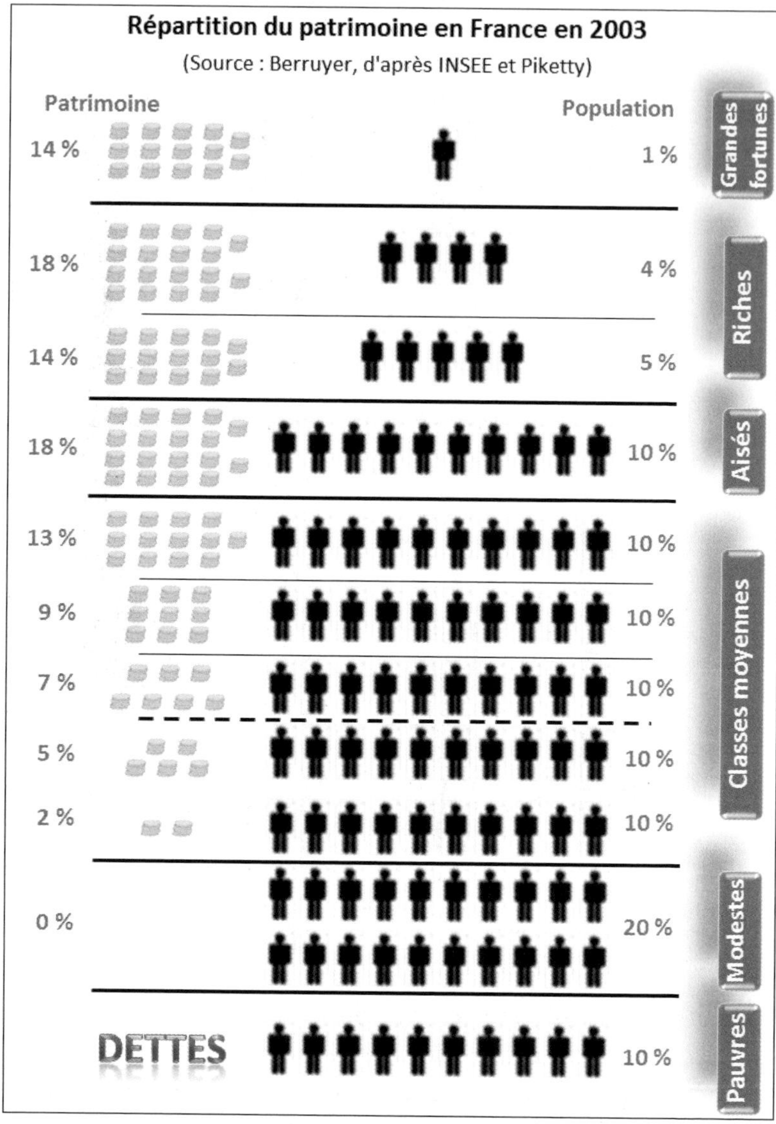
Répartition du patrimoine en France en 2003
(Source : Berruyer, d'après INSEE et Piketty)
Patrimoine
Population
14 %
1 %
Grandes fortunes
18 %
4 %
14 %
5 %
Riches
18 %
10 %
Aisés
13 %
10 %
9 %
10 %
7 %
10 %
5 %
10 %
2 %
10 %
Classes moyennes
0 %
20 %
Modestes
DETTES
10 %
Pauvres

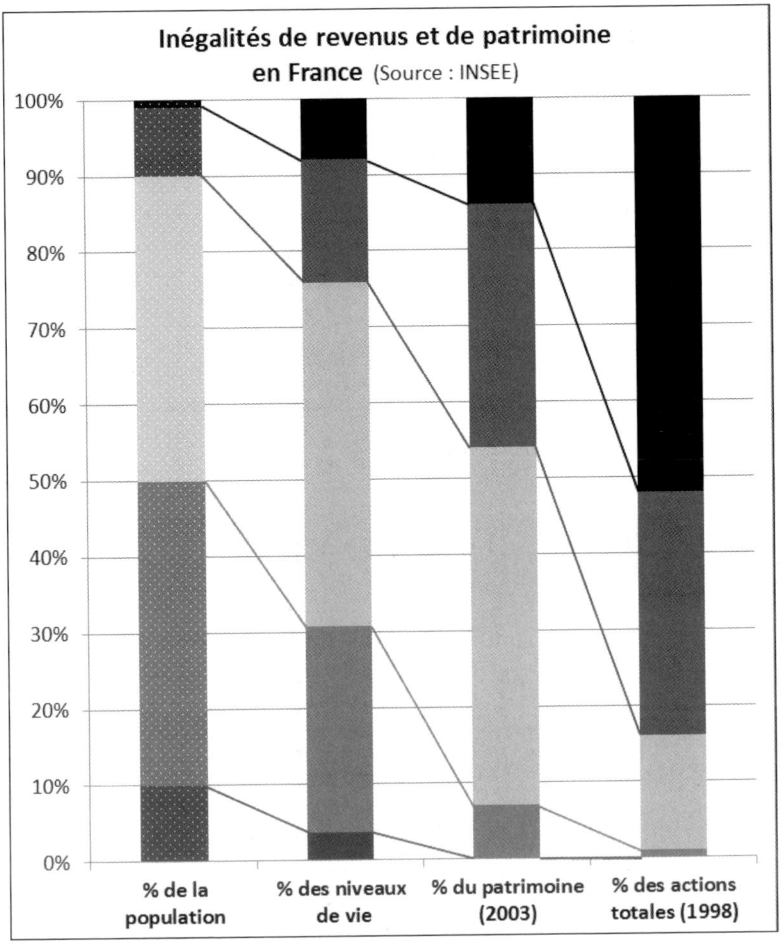

Ce graphique présente la répartition des revenus, du patrimoine et de la détention d'actions d'entreprises (en 1998). Par exemple, les 10 % les plus riches (en gris foncé et noir), disposent de 24 % de l'ensemble des revenus (niveaux de vie), de 46 % du patrimoine et de 84 % des actions, le pourcent le plus riche s'en adjugeant respectivement 8 %, 14 % et 52 %.

Enfin, Thomas Piketty a également étudié la distribution des hauts patrimoines dans les actifs successoraux français.

Seuil et succession moyenne dans les groupes supérieurs du dernier décile des successions en France en 1994
(en € 2005) (Source : Berruyer d'après Piketty)

Seuil en fractile	Seuil en actif successoral	Groupes de successions	Nombre de décès	Patrimoine moyen dans chaque groupe	Part du total
		Population totale	520 000	67 300 €	100%
		Top 10 %	52 000	369 600 €	55%
		Bottom 90%	468 000	33 700 €	45%
Top 10%	158 000 €	Top 10-5%	26 000	199 000 €	15%
Top 5%	231 000 €	Top 5-1%	20 800	381 000 €	23%
Top 1%	575 000 €	Top 1-0.5%	2 600	707 000 €	5%
Top 0,50%	815 000 €	Top 0.5-0.1%	2 080	1 194 000 €	7%
Top 0,10%	1 869 000 €	Top 0.1-0.01%	468	2 722 000 €	4%
Top 0,01%	5 603 000 €	Top 0.01%	52	10 492 000 €	2%

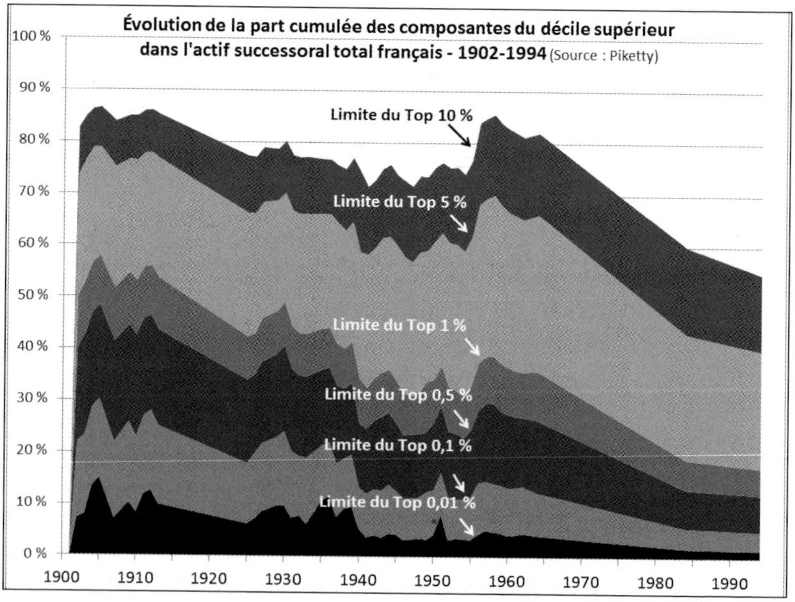

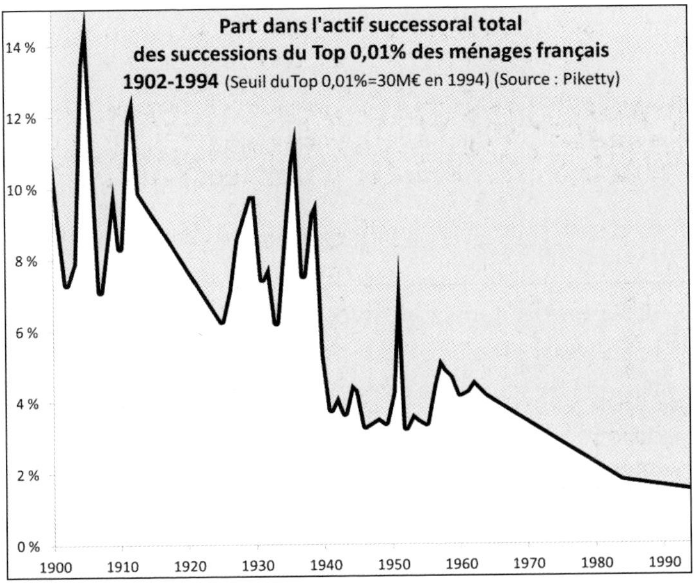

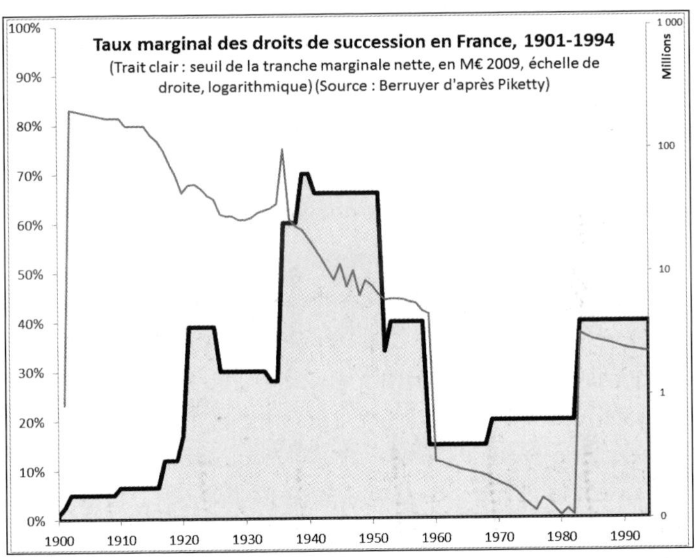

Il apparaît ainsi que la répartition des actifs successoraux est nettement plus inégalitaire que celle du patrimoine. Comme nous l'avons vu, ceci est normal car les successions sont le reflet des patrimoines constitués plusieurs décennies auparavant. C'est en fait le reflet de la distribution du patrimoine vingt à trente ans auparavant.

On observe enfin la forte chute de la part des très hautes successions intervenue durant le XXe siècle.

En conclusion de cette analyse, nous pouvons retenir les faits suivants pour la France :

- présence d'un très fort niveau d'inégalités des revenus dans les années 20, jusqu'à la Seconde Guerre mondiale. Une période de réduction majeure des inégalités a alors suivi (la « grande compression »), qui ne s'est pas arrêtée à la fin des années 1970 comme aux États-Unis. **Notre pays a su conserver un système relativement égalitaire pour les revenus – même si beaucoup de pressions ont lieu actuellement pour renverser ce mouvement**. En fait, contrairement aux États-Unis, la part des riches (Top 10 %) n'a que peu augmenté : ils n'ont pas phagocyté les revenus, ce qui a permis aux ménages de ne pas sombrer dans le surendettement ;
- les quinze dernières années ont vu une **nette amélioration pour les plus pauvres mais aussi pour les plus riches, au détriment des classes moyennes et aisées** ;
- **la forte hausse de l'impôt sur le revenu** intervenue dans la période a très certainement joué un rôle majeur dans ces évolutions positives ;
- la répartition des patrimoines français est en revanche nettement plus **inégalitaire**, même si une nette amélioration est intervenue tout au long du XXe siècle. Mais le pays manque considérablement de données pour affiner cette analyse. Les deux dessins de la page suivante illustrent graphiquement ce phénomène, en représentant le patrimoine de la française la plus riche, et des dix français **les plus riches, qui détiennent à eux onze autant que les 20 millions (30 %) des Français les plus pauvres**.

Ainsi, ayant évité d'entrer dans les années 1980 dans le modèle néo-conservateur d'inégalités croissantes, en particulier en préservant une fiscalité élevée, la France s'est trouvée dans une situation bien plus favorable que celle des États-Unis face à la crise.

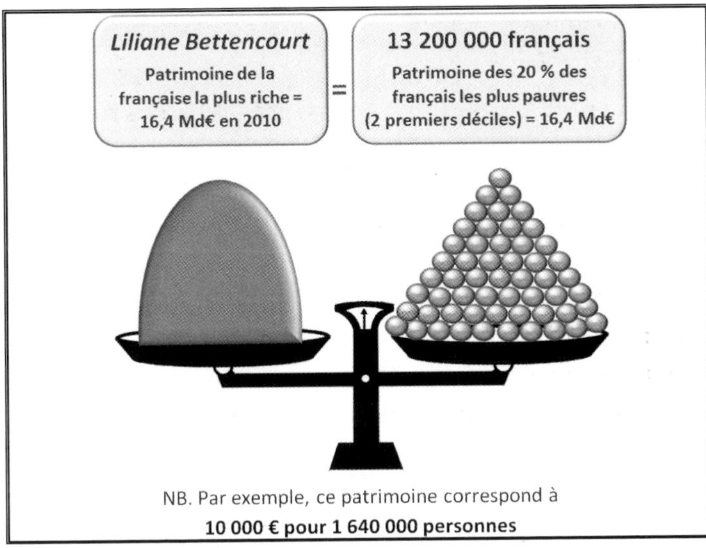

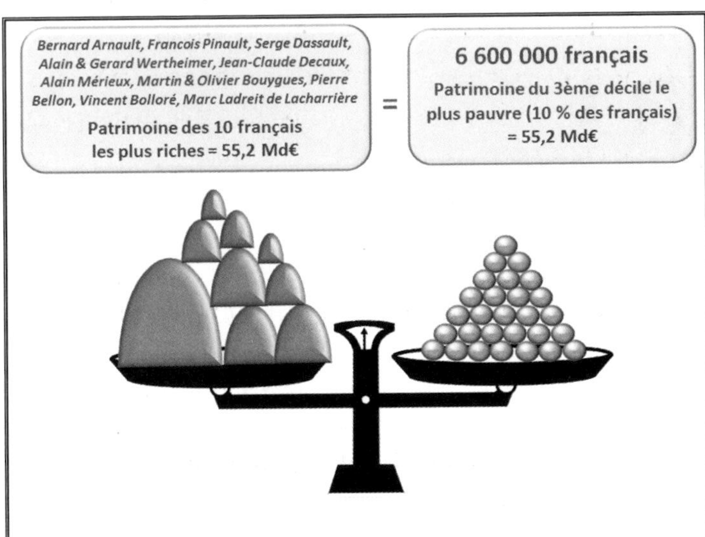

« La classe Moyenne face aux Riches »
© Pat Bagley – The Salt Lake Tribune

© Mike Keefe

Titre II.

La Crise Économique 2007 - ...

« Si on laisse se dérouler cette **orgie spéculative**, nous allons au-devant d'un krach boursier aux conséquences tragiques pour le pays. » [Paul Warburg, important banquier américain, début 1929]

« Nous avons goûté à l'arbre de la science et **jamais plus** nous ne connaîtrons de crises analogues à celle de 1929. » [Paul Samuelson, *L'Économique*, 1948]

« Nos lecteurs seront peut-être surpris d'apprendre que les risques économiques mondiaux ont diminué depuis la dernière édition des Perspectives (09/2006). Cette conclusion contredit assurément de nombreux titres et commentaires récents de la presse qui a surtout évoqué les difficultés liées aux hypothèques aux États-Unis, le risque de correction « désordonnée » des déséquilibres mondiaux et les inquiétudes suscitées par une montée des tensions protectionnistes.

Néanmoins, nous estimons, après avoir pris le recul nécessaire, que, selon le scénario le plus vraisemblable, **la croissance mondiale continuera d'être vigoureuse** en 2007 et en 2008 [...] Il est de l'avis général que **les problèmes du secteur du logement [américain] n'auront pas de conséquences majeures** [...] Au cours des six derniers mois, des progrès encourageants ont été accomplis dans la maîtrise des déséquilibres mondiaux élevés. » [FMI, *Perspectives de l'économie mondiale*, avril 2007]

Chapitre 1.

Les sources de la Crise

1. Le problème des débouchés

« **Ce devrait être l'ambition de l'employeur de payer de meilleurs salaires** que n'importe quelle entreprise similaire, et ce devrait être l'ambition du travailleur de rendre cela possible » [Henry Ford]

Comme nous l'avons vu, dans le financiarisme, l'actionnaire ne peut rêver mieux : après des décennies d'influence limitée, en s'organisant collectivement, en intéressant fortement les PDG aux cours de la bourse, et en faisant pression sur les salariés dans un contexte de chômage et de mondialisation libre-échangiste, la rentabilité de ses capitaux s'est enfin envolée.

Mais on peut toujours mieux faire... Ainsi, la gestion collective permet au capital de flotter au gré des opportunités : de plus en plus de rentabilité, de plus en plus vite, à n'importe quelles conditions. Beaucoup d'actionnaires sont ainsi désormais « nomades », et restent au capital d'une entreprise un mois, une semaine, un jour voire une heure... Et encore, grâce au *High Frequency Trading*, on est désormais à des présences au capital inférieures au centième de seconde...

Dans ces conditions, on arrive naturellement à un « **capitalisme sans projet** » (au sens de projet industriel), si ce n'est gagner de l'argent – qui n'est plus une conséquence récompensant des projets, mais le seul but. La nature de cette forme de capitalisme le pousse au sous-investissement (au moins dans les grandes entreprises), quelle qu'en soit la rentabilité. En effet, l'investissement est pénalisé : pourquoi dépenser de l'argent aujourd'hui, même si cela rapportera beaucoup dans cinq ans, puisque l'actionnaire nomade ne sera plus dans l'entreprise dans un mois ?

Le futur est ainsi sacrifié au présent.

On observe bien ceci sur les graphiques suivants, qui illustrent la course à la rentabilité que menèrent nos multinationales avant la crise, le record d'une année devenant la norme de l'année suivante. Bien entendu, une telle course n'était pas durable.

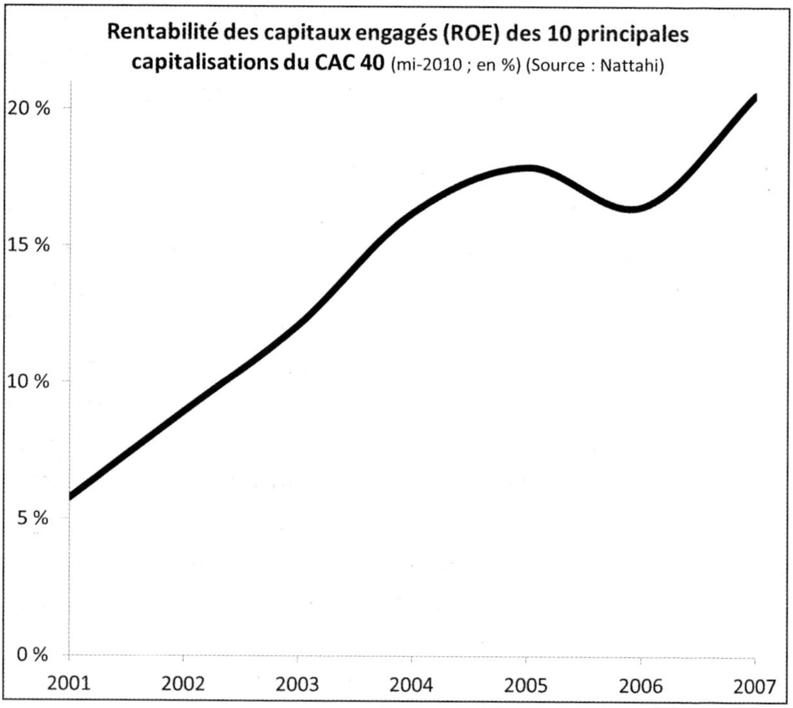

Rentabilité des capitaux engagés (ROE) des 10 principales capitalisations du CAC 40 (mi-2010 ; en %) (Source : Nattahi)

SOCIÉTÉS : TOP 10	2001	2002	2003	2004	2005	2006	2007
TOTAL	22,1	17,9	22,9	34,4	30,5	29,5	29,6
BNP PARIBAS	10,6	7,9	8,7	11,2	10,0	10,7	20,4
EDF	0,0	0,0	0,0	17,1	16,6	23,3	20,6
GDF SUEZ	15,1	9,6	1,3	21,8	15,5	18,5	17,7
L'OREAL	18,0	17,3	18,4	12,2	13,5	14,1	19,5
LVMH	1,3	7,6	9,8	16,2	15,9	18,6	18,6
FRANCE TELECOM	-30,8	0,0	16,0	15,2	22,4	15,1	19,9
SOCIETE GÉNÉRALE	8,2	5,4	8,6	11,2	12,2	12,9	
AXA	3,2	5,0	4,8	13,7	12,7	11,5	13,1
DANONE	4,4	10,0	18,5	9,6	29,7	10,5	25,7
Moyenne	**5,8**	**8,9**	**12,1**	**16,2**	**17,9**	**16,5**	**20,6**

En effet, l'objectif (non écrit) assigné par « le marché » vers 2003 était de disposer d'une rentabilité de 15 %. Or, les plus grandes entreprises ne peuvent avoir durablement des rentabilités de start-up, dans une économie qui ne croît que de 2 %. De tels niveaux de rentabilité n'ont plus aucune justification. C'est le phénomène d'usure actionnariale précédemment décrit.

Et pourtant, on constate que les entreprises ont réussi à dépasser cet objectif, et les profits des entreprises du CAC 40 ont atteint des niveaux records : 80 Md€ en 2005, 91 Md€ en 2006 puis 97 Md€ en 2007 (Source : Les Echos) ; elles ont ainsi atteint une rentabilité moyenne de 20 % – Total détenant le record à 30 %. Songeons même qu'aux États-Unis, la banque Goldman Sachs atteignait par exemple des taux de rentabilité de **50 % par an** juste avant la crise.

Pour arriver à ces niveaux, il n'y a pas de secret : il faut augmenter ses prix au détriment des clients et diminuer ses coûts à tout prix, en compressant ses fournisseurs, en licenciant et en délocalisant. Ainsi, alors que le critère de maintien en activité d'un site a longtemps été qu'il ne soit pas déficitaire, Nestlé n'a pas hésité en 2005 à fermer son usine de Saint-Menet au motif qu'elle ne dégageait qu'un taux de profit de « seulement » 9 % (ce qui est une rentabilité très élevée) alors que la norme du groupe exigeait au minimum 13 %. C'est à peine croyable, mais le plus triste est que c'est une attitude logique et rationnelle – à très court terme au moins.

Car voici la règle d'or de la gestion d'entreprise désormais : **le court terme, c'est un mois ; le moyen terme, c'est un trimestre, le long terme, c'est une année**. Quand on comprend ce principe, utilisé pour gérer les entreprises comme les pays, toutes les décisions sont alors parfaitement logiques et rationnelles. Malheureusement, cela précipite la structure dans l'abîme en cinq ou dix ans... Et les managers n'ont guère le choix, car s'ils n'agissent pas ainsi, un concurrent le fera et sera mieux noté ; tout comme la mauvaise monnaie chasse la bonne, **la mauvaise pratique chasse la bonne.**

Mais tout le problème du financiarisme est le suivant : **le modèle économique du capitalisme veut toujours qu'à un moment donné, il y ait un consommateur qui achète les produits de l'entreprise**. Et qu'il en achète beaucoup, car dans les pays développés, la consommation représente une part majeure de la croissance (70 % de la croissance aux États-Unis, ce qui correspond à 30 % de toute la croissance mondiale). Notons que ceci est attendu, puisque nous avons vu que les entreprises sous-investissaient.

Et le modèle veut également que le consommateur soit en fait généralement salarié d'une entreprise.

La conclusion, simple, est en forme de cercle vicieux : l'entreprise réduit ses coûts salariaux afin d'être plus compétitive (et d'augmenter ses bénéfices), mais le problème, c'est que, comme toutes les entreprises font de même, au niveau macroéconomique, le consommateur n'a plus d'argent pour consommer... Certains pays, comme l'Allemagne essayent donc de « tricher », en vendant leurs produits à l'étranger – dans des pays qui se retrouvent donc importateurs, ce qui n'est donc pas une solution durable.

Cette **problématique des débouchés** avait pourtant été très bien comprise par Henry Ford (peu suspect de marxisme) il y a plus d'un siècle : il avait doublé les salaires de ses employés pour qu'ils achètent ses voitures. **Mais ces leçons de bon sens ont été oubliées**.

Pour essayer de résoudre cette quadrature du cercle, le financiarisme a pensé avoir trouvé la solution : « Le consommateur ne gagne pas assez d'argent pour faire tourner la machine économique ? Il n'a qu'à dépenser de l'argent qu'il n'a pas ! ». Il a alors inventé la **consommation de masse à crédit**. Un nouvel acteur fait alors son entrée : la banque, agent de la nouvelle finance.

« Privées de ce socle de demande, les entreprises ne sont pas incitées à investir, et consacrent une part démesurée de leurs profits à cajoler leurs actionnaires, au risque d'entretenir une spirale dans laquelle s'autoalimentent sous-investissement et sous-consommation. » [Patrick Artus, *L'Expansion*, 12/2010]

« Jusqu'en 1929-1930, une gigantesque pompe aspirante avait détourné une part croissante de la richesse produite au profit de quelques-uns [...] et ainsi enlevé le pouvoir d'achat des mains de la majorité. [...] **Mais la production de masse de la société industrielle moderne repose sur la consommation de masse, et celle-ci suppose la répartition de la richesse** [...] pour pourvoir les gens d'un pouvoir d'achat correspondant à la quantité des biens et services produits par l'économie. » [Marriner S. Eccles, gouverneur de la Fed 1934-1948]

© Gérard Mathieu, pour Alternatives économiques

2. La création monétaire

« Il est appréciable que le peuple de cette nation ne comprenne rien au système bancaire et monétaire, car si tel était le cas, je pense que **nous serions confrontés à une révolution avant demain matin**. » [Henry Ford]

« Seuls les petits secrets doivent être protégés. **Les grands sont gardés secrets par l'incrédulité du public**. » [Marshall McLuhan, « gourou » des médias]

« Bien informés, les hommes sont des citoyens, mal informés, ils deviennent des sujets. » [Alfred Sauvy]

« Il y a trois types de choses dans notre esprit : ce que nous savons, ce que nous ne savons pas, et ce que nous ne savons pas que nous ne savons pas. **Ne pas savoir est fâcheux ; ne pas savoir que nous ne savons pas est tragique**. » [Werner Erhard, coach]

« De tous les secteurs de l'économie, l'étude de l'argent est celui où **la complexité du système sert le plus à déguiser la vérité**, à la dissimuler, au lieu de l'exposer. » [John Kenneth Galbraith, économiste, *Money, Whence it came, where it went* – 1975, p15]

« Les banques prêtent en créant du crédit. **Elles créent les moyens de paiement à partir de rien**. » [Ralph M. Hawtrey (1879-1975), ancien secrétaire du Trésor Britannique]

Nous allons essayer ici de comprendre simplement d'où vient l'argent, et comment il est créé. Non que cela soit compliqué en soi (on peut l'expliquer en une ligne) mais il faut poser des définitions et lutter contre de fausses évidences et des analogies trompeuses, profondément implantées.

Cette question de la création monétaire une **question fondamentale**, qui est rarement posée, alors que l'argent a évidemment une importance fondamentale dans nos sociétés. On apprend ainsi à l'école la photosynthèse, la carte des continents étrangers, l'histoire du XVIe siècle, la pensée de Hegel – toutes choses très intéressantes – mais pas la création monétaire, pas la réponse à cette simple question : d'où vient cet argent si familier, que j'ai en permanence sur moi ? Qui le crée ?

Cette question est source de débats parfois enflammés et violents – les contradicteurs ayant parfois tous les deux raison, mais ne parlant en fait pas de la même chose, les mots étant ici identiques mais recouvrant des réalités différentes.

i) Définitions

En fait, **ce sont les banques privées qui créent la monnaie ex nihilo**, un peu comme si elles possédaient une planche à billets. Il convient toutefois, dans ce domaine, de se méfier de toute comparaison, car l'illustration d'un point entraîne souvent une confusion sur un autre. Par exemple, la banque ne s'enrichit pas directement par la création monétaire comme elle le ferait avec une vraie planche à billets (ce qu'on appelle le seigneuriage, autrement dit l'enrichissement immédiat par la possibilité de créer de la monnaie). Nous allons voir pourquoi.

Au niveau des définitions qui posent problème, la principale est : qu'est-ce que l'argent ? Cela recouvre des réalités différentes. Est-ce la monnaie physique que je possède (les pièces et billets, c'est la monnaie fiduciaire), est-ce la monnaie virtuelle sur mon compte en banque (la monnaie scripturale, qui, ajoutée à la monnaie fiduciaire correspond au concept général de « monnaie »), est-ce le montant de mon livret, de mes obligations (définition large de la monnaie) ? Mais alors, finalement tout peut être « argent » : ma voiture, ma maison, puisque je peux les transformer en monnaie – plus ou moins rapidement, en fonction de leur liquidité. Peut-on dire « je n'ai plus d'argent » si son compte en banque est vide, mais que l'on possède douze maisons ? Le concept d'argent a donc tendance à mélanger une notion de « monnaie » et une notion de « valeur patrimoniale ». On se limitera ici à la notion de **monnaie**, définie dans son sens de moyen de paiement.

> « À moins de se plaire, naturellement, à ne pas appeler les choses par leur nom, et à désigner de **monnaie** ce qu'un autre appellera **fortune** et un troisième **crédit**, il arrive toujours un moment où il faut **se mettre d'accord** sur la définition des termes. » [Werner Ehrlicher, économiste]

ii) Le prêt et le dépôt

Reste ensuite à bien comprendre la nature d'un prêt et le rôle d'une banque. Moins simple qu'il n'y paraît, car on applique à tort inconsciemment à une banque une notion qui semble évidente entre personnes physiques.

Ainsi, quand vous empruntez un billet de 100€ à votre ami Éric, il a un billet de 100€, et il s'en défait en vous le donnant, moyennant une reconnaissance de dette de 100€ signée de votre part, et comme il vous fait confiance, il estime que ce papier vaut bien 100€ (sinon il est probable qu'il ne vous prêterait pas cette somme – sauf à être un très bon ami...).

Que se passe-t-il alors quand vous empruntez à un établissement de crédit ? Nous ne parlons pas de banque ici, mais bien d'un établissement du genre de ceux réalisant des crédits à la consommation (qui vous « offrent » généralement une carte de crédit dans les grands magasins, genre « Cofitelem »). Et bien quand vous empruntez 1000 € à cet établissement, il se passe rigoureusement la même chose qu'avec votre ami Éric, il vous prête de l'argent qu'il possède, et le transfère de son compte en banque au vôtre.

Mais pour une banque, c'est en fait différent, alors qu'on pense qu'il s'agit de la même chose que pour l'établissement de crédit. La « magie » du dispositif est qu'une banque est la fusion d'un établissement de crédit ET d'un établissement de dépôt (imaginez un coffre-fort géant où vous stockeriez votre argent, et que l'établissement de dépôt se contenterait de surveiller). La « création monétaire *ex nihilo* par les banques » n'est possible que parce qu'elles sont des établissements de dépôt et parce que vous empruntez de la monnaie scripturale, non physique.

Alors qu'est-ce qu'un **emprunt bancaire** ? C'est en fait une double opération, alors qu'il semble évidement de prime abord qu'il n'y en a qu'une – celle identique à votre ami Éric. Vous entrez dans la banque, vous demandez un prêt de 100 000 €, vous signez une reconnaissance de dette au banquier : vous réalisez bien une opération d'emprunt. MAIS à partir de là, que se passe-t-il ? Et bien généralement, vous ne repartez pas avec cette somme avec vous. Supposons que vous soyez client de cette banque ; elle crédite alors simplement votre compte de cette somme : il y a en fait une opération implicite de dépôt immédiat.

Or, rappelons ce qu'est une opération de **dépôt**. Quand vous allez déposer le billet de 100 € emprunté à votre ami Éric sur votre compte bancaire, vous le donnez à la banque, qui vous donne en échange un reçu, et vous fournit même un état régulier : votre relevé de compte. Tout ceci matérialise en fait la dette que la banque a à votre égard. Vous avez en fait bel et bien ici PRÊTÉ de l'argent à la banque, à la condition de pouvoir vous faire rembourser « à vue », quand vous le souhaiterez. Si vous n'êtes pas parfaitement convaincu, demandez-vous ce qu'il adviendra à votre « propriété » en cas de faillite de la banque... Alors que sur un pur établissement de dépôt, il vous suffirait de récupérer votre argent toujours présent dans votre « coffre-fort ».

Un emprunt à la banque est alors une opération simultanée de crédit ET de dépôt. Vous êtes en fait entré à la banque, avez signé une reconnaissance de dette à la banque, et êtes ressorti avec une reconnaissance de dette de la banque (qui représente la monnaie), du même montant. Vous n'avez jamais « touché » physiquement cette monnaie.

iii) La création monétaire

Mais cela ne nous dit d'où est venue la monnaie ? En fait, de nulle part ! Qu'a fait la banque très concrètement ? Elle a mis votre reconnaissance de dette au coffre, et a simplement écrit une somme sur son livre de compte. Et c'est tout. Elle n'a donc diminué le compte de personne, et à commencer pas le sien, puisqu'une banque n'a pas, par définition, de compte en banque !

On pense parfois à tort que les banques prêtent l'argent des dépôts. Mais pas du tout. Parce que sinon, il aurait bien fallu qu'elle diminue le compte de quelqu'un, ce qui n'est à l'évidence pas le cas – car c'est en plus inutile ! Gardons cette hypothèse, et regardons ce qui se passerait dans ce cas :

- Monsieur A dépose 100 000 €. La banque doit 100 000 € à Monsieur A, qui a 100 000 € sur son compte ;
- Monsieur B vient emprunter 100 000 €. Imaginons que la banque utilise (à son insu, donc on serait proche du vol...) les 100 000 € de Monsieur A pour les prêter à Monsieur B. Mais Monsieur B ne repart pas avec son argent, et il le dépose sur son compte de dépôt. La banque doit donc 100 000 € à Monsieur B, qui a 100 000 € sur son compte ;
- Bref, la seule entrée d'argent a été de 100 000 €, mais il y a bien 200 000 € sur les comptes bancaires ! Donc 100 000 € ont été créés ! Et la banque n'a même pas prêté l'argent des dépôts... car elle n'a en fait « prêté » aucune monnaie concrètement ! Ella a juste promis de le faire – ce qui est différent.

La banque ne prête donc pas les dépôts. D'où pourrait venir l'argent ? Si la banque prêtait simplement de l'argent qu'elle possèderait en propre (ses fonds propres ou de l'argent emprunté sur les marchés de capitaux), ce qu'elle ne peut généralement pas faire (car ces sommes servent légalement de garantie aux déposants), on serait exactement dans l'hypothèse d'un établissement de crédit. Mais alors les montants des crédits distribués seraient très limités – les créances bancaires étant très supérieures aux fonds propres des banques.

Dernière hypothèse, et croyance répandue : la banque emprunterait l'argent prêté à la banque centrale. Comme la banque centrale n'emprunte à personne, même dans cette hypothèse, on accepterait bien l'idée d'une création monétaire *ex nihilo* par la banque centrale. Elle le fait bien, mais seulement pour ce qu'on appelle la monnaie centrale servant uniquement entre banques (la base monétaire), technique dans laquelle nous n'allons pas entrer ici, puisque le volume de ces émissions est sans commune mesure avec les prêts distribués par les banques privées.

Accessoirement, soulignons que dans ces hypothèses, la masse monétaire serait constante. Or, elle augmente très régulièrement, sans que cela corresponde à la création de monnaie centrale par la banque du même nom. C'est donc bien, par définition, de la création monétaire par les banques privées.

En fait, la banque n'a pas besoin d'aller chercher de l'argent ailleurs, car fondamentalement **elle n'en prête pas, elle promet de le faire**. Et ce faisant, elle doit l'argent à l'emprunteur – et ne peut donc le devoir à quelqu'un d'autre en plus.

> « Chacun sait inconsciemment que les banques ne prêtent pas d'argent. Quand vous prélevez de l'argent de votre compte épargne, la banque ne vous dit jamais que vous ne pouvez pas faire ça parce que l'argent a été prêté à quelqu'un d'autre. » [Mark Mansfield, économiste et auteur]

iv) La monétisation des reconnaissances de dette

Créons ensemble simplement de la monnaie. Imaginons que vous échangiez une promesse de payer 100€ à l'entreprise B contre une promesse de l'entreprise B de vous payer 100€. Jusque-là, au-delà de l'inutilité apparente, on comprend qu'il n'y a aucun problème à cette opération. Compliquons-la. Imaginons que vous conveniez que votre promesse sera honorée dans plusieurs années, mais que celle de l'entreprise B puisse trouver application à votre bon vouloir, sur simple demande, à n'importe quelle date. Cela ne pose toujours aucun problème. Imaginons alors que B soit une banque, et que sa promesse soit votre compte de dépôt à vue. **Il y a donc eu génération spontanée d'une dette contre une autre dette de même montant ; or, la seconde, venant d'une banque, est, par définition même, de la monnaie** (imaginez simplement que la banque vous ait écrit cette promesse, et que vous puissiez troquer ce papier pour faire vos courses). Nous avons bien créé ici *ex nihilo* de la monnaie.

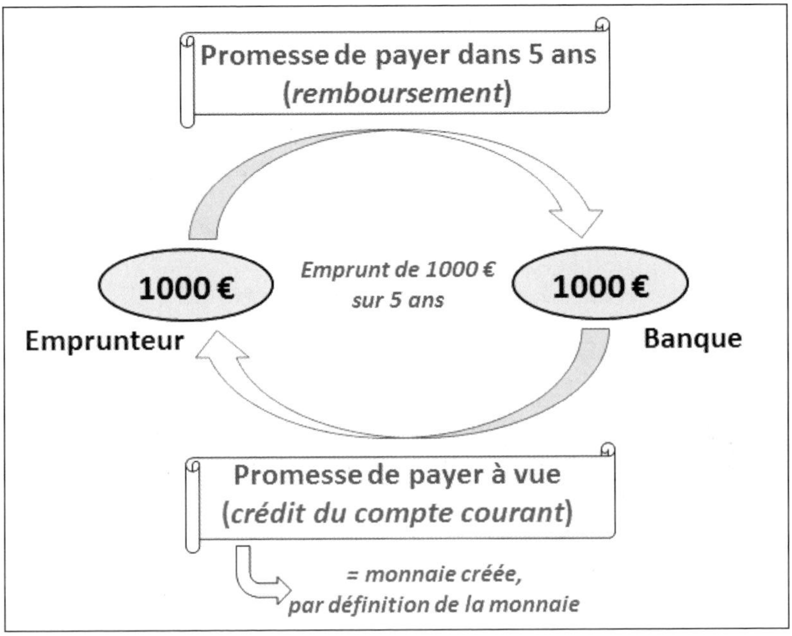

La contrepartie de la monnaie prêtée par la banque n'est en fait pas une dette de la banque envers quelqu'un d'autre, mais la promesse de dette de l'emprunteur. On parle alors de « **monétisation par la banque de reconnaissance de dettes** », ou plus justement de promesses de payer.

Fondamentalement, le système est aussi simple que ceci : **l'emprunteur signe une reconnaissance de dette, la banque la récupère et écrit un chiffre sur un de ses livres**. Tant que l'emprunteur signe des chèques à des personnes clientes de la même banque, les sommes circulent entre clients dans la banque. Le système se complexifie ensuite car des paiements sont faits entre clients de banques différentes. Mais en fait, tout l'argent ne sort pas de la banque, car au même moment, des emprunteurs des autres banques paient à la banque de départ. Bref, il y a de simples compensations quotidiennes entre tous les comptes de toutes les banques, et seule une fraction de la monnaie circule. Mais à ce niveau-là ce sont de simples échanges entre banques, qui tendent tous en moyenne vers zéro sur une longue période.

> « Les banques commerciales créent de l'argent de comptes bancaires chaque fois qu'elles consentent un prêt, tout simplement en inscrivant de nouveaux dollars dans leurs livres, en échange d'une reconnaissance de dette de l'emprunteur. » [Fed de New-York]

On ne présentera pas ici ces circuits relativement compliqués car ils complexifient inutilement la compréhension d'un processus **fondamentalement simple**. Il suffit d'imaginer (et c'est pour une fois une métaphore qui ne pose aucun problème) qu'il y a une seule banque dans le système où tout le monde a son compte. Il n'y a d'ailleurs théoriquement aucun besoin de plusieurs banques dans le système pour qu'il marche.

En fait, on peut aussi considérer que la banque a une sorte de fonction « magique » : elle permet « **une rupture temporelle** », en permettant à l'emprunteur **d'emprunter... à lui-même**, mais vu à des **dates différentes**. Monsieur A récupère en 2010 (par le biais d'un crédit sur dix ans) de l'argent qui ne vient de personne d'autre, mais bien de Monsieur A, mais en 2020 – puisque c'est la date à laquelle il doit rembourser. Il remboursera à sa banque, qui détruira alors la reconnaissance de dette et supprimera la somme du compte bancaire (et donc sa dette à votre égard). Personne d'autre n'entre en ligne de compte. Ainsi, le compte bancaire de Monsieur A a été crédité d'une somme en 2010, et débité de cette même somme en 2020. Cela revient pratiquement à se faire un chèque à soi-même. C'est totalement inutile, mais la banque permet heureusement de disjoindre temporellement cette opération, en commençant par percevoir l'argent bien avant de le verser, ce qui est une énorme facilité pour investir. Mais au bout du compte, l'opération est neutre : comptablement, une opération d'emprunt n'enrichit ni n'appauvrit l'emprunteur, elle est neutre (sauf évidemment pour le montant des intérêts versés).

Durant le prêt, l'argent emprunté ne vient pas de « nulle part ». On a tendance à le chercher dans **l'espace** (« l'argent que je viens d'emprunter, à qui a-t-il été pris ? ») alors qu'il faut le chercher dans **le temps** (« quand a-t-il été pris ? » Réponse : dans dix ans, et il sera pris à moi-même. Façon de reconnaître qu'en fait, il n'est pris à personne, car vous n'avez rien « touché », la banque vous a simplement autorisé des facilités avec votre compte bancaire.)

Le terme « *ex nihilo* » est toutefois trompeur, car s'il est juste au sens de « la monnaie n'existait pas avant, il y a donc augmentation de la masse monétaire », elle est fausse au sens où « il n'y a pas création de valeur », car la monnaie créée a une contrepartie sous forme de dette : **la banque ne s'enrichit pas** dans l'opération des montants créés (on dit qu'il n'y a pas de seigneuriage pour les banques privées). Ce n'est pas tout à fait comme des faux monnayeurs, qui vont dépenser de l'argent créé, s'enrichissant du même montant. La contrepartie du bénéfice de la création de monnaie est une dette des banques du même montant. L'opération est neutre pour leur compte de résultat. La monnaie créée est temporaire : elle sera détruite au moment du remboursement. Mais pour que la création *ex nihilo* soit possible, il y a deux conditions indispensables : *primo*, il faut une **demande** de la part d'emprunteurs, la banque ne peut « créer » de l'argent par avance. *Secundo*, ces emprunteurs doivent être **solvables**, car s'ils ne remboursent pas, la banque perdra cet argent, et elle ne pourra pas en créer pour compenser, et risquera la **faillite**.

v) Le risque de liquidité et les mesures de sécurité

On comprend donc que l'échange de ces promesses de payer, par la banque et par l'emprunteur, puisse poser un problème de liquidité. L'emprunteur peut retirer l'argent quand il veut, la banque doit attendre le remboursement. Elle peut donc « manquer d'argent », sans en fait en perdre. Elle a juste un problème là encore temporel : on lui demande aujourd'hui de l'argent qu'elle aura, mais seulement demain. C'est le **risque de transformation** (de dépôts à court terme en crédits à long terme), qui est au cœur de son métier. C'est différent d'un problème de solvabilité (l'argent de demain n'arrivera jamais en fait...). Car en cas de crise de **liquidité**, il lui suffirait alors qu'on lui prête de l'argent immédiatement, pour qu'elle passe le cap difficile, et le rembourse ensuite quand elle récupèrera le paiement de ses créances.

Ainsi, en théorie, il est tout à fait possible de créer une banque sans argent, et d'en prêter ! Imaginez-vous ouvrir votre banque, sans argent. Votre premier client entre. Il dépose 1 000 €. Le second entre, il vous emprunte 10 000 € en vous signant une reconnaissance de dette. Vous créditez simplement 10 000 € sur son nouveau compte bancaire. Il fait un chèque au premier client de 5 000€, les comptes sont donc respectivement à 6 000 € et 5 000 €. Un troisième client entre, etc. Vous n'aurez qu'un petit problème au départ pour échanger avec les autres banques, mais là encore, ce ne sont que des problèmes pratiques qui se résolvent avec des fonds propres, et que nous laissons de côté.

Vous pourriez même prêter un milliard d'euros à une grande fortune, d'une seule écriture, il n'y a aucune limité théorique – le tout est que vous soyez sûr d'être remboursé à l'avenir. C'est le fameux adage bancaire « les crédits font les dépôts ».

Toutefois, pour éviter une création monétaire sans aucune limite, la réglementation a mis en place des **freins**, par exemple en créant un ratio entre la quantité des crédits accordés (et donc de monnaie créée) et les fonds propres de la banque, qui doit également disposer d'une infime fraction des dépôts en monnaie de la banque centrale (par exemple 2 % en France fin 2010). C'est le système dit « des réserves fractionnaires ».

Certaines personnes ont tendance à penser que cela signifie que la banque prête en fait la différence entre un dépôt et sa fraction en réserve, et itère le raisonnement. Mais comme on l'a vu, il n'en est rien, c'est une très mauvaise façon de chercher à comprendre la création monétaire. Ce système (un peu compliqué) des réserves fractionnaires, n'est nullement en jeu dans la création monétaire ; il vise en fait simplement à créer fictivement des règles pour limiter la quantité de monnaie que les banques peuvent créer. Mais les taux actuels, abaissés dans la phase de dérégulation des années 1980 sont bien trop faibles pour être des freins efficaces.

vi) Le coin du comptable

Un mot rapide de comptabilité (pour ceux intéressés...), en reprenant nos trois exemples de prêts. À chaque fois, une reconnaissance de dette est émise et entre dans le patrimoine du prêteur, cette créance se traduisant par une augmentation de son actif. Il faut donc une opération pour équilibrer le bilan du prêteur.

- le prêt auprès d'une **personne physique** se traduit par une baisse équivalente d'un autre élément d'actif. Votre ami Éric a remplacé un billet de 100 € par une créance de 100 €. Ici, la contrepartie de la hausse de l'actif (la nouvelle créance) est une baisse équivalente de l'actif (le compte en banque, ou Dépôt à Vue, DAV) ;

Avant le prêt (personne physique)			
Actif		Passif	
Compte Banque	1 000 €		

Après le prêt (personne physique)			
Actif		Passif	
Compte Banque	900 €		
Créance	100 €		

- le prêt auprès d'un établissement de crédit se traduit également par une diminution équivalente de l'actif. L'opération s'arrête là si l'établissement prête ses fonds propres (baisse de son actif), mais généralement il a emprunté préalablement auprès de personnes morales (banques) ou physiques (obligations) ces sommes. Il a donc généralement préalablement augmenté simultanément son actif (l'argent emprunté) et son passif (« dette envers les établissements de crédit » ou « dettes représentées par un titre », dû à leur prêteur). Dans ce cas, la contrepartie de la hausse de l'actif est la hausse équivalente du passif, sur un poste de dettes banques ou de dettes sur titres ;

Refinancement (établissement de crédit)			
Actif		Passif	
Compte Banque	1 000 €	Dette Prêteur	1 000 €

Après le prêt (établissement de crédit)			
Actif		Passif	
Créance	1 000 €	Dette Prêteur	1 000 €

- le prêt auprès d'une banque se traduit généralement par une opération simultanée de crédit et de dépôt (hausse de l'actif et du passif sur le compte dette envers la clientèle). En résumé, la contrepartie de la hausse de l'actif est la hausse équivalente du passif, sur un poste de dettes envers la clientèle (sur les dépôts à vue). Cela ressemble au cas précédent. Sauf que l'établissement de crédit doit véritablement « emprunter » de l'argent existant sur un autre compte bancaire, alors que la banque va « recevoir » l'argent qu'elle vient de créer d'un trait de plume. Mais la différence est très importante car, par définition même de la monnaie, une hausse du compte « Dépôts à vue » est une création monétaire, *ex nihilo*. L'argent est ainsi « créé » d'un trait de plume par la banque : une écriture à son actif constatant sa nouvelle créance, la même au passif, créditant le compte à vue de l'emprunteur, c'est aussi simple que cela. Cette monnaie sera détruite au moment du remboursement.

Avant le prêt (banque)			
Actif		Passif	

Après le prêt (banque)			
Actif		Passif	
Créance	1 000 €	Dépôts à Vue	1 000 €

> « **Le procédé par lequel les banques créent de l'argent est tellement simple que l'esprit en est dégoûté.** » [John Kenneth Galbraith, économiste]

Finalement, le schéma du prêt bancaire est que vous empruntez à la banque un billet que vous lui rendez dès qu'il est dans votre main. On comprend qu'elle peut dans ces conditions re-prêter le billet à la personne suivante. Or, en écriture scripturale, il n'y a même plus besoin d'avoir un seul billet. Il y a ainsi bien « création monétaire », mais on peut dire qu'il n'y a pas « création de valeur » dans l'opération. Tout tourne en fait autour de ce qu'on appelle « monnaie ».

> « Chaque fois qu'une banque fait un prêt, un nouveau crédit bancaire est créé. **De l'argent tout neuf.** » [Graham F. Towers, gouverneur de la Banque du Canada 1934-54]

vii) Le coin de l'historien

Continuons par un mot d'histoire pour comprendre comment ce système a été inventé au 16e/17e siècle, ou comment les orfèvres sont devenus des banquiers.

Chez les Romains, les personnes qui faisaient le commerce de l'argent se tenaient devant un banc sur lequel ils déposaient l'argent nécessaire pour les affaires de la journée. C'est par les Florentins, qui furent les principaux banquiers d'Europe au Moyen-Âge, que les termes banquier et banqueroute sont passés dans le vocabulaire français et anglais. Les Florentins, comme les Romains, disposaient leur argent sur un banc de bois (*banco di legno*). Celui qui ne pouvait faire face à ses obligations voyait alors son banc rompu (cassé, ce qui a donné *banco rotto*) et était interdit de continuer à exercer dans les affaires.

Il y a eu plusieurs étapes pour que les orfèvres deviennent de véritables banquiers, passant de l'incontournable or aux promesses de payer.

- Étape 1 : au début, l'orfèvre est un coffre-fort. Le déposant laisse son or, sous sa garde, et reçoit un certificat nominatif, gagé sur son or ;
- Étape 2 : pour simplifier et fluidifier le système, les certificats deviennent anonymes. Les gens prennent alors l'habitude de payer avec celui-ci, plutôt que de sortir l'or, de payer le commerçant et qu'enfin celui-ci vienne redéposer l'or ;
- Étape 3 : l'orfèvre s'enrichit, il accumule de l'or. Il va alors se mettre à le prêter, en émettant des certificats gagés sur son or ;
- Étape 4 : l'orfèvre se rend compte que les certificats prennent de plus en plus de place dans les échanges, et donc que la majorité de son stock d'or, propriété des déposants, ne sort jamais, les dépôts équilibrant les retraits. Il va alors également le prêter, en émettant de nouveaux certificats. Ils ne sont donc plus gagés véritablement sur l'or, mais sur les promesses de payer ;
- Étape 5 : étant établissement de dépôt, quand il prête de l'or, une grande partie de celui-ci lui revient rapidement, stocké par les emprunteurs. Comme la probabilité que tous les déposants viennent retirer leur or en même temps est très faible, il va alors se mettre à émettre des certificats sans aucun lien avec son stock d'or.

viii) Les scandales

Il y a ainsi deux principaux scandales dans ce système, et ce n'est pas tant la création de monnaie *ex nihilo*. Les scandales sont plutôt :

1. Que le pouvoir de création monétaire ait été confié à des entreprises privées, qui, si elles ne s'enrichissent pas de la création monétaire *ex nihilo*, **s'enrichissent des intérêts sur cette même monnaie**, qui ne sont pas justifiés (ils correspondent rarement à une prime de risque ; dans une banque, ces sommes financent en fait la banque de dépôt, qui ne facture pas ses coûts réels) ;

> « La banque retire des intérêts sur tout l'argent qu'elle crée **à partir de rien**. » [William Paterson, fondateur de la Banque d'Angleterre, **1694**]

2. Et, bien plus grave, que **cette création n'est pas contrôlée**. S'il prenait l'envie à des hordes d'emprunteurs solvables de se ruer chez les banques, la masse monétaire doublerait ou triplerait. Elle connaît surtout une croissance incontrôlable dans les périodes de bulles spéculatives, totalement injustifiée. C'est pourquoi les pouvoirs publics ont parfois cherché à contrôler le niveau de la masse monétaire. Il existait par exemple jusqu'en 1987 un **encadrement du crédit** en France, entendu comme « crédit augmentant la masse des dépôts à vue », les autres types de crédit (donc en prêtant de l'épargne collectée) n'était pas limités.

ix) L'argent-dette

Le plus étrange dans ce système est peut-être que la monnaie est détruite lors du remboursement des dettes. Dans notre système, **il ne peut y avoir monnaie sans dette** : si tout le monde remboursait ses dettes, il n'y aurait plus aucune monnaie scripturale disponible ! Nous vivons ainsi dans un régime « d'argent-dette ».

> « C'est ainsi qu'est notre système monétaire. **S'il n'y avait pas de dette dans le système, il n'y aurait aucun argent**. » [Marriner S. Eccles, gouverneur et président du CA de la Fed]

C'est pourquoi la plupart des grands économistes de pensée différente ont tous milité pour **la suppression du pouvoir de création monétaire des banques privées** pour le réserver à la banque centrale. Cela s'appelle le *100 % Money*, car la banque devrait alors couvrir tous ses crédits en monnaie de la banque centrale, qui contrôlerait du coup le volume de la monnaie en circulation.

Citons comme soutiens à cette proposition : Irving Fisher (auteur du livre *100 % Money*), David Ricardo, Léon Walras, Hyman Minsky, Ludwig Von Mises, Friedrich Von Hayek (Prix Nobel 1974) Milton Friedman (prix Nobel 1976), James Tobin (Prix Nobel 1981), George Stiegler (Prix Nobel 1982), Maurice Allais (Prix Nobel 1988). À ce jour, aucun économiste n'a jamais osé produire une réfutation en règle et globale du *100 % Money*.

Soulignons qu'il n'est pas possible de bien comprendre les grandes crises, généralement liées à des **pyramides de dettes**, si on ne comprend pas comment ces pyramides sont générées. Or, **seul ce système de création de monnaie *ex nihilo*** explique leur existence.

« Les particuliers - même paraît-il certains banquiers - ont du mal à comprendre que **les banques aient le pouvoir de créer de la monnaie !** Pour eux, une banque est un endroit où ils déposent de l'argent en compte et c'est ce dépôt qui permettrait à la banque de consentir un crédit à un autre client. Les dépôts permettraient les crédits. Or, cette vue n'est pas conforme à la réalité, car **ce sont les crédits qui font les dépôts** ». [Banque de France, *La Monnaie et la Politique monétaire* (1971)]

« Que la responsabilité des fautes du système de réserves fractionnaires en revienne au système lui-même (comme il l'a été soutenu) ou aux banquiers qui font fonctionner ce système (en raison de leur ignorance, de leur indifférence ou même de leur malfaisance), il est certain que nous devons dénoncer la notion que les banquiers, parce qu'ils font des affaires avec de l'argent, aient un quelconque **droit de contrôler la monnaie**, de créer de toute pièce et de détruire de l'argent et ainsi de baisser ou d'augmenter la valeur de l'unité monétaire de notre nation. **Une telle idée est monstrueuse**. » [Irving Fisher, économiste américain, 1933]

« **Sous notre système actuel, les banques créent et détruisent de l'argent sur compte chèque en accordant ou en demandant le remboursement des prêts**. Quand une banque m'accorde 1 000$ de crédit et rajoute 1 000$ à mon compte chèque, ces 1 000$ « d'argent que j'ai à la banque » sont nouveaux. Ils ont été fraîchement créés de toutes pièces lorsque le prêt a été accordé et simplement ajoutés au talon de mon chéquier et aux livres de compte de la banque par un simple coup de stylo.

Comme nous l'avons précédemment indiqué, excepté sur ces écritures, cet « argent » n'a pas d'existence physique réelle. Quand plus tard, je rembourserai à la banque ces 1 000$, je les retirerai de mon compte chèque et un montant équivalent de moyen de paiement sera détruit par un simple coup de stylo du talon de mon chéquier et des livres de compte de la banque. Ainsi, ils disparaissent simultanément. Par conséquent, nos moyens de paiement nationaux sont à la merci des transactions de prêt de la banque, et nos milliers de banques de dépôts sur compte chèque sont, dans les faits, comparables à d'irresponsables émetteurs de monnaie privés.

Ce qui pose problème, c'est le fait que **la banque ne prête pas de l'argent mais simplement une promesse de fournir de l'argent à la demande, de l'argent qu'elle ne possède pas**. Les banques peuvent construire à partir de leur maigre réserve en argent sonnant une pyramide inversée de tels « crédits » c'est-à-dire d'argent sur compte chèque, dont le volume peut être augmenté ou réduit.

Il est évident qu'un tel système, aux bases fragiles et au sommet imposant, est **dangereux**. Il est dangereux pour les déposants, pour les banques et avant tout pour les millions d'innocents que forme le peuple. En particulier, quand la quantité d'argent décroît, le public est privé d'une partie de ses moyens de paiement essentiels grâce auxquels les biens peuvent être échangés. » [Irving Fisher, *100 % Money*, 1935. Traduction de ce livre indispensable par Nathanaël Faibis, à télécharger sur www.100money.fr]

« Si les deux parties en présence n'étaient pas une banque et un individu, mais deux individus, alors ils ne pourraient pas augmenter la masse d'argent en circulation au moyen d'un simple prêt, pour la bonne raison que **le prêteur ne pourrait pas prêter de l'argent qu'il n'a pas**, alors que les banques ont ce pouvoir. Seules les banques commerciales et les sociétés de fiducie peuvent prêter de l'argent qu'elles fabriquent tout simplement par le processus du prêt. » [Irving Fischer, *100 % Money*, 1935]

« Si le peuple américain permet un jour aux banques privées de contrôler l'émission de sa monnaie, tout d'abord par l'inflation puis par la déflation, les banques [...] priveront le peuple de toutes ses possessions jusqu'à ce que leurs enfants se réveillent sans abri sur le continent conquis par leurs pères. Le pouvoir d'émission devrait être retiré aux banques et rendu au peuple qui est le propriétaire des possessions. » [Thomas Jefferson, 3e président des États-Unis]

« L'histoire révèle que les banquiers utilisent toutes les formes d'abus, d'intrigues, de supercheries et tous les moyens violents possibles afin de maintenir leur contrôle sur les gouvernements par le contrôle de l'émission de la monnaie. » [James Madison, 4e président des États-Unis]

« Le pouvoir des financiers tyrannise la nation en temps de paix et conspire contre elle dans les temps d'adversité. Il est plus despotique qu'une monarchie, plus insolent qu'une dictature, plus égoïste qu'une bureaucratie. Il dénonce, comme ennemis publics, tous ceux qui s'interrogent sur ses méthodes ou mettent ses crimes en lumière. J'ai deux grands ennemis : l'armée du sud en face et les banquiers en arrière. Et des deux, ce sont les banquiers qui sont mes pires ennemis. [...]

Le privilège de créer et d'émettre de la monnaie n'est pas seulement **la prérogative suprême du gouvernement**, mais c'est aussi sa plus grande opportunité. » [**Abraham Lincoln**, 16e président des États-Unis]

« Celui qui contrôle le volume de la monnaie dans notre pays est **maître absolu** de toute l'industrie et tout le commerce... et quand vous réalisez que le système entier est très facilement contrôlé, d'une manière ou d'une autre, par une très petite élite de puissants, vous n'aurez pas besoin qu'on vous explique comment les périodes d'inflation et de déflation apparaissent. » [James A. Garfield, 20e président des États-Unis]

« Je n'ai jamais vu personne ayant pu, avec logique et rationalité, **justifier que le gouvernement fédéral emprunte pour utiliser son propre argent**. » [Wright Patman, membre démocrate du Congrès 1928-1976]

« Jusqu'à ce que le contrôle de l'émission de devises et de crédit soit restauré au gouvernement et reconnue comme sa responsabilité la plus flagrante et la plus sacrée, tout discours sur la souveraineté du Parlement et la démocratie est vain et futile... Une fois qu'une nation abandonne le contrôle de ses crédits, il n'importe plus qui fait ses lois... L'usure, une fois aux commandes, coule n'importe quelle nation. » [William Lyon Mackenzie King, ex-premier ministre du Canada, qui nationalisa la Banque du Canada en 1938]

« Nous ne pouvons plus rien faire, sinon nous endetter toujours plus envers le système bancaire afin de créer les montants grandissants d'argent dont la Nation a besoin pour son expansion. **Notre système monétaire est une supercherie** [...] **Laisser le pouvoir de l'argent devenir une source de revenus pour les émetteurs privés, c'est créer un gouvernement illicite**, un rival assez puissant pour renverser en fin de compte toutes les autres formes de gouvernement. Un système monétaire honnête et intègre est la seule option. » [Frederick Soddy, Prix Nobel de Chimie en 1921, *Wealth, Virtual Wealth & Debt*]

« Dans le cas de la création monétaire l'avantage serait toujours pour ceux qui émettraient la monnaie de crédit ; et comme le gouvernement représente la nation, la nation aurait épargné l'impôt, si elle, et non la banque avait fait elle-même l'émission de cette monnaie... Le public aurait un intérêt direct à ce que ce fut l'État, et non une compagnie de marchands ou de banquiers, qui fit cette émission. » [**David Ricardo**, économiste et banquier britannique, 1817]

« Le processus proprement dit de la création monétaire se passe principalement dans les banques [...] les banquiers ont découvert qu'ils pourraient faire des prêts simplement en donnant leur promesse de payer, ou des billets de banque, à des emprunteurs. De cette façon les banques ont commencé à créer l'argent. Les dépôts de transaction sont les contreparties modernes des billets de banque. C'était une petite étape d'imprimer des billets en les créditant dans les livres comptables des dépôts des emprunteurs, que les emprunteurs alternativement pourraient « dépenser » en faisant des chèques, « imprimant de ce fait » leur propre argent. » [Fed de Chicago, Mécanique de l'argent moderne]

« Les banques créent du crédit. C'est une erreur de croire que le crédit des banques est créé dans toute mesure par le versement d'argent aux banques. Un prêt créé par la banque constitue un ajout significatif au volume d'argent de la communauté. » [Encyclopædia Britannica, 14e édition]

« Les banques prêtent en créant du crédit. **Elles créent les moyens de paiement à partir de rien**. » [Ralph M. Hawtrey (1879-1975), ancien secrétaire du Trésor Britannique]

« Le système bancaire moderne fabrique de l'argent à partir de rien. [...] Si vous voulez continuer à être les esclaves des banques et à payer le prix de votre propre esclavage laissez donc les banquiers continuer à créer l'argent et à contrôler les crédits. » [Sir Josiah Stamp, Directeur de la Banque d'Angleterre 1928-1941, réputé 2ème fortune d'Angleterre à cette époque]

« C'est une pensée déconcertante. Nous sommes totalement dépendants des banques commerciales. Au départ, il faut toujours quelqu'un qui emprunte chaque dollar que nous avons en circulation, en espèces ou en crédit. Si les banques créent assez d'argent synthétique, nous prospérons ; sinon, nous sombrons dans la misère.

Nous sommes, définitivement, sans système monétaire permanent. »

3. La prédation par les intérêts

Nous conclurons par quelques mots sur les intérêts payés aux prêteurs, pour souligner le problème de **prédation** qu'ils posent – au moins pour la partie excédant la couverture du risque de non-remboursement et le paiement des frais de fonctionnement du prêteur.

L'économiste allemand Helmut Creutz s'est essayé dans son livre *Le syndrome de la monnaie* à calculer la charge que représentait la rémunération des prêteurs dans les prix de la vie courante. Les résultats sont très étonnants par leur ampleur – le prix étant parfois constitué à plus de 40 % par des intérêts dus aux possesseurs de capitaux, **la moyenne tournant autour de 30 % des prix**. Le premier graphique montre à quel point le dernier décile de la population « aspire » les intérêts venant du reste de la population – ce qui explique en grande partie les inégalités de patrimoine que nous venons de longuement étudier. C'est cela le fameux « **enrichissement en dormant** », qui choque tant l'esprit, et a donc été condamné pendant tant de siècles par les religions.

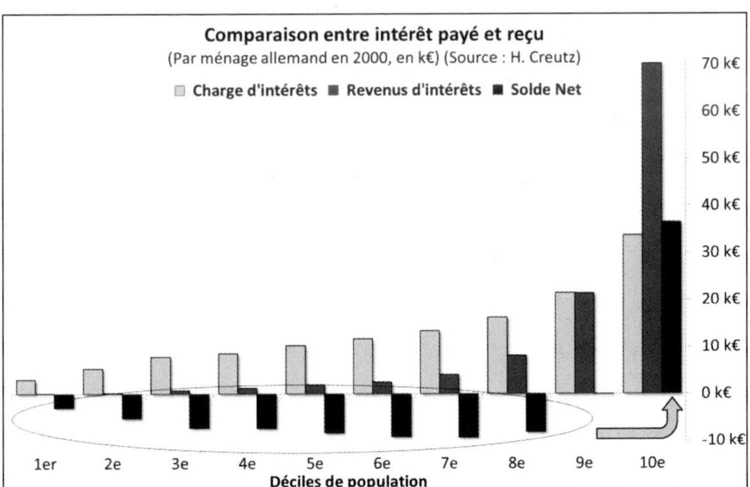

Lecture : dans ce schéma montrant les transferts d'intérêts entre fractions de la population, on constate que le 10e décile de population (les 10 % les plus riches) « aspire » les intérêts payés par les huit premiers déciles.

Part des intérêts dans les prix

Extrait du budget de la ville de Nuremberg en 1991

1. Collecte des ordures ménagères

a) Coût du matériel	70,70%
b) Coûts de personnel	20,30%
c) Amortissement	5,20%
d) Intérêts du capital	3,80%

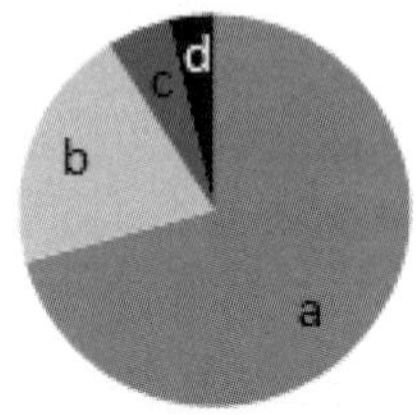

2. Construction d'une Halle

a) Coût du matériel	45,20%
b) Coûts de personnel	24,70%
c) Amortissement	10,40%
d) Intérêts du capital	19,70%

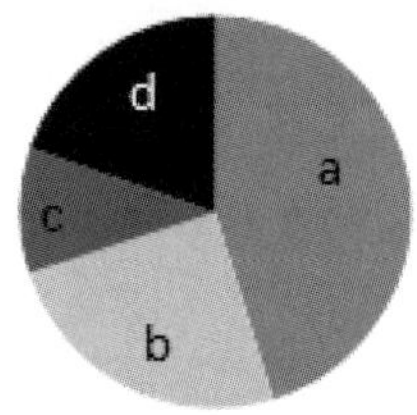

3. Collecte des eaux usées

a) Coût du matériel	37,30%
b) Coûts de personnel	23,80%
c) Amortissement	15,80%
d) Intérêts du capital	23,10%

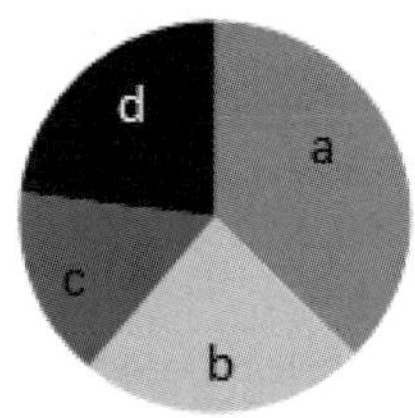

4. Réseau métropolitain

a) Coût du matériel	11,50%
b) Coûts de personnel	14,80%
c) Amortissement	30,10%
d) Intérêts du capital	43,60%

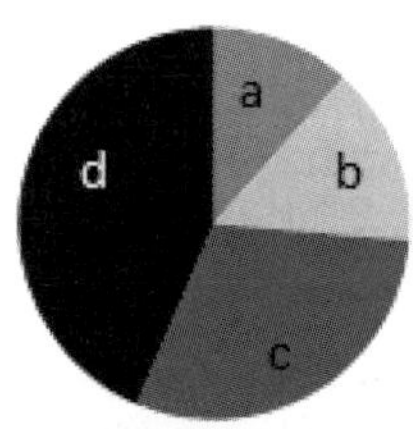

5. Jardins ouvriers

a) Coût du matériel	5,00%
b) Coûts de personnel	28,60%
c) Amortissement	11,30%
d) Intérêts du capital	55,10%

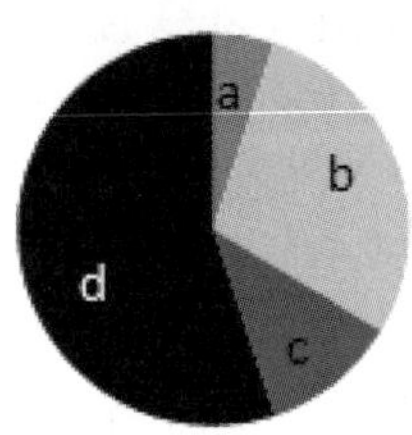

Analyse : G. Riegel / H. Creutz

2500 ans de lutte contre l'intérêt

« **Tu ne prêteras point à ton frère ton argent à intérêt**. » [*Bible*, Ancien testament, Lévitique, 25.37]

« Si tu prêtes de l'argent à mon peuple, [...] tu n'exigeras de lui point d'intérêt. » [Exode, 22.25]

« Tu n'exigeras de ton frère aucun intérêt ni pour argent, ni pour vivres. » [Deutéronome, 23.19]

« Prêtez sans rien espérer. Et votre récompense sera grande, et vous serez fils du Très-Haut. » [*Bible*, Evangile selon saint Luc, 6.35]

« **Dieu a rendu licite le commerce et illicite l'intérêt**. » [*Coran*, sourate Albakara, verset 275]

« Comme Jésus se mettait en route, un homme vint en courant, se jeta à genoux devant lui et lui demanda : « Bon maître, que dois-je faire pour obtenir la vie éternelle ? » [...] Jésus le regarda avec amour et lui dit : « Il te manque une chose : va vendre tout ce que tu as et donne l'argent aux pauvres, alors tu auras des richesses dans le ciel ; puis viens et suis-moi. » Mais quand l'homme entendit cela, il prit un air sombre et il s'en alla tout triste parce qu'il avait de grands biens. Jésus, regardant autour de lui, dit à ses disciples : « **Qu'il sera difficile à ceux qui ont des richesses d'entrer dans le royaume de Dieu !** » Les disciples furent étonnés de ce que Jésus parlait ainsi. Et, reprenant, il leur dit : « Mes enfants, qu'il est difficile à ceux qui ont des richesses d'entrer dans le royaume de Dieu ! **Il est plus facile à un chameau de passer par le trou d'une aiguille qu'à un riche d'entrer dans le royaume de Dieu**. » [Évangile selon Marc, chapitre 10, 17-25]

• • •

« Personne ne devrait prêter d'argent à intérêt. » [Platon, *Les lois, -330 av. J.C.]*

« On a surtout raison d'exécrer l'usure, parce l'argent ne devait servir qu'à l'échange ; et l'intérêt qu'on en tire le multiplie lui-même [...] L'intérêt est de l'argent issu d'argent, et c'est de toutes les acquisitions celle qui est la plus contraire à la nature. » [Aristote, *La Politique*, Livre I, chap. 3, 23, -330 av. J.C.]

« Les lois de nos ancêtres condamnaient le voleur à l'amende du double, tandis qu'elles imposaient celle du quadruple à l'usurier. Cette disposition nous montre combien l'usurier était à leurs yeux un citoyen plus pernicieux que le voleur. » [Caton l'ancien, *Rome, De l'agriculture*, -170 av. J.C.]

« Parce que plusieurs ecclésiastiques, s'adonnant à l'avarice et à un intérêt sordide, oublient l'Écriture divine qui dit : *il n'a point donné son argent à usure* (Psaume de David, 14-6) [...] le saint et grand concile a ordonné que s'il se trouve quelqu'un qui tire l'usure du prêt, il sera déposé et mis hors du clergé. » [Concile de Nicée, 325]

« Les fidèles laïques, pas plus que les clercs, ne peuvent prêter à intérêt. » [1er concile de Carthage, 348]

« Il est absolument défendu a quiconque de prêter à intérêt quoi que ce soit. » [Capitulaire de Charlemagne, Aix la Chapelle, 789]

« Nous condamnons cette pratique méprisable et condamnable par les lois divines et humaines : l'avidité féroce des usuriers. Nous les séparons de tout le confort de l'Église, et interdisons de les recevoir. [...] Ils doivent être tenus dans l'infamie pour l'ensemble de leur vie, et s'ils ne se repentent pas, ils doivent être privés de sépulture chrétienne. » [IIe Concile du Latran, 1139]

« **Toute législation permettant le prélèvement d'intérêts est nulle et non avenue**. » [Pape Alexandre II, 1152]

« Nous défendons à tous les Barons et Sénéchaux de permettre aucune usure dans tous nos États. » [Ordonnance de Saint Louis, 1254]

« Tous les magistrats [...] qui prétendent à l'avenir à faire, écrire ou dicter des lois permettant l'usure sont passibles de la peine d'excommunication. Ils sont également passibles de la peine même si dans les trois mois, ils n'ont pas supprimé les lois de ce genre publié jusque là. [...] Ceux qui oseront affirmer obstinément que la pratique de l'usure n'est pas un péché devront être traités comme des hérétiques par les inquisiteurs. » [Pape Clément V, Concile de Vienne, Canon 29, 1311]

« Nous défendons à tous nos sujets de prêter argent pour avoir gain certain. » [Ordonnance de Charles Quint, 1541]

« Nous défendons à toute personne d'exercer usure. » [Henri III, Ordonnance de Blois, 1579]

« Tout gain qui dépasse le capital prêté est illicite et usuraire. [...] On ne peut pas tolérer le péché de l'usure. » [Pape Benoît XIV, Vix Pervenit, 1745]

« Une usure dévorante est venue ajouter encore au mal. Condamnée à plusieurs reprises par le jugement de l'Eglise, elle n'a cessé d'être pratiquée sous une autre forme par des hommes avides de gain, et d'une insatiable cupidité. » [Pape Léon XIII, Rerum Novarum, 1891]

« Celui qui prélève des intérêts vit du travail des autres sans fournir la moindre prestation en échange. Le prélèvement d'intérêts viole très profondément le principe d'égalité. **Le christianisme et les intérêts sont incompatibles**. » [Johannes Ude, doyen de la faculté de théologie catholique de Graz, 1874-1965]

« Le fait que l'Église ait pris ses distances par rapport à l'interdiction de prélever des intérêts a favorisé de manière décisive la montée du capitalisme moderne. [...] **Les traditions d'interdiction des intérêts doivent être rappelées au public, afin de construire un contre-pouvoir au monde de la finance**. [...] Économiquement, prélever des intérêts signifie qu'à partir d'un certain moment, un pécule peut s'accroître sans lien avec la production de biens. À la longue, ce processus conduit à la ruine de l'économie nationale. » [Dietrich Schirmer, théologien allemand, 1990]

« L'argent ne coûte rien à sa création ! **Les intérêts sur les prêts bancaires ne sont pas justifiés** ! » [Maurice Allais, 1998]

4. La bulle monétaire 2005-2007

Après l'explosion de la bulle Internet et la récession qui s'en est suivi en 2001, les banques centrales ont maintenu les taux d'intérêt à des niveaux très bas.

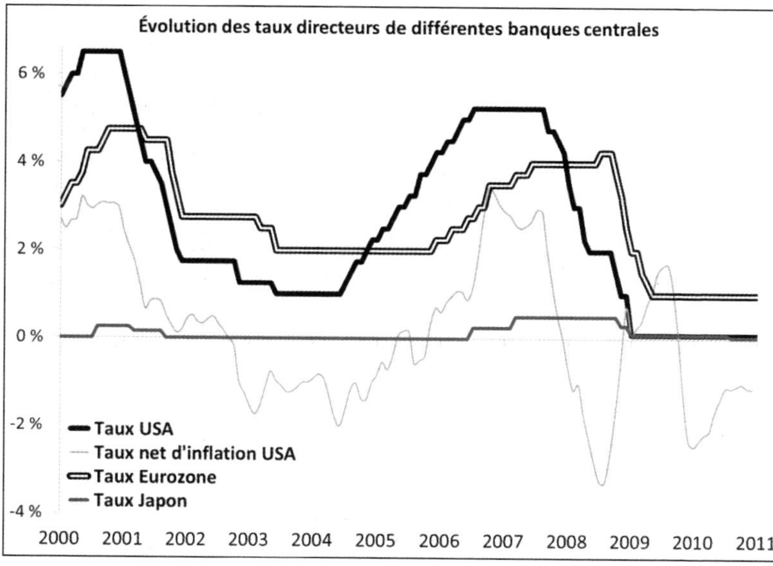

Ce n'est qu'en 2005 que la banque centrale américaine (la Fed) a rehaussé ses taux (il s'agit de taux à court terme, c'est « le marché » qui fixe les taux longs). On observe ici un fait rare : durant près de trois années, les taux d'intérêt réels ont été négatifs aux États-Unis, c'est-à-dire inférieurs à l'inflation, alors que le pays n'était pas en récession. Cette politique d'**argent gratuit** a évidemment poussé à l'endettement et à la surconsommation ; elle a donc induit la constitution d'une bulle immobilière. D'autant que, lorsque la Fed a remonté ses taux en 2005, les taux longs sont restés très bas, soutenus par les achats chinois et japonais de bons du trésor américains. Depuis 2008, la Fed maintien des taux quasi nuls, afin de soutenir l'économie, comme le fait sans succès le Japon depuis quinze ans. Observons les effets sur la masse monétaire.

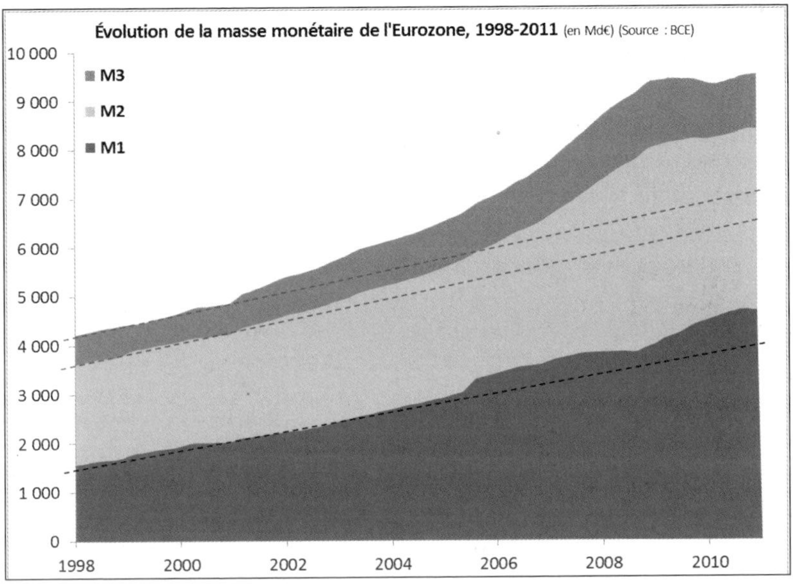

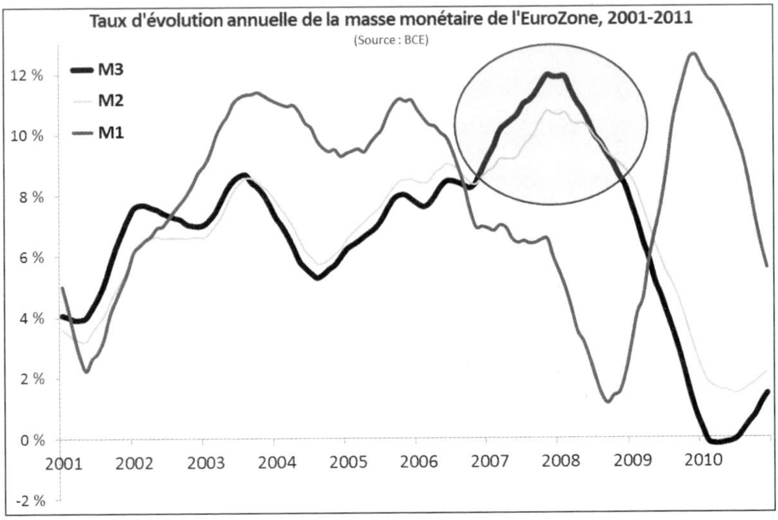

Lecture : la masse monétaire M3 de l'EuroZone a augmenté de plus de 100 Md€ en octobre 2007, soit près de 12 % en rythme annuel

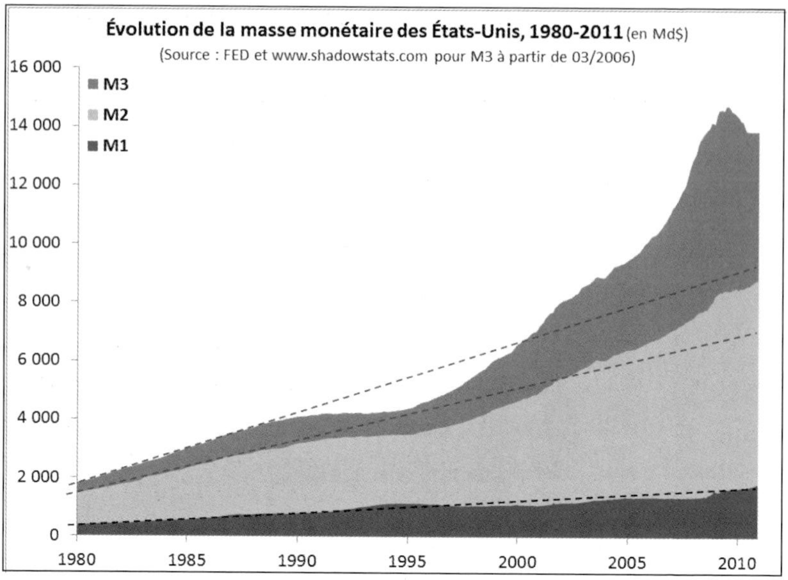
Évolution de la masse monétaire des États-Unis, 1980-2011 (en Md$)
(Source : FED et www.shadowstats.com pour M3 à partir de 03/2006)
M3
M2
M1
16 000
14 000
12 000
10 000
8 000
6 000
4 000
2 000
0
1980
1985
1990
1995
2000
2005
2010

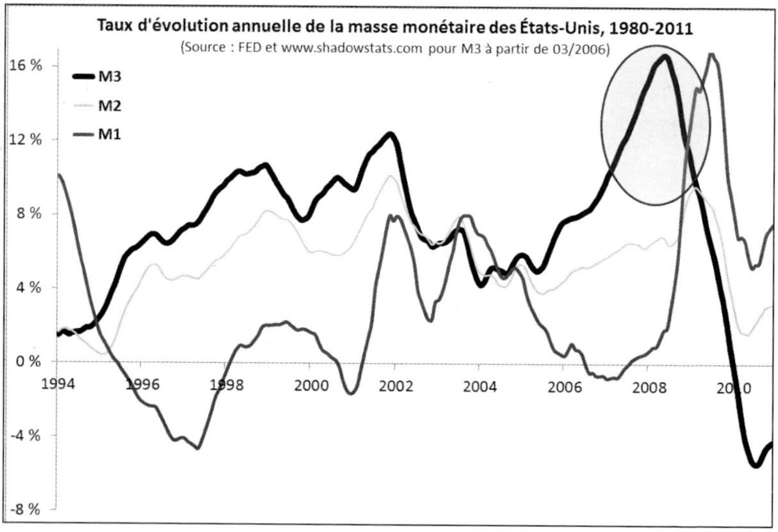
Taux d'évolution annuelle de la masse monétaire des États-Unis, 1980-2011
(Source : FED et www.shadowstats.com pour M3 à partir de 03/2006)
M3
M2
M1
16 %
12 %
8 %
4 %
0 %
-4 %
-8 %
1994
1996
1998
2000
2002
2004
2006
2008
2010

Rappelons que les banquiers ont créé des agrégats monétaires pour suivre l'évolution de la masse monétaire. Ils fonctionnent en poupées russes, par liquidité décroissante. On a en simplifié :

- un agrégat étroit M1, qu'on peut qualifier de « monnaie », qui regroupe les pièces et les billets en circulation dans le secteur non bancaire ainsi que les dépôts à vue des clients ;
- un agrégat intermédiaire M2, égal à M1 plus les dépôts sur livrets ;
- un agrégat large M3, qu'on peut qualifier de « masse monétaire », égal à M2 plus les obligations monétaires. Notons que la Fed a cessé de le publier en février 2006, certains y ayant vu le signe d'une volonté de masquer la dangereuse situation d'endettement du pays.

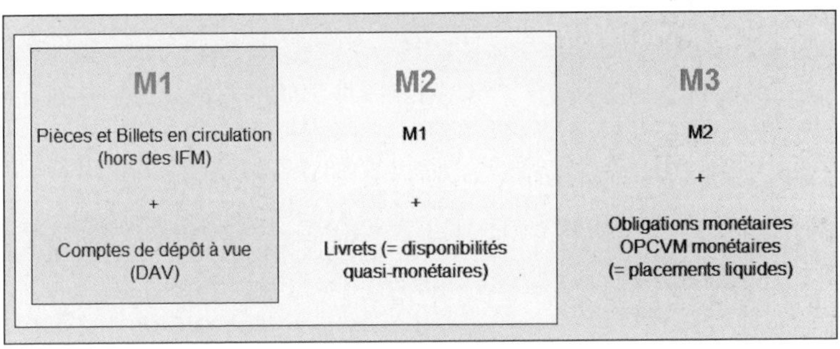

On observe sur les pages précédentes la très forte croissance de la masse monétaire aux États-Unis comme en Europe à partir de 1998-2000, à des niveaux de +8 % par an – bien supérieurs à la somme de la croissance et de l'inflation. C'est tout juste avant la crise de 2008 que les niveaux record ont été atteints, avec +12 % par an en Europe et +17 % aux États-Unis, corollaire de la bulle d'endettement et de la bulle immobilière.

Tout cet argent créé (avec « la planche à billets » privée cette fois) n'a pas été répercuté sur les prix à la consommation (donc « l'inflation » officielle est restée basse), mais sur les prix des actifs (immobilier, matières premières, actions...).

L'analyse de Maurice Allais sur la création monétaire

« En fait, **sans la création de monnaie** et de pouvoir d'achat *ex nihilo* que permet le système du crédit, **jamais les hausses extraordinaires des cours de bourse que l'on constate avant les grandes crises ne seraient possibles**, car à toute dépense consacrée à l'achat d'actions, par exemple, correspondrait quelque part une diminution d'un montant équivalent de certaines dépenses, et tout aussitôt se développeraient des mécanismes régulateurs tendant à enrayer toute spéculation injustifiée.

Qu'il s'agisse de la spéculation sur les monnaies ou de la spéculation sur les actions, ou de la spéculation sur les produits dérivés, **le monde est devenu un vaste casino où les tables de jeu sont réparties sur toutes les longitudes et toutes les latitudes**. Le jeu et les enchères, auxquelles participent des millions de joueurs, ne s'arrêtent jamais. Aux cotations américaines se succèdent les cotations à Tokyo et à Hong Kong, puis à Londres, Francfort et Paris.

Partout, la spéculation est favorisée par le crédit puisqu'on peut acheter sans payer et vendre sans détenir. On constate le plus souvent une dissociation entre les données de l'économie réelle et les cours nominaux déterminés par la spéculation.

Sur toutes les places, cette spéculation, frénétique et fébrile, est permise, alimentée et amplifiée par le crédit. Jamais dans le passé elle n'avait atteint une telle ampleur.

L'économie mondiale tout entière repose aujourd'hui sur de gigantesques pyramides de dettes, prenant appui les unes sur les autres dans un équilibre fragile. Jamais dans le passé une pareille accumulation de promesses de payer ne s'était constatée. Jamais sans doute il n'est devenu plus difficile d'y faire face. Jamais sans doute une telle instabilité potentielle n'était apparue avec une telle **menace d'un effondrement général**.

Toutes les difficultés rencontrées résultent de la méconnaissance d'un fait fondamental, c'est qu'aucun système décentralisé d'économie de marchés ne peut fonctionner correctement **si la création incontrôlée *ex nihilo* de nouveaux moyens de paiement** permet d'échapper, au moins pour un temps, aux ajustements nécessaires. [...]

Au centre de toutes les difficultés rencontrées, on trouve toujours, sous une forme ou une autre, **le rôle néfaste joué par le système actuel du crédit et la spéculation massive qu'il permet**. Tant qu'on ne réformera pas fondamentalement le cadre institutionnel dans lequel il joue, on rencontrera toujours, avec des modalités différentes suivant les circonstances, les mêmes difficultés majeures. Toutes les grandes crises du XIXe et du XXe siècle ont résulté du développement excessif des promesses de payer et de leur monétisation.

Particulièrement significative est l'absence totale de toute remise en cause du fondement même du système de crédit tel qu'il fonctionne actuellement, à savoir **la création de monnaie *ex nihilo* par le système bancaire** et la pratique généralisée de financements longs avec des fonds empruntés à court terme.

En fait, sans aucune exagération, **le mécanisme actuel de la création de monnaie par le crédit est certainement le « cancer » qui ronge irrémédiablement les économies de marchés** de propriété privée. [...]

Que **les bourses soient devenues de véritables casinos**, où se jouent de gigantesques parties de poker, ne présenterait guère d'importance après tout, les uns gagnant ce que les autres perdent, si les fluctuations générales des cours n'engendraient pas, par leurs implications, de profondes vagues d'optimisme ou de pessimisme qui influent considérablement sur l'économie réelle. [...] Le système actuel est fondamentalement anti-économique et défavorable à un fonctionnement correct des économies. Il ne peut être avantageux que pour de très petites minorités. » [Maurice Allais, *La crise mondiale d'aujourd'hui. Pour de profondes réformes des institutions financières et monétaires*, 1998]

« Alors, les banques centrales créent autant de monnaie en injectant aussi facilement des liquidités dans l'économie mondiale ? Et nous qui pensions qu'elles étaient attachées au dogme de l'orthodoxie monétaire ! [...]

La croissance de la masse monétaire totale M3 se situe sur une base 10,9 % par an. Alors que la BCE a fixé une norme de 4,5 % pour tenir compte d'une croissance économique de 2,5 % et d'une inflation tolérée de 2 %. [...]

Ainsi, en alimentant les circuits financiers en liquidité fraîche pour couvrir les besoins du capital financier (restructurations, fusions, LBO, marché immobilier, etc.), les banques centrales, et particulièrement la BCE, ont choisi : **pas d'inflation tolérée sur les biens et services, mais la bride sur le cou pour l'inflation sur les actifs financiers**.

Et alors, dira-t-on, où est le mal ? Là : sur le long terme, la croissance des revenus financiers plus importante que la croissance de la richesse réelle n'est possible que si **l'exploitation de la force de travail s'intensifie dans le système productif**.

Car la sphère financière n'est pas autonome, étant improductive. [...] La création monétaire n'est bénéfique que si elle est une anticipation de l'accroissement de la richesse produite. **Sinon, la crise est devant nous**. » [Jean-Marie Harribey, 14 août **2007**]

« **Je pense que les institutions bancaires sont plus dangereuses pour nos libertés que des armées entières prêtes au combat**. Si le peuple américain permet un jour que des banques privées contrôlent leur monnaie, les banques et toutes les institutions qui fleuriront autour des banques priveront les gens de toute possession, d'abord par l'inflation, ensuite par la récession, jusqu'au jour où leurs enfants se réveilleront, sans maison et sans toit, sur la terre que leurs parents ont conquise. » [Thomas Jefferson, 3e président des États-Unis, 1802]

« Les mécanismes actuels du crédit reposent sur des bases en très grande partie irrationnelles, dont l'origine historique est tout à fait empirique, qui n'ont jamais cessé de se révéler très dommageables et qui n'ont jamais été pensés très sérieusement sauf par une minorité d'économistes, et cela aussi bien en France que dans les autres pays d'Europe occidentale et aux États-Unis. » [Maurice Allais, L'*impôt sur le capital et la réforme monétaire*, 1977].

« Avec le système monétaire actuel, l'argent épargné précautionneusement pendant toute une vie peut fondre en un clin d'œil. » [Larry Parks, directeur général de FAME, The Foundation for the Advancement of Monetary Education]

5. La prolifération de la nouvelle science financière

Depuis la naissance de la société industrielle, le secteur financier est sans doute l'un des plus importants pour l'économie (après l'agriculture néanmoins...) car de lui dépend l'irrigation des acteurs économiques les plus porteurs par l'indispensable argent.

Malheureusement, depuis une vingtaine d'années, il est devenu bien trop puissant, et s'est détourné de son indispensable vocation. En synthèse, on peut y voir au moins cinq grands problèmes.

• Le premier problème, déjà évoqué, concerne **la pression court-termiste** que ce secteur exerce sur les entreprises, au détriment de l'investissement et des autres parties prenantes.

• Le deuxième problème est le détournement des ressources et **la ponction** qu'elle opère sur l'économie réelle, à son seul avantage.

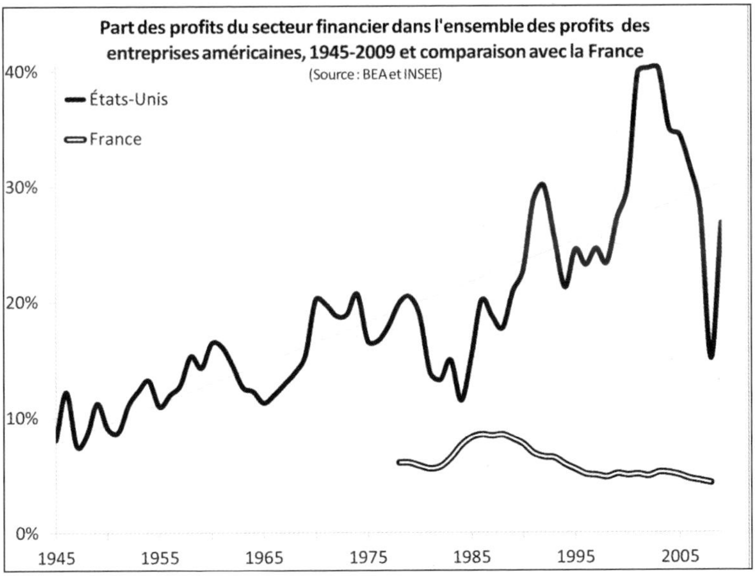

On constate sur le graphique précédent que ce seul secteur a représenté jusqu'à plus de **40 % des profits** américains avant la crise – situation très différente de celle de la France où cette part est restée à un niveau modeste. Il est évident au vu de sa taille (moins de 5 % de la population active) qu'il ne peut atteindre cette situation sans vampiriser, au sens propre, tant les consommateurs que les entreprises des autres secteurs.

• Troisième problème : le **détournement de talents** qu'elle opère à son profit, en particulier par les salaires démesurés qu'elle peut offrir.

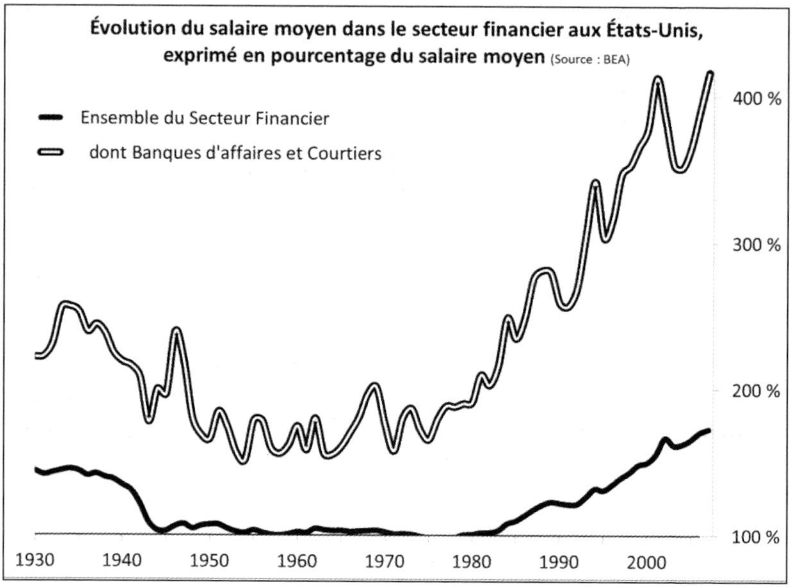

Comme le montre le graphique précédent, ce secteur en forte croissance, produisant de plus en plus d'argent, s'est alors mis à proposer des salaires de plus en plus élevés (près du double du salaire moyen des autres secteurs) à partir du milieu des années 1980, pour attirer les meilleurs talents de la société (ingénieurs, financiers, commerciaux...) en leur donnant pour objectif de créer la nouvelle pierre philosophale : **des placements sans aucun risque et avec une énorme rentabilité**.

Ainsi, la spéculation financière, activité « **improductive** » du système économique, a fini par phagocyter de nombreux talents, qui ont préféré aller y faire fortune plutôt que travailler pour deux ou trois fois moins dans la recherche ou l'ingénierie, grevant nos chances de découvrir de nouveaux progrès techniques (réels, cette fois), et de maintenir toute forme d'avance technologique.

« Le polytechnicien des années 1970 était un **ingénieur** planificateur et réalisateur, celui des années 1990 est **banquier** ! » [Jean-Marc Jancovici]

« Nos marchés financiers orientent mal les capitaux. Mais le coût réel de l'emballement de ce secteur a peut-être été infiniment plus lourd : **il a mal orienté notre ressource la plus rare : le talent humain**. J'ai vu trop de nos meilleurs étudiants entrer dans la finance. Ils ne pouvaient pas résister aux méga rémunérations.

Quand j'ai commencé mes études, les meilleurs choisissaient les sciences, l'enseignement, les lettres ou la médecine. **Ils voulaient utiliser leur cerveau pour changer le monde**. Je me souviens clairement de l'avis de mes parents quand, comme tous les adolescents, je me demandais ce que j'allais faire plus tard : « **L'argent n'a pas d'importance. Il ne t'apportera jamais le bonheur. Sers-toi du cerveau que Dieu t'a donné pour te rendre utile aux autres. C'est ce qui te donnera de la satisfaction**. » » [Joseph Stiglitz, *Le Triomphe de la Cupidité*, 2010]

• Arrêtons-nous plus longuement sur le quatrième problème, qui concerne **la stabilité des économies**. Cette toute puissance des mouvements de capitaux a entraîné des crises à répétition depuis vingt ans, qui n'existaient plus depuis la crise des années 1930.

« Les marchés ont délibérément créé des produits complexes parce que c'était un moyen de **réduire la transparence** effective tout en respectant les règles. La complexité a rendu possibles des commissions plus élevées. [...] Nul ne doit avoir droit à la moindre activité hors bilan. » [Joseph Stiglitz, *Le Triomphe de la Cupidité*, 2010]

La dernière décennie a en effet vu l'explosion des nouveaux produits financiers. Si la Recherche & Développement est généralement une source de progrès dans toute industrie, force est de constater que toutes ces récentes « innovations », sous couvert de

« modernisation » ou de « liquidité », ont surtout eu pour effet d'introduire des pratiques dangereuses, à visée essentiellement spéculative, et au service des seuls opérateurs plutôt que du capitalisme industriel, dans l'économie désormais dite « réelle ». Ces termes positifs ont en fait masqué une véritable « **prolifération financière** », pour reprendre les termes de Fréderic Lordon.

Car ces nuées de brillants mathématiciens se sont mis à bâtir des modèles de plus en plus complexes, jusqu'à les rendre totalement incompréhensibles dans l'entreprise – et donc non maîtrisables. Ainsi, les professionnels ont fini par ne plus comprendre ce qu'ils vendaient…

« La modélisation d'une seule tranche de CDO nécessitait trois heures de calcul pour l'un des ordinateurs de Merrill Lynch, figurant pourtant parmi les ordinateurs les plus puissants des États-Unis. [...]

Ces instruments sont beaucoup trop compliqués. Il est quasiment impossible pour quiconque de comprendre les risques associés à de telles structures. Ce sont typiquement des produits où le « structureur » ne comprend pas bien le produit qu'il crée, l'investisseur ne comprend pas le produit qu'il achète, l'agence de notation ne comprend pas le produit qu'elle est censée noter et le régulateur n'en comprend pas les risques. [...]

Le fait est que plusieurs firmes qui ont créé ces produits étaient déjà assez stupides pour les garder en portefeuille. [Contraindre les banques à garder dans leurs actifs un pourcentage des **produits structurés** qu'elles titrisent] ne résout pas le problème. **Il faut les interdire**. » [John Thain, ex-PDG de Merrill Lynch]

Or, le problème réside principalement dans le fait que « les marchés » reposent sur des **croyances collectives**. La finance relève souvent bien plus de **l'anthropologie sociale** que du calcul différentiel stochastique. Comme l'économie, elle n'est pas (et ne sera jamais) une science purement mathématique, elle est également une science humaine. Les marchés ne sont pas rationnels, et ne le seront jamais, quels que soient les efforts des cerveaux payés à prix d'or pour modéliser leur comportement. Les modèles marchent au mieux un peu quand tout va bien, mais ils ne pourront jamais appréhender les phénomènes comportementaux irrationnels et imprévisibles à l'œuvre en cas de crise.

L'analogie de Keynes du « concours de beauté » pour la technique de l'investissement boursier

« La technique du placement peut être comparée à ces concours organisés par les journaux où les participants ont à choisir les six plus jolis visages parmi une centaine de photographies, le prix étant attribué à celui dont les préférences s'approchent le plus de la sélection moyenne opérée par l'ensemble des concurrents.

Chaque concurrent doit donc choisir **non les visages qu'il juge lui-même les plus jolis, mais ceux qu'il estime les plus propres à obtenir le suffrage des autres concurrents**, lesquels examinent tous le problème sous le même angle. Il ne s'agit pas pour chacun de choisir les visages qui, autant qu'il en peut juger, sont réellement les plus jolis ni même ceux que l'opinion moyenne considérera réellement comme tels.

Au troisième degré où nous sommes déjà rendus, on emploie ses facultés à découvrir l'idée que l'opinion moyenne se fera à l'avance de son propre jugement. Et il y a des personnes, croyons-nous, qui vont jusqu'au quatrième ou au cinquième degré ou plus loin encore. » [John Maynard Keynes, *Théorie générale de l'emploi, de l'intérêt et de la monnaie*, 1936]

Ceci est dû au fait qu'il n'existe pas de loi de la nature financière, on n'en trouvera jamais. Ceci revient à vouloir modéliser mathématiquement un futur comportement agrégé de milliers d'individus, dont le propre comportement dépend des anticipations du comportement global... La finance n'est pas la résultante de lois scientifiques objectives, mais elle est le produit des interactions des opérateurs financiers. Et cette inaptitude des modèles ne sera jamais résolue. Le problème de ce « scientisme » est donc que ces modèles existants ont fini par donner l'illusion de pouvoir quantifier tous les risques, et donc de les contrôler.

« Les gens ont pris une **théorie inapplicable** – celle de Merton, Black et Scholes, issue des travaux de Bachelier qui datent de 1900 –, et **qui n'avait aucun sens**. Je l'ai proclamé depuis 1960. Cette théorie ne prend pas en compte les changements de prix instantanés qui sont pourtant la règle en économie. Elle met des informations essentielles sous le tapis. Ce qui fausse gravement les moyennes. Cette théorie affirme donc qu'**elle ne fait prendre que des risques infimes, ce qui est faux. Il était inévitable que des choses très graves se produisent. Les catastrophes financières sont souvent dues à des phénomènes très visibles, mais que les experts n'ont pas voulu voir.** Sous le tapis, on met l'explosif ! [...] Les financiers sont très attachés à cette théorie d'une simplicité merveilleuse, que l'on peut apprendre en quelques semaines, puis en vivre toute sa vie. Cette théorie a toujours été complètement fausse. » [Benoît Mandelbrot, *Le Monde*, octobre 2009. À rapprocher de son livre *Une approche fractale des marchés*]

Bien d'autres ont souligné ce type de risques :

« **Les régulateurs, avec leurs pseudo-mathématiques financières charlatanesques, nous ont fait prendre des risques que nous ne comprenions pas en pensant les comprendre.** » [Nassim Nicholas Taleb]

Toutes ces modélisations mathématiques se font parfois même au détriment du bon sens. Observons les deux graphiques suivants, issus du livre *Jusqu'à quand ?*, de Frédéric Lordon :

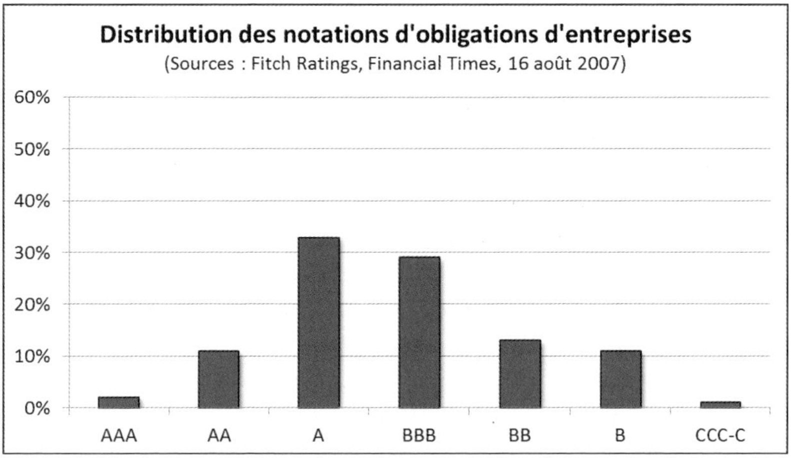

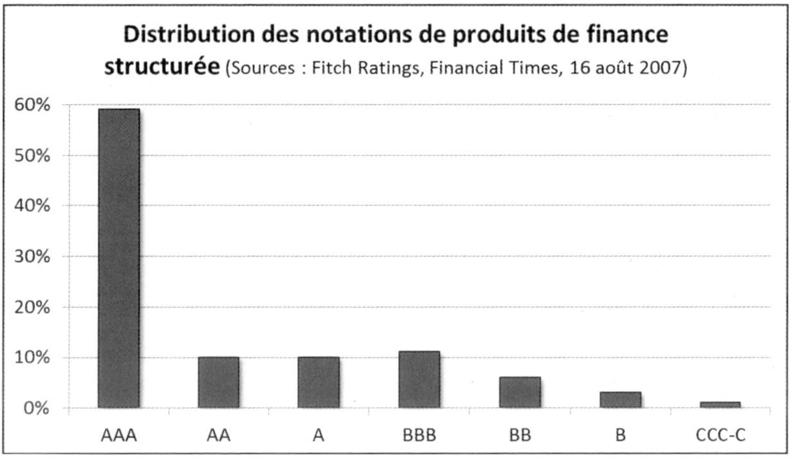

Sur le premier graphique, on observe la répartition par risque (AAA faible, CCC élevé) des obligations d'entreprises : leur répartition suit une loi « normale », en cloche. Sur le second, les produits de finance structurée, dont nous reparlerons. Disons qu'elle représente un portefeuille de crédits immobiliers revendus. 60 % des produits ont ainsi la note maximale, 80 % sont censés être sans risque. Cela n'est par définition pas possible... C'est l'illustration de la croyance dans le miracle consistant à gagner plus en risquant moins, à **investir sur des titres AAA rémunérés comme des BBB**. Or, le gain étant par nature la rémunération du risque pris, ils doivent forcément augmenter ensemble...

On peut même remarquer que, finalement, les opérateurs déploient des trésors de sophistication dans des modèles boursiers, pour finalement **suivre le troupeau**, de la manière la plus grégaire possible, l'objectif étant de ne jamais avoir tort tout seul...

© Ascensi – www.ascensi.info

« **Les banques et les banquiers sont aveugles de nature. Ils n'ont pas vu ce qui allait arriver. [...] Un banquier sensé n'est hélas point un banquier qui voit venir le danger et l'écarte, mais un banquier qui, lorsqu'il se ruine, le fait d'une manière orthodoxe et conventionnelle, en même temps que ses collègues, de façon à ce qu'on ne puisse rien lui reprocher**. [...]

Les symptômes actuels indiquent que les banquiers se précipitent au suicide. À chaque pas, ils ont refusé d'appliquer un remède assez énergique. Et ils ont laissé les choses aller si loin qu'il est à présent difficile de trouver un remède quelconque. [...]

Cela fait, bien entendu, partie du métier de banquier que de sauver les apparences, et de professer à l'égard des conventions, un respect des plus humains. Ils sont devenus, à force de tenir ce rôle, les hommes les plus romantiques et les moins pratiques qu'on puisse rêver. Il est tellement essentiel pour eux que leur état soit à l'abri de toute critique qu'ils en arrivent eux-mêmes à faire abstraction de tout sens critique, jusqu'à ce qu'il soit trop tard. [John Meynard Keynes, *Les conséquences pour les banques de la chute des valeurs monétaires*, **1931**]

Enfin, on peut y voir d'autres paradoxes.

Ainsi, les actionnaires veulent finalement être traités comme des prêteurs, et disposer d'une rémunération quasi-garantie, et stable, sans aléa. Cela entraîne donc les professionnels du risque, banquiers comme assureurs, à vouloir de moins en moins porter des risques. Ils doivent donc soit les externaliser vers des non-professionnels (en particulier via la technique de titrisation), soit ne pas les prendre, le premier cas conduisant à la déresponsabilisation et à la crise, le second à la dépression de l'activité...

On peut également souligner l'incroyable soif de liquidité des opérateurs. Les investisseurs veulent bien s'engager, mais seulement avec la garantie d'un retrait immédiat, ils ne veulent aucune obligation durable. Souvent, ceux qui font l'éloge du risque ne pensent en fait que défausse et couverture, que liquidité et protection face au moindre risque (de crédit, de taux, de contrepartie, de change…).

Cette quête obsessionnelle des positions liquides, cette peur de la moindre immobilisation des capitaux, cette fuite face aux actifs physiques pour investir dans des actifs financiers, présentent finalement un caractère profondément antiéconomique et antisocial, car l'essence même de l'économie de marché est le pari sur un avenir incertain, par des entrepreneurs courageux.

Ainsi, les risques se retrouvent en fin de compte portés par les agents de l'économie réelle, qui n'en ont ni la conscience, ni la compétence, ni les moyens. Ceci est particulièrement vrai pour les ménages, qui ne peuvent se protéger, eux, contre les risques liés au prix de l'immobilier, de l'énergie, de l'alimentation...

Le cinquième et dernier problème posé par la nouvelle finance est **démocratique**, par son influence sur les pouvoirs publics en raison de son poids et de ses ressources. Après avoir obtenu une large déréglementation, puis une liberté absolue de circulation des capitaux, il y eu ensuite le temps des chantages aux États pour obtenir des fonds faramineux pour sauver ce système. Et actuellement a lieu une pression colossale pour obtenir qu'aucune réforme sérieuse de régulation prudentielle du secteur ne soit entreprise (et force est de constater que cela marche). Le pouvoir politique en est ainsi réduit à « faire la manche » pour défendre l'intérêt général :

« Le projet de réforme financière vient d'être accepté par le Sénat. [...] Mais l'industrie financière ne va pas abandonner. Ils ont déjà dépensé plus d'un million de dollars par parlementaire, en *lobbying* sur ce projet. Dans les jours qui viennent, ils vont mettre le paquet car c'est leur dernière chance de bloquer, d'affaiblir ou de tuer la réforme, et ils n'ont pas l'habitude de perdre.

Donnez aujourd'hui pour aider *Organizing for America* à continuer à mobiliser des milliers de personnes, pour contrer les attaques des intérêts particuliers. [...] **Donnez cinq dollars ou plus**. » [**Appel de Barack Obama** sur son site Internet, 22 mai 2010]

« Remettons à leur place les modèles mathématiques. **Le futur est incertain et sacraliser une équation** qui le décrit me parait très dangereux. » [Claude Bébéar, *Ils vont tuer le capitalisme*, 2003]

« Quand je vois des banquiers, je leur dis : « **votre problème, c'est que vous n'avez pas assez de cons dans vos équipes**. Prenez-moi ! Quand je ne comprends pas, quand l'opération me parait trop belle, pas claire ou pas compréhensible, comme je suis un peu bête, je ne signe pas... » [Un ancien élève d'HEC, patron de branche dans une entreprise du CAC 40, cité par Florence Noiville, *J'ai fait HEC et je m'en excuse*, 2009]

« Science sans conscience n'est que ruine de l'âme. » [François Rabelais, *Pantagruel*, 1532]

6. La déconnexion de l'économie financière

Alimentée comme nous l'avons vu, d'une part par une large création monétaire, et d'autre part par une déréglementation et une prolifération à outrance, la sphère financière, destinée normalement à être au service de l'économie « réelle », s'en est quasiment déconnectée, et a connu une croissance phénoménale.

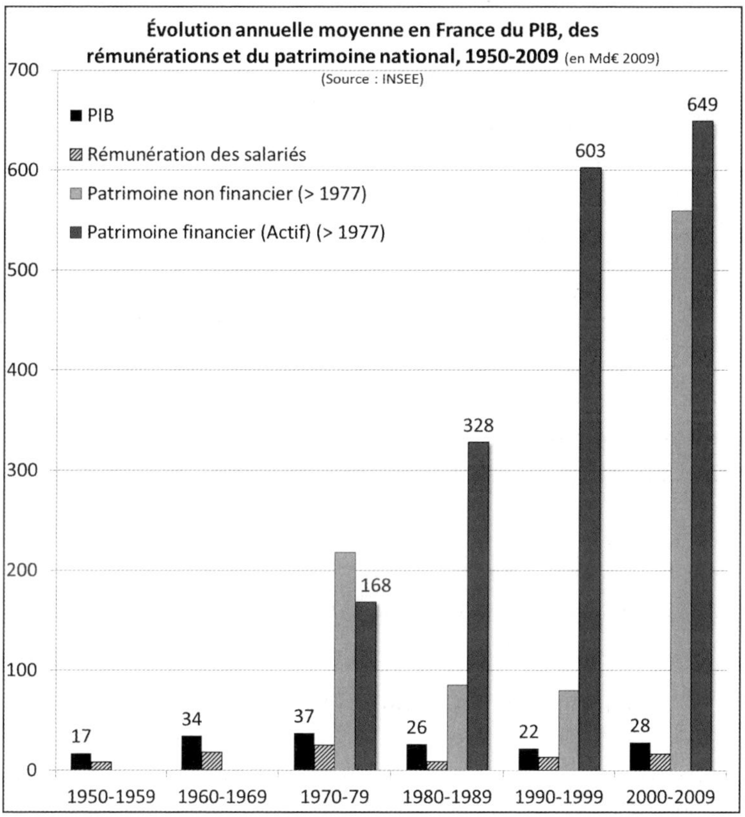

Lecture : dans la décennie 2000, en euros constants, le PIB a augmenté en moyenne de 28 Md€ par an, et les actifs financiers de 649 Md€ par an.

Dans les trente dernières années, en euros constants, le PIB et les rémunérations ont été majorés de **50 %**, le patrimoine non financier de **150 %** et le patrimoine financier de près de **350 %**... Les montants en jeu dépassent désormais l'entendement...

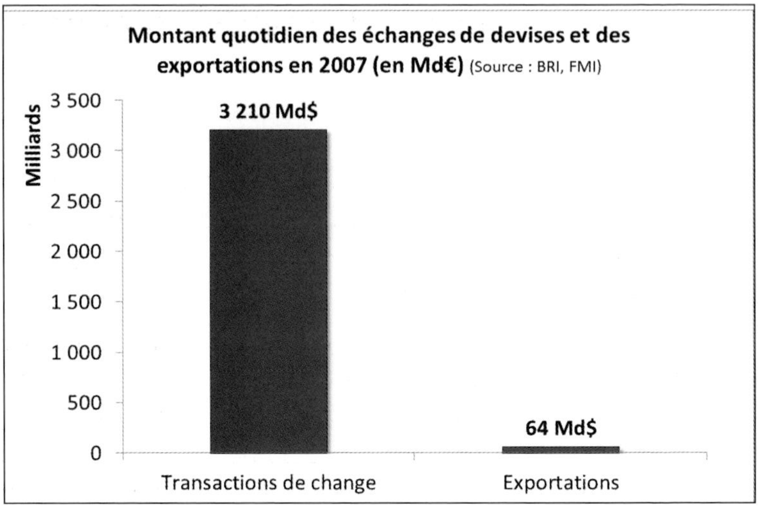

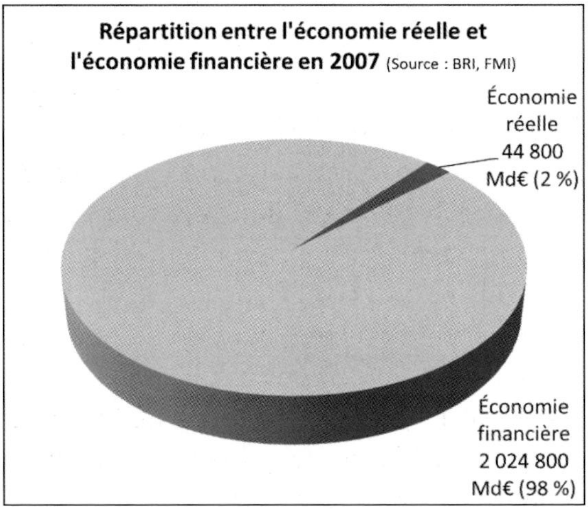

L'économie financière, représentant le chiffre de plus de **2 000 milliers de milliards** (= trillions ou T$) de dollars en 2007 (dont 1 400 T$ de produits dérivés et 500 T$ de produits de change), représente ainsi plus de **cinquante fois l'économie réelle** (échanges de biens et services)...

7. La nouvelle banque : le principe d'imprudence

Dans les années 1960 ou 1970, une banque encaissait des dépôts, et réalisait des prêts, qu'elle gardait jusqu'à leur terme – c'était même toute **la fierté du métier de banquier**. D'ailleurs, à cette époque, la rentabilité des banques était de 2 ou 3 %, sans que cela ne les ait empêché de prospérer...

Mais depuis lors, la déréglementation des années 1980 a bouleversé le métier des banques, qui sont devenues l'acteur central de la financiarisation de l'économie. Pour schématiser, beaucoup ont intégré le fait qu'il était plus rentable pour elles de jouer au « **casino de la bourse** ». Ainsi, en dehors de leurs activités traditionnelles, la plupart des banques ont développé une activité de gestion d'actifs, et en particulier de *trading* pour compte propre (où la banque « mise » avec ses fonds propres).

Notons au passage que la spéculation boursière est en fait plus intéressante que le casino. D'abord car la Bourse dégage des **tendances** qui durent au moins plusieurs semaines ou mois. Quand la bourse monte depuis huit semaines, parier à la hausse n'est pas très risqué, et la probabilité est largement supérieure à 50 %... Bien sûr, cela rapproche du moment où la tendance se retourne et où on perd (mais où on pourra alors parier à la baisse), mais si on a gagné dix fois auparavant, ceci est très rentable... Ensuite, car tous les opérateurs jouant ensemble, leurs prédictions sont souvent autoréalisatrices (si une vaste majorité pense que « ça va monter », beaucoup achètent, ce qui fait bien monter les cours). Enfin, de nombreuses techniques permettent aux plus gros acteurs de manipuler les cours : annulation immédiate d'ordres d'achat, complicité dans des achats reventes entre opérateurs, *high frequency trading* (spéculation informatique à haute fréquence, où l'acheteur ne garde une action que quelques secondes ou centièmes de secondes), qui est proche d'un délit d'initié, etc. Selon Michael Hudson, en 2010, la durée de détention moyenne des actions de la bourse américaine a été de **vingt-deux secondes** (et trente secondes pour la détention d'une devise). Bien que ce ne soit qu'une moyenne, cela montre bien qu'une partie du capital « tourne » très rapidement entre actionnaires... Tout ceci fausse évidemment « le jeu », et face aux dés pipés des spéculateurs professionnels, on se demande comment de simples particuliers jouent encore en bourse – ils sont de moins en moins toutefois...

Goldman Sachs : le parfait trimestre pour ses traders

« Goldman Sachs a annoncé dans un communiqué à la SEC qu'il avait réalisé un trimestre d'une régularité exceptionnelle en matière de *trading*. Ainsi, **ses *traders* n'ont pas perdu d'argent une seule journée sur la période**, ce qui constitue une première pour une firme de Wall Street. » [Yahoo Finance, mai 2010]

Dans ce contexte, les banques ont donc embauché des sortes de « joueurs professionnels » : les traders. Pour les inciter à jouer, elles leur versent des bonus énormes, mais qui sont en fait une **fraction des bénéfices**. Par exemple, Andrew Hall, trader star de Citigroup, a touché cent millions de dollars en 2008 et cent autres en 2009 grâce à ses gains sur la spéculation sur le pétrole – qui ont participé à la hausse des cours. Toutefois, toutes ces opérations étant de simples **paris** spéculatifs, cela signifie que ces sommes gagnées ont évidemment été perdues par d'autres traders. Bien entendu, ils ne perdent rien personnellement quand ils font perdre la banque – simplement, ils n'ont alors pas de bonus. On retrouve le « Pile, je gagne ; face, je ne perds rien ». Mais soulignons aussi que le bonus n'est qu'une petite part d'un bénéfice « dangereux ». Supprimer (ou limiter) seulement le bonus du trader ne ferait qu'**enrichir encore plus la banque** sans résoudre le problème de fond qui est l'existence de ces énormes profits issus de paris...

Soulignons enfin qu'il ne s'agit pas de jeter l'opprobre sur les traders, qui sont souvent des personnes brillantes, honnêtes et animées d'une éthique personnelle. Le problème est simplement le manque d'éthique du système dans son ensemble – car d'une part la justification morale de ces **gains sur de simples paris** est injustifiable, ensuite car ce secteur finit fatalement par « vampiriser » l'économie réellement productive (les profits viennent bien de quelque part...), et enfin, car les sommes sont telles qu'elles posent un risque majeur pour la sécurité du système économique. Si une partie (environ 20 %) des opérations des marchés à terme est fondamentalement saine et utile, correspondant à une réelle assurance pour des personnes exposées à des risques, toutes les autres devraient simplement être interdites, et non pas taxées (une taxe inciterait à prendre encore plus de risques pour la compenser).

« **Nous avons oublié les règles de base du métier bancaire.** » [Lord Adair Turner, président de l'autorité de régulation financière britannique, septembre 2009]

« **Lorsque dans un pays, le développement du capital devient le sous-produit de l'activité d'un casino, celui-ci risque de s'accomplir dans des conditions défectueuses.** » [John Maynard Keynes, 1936]

L'inventivité financière s'est finalement attaquée au cœur du métier bancaire, via la création de « produits exotiques ». Car il est évidemment risqué de prêter de l'argent. Et comme nous l'avons vu, le risque, désormais, l'actionnaire « n'aime plus » : le résultat est volatil, parfois haut, parfois bas. La finance a alors eu l'idée de transférer le risque en revendant le prêt à quelqu'un d'autre (un banquier, une sicav ou un candide) – c'est ce qu'on appelle la titrisation sur les marchés financiers, par le biais de nouveaux produits structurés, très « innovants », « modernes ».

Mieux, les banques ne sont alors pas tenues de disposer de nouveaux fonds propres face aux nouveaux prêts qu'elles accordent, puisqu'elles n'en portent plus les risques. Ainsi, à fonds propres constants, les encours de crédits peuvent s'envoler – tout étant fait pour que le volume de crédits s'accroisse, les rémunérations étant même indexées dessus –, les résultats financiers en faisant autant. On peut néanmoins se demander ce qu'est véritablement une banque qui ne porte plus le risque de ses prêts...

Tout ceci a naturellement conduit à l'invention de l'outil « subprime », outil au service du projet de société de George Bush « 70 % de propriétaires », le nouveau rêve américain :

« Nous allons créer [...] une **société de propriétaires** {*Ownership Society*} dans ce pays, où plus d'américains que jamais auront la possibilité d'ouvrir la porte de leur foyer et dire : « Bienvenue chez moi, bienvenue dans ma propriété. » »
[George W. Bush, Octobre 2004]

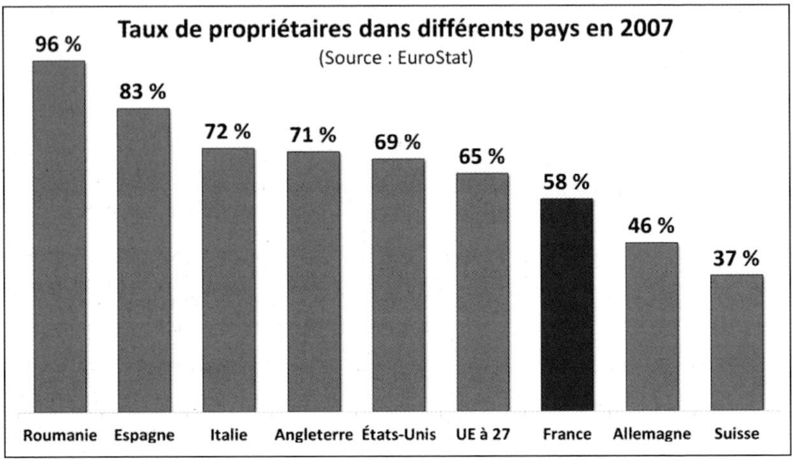

On remarquera au passage le très large éventail de la proportion de propriétaires dans les pays, d'un 37 % en Suisse à un 96 % en Roumanie, sans qu'on observe une corrélation avec le niveau de vie ou le bonheur des habitants.

On comprend alors qu'avec une telle impulsion politique, un tel robinet d'argent grand ouvert par la banque centrale et des produits « magiques » pour se protéger du risque, les banques privées ont alors arrêté de « prêter aux riches », et se sont mises à prêter aux très pauvres (chômeurs, immigrés, clandestins, etc.), sans apport personnel, sans vérifier leurs revenus (voire même en trafiquant leurs déclarations de revenus), sachant pertinemment qu'elles ne seraient régulièrement pas remboursées ; mais elles se disaient comme « **l'immobilier monte toujours** » qu'elles revendraient les maisons pour récupérer leur argent après avoir touché les intérêts... C'est cynique, mais cela peut fort bien marcher – mais seulement pour un temps, celui de la hausse...

Pour l'anecdote, une banque a même inventé le prêt NINJA : « *No Income, No Job, no Assets* » : pour les chômeurs sans revenus et sans patrimoine... Tout le système est une espèce de « pyramide de Ponzi » (escroquerie très simple où on paye des intérêts élevés en distribuant le capital des nouveaux entrants, Charles Ponzi étant un lointain prédécesseur de Bernard Madoff), où il fallait endetter toujours plus de monde... jusqu'à ce qu'il n'y ait plus personne à endetter !

La titrisation (extrait du *Petit dictionnaire des mots de la crise*, par Philippe Frémeaux, 2009)

« Comment alors prêter plus pour gagner plus ? Comment trouver une astuce qui permette d'avoir davantage d'argent à remettre dans le circuit tout en réduisant les risques ? C'est là que la titrisation entre en scène. Prenons un exemple au hasard, imaginons que vous avez prêté 200 000 dollars à un ménage peu fortuné du Nouveau Mexique pour acheter sa maison. Vous allez revendre ce prêt sur les marchés financiers, comme on vend un titre financier, par exemple, une action ou une obligation, d'où le mot titrisation. L'acheteur du prêt (un autre organisme financier le plus souvent) hérite de la créance et du risque qui va avec. Et vous, vous avez récupéré des bons dollars sonnants et trébuchants que vous allez pouvoir prêter à nouveau, en attendant de titriser ce nouveau prêt à son tour... C'est ainsi que le marché des créances titrisées avait atteint 11 000 milliards de dollars aux États-Unis en 2006, après avoir doublé tous les cinq ans durant deux décennies. Mais si cette astuce permettait de multiplier l'offre de crédits, elle était aussi sacrément pousse au crime, parce qu'elle permettait aux banquiers de **multiplier les prêts à risque**, de type *subprime*, puisqu'ils parvenaient à **refiler le mistigri** au gogo qui rachetait la créance titrisée...

Mais, direz-vous, quel établissement financier peut être assez stupide pour racheter des crédits à risque, comme les *subprime* ? Rappelons d'abord que ces crédits rapportaient gros, mais surtout, qu'ils étaient finalement revendus à des épargnants, comme vous et moi, et finissaient par exemple dans leur compte d'épargne retraite ou leur assurance-vie.

En quelque sorte, j'avais donc prêté mes économies à un ménage du Nouveau Mexique à l'insu de mon plein gré ? Tout ça rien qu'en souscrivant quelques Sicav dans le cadre du plan d'épargne « Béatitude dynamique » que m'avait fait prendre le conseiller financier du Crédit d'épargne populaire et mutuel ?

Rassurez-vous, les financiers sont des gens sérieux, ils se sont bien gardés de vous mettre directement en rapport avec notre ménage peu fortuné du Nouveau Mexique. Ils ont **mélangé plein de crédits différents**, des crédits à la consommation, des crédits automobiles, des prêts aux entreprises, chacun avec des niveaux de risque différents (créant les CDO). Ainsi, même si tel ou tel emprunteur, voire telle ou telle catégorie d'emprunteurs, pouvait faire défaut, il n'était pas possible que tous le fassent en même temps ! Enfin, parce qu'on n'est jamais assez prudent, nos financiers avaient souscrit des *Credit Default Swaps*, ou CDS, une sorte d'assurance contre le risque de défaut des emprunteurs. La première compagnie d'assurances du monde, AIG, s'en était fait une spécialité et garantissait ainsi à la veille de la crise pour 2600 milliards de dollars de créances titrisées. Largement plus d'une année du PIB français...

Tout cela était donc sûr, nous expliquaient les meilleurs spécialistes. Aujourd'hui, on est tout à fait sûr que ce n'était pas sûr du tout. Car à force d'être découpé, revendu, redécoupé et encore revendu, en ajoutant quelques pincées d'effet de levier, **le risque n'était plus nulle part, mais partout**. Et il engendrait une **incertitude générale** sur la valeur de multiples titres. D'où la déconfiture d'AIG, une déconfiture qui a pour l'instant coûté 170 milliards de dollars aux contribuables américains. Des milliards qui, soit dit en passant, ont été en grande partie reversés aux banques européennes. Celles-ci sont ainsi parvenues à se débarrasser d'une partie des titres invendables qui leur restait sur les bras. J'en connais qui peuvent dire un grand merci aux contribuables américains ! »

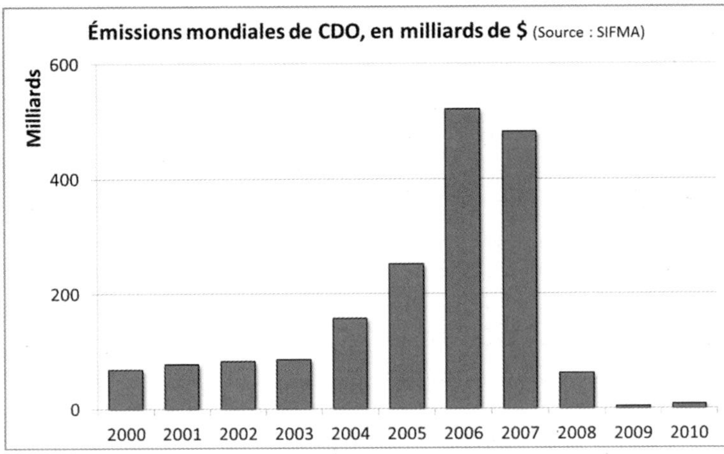

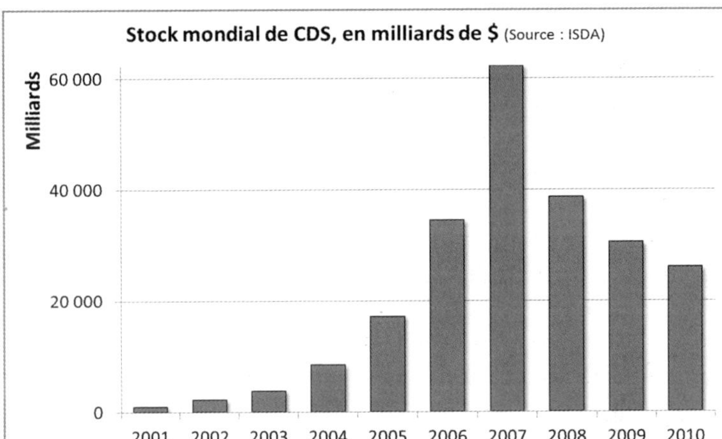

NB. Les CDS atteignent bien un total de 26000 milliards de $

On constate ainsi que la crise a fort heureusement entraîné la disparition de la majeure partie des produits toxiques.

« **Quand la musique s'arrêtera […], les choses deviendront compliquées. Mais tant que la musique joue, il faut se lever et danser. Nous dansons encore**. » [Charles Prince, PDG de *Citigroup, Financial Times*, 10/07/2007. Remercié quatre mois plus tard, avec 30 M$…]

Une des conséquences du développement de ces années de dérégulation et de tous ces nouveaux produits a été une explosion de la taille des bilans des nouvelles méga banques, devenues paradoxalement plus fragiles. La situation fin 2007 était la suivante :

Classement des banques en fonction du poids de leurs actifs dans le PIB de leur pays au 31/12/2007 (Sources : Rapport annuels et OCDE)

	Pays	Actifs totaux (% du PIB)	Actif totaux (Md$)	Capitaux propres (Md$)	µ	Solvabilité
UBS 'R'	Suisse	**480 %**	2 005	31	64	2 %
KAUPTHING BANK	Iceland	410 %	85	5	15	6 %
CREDIT SUISSE	Suisse	**286 %**	1 197	38	31	3 %
FORTIS (BRU)	Belgique	284 %	1 270	48	26	4 %
ING	Pays-Bas	244 %	1 906	49	39	3 %
DANSKE BANK	Danmark	213 %	657	20	32	3 %
ESPIRITO SANTO FINL.	Luxembourg	212 %	104	1	82	1 %
DEXIA	Belgique	198 %	882	21	42	2 %
ROYAL BANK OF SCOTL.	Royaume-Uni	134 %	3 777	106	36	3 %
NORDEA BANK	Suède	127 %	567	25	23	4 %
KBC GROUP	Belgique	116 %	519	25	21	5 %
BANK OF IRELAND	Irelande	107 %	276	10	28	4 %
ALLIED IRISH BANKS	Irelande	101 %	260	14	18	6 %
BNP PARIBAS	France	97 %	2 475	79	31	3 %
BANCO SANTANDER	Espagne	93 %	1 319	81	16	6 %
DEUTSCHE BANK	Allemagne	90 %	2 947	54	54	2 %
BARCLAYS	Royaume-Uni	87 %	2 440	46	53	2 %
HSBC HDG;	Royaume-Uni	84 %	2 357	127	19	5 %
SEB 'A'	Suède	82 %	323	10	31	3 %
CRÉDIT AGRICOLE	France	81 %	2 064	59	35	3 %
ERSTE GROUP BANK	Autriche	80 %	293	12	24	4 %
UNICREDIT	Italie	72 %	1 483	84	18	6 %
DNB NOR	Norvège	70 %	271	14	20	5 %
SVENSKA HANDBKN. 'A'	Suède	64 %	288	12	25	4 %
SOCIÉTÉ GÉNERALE	France	61 %	1 562	40	39	3 %

On définit ici par µ le multiple exprimant les actifs totaux en fonction des capitaux propres, et le **ratio de solvabilité** comme son inverse.
L'actif de BNP Paribas représente ainsi 31 fois ses capitaux propres, son ratio de solvabilité est donc de 3 %. Si son actif net perd 3 % de sa valeur, elle n'a plus de capitaux propres et est en faillite.

On observe ainsi que le bilan de certaines banques peut représenter plusieurs fois le PIB de leur pays (les **deux** plus grandes banques suisses représentaient près de **huit fois le PIB** fin 2007 !). Nous verrons que beaucoup de banques résisteront très mal à la crise financière de 2008. Observons enfin la situation fin 2009, pour les plus grandes banques françaises et internationales (celles qui ont survécu...).

	Actifs (Md€)	Fonds propres (Md€)	µ	Solvabilité	Actifs en % du PIB
BNP Paribas	2 058	80	26	4%	**108 %**
Crédit Agricole	1 557	52	30	3%	**82 %**
BPCE	1 029	48	22	5%	54 %
Société Générale	1 024	47	22	5%	54 %
Crédit Mutuel	579	30	20	5%	30 %
Dexia	578	12	**48**	2%	30 %
Natixis	449	21	21	5%	24 %
La Banque Postale	171	4	39	3%	9 %
Total	7 445	294	25	4%	**390 %**

	Actifs (Md€)	Fonds propres (Md€)	µ	Solvabilité	Actifs en % du PIB
Royal Bank of Scotland (UK)	2 074	116	18	6%	**95 %**
Mitsubishi UFJ (Japon)	1 805	77	23	4%	36 %
HSBC (UK)	1 763	70	25	4%	**81 %**
Bank of America (USA)	1 686	176	10	10%	12 %
Barclays (UK)	1 685	71	24	4%	**77 %**
JP Morgan Chase (USA)	1 528	130	12	8%	11 %
Deutsche Bank (Allemagne)	1 501	38	**40**	3%	**45 %**
Citigroup (USA)	1 470	119	12	8%	10 %
ICBC (Chine)	1 407	81	17	6%	29 %
Lloyds Banking Group (UK)	1 256	54	23	4%	**58 %**
Santander (Espagne)	1 220	78	16	6%	**83 %**
ING (Pays-Bas)	1 164	40	29	3%	**146 %**
Bank of China (Chine)	1 089	64	17	6%	22 %
China Construction Bank	1 078	62	17	6%	22 %
Total	20 725	1 176	18	6%	

On observe que les banques européennes ont des multiplicateurs µ largement supérieurs à celui des banques américaines.

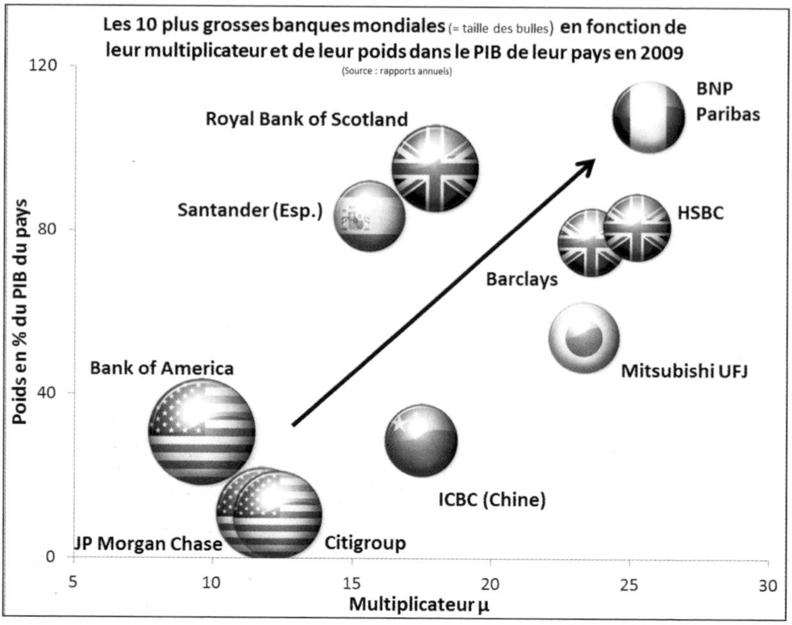

On observe même que, pour les plus grosses banques, il y a une corrélation entre la taille relative et le multiplicateur : plus la banque a un poids énorme dans le pays, plus son multiplicateur est élevé. Autrement dit, **plus la banque est dangereuse pour le pays, plus elle prend des risques**. On pourrait émettre l'hypothèse que, se sachant trop grosse pour que son gouvernement la laisse tomber en cas de problème, elle adopte des comportements plus dangereux.

On observe également que les ratios de solvabilité européens ont remonté et fluctuent désormais autour de 4 à 6 %. C'est mieux, mais toujours **très insuffisant** en cas de problème. Rappelons que, pour une entreprise non bancaire, l'analyse financière attend un ratio de solvabilité compris normalement entre 25 et 50 %. On est ici très loin du compte, les ratios réglementaires exigés des banques sont dix fois **plus faibles** que ceux exigés par les mêmes banques pour les autres entreprises, alors qu'elles sont bien plus dangereuses...

Au vu de son poids dans le pays, nous conclurons ce rapide tour d'horizon par une analyse plus pointue de BNP Paribas.

Il est frappant de voir que son bilan a augmenté de plus de 60 % en trois ans, et de constater la modicité du montant des capitaux propres, pourtant censés garantir sa viabilité.

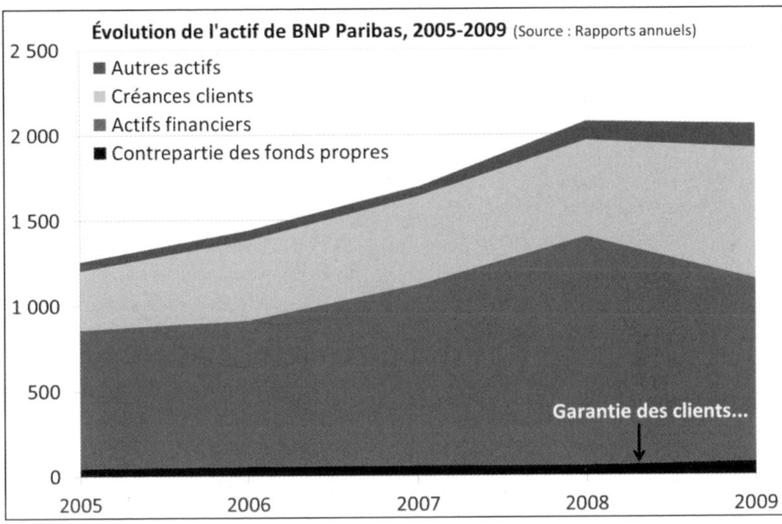

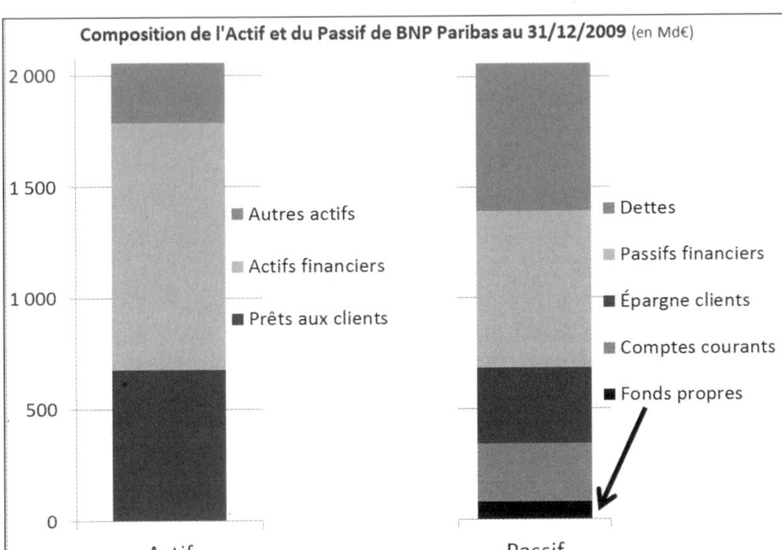

Bilan de BNP PARIBAS au 31/12/2009

En Milliards d'euros

ACTIF		PASSIF	
Caisse	56	Capital	80
Prêts aux clients	**679**	**Comptes courants clients**	**261**
		Épargne clients	**343**
Prêts à d'autres banques	89	Dettes envers d'autres banques	221
Actifs financiers disponibles	221	Dettes en titres (obligations BNP..	211
Autres actifs	184	Autres passifs	233
Instruments financiers	829	Instruments financiers	709
Total	**2 058**	Total	2 058

Rappel : PIB France 2009 **1 907**

ACTIF FINANCIERS		PASSIF FINANCIERS	
Obligations, bons du trésor	155	Emprunts de titres	83
Actions	97	Dettes avec titre	57
Opérations de pension	213	Opérations de pension	209
Produits dérivés	364	Produits dérivés	360
Total	829	Total	709

Produits dérivés (notionnel)	**41 557**
dt dérivés sur taux d'intérets	36 509
dt dérivés sur actions	1 541
dt dérivés de crédit	1 592
dt dérivés de change	1 747
dt autres	168

On retrouve à la lecture du bilan le cœur du métier avec les comptes courants et l'épargne collectée, qui représentent environ le montant des prêts aux clients (« les crédits font les dépôts »).

On constate également le poids des instruments financiers, qui représentent près de 40 % de l'actif, ceux-ci étant composés pour près de la moitié par des produits dérivés, essentiellement dérivés de taux d'intérêt.

Or, ces produits dérivés sont pour la plupart des instruments spéculatifs, visant à permettre des paris sur les prix d'autres instruments (d'où le terme « dérivés »). Si on cumule les montants qui font donc l'objet de paris, on arrive au total pharamineux de près de **42 000 Md€**, qui correspond approximativement au montant sur lequel BNP Paribas spécule, ce qui est presque autant que le PIB Mondial, et plus de vingt fois le PIB de la France...

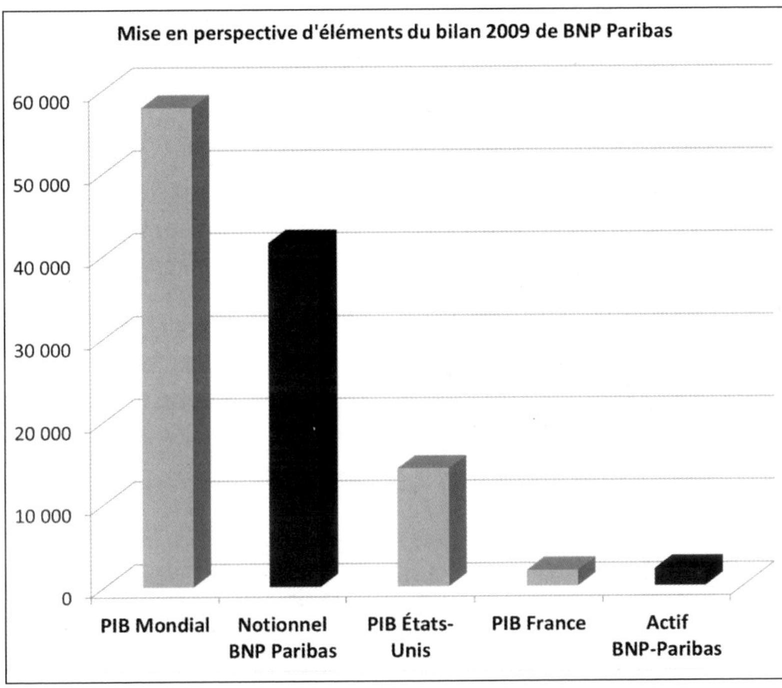

En conclusion, nous noterons que face à tous ces sujets d'inquiétude, certains banquiers perdent pied avec la réalité :

« **Je suis juste un banquier qui accomplit l'œuvre de Dieu**. (*I'm doing God's work*) » [Lloyd Blankfein, PDG de Goldman Sachs, The Sunday Times, 8 novembre 2009]

Bien qu'il ait peut-être raison – après tout, cela dépend à quel dessein divin il se réfère...

« L'Éternel vit que la méchanceté des hommes était grande sur la terre, et que toutes les pensées de leur cœur se portaient chaque jour uniquement vers le mal.

L'Éternel se repentit d'avoir fait l'homme sur la terre, et il fut affligé en son cœur.

Et l'Éternel dit : **J'exterminerai de la face de la terre l'Humanité que j'ai créée**, depuis l'homme jusqu'au bétail, aux reptiles, et aux oiseaux du ciel ; car je regrette de les avoir faits. » [Genèse, 6-5 à 6-7]

© Gérard Mathieu, pour Alternatives économiques

8. La spéculation boursière

« C'est désormais par la Bourse qu'on fait fortune, pas par le travail, fût-il celui d'un patron. » [Frédéric Lordon]

© RJ. Matson – www.rjmatson.com

Le graphique suivant représente les évolutions de l'indice de la Bourse de Paris, le CAC 40 depuis 1970. Notons qu'il a acquis sa forme actuelle le 31/12/1987, ayant été repositionné à 1000 points. Afin de bien percevoir l'évolution réelle, en particulier dans les années 1970 et 1980, on a représenté, outre la valeur nominale, la valeur déflatée, donc déduction faite de l'inflation, comme on aurait fait pour des valeurs monétaires.

On observe ainsi :

- l'effet majeur qu'a eu la crise de 1973, l'indice chutant **de moitié** et se stabilisant à ce niveau durant près de **quinze ans** ;

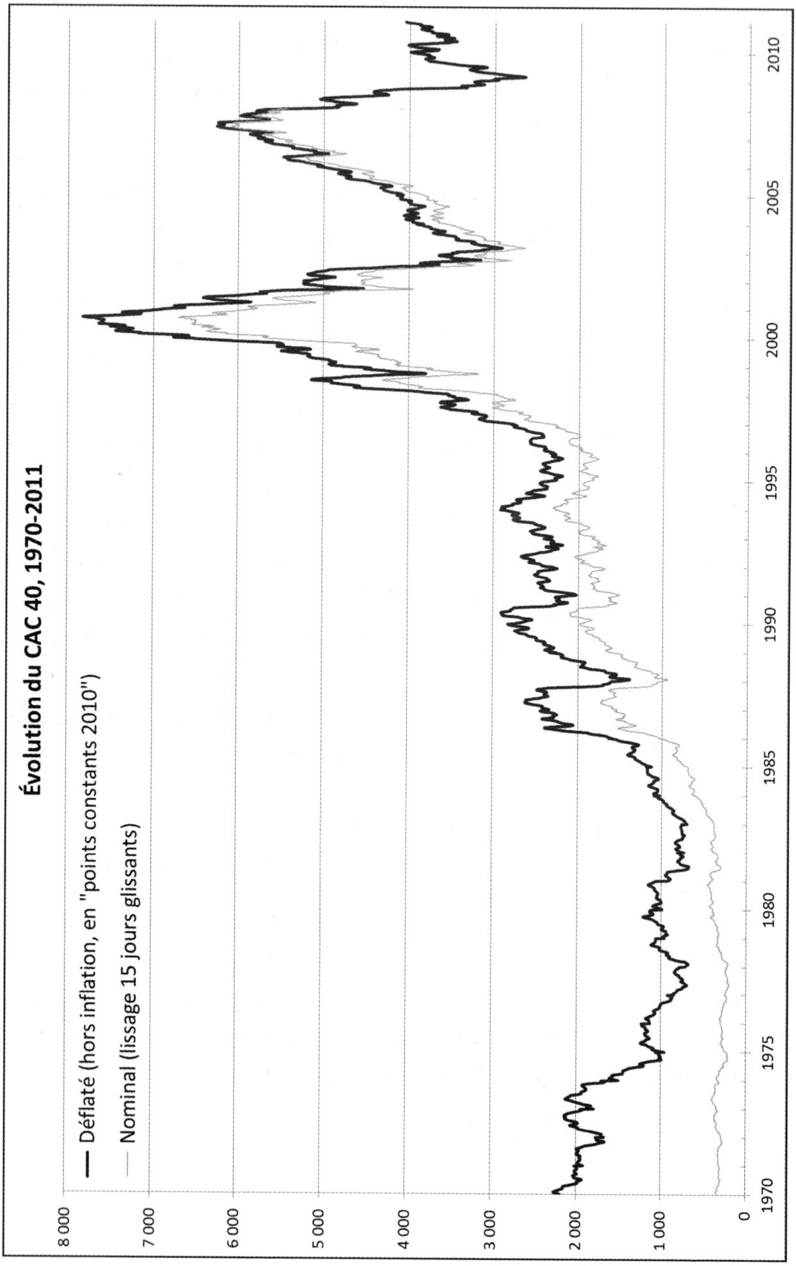
Évolution du CAC 40, 1970-2011
Déflaté (hors inflation, en "points constants 2010")
Nominal (lissage 15 jours glissants)
8 000
7 000
6 000
5 000
4 000
3 000
2 000
1 000
0
1970
1975
1980
1985
1990
1995
2000
2005
2010

- la reprise de 1985, l'indice retrouvant son niveau d'avant crise, mais chutant rapidement à cause du krach de 1987 ;
- une période de relative stabilité de 1988 à 1995 ;
- et de façon frappante les deux bulles majeures en M, celle dite des nouvelles technologies en 2000 (avec les start-ups pleines de pertes s'achetant des dizaines de millions), l'indice étant proche des 8 000 points en valeur constante 2009, suivi de la bulle financière de 2006.

Une analyse plus fine montre de façon frappante la forte hausse des volumes échangés et, paradoxalement, de la volatilité. Par exemple, entre le 01/01/1970 et le 15/08/2010, soit tout de même 40 ans, le CAC 40 n'a connu que neuf évolutions journalières supérieures à ± 8 %. Deux datent de l'élection de François Mitterrand en mai **1981** (record baissier de -13,9 % le 13/5/1981, et -9,5 % le 14/5/1981). Mais les sept autres datent toutes de **fin 2008** (négative le 6/10, positives les 19/09, 13/10 avec le record haussier de +11,2 %, 29/10, 24/11, 8/12) et de **2010** (positive le 10/05).

Il est intéressant de constater que finalement, tous les outils et modèles financiers rendent le système nettement plus **instable** que dans les 40 ans précédents, les opérateurs « informatisés » étant nettement plus enclins à la panique ou, plutôt, à l'euphorie (six « maxi hausses » très récentes dans les sept « maxi mouvements » depuis trente ans). L'indice américain S&P 500 (de Standard & Poor's) a connu une évolution très proche.

On peut également conclure que depuis 1995, la Bourse a abandonné son rôle de valorisation d'actions d'entreprises dans une perspective de rapport à long terme, pour se transformer en véritable **casino informatisé**...

9. La vie à crédit

« Je place l'épargne parmi les vertus les plus importantes, et la dette comme **le plus grand des dangers** à redouter » [Thomas Jefferson]

« **Plus la dette augmente, plus la douleur augmente**. » [Benjamin Franklin]

« Le nouvel Icare : le consommateur américain (à crédit...) »
© Clay Bennett, Times Free Press – www.timesfreepress.com

La pression actionnariale, la hausse du chômage, la concurrence mondialisée des travailleurs, la précarisation des salariés, la hausse des prélèvements fiscaux et sociaux, la baisse des investissements, tout a contribué à la stagnation du pouvoir d'achat. Or, si la consommation stagne, la croissance stagne, et l'économe déraille. Dans le modèle américain, il faut coûte que coûte que le consommateur n'épargne pas mais dépense, y compris de l'argent qu'il n'a pas. Illustration sur les trois prochains graphiques.

Consommation des ménages américains, en % du PIB, 1950-2010 (Source : FED)

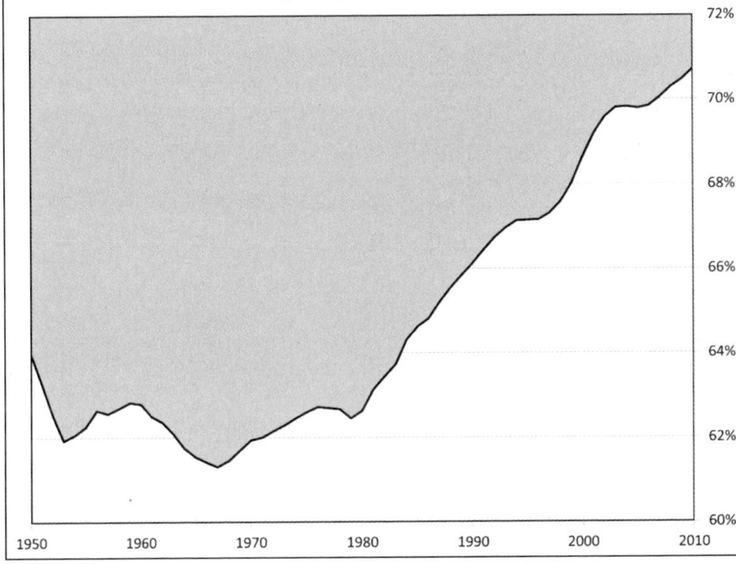

Épargne des ménages US, en % de leur revenu disponible, 1950-2010 (Source : BEA, FED)

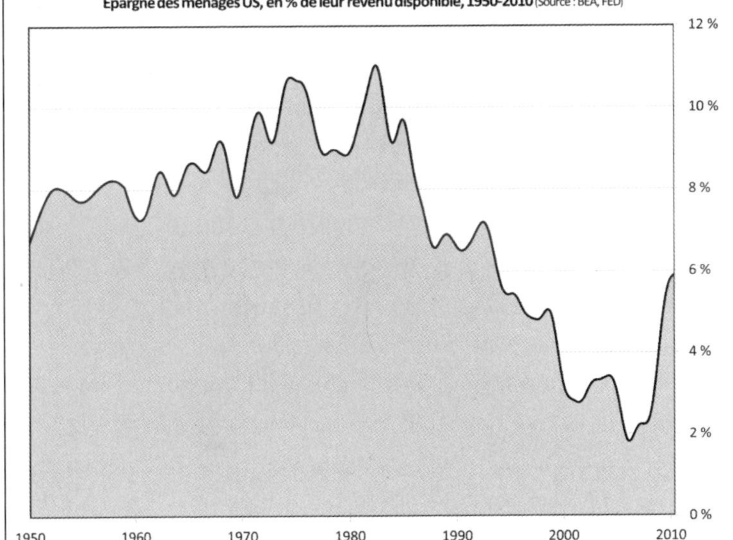

La croissance de la consommation des ménages américains est quasiment continue depuis 1983, la hausse étant frappante par rapport à la stabilité des années 1965 à 1985. Elle n'a été possible que par la baisse continue et drastique du taux d'épargne. Fait peu

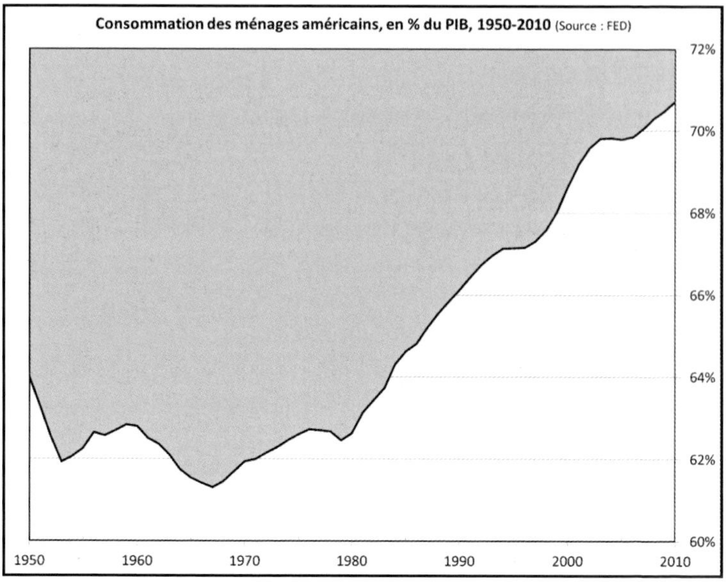

concevable : certains mois de 2006, le taux d'épargne du pays était négatif, c'est-à-dire qu'en moyenne, **tous les ménages dépensaient plus qu'ils ne gagnaient**. Par exemple, le crédit moyen par ménage possédant une carte de crédit est de près de 16 000 $ (aux États-Unis, la carte de crédit permet de s'endetter, d'où son nom, en France nous avons des cartes de débit), avec un taux d'intérêt de 15 %. La moyenne est de près de **quatre cartes de crédit par titulaire** (source : www.creditcards.com).

Ceci a bien entendu soutenu la croissance, mais tout à fait artificiellement, et, comme dans la fable, la cigale surendettée s'est retrouvée fort dépourvue quand la crise fut venue...

Ce graphique montre l'évolution des dépenses de consommation américaines au cours de la décennie passée. On constate qu'elles sont près de 6 % supérieures à leur moyenne historique. Si on cumule cet écart, on constate **qu'en dix ans, les États-Unis ont consommé une année de plus que ce qu'ils auraient dû.** Et là se pose la question cruciale : si pendant dix ans, vous n'arrivez pas à vivre de vos revenus et que vous êtes obligés d'emprunter pour consommer, comment pourrez-vous d'une part y arriver à l'avenir,

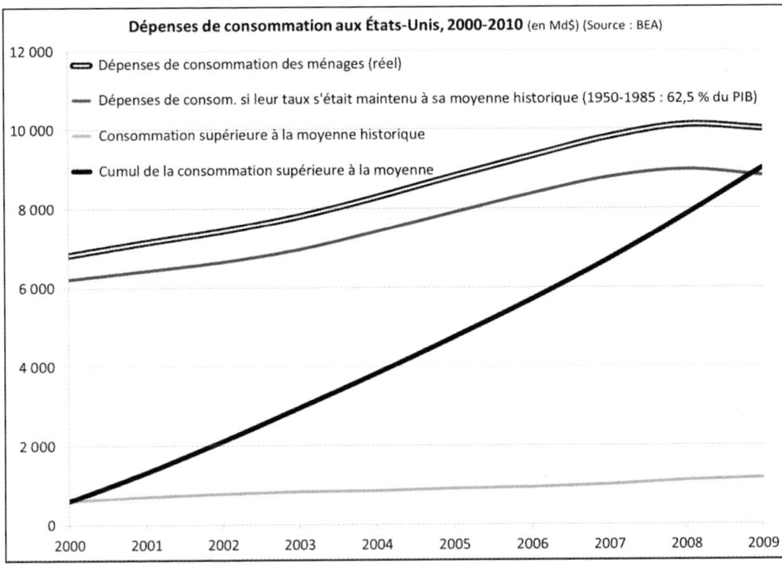

rien ne changeant particulièrement, mais surtout, comment allez-vous réussir à dépenser bien moins que vos revenus pour pouvoir **rembourser** vos dettes accumulées ? Un début de désendettement des ménages a commencé, mais il est remplacé par l'endettement public – on observe ainsi que la part des dépenses de consommation n'a pas baissé avec la crise. **De la dette publique remplace de la dette privée**.

Par ailleurs, persuadées d'être protégées avec leurs produits « innovants », créés à prix d'or, les banques ont poussé le consommateur à l'endettement immobilier, qui a explosé aux États-Unis, tiré par la hausse des prix.

Les banques ont également inventé **le crédit rechargeable**, basé sur la spéculation : plus le prix de votre maison augmente, plus la banque considère que vous êtes riche, plus elle augmente votre limite d'endettement, et plus elle vous prête d'argent en augmentant l'hypothèque de la maison. Le retrait de capital hypothécaire (*Mortgage Equity Withdrawal*, MEW) est donc la décision par un particulier d'emprunter un montant correspondant à tout ou partie de la valeur nette de marché de son bien immobilier. Si on en retire la valeur nette des reventes, on obtient l'extraction de capital immobilier (*Equity Extraction*). On constate le **quadruplement** de ces extractions en 2004-2007, qui sont venues augmenter les revenus de plus de 8 %. **En résumé, les américains ont pris leur maison pour un distributeur de billets...**

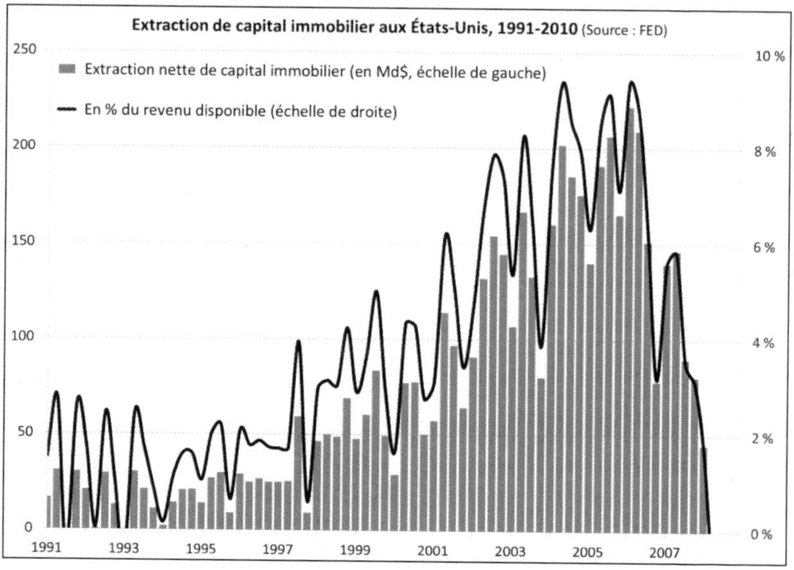

Bien sûr, **ce système s'écroule** si les prix immobiliers baissent. Mais heureusement, « l'immobilier monte toujours » – en tout cas au moins dans l'esprit de tous ceux qui bénéficient du système... Une publicité d'une banque américaine disait même « Vous n'avez pas assez d'argent pour acheter une maison ? Alors, achetez-en deux ! »...

Cette course à l'endettement n'a pas été le fait des seuls consommateurs, et s'observe en fait pour l'ensemble du pays.

On observe ainsi sur le graphique précédent (en $ constants 2009) trois périodes dans l'endettement total des États-Unis depuis 1950 :

- 1950-1982 : l'endettement augmente à peu près linéairement, avec une légère accélération lors des chocs pétroliers ;

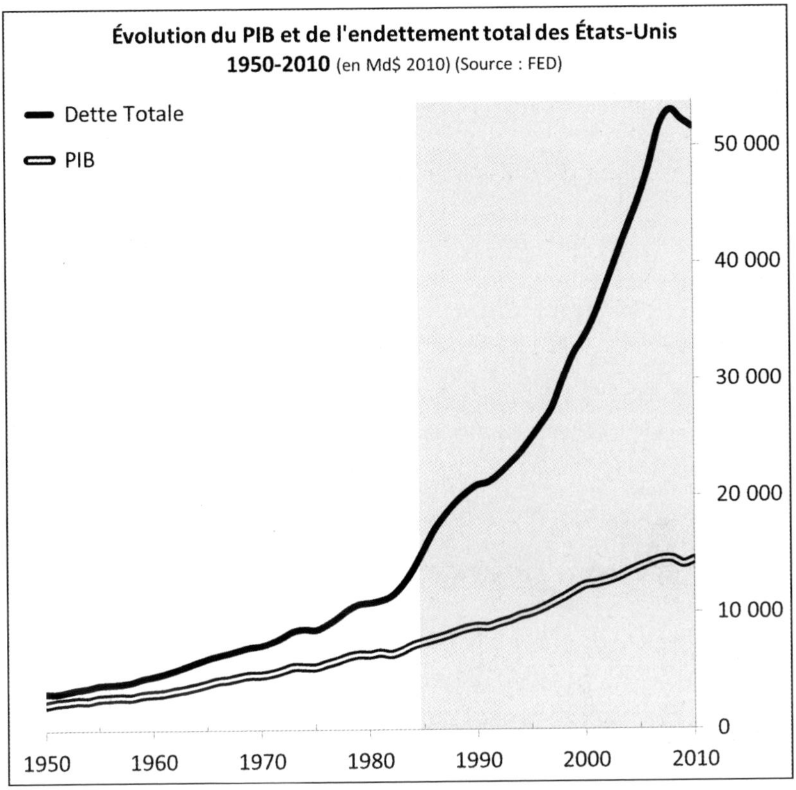

- 1983-2008 : période de très forte accélération (record de + 11 % en 1985), avec un bref retour à une tendance historique de croissance modérée vers 1991, puis croissance fulgurante de 5 % par an en moyenne ;
- 2009- ? : Période de désendettement. **Pour la première fois depuis soixante ans, l'endettement diminue.**

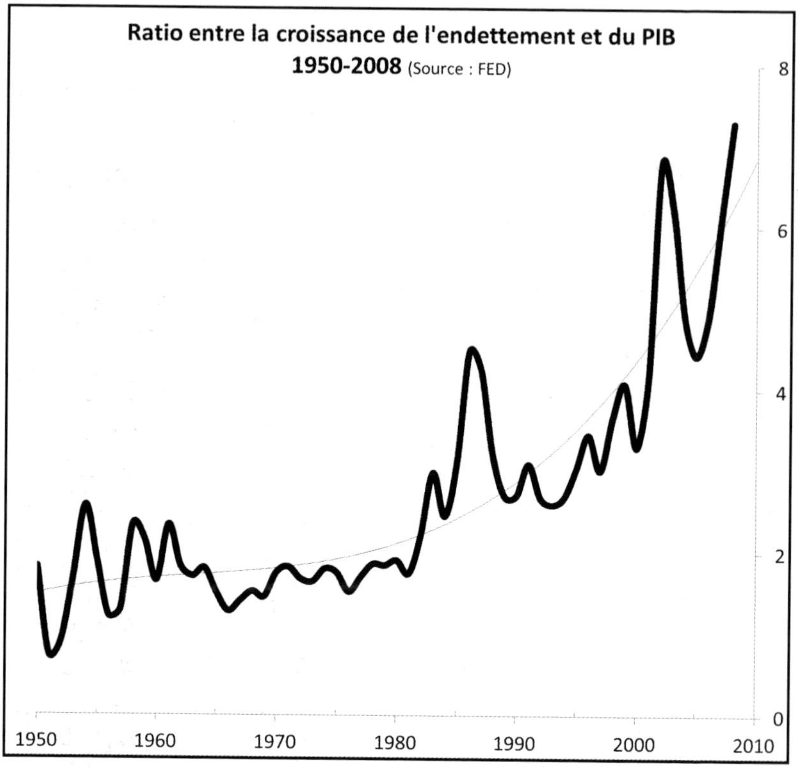

Lecture : en dollars constants 2009, la dette américaine a augmenté de 3 914 Md$ en 1985, et le PIB de 872 Md$, ce qui donne un ratio de 4,5.

On a représenté sur le graphe ci-dessus le rapport entre la croissance de la dette totale des États-Unis et la croissance de leur PIB. On pourrait ainsi dire plus simplement que c'est le nombre de dollars de dettes créées correspondant à un dollar de PIB supplémentaire.

On constate à quel point l'endettement devient de moins en moins producteur de croissance : là où 1$ de croissance était créé quand le pays s'endettait de **2$, il doit désormais s'endetter de près de 8$!**

Observons alors l'endettement des différents secteurs de l'économie.

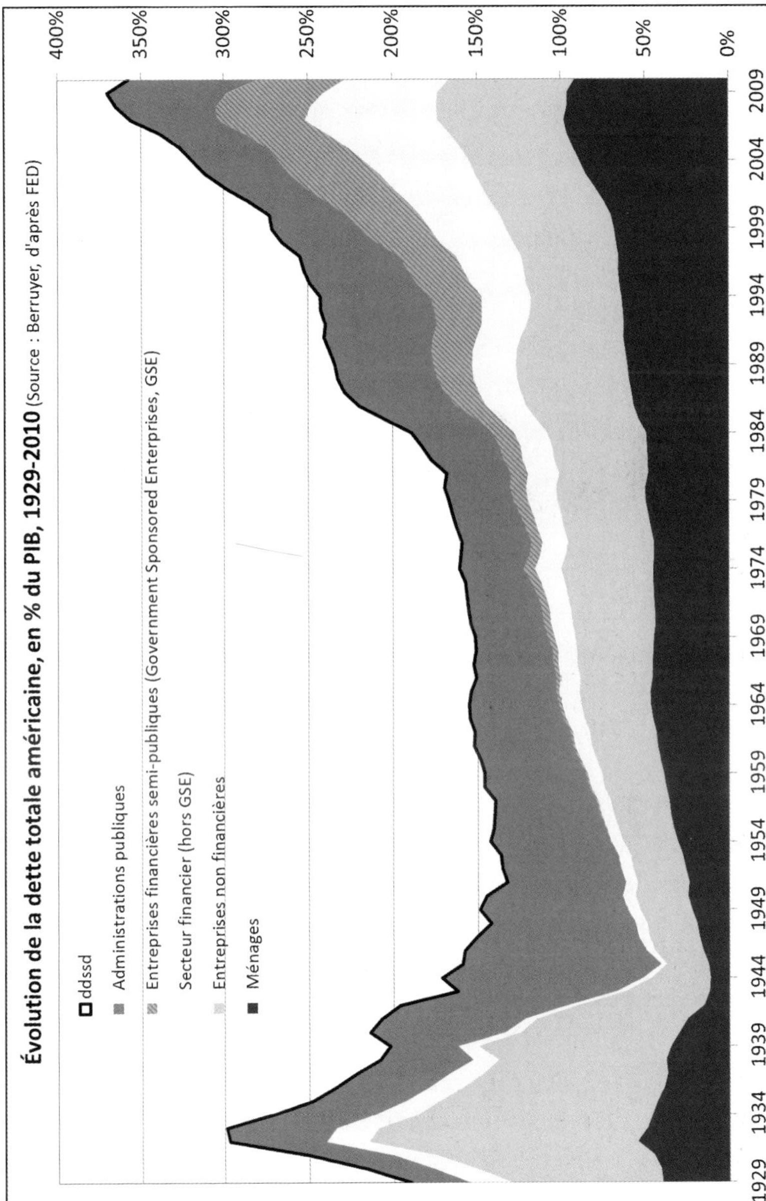
Évolution de la dette totale américaine, en % du PIB, 1929-2010 (Source : Berruyer, d'après FED)
ddssd
Administrations publiques
Entreprises financières semi-publiques (Government Sponsored Enterprises, GSE)
Secteur financier (hors GSE)
Entreprises non financières
Ménages
400%
350%
300%
250%
200%
150%
100%
50%
0%
1929
1934
1939
1944
1949
1954
1959
1964
1969
1974
1979
1984
1989
1994
1999
2004
2009

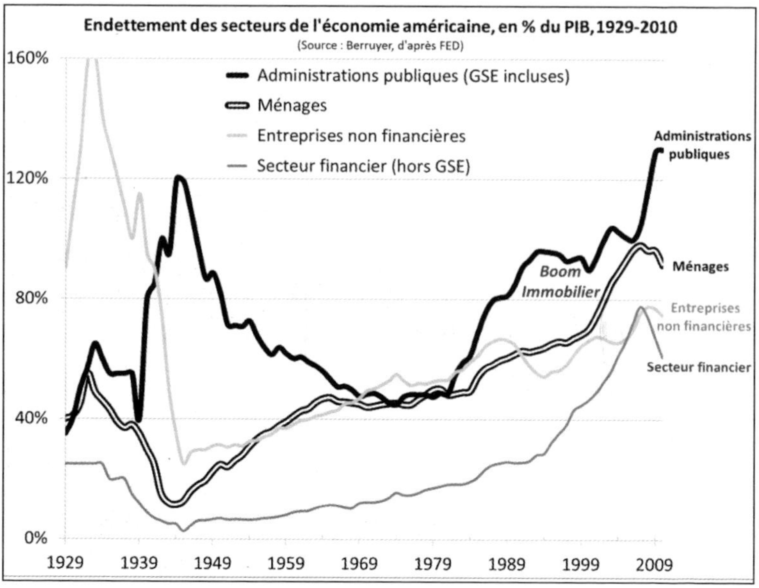

Les deux graphiques font un état des lieux de l'endettement de l'ensemble des États-Unis, tous secteurs confondus. On observe ainsi la forte hausse de l'endettement du pays, en particulier au début des années 1980 (secteur financier et administrations publiques) et entre 1995 et 2007 (tous les secteurs privés). Depuis trois ans, c'est bien l'État qui s'endette pour maintenir l'économie, à une vitesse inconnue depuis 1940.

Le pic historique d'endettement de 300 % du PIB de 1933 (dû alors essentiellement aux entreprises, ce qui n'est plus le cas aujourd'hui) a ainsi été dépassé en 2002, pour atteindre **370 % en 2009**. Il a baissé en 2010, par le désendettement des ménages et du secteur financier.

On observe également la hausse continue de l'endettement du secteur financier dans les cinquante dernières années, avec une forte accélération au milieu des années 1980. Près de la moitié de cette dette est émise par les *Government-Sponsored Enterprises* (GSE), entreprises financières comme Fannie Mae ou Freddy Mac, qui disposent de la garantie implicite publique. Au vu de l'état de ces structures, une bonne partie est en fait de la dette publique.

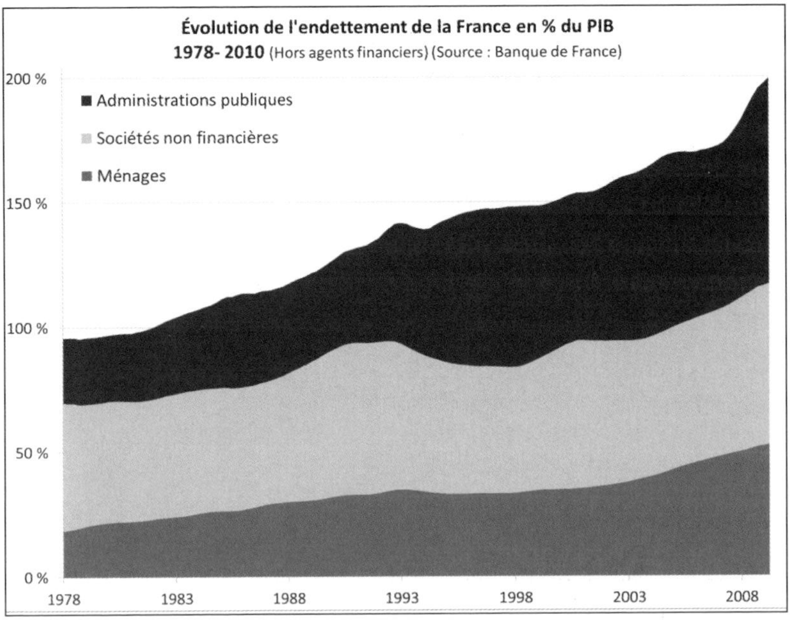

On observe qu'en France également, le taux d'endettement (hors secteur financier) a **doublé**, passant de 100 % à 200 % du PIB en vingt ans. La hausse se répartit entre un tiers pour les ménages et deux tiers pour l'État, dont l'évolution est **inquiétante** depuis vingt ans.

La différence principale par rapport aux États-Unis est que les ménages sont deux fois moins endettés.

On constate sur le graphique suivant que les pays les plus endettés sont le Royaume-Uni (en raison de sa place de *hub* financier) et le Japon (en raison de sa dette publique), englué dans un modèle en crise depuis vingt ans. Notons que ce dernier a été dans une situation relativement unique : pays très exportateur, à l'époque très épargnant, et, surtout, seul dans son genre. De nombreux pays ne pourront en même temps faire appel à une épargne (désormais très limitée) d'autres pays. On note également le fort endettement public italien et le faible endettement des ménages français. Les pays émergents sont peu endettés.

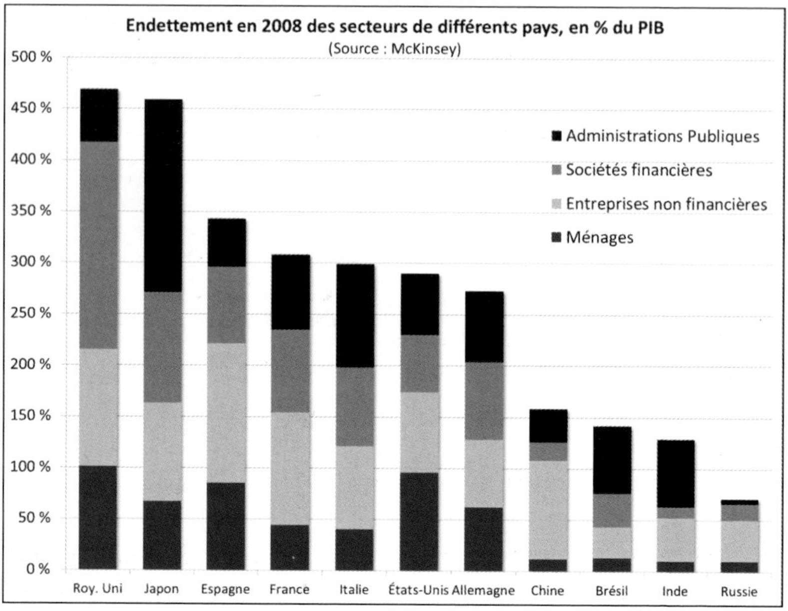

On observe enfin que la France (et plus généralement l'Europe) n'a pas suivi ce modèle d'hyperconsommation à crédit :

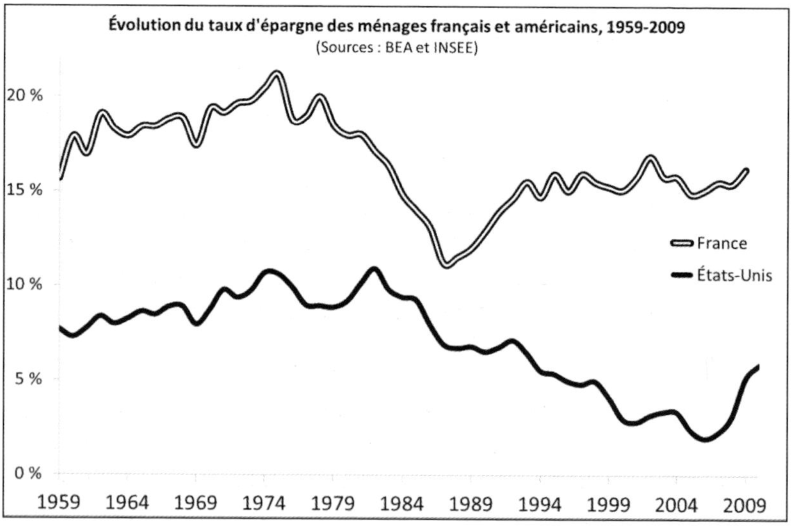

Bien entendu, autant de pays ne peuvent s'endetter autant sans prêteurs. Observons la situation en Chine, pays le plus épargnant.

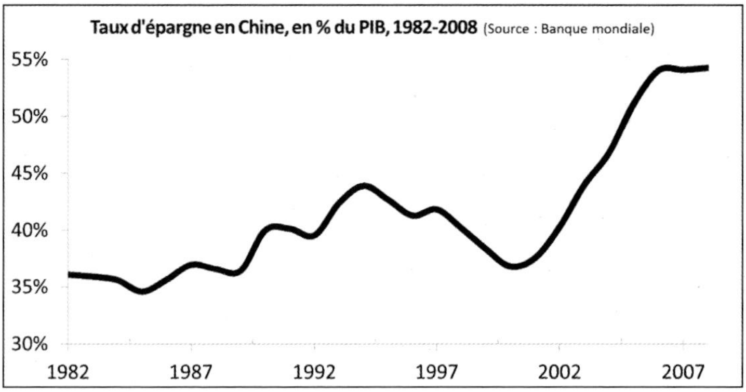

La différence avec les États-Unis est éloquente : une épargne quasi nulle d'un côté, une épargne de près de 55 % des revenus de l'autre ; un consommateur représentant 70 % de la croissance d'un côté, et 35 % de l'autre. Cette situation est liée au fait qu'il n'y a aucune protection sociale en Chine, et que les Chinois doivent donc se constituer une importante épargne de précaution. Mais même en tenant compte de ce point, la différence de situation est criante.

Mais finalement, n'est-il pas paradoxal que les habitants les plus riches de la planète dépensent de l'argent économisé par les habitants parmi les plus pauvres ? Qui peut sérieusement penser qu'une telle situation peut être durable ?

« **Les Américains dépensent aujourd'hui l'argent de demain. Nous, les Chinois, nous dépensons demain l'argent d'aujourd'hui.** » [Cheng Siwei, Vice-Président du Comité permanent de l'Assemblée populaire nationale, 2009]

« **Il n'est pas possible d'éviter l'effondrement final d'une expansion économique reposant sur une expansion du crédit**. L'alternative est seulement de savoir si la crise surviendra plus rapidement à cause d'un resserrement volontaire du crédit, ou plus tard, à cause d'un **effondrement catastrophique** et total du système monétaire concerné. » [Ludwig von Mises]

10. La spéculation immobilière

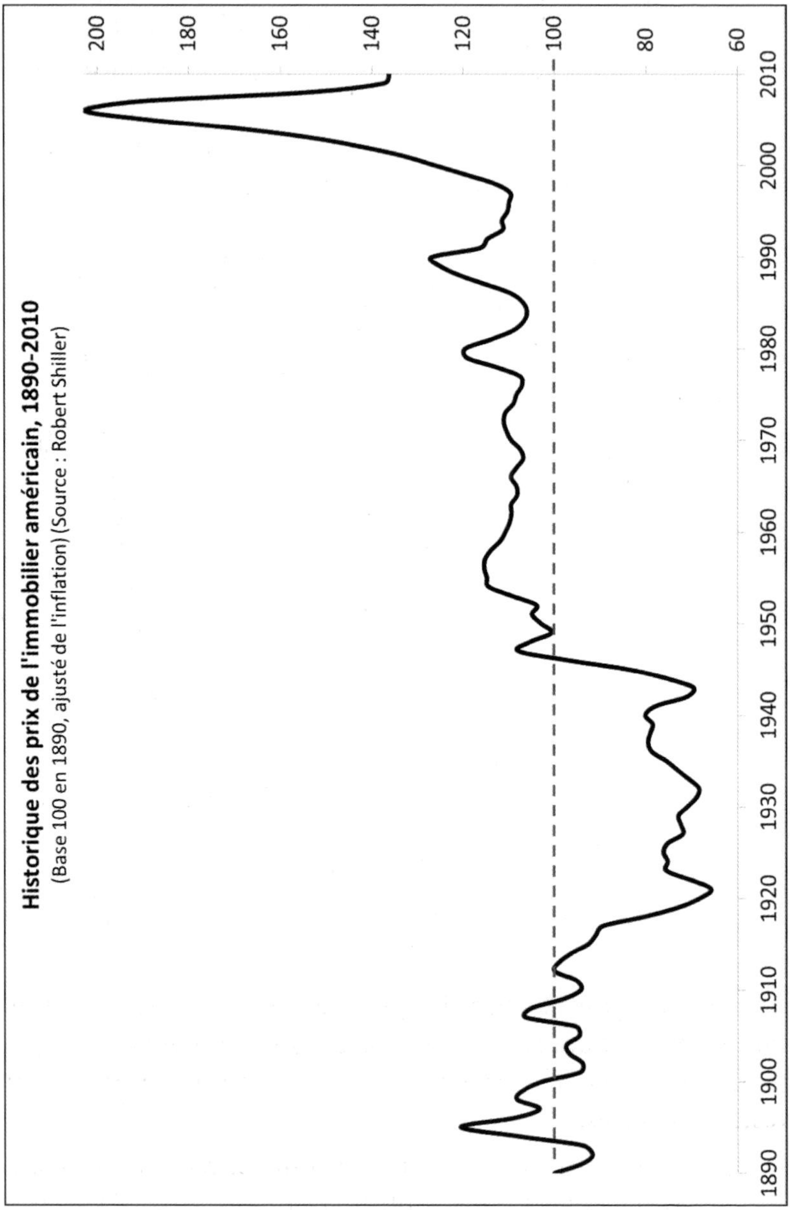

Les banques ont ainsi grand ouvert le robinet du crédit. Le flux des liquidités monétaires ainsi créées a rapidement eu comme conséquence une **hausse brutale des prix de l'immobilier**, et ce dans la plupart des pays développés. La fulgurance aux États-Unis à partir de 2000 (fuite du secteur high-tech suite à l'explosion de la bulle Internet) laisse songeur – les autorités monétaires pensaient-elles vraiment que la hausse pourrait se poursuivre à un tel rythme ? Les prix se sont nettement éloignés de leur moyenne historique.

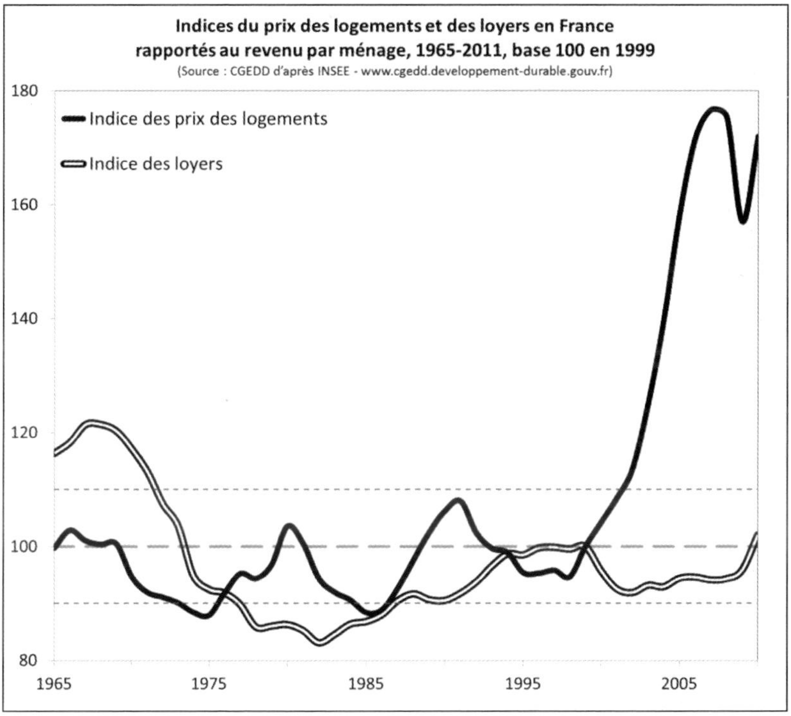

On note qu'en France, les prix des logements (en fonction du revenu) ont doublé en dix ans, alors qu'en quarante ans, la fluctuation n'était que de ±10 %... Les loyers sont heureusement restés plus sages.

Le graphique suivant montre l'impact sur les revenus ; l'impact sur les très jeunes a été très violent, avec une hausse de 50 % à 80 % de la part des revenus consacrés au poste logement.

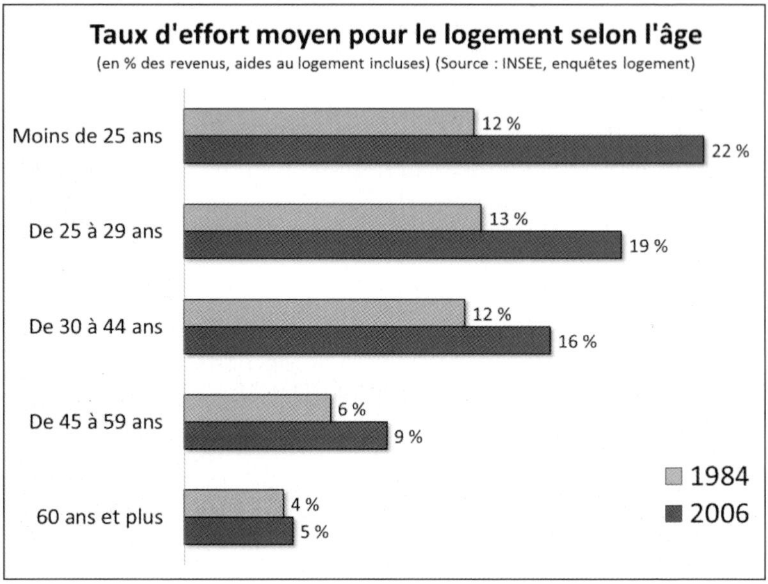

À l'inverse, cette hausse des prix de l'immobilier a entraîné un très fort accroissement du patrimoine des ménages.

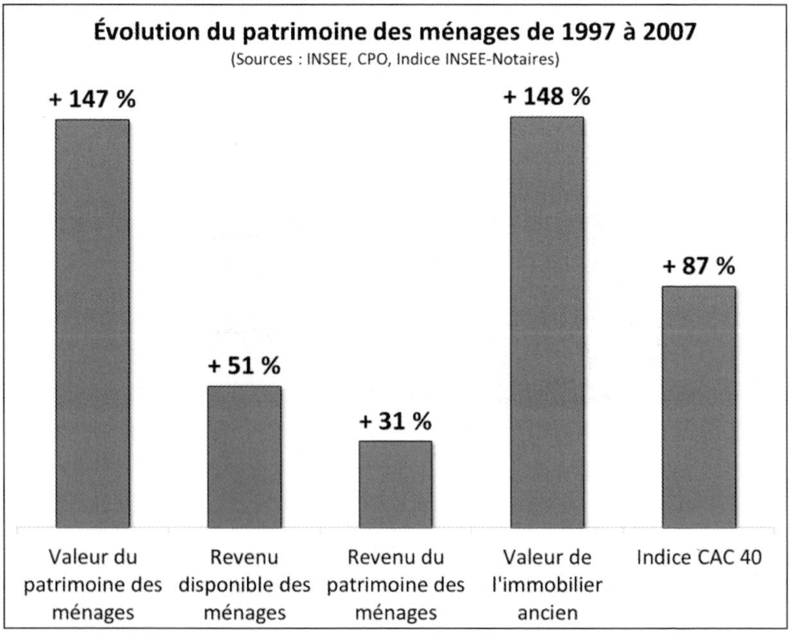

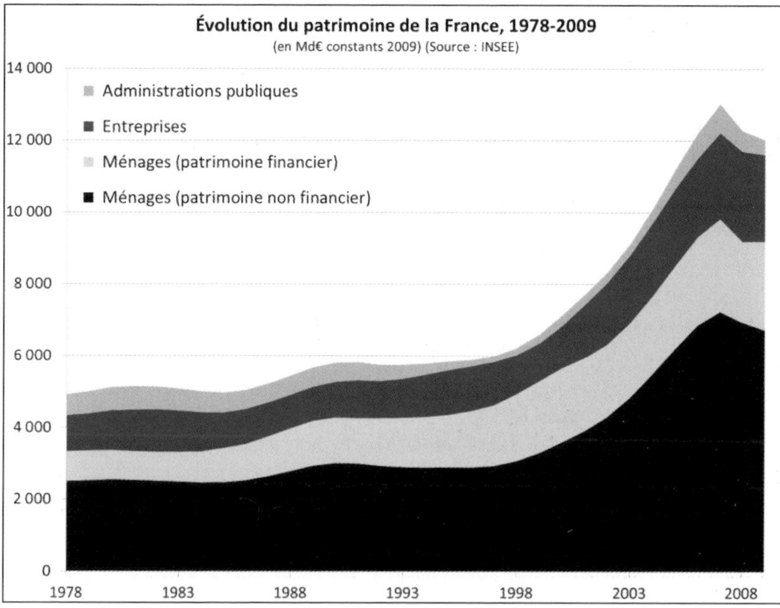
Évolution du patrimoine de la France, 1978-2009
(en Md€ constants 2009) (Source : INSEE)
Administrations publiques
Entreprises
Ménages (patrimoine financier)
Ménages (patrimoine non financier)
14 000
12 000
10 000
8 000
6 000
4 000
2 000
0
1978
1983
1988
1993
1998
2003
2008

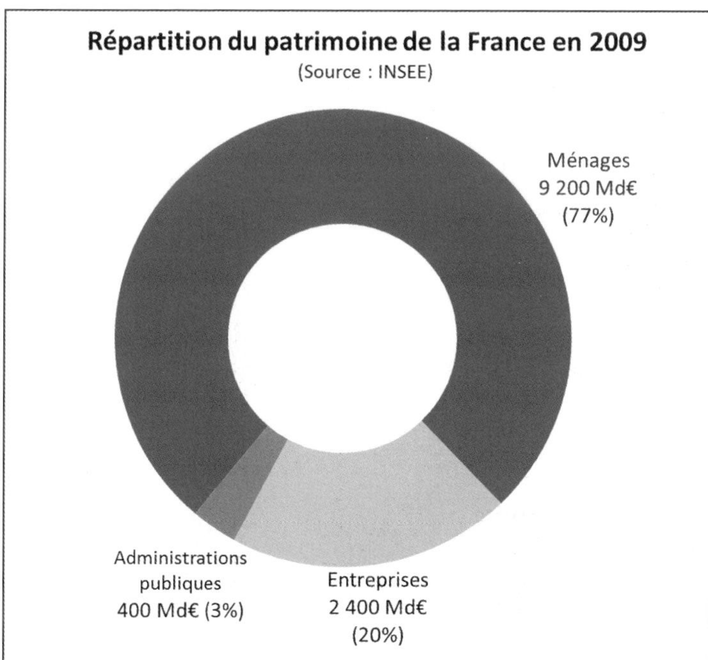
Répartition du patrimoine de la France en 2009
(Source : INSEE)
Ménages
9 200 Md€
(77%)
Administrations
publiques
400 Md€ (3%)
Entreprises
2 400 Md€
(20%)

On constate ainsi que le patrimoine du pays **a doublé en une dizaine d'années**, porté par la bulle immobilière des années 2000. Celle-ci a beaucoup profité aux ménages, qui représentent 75 % des détenteurs du patrimoine national. Il convient de souligner que **cet enrichissement a été injuste, car non mérité**, résultant de la spéculation. Le patrimoine financier des ménages a pour sa part nettement moins augmenté que leur patrimoine immobilier.

Au total, on observe sur le graphique suivant que le patrimoine moyen des ménages, exprimé en années de revenu disponible, a pratiquement **doublé**, passant d'environ quatre années de revenus à près de huit années en dix ans. Ainsi, l'enrichissement des propriétaires immobiliers (dont le nombre a régulièrement augmenté) a été massif – et a contribué à accroître les inégalités de revenus.

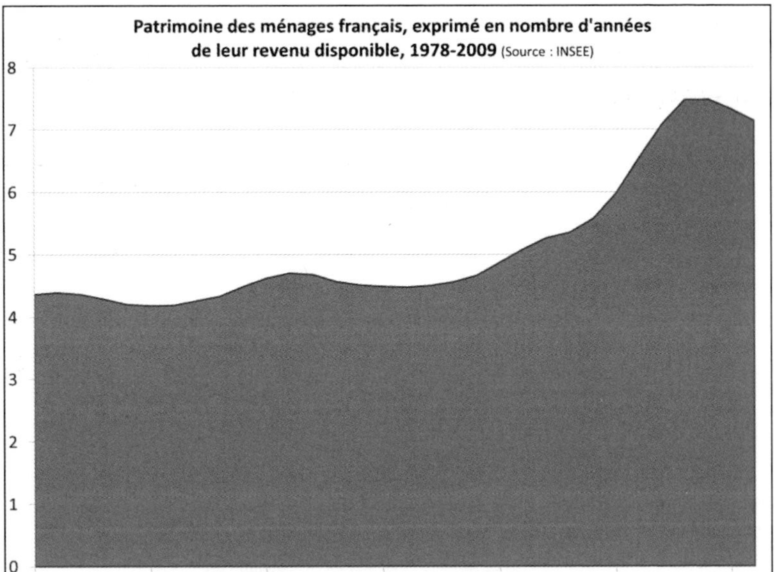

Afin de mieux visualiser le patrimoine financier réel, il est possible de le mettre « en transparence » afin de voir quels sont les actifs réels sur lesquels sont investis les autres produits financiers. Par exemple, les **1 200 Md€ de l'assurance-vie** sont en fait investis en obligations et actions.

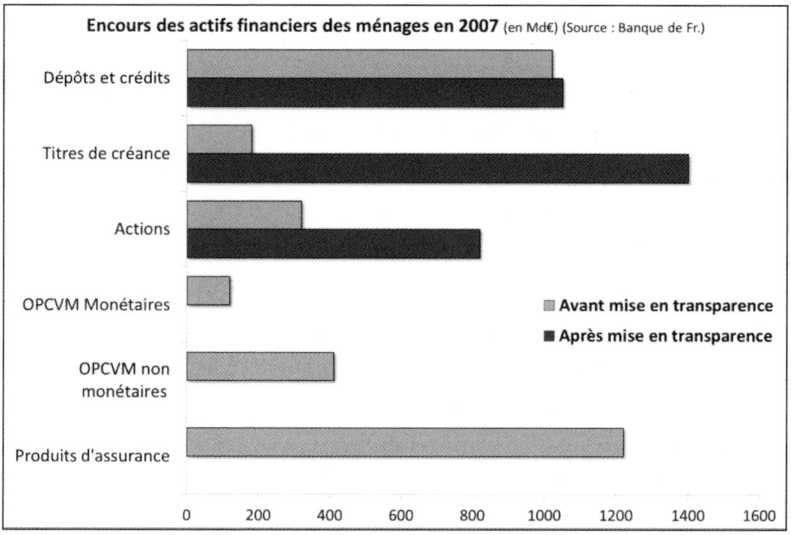

Enfin, on observe que les tendances étaient les mêmes aux États-Unis avant la crise. Les arbres monteraient-ils jusqu'au ciel ?

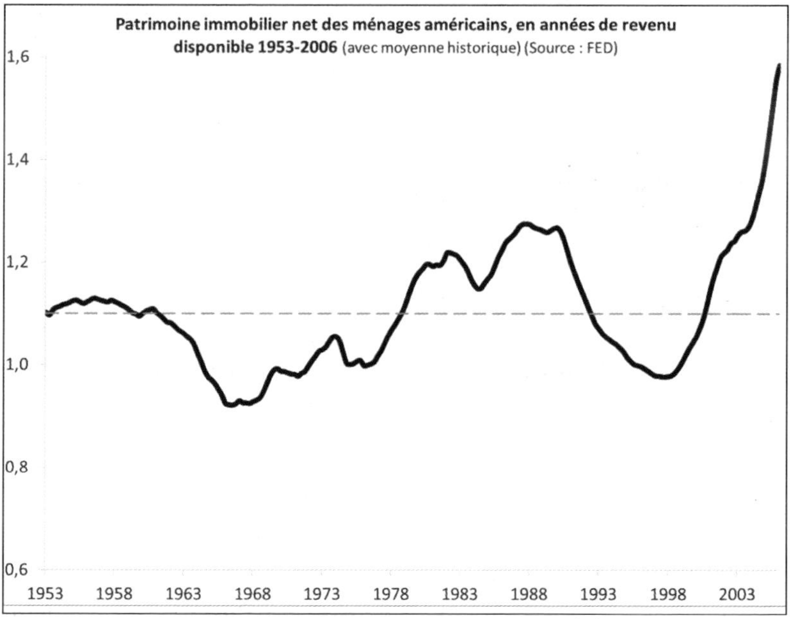

Chapitre 2.

La Crise
Drame en six actes

> « Il paraît que la crise rend les riches plus riches et les pauvres plus pauvres.
> Je ne vois pas en quoi c'est une crise.
> Depuis que je suis petit, c'est comme ça. » [Coluche]
>
> « Crise : État structurel de l'économie capitaliste libérale. » [Luc Fayard, journaliste, *Dictionnaire impertinent des branchés*]

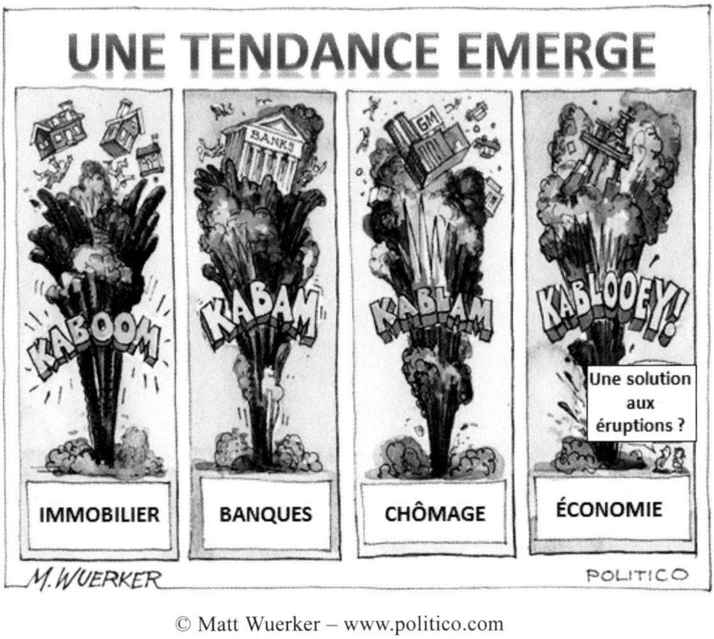

© Matt Wuerker – www.politico.com

Acte I : la crise immobilière

© Dana Summers

« Le piège des intérêts pour les emprunteurs »
© RJ. Matson – www.rjmatson.com

Ainsi, ne disposant plus des ressources suffisantes par son travail, le consommateur a donc été conduit à utiliser le crédit pour consommer. Les différents acteurs ont artificiellement encouragé une demande immobilière finalement insolvable via la spéculation immobilière, poussant les prix à la hausse. Les arbres ne montant pas jusqu'au ciel, les prix de l'immobilier ont finalement heurté un plafond et cessé de grimper, avant de chuter très lourdement......

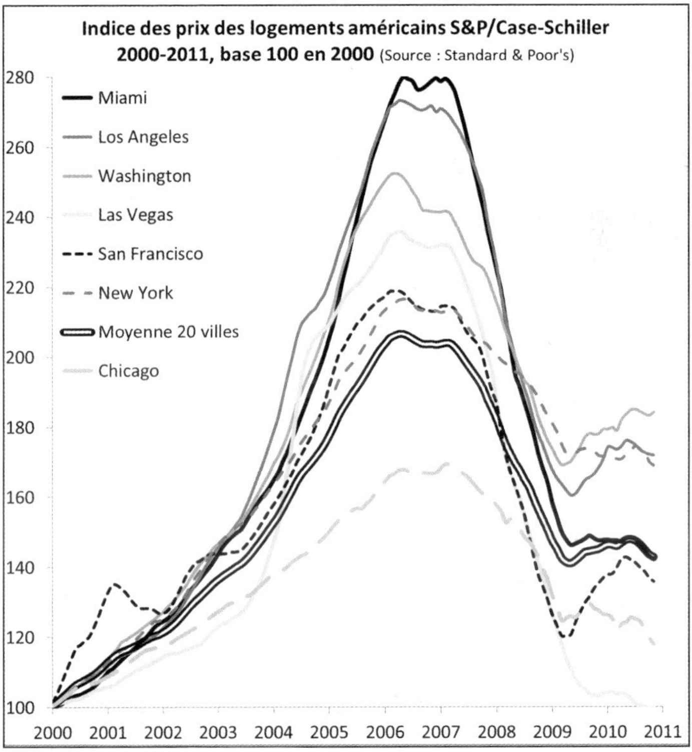

En effet, la hausse continue des prix étant indispensable à ce système d'endettement croissant, la machine s'est grippée, et un cercle vicieux s'est alors mis en marche. Les ménages ne peuvent rembourser leur prêt, la maison est saisie pour être vendue, il n'y a donc plus d'acheteurs sur le marché mais pléthore de vendeurs, et donc les prix diminuent, de moitié en dix-huit mois. Ce phénomène est à l'œuvre dans la plupart des pays ayant connu une bulle.

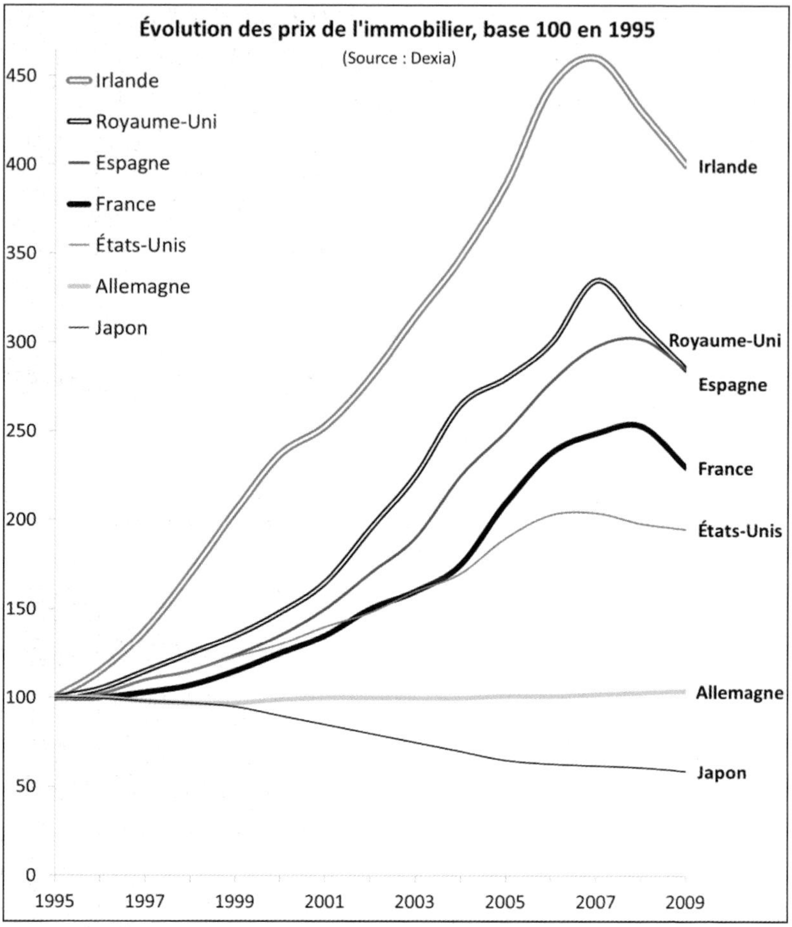

Rappelons que l'Allemagne et le Japon ont des situations démographiques très dégradées, et se dépeuplent fortement, d'où l'absence de pression immobilière, l'offre excédant la demande.

Soulignons également que la crise immobilière est survenue après que la Fed ait augmenté ses taux d'intérêt, comme nous l'avons vu. Or, la plupart des prêts sont à taux variable aux États-Unis, ce qui a poussé les emprunteurs dans l'insolvabilité (mais qui serait forcément survenue tôt ou tard ...).

© Olivier Berruyer

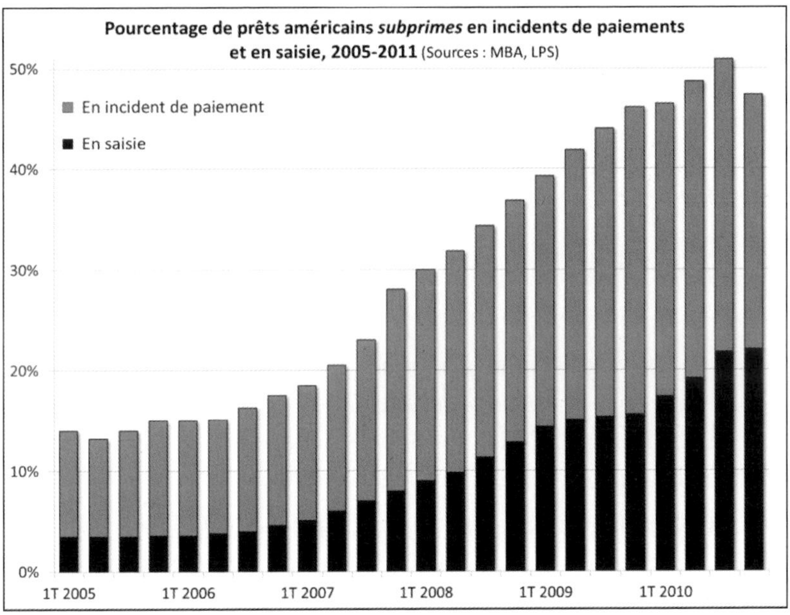

Sans surprise, au niveau des défauts d'emprunteurs, les prêts *subprime* ont été énormément touchés, avec plus de 40 % d'incidents de paiement.

Mais ce que les banques n'avaient pas prévu, c'est que tous les prêts subiraient le même sort... Comme on le constate sur le graphique suivant, les incidents de paiement sur les prêts primes (les « bon emprunteurs ») a ainsi quintuplé dans la période pour atteindre plus de 10 %. C'est bien moindre que pour les prêts *subprimes*, mais les prêts *primes* représentant 75 % des prêts, il y a au total plus de pertes sur les prêts *primes* que sur les *subprimes*.

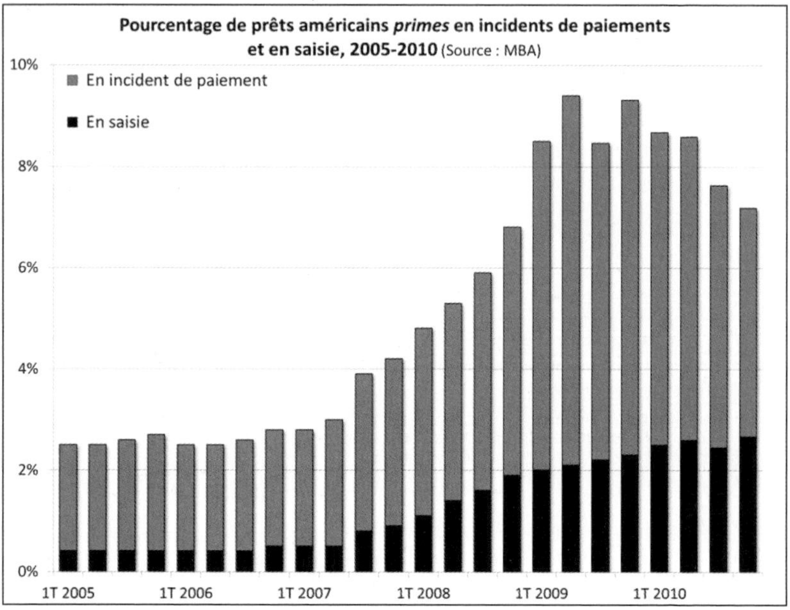

On observe enfin que si les taux globaux d'incidents baissent (les banques ayant fermé le robinet à nouveaux prêts...), le niveau des saisies atteint fin 2010 des records historiques, inquiétants pour le niveau futur des pertes pour les banques.

Le cas de Fannie Mae est exemplaire de l'explosion des impayés. On note le parallélisme frappant avec le taux d'impayés en Espagne – qui ne connaît toujours aucune amélioration début 2011.

On observe que le nombre de saisies a triplé, et qu'il s'est stabilisé autour de 325 000 saisies par mois en 2010. Cela signifie que près de 3 % des logements américains ont été saisis rien qu'en 2009. Par exemple, dans le comté d'Orange en Californie, particulièrement touché : un million de logements, 9000 saisies mensuelles, soit près de 1 % des logements saisis tous les mois !

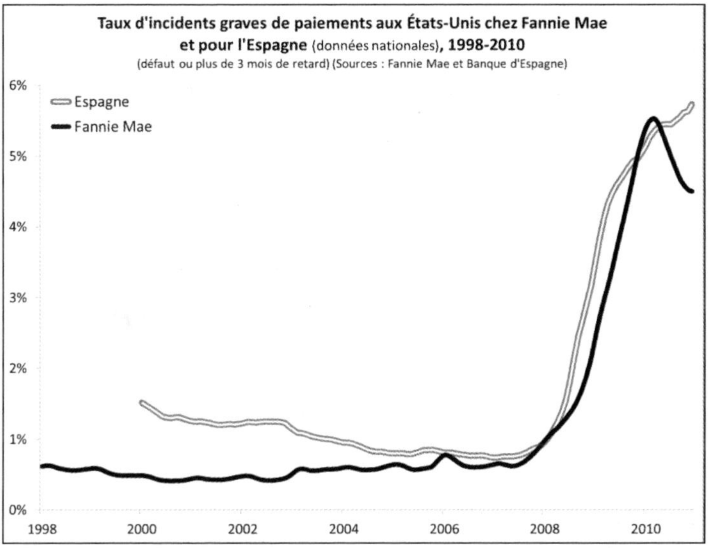

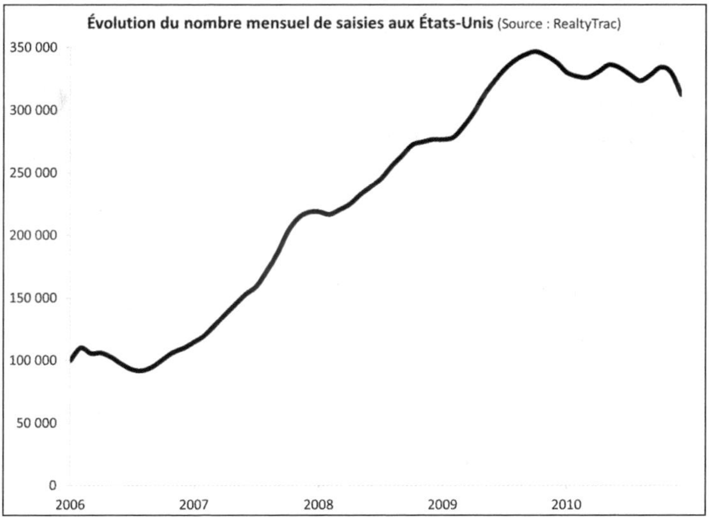

Cependant, fin 2010, les tendances restent inquiétantes : l'immobilier résidentiel continue à se dégrader fortement, mais l'immobilier commercial également – ce qui ne va pas manquer d'augmenter les dommages occasionnés aux bilans des banques.

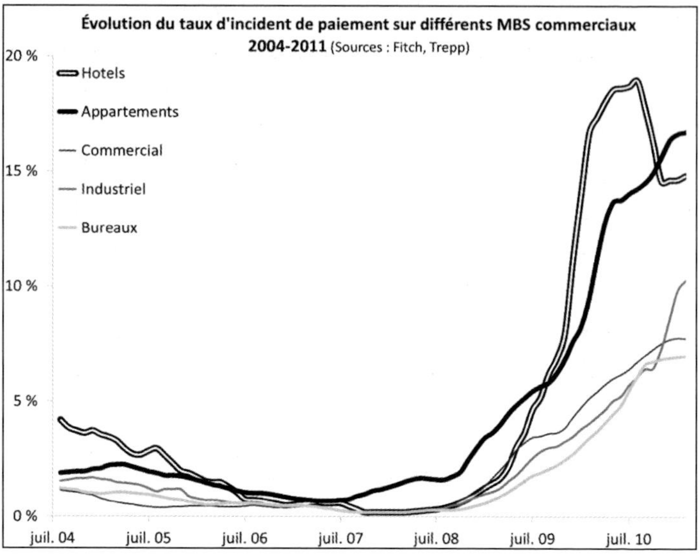

Pour conclure sur les ménages, nous pouvons reparler du projet de société « 70 % de propriétaires ». Voyons-en le résultat :

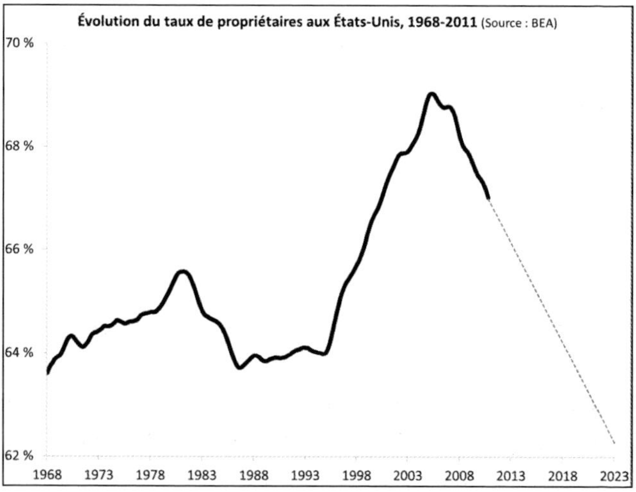

Il est vrai que le taux de propriétaires aux États-Unis a notablement augmenté... quelque temps. Mais la pente s'est fortement inversée, et la Fed a évoqué, au vu du surendettement des ménages, un futur taux de 62 % – plus faible qu'avant le boom.

Sauf qu'il ne s'agit absolument pas d'un simple retour à la case départ. Pour les prix, oui, mais dans l'intervalle, le pays s'est endetté pour acheter des biens au prix fort. C'est donc une **énorme perte** pour les ménages – les arbres ne sont pas montés jusqu'au ciel...

On observe sur le graphique suivant la bulle immobilière, exprimée en années de revenu des ménages. Sur cinquante ans, il y a eu des fluctuations autour du 1,1 de moyenne, mais le 1,6 était injustifiable.

Le prix à payer est la chute à 0,7 années, soit près de 40 % de perte de patrimoine par rapport à la moyenne historique.

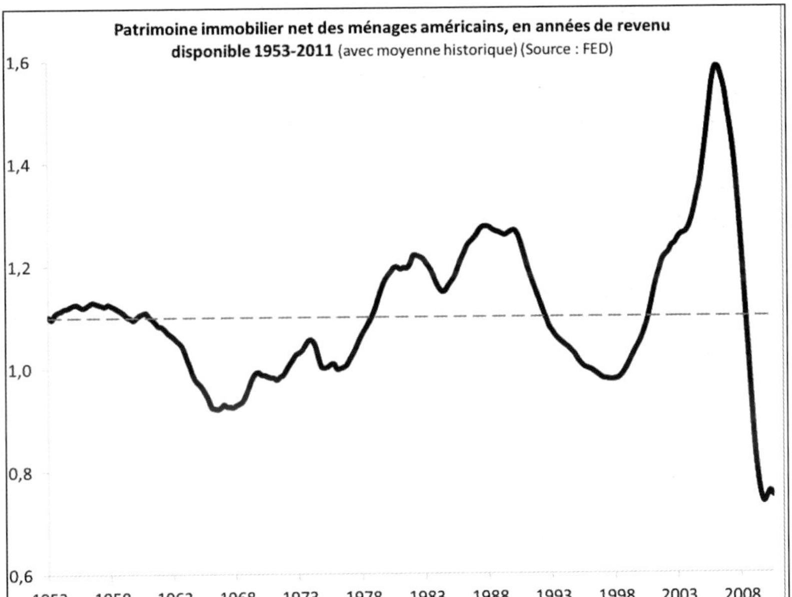

Belle victoire du matérialisme, les États-Unis ont désormais une « **société de la saisie immobilière** ». Mais ce projet avait bien entendu de fortes assises politiques, comme l'a expliqué Alan Greenspan – éclairant d'un jour nouveau son « indépendance ».

« Je me rendais bien compte que l'assouplissement du crédit hypothécaire accroissait le risque financier et que l'accession à la propriété immobilière grâce à des prêts subventionnés déformait les verdicts du marché.

Mais j'ai également estimé, et j'estime toujours, que **l'augmentation du nombre de propriétaires renforçait le soutien au capitalisme de marché**. J'estimais donc, et continue de le faire, que **l'élargissement de la propriété immobilière individuelle valait bien l'accroissement du risque**.

La protection des droits de propriété, si essentielle dans une économie de marché, requiert une masse critique de propriétaires **pour conserver un soutien politique**. » [Alan Greenspan, ancien président de la Fed, 2009]

« Prix de l'immobilier » © Dave Granlund – www.davegranlund.com

Acte II : la crise bancaire

© Chappatte – www.globecartoon.com

© Tartrais – www.tartrais.com

Conséquence logique : après les ménages, ce sont donc les banques qui sont fortement touchées, enclenchant une crise systémique.

Tout démarre insidieusement fin 2006 avec la hausse des défauts des emprunteurs. Le 8 février 2007, la banque HSBC lance le premier « profit warning » de son histoire, devant provisionner 10,5 milliards de dollars pour couvrir les impayés des prêts *subprimes*. Durant l'été, de nombreux fonds connaissent des problèmes, entraînant une chute boursière : c'est **la crise des *subprimes***. Ainsi, tous les trimestres, les grandes banques mondiales passent des provisions pour dépréciation d'actifs sur ces prêts. De l'été 2007 à l'été 2008, ce sont ainsi 500 milliards de dollars de pertes dans le système bancaire mondial, obligeant à 300 milliards de recapitalisation, plusieurs fonds souverains (de pays asiatiques notamment) prenant alors d'importantes participations au capital des grandes banques américaines. Les banques ne respectent plus alors que le strict minimum des ratios de solvabilité règlementaires.

Tout au long de 2007, les acteurs du marché des *subprimes* font faillite ou sont rachetés (New Century, Countrywide, Indymac…). Confondant cette crise de solvabilité avec une crise de liquidité, la Fed injecte des dizaines de milliards dans le système bancaire. Le 15 septembre 2007, une mini panique bancaire a lieu en Angleterre concernant la banque Northern Rock (12 % des dépôts sont retirés en trois jours), obligeant le gouvernement anglais à accorder en urgence une garantie intégrale des dépôts ; la banque sera nationalisée le 17 février 2008.

Le monde découvre qu'avec la titrisation, ces prêts à risques se sont éparpillés dans le monde entier, et ont contaminé les bilans de banques mais aussi les portefeuilles d'épargnants vendus comme « diversifiés » ou « dynamiques », occasionnant leur stupéfaction puis leur colère à l'annonce des pertes. On parle début 2008 de plus de 2000 milliards de dollars de pertes.

La méfiance entre les banques en raison de l'incertitude sur la localisation des titres contaminés a progressivement bloqué les relations interbancaires et commencé à mettre en difficulté beaucoup de banques à travers le monde.

Le 16 mars 2008, la cinquième plus grande banque de Wall Street, Bear Stearns, est rachetée par JPMorgan Chase avec l'aide de la Fed.

Fanny Mae et Freddie Mac sont les deux grands organismes de refinancement hypothécaire américains. Ils garantissaient en 2007 près de 40 % des prêts immobiliers américains (soit **5 300 milliards de dollars**). Face à la très forte croissance des incidents de paiements, visible sur le graphique suivant, le gouvernement américain est obligé de les soutenir le 13 juillet 2008, avant de les nationaliser le 7 septembre – fait rarissime aux États-Unis pour une entreprise cotée. Fin 2010, le contribuable américain aura renfloué ces entreprises de près de 240 Md€.

© Paul Zanetti

Le 15 septembre 2008 démarre alors la crise financière de l'automne 2008. Ce jour-là, après plusieurs renflouages publics et afin de faire un exemple pour ne pas favoriser l'impunité des actionnaires, le gouvernement américain décide de laisser la banque d'affaires Lehman Brothers (59 Md$ de chiffre d'affaires) faire faillite sans intervenir, après s'être assuré que ses créanciers étaient assez nombreux pour que l'impact soit dispersé.

Or, cette faillite, la plus importante de l'histoire américaine, ébranle le système financier mondial en entraînant un début de crise systémique via la panique des opérateurs et l'écroulement des marchés boursiers.

Le même jour, n'ayant pas pu acheter Lehman Brothers, Bank of America achète Merril Lynch 50 Md$, cette banque n'ayant plus de liquidités après avoir perdu 57 Md$ depuis l'été 2007. Enfin, pour bénéficier du soutien de la Fed, plusieurs grandes banques d'investissement américaines se transforment en banques de dépôts.

© Chappatte – www.globecartoon.com

Le 16 septembre 2008, AIG, premier assureur mondial (110 Md$ de chiffre d'affaires en 2007), est sauvé par le gouvernement qui lui prête 85 milliards de dollars et le nationalise à hauteur de 80 %. En effet, la Fed le considère comme « too big to fail » (trop gros pour autoriser sa faillite), c'est-à-dire que sa faillite aurait fait courir des risques majeurs à l'économie. Henry Paulson, le ministre de l'économie, a compris que si AIG tombait le lendemain de Lehman Brothers, ce serait l'effondrement généralisé et incontrôlable – la banque devant des sommes énormes à de nombreuses autres.

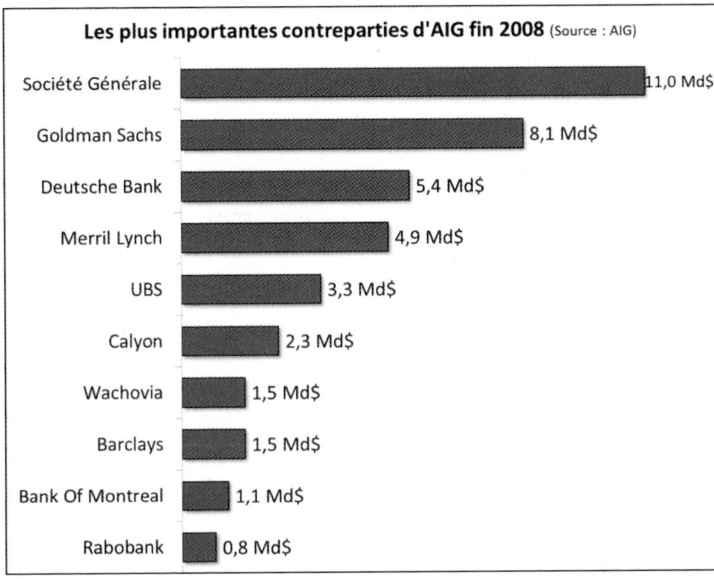

« Lehman, c'est une catastrophe. Mais l'effondrement d'AIG, lui, serait un cataclysme. **Si AIG tombe, on est tous morts**. » [Baudouin Prot en septembre 2008, directeur général de BNP Paribas. *Paris Match*, 09/2009]

L'histoire de cette faillite est proprement édifiante.

En résumé, ce groupe d'assurances de 74 millions de clients dans 130 pays, employant plus de 116 000 salariés, a été coulé par sa filiale financière installée à Londres : AIG Financial Products – sa perte n'est pas liée à son cœur de métier d'assureur. Surnommée en interne le « **casino de Londres** », AIG FP réalisa avec 0,3 % des effectifs de l'assureur (377 salariés) jusqu'à 15 % de ses bénéfices.

À la fin, son portefeuille de CDS (servant à réaliser des paris sur les défauts des entreprises) ne contenait presque plus que des dérivés de crédits hypothécaires américains. Sa chute a logiquement suivi celle du marché hypothécaire.

Cette structure a échappé à toute surveillance des régulateurs anglais et américains. **Disposant de 2 Md$ de fonds propres, elle détenait encore début 2009 plus de 1 600 Md$ d'engagements** sur des contrats risqués, d'après les déclarations du nouveau PDG d'AIG, Edward Liddy.

Durant les années de folie financière, AIG FP était dirigée par Joseph Cassano. Il n'a pas été inquiété. « Démissionné » en mars 2008 avec un parachute de 34 M$, « conseiller » de l'assureur pour un salaire mensuel de 1 M$ jusqu'en septembre de la même année, « l'artificier de la bombe financière » coule des jours paisibles à Londres. Il a empoché près de 300 M$ pendant ses sept dernières années chez AIG FP.

Début 2010, l'aventure d'AIG Financial Products aura coûté au total plus de **180 Md$** au contribuable américain.

© Paul Zanetti

© Chappatte – www.globecartoon.com

Mais reprenons notre chronologie. Après AIG, les événements s'enchaînent : le 25 septembre 2008, la caisse d'épargne Washington Mutual est saisie, le 28 septembre la banque belge Fortis est nationalisée et la banque allemande Hypo Real Estate, spécialisée dans le financement de l'immobilier, est sauvée par un plan d'urgence de 35 milliards d'euros. Le 30 septembre, la banque franco-belge Dexia se refinance en urgence, le 3 octobre la banque américaine Wachovia est rachetée par Walls Fargo pour 15 Md$. Le 8 octobre, sept banques britanniques (dont Barclays, HBOS, Royal Bank of Scotland, Lloyds TSB ou Nationwide) sont partiellement **nationalisées** par le gouvernement anglais, qui entend notamment **peser** sur la politique des dividendes, sur les rémunérations des dirigeants, ainsi que sur la distribution de crédit.

On observe sur le graphique de la page suivante cette panique bancaire. On définit le « TED spread » comme l'écart de taux existant entre le taux interbancaire Libor à trois mois (le taux auquel se prêtent les banques pour se refinancer) et le taux d'intérêt des bons du trésor américains à trois mois. C'est un très bon indicateur du niveau de risque perçu dans l'économie, car les bons du trésor américains sont censés [sic.] représenter le taux sans risque. La moyenne historique du TED était de 0,30 %, avec un maximum de 0,50 %. La crise de 2000 lui a fait atteindre 1 %, mais on voit que le vendredi 10 octobre 2008, il a culminé à 4,50 %. Ce jour-là se produit le pire krach boursier depuis 1987 en Europe et depuis 1929 pour le S&P 500 américain. Ce jour clôt la pire semaine de l'histoire des bourses mondiales (-25 %).

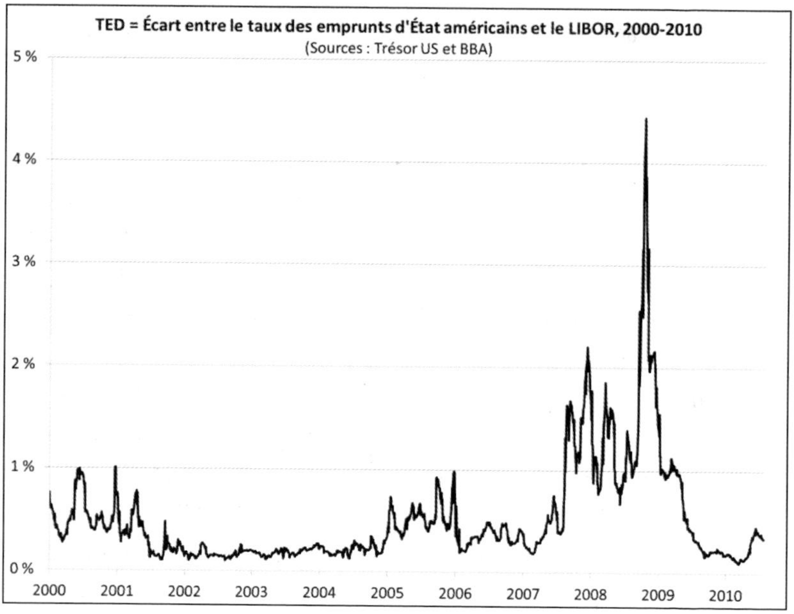

La valeur culminante du TED signifie purement et simplement que les banques ne se prêtent plus d'argent, ce qui **asphyxie tout le système bancaire**. Sans réaction, le système va sauter.

C'est ce week-end-là que sont préparés les plans de secours titanesques européens et américains, l'État fédéral annonçant le 14 octobre un plan de renflouement des neuf plus grandes banques américaines avec 250 Md$.

La panique a été jugulée, le TED retrouve rapidement des niveaux normaux, le système repart. Bien entendu, ces apports d'argent public prenant la place d'actionnaires défaillants (suivant l'adage « privatisons les profits et socialisons les pertes » donc « pile, je gagne, face, je ne perds rien ».) sont scandaleux. Mais il faut rappeler que toutes les banques sont fortement interconnectées, et qu'une grande banque fait difficilement faillite sans entraîner toutes les autres avec elle : c'est le **risque systémique**. Ce serait un véritable scénario catastrophe, à peine moins grave qu'**un accident nucléaire** dans nos économies dématérialisées. L'écroulement total du système bancaire signifierait la disparition immédiate de tout l'argent du système (ne resteraient que les pièces et billets en circulation), avec les conséquences sociales qu'on imagine. On est véritablement passé à quelques mètres du désastre.

Ainsi, dans ces conditions, la faillite en cas de mauvaise gestion, conséquence naturelle issue des lois du libéralisme, n'est jamais une option. Si les pouvoirs publics n'empêchent pas la survenance d'une crise systémique, ils seront obligés d'intervenir, quoi qu'il leur en coûte – ce qui est le meilleur argument pour une stricte régulation.

Comme nous le verrons, le problème est que, cette fois, les banques sont allées bien trop loin, et que les pertes à absorber sont trop grosses pour les budgets des États, eux-mêmes déjà notablement endettés par des années de réduction d'impôts.

Notons enfin que le plus paradoxal est que, encouragées par l'État, les banques ont fusionné entre elles dans cette période troublée, et sont désormais encore plus « too big to fail ». C'est ce que les Américains appellent le « **capitalisme cannibale** ».

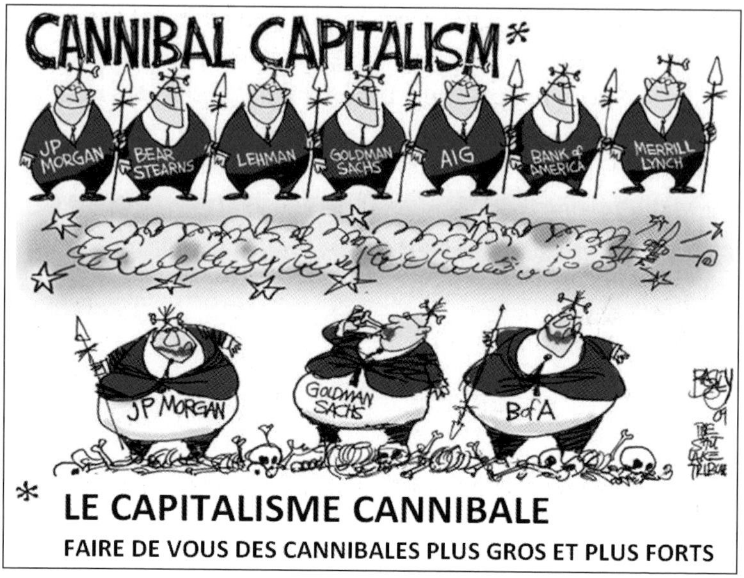

© Pat Bagley – The Salt Lake Tribune

Soulignons également que le montant des pertes est toujours loin d'être parfaitement connu, les banques ayant en gros reçu l'autorisation de ne pas dire la vérité dans leurs bilans comptables. En effet, avant la crise, les financiers avaient milité pour que les règles comptables soient modifiées afin de tenir compte de la « juste valeur » des actifs. Autrement dit, de les comptabiliser en permanence à leur valeur de marché – ce qui était intéressant dans un contexte où les actifs augmentaient. Mais avec la crise, cette règle a fait apparaître des pertes colossales – et encore, quand il existait encore un marché pour définir la valeur d'actifs toxiques.

En avril 2009, le système a de nouveau été modifié aux États-Unis pour ne plus comptabiliser la plupart des actifs toxiques en « juste valeur », ce qui a conduit, selon Robert Willens, ancien directeur de Lehman Brothers, à une amélioration (fictive) d'environ **20 % des résultats des banques**. De même, la comptabilisation de nombreux biens immobiliers saisis est effectuée très au-delà de la valeur réelle (les maisons américaines en bois, inoccupées, laissées des années sans entretien, se dégradent très vite).

© Olivier Berruyer

Mais au-delà de ces grandes banques, sauvées, de très nombreuses, plus petites, sont laissées à leur sort par le gouvernement américain, et font alors faillite, assurées par le fond de garantie FDIC, qui va lui-même devoir être renfloué. Tous établissements compris, le total des pertes dépasse très largement celui de la crise bancaire des années 1930.

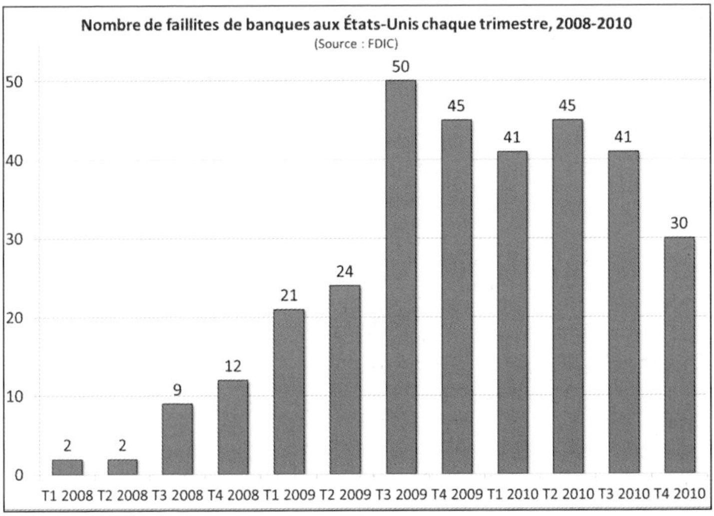

© Rick Kollinger – www.kollinger.com

© Dilem

Acte III : la crise boursière

© Nate Beeler

© Dave Granlund – www.davegranlund.com

La Bourse américaine a connu une croissance fulgurante à la fin des années 1990, portée par la bulle des nouvelles technologies (« com »). Après son krach de 2000, elle est repartie notablement à la hausse en 2005, à une vitesse déconnectée de l'économie réelle, jusqu'au krach de 2008.

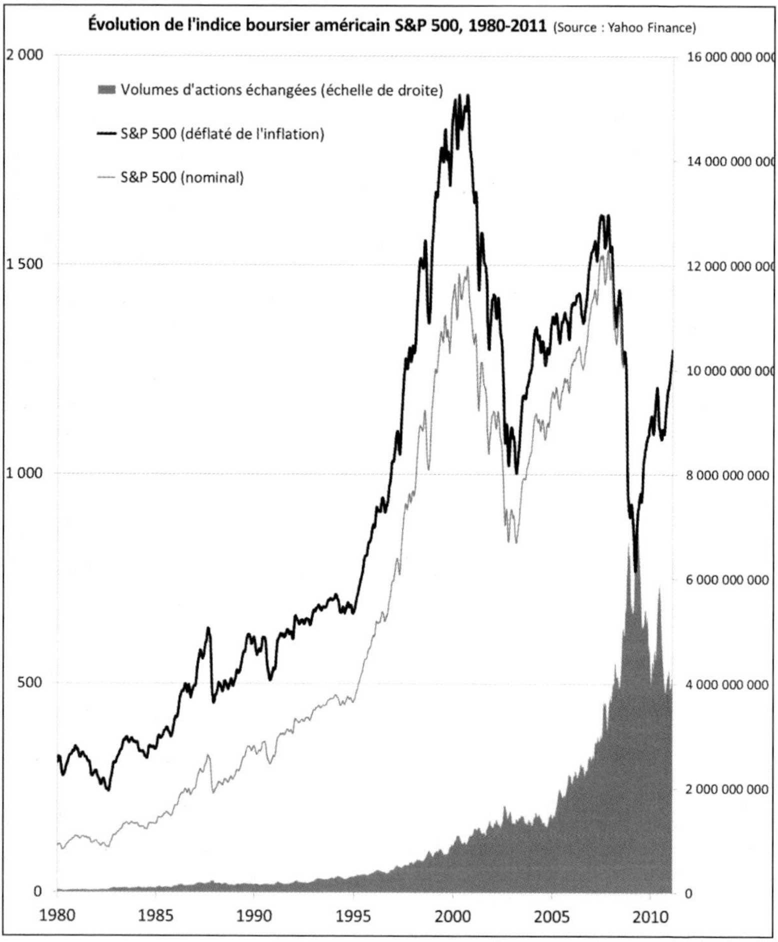

La perte mondiale de capitalisation en 2008 a été phénoménale : plus de **20 000 Md$** sont ainsi partis en fumée en quelques mois, soit l'équivalent de la moitié du PIB mondial (dix fois celui de la France).

Car plombées par leurs pertes, les banques doivent donc réglementairement reconstituer leurs fonds propres. Il leur faut donc du cash, et pour cela, elles vendent tout ce qu'elles peuvent, à commencer par les actions qu'elles possèdent. Ceci se conjugue alors avec les inquiétudes des investisseurs. Un important cycle baissier a alors été enclenché – mais qui ne faisait que corriger en partie les larges excès passés. C'est la crise boursière.

« Il existe un remède simple [à la complexité des produits financiers dangereux] : **la responsabilité conjointe et solidaire de tous les participants au marché sur les places boursières** - tous ceux qui utilisent la Bourse devront obligatoirement donner tout ce qu'ils ont avant que les contribuables ne sortent un centime. (J'ai bien l'impression que cette mesure pourrait aboutir à la fin du marché : cela prouverait que le marché n'existe que parce qu'on peut puiser dans l'argent public pour le soutenir.) » [Joseph Stiglitz, *Le Triomphe de la Cupidité*, 2010]

On remarque également la très forte croissance des volumes quotidiens d'actions échangées : 50 M/j en 1980, 300 M/j en 1995, 1 Md/j en 2000, 2 Md/j en 2005, 3 Md/j en 2007 et près de 5 Md/j en 2010. On conçoit bien qu'il ne s'agit alors plus d'échanges entre « actionnaires », ni même entre spéculateurs, mais bien entre programmes informatiques automatisés de spéculateurs, voire de pures manipulations de cours pour les soutenir à un niveau élevé.

Il est probable que ces **manipulations de cours** expliquent que les cours aient repris aussi rapidement une tendance à la hausse, malgré les sombres perspectives économiques.

« Octobre est un mois **particulièrement dangereux** pour spéculer en bourse. Mais il y en a d'autres : juillet, janvier, septembre, avril, novembre, mai, mars, juin, décembre, août et février. » [Mark Twain, écrivain, essayiste et humoriste américain (1835-1910)].

Acte IV : la crise du crédit

© Nate Beeler

© Grémi - http ://gremmi.free.fr

Les banques, les ménages et les entreprises étant en situation difficile, il s'ensuit donc logiquement que :

- les ménages et les entreprises commencent à se désendetter, comme nous l'avons vu ;
- et que les banques hésitent fortement à prêter, n'ayant plus les moyens de supporter des pertes. Elles limitent donc leurs attributions de nouveaux prêts.

C'est la crise du crédit, qui a un impact direct sur l'activité économique...

Début 2010, le flux des prêts accordés par les banques est ainsi devenu négatif de plus de 600 Md$, alors que la tendance était une augmentation de 600 Md$ par an ; le niveau s'est ensuite stabilisé. Mais on observe fin 2010 que par rapport à la tendance récente, il « manque » 2 500 Md€ de crédits privés dans cette « économie de la dette ». Nous verrons que c'est l'État qui a compensé ce manque.

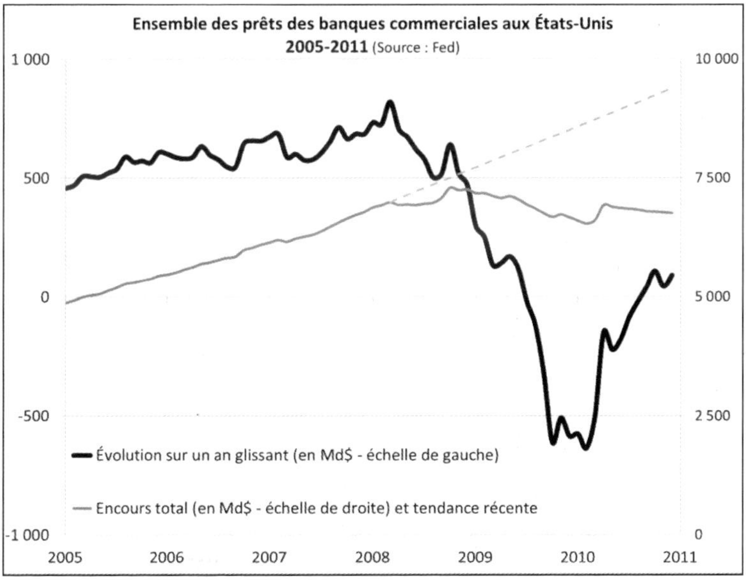

De même, les prêts commerciaux sont en chute de 25 %, et sur une tendance à la stabilisation fin 2010. En revanche, les crédits à la consommation (*revolving*) n'enregistrent aucune amélioration et restent sur une tendance toujours fortement baissière.

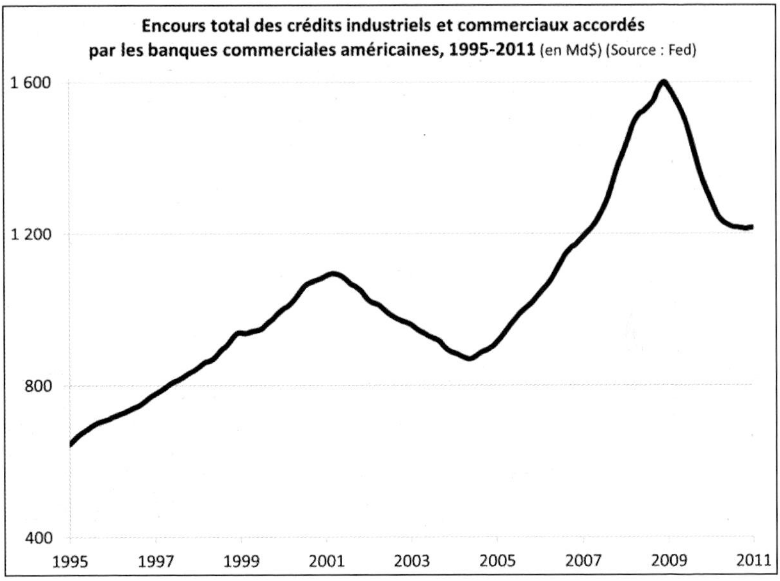

Encours total des crédits industriels et commerciaux accordés par les banques commerciales américaines, 1995-2011 (en Md$) (Source : Fed)

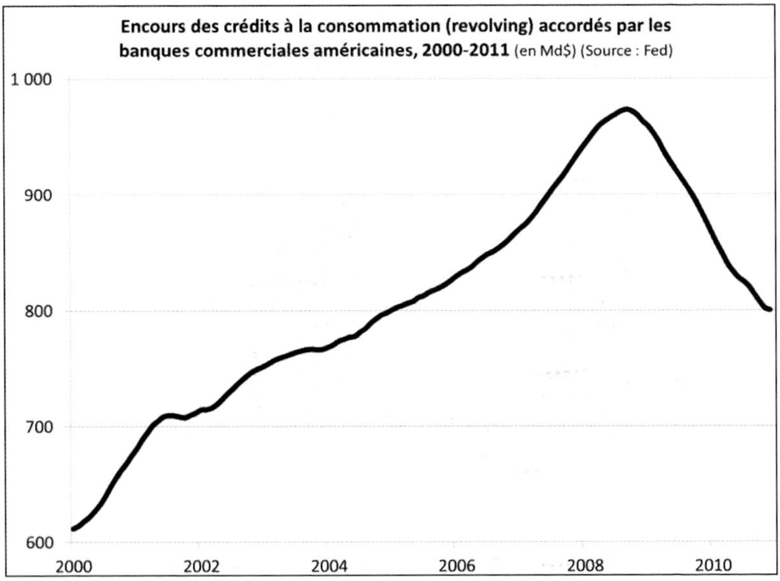

Encours des crédits à la consommation (revolving) accordés par les banques commerciales américaines, 2000-2011 (en Md$) (Source : Fed)

© RJ. Matson – www.rjmatson.com

« Le robinet du crédit a été drastiquement coupé »
© Clay Bennett, Times Free Press – www.timesfreepress.com

Acte V : la crise économique

"ATTACHEZ VOS CEINTURES. NOUS TRAVERSONS UN PETIT TROU D'AIR"

© Pat Bagley – The Salt Lake Tribune

© RJ. Matson – www.rjmatson.com

Depuis une dizaine d'années, ne constatant plus de hausse de son pouvoir d'achat, le consommateur consomme à crédit. Or, ayant atteint ses limites, il ne peut plus désormais augmenter son endettement, et il doit rembourser. Le chômage explosant, le consommateur est donc exsangue, et il doit réduire sa consommation.

On observe très bien cette situation aux États-Unis :

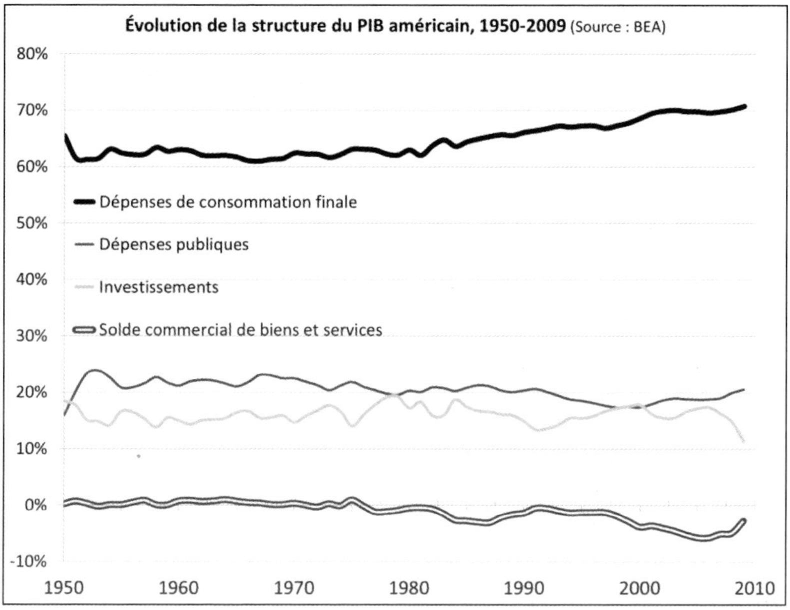

La croissance de la part des dépenses de consommation dans le PIB à partir des années 1980 est frappante. On constate qu'elle s'impute en grande partie sur le solde commercial, puisqu'il devient négatif à cette période. *A contrario*, la part des dépenses d'investissement et des dépenses publiques dans le PIB reste pratiquement stable.

Le graphique suivant est le même pour la France, sauf que les dépenses publiques sont éclatées par la comptabilité nationale entre dépenses de consommation et d'investissement – ce qui empêche une comparaison directe des niveaux des deux pays.

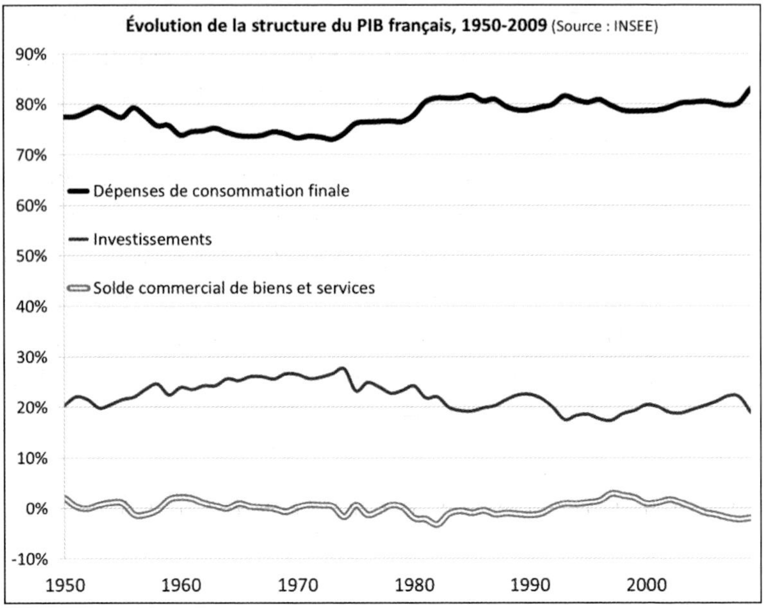

Cependant, au niveau des tendances, on observe que les crises de 1973 et 1979 ont brutalement et durablement affecté le niveau d'investissement du pays, mais que la répartition est globalement stable depuis lors. On peut également comparer la part de la consommation des seuls ménages dans les deux pays, afin de souligner la divergence historique entre les économies :

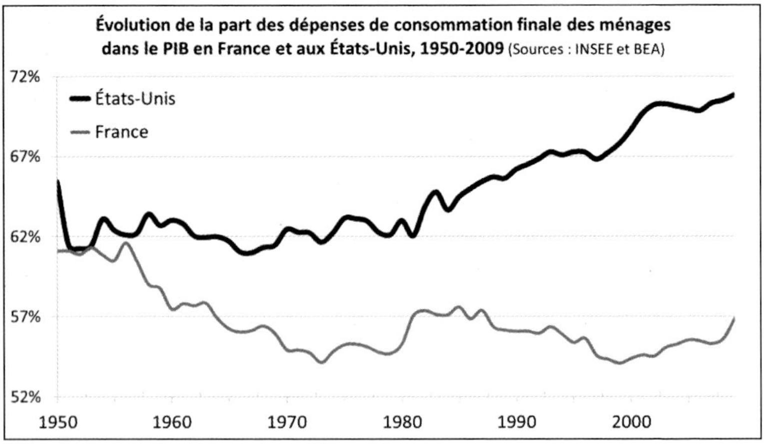

On observe le poids colossal de la consommation des ménages américains. Soulignons enfin que, représentant 70 % de la croissance américaine, **le consommateur américain alimente à lui seul environ 30 % de toute la croissance mondiale**.

Or, la crise se développant en 2008 dans les pays développés, la consommation et la croissance tombent alors en chute libre. Toute l'économie est alors touchée : c'est la récession, la pire depuis 1929, comme on l'observe sur les derniers cycles économiques.

L'incapacité du système économique à connaître une croissance durable – même modérée – sur plus de cinq années est par ailleurs frappante.

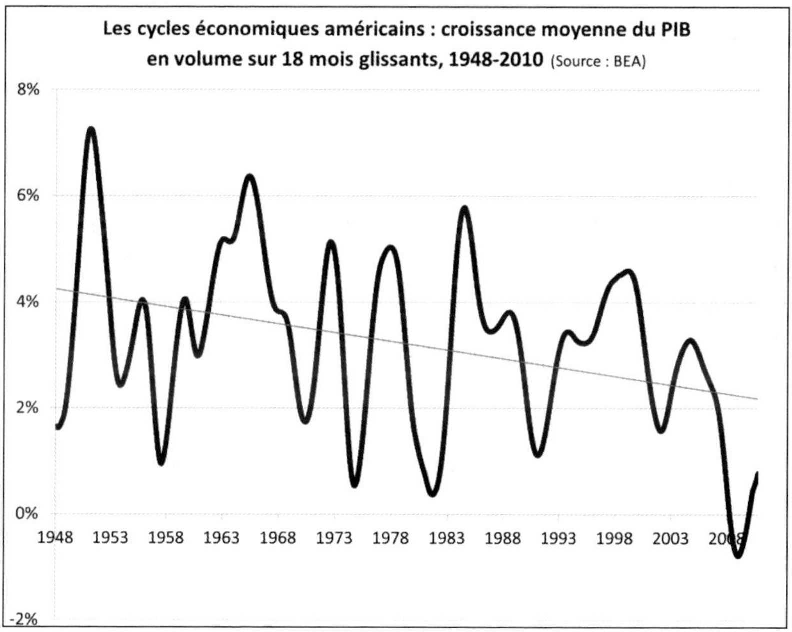

L'effet tant sur la production industrielle que sur la consommation américaine est historique, comme le montrent les graphiques suivants.

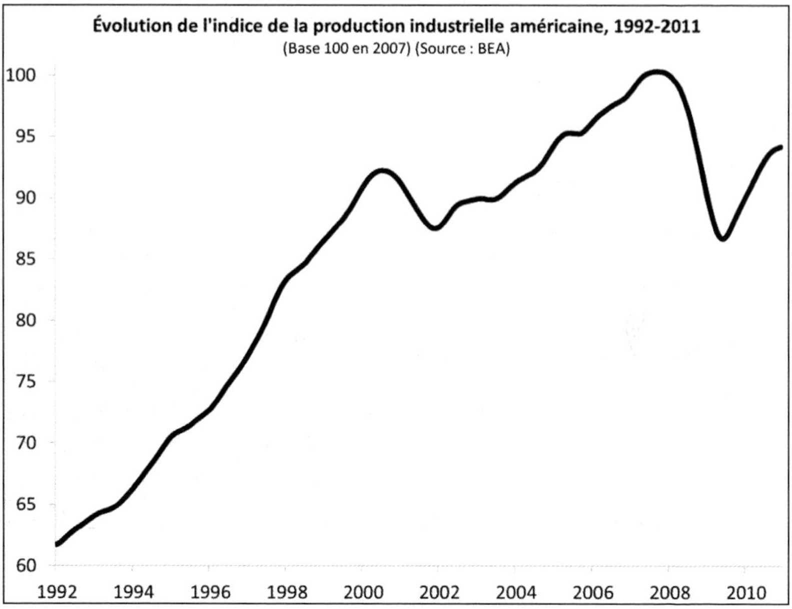
Évolution de l'indice de la production industrielle américaine, 1992-2011
(Base 100 en 2007) (Source : BEA)
100
95
90
85
80
75
70
65
60
1992
1994
1996
1998
2000
2002
2004
2006
2008
2010

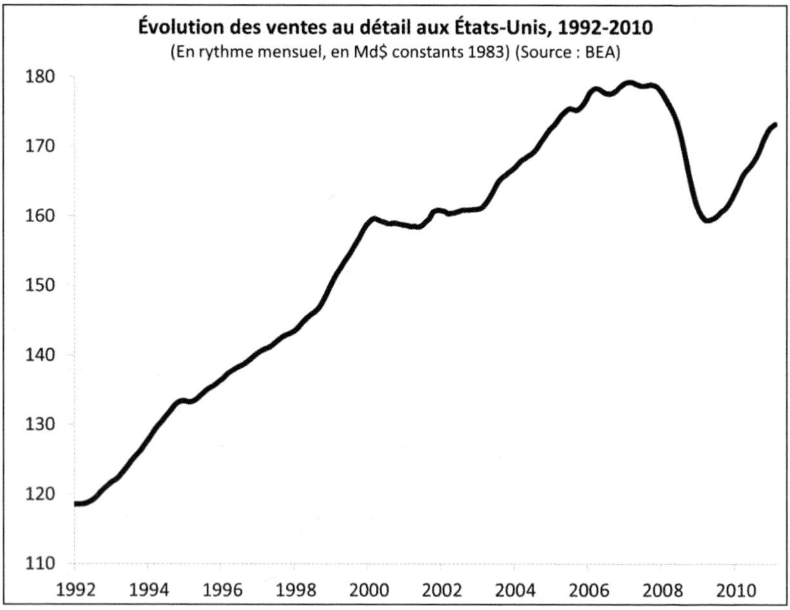
Évolution des ventes au détail aux États-Unis, 1992-2010
(En rythme mensuel, en Md$ constants 1983) (Source : BEA)
180
170
160
150
140
130
120
110
1992
1994
1996
1998
2000
2002
2004
2006
2008
2010

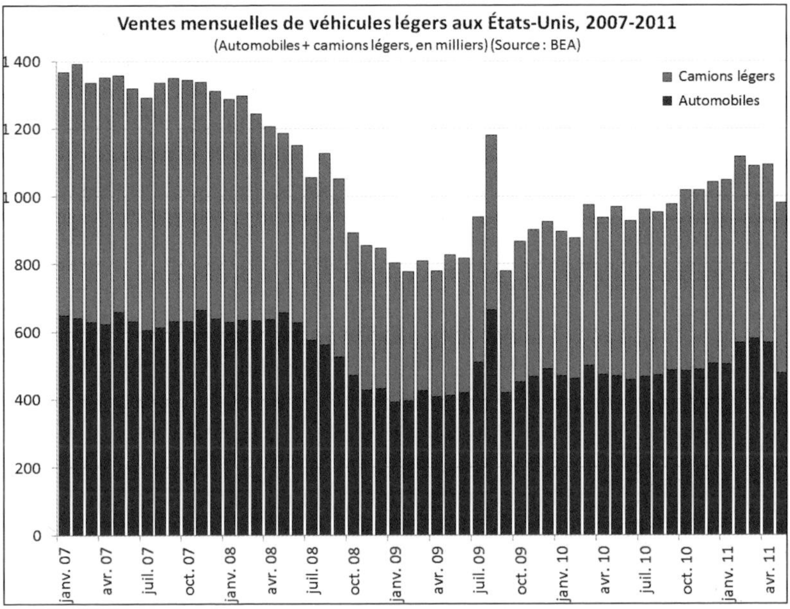
Ventes mensuelles de véhicules légers aux États-Unis, 2007-2011
(Automobiles + camions légers, en milliers) (Source : BEA)
Camions légers
Automobiles
1 400
1 200
1 000
800
600
400
200
0
janv. 07
avr. 07
juil. 07
oct. 07
janv. 08
avr. 08
juil. 08
oct. 08
janv. 09
avr. 09
juil. 09
oct. 09
janv. 10
avr. 10
juil. 10
oct. 10
janv. 11
avr. 11

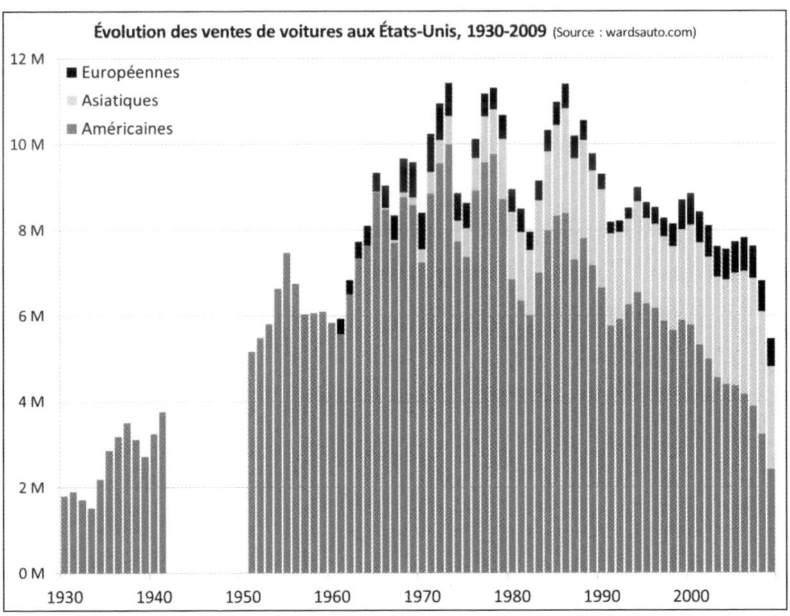
Évolution des ventes de voitures aux États-Unis, 1930-2009 (Source : wardsauto.com)
Européennes
Asiatiques
Américaines
12 M
10 M
8 M
6 M
4 M
2 M
0 M
1930
1940
1950
1960
1970
1980
1990
2000

On observe que les ventes de véhicules légers (voitures et camions) ont également très fortement chuté, de plus de 25 %. La nette reprise des ventes d'août 2009 était liée à une prime à la casse, qui n'a représenté qu'un effet d'aubaine.

Soulignons toutefois que ce mouvement s'inscrit dans une baisse tendancielle des ventes aux États-Unis au cours des dernières décennies. On observe également la chute drastique de la part de marché des constructeurs américains, au bénéfice des constructeurs asiatiques (qui construisent néanmoins aux États-Unis), qui vont causer de graves problèmes aux premiers, comme nous allons le voir.

La situation des ventes de maisons aux États-Unis a connu une chute encore plus drastique depuis l'explosion de la bulle immobilière.

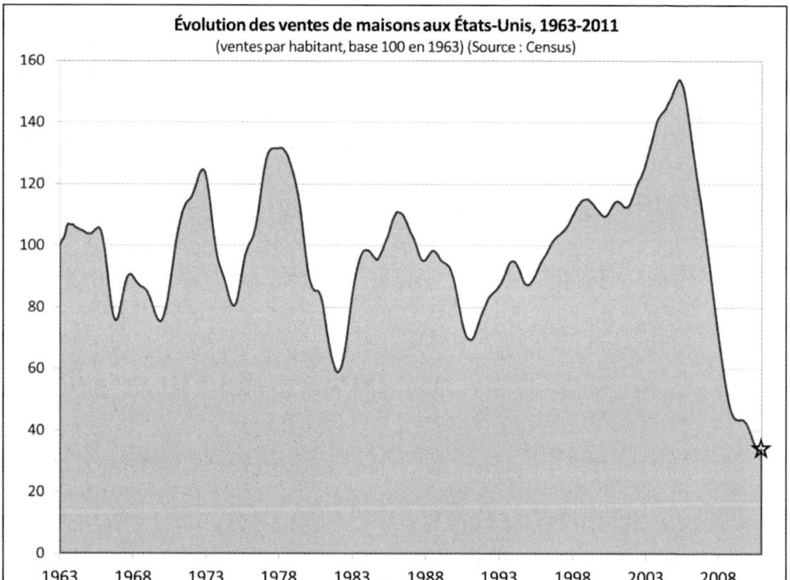

La chute globale de la consommation s'observe en particulier dans le recul brutal des échanges internationaux.

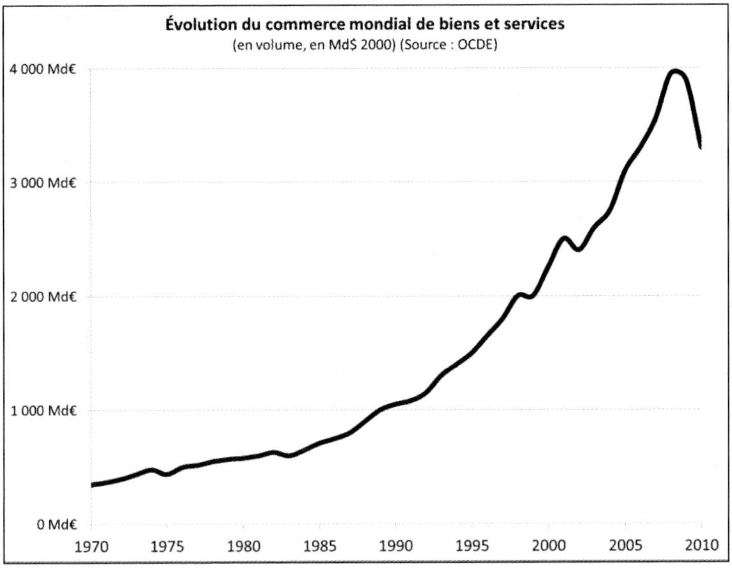

« Un niveau de chômage élevé et persistant, la menace des délocalisations, la concurrence des pays à bas salaires ont eu pour effet de limer les griffes d'une grande majorité des salariés désormais privés de leur propre capacité de « nuire », c'est-à-dire de **défendre leurs intérêts** et de préserver l'équilibre indispensable entre les forces sociales.

Dans le même temps, l'affaiblissement de la base productive a fait exploser les déficits extérieurs. Résultat ? Moins d'argent d'un côté, de colossales fortunes de l'autre, et entre les deux plateaux de la balance, la finance, chargée de faire prospérer les bas de laines. Il n'a pas fallu bien longtemps pour que la différence de potentiel trouve à s'exprimer.

Endettement des ménages d'un côté, rentiers milliardaires de l'autre, mis en relation par l'ingénierie financière dopée par une insatiable demande de placements, encore accrue par les capitaux étrangers. Nous venons d'assister à une expérimentation de physique sociale de gigantesque dimension.

Jusqu'où pouvait-on comprimer les revenus du travail et soutenir la demande grâce au crédit tout en dilatant les revenus du capital ? Nous avons la réponse. Jusqu'au jour où la bulle immobilière US a éclaté. » [Philippe Barbrel, http :// contreinfo.info]

Le cercle vicieux s'enclenche alors. Les pays développés importateurs n'achetant plus, les pays tiers ne peuvent plus vendre : c'est la crise dans les pays exportateurs, en particulier en Allemagne, en Chine et au Japon.

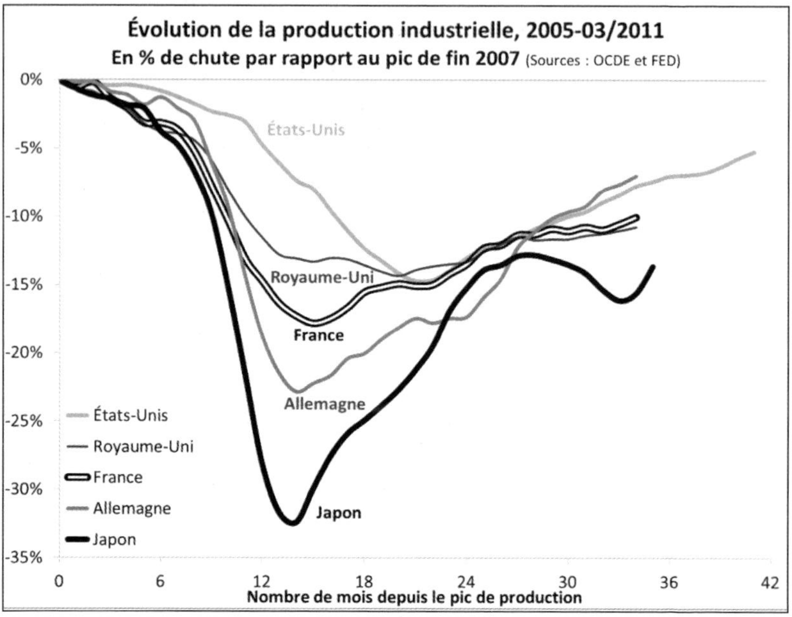

La crise économique s'est alors propagée en quelques semaines au monde entier. Au printemps 2001, trois ans après le début de la crise, on constate que la production industrielle est encore très loin d'avoir retrouvé son niveau d'avant la crise.

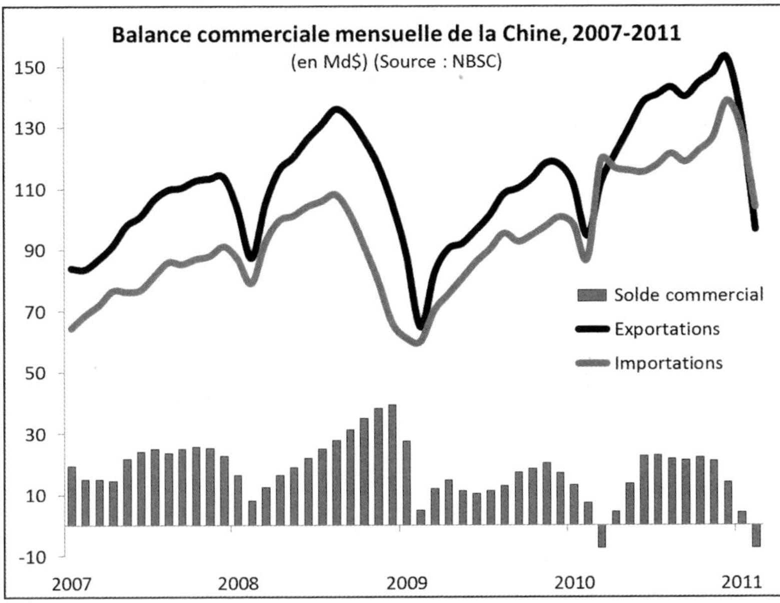

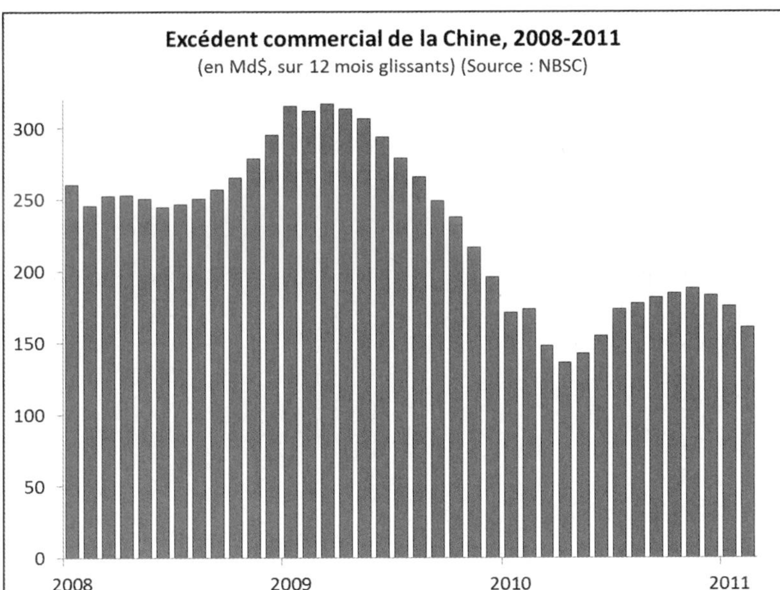

En février 2011, la Chine a connu son plus gros déficit commercial depuis sept ans (en raison de la hausse du pétrole et de la baisse des exportations vers les États-Unis).

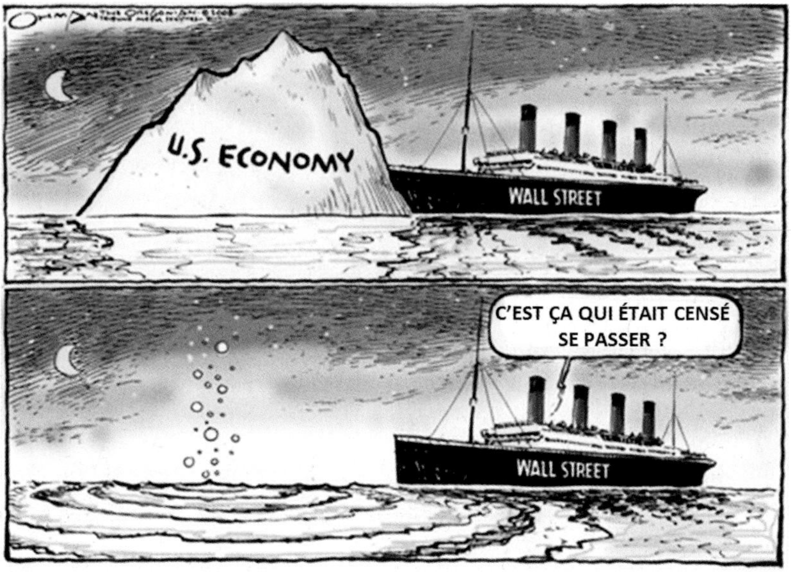

© Jack Ohman – The Oregonian

« La meilleure façon de couler l'économie mondiale... »
Prêts Subprime + *Produits dérivés* + *Cupidité*
– *Régulation* = *Effondrement financier mondial*
© Mike Keefe – The Denver Post, 16/10/2008 – www.intoon.com

Acte VI : la crise sociale

© Nate Beeler, The Washington Examiner

© Dave Granlund – www.davegranlund.com

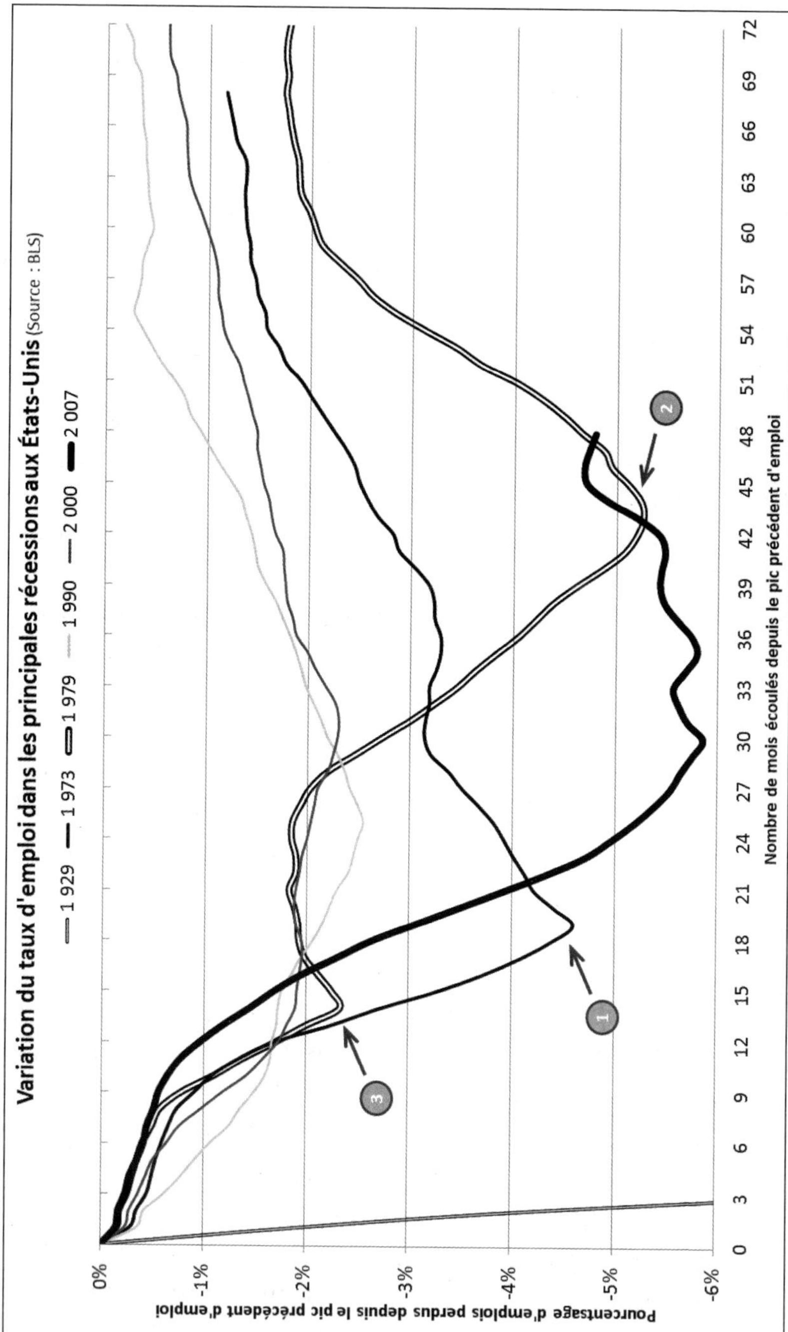
Variation du taux d'emploi dans les principales récessions aux États-Unis (Source : BLS)
1 929
1 973
1 979
1 990
2 000
2 007
0%
-1%
-2%
-3%
-4%
-5%
-6%
Pourcentage d'emplois perdus depuis le pic précédent d'emploi
0
3
6
9
12
15
18
21
24
27
30
33
36
39
42
45
48
51
54
57
60
63
66
69
72
Nombre de mois écoulés depuis le pic précédent d'emploi
1
2
3

Le graphique précédent est édifiant. Il montre les pertes d'emplois intervenues durant les récessions des quarante dernières années aux États-Unis. Ainsi, à ce jour, un pic historique (depuis 1929) a été atteint avec une perte de 6 % en octobre 2009. Depuis, l'emploi américain est reparti à la hausse, et en janvier 2011, le niveau d'emplois perdus a retrouvé celui de la récession de 1980.

Bonnes nouvelle ? En fait, non. D'abord, par rapport à 1980 :

- des centaines de milliards de dollars ont été injectés à crédit pour doper le retour de l'emploi, ce qui n'a eu pour effet que de stopper la chute, sans reprise fulgurante ;
- dans les années 1970, la situation économique générale était très bonne au sortir des Trente Glorieuses, alors que nous sortons des Trente Piteuses dans une situation déjà très difficile. On imagine assez mal une reprise de l'emploi aussi forte qu'en 1983 (flèche 2) ou même 1975 (flèche 1).

La crainte, au vu de l'ampleur unique de cette crise, est même en fait que nous soyons dans la situation de 1980-1981 (flèche 3), dans une stabilisation qui annonce une rechute rapide – situation en W (ou en M pour les pessimistes).

Mais plus profondément, le problème est que la situation s'améliore en fait très peu, contrairement à ce que pourrait laisser penser le graphique, ou les commentaires optimistes sur la reprise de l'emploi. Pour comprendre le drame actuel des États-Unis, il faut d'abord passer par un bref rappel méthodologique sur la décomposition de la population dans les statistiques américaines. Il y a :

- **la population civile en établissement**, qui ne peut physiquement pas travailler : les moins de 16 ans, les personnes âgées en maison de retraite, les prisonniers, ...
- **la population active**, qui peut et souhaite travailler, et se décompose entre les **actifs employés** et les **chômeurs** ;
- **la population non active**, qui est la différence entre les deux précédentes, qui peut mais ne veut plus travailler. Elle correspond aux retraités, aux personnes ne voulant pas travailler et aux découragés du marché du travail.

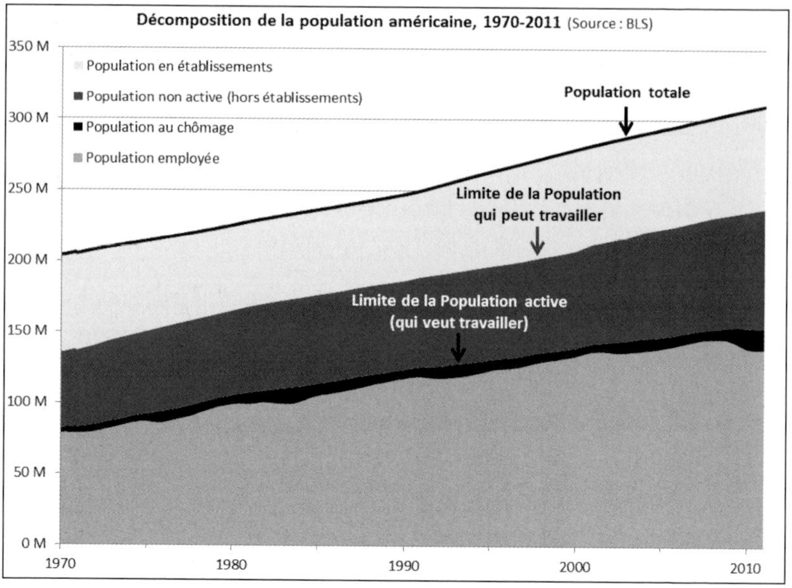

En fait, il ne faut jamais oublier le phénomène démographique aux États-Unis : **la population y augmente d'un million tous les quatre mois !** Cela a donc des conséquences sur le marché du travail :

	Population	Pop. en établissements	Pop. non active	Pop. active	Pop. employée	Chômeurs	Taux de chômage	Ratio emploi
31/05/2007	301 483	70 003	78 763	152 717	145 952	6 765	4,4%	63,1%
31/01/2011	311 471	72 767	85 518	153 186	139 323	13 863	9,0%	58,4%
Différence	9 988	2 764	6 755	**469**	-6 629	7 098		
en %	3,3%	3,9%	8,6%	**0,3%**	-4,5%	104,9%		
Si +3,3%		72 322	81 372	**157 776**	150 787	6 989		
Diff. si +3,3%		445	4 146	**-4 590**	-11 464	6 874		

Lecture : la population active a augmenté de 469 000 en 44 mois, soit une hausse de 0,3 %. Or, la population totale a augmenté de 9,99 millions, soit +3,3 %. Si la population active avait augmenté de la même façon (comme cela aurait été logique), elle aurait atteint 157,8 millions, soit 4,6 millions de plus.

On constate ainsi qu'en près de quatre ans, la population des Etats-Unis a augmenté de dix millions. On observe évidemment la présence de sept millions de chômeurs supplémentaires – l'emploi s'étant infléchi fin 2007. Mais ce n'est pas le plus surprenant. Car en fait, on observe que la population active a quasiment stagné, et qu'il manque donc à l'appel 4,6 millions d'actifs !

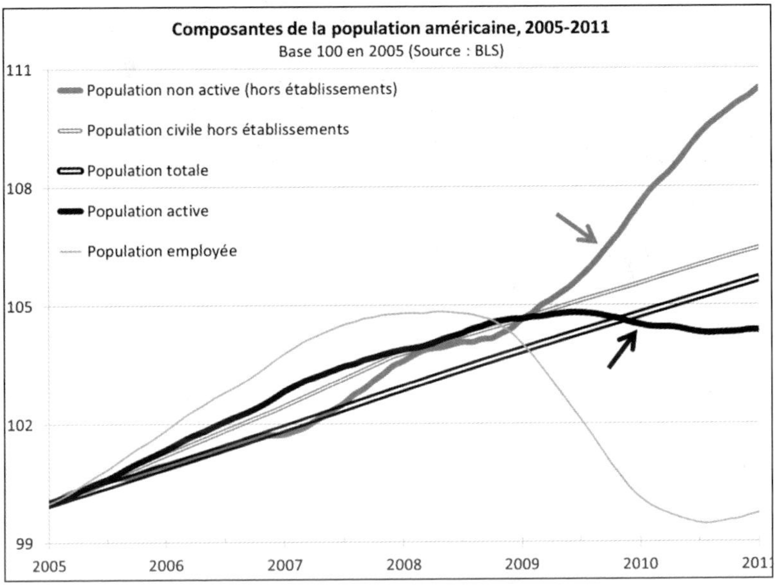

On observe que le problème ne se situe pas dans la population en établissements, qui a crû normalement (un peu plus que la moyenne, en phase avec le vieillissement de la population),

En fait, on constate surtout que la population active stagne, voire diminue ! Les « actifs disparus » se sont en réalité retrouvés dans la population non active, dont l'évolution est très fortement déconnectée de celle de la population générale depuis le printemps 2009. Ces personnes sont en fait **découragées**, et se sont **retirées** du marché du travail. Doivent probablement être particulièrement touchés les actifs très âgés (70, voire 80 ans...) qui sont une caractéristique des États-Unis.

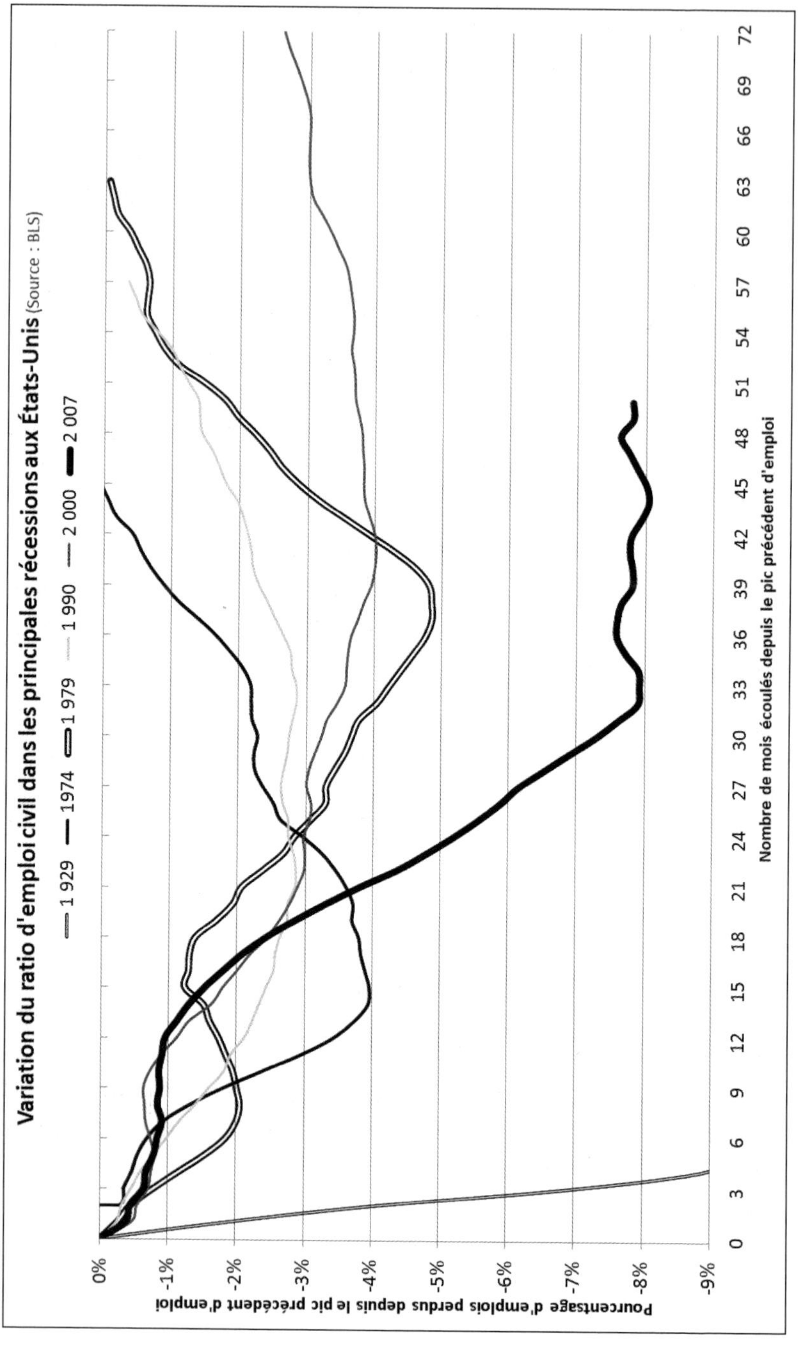
Variation du ratio d'emploi civil dans les principales récessions aux États-Unis (Source : BLS)
1 929
1974
1 979
1 990
2 000
2 007
Pourcentage d'emplois perdus depuis le pic précédent d'emploi
0%
-1%
-2%
-3%
-4%
-5%
-6%
-7%
-8%
-9%
Nombre de mois écoulés depuis le pic précédent d'emploi
0
3
6
9
12
15
18
21
24
27
30
33
36
39
42
45
48
51
54
57
60
63
66
69
72

Le véritable bilan de la crise est donc de :

- environ **sept millions** de chômeurs de plus,
- environ **quatre millions** d'inactifs forcés,

soit **onze millions de victimes majeures**, auxquelles s'ajoutent toutes celles en sous-emploi (temps partiel, etc.). Le taux de chômage corrigé est donc d'environ 12 %, plutôt que 9 %.

Comme on observe en fait une bascule de chômeurs longue durée (se retirant du marché du travail) vers la population non active, se focaliser sur le taux de chômage (nombre de chômeurs / population active) n'est donc plus pertinent. Il faut donc s'intéresser au **ratio d'emploi civil** (population active employée / population totale hors établissements), qui va nous permettre de mesurer l'impact de la crise économique sur l'emploi total.

Le graphique de la page précédente montre l'étendue des dégâts : une destruction d'emplois sans précédent depuis 1929, mais surtout **aucune amélioration notable** depuis la fin de la chute en janvier 2010.

En fait, le *Bureau of Labor Statistics*, qui calcule les chiffres officiels, fournit différents agrégats. Le taux officiel dont nous parlons depuis le début est le taux U3 (qui correspond à la catégorie 1 en France, les chômeurs « à plein temps »). La définition la plus large est le taux U6, qui regroupe une partie des travailleurs marginalement attachés à la population active et les travailleurs à temps partiel non choisi. Ce taux de « sous-utilisation de la main-d'œuvre » atteint près de 17 %, ce qui, une fois corrigé la problématique de la population active aboutit à un taux de « chômage large officiel » de près de 20 %. Et ceci ne se base que sur des statistiques officielles, qui sont toujours biaisées. **L'impact total de la crise affecte sans doute près de 25 % de la population active, directement ou non.**

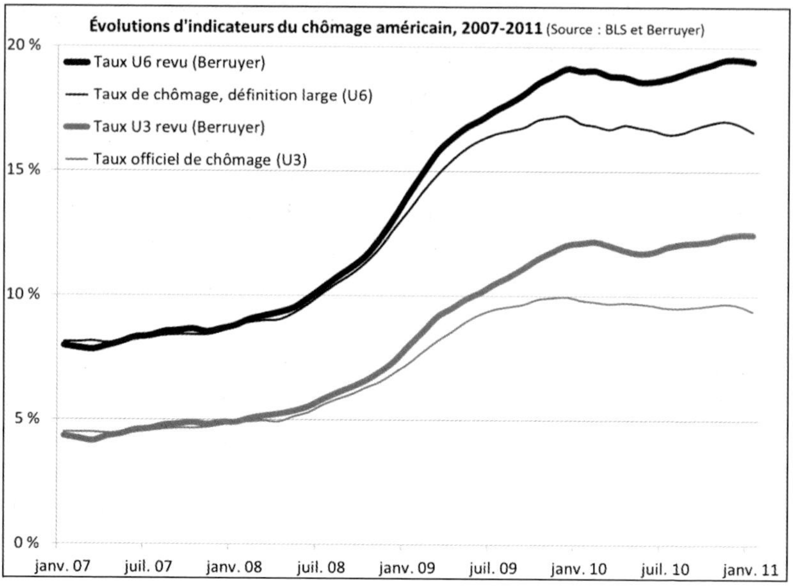

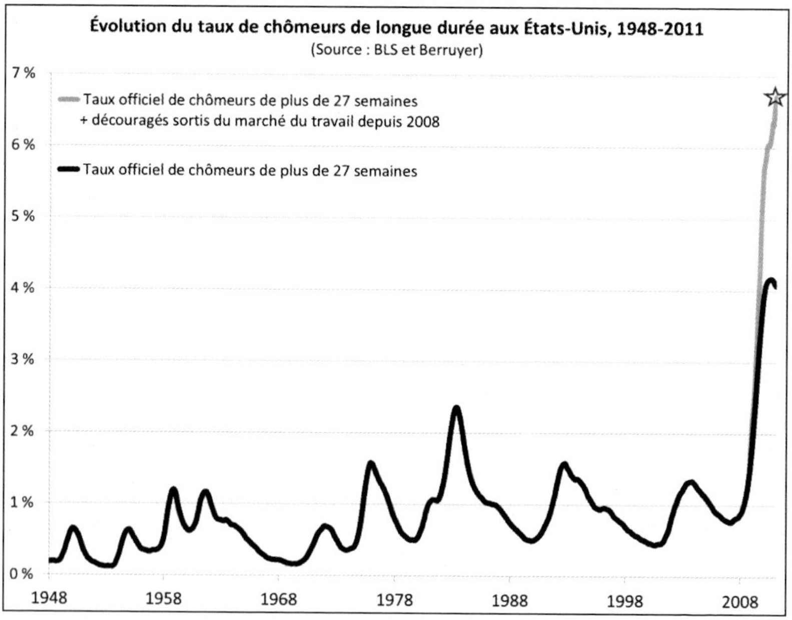

On observe sur les graphiques précédents la survenance d'un phénomène nouveau pour les États-Unis – et malheureusement bien connu en Europe : **le chômage de longue durée**. La violence de la hausse de celui-ci est frappante, car il démontre à quel point le marché du travail s'est rapidement refermé.

Ce sont désormais plus de **six millions d'Américains qui sont touchés par le chômage de longue durée**, un niveau jamais atteint depuis 1929, auquel s'ajoutent les quatre millions de personnes sorties du marché du travail. En fait, le chômage touche très fortement les jeunes (plus de 20 %), et beaucoup plus les noirs. En conséquence, entre le tiers et la moitié des jeunes noirs sont au chômage.

Les suppressions d'emplois ont été brutales, mais surtout, contrairement à la crise de 2001, le cœur économique des TPE-PME a été fortement atteint lors de la récession de 2009.

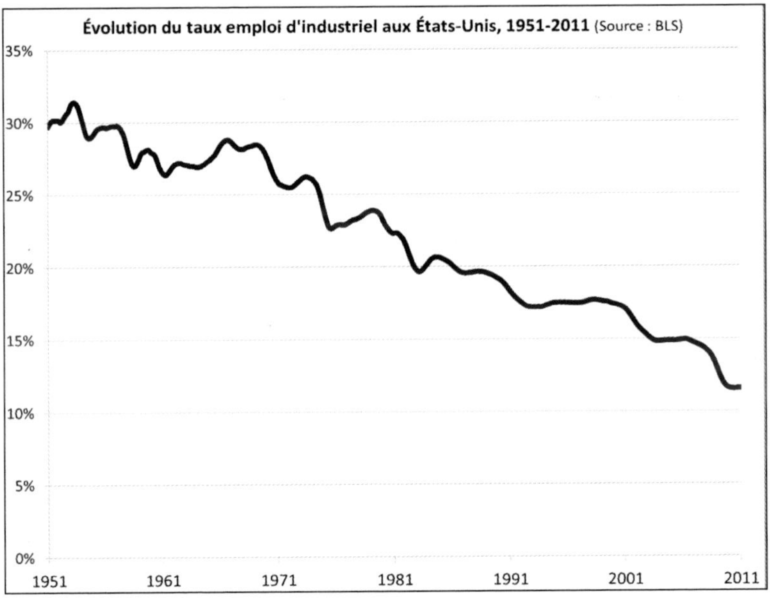

Le secteur économique le plus touché en nombre a été **l'industrie**, qui a repris son déclin historique, qui semble sans fin – à cette vitesse, il n'y aurait plus d'industrie aux États-Unis en 2050 ! Le secteur le plus touché relativement à sa taille a été la **construction**, qui a perdu plus de 25 % de ses effectifs. Les autres secteurs sinistrés sont le commerce, les services aux entreprises et la finance. *A contrario*, les seuls secteurs ayant créé des emplois ont été l'administration et le secteur de la santé.

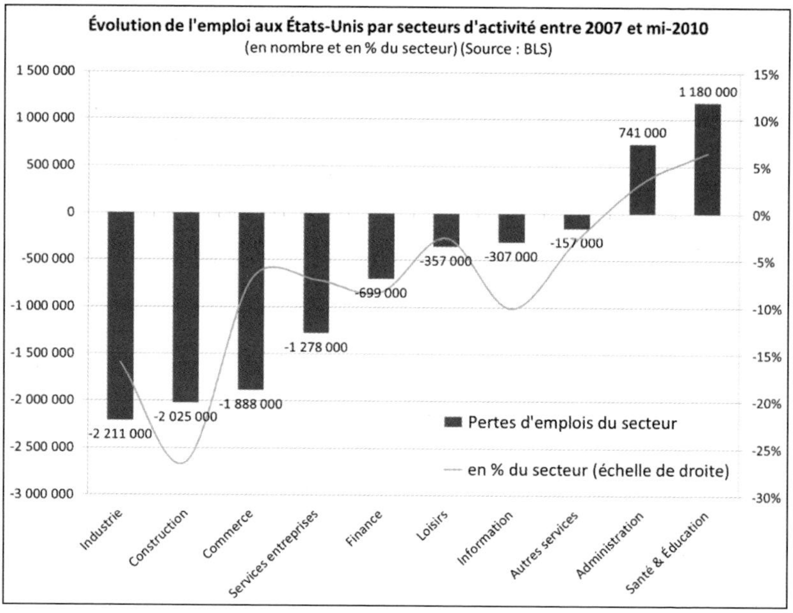

Terminons ensuite par une remise en perspective historique, en particulier avec le phénomène exceptionnel qu'a été la grande dépression.

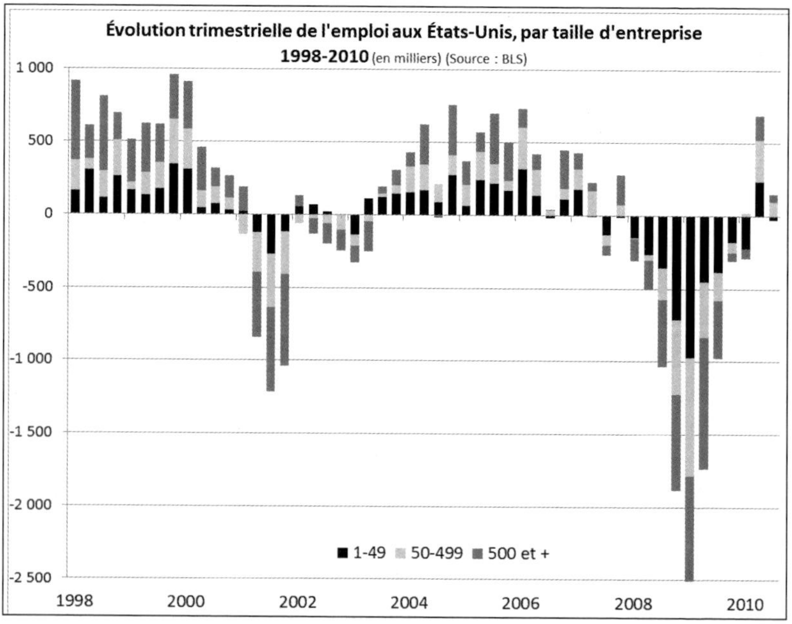

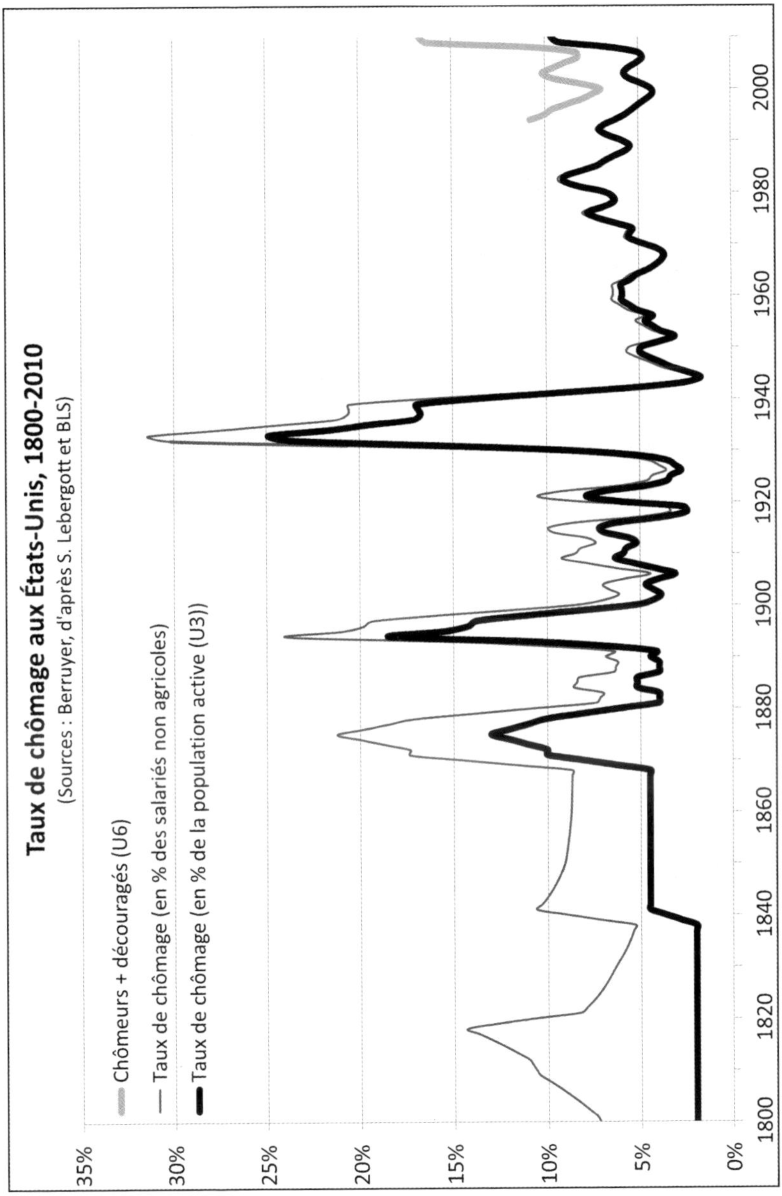
Taux de chômage aux États-Unis, 1800-2010
(Sources : Berruyer, d'après S. Lebergott et BLS)
Chômeurs + découragés (U6)
Taux de chômage (en % des salariés non agricoles)
Taux de chômage (en % de la population active (U3))
35%
30%
25%
20%
15%
10%
5%
0%
1800
1820
1840
1860
1880
1900
1920
1940
1960
1980
2000

Une des pires conséquences de la paupérisation issue de ce chômage de masse est l'explosion des personnes souffrant de malnutrition aux États-Unis. Ainsi, 14,6 % des américains ne mangent pas suffisamment, dont **17 millions sont en danger**, dont 500 000 enfants.

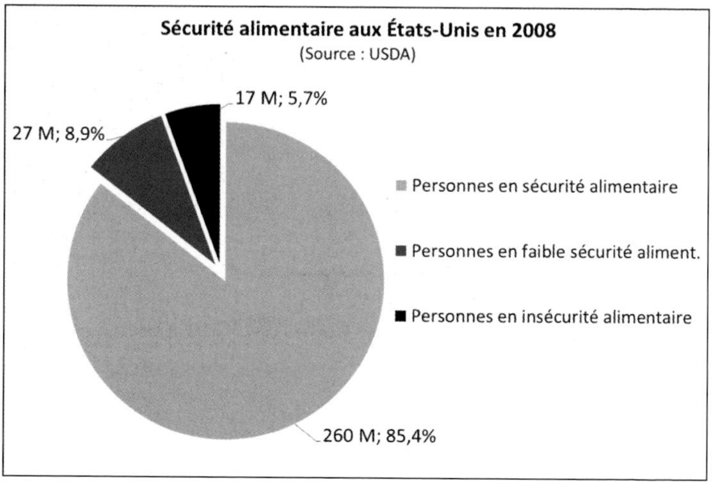

En conséquence, comme on le voit sur le graphique suivant, près de 44 millions d'américains, soit 14 % de la population, soit **un Américain sur huit**, bénéficient de bons d'aide alimentaire (*Supplemental Nutrition Assistance Program* : en moyenne 134 $ par mois – soit 66 Md$ distribués).

Les États les plus touchés par cette détresse alimentaire sont le Texas (3,7 millions de personnes), la Californie (3,3 millions), New York (2,8 millions) et la Floride (2,6 millions).

On constate **qu'aucune amélioration** n'est visible fin-2010, confirmant que la situation globale de l'emploi ne s'améliore pas.

Nous conclurons ce tour d'horizon de l'impact de la crise sur l'emploi par une rapide analyse de la situation française.

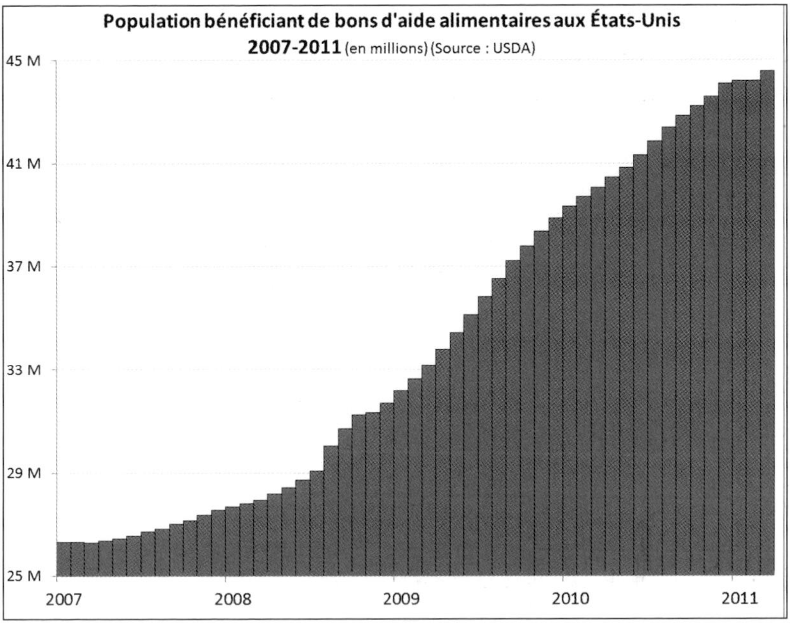

© Paul Zanetti

© Gérard Mathieu, pour Alternatives économiques

© Mike Keefe – The Denver Post, 26/11/2008 – www.intoon.com

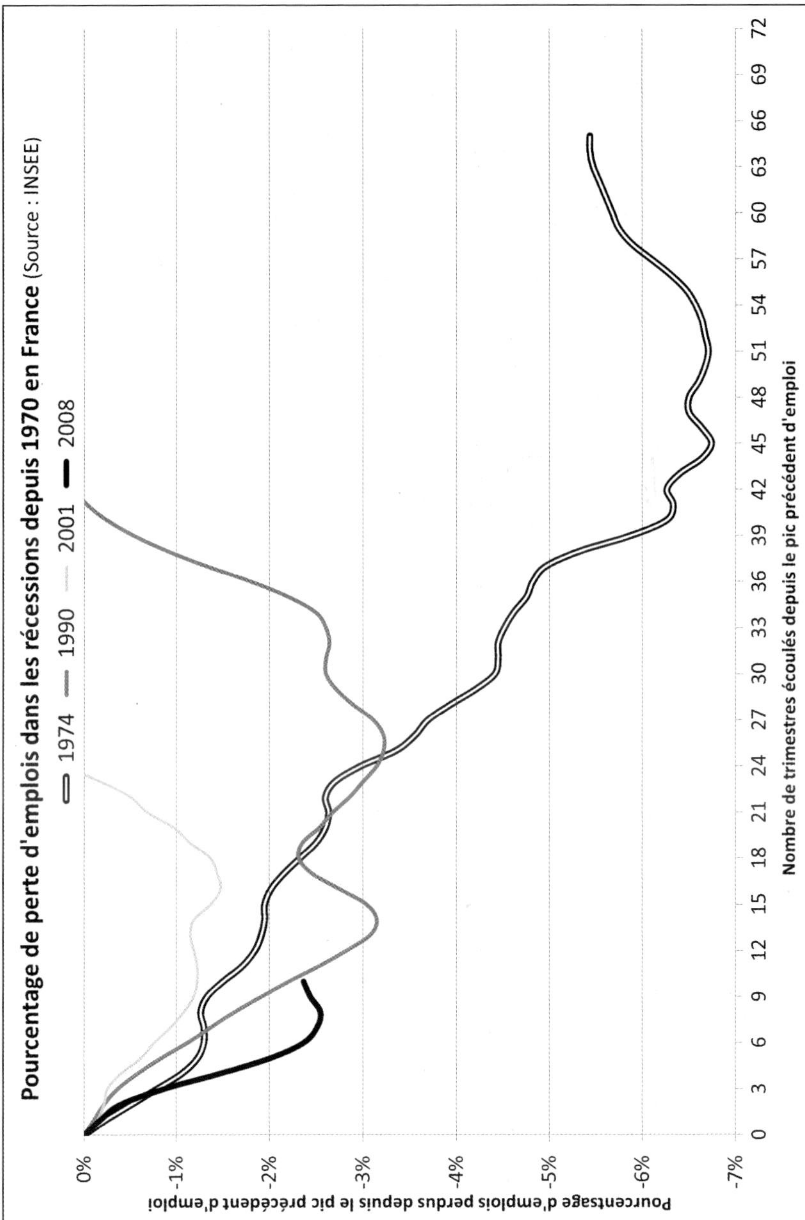
Pourcentage de perte d'emplois dans les récessions depuis 1970 en France (Source : INSEE)
1974
1990
2001
2008
0%
-1%
-2%
-3%
-4%
-5%
-6%
-7%
Pourcentage d'emplois perdus depuis le pic précédent d'emploi
0 3 6 9 12 15 18 21 24 27 30 33 36 39 42 45 48 51 54 57 60 63 66 69 72
Nombre de trimestres écoulés depuis le pic précédent d'emploi

On constate sur le graphique précédent que le profil historique des récessions françaises est différent de celui des États-Unis (soulignons au passage pour la déplorer la très faible quantité de données pertinentes et facilement accessibles, contrairement aux États-Unis...).

La récession de 2007 a en fait détruit deux fois moins d'emplois en France (en pourcentage), mais ceci est lié au fait que la France ne s'est jamais remise de la récession de 1974 qui a entraîné le chômage massif que nous subissons depuis lors.

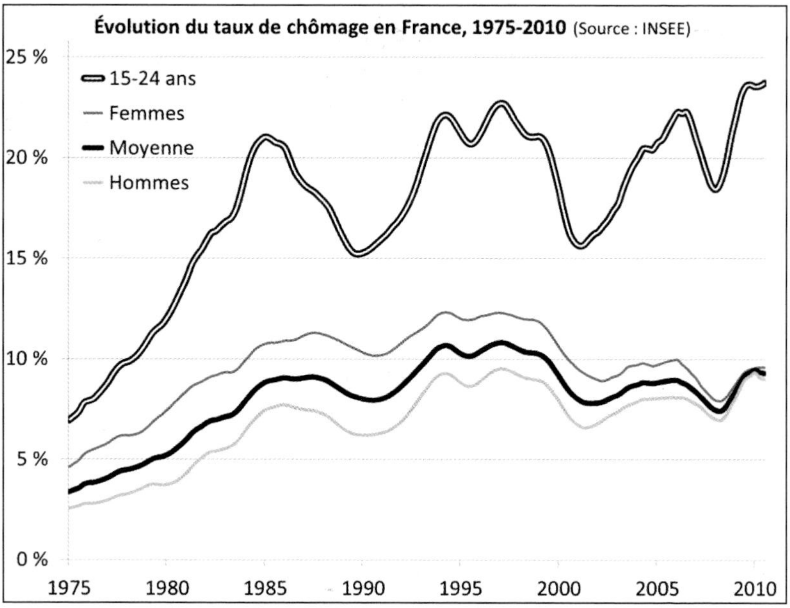

Le chômage français a longtemps touché les jeunes, et les femmes. Si le taux féminin a fini par rejoindre le taux masculin au milieu des années 2000, le taux des jeunes a atteint un record en 2010, avec près de 25 %.

On observe que même les périodes d'expansion récentes, ayant diminué significativement le nombre de chômeurs en 2000 et 2005, n'ont jamais entraîné un recul de plus de 20 % du chômage. La hausse récente a donc entraîné un retour aux plus hauts historiques : le système français ne permet plus le plein-emploi.

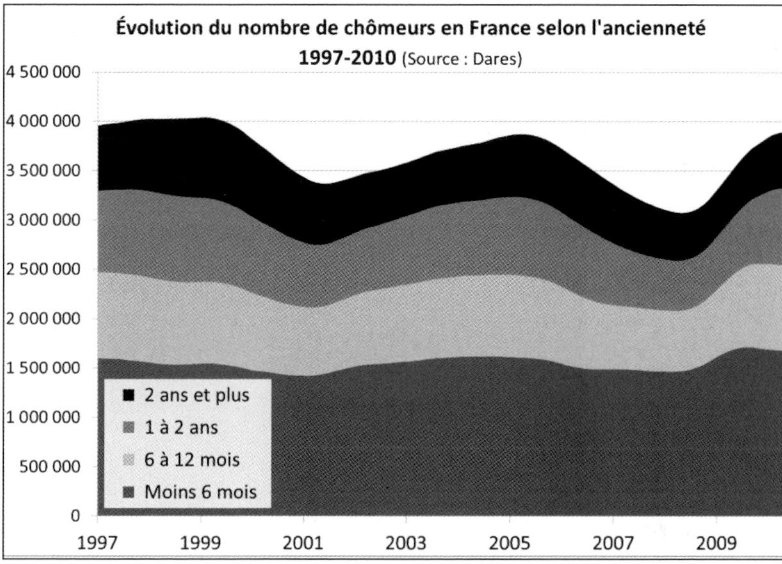

© Pat Bagley – The Salt Lake Tribune

© Paul Zanetti

« Tout cela n'est pas seulement théorie pure : le défaut d'équilibre sur le marché du travail, ce sont des hommes qui ne trouvent pas d'emploi, c'est le désespoir, c'est la mort [...] **Un système économique ne peut durer si, d'une manière permanente, l'offre de travail dépasse la demande de travail** [...]

La situation [d'aujourd'hui] est le produit d'une prodigieuse erreur collective, qui restera pour l'histoire lorsqu'elle aura été rendue consciente, **un objet de stupeur et de scandale**. » [Jacques Rueff]

« Les économistes ont abandonné le keynésianisme quand l'attention a cessé de se concentrer vers le chômage pour se tourner vers l'inflation et la croissance. [...] **Keynes savait qu'une économie de marché incapable de créer des emplois ne pouvait survivre**. » [Joseph Stiglitz, *Le Triomphe de la Cupidité*, 2010]

Chapitre 3.

Le retour de Super-Contribuable

« Le gouvernement préfère que l'argent aille vers les grandes entreprises plutôt que vers les citoyens.

Le résultat est une étrange société : **le capitalisme pour les pauvres, et le socialisme pour les riches**. » [Richard Adams, journaliste, 10/2008]

© Chappatte – www.globecartoon.com

© Mike Keefe – The Denver Post, 09/10/2008 – www.intoon.com

1. L'Intervention des banques centrales : l'anti-1929

© Paul Zanetti

© Chappatte - www.globecartoon.com

Hanté par le non-interventionnisme de la Fed en 1929, Ben Bernanke, aujourd'hui son président, avait indiqué en 2002 qu'il n'hésiterait pas en cas de difficulté à déverser des masses d'argent sur l'économie, pour éviter une dépression, reprenant même la fameuse expression de Milton Friedman de « **lâchers d'argent par hélicoptère** ». L'expression lui a valu le surnom de « Docteur Frankenstein », tant les effets futurs restent inconnus...

La suite a montré qu'il était homme à tenir sa parole, la Fed ayant ouvert au maximum le robinet du crédit durant la crise de 2008, et baissé son taux directeur à près de 0 %, pour « relancer » l'économie... Elle s'est également lancée dans le rachat d'actifs toxiques et le soutien inconditionnel aux institutions en difficultés en septembre 2008. Fait unique, comme on le voit sur le graphique suivant, la Fed a réussi l'exploit de doubler la taille de son bilan (c'est la base monétaire) en moins de trois mois, alors qu'elle n'avait guère connu de croissance annuelle supérieure à 10 % les trente années précédentes...

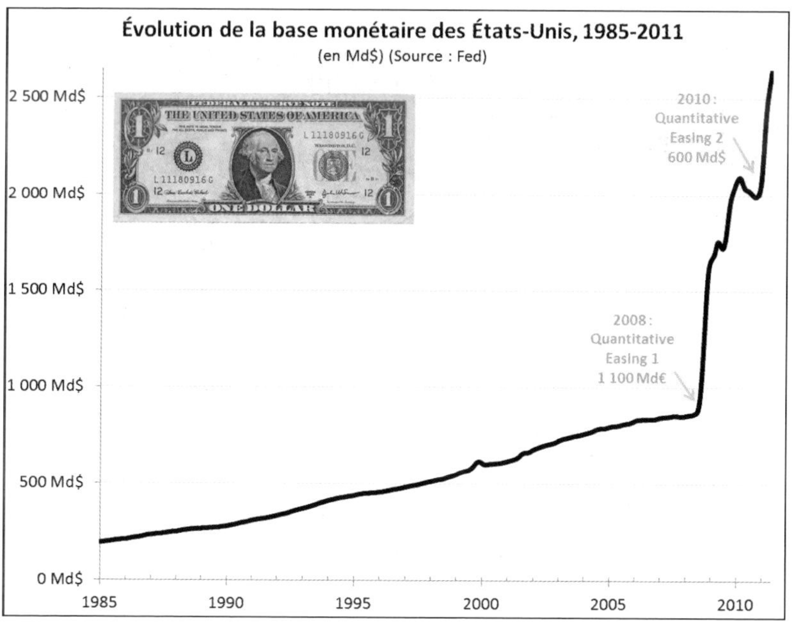

Évolution de la base monétaire des États-Unis, 1985-2011
(en Md$) (Source : Fed)

« **Pendant les crises financières, il n'y a plus d'idéologues**. » [Ben Bernanke, *New York Times*, 22/09/2008]

Chacun appréciera, mais la logique semble donc bien être « moins d'État pour tout le monde, sauf bien entendu pour moi quand j'en ai besoin ». D'autant que Ben Bernanke a lancé une seconde opération de création monétaire fin 2010 (masqué sous le terme de « assouplissement quantitatif » ou *quantitative easing*). À sa grande surprise, le reste du monde a fortement réagi contre cette initiative qui risque d'entraîner une chute du dollar et de l'inflation.

« J'interprète le renflouement des banques [...] comme une nouvelle expansion (certes considérable) d'un phénomène en cours depuis un quart de siècle : la création d'un « **État providence des entreprises** », l'extension et le renforcement de leur « **Sécurité sociale** », alors même qu'on affaiblit la protection sociale des particuliers. » [Joseph Stiglitz, *Le Triomphe de la Cupidité*, 2010]

Un autre problème est que lorsque la banque centrale prête des liquidités aux banques commerciales, elle demande en échange des actifs. Elle se met donc à porter leurs actifs toxiques, risquant de compromettre sa crédibilité – centrale ou pas centrale, elle reste une banque. On met ainsi en danger le pilier du système, en le transformant en *Bad bank* (c'est une structure destinée à recevoir des actifs toxiques, comme pour le Crédit Lyonnais par exemple), alors que le système a terriblement besoin de Good banks.

Le risque de telles interventions (et des prochaines qui ne vont pas tarder à venir, Ben Bernanke réfléchissant à une troisième opération d'assouplissement quantitatif) est bien entendu de saper la confiance dans le dollar, et d'entraîner sa chute, ainsi qu'une phase d'inflation.

C'est un des problèmes issus de l'abandon du système de Bretton Woods en 1971, date jusqu'à laquelle le dollar était convertible en or – ce qui limitait la création monétaire possible.

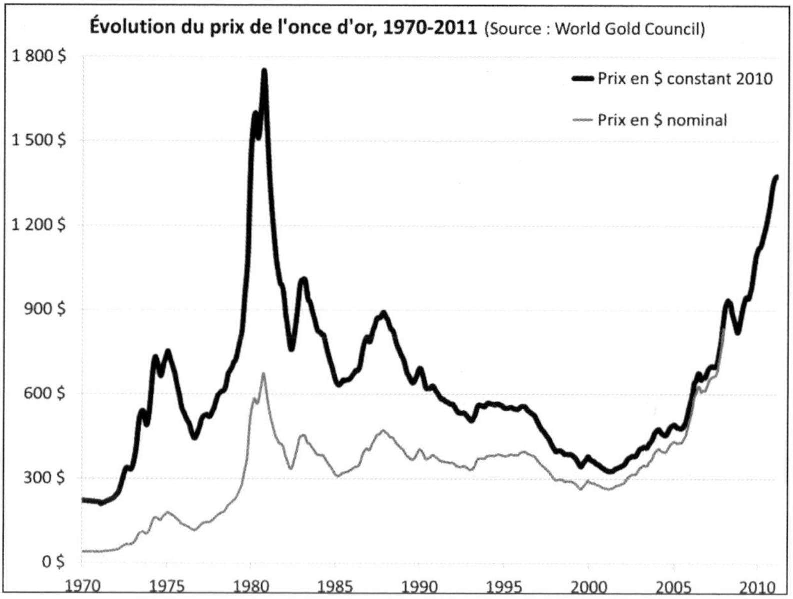

L'or vient donc de connaître une hausse ininterrompue de dix ans, passant de 250 $ l'once en 1999 à 1 350 $ fin 2010, traduisant ainsi la perte de confiance dans le dollar.

On peut finalement se demander si, dans le futur, des générations d'économistes, voire d'anthropologues, ne se demanderont pas pourquoi nous aurons essayé de combattre une crise résultant d'un excès de liquidités et de dettes avec... encore bien plus de liquidités et de dettes...

« Une monnaie papier, basée sur la seule confiance dans le gouvernement qui l'imprime, finit toujours par retourner à sa valeur intrinsèque, c'est-à-dire **zéro**. ». [Voltaire, 1729]

© Paul Zanetti

© RJ. Matson – www.rjmatson.com

2. Les États à la rescousse : le renflouement

© RJ. Matson – www.rjmatson.com

© Chappatte – www.globecartoon.com

Confronté à un début de panique après la chute de Lehmann Brothers, le gouvernement américain de George Bush, par le biais de son ministre de l'économie, Henry Paulson, a lancé les plus grands plans de sauvetage (ou renflouement, en anglais *bailout*) de l'histoire – ce qui est remarquable quand on connaît le rôle limité de l'État américain et le conservatisme des créateurs de ce plan.

Le premier, un plan de stimulation, l'*Economic Stimulus Act* a été voté le 13 février 2008, pour un total de 152 Md$. Il a été rapidement suivi par le plan de secours voté en pleine crise financière, l'*Emergency Economic Stabilization Act* du 3 octobre 2008, ayant créé le TARP et atteignant la somme colossale de 700 Md$. Barack Obama fera voter dès son arrivée un plan pour la reprise, l'*American Recovery and Reinvestment Act* en février 2009, pour 787 Md$ – s'ajoutant aux plans de secours individuels (Fannie/ Freddie….).

Selon l'Inspecteur Général pour le TARP, le total de l'argent dépensé, prêté, ou donné en garantie par les agences publiques fin juin 2010 atteignait **24 000 Md$, donc près de 6 400 Md$ effectivement dépensés**, et 3 700 Md$ après les remboursements intervenus par la suite.

Soutiens du système financier par les agences fédérales depuis 2007 en Md$ (Source : SIGTARP)			
	Bilan au 30/06/2010	Valeur maximale depuis 2007	Garantie maximale
Fed (achats d'actifs toxiques et de bons du trésor)	1 712	3 997	6 670
Trésor US hors TARP	534	551	4 071
Trésor US - TARP	310	624	3 012
FDIC (banques en faillite)	310	350	2 510
Autres agences	825	833	7 674
Total	**3 691**	**6 355**	**23 937**

Il est difficile de bien appréhender ce que représentent **6 300 Md$**. C'est par exemple une somme correspondant à près de **neuf millions de dollars dépensés chaque jour** depuis la naissance de Jésus Christ. Le tableau suivant compare ces sommes aux principales dépenses passées.

Dépense	Coût nominal	Coût en Md$ 2009
Seconde Guerre Mondiale	288	3 600
Nasa (Coût total cumulé)	417	851
Guerre du Vietnam	111	698
Invasion de l'Iraq	551	597
New Deal des années 1930	32	500
Guerre de Corée	54	454
Crise des caisses d'épargne (1988)	153	256
Conquète de la lune	36	237
Achat de la Louisiane	15	217
Total		**7 410**

Donc les seules dépenses réalisées en un peu plus d'une année, sans les garanties, représentent **presque autant que la Seconde Guerre mondiale plus la Guerre du Vietnam**. Ces sommes ont logiquement déséquilibré les comptes publics américains.

Cette course rappelle là encore la situation du Japon qui, suite à l'éclatement de sa bulle immobilière dans les années 1990, a vu son gouvernement voter douze plans de relance pour plus de 1 000 Md€.

« Le Trésor US, vache à lait » © Steve Sack

© Clay Bennett, Times Free Press – www.timesfreepress.com

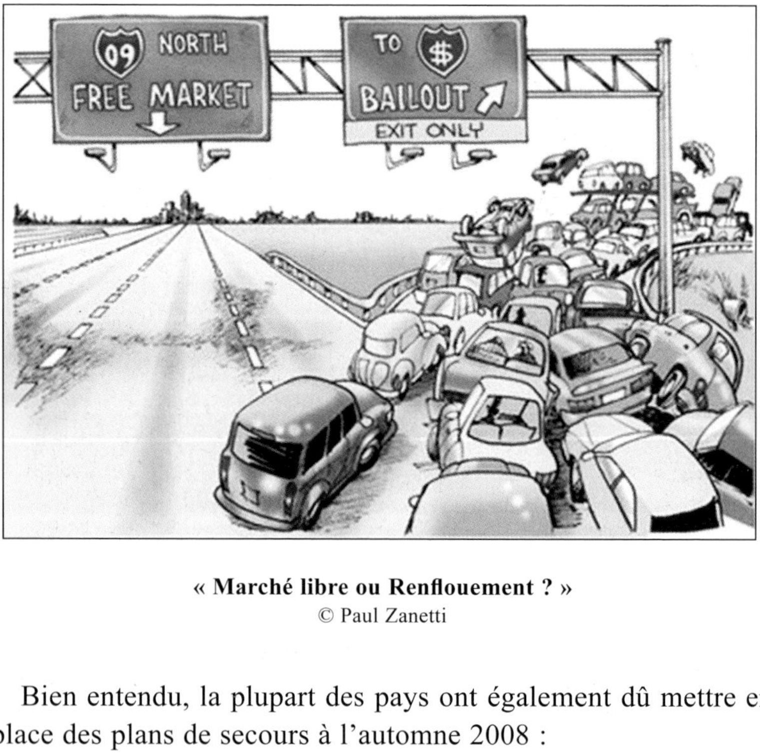

« Marché libre ou Renflouement ? »
© Paul Zanetti

Bien entendu, la plupart des pays ont également dû mettre en place des plans de secours à l'automne 2008 :

- France : garanties bancaires par l'État pour 320 Md€ et recapitalisation des banques pour 40 Md€ ;
- Allemagne : garanties bancaires par l'État pour 400 Md€ et recapitalisation des banques pour 80 Md€ ;
- Grande-Bretagne : garanties bancaires par l'État pour 320 Md€ et recapitalisation des banques pour 64 Md€ ;
- Suisse : recapitalisation d'UBS par l'État pour 3,9 Md€ et achat d'actifs bancaires pour 40 Md€ ;
- Singapour : création d'un fonds de garantie de 75 Md€ ;
- Islande : nationalisation de 85 % du secteur bancaire ;
- Arabie saoudite : aide aux banques de 30 Md€.

Les plans de relance se sont également succédés. Fin 2008, celui de la Chine, très touchée par la chute de ses exportations, a été un des plus importants, avec 4 000 Md de yuans (près de 600 Md$).

© Chappatte – www.globecartoon.com

« Le plan Paulson est une transfusion sanguine à un malade souffrant d'une **hémorragie interne.** » [Joseph Stiglitz, octobre 2008]

© Pat Bagley – The Salt Lake Tribune

Fin 2008, toujours, mais cette fois dans « l'économie réelle », un plan de secours a été lancé par le gouvernement américain pour venir en aide aux constructeurs automobiles.

En effet, les trois principaux constructeurs américains (General Motors [GM], Ford et Chrysler) étaient déjà en situation difficile avant la crise, en raison d'une offre inadaptée (véhicules trop gros consommant beaucoup, comme les SUV) au moment d'une explosion des prix du pétrole. Comme nous l'avons vu, leur part de marché est passée de 65 % à 45 % entre 2000 et 2008, celle des groupes japonais (mais construisant essentiellement aux États-Unis) atteignant alors également 45 % grâce à leur offre de petits véhicules à consommation réduite « à l'européenne ». L'Amérique du Nord est par ailleurs la seule zone où la production automobile a diminué dans les vingt dernières années (-25 %).

Les constructeurs auront ainsi perçu 17 Md$ fin 2008, puis 22 Md$ supplémentaires début 2009. Mais cela n'aura pas empêché la faillite de Chrysler et de General Motors en mai 2009 (39 Md$ de pertes pour GM en 2007 et 31 Md$ en 2008), suivie de leur nationalisation. Lors de son remplacement, les 20 M$ attribués pour sa future retraite à Rick Wagoner, l'ex-PDG de GM, récompensé du titre de « pire PDG de l'année » auront déclenché, encore une fois, une polémique aux États-Unis, surtout après les efforts que l'entreprise a demandé à ses salariés quant à leur protection sociale.

« Ma crainte est que vous preniez cet argent et continuiez avec les **décisions stupides** que vous prenez depuis vingt-cinq ans ». [Député Michael Capuano, 11/2008]

« La dernière chose que je voudrais serait la disparition de l'industrie automobile, mais j'ai aussi le souci que nous ne mettions pas dix milliards, vingt milliards, trente milliards de dollars dans cette industrie, et que six mois ou un an plus tard, les mêmes viennent nous revoir, contrits, et en nous disant « **donnez-nous plus** ». [Barack Obama, 12/2008]

© Paul Zanetti

Mais le point ayant suscité le plus de polémiques est que le gouvernement américain a choisi de **sauver les banques, mais pas les emprunteurs**. Ceux-ci ont donc été expulsés, et ont vu leurs maisons saisies, les banques se tournant alors vers l'État, qui a déversé sur elles des centaines de milliards de dollars. Et sans les nationaliser, ce qui aurait permis de punir les acteurs défaillants, de contrôler l'utilisation de ces fonds et de connaître la situation réelle du secteur.

L'État aurait pourtant pu aider directement les emprunteurs en les finançant – ce qui aurait rendu inutile une aide aux banques, et aurait sans doute permis de lisser les coûts sur deux décennies.

Certains commentateurs ont alors résumé ceci en « **le communisme pour les riches et le capitalisme pour les pauvres** »...

© Dan Wasserman

© RJ. Matson – www.rjmatson.com

© Pat Bagley – The Salt Lake Tribune

© Matt Wuerker – www.politico.com

D'après © Placide - www.leplacide.com

3. Les bonus sont éternels...

© RJ. Matson – www.rjmatson.com

© Paul Zanetti

Un énorme scandale, emblématique, a concerné l'assureur AIG, qui a expliqué au printemps 2009 être contractuellement obligé de verser plus d'**un milliard de dollars de bonus**, dont 165 M$ aux dirigeants et 500 M$ à la direction financière, alors que la compagnie avait fait faillite fin 2008 et avait été sauvée par le gouvernement. Naturellement, l'opinion publique a été scandalisée qu'une partie de ses impôts serve à payer des bonus à des personnes ayant coulé leur entreprise...

© Matt Wuerker – www.politico.com

Une autre compagnie symbolise la cupidité de la finance : Goldman Sachs, banque d'investissement qui a toujours été très proche du gouvernement américain. Plusieurs ministres américains de l'économie ont dirigé cette entreprise avant ou après leur mission, ce qui lui a valu le surnom de Government Sachs.

Goldman Sachs a, comme AIG, été au centre d'une polémique en 2009 sur les bonus versés : 11 Md$ pour 2008, après avoir été renflouée de 10 Md$ par le contribuable américain.

© Rick Kollinger – www.kollinger.com

© Pat Bagley – The Salt Lake Tribune

Mais la plus grosse tache sur la réputation de la banque est venue en 2010, avec l'affaire Abacus, du nom d'un CDO que Goldman avait créé en 2006. En résumé, à la demande du *hedge fund* de John Paulson (ayant personnellement gagné 3,7 Md$ en 2007) sentant la crise arriver, la banque a créé un produit à base des prêts *subprimes* les plus fragiles possibles, et l'a sciemment vendu à ses clients, Paulson pariant sur la baisse. Les acheteurs ont finalement été ruinés, et Paulson a ainsi gagné une fortune. En avril 2010, la SEC, le gendarme de la bourse, a porté plainte contre Goldman Sachs, et le Congrès a ouvert une enquête parlementaire.

Un jeune *trader* français de 28 ans était impliqué, et la publication de certains de ces mails de 2007 éclaire le fonctionnement de ce monde.

« Il y a de plus en plus de leviers dans le système. Toute la construction peut désormais tomber à tout moment... Seul survivant potentiel, « le fabuleux Fab », debout au milieu de toutes ces transactions complexes, (...), exotiques que nous avons créées **sans nécessairement comprendre toutes les implications de ces monstruosités**. [...]

De toute façon, je ne me sens pas coupable à propos de cela, le véritable objectif de mon travail, c'est de rendre les marchés de capitaux plus efficaces et au final, de fournir au consommateur américain des moyens plus efficaces d'avoir accès au crédit et de se financer, donc il existe une justification humble, noble et éthique à mon travail ;) c'est étonnant comme je me convaincs moi-même ! [...]

Selon Sparks, **ce marché est totalement mort** et les pauvres petits emprunteurs *subprime* (ne) **vont pas faire de vieux os !!!** [...]

Je viens juste d'arriver au pays de tes clients préférés (ndlr : la Belgique) !!! **Je viens d'ailleurs de vendre quelques bonds Abacus à des veuves et orphelins** que j'ai croisés dans l'aéroport, décidemment ces Belges adorent les cdo[2] abs synthétiques [...]

Quand je pense que c'est un peu moi qui ai participé à la création de ce produit (qui, soit dit en passant, est un pur produit de masturbation intellectuelle, le genre de truc que tu inventes en te disant : « et si on créait un 'machin' qui ne sert absolument à rien, qui est complètement conceptuel et hautement théorique et que personne ne sait *pricer* ? ») ça fait mal au cœur de voir que ça implose en vol... C'est un peu comme Frankenstein se retournant contre son inventeur ;)

Je suis maintenant un « dinosaure » dans ce business (la durée moyenne d'un employé dans ma boîte c'est à peu près 2-3 ans), les gens me demandent plein de conseils de carrière [...]. J'ai l'impression de radoter tout juste après mon 28e anniv !!! **Ben, encore deux ans de boulot et c'est décidé, je prends ma retraite**. » [Mails du trader Fabrice T. révélés par Goldman Sachs]

Rappelons que Goldman Sachs est une des entreprises où les salariés sont les mieux payés, avec 430 000 $ par an en moyenne en 2010, pour les 30 000 salariés (et 770 000 € de salaire médian !).

Bien entendu, tout ceci a considérablement nuit à l'image de l'entreprise, dont le PDG pense accomplir « l'œuvre de Dieu ».

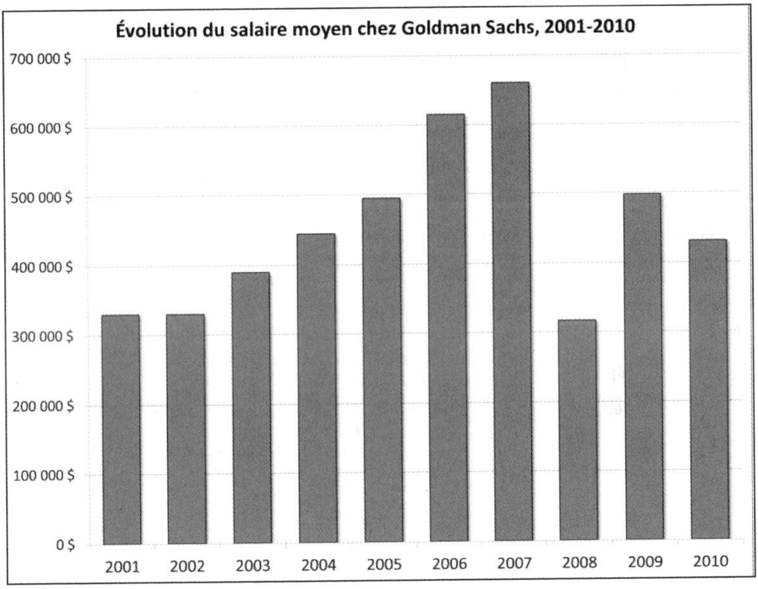

© John Darkow

© Pat Bagley – The Salt Lake Tribune

De nombreux autres scandales autour des PDG ont émaillé l'actualité de ces deux dernières années :

- licenciement de Martin Sullivan, PDG d'AIG : *package* de 47 M$;
- licenciement de Rick Wagon, PDG de General Motors, (86 Md€ de pertes cumulées) : retraite de 20 M$;
- départ de John Thain, ancien PDG de Merrill Lynch (ayant fait refaire son bureau pour 1,22M$) : demande de 10 M$ de bonus suite à la faillite de son entreprise ; refusés...
- départ de Ken Lewis, ancien PDG de *Bank Of America*, poursuivi par la SEC en 2010 : *package* de 83 M$;
- licenciement de Tony Hayward, PDG de BP : 18 M$;
- licenciement de Mark Hurd, PDG de Hewlett-Packard pour un problème de harcèlement sexuel : indemnité de 28 M$.

La France est elle aussi touchée :

- Thierry Morin, quitte Valeo avec 3,2 M€, alors que l'entreprise a été aidée par l'État à hauteur de 19 M€ ;
- Axel Miller quitte Dexia avec 3,7 M€ (y renonce ensuite) ;
- Patricia Russo et Serge Tchuruk quittent Alcatel en grande difficulté avec 6 M€ chacun.

« **Le parachute doré** » © Olivier Berruyer

Et nous ne parlons même pas ici du niveau des rémunérations, globalement maintenu malgré la crise et les pertes. La conclusion est **qu'il n'y a jamais de réelle sanction** que le PDG coule son entreprise, détruise son image, ou même ait des comportements à la limite de la légalité.

Mais, afin de ne pas accabler seulement les PDG, il est vrai que tous les secteurs sont touchés ; Raymond Domenech a par exemple demandé 2,9 M€ d'indemnités pour son licenciement (pour un salaire mensuel de 50 000 euros....).

« L'homme a le désir spontané d'**enrichissement**. Rien d'illégitime à cela. Mais il arrive que ce désir se transforme en **cupidité**. Tant que celle-ci reste individuelle, elle n'a à peu près aucune importance. Mais quand **la cupidité devient le principe actif** d'une institution, d'un système institutionnel, ou même une valeur socialement reconnue, on entre dans le **désordre**.

Qui plus est, en l'absence de croissance, l'enrichissement se fait nécessairement **au détriment d'autrui**. » [Jean Peyrelevade, La Tribune, 2010]

« Des incitations perverses ont encouragé chez les banquiers un comportement risqué, à courte vue. Mais pourquoi y avait-il des **incitations perverses** ? Une réponse s'impose aussitôt : les problèmes de gouvernance d'entreprise, la façon dont étaient déterminées les incitations et les rémunérations. Mais pourquoi la discipline du marché ne s'est-elle pas exercée contre cette mauvaise gouvernance d'entreprise, contre ces incitations mal structurées ? La sélection naturelle est censée opérer par la survie du plus apte : **les entreprises dont la gouvernance et les structures d'incitation étaient les plus aptes au succès durable auraient dû prospérer**.

Ce principe est l'une des victimes de la crise. » [Joseph Stiglitz, *Le Triomphe de la Cupidité*, 2010]

NDR. : ... sauf si les moins aptes au succès durable sont les plus aptes au succès non durable de court terme, et que la sélection naturelle de Mère Nature est remplacée par celle de marchés inefficients...

© Steve Sack

© Paul Zanetti

4. L'impact sur des finances publiques affaiblies

« **Au fond du trou** » © Matt Wuerker – www.politico.com

« **Combattre les déficits par encore plus de dépenses...** »
© RJ. Matson – www.rjmatson.com

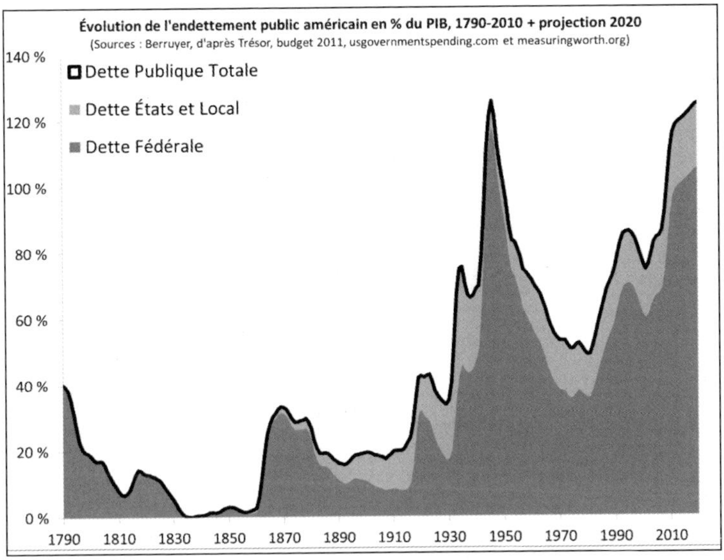

Ce premier graphique résume à lui seul toute la problématique : le gouvernement américain est presque autant endetté que durant la Seconde Guerre mondiale. Sauf que la situation est différente, et qu'ils sont au contraire en train de perdre la « guerre économique » actuelle – sans même parler de l'absence prévisible de Trente Glorieuses dans un proche (et même lointain...) avenir pour rembourser.

Les graphiques suivants illustrent l'évolution des recettes et des dépenses, pour le gouvernement fédéral et pour les administrations locales (incluant ici les États). On observe principalement l'effet du reaganisme (forte augmentation des dépenses, et diminution des recettes), les efforts de Bill Clinton pour générer un excédent (oublié depuis 1957), le néo-reaganisme de George Bush. On note aussi le poids des guerres, même si le niveau actuel gigantesque des dépenses militaires reste très en deçà de sa moyenne historique ; on note les effets de la Seconde Guerre mondiale, de la guerre de Corée, de celle du Vietnam et de celle contre le « terrorisme ». Si le gouvernement fédéral a globalement stabilisé ses dépenses durant cinquante ans, ce sont en fait les administrations locales qui ont pris le relais.

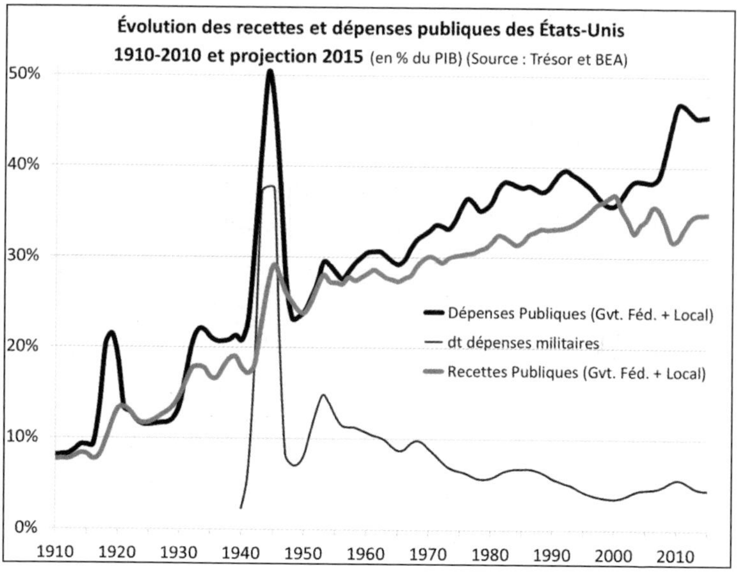

On note que la progression des dépenses publiques et du déficit liées à la crise actuelle est considérable – leur niveau est désormais très proche de celui durant la Première Guerre mondiale –, et touche les administrations fédérales comme locales.

Dans son budget pour 2012 – intitulé « Du sauvetage à la reconstruction » (le budget 2011 était « Le sauvetage de l'économie »...) –, le président Obama a réalisé l'intéressant travail prospectif de dresser un plan budgétaire jusqu'à 2021. Les graphiques suivants en donnent une synthèse.

Le président prévoit donc :

- une reprise de la dégradation des comptes en 2011 ;
- une nette hausse des dépenses en 2011, s'accompagnant d'une légère baisse des recettes ;
- une nette amélioration à partir de 2012 par diminution des dépenses et hausse des recettes (pendant une année électorale...) ;
- et un maintien d'un déficit de 3 % du PIB jusqu'en 2021.

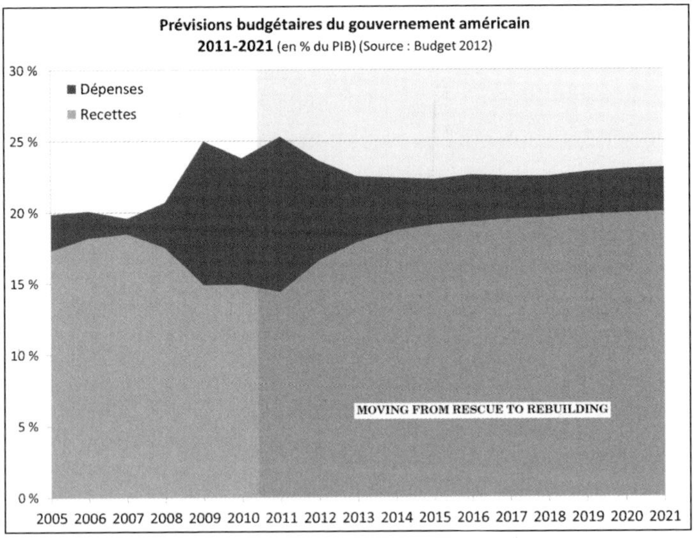

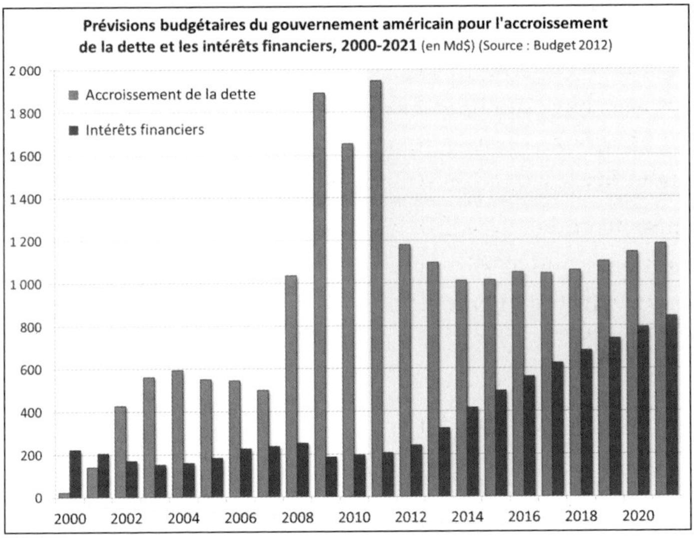

Les prévisions officielles tablent ainsi sur un quasi-triplement de la charge de la dette dans les dix années à venir (passant de 1,3 % à 3,4 % du PIB – soit 600 Md€ de plus). La baisse observée en 2009 et 2010 est liée au fait que la dette a une durée moyenne relativement courte, et qu'elle se renouvelle donc rapidement.

L'État a donc bénéficié de la chute des taux survenue depuis 2007, ce qui a réussi à contrebalancer provisoirement l'effet de la forte hausse de la dette.

En conclusion, on note que si le gouvernement américain anticipe une amélioration relativement rapide, il prévoit toutefois le maintien à long terme d'une situation financière dégradée. Or, comme tout budget, il est bâti sur des prévisions macro-économiques :

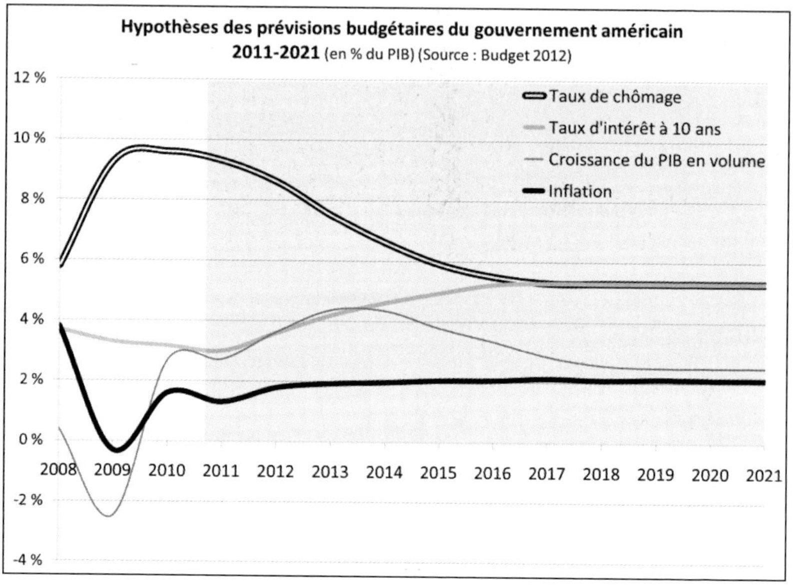

On constate malheureusement que ces prévisions budgétaires déjà inquiétantes sont en fait bâties sur des **hypothèses peu crédibles** : recul rapide du chômage, maintien de taux d'intérêts très bas (malgré près de **13 000 Md$ supplémentaires à emprunter entre 2011 et 2021**, sans parler de la dette existante à faire rouler, les prêteurs remboursés ne re-prêteront pas forcement), croissance soutenue (notons qu'une forte baisse tendancielle est anticipée), et aucune inflation malgré la création monétaire débridée de la Fed.

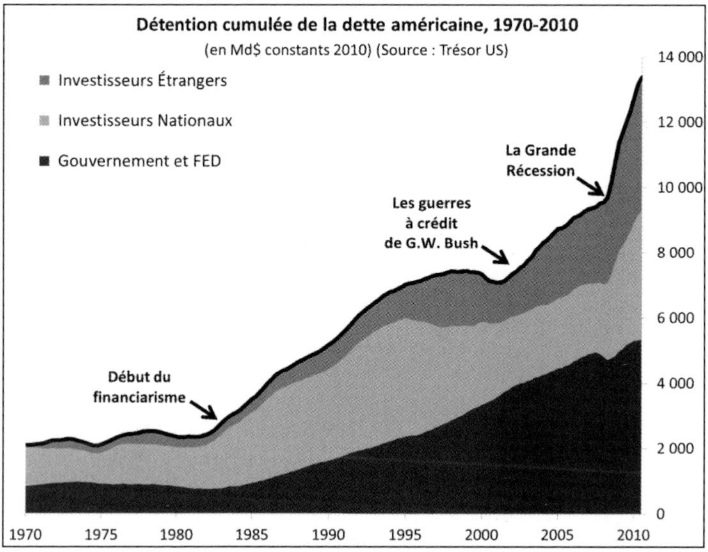

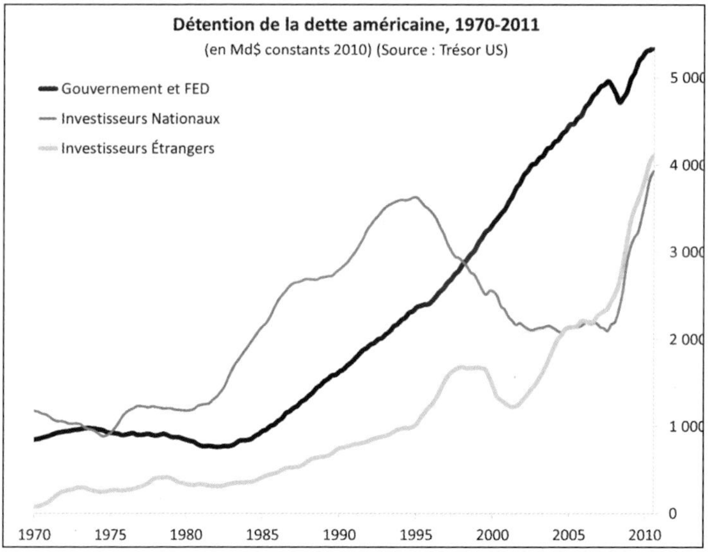

On observe le soutien massif des agences publiques dans les achats de bons du trésor, ainsi que la hausse des soutiens étrangers – qui ne représentent toutefois encore que moins du tiers de la dette US.

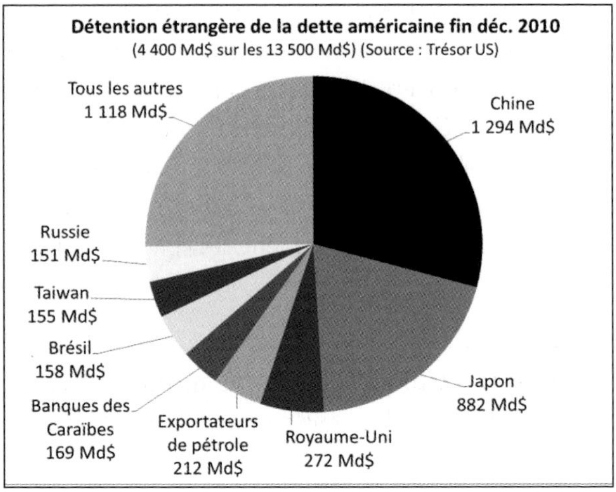

On note que la Chine représente 30 % des acheteurs étrangers de la dette américaine – ceci ne représentant que **moins de 10 %** du total.

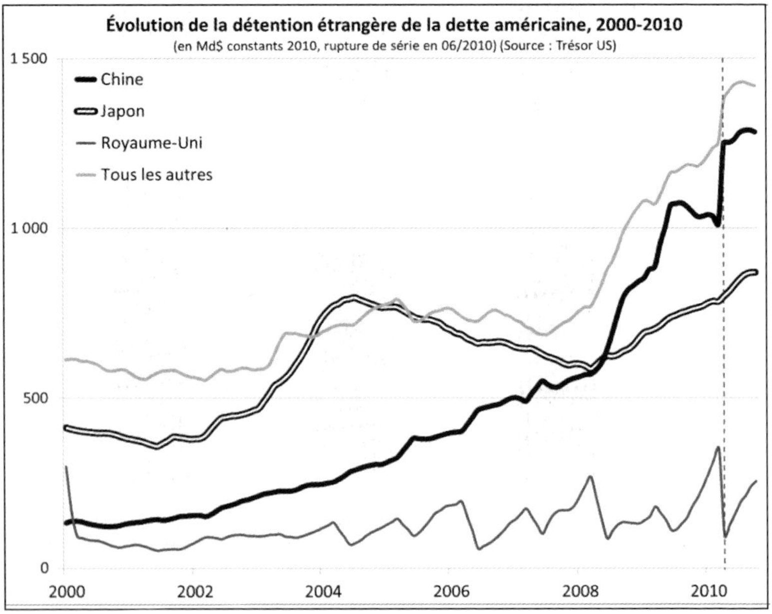

On constate qu'en 2009 et 2010, la Chine et le Japon (deux des plus grands exportateurs mondiaux) ont représenté à eux deux **plus de 60 % des acheteurs étrangers** de la dette américaine nouvellement émise. Comme en 2010 la Chine a effectué ces achats depuis le Royaume-Uni, le Trésor américain a modifié sa comptabilisation fin 2010 afin de prendre en compte la nationalité réelle de l'acheteur, et non plus simplement son pays d'achat.

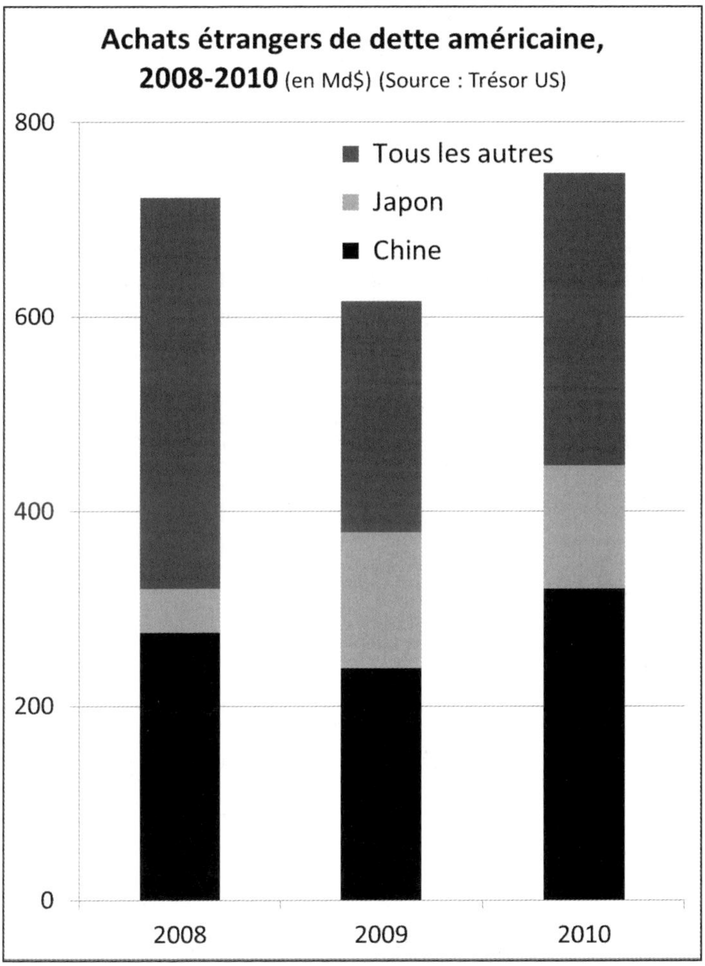

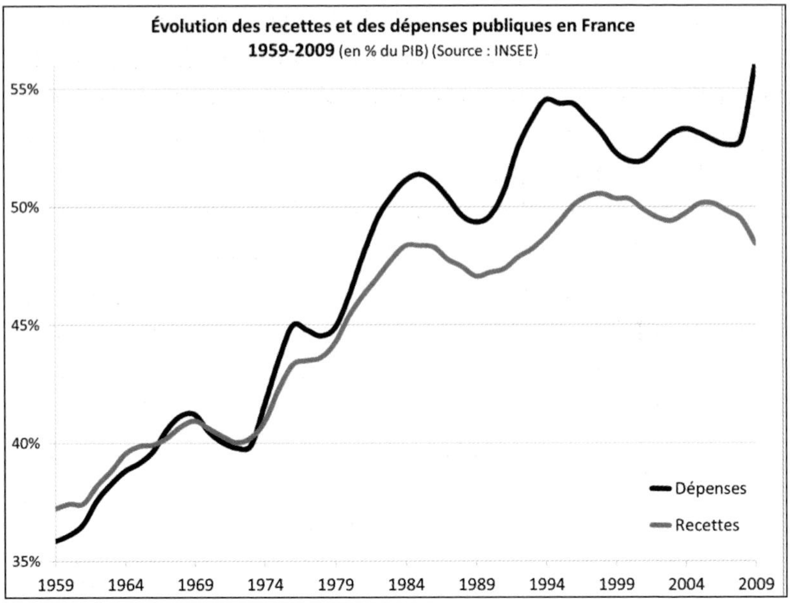
Évolution des recettes et des dépenses publiques en France
1959-2009 (en % du PIB) (Source : INSEE)
55%
50%
45%
40%
35%
Dépenses
Recettes
1959
1964
1969
1974
1979
1984
1989
1994
1999
2004
2009

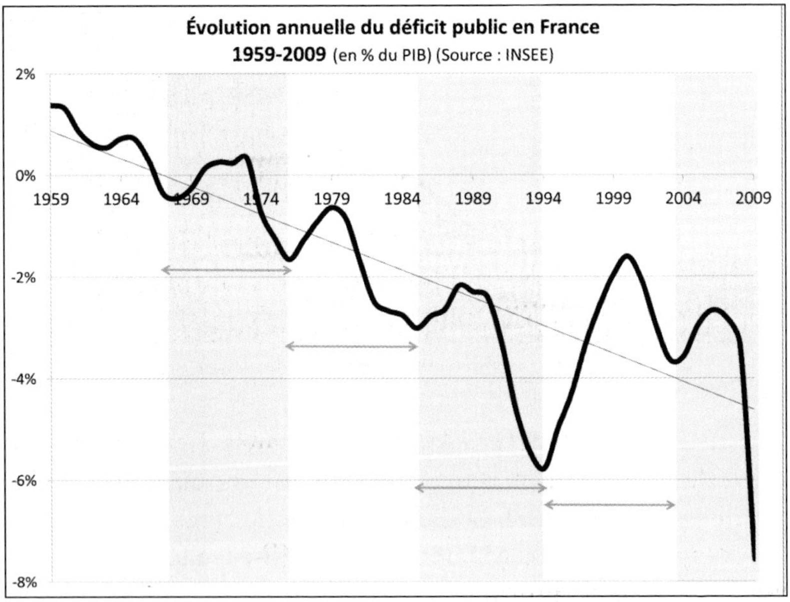
Évolution annuelle du déficit public en France
1959-2009 (en % du PIB) (Source : INSEE)
2%
0%
-2%
-4%
-6%
-8%
1959
1964
1969
1974
1979
1984
1989
1994
1999
2004
2009

Analysons enfin la situation de la France. Ici, la situation est encore plus nette : **les comptes publics sont en déséquilibre depuis 1974** (l'anniversaire des **40 ans de laxisme budgétaire en 2014** risque d'être piquant...). Chacune des crises à répétition a fait apparaître un pic de dépenses : 1967, 1976, 1985, 1994, 2003 (soit **exactement tous les 9 ans** !) et surtout 2009 (la crise prévisible en 2012 est donc arrivée largement à l'avance...)

On observe naturellement en regard de ces pics de dépenses une hausse parallèle de la dette publique, en augmentation constante depuis 1974. On observe que c'est bien la dette de l'État qui explique cette très forte croissance.

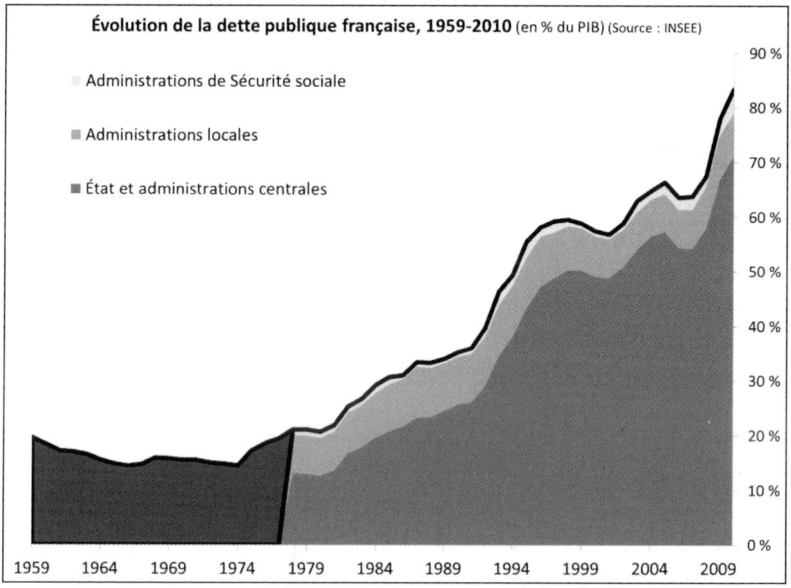

La dette des collectivités locales reste faible dans l'économie nationale, et celle de la Sécurité sociale est presque négligeable à ce niveau de déficit... L'horizon d'une dette représentant 100 % du PIB (pouvant donc générer 5 % du PIB en intérêts pour les prêteurs en cas de probable hausse des taux, soit 100 Md$ par an, égal à deux fois l'impôt sur le revenu, alors que le budget de l'Éducation nationale est de 60 Md€) semble proche.

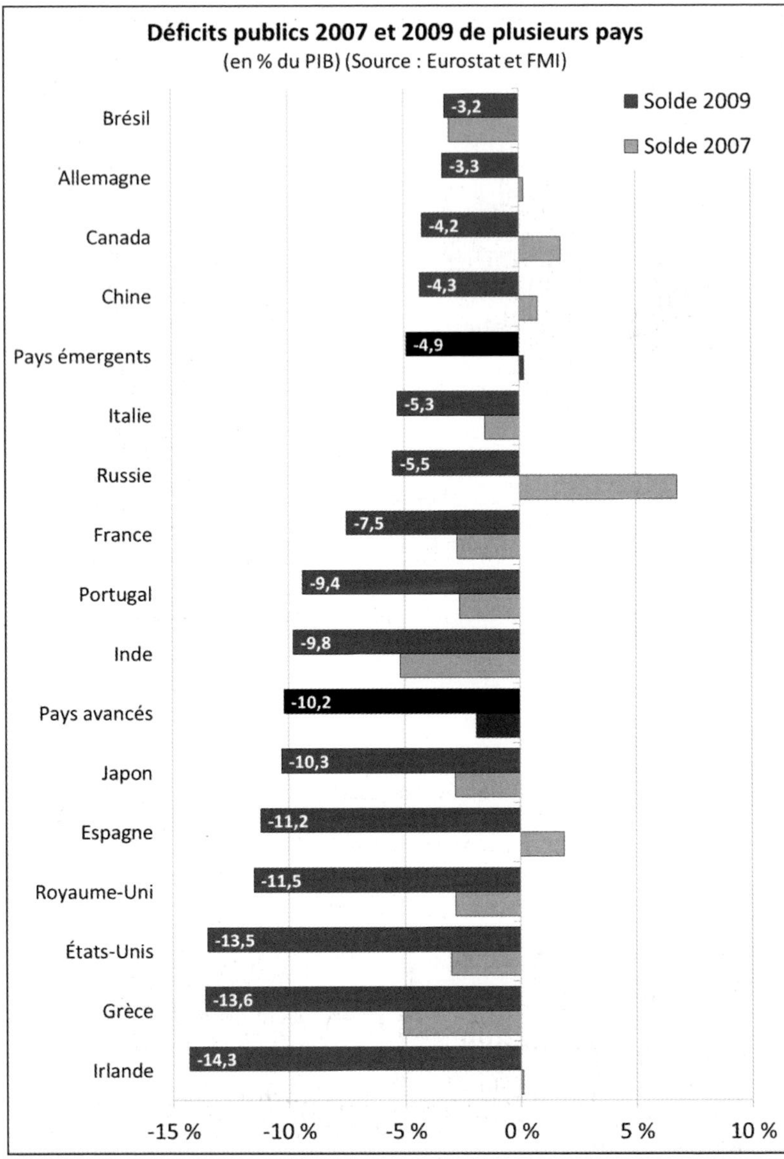

On constate enfin sur le graphique précédent à quel point la crise a fragilisé tous les pays. Les plus atteints ont fini par tomber…

« Wall Street est sauvé, mais qui sauvera le contribuable ? »
© Paul Zanetti

© Nate Beeler

5. Les États en difficultés

« **La faillite de Dubaï** » © Peter Brookes

© Jiho – www.jiho.fr

Rappelons schématiquement le déroulé de la crise financière :

- le système économique de croissance à outrance se **grippe** avec la crise des années 1970, clôturant les Trente Glorieuses ;
- le **néo-conservatisme** développe un modèle d'inégalités croissantes, de mondialisation et de dérégulation ;
- la **financiarisation** de l'économie permet une forte hausse de l'**endettement** privé (compensant la stagnation du pouvoir d'achat) et public (permettant des baisses d'impôts à crédit) ;
- fatalement, les bulles générées (bourse, immobilier, matières premières...) finissent par exploser, précipitant les banques privées vers la faillite ;
- les gouvernements volent à leur secours (logiquement à ce stade – il fallait réguler avant...) en injectant des milliers de milliards dans le système économique ;
- les banques sont (temporairement) sauvées, mais les États se retrouvent en grande difficulté, et leur endettement explose...

Lorsque le système financier s'est effondré, il a appelé l'État (dont il ne voulait pas d'intervention avant la crise) à la rescousse, comme il l'avait déjà fait plusieurs fois auparavant. L'État est alors intervenu – sauf qu'en fait, il n'en avait pas les moyens, les besoins étant désormais sans commune mesure avec ses capacités, *a fortiori* lorsqu'elles ont été diminuées par des décennies de mauvaise gestion court-termiste. Tous les plans de sauvetage ont finalement consisté à essayer de combler l'énorme trou laissé par la finance par un trou équivalent dans les finances publiques – car enfin, **comment un État surendetté pourrait-il réellement aider un système financier surendetté** ?

Le système financier a réussi ainsi l'exploit d'entraîner avec lui dans sa chute les États.

> « **La priorité du sauveteur est de se protéger.** » [*Référentiel national du secourisme,* I.1-1]

« Le gouvernement secourant les banques et les consommateurs »
© John Trever

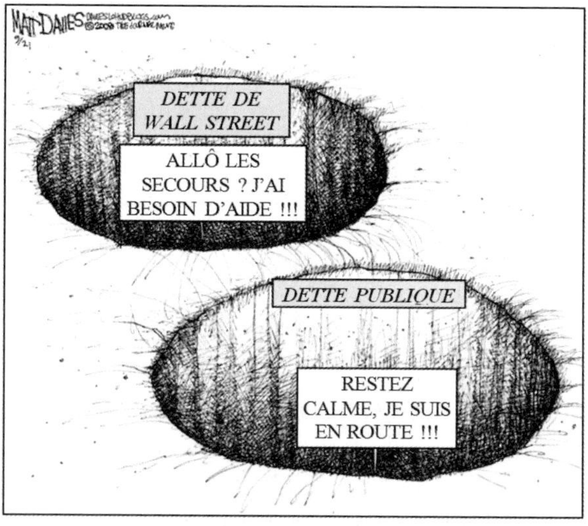

© Matt Davies

L'Islande a ouvert le bal en 2009, avec une incroyable histoire qu'il convient de résumer. Le pays a décidé de se reconvertir en plaque tournante de la finance internationale dans les années 1990, afin de diversifier ses sources de revenus traditionnelles (pêche et tourisme). Son secteur bancaire est donc parti à la conquête du monde. En sept ans, le petit secteur financier islandais a été multiplié par vingt, pour représenter **onze fois le PIB du pays**.

Une des principales banques du pays, Landsbanki est ainsi partie à la conquête de l'Angleterre et des Pays-Bas, via sa filiale bancaire en ligne, IceSave, qui proposait de rémunérer l'épargne entre 6,50 % et 8 % par an. Attirés par ces taux exceptionnels, soit disant « sans risque », ce sont près de 300 000 personnes crédules qui ont confié leurs économies à cette banque, issue d'un pays de 320 000 habitants...

Avec la crise financière de l'automne 2008, Landsbanki et ses consœurs ont été balayées, en raison de pertes gigantesques. L'État islandais les a nationalisées pour les sauver de la faillite.

Les gouvernements anglais et néerlandais ont alors décidé de rembourser intégralement leurs épargnants (alors que rien ne les y obligeait, chacun étant responsable de ses actes, surtout quand ils consistent à confier ses économies à un pays plus petit qu'un arrondissement parisien...). Et ils se sont alors tournés vers le gouvernement islandais, en exigeant de façon abrupte le remboursement de respectivement 3,7 Md$ et 1,9 Md$.

Un accord a été signé en juin 2009 entre les gouvernements, où l'Islande s'engageait à rembourser 3,8 Md$ sur quinze ans. Cette somme gigantesque représentait **40 % du PIB islandais** (alors en récession historique de près de 7 %), soit près de 50 000 € par foyer, et était majorée d'intérêts annuels de 5,5 %.

Pour bien comprendre, imaginons simplement que BNP Paribas ait fait des investissements malheureux auprès de clients islandais, et que le gouvernement islandais exige alors **800 Md€** au contribuable français pour rembourser ses propres épargnants imprudents...

Après de longs débats, il s'est trouvé une majorité au parlement islandais pour accepter le 31 décembre 2009 les demandes anglaise et néerlandaise – sous des pressions internationales et du chantage étatique qu'on pensait avoir oubliés depuis la guerre...

L'histoire aurait pu en rester là, mais le peuple islandais s'est révolté. Plus de 25 % des islandais ont alors signé en quelques jours une pétition demandant au président Olaf Ragnar Grimson de ne pas ratifier la loi. Il a alors refusé en janvier 2010, et a convoqué un référendum. Le 6 mars 2010, **93 % des électeurs ont voté non**, refusant le déraisonnable accord de remboursement. En septembre 2010, le parlement a demandé que l'ancien premier ministre Geir Haarde et plusieurs ministres soient traduits en Haute Cour de Justice en raison de « négligences flagrantes » durant la crise de 2008. Le 9 avril 2011, les électeurs ont de nouveau refusé à 60 % un second accord. Les négociations patinent depuis lors.

« **Le peuple est le juge suprême de la validité de la loi**. » [Olaf Ragnar Grimson, président islandais, janvier 2010]

« **Nous avons découvert que nous étions victimes d'un capitalisme néolibéral rapace**. Nous faisons face à un front uni de l'étranger [...] Les peuples étrangers sont de plus en plus conscients que ce n'est pas un conflit entre États, mais une dispute entre le peuple et le capital. » [Ogmundur Jonasson, ancien ministre islandais de la Santé, mars 2010]

« **J'ai bon espoir que les philosophies néolibérales cupides ne seront plus tolérées avant longtemps**. Et pas seulement en Islande. **La cupidité est devenue un modèle**. En tant que ministre des Finances, je vais à des rencontres internationales. Et je trouve que la discussion est malheureusement fort courte. On parle du système de régulation, de ce qui est fait et de ce qu'il reste à faire. **Mais jamais on ne touche les racines du problème. Nous devons discuter les fondamentaux moraux et idéologiques** qui nous ont amenés à la débâcle, si nous voulons vraiment tirer les leçons de tout cela. » [Steingrimur Sigfusson, ministre islandais des Finances, février 2010]

Dubaï a suivi fin 2009. Ce petit émirat de deux millions d'habitants, disposant de peu de pétrole, a décidé dans les années 1990 de se reconvertir dans le tourisme – et les projets immobiliers démesurés se sont succédés dans cette cité-État. Fin novembre

2009, le principal fonds public du pays a demandé à rééchelonner sa dette de 60 milliards de dollars, ne pouvant plus honorer son remboursement. Le pays a finalement évité la faillite grâce au soutien de son voisin Abou Dhabi.

Mais c'est surtout début 2010 en Europe que le risque souverain est vraiment devenu tangible – pour **la Grèce**, et pour ses compagnons d'infortune (Portugal, Italie, Irlande et Espagne).

La Grèce s'est en effet retrouvée noyée sous sa dette abyssale de près de 120 % du PIB. Portée par une croissance de plus de 4 % durant les années 2000, elle n'en a pas profité pour réformer son économie ni réduire ses déficits et sa dette, qui est pratiquement toujours restée au-dessus de 100 % dans cette période. La crise ayant touché de front les deux secteurs essentiels de l'économie, le tourisme et le transport maritime, elle a rendu les choses difficilement tenables pour le pays. Il s'est alors enfoncé dans la récession, et a commencé à susciter la méfiance des prêteurs, surtout quand il annonce fin 2009 un déficit public de 13 % du PIB.

Les agences de notation dégradent alors sa note en décembre 2009, poussant à la hausse les taux d'intérêt que doit payer l'État grec pour financer son déficit. Le gouvernement a alors commencé à prendre des mesures d'austérité : gel des salaires publics en février, suivi d'un plan massif en mars : hausse de 2 points de la TVA, gel des pensions des retraités, diminution des primes du secteur public.

En février 2010, il apparaît que Goldman Sachs (encore elle....) a aidé le gouvernement grec à « maquiller ses comptes » afin de masquer une partie des déficits. Cette polémique est le signal de l'explosion des taux d'intérêt appliqués à la Grèce. Pour la première fois depuis 2002, on assiste à une nette divergence des taux souverains entre États de la zone euro.

> « Il est scandaleux que les banques, qui nous ont déjà amenés au bord du précipice, aient également participé à la falsification des statistiques budgétaires de la Grèce » [Angela Merkel, février 2010]

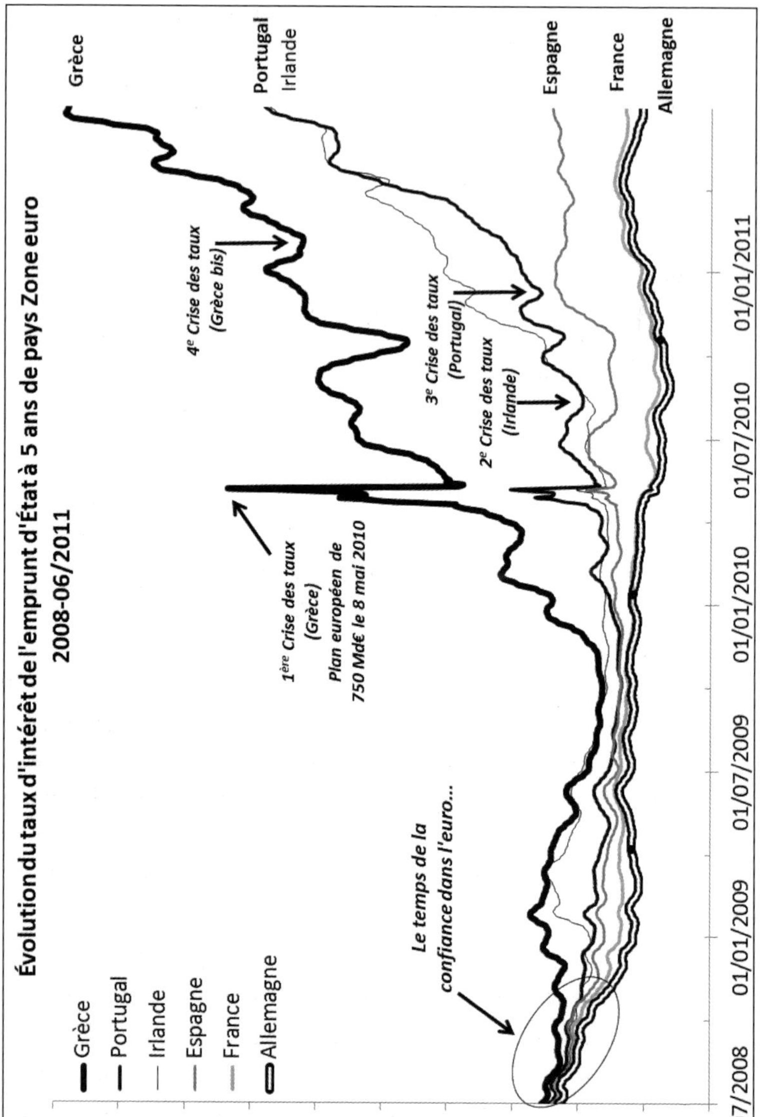

« Ce qui est arrivé en Grèce est complètement inadmissible : que pendant des années on puisse falsifier ses statistiques officielles » [Angela Merkel, mai 2010]

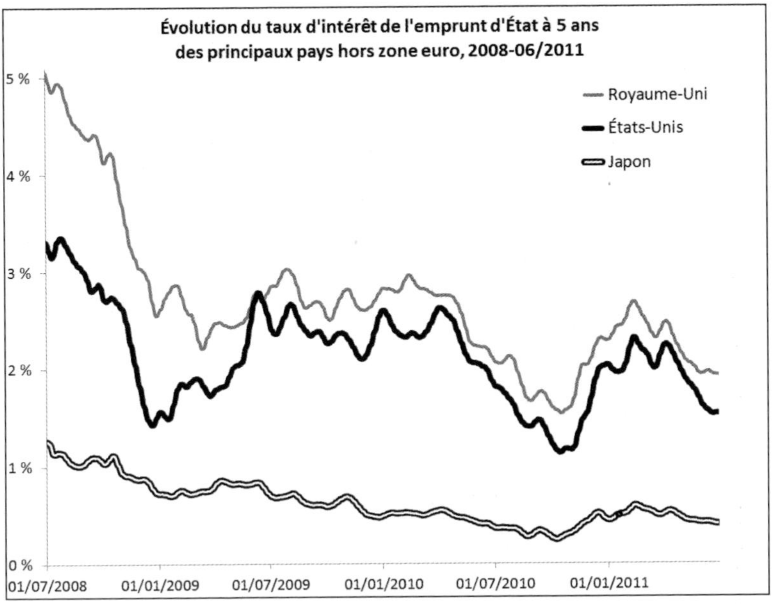

On assiste alors à un cercle vicieux : plus les marchés sont inquiets, plus les taux montent, plus ils étranglent le pays, plus les marchés sont inquiets... Durant des semaines, les pays européens, et en particulier l'Allemagne qui refuse d'être solidaire avec un pays non rigoureux, tergiversent sur l'opportunité d'aider la Grèce. Les taux grecs dépassent alors 8 % en avril. La situation se dégradant, le principe d'un premier plan de 30 Md€ est voté le 11 avril, mais ne calme pas les marchés. Le 23 avril, la Grèce demande l'activation du plan européen et l'aide du FMI.

Fin avril, les notes de l'Espagne et du Portugal sont dégradées. Le 2 mai, un nouveau plan d'aide est accepté, à hauteur de 110 Md€ (80 Md€ de pays de la zone euro, 30 du FMI). La Grèce annonce alors son quatrième plan d'austérité : forte augmentation de l'âge de départ en retraite et passage de la durée de cotisation de 37 à 40 annuités d'ici 2015, suppression des 13e et 14e mois pour les fonctionnaires et les retraités, nouvelle hausse de 2 points de la TVA, hausse des taxes sur l'essence (près de quarante centimes de plus par litre au total), diminution des investissements publics.

Le 5 mai, une manifestation dégénère et tourne à **l'émeute** : trois employés meurent accidentellement dans une banque incendiée par des cocktails Molotov.

© Régis Hector – www.hector-bd.com

Le 7 mai, les taux d'emprunt grecs frôlent les 15 % annuels : les marchés n'ont toujours pas été rassurés.

Mais c'est le 9 mai que, dans la crainte que la crise grecque ne s'étende à l'Espagne, au Portugal voire à l'Italie, l'Union européenne (en coopération avec le FMI) se dote d'un **fonds de stabilisation de 750 Md€** : la commission européenne est autorisée à emprunter 60 Md€, les États apportent 440 milliards et le FMI 250 Md€. La réaction des marchés est euphorique le 10 mai (hausse historique de 9,7 % du CAC 40).

> « Nous avons décidé d'envoyer un signal extrêmement fort aux marchés pour protéger l'euro. Je suis convaincue que le mécanisme va fonctionner. [Christine Lagarde, 10 mai 2010] »

Mais le répit aura été de courte durée. Mi-juin la note grecque est de nouveau abaissée, les grèves générales reprennent pour protester contre les mesures d'austérité, et les taux repartent à la hausse. Ils atteignent ainsi plus de 13 % après la seconde crise sur les taux à l'automne 2010, déclenchée en raison de craintes sur **l'Irlande**. On observe même début 2011 des tensions inquiétantes sur le Portugal et l'Espagne. Les marchés n'arrivent pas à être rassurés malgré les plans de soutien.

© Chappatte - www.globecartoon.com

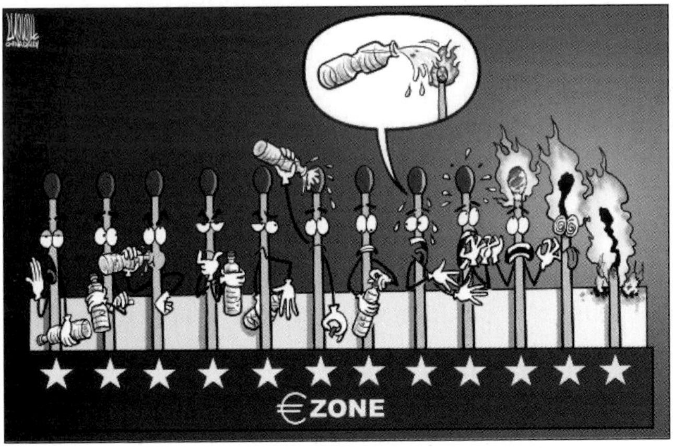

© Luo Jie – China Daily

A contrario, l'Allemagne et la France apparaissent comme des « valeurs refuges », malgré leur situation également difficile – mais perçue comme moins pire que les autres.

© Chappatte - www.globecartoon.com

Mais le plus étonnant reste le cas des États-Unis, du Royaume-Uni et du Japon qui ont eux aussi connu une baisse de leurs taux, alors que leurs situations budgétaires figurent parmi les plus difficiles. On observe toutefois une nette tension sur leurs taux depuis la « mini crise » d'octobre 2010. Il en est de même pour le Japon, qui, malgré sa dette dépassant les 200 % du PIB, emprunte encore à moins de 0,5 % à 5 ans – même s'il s'agit dans son cas particulier du recyclage de son épargne intérieure.

Ainsi, les marchés sont tellement craintifs, et l'absence d'alternative d'investissement sûr est si criante, qu'ils acceptent de perdre de l'argent en prêtant à des États, les taux à court terme étant ici largement inférieurs à l'inflation.

Angela Merkel a finalement bien résumé la problématique :

> « **Tout ce que nous avons fait avec (ces plans), c'est gagner du temps** pour que les disparités en termes de compétitivité et d'écarts de déficits entre les pays de la zone euro soient réglés » [Angela Merkel, mai 2010]

C'est tout le problème de l'euro – son défaut originel : rien n'a été prévu pour corriger fortement les écarts entre pays. En 1961, Robert Mundell a émis la théorie des zones monétaires optimales qui vise à évaluer l'opportunité d'une union monétaire entre pays, qui entraîne des avantages économiques, tels que l'élimination des coûts de transaction mais implique de renoncer à un outil de régulation des chocs asymétriques (qui ne touchent qu'une partie de la zone). Il a obtenu pour cette théorie le prix Nobel d'économie en 1999, qui permet de mieux cerner le problème de l'euro, car la zone euro n'est pas une « zone monétaire optimale ».

Par exemple, il y a un écart de compétitivité entre l'Allemagne et la Grèce. Le gouvernement allemand « exploitant » sa population, comme nous le verrons, l'écart s'accroît entre les deux pays, et les déficits augmentent. Sans l'euro, la Grèce dévaluerait sa drachme, et retrouverait de la compétitivité. Mais ce n'est ici plus possible, et Mundell a démontré qu'il ne reste alors que trois principales alternatives :

1. **la Grèce fait la même chose**. Elle se cale sur l'Allemagne et augmente sa compétitivité moyennant tous les sacrifices imaginables (soulignons que le peuple grec risque bien de ne pas suivre...). On est alors dans une spirale où il faut en permanence s'aligner sur le pays exploitant le plus sa population, au nom de la sacro-sainte « compétitivité ». Ainsi, plus un pays se fait du mal, plus il faut s'en faire...
2. **les chômeurs grecs vont travailler en Allemagne**. C'est ce qui se passe aux États-Unis, où la population peut être très mobile, mais ceci est facilité par la mentalité américaine, et surtout le fait qu'il s'agit du même pays. En Europe, cette solution poserait rapidement des problèmes d'acceptabilité au peuple d'accueil.
3. **un fort transfert budgétaire a lieu de l'Allemagne vers la Grèce pour compenser**. C'est ce qui se passe au sein d'un pays, la région parisienne aidant par exemple la Corrèze. Mais les égoïsmes nationaux y sont-ils prêts ?
4. **la Grèce instaure une taxe douanière** des produits allemands pour compenser l'écart compétitif. Les traités européens interdisent ceci (et ce n'est pas cohérent avec une monnaie unique).

Il n'y a guère d'autre solution dans le cadre actuel. Ne resterait sinon que **le retour de l'euro au statut de monnaie commune** de 2001 pour dévaluer une nouvelle drachme face à un nouveau mark.

De même, que fera la BCE s'il y avait une déflation en Allemagne et une forte inflation en Grèce ?

En synthèse : soit les pays acceptent des pertes de souveraineté en allant vers plus d'harmonisation et de fédéralisme, soit l'euro explosera. **Pour désagréable que ce soit, il convient de choisir rapidement une de ces solutions avant que les événements nous en imposent une.**

L'Euro, une chance pour la France, une chance pour l'Europe
[NdR. : Pour mémoire...]

« L'Union européenne, les États membres et de nombreuses entreprises ont d'ores et déjà engagé les préparatifs pour l'introduction de l'euro. [Cette monnaie] cimentera le rapprochement des citoyens européens, auxquels elle offrira davantage de bien-être, de cohésion et de capacités d'action. [...] Savons-nous que l'euro apportera : [...]

3/ **Une gestion saine des finances publiques**. Celle-ci est de toute façon indispensable. Mais cordonnée à l'échelle européenne, elle favorisera la croissance au sein d'un grand marché homogène, facilitera la modération des impôts et des taux d'intérêt bas ; [...]

7/ Dans cette Europe unifiée par l'économie et la monnaie [...] **Des solidarités nouvelles pourront alors naître dans les domaines sociaux, culturels et politiques**. Ainsi se forgera une Europe **plus harmonieuse et plus démocratique**. [...] »

[Appel signé par 35 personnalités françaises du monde de l'entreprise, des médias. *Le Monde* du 28 octobre 1997]

« Dans le monde réel, bien sûr, les monnaies sont principalement l'expression de la souveraineté nationale. La réorganisation monétaire ne sera donc possible qu'à la condition de s'accompagner de **changements politiques** profonds. [...] Du point de vue strictement économique, je pense que **les avantages de l'euro sont écrasants**. » [Robert Mundell, *Options politiques*, 2001]

« Si l'existence de l'euro entraîne une augmentation majeure de la **flexibilité**, l'euro prospérera. Sinon, comme je crains que cela soit probablement le cas, avec le temps, lorsque les membres de la zone euro connaîtront un flot de **chocs asymétriques**, les difficultés économiques surgiront. Les différents gouvernements seront confrontés à des pressions politiques très différentes, qui entraîneront probablement des **conflits politiques**. » [Milton Friedman, *Options politiques*, 2001]

© Joep Bertrams

© Steve Sack

© Rodho – http ://blorg.canalblog.com

6. Des dettes désormais incontrôlables. L'exemple français

© Martin Vidberg – http ://vidberg.blog.lemonde.fr

La dernière grande crise, au milieu des années 1970 a mis un point final à une période inédite de croissance, de progrès social et de réduction des inégalités dans les pays occidentaux. Depuis lors, ces pays n'ont pas su trouver un modèle de **prospérité durable**.

Certains, comme les États-Unis, ont suivi un modèle ayant entraîné une explosion des **inégalités**, d'autres, comme la France, ont suivi un modèle ayant abouti à une **explosion du chômage**. Mais tous ces modèles n'étaient pas durables, car ils avaient en commun de s'appuyer sur des déficits publics permanents, soutenant artificiellement leur activité – dans les périodes de crise comme dans celles de prospérité. **La dette perpétuelle semble être la seule solution des gouvernements**...

« Le plan de reconstruction de l'économie américaine »
© Dave Granlund – www.davegranlund.com

Et c'est bien là tout le problème. Dans une crise majeure, l'État doit absolument **intervenir** pour soutenir et relancer l'économie, quitte à faire du déficit. Mais il y a une contrepartie : dès que la crise est terminée, non seulement il ne doit plus faire de déficit, mais il doit encore dégager un **excédent** (par une augmentation des impôts et/ou une baisse des dépenses) pour rembourser ses dettes.

Or, depuis 35 ans, force est de constater que l'État pratique le « Pile je suis en déficit, face je ne suis pas en équilibre ». Ceci se payant soit par une absence de moyens en cas d'urgence, soit, bien pire, par des déficits gigantesques en cas de crise.

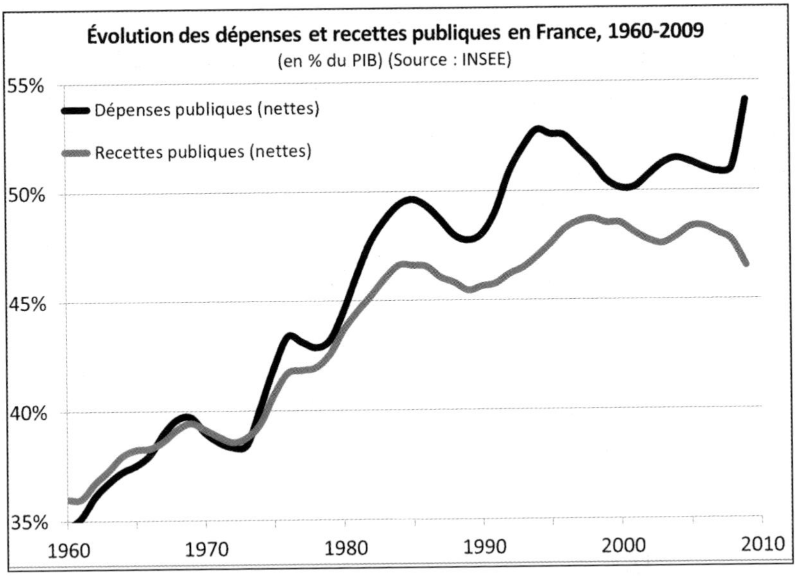

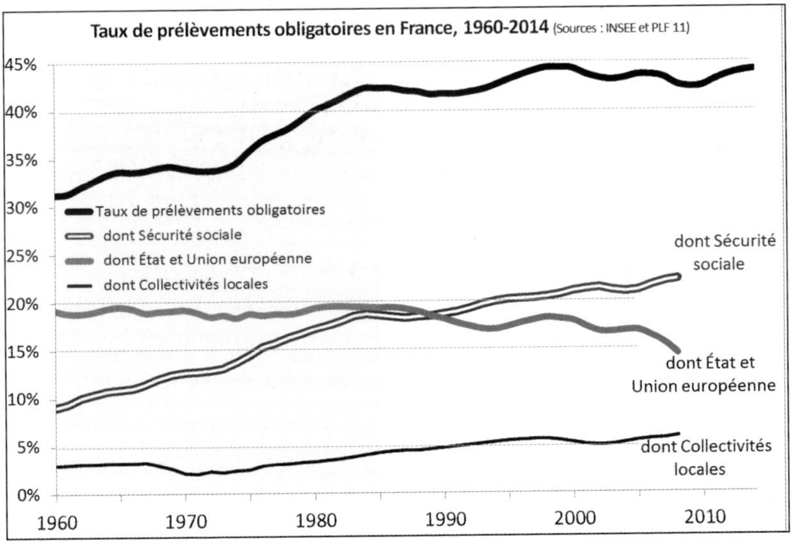

On observe ainsi la nette déconnexion des recettes par rapport aux dépenses publiques depuis le milieu des années 1980. Depuis cette date, le taux des prélèvements obligatoires fluctue entre 40 % et 45 %. Mais on observe surtout **la très forte diminution des prélèvements destinés à l'État (-25 %)**, qui est masquée par la hausse du même ordre de grandeur des dépenses de **Sécurité sociale**. Mais il n'y a nullement eu transfert, la hausse tendancielle des dépenses de Sécurité sociale étant une conséquence directe du **vieillissement** de la population. **L'État a « simplement » choisi la dette plutôt que l'impôt**.

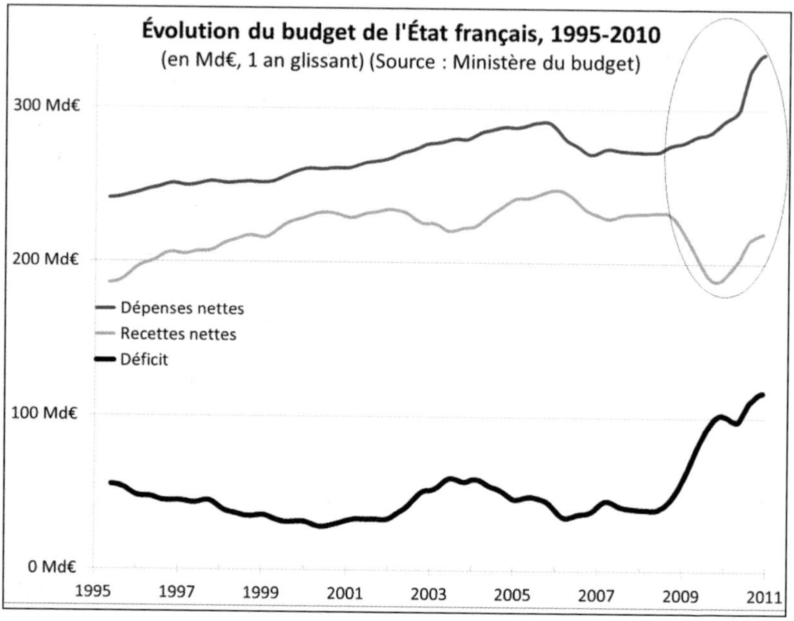

L'évolution récente montre à quel point la crise a frappé les finances publiques – la chute des recettes en France est historique. Cette situation n'est pas unique dans notre pays, mais concerne l'ensemble des pays industrialisés.

Les recettes se sont écroulées, alors que les dépenses ont fortement augmenté afin de soutenir activement l'économie. Le déficit a plus que doublé, dépassant les 100 Md€, pour moins de 200 Md€ de recettes. Fin 2010, la dette de l'État frôle les 1 250 Md€.

Si on ajoute les administrations locales et la Sécurité sociale, on arrive alors à une dette totale de 1600 Md€, qui s'est creusée de près de 300 Md€ durant les deux dernières années de crise. Cette dette publique représente au total 83 % du PIB, ou plus concrètement, environ **45 000 € par foyer**, qui coûteront environ 4 % par an à payer aux prêteurs – soit environ 1800 € par an ou **150 € par mois** d'intérêts versés aux riches prêteurs. En deux ans, la dette a augmenté de **8 500 € par foyer**, soit 350 € d'intérêts en plus par an. Le graphique suivant montre l'évolution de la dette de l'État depuis trente ans.

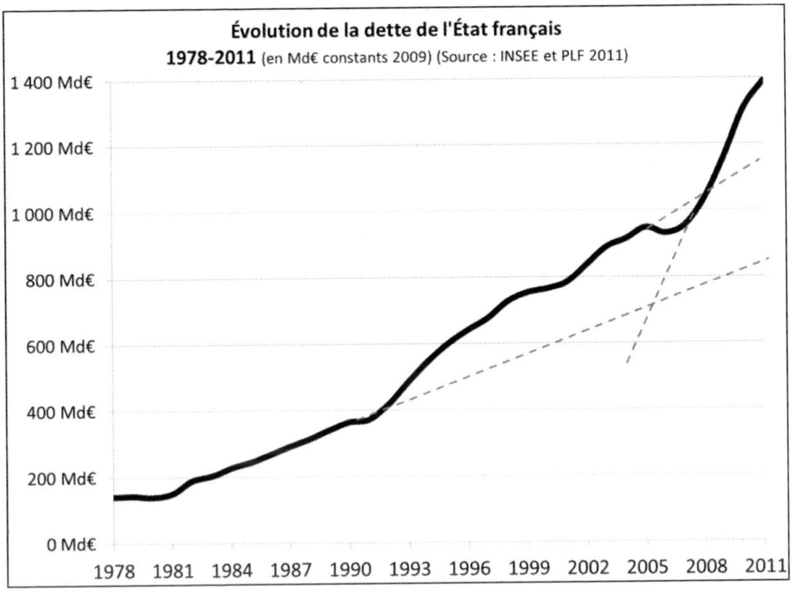

On observe bien que depuis trente-cinq ans, la dette publique n'a pratiquement jamais cessé d'augmenter année après année, que le pays aille mal ou qu'il aille bien. C'est exactement le schéma classique du **surendettement**. On constate même que la croissance de la dette **s'accélère** de plus en plus. C'est le fameux **effet boule de neige** : plus on est endetté, plus on paye d'intérêts, plus on est en déficit, plus on s'endette...

On en voit la conséquence sur le graphique suivant, où la dette de l'État est exprimée non plus en fonction du PIB (cet indicateur utilisé classiquement n'a aucun sens réel) mais en pourcentage de ses recettes, ce qui apparaît plus logique pour évaluer la situation d'un emprunteur.

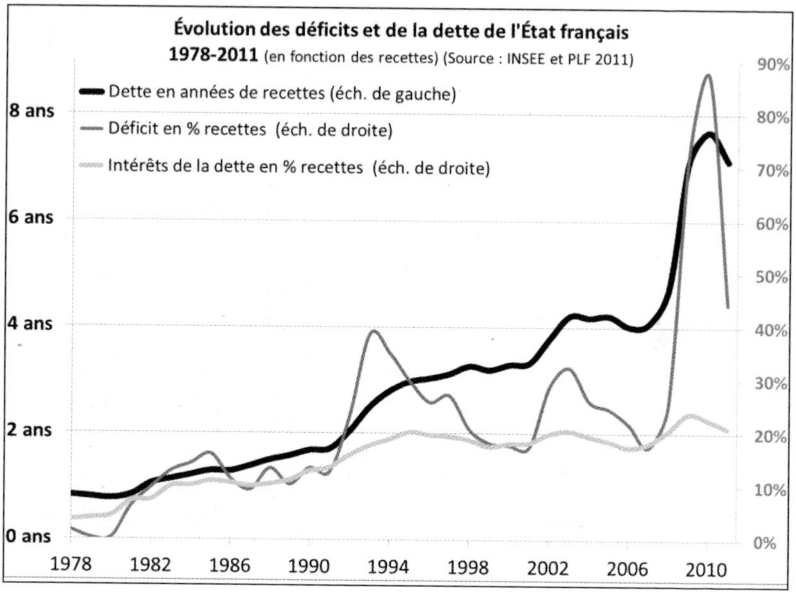

On observe ainsi que depuis vingt ans, l'État a toujours **dépensé au moins 20 % de plus qu'il ne levait d'impôts**, et donc que désormais, la dette représente entre **six et huit années de recettes**. On note également que les intérêts de la dette représentent désormais 20 % des recettes – et que l'État a grandement bénéficié de la baisse des taux, dont la hausse inévitable s'avérera très problématique.

Comme pour tout surendetté, on ne peut que conclure de ce graphique que, sauf miracle économique, l'État est totalement **incapable non seulement de rembourser sa dette, mais même tout simplement de la stabiliser**, comme nous le verrons.

La crise a naturellement conduit à une forte augmentation du besoin de financement de l'État. Ainsi, d'après l'Agence France Trésor (AFT, qui gère la dette de l'État), ce besoin a été de près de **250 Md€ en 2009**, dont 135 Md€ au titre du déficit net et 110 Md€ au titre de l'amortissement de la dette (> 1 an). Ce dernier chiffre signifie que l'État emprunte 110 Md€ pour rembourser 110 Md€ de dettes qui arrivent à échéance (cela s'appelle « rouler sa dette »)...

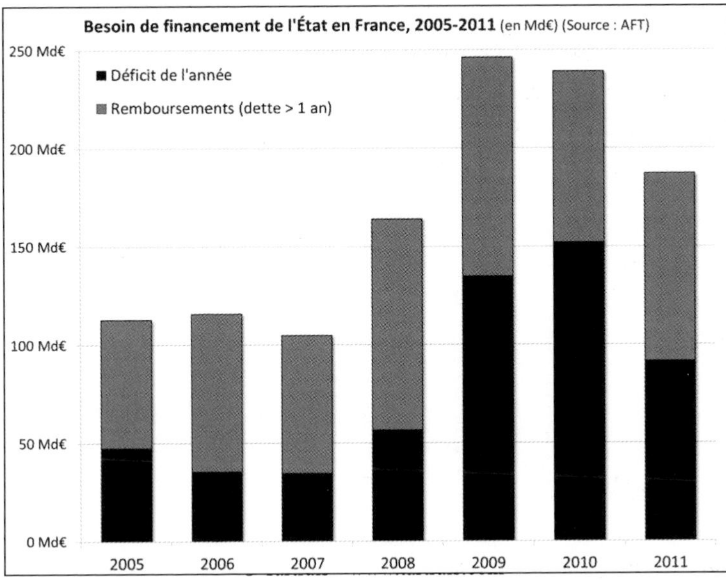
Besoin de financement de l'État en France, 2005-2011 (en Md€) (Source : AFT)
250 Md€
200 Md€
150 Md€
100 Md€
50 Md€
0 Md€
Déficit de l'année
Remboursements (dette > 1 an)
2005
2006
2007
2008
2009
2010
2011

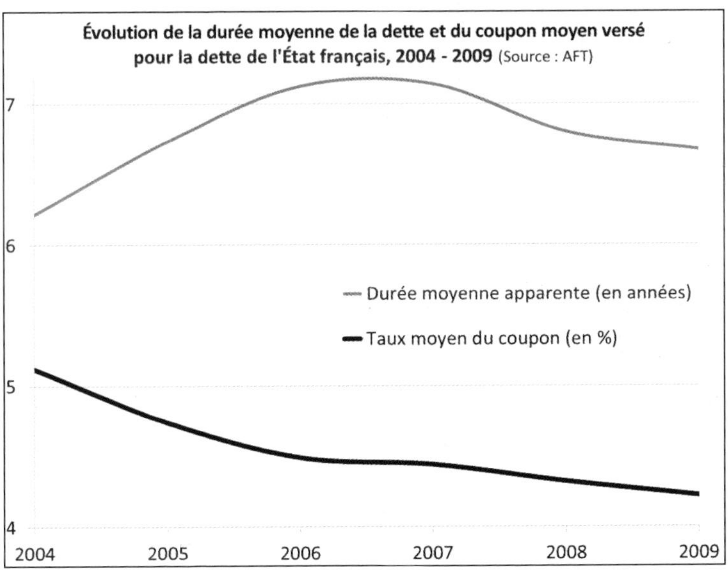
Évolution de la durée moyenne de la dette et du coupon moyen versé pour la dette de l'État français, 2004 - 2009 (Source : AFT)
7
6
5
4
Durée moyenne apparente (en années)
Taux moyen du coupon (en %)
2004
2005
2006
2007
2008
2009

© Rodho – http ://blorg.canalblog.com

Pour financer ces déficits, l'État emprunte de trois façons :

- à court terme (moins d'un an), avec les Bons du Trésor à taux Fixe (BTF). Ils correspondent à **20 %** de la dette ;
- à moyen terme (de 2 à 5 ans), avec les Bons à Taux Annuel Normalisé (BTAN). Ils correspondent à **20 %** de la dette ;

- à long terme (plus de 5 ans), avec les Obligations Assimilables du Trésor (OAT). Ils correspondent à **60 %** de la dette.

L'AFT doit donc arbitrer en permanence entre emprunter à court terme (le taux est plus bas, mais il faut réemprunter rapidement, avec un risque de remontée des taux) et long terme (plus cher mais plus sûr).

On observe que la durée moyenne de la dette est d'un peu plus de **six ans et demi**. Ceci relativise le discours culpabilisant ambiant, car la dette n'est donc en rien un problème « pour nos enfants », mais pour nous, et pour très bientôt...

On note que depuis 2004, le coupon moyen sur la dette a diminué de près d'un point : l'intérêt moyen versé en 2009 sur toute la dette était ainsi de **4,2 %**. En fait, c'est la simple poursuite d'un mouvement historique de baisse des taux. **Depuis 1988, le taux d'intérêt moyen sur la dette a baissé de près de 5 points**.

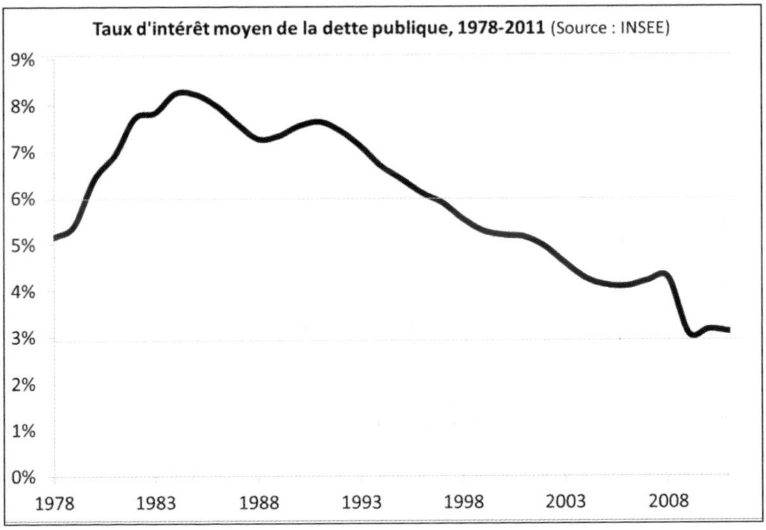

Cette baisse des taux a été très néfaste, car elle a largement contribué à la hausse de la dette publique, en en diminuant la charge apparente (**effet anesthésiant**). Le phénomène est frappant depuis 1993, où la charge de la dette a été déconnectée de son augmentation – et a même diminué d'un point de PIB.

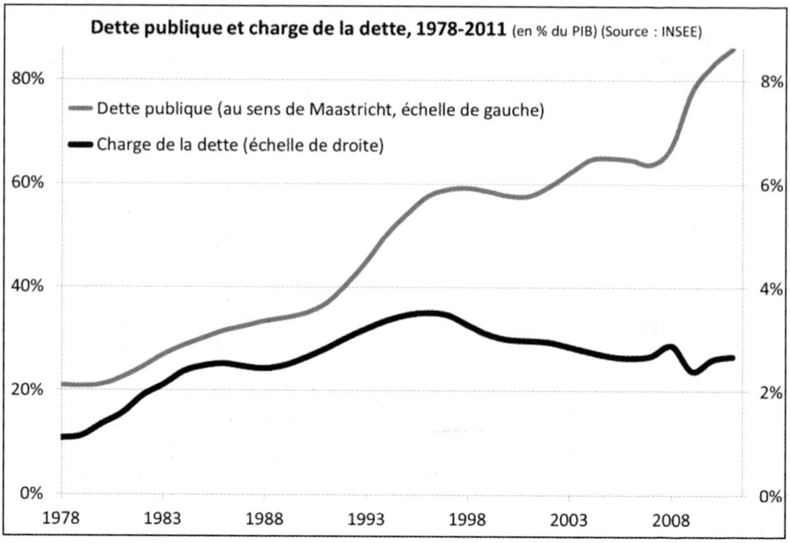

Le problème est que maintenant **la dette est là**, mais que les taux peuvent remonter très rapidement. Comme la durée moyenne de la dette est faible, l'impact sera majeur en quelques années. Ainsi, si le taux moyen de la dette remontait à 7 % (niveau de 1993), d'ici 2017 la charge des seuls intérêts atteindrait **150 Md€ par an** (75 % de tous les impôts !) Les montants, comme les flux, sont bien plus importants qu'on ne le pense.

Le graphique suivant illustre les **flux colossaux** de 2009. Au total, **l'État aura emprunté cette année-là 666 Md€ et remboursé 536 Md€** (bons du trésor, OAT...). Le chiffre est très élevé pour les émissions de bons du trésor (500 Md€) car, par exemple, 10 Md€ emprunté à quatre mois, donc trois fois sur l'année, comptent pour 30 Md€ (mais ce chiffre a bien un sens car il y a bien 30 Md€ d'encaissements sur l'année…) ; l'encours de bons du trésor fin 2009 était en fait de 214 Md€. Si on ne regarde que la dette supérieure à un an, le total des émissions nettes a tout de même été de **165 Md€**.

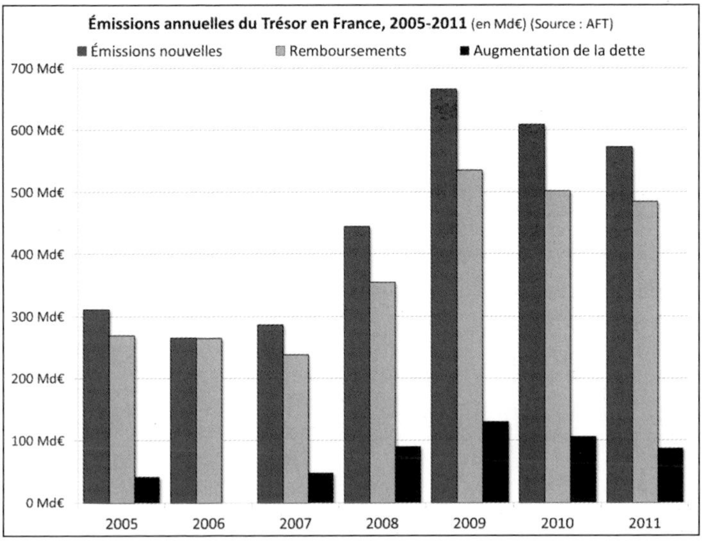

En fait, le gouvernement n'affiche pas le roulement de la dette dans son budget – il n'indique clairement que le montant des intérêts. La situation comptable réelle de l'État était en fait la suivante en 2009.

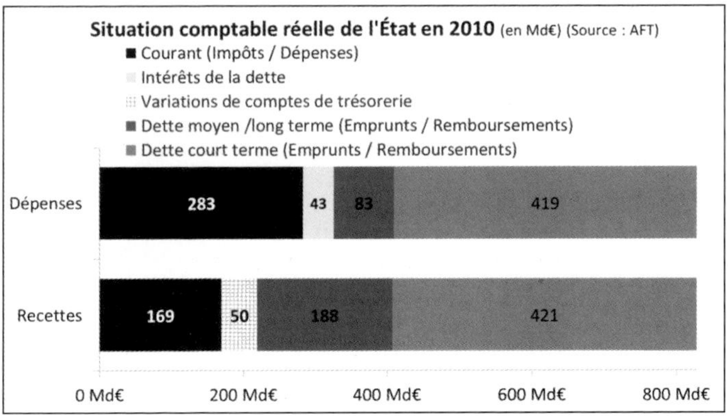

Lecture : l'État a émis 188 Md€ de dette long terme, et en a remboursé 83 Md€.

L'État a donc bien disposé en 2010 d'un total de recettes de 828 Md€ ! Pourtant, qui peut sérieusement soutenir que 609 Md€ de chèques encaissés ne devraient pas figurer dans un compte de résultat transparent, au motif qu'ils servent à rembourser pour 502 Md€ d'anciens créanciers ? Un ménage emprunteur tient bien compte de l'amortissement de son logement dans son budget, mais il ne viendrait bien entendu pas à l'idée d'un banquier de lui prêter la somme nécessaire au remboursement de son prêt, alimentant un schéma à la Madoff...

Dans cette présentation, on note que **les impôts couvrent 20 % des recettes totales**, et que le premier poste de dépenses est la dette (intérêts + amortissement), représentant **65 %** du total.

Il nous reste alors à terminer ce tour d'horizon par un point important : qui nous prête tout cet argent ? L'AFT éclate seulement la dette entre la détention par les résidents et les non-résidents.

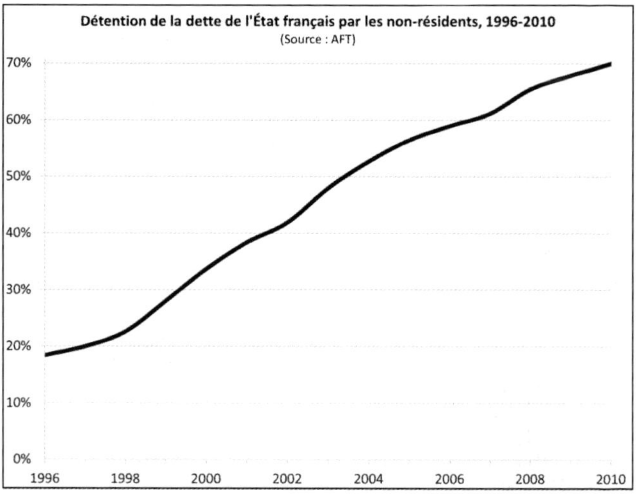

Bien entendu, au vu de l'importance stratégique majeure que joue désormais la détention de la dette, un niveau d'information supérieur est **indispensable**. On en est loin...

« Les textes actuellement en vigueur **n'autorisent [pas]** les conservateurs d'instruments financiers (Euroclear France pour les titres d'État français) à communiquer [à l'AFT] la liste de leurs détenteurs finaux [...]. Par conséquent, **l'Agence France Trésor (AFT) ne peut pas identifier précisément les détenteurs**. [...] Il est possible d'estimer la proportion de la dette de l'État qui est détenue par des non-résidents situés à l'intérieur de la zone euro, soit environ un tiers. » [Réponse du gouvernement à la question n°80270 de M. Christian Vanneste, 09/11/2010]

Un tiers en France, un tiers en zone euro, un tiers ailleurs. Il est dommageable que, une fois de plus, on ait bien plus d'informations sur la dette américaine que française... Pourtant, il n'est pas si compliqué de savoir à qui on paie des intérêts... Les chercheurs de Natixis ont néanmoins essayé de réaliser des estimations (base JEDH du FMI).

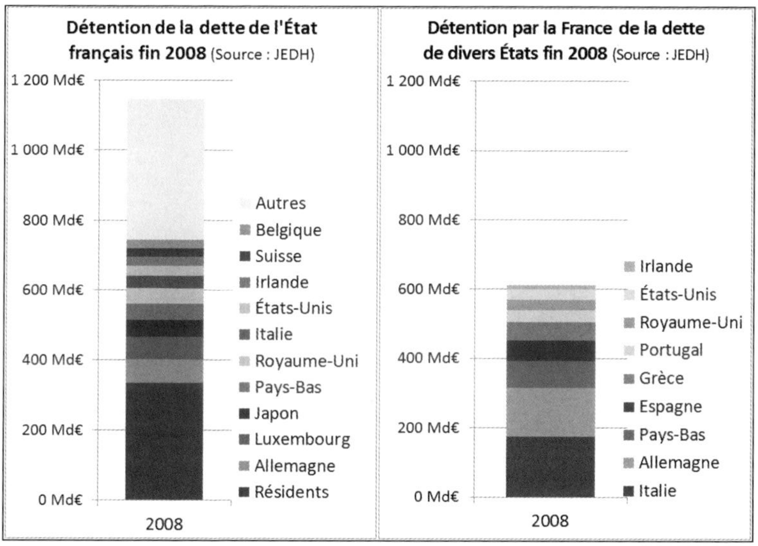

La dette française étant, avec la dette allemande, une des dettes les plus détenues par les non-résidents (à 70 %), ceci poserait de **lourds problèmes avec nos voisins** à l'avenir, en cas de difficultés à rembourser...

« Un déficit qui crève le plafond... »

« Sévères coupes budgétaires en vue... »
© Clay Bennett, Times Free Press – www.timesfreepress.com

7. Contre les dettes publiques

« **Le Grand Emprunt** » – © Martin Vidberg – http ://vidberg.blog.lemonde.fr

Résumons : le laxisme généralisé depuis une trentaine d'années a laissé s'accumuler une dette gigantesque – d'un niveau équivalent à une sortie de guerre (au moins avons-nous pour le moment évité cette étape...). Comme pour tout surendetté, la dette a un effet à la fois euphorisant (elle permet des dépenses supplémentaires sans peine) et anesthésiant (elle semble sans douleur), donc très addictif.

D'un certain point de vue, on pourrait penser que jusqu'à présent, la dette accumulée est **sans importance**, car non seulement l'État emprunte à de nouveaux prêteurs de quoi rembourser la dette aux anciens, mais il leur emprunte également le montant des intérêts à verser ! Tant qu'il y a des prêteurs (et c'est tout le problème), ce petit jeu semble ne rien coûter réellement à l'État, qui roule simplement une dette de plus en plus importante.

En fait, la dette publique est profondément **scandaleuse**, car mois après mois, le montant des intérêts à verser aux prêteurs augmente. Ce montant est désormais le second poste de dépenses (hors remboursement) avec 46 Md€ pour 2011 ; il est supérieur au montant de l'impôt sur le revenu. Or, si l'État est endetté, « la France » ne l'est pas, car s'il y a bien 1 600 Md€ de dettes (dont on nous parle beaucoup), il y a aussi 1 600 Md€ de créances (dont on nous parle peu). Et on peut estimer qu'elle est détenue à 80 % par les 10 % les plus riches de la population. **La dette publique, c'est ainsi un impôt à l'envers** : le contribuable (donc tous les français) rémunère grassement l'épargne garantie sans risque des plus aisés de la population ! En fait, ceci est un formidable système pour « voler les pauvres pour donner aux riches » – la version « moderne » de Robin des bois en somme. Soyons ainsi rassurés, nous ne laisserons aucune « dette à nos enfants », **nous laisserons de grosses dettes aux enfants des « pauvres » à rembourser aux enfants des « riches »**...

On représente sur les graphiques suivants la charge nette de la dette pour chaque décile. C'est la différence entre les revenus perçus sur la dette (bons du trésor, assurance vie...) et la charge fiscale payée.

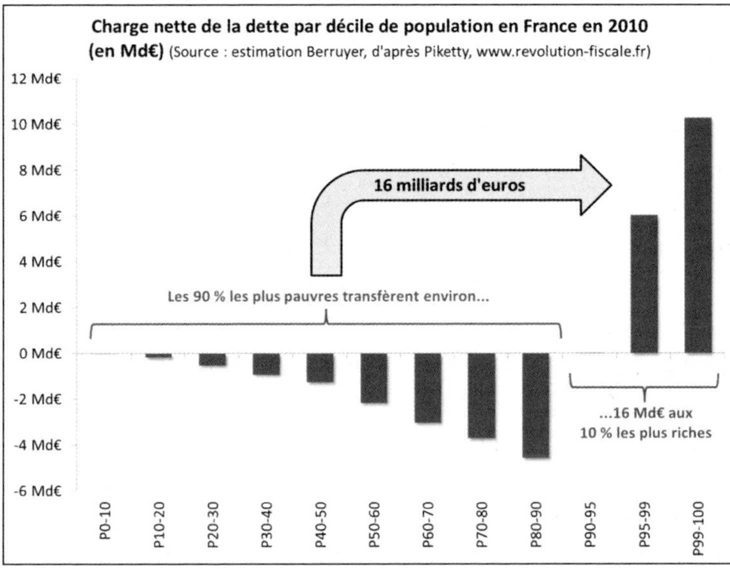

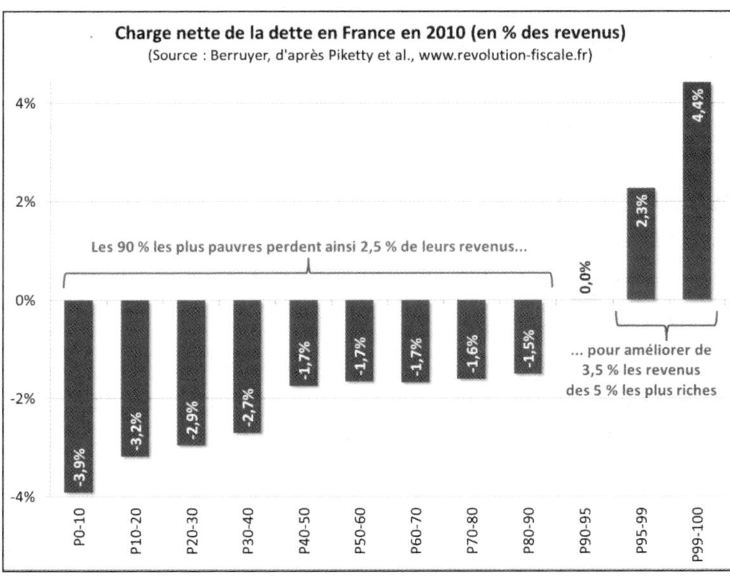

Le schéma précédent représente une estimation des transferts opérés de tous les contribuables (part des impôts correspondant aux intérêts de la dette versés, par décile) vers les prêteurs (montant d'intérêts perçus, en fonction de la détention de produits financiers).

© Gérard Mathieu, pour *Alternatives économiques*

Ainsi, pour 95 % de la population, les intérêts financiers perçus sont inférieurs à la charge fiscale induite par la dette, seuls les 5 % les plus riches y gagnant (l'ensemble est évidemment à somme nulle). En fait, la dette publique revient à **un transfert pur et simple d'environ 16 milliards d'euros** entre ces populations.

Le 1 % des français les plus riches augmente ainsi ses revenus de plus de 4 % grâce à la dette publique, revenus payés par le reste de la population à hauteur de 2 % à 4 % de ses revenus.

La dette publique est ainsi une « extorsion » frappant 90 % de la population la plus pauvre. Cette seule raison devrait suffire à balayer tous les faux arguments habituellement avancés pour justifier l'existence de déficits et de dette publics.

On entend parfois d'autres justifications à la dette. Par exemple que « cela permet de réaliser des investissements productifs qui rapporteront plus à l'avenir », voyant une « bonne dette » face à une « mauvaise dette ».

> « Je persiste à dire que **nous avons deux catégories de déficit, le bon et le mauvais, comme le cholestérol** [...] Le bon déficit, c'est celui auquel nous sommes encouragés [sic !] par la Commission européenne, le FMI, par tous les économistes pour relancer nos économies. [...] C'est le plan de relance [...]

Le mauvais déficit, c'est celui qu'on traîne depuis trente ans. [...] Celui-là clairement il faut qu'on le traite à la racine, qu'on ait une meilleure gestion des finances publiques. » [Christine Lagarde, 3 juin 2009]

D'après © Clay Bennett, Times Free Press – www.timesfreepress.com

Car non, il n'y a pas un « bon déficit » pour des investissements, amortissables sur des durées très longues (construire un hôpital par exemple) et un « mauvais » pour des dépenses de fonctionnement. Tout d'abord, c'est la nature même de l'État que d'investir, et d'investir tous les ans – car l'État construit tous les ans des hôpitaux ! Un ménage peut s'endetter pour acheter une maison, mais s'il veut acheter une maison de plus tous les ans, il faut bien que ses revenus annuels soient égaux au prix d'une maison, sinon, c'est du Madoff... Ensuite la distinction est presque impossible. Car bétonner pour construire un aéroport supplémentaire peu utile (où seront parqués nos avions dans une dizaine d'années avec la hausse du prix du pétrole induite par le pic pétrolier) serait formidable, mais payer un salaire de chercheur ou d'enseignant formant nos futurs ingénieurs serait un gaspillage ?

© Paul Zanetti

Répétons-le, il convenait de soutenir l'économie en 2009. Mais cela ne voulait pas forcément dire d'injecter **400 Md€ de déficits en trois années** – soit pratiquement deux années d'impôts ! Et évidemment, il s'est toujours trouvé par le passé des ministres pour justifier leur « bonne dette », qui s'est toujours révélée être de la « mauvaise dette » au bout de quelques années...

On remarquera d'ailleurs que ces contempteurs du « bon déficit » n'appliquent jamais à eux-mêmes leur raisonnement, car dans ce cas, ils seraient en situation personnelle de n'avoir strictement aucune épargne, et que des dettes « qui rapporteront plus à l'avenir » – c'est rarement le cas. **Non, l'État ne doit pas s'endetter pour investir !** Ce qui ne l'empêche pas d'investir, mais s'il le souhaite, il n'a qu'à constituer des cagnottes par avance ou lever des impôts... Et ceci est valable pour le « **Grand Emprunt National** » de 35 milliards d'euros lancé par Nicolas Sarkozy en 2010. On ne peut critiquer le choix d'investir, mais simplement le fait que nous n'avons pas de quoi rembourser...

© Mykaïa – http ://mykaia.fr/blog

Passons enfin rapidement sur l'argument de l'actif net (face au passif de l'endettement public, il faudrait tenir compte de l'actif public). La Cour des comptes, dans sa certification des comptes de l'État, estimait au 31/12/2009 son actif à environ 770 Md€ et son passif à 1 490 Md€. Situation nette de -730 Md€, avec un « résultat » en 2008 de -98 Md€. Tout va bien. Et encore, ce chiffre tient compte du château de Versailles, de l'Hôpital Pompidou, des Ministères, de la Nationale 7, du porte-avion Charles de Gaulle, qu'on s'imagine mal vendre un jour (et à qui ?) pour rembourser la dette...

Le plus important est qu'un État n'arrivant pas à équilibrer ses dépenses est ainsi un **État en danger**, à la merci du moindre chantage des marchés financiers dont il dépend pour éviter la cessation de paiement ; un tel État ne peut alors par définition **plus être au service de l'intérêt général**. C'est pourquoi l'endettement public a été combattu par les plus grands visionnaires.

« **Il y a deux manières de conquérir et d'asservir une nation. L'une par l'épée, l'autre par la dette.** » [John Adams, 2e président des États-Unis]

« Lorsqu'un gouvernement est dépendant des banquiers pour l'argent, ce sont ces derniers, et non les dirigeants du gouvernement, qui contrôlent la situation, puisque **la main qui donne est au-dessus de la main qui reçoit**. [...] L'argent n'a pas de patrie ; les financiers n'ont pas de patriotisme et n'ont pas de décence ; leur unique objectif est le gain. » [Napoléon Bonaparte]

« La politique de la France ne se fait pas à la Corbeille ! » [Charles de Gaulle, 28/10/1966]

« La dette publique, en d'autres termes l'aliénation de l'État, qu'il soit despotique, constitutionnel ou républicain, marque de son empreinte l'ère capitaliste. La seule partie de la soi-disant richesse nationale qui entre réellement dans la possession collective des peuples modernes, c'est leur dette publique. [...]. **Le crédit public, voilà le credo du capital.** »
[Karl Marx, *Le capital*, Livre 1, Huitième section]

« Les États-Unis sont profondément endettés – en réalité cela faisait partie du programme Reagan / Bush : endetter le pays au point que le gouvernement n'ait presque plus aucun moyen de conserver ses programmes de dépenses sociales. [...] La libéralisation financière propage ses effets bien au-delà de l'économie. On sait depuis longtemps que c'est aussi **une arme puissante contre la démocratie. La libre circulation des capitaux crée ce que certains ont appelé un « parlement virtuel » des investisseurs et des prêteurs**, qui suivent de près les décisions prises par les gouvernements et « votent » contre elles lorsqu'elles sont considérées comme irrationnelles. C'est-à-dire lorsqu'elles bénéficient aux peuples plutôt qu'aux cercles restreints des puissances du secteur privé.

Les investisseurs et les prêteurs peuvent « **voter** » soit par une fuite des capitaux, soit par des attaques contre les monnaies et autres moyens d'action offerts par la libéralisation financière. C'est une des raisons pour lesquelles le système de Bretton Woods mis en place par les États-Unis et la Grande-Bretagne après la deuxième guerre mondiale avait institué le **contrôle des capitaux** et la réglementation du cours des devises. »

[Noam Chomsky, *Le capitalisme contre la démocratie*, 2008]

« Il est fâcheux de légaliser un supplément de déficit. [...] **Tout le monde doit s'apercevoir qu'un jour, il faut payer**. [...]

Quelle différence ! Penser que nous sommes capables, au bout de quatre ans, de **rembourser toutes les dettes** de la IVe, qui en était accablée ! [...] Il faut voir le problème de haut : les individus comme l'État ont l'argent facile. Nous devons ramener notre dette flottante et notre circulation monétaire au niveau de notre revenu national. Là est le problème. [...] **Le budget [1965] doit être équilibré !** [...] **L'État doit veiller aux équilibres** ; à plus forte raison, il ne doit pas lui-même mettre en danger l'équilibre par sa propre masse.

[Interdire le déficit par la loi ?] Pourquoi pas ? Dans les anciens budgets, il n'y avait pas d'impasse [déficit]. Le budget était voté avec des recettes et des dépenses rigoureusement identiques. **Rajouter des dépenses qui n'étaient pas gagées par de vraies recettes, c'est une idée qui ne serait venue à personne.** [...] Il faut donc en finir une bonne fois avec l'impasse.

Pour la première fois depuis Poincaré, la progression des dépenses de l'État ne dépassera pas la progression du revenu national, et le budget est en équilibre. La stabilisation se fait. Un budget de stabilité, c'est vraiment le premier qu'on voit depuis Poincaré. **Et ça ne doit pas être le dernier. Il faut que ça devienne la règle.** [...] Ce qui fait que, **pour les jeunes, c'est-à-dire pour l'avenir, c'est énorme, c'est révolutionnaire !** »

[Charles De Gaulle, d'après Alain Peyrefitte, *C'était De Gaulle*, Tome II, 1963-1964, Fayard]

Titre III
Leçons et Perspectives

« Dans notre économie, nous attendons des entreprises et des individus qu'ils cherchent des profits mais qu'en même temps ils fournissent des biens et des services de qualité tout en se **comportant correctement**. Malheureusement, nous avons été témoins d'une **érosion du sens des responsabilités et de l'éthique** qui a exacerbé la crise financière. [...] Accuser en premier lieu la cupidité et la démesure serait trop simpliste. **C'est l'échec à prendre en compte la faiblesse humaine qui est la clé dans cette crise.** » [Rapport Angelides sur la crise financière, 2011]

« Nous avons constaté que, d'après tous les indicateurs, le choc résultant de cette contraction, première crise financière mondiale du 21e siècle, est d'une **gravité extraordinaire**. Si elle n'a pour résultat que la récession internationale la plus sévère depuis la Seconde Guerre mondiale – et non quelque chose de plus grave encore –, **nous devrons nous estimer heureux**. » [Carmen Reinhart & Kenneth Rogoff, *Cette fois c'est différent,* 2009]

© Kollinger – www.kollinger.com

1. Too Big to Fail to Regulate

« **Tout système financier non régulé fait faillite.** » [Jean Peyrelevade, *La Tribune*, 06/2010]

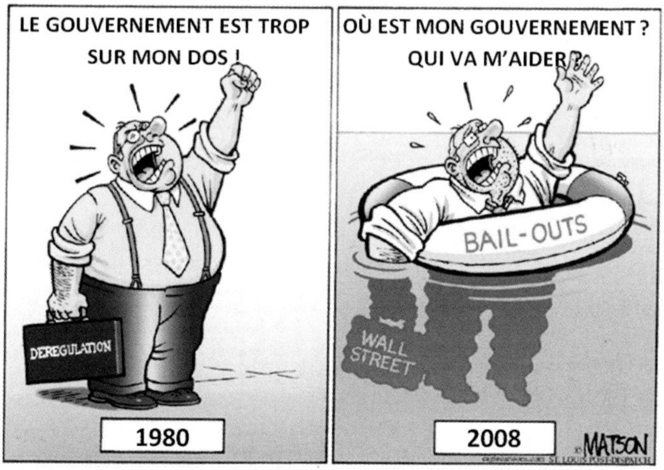

© RJ. Matson – www.rjmatson.com

Comme nous l'avons évoqué, cette crise est en grande partie survenue car, depuis les années 1980, l'idéologie néo-conservatrice a supprimé les règles de prudence mises en place après la crise de 1929.

Le déroulé en France de ces vingt années de déréglementation financière est impressionnant :

- 1984 : loi bancaire déréglementant le métier bancaire ;
- 1986 : acte unique européen (Art 16-4 « *Le marché intérieur comporte un espace sans frontières intérieures dans lequel la libre circulation des marchandises, des personnes, des services et des capitaux est assurée [... Le Conseil] s'efforce d'atteindre le plus haut degré de libération possible.* **L'unanimité est nécessaire pour les mesures constituant un recul en matière de libération des mouvements de capitaux**. ») ;
- 1986 : loi Bérégovoy sur la déréglementation financière (déréglementation,désintermédiation,décloisonnement,désinflation) ;
- 1988 : la France accepte le principe de la fin du contrôle des changes et la liberté de circulation des capitaux – sans création de la moindre harmonisation fiscale européenne ;
- 1988 : directive Delors-Lamy prévoyant la libéralisation complète du marché des capitaux pour 1990 ;
- 1990 : forte diminution de la fiscalité sur les revenus du capital ;
- 1992 : traité de Maastricht (« toutes les restrictions aux mouvements de capitaux entre les États membres et entre les États membres et les pays tiers sont interdites ») ;
- 1998 : création d'un régime fiscal avantageux pour les stock-options par Dominique Strauss-Khan ;
- 2001 : directive Bolkestein facilitant les OPA ;
- 2004 : projet de constitution européenne, reprise dans le traité de Lisbonne.

Or, l'éminent historien de l'économie Charles Kindleberg a montré dans son *Histoire mondiale de la spéculation financière* (Valor, 2004) qu'une crise financière avait éclaté à peu près tous les dix ans pendant les quatre cents dernières années. **Sauf dans la période 1945-1971, où aucune crise n'est survenue**, en raison du consensus général pour une **régulation** très forte du secteur financier.

« Dans les années 1980 s'est produit un tournant ahurissant : la thèse du marché efficace et capable de s'autocorriger a repris le dessus, dans les milieux économiques conservateurs mais aussi dans les sections des universités américaines. Cette vision du libre marché n'était conformée ni aux réalités, ni aux avancées récentes de la théorie économique, qui avaient montré que, même avec des marchés concurrentiels et une économie proche du plein-emploi, les ressources ne seraient pas allouées efficacement. [...]

Ces nouveaux résultats montraient que l'efficacité des marchés n'avait aucune base scientifique. [...] Quand Greenspan disait que l'État pourrait facilement « réparer » l'économie, il n'a pas précisé que traiter les problèmes coûterait aux contribuables des centaines de milliards de dollars et à l'économie davantage encore. **C'était une étrange idée de penser qu'il était plus facile de réparer la voiture après l'accident que d'empêcher l'accident**. » [Joseph Stiglitz, *Le Triomphe de la Cupidité*, 2010]

Les sécurités ayant été enlevées, les risques n'ont plus été maîtrisés, et comme le disait Jacques Rueff :

« **Ce qui doit arriver arrive.** » [Jacques Rueff]

Depuis cette nouvelle période de déréglementation, il ne s'est ainsi pratiquement pas passé trois années sans crise majeure, alors qu'il n'y en a pratiquement pas eu durant les Trente Glorieuses :

- 1986 : crise immobilière et faillite des caisses d'épargne aux États-Unis (Savings & Loans) ;
- 1987 : krach de Wall Street ;
- 1989 : éclatement de la bulle spéculative japonaise ;
- 1991 : faillite de la BCCI ;
- 1992 : première crise du système monétaire européen (la livre sterling sort du SME) ;
- 1993 : deuxième crise du système monétaire européen ;
- 1994 : krach obligataire américain (montée brutale des taux longs) ;

- 1995 : faillite de la banque Barings, coulée par un trader ;
- 1997 : première crise financière internationale en Asie (Thaïlande, Corée, Hong Kong) ;
- 1998 : deuxième crise financière internationale (Russie, Brésil). Quasi-faillite du fonds spéculatif américain LTCM ;
- 2000 : éclatement de la bulle boursière internet. Crise financière en Turquie ;
- 2001 : crise financière en Argentine. Faillite d'Enron, suivie d'autres faillites ;
- 2007 : crise des prêts immobiliers subprime ;
- 2008 - ... : conséquences sur le système bancaire de la crise des subprimes (Lehman Brothers, AIG, etc.) ;
- 2009 - ... : crise économique majeure ;
- 2010 - ... : crise des finances publiques et menaces de défauts.

Ce qui est particulièrement frappant, c'est finalement l'absence d'effet d'apprentissage, l'incapacité quasi pathologique à tirer des leçons des crises passées, et **à prendre les décisions nécessaires pour empêcher qu'elles ne surviennent de nouveau**. Décisions qu'on hésite d'ailleurs à qualifier de « courageuses », tant elles seraient plébiscitées par les peuples et n'impacteraient que peu de personnes – mais ces personnes ont généralement d'importants moyens d'influence sur le pouvoir.

> « L'influence des États-Unis provenait aussi de leurs idées, comme **la démocratie et l'égalité**. Le problème, c'est que l'économie américaine ne fonctionne plus et que nos idées se perdent. La démocratie est un bon principe selon lequel « un homme égale une voix ».
>
> Mais, hélas, aujourd'hui les banques disposent de 51 % des votes, **car elles achètent les gouvernements**. Les États-Unis et l'Europe retrouveront leur place dans le monde lorsqu'ils auront non seulement rebâti leurs économies, mais aussi **renoué avec leurs idées fondatrices**. » [Joseph Stiglitz, *Marianne*, janvier 2011]

Force est de constater, tristement, que face à la pire crise depuis 1929, alors que le système bancaire est passé à deux doigts d'une implosion généralisée, aucune réforme majeure (ni même mineure) n'a été entreprise pour réguler le système, afin d'éviter qu'une crise financière plus violente encore ne survienne.

N'ont eu lieu que des gesticulations démagogiques. Des épiphénomènes ont été montés en épingle pour détourner l'attention durant les G20 (paradis fiscaux, bonus des traders...) – et surtout ne pas réguler drastiquement la finance, illustrant ainsi le nom de « G-vains » que Jacques Attali leur a donné...

Les États-Unis se sont camouflés derrière une loi de « régulation » de 2300 pages [sic.] de juillet 2010, qui ne contient pas véritablement de réformes profondes, et que le nouveau Congrès souhaite déjà démanteler... De même, le Royaume-Uni et la France refusent toute évolution significative des règles applicables à la finance.

Les intéressantes propositions de la Chine (monnaie commune mondiale, très forte limitation de la spéculation par exemple) ne sont malheureusement pas (encore) entendues, et on peut trouver dommage que ce soit une dictature communiste qui porte ces **réformes de bon sens** du financiarisme. Décidément, malgré la preuve patente de la **faillite** de ce modèle, l'idéologie et l'incapacité psychologique à penser différemment restent les plus forte...

« **Les banksters** » © Jeff Parker

« **Réguler les banques ?** » © Matt Wuerker – www.politico.com

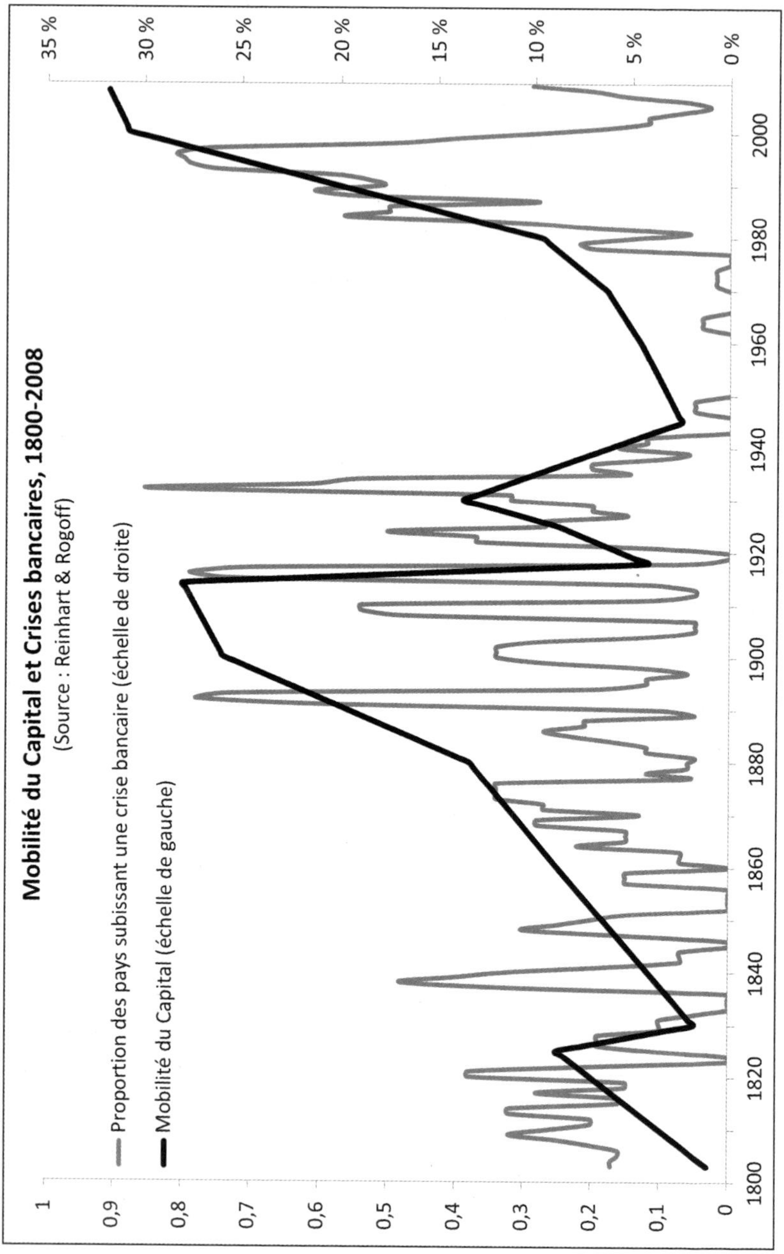
Mobilité du Capital et Crises bancaires, 1800-2008
(Source : Reinhart & Rogoff)
Proportion des pays subissant une crise bancaire (échelle de droite)
Mobilité du Capital (échelle de gauche)
1
0,9
0,8
0,7
0,6
0,5
0,4
0,3
0,2
0,1
0
35 %
30 %
25 %
20 %
15 %
10 %
5 %
0 %
1800
1820
1840
1860
1880
1900
1920
1940
1960
1980
2000

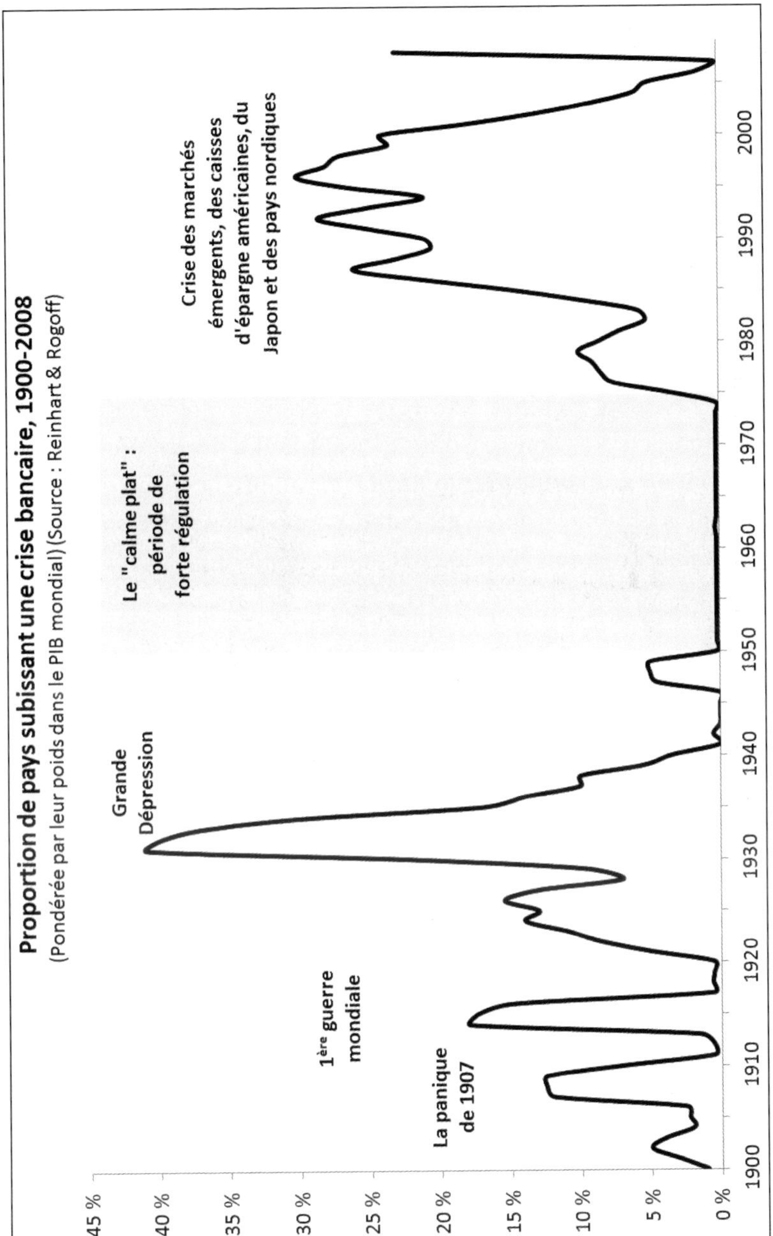

Proportion de pays subissant une crise bancaire, 1900-2008
(Pondérée par leur poids dans le PIB mondial) (Source : Reinhart & Rogoff)
La panique de 1907
1ère guerre mondiale
Grande Dépression
Le "calme plat" : période de forte régulation
Crise des marchés émergents, des caisses d'épargne américaines, du Japon et des pays nordiques
45 %
40 %
35 %
30 %
25 %
20 %
15 %
10 %
5 %
0 %
1900
1910
1920
1930
1940
1950
1960
1970
1980
1990
2000

Les graphiques précédents montrent pourtant à quel point le manque de régulation et la mobilité absolue du capital ont toujours été extrêmement néfastes par le passé... La différence avec les autres crises est que cette fois il n'y aura pas de nouveau départ sans changer les fondamentaux du système – sans quoi un nouveau cataclysme surviendra rapidement. Attendre des jours meilleurs n'est pas une solution.

Selon un récit apocryphe, on aurait demandé à John Kennett Galbraith, économiste américain contemporain et spécialiste de la crise de 1929, quand aurait lieu la prochaine dépression. Il aurait répondu « quinze ans après le premier président né après la Grande Dépression ». Comme ce fut Bill Clinton, élu en 1992, cette phrase était donc prémonitoire, et montre la vision qu'il avait de l'impact futur des déréglementations qui surviendraient une fois que la mémoire des événements aurait disparu.

« Nous rejetons absolument le "laisser-faire, laisser-passer" et **nous voulons qu'en notre siècle, ce soit la République qui conduise la marche économique de la France**. » [Charles de Gaulle, conférence de presse du 16 mai 1967]

Les marchés n'ont aucune vision stratégique

« [Tous les enseignements n'ont pas été tirés de la crise], et cela me préoccupe. Comme à chaque fois, on repart *business as usual*. Les lobbies jouent contre les mesures de régulation envisagées, privilégiant le court terme et les dispositifs favorisant la volatilité des marchés...

Ce qui est nocif pour l'économie, c'est la spéculation, le court terme. Il faut donc réglementer tout ce qui obère une vision de moyen et long terme... L'investissement se fait de moins en moins en actions.

De même, dans quel métier la publication de comptes trimestriels peut-elle avoir du sens ? À la bourse, la cotation en continu a remplacé le fixing. Avec quel intérêt, si ce n'est d'encourager la spéculation ? **Les dirigeants d'entreprise sont bien trop à l'écoute des marchés boursiers**. Si j'avais écouté les marchés, jamais je n'aurais bâti AXA ! À chaque nouvelle acquisition, ils nous ont sanctionnés, car ils n'avaient **aucune vision stratégique**. Aujourd'hui, les fonds d'investissement recherchent des rendements à court terme, ce qui va à l'encontre des intérêts des entreprises. Existe-t-il encore de **vrais investisseurs**, des actionnaires qui assurent leur responsabilité de partenaire de l'entreprise ?...

Il faut des contrôles. La survenue de la crise tient principalement à la suppression des règles. » [Claude Bébéar, *L'argus de l'assurance*, 11/2009]

« Ce qui, pour l'essentiel, explique le développement de l'ère de prospérité générale, aux États-Unis et dans le monde, dans les années qui ont précédé le krach de 1929, c'est l'ignorance, une **ignorance profonde** de toutes les crises du XIXe siècle et de leur signification réelle. En fait, toutes les grandes crises des XIXe et XXe siècles ont résulté du **développement excessif des promesses de payer et de leur monétisation**. Partout et à toute époque, **les mêmes causes génèrent les mêmes effets** et ce qui doit arriver arrive. » [Maurice Allais]

« Le salaire est considéré par chaque entreprise exclusivement comme un coût qu'il faut diminuer autant que possible alors que c'est un élément essentiel de la demande globale. **La croissance va s'étouffer si on ne fixe pas des règles du jeu collectives**. » [Henri Ford]

« Le marché, il a du bon. Il oblige les gens à se dégourdir, il donne une prime aux meilleurs, il encourage à dépasser les autres et à se dépasser soi-même. Mais, en même temps, il fabrique des injustices, il installe des monopoles, il favorise les tricheurs. Alors, **ne soyez pas aveugles en face du marché**. Il ne faut pas s'imaginer qu'il règlera tout seul tous les problèmes. Le marché n'est pas au-dessus de la nation et de l'État. **C'est l'État, c'est la nation qui doivent surplomber le marché**. Si le marché régnait en maître, ce sont les Américains qui régneraient en maître sur lui, ce sont les multinationales, qui ne sont pas plus multinationales que l'OTAN. Tout ça n'est qu'un simple camouflage de l'hégémonie américaine. Si nous suivions le marché les yeux fermés, nous nous ferions coloniser par les Américains. Nous n'existerions plus, nous Européens. » [Charles De Gaulle, 12 décembre 1962, d'après Alain Peyrefitte, *C'était De Gaulle*, Tome I]

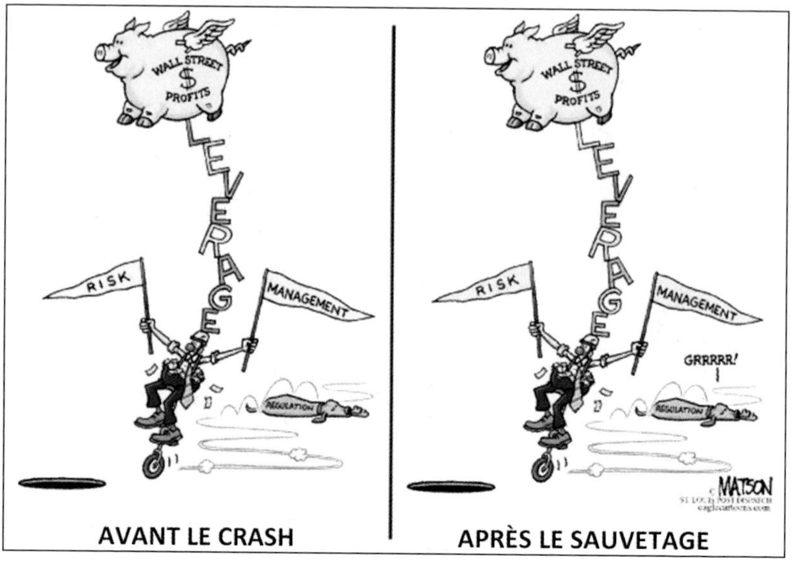

« La gestion des risques à Wall Street » (Ndt : leverage = levier)
© RJ. Matson – www.rjmatson.com

© Clay Bennett, Times Free Press – www.timesfreepress.com

2. Les responsables

© Chappatte – www.globecartoon.com

© Bauer – http ://bauer-presse.over-blog.com

Il paraît difficile de ne pas parler brièvement des économistes qui sont restés (volontairement ?) aveugles à tous les signaux pourtant manifestes d'accumulation de problèmes.

> « Dans quelques semaines, le marché se reformera et les affaires reprendront **comme auparavant**. » [Elie Cohen, *Le Monde*, 17 août 2007]

« Disons-le tout net : [la correction] sera **limitée** et surtout **sans effet** sur l'économie réelle. [...] Le danger d'une explosion financière, et donc le besoin de régulation, n'est peut-être pas si grand qu'on le pense. » [David Thesmar et Augustin Landier, été 2007]

« **La crise est grotesquement psychologique !** » [Alain Minc, octobre 2008]

Au-delà des simples « économistes de cour », il est intéressant de souligner la difficulté qu'ont eue ces brillants économistes à entrevoir la non-durabilité du système (pourtant évidente sur tant de graphiques...), et les changements profonds qui s'y opéraient.

On peut aussi citer Alan Greenspan, qui a été président de la banque centrale américaine de 1987 à 2006. Longtemps qualifié de « génie des marchés », sa déclaration de mai 2005 constituait un vrai credo :

« La notion d'éclatement de bulle et d'effondrement des prix à l'échelle nationale me semble totalement **invraisemblable**. » [Alan Greenspan, 2003]

« **L'autorégulation est plus efficace** à éviter la prise abusive de risques que la réglementation gouvernementale. » [Alan Greenspan, mai 2005]

Devant le congrès américain fin 2008, il a affiché son désarroi :

« J'ai fait une erreur en comptant sur **l'intérêt privé** des organisations, principalement des banquiers, pour protéger leurs actionnaires. » [Alan Greenspan, 2008]

Cette déclaration est très intéressante, car en fait il a tort, « l'intérêt privé » a bien prévalu. Mais pas celui « des organisations » (comment une organisation pourrait-elle avoir un intérêt ? ! On voit bien l'illustration de la vision néo-conservatrice voulant considérer une personne morale comme une personne physique), mais celui « des hommes » ; celui des actionnaires de passage et des PDG, car leur « intérêt » est toujours compris à court terme. Pendant dix ans, les banques ont ainsi affiché des profits faramineux qui ont largement été redistribués aux actionnaires.

Les PDG américains, gavés de stock-options, ont ainsi poussé à la croissance à tout prix, et donc à la prise de risques de plus en plus importants, et ils se sont démesurément enrichis. Retour du balancier, les banques ont fait faillite. Mais cela n'a finalement rien coûté aux PDG, et a appauvri les seuls actionnaires et le contribuable. « Pile, je gagne ; face, je ne perds rien ».

Pour bien faire percevoir le problème que nous avons précédemment évoqué, on peut se poser les questions suivantes :

1. Était-il rationnel pour les États-Unis de laisser créer les crédits *subprime* ? On peut penser que non...
2. Était-il rationnel pour le courtier américain Countrywide d'être un des inventeurs crédits *subprime* ? Comme il a fait faillite en 2008, on peut raisonnablement penser que non ;
3. Était-il rationnel pour le PDG de Countrywide, Angelo Mozilo, de décider la création des crédits *subprime* ? Comme il a gagné en quinze ans autour de 900 M$ de revenus, dont 130 M$ rien qu'en 2007, essentiellement grâce aux *subprime*, on peut évidemment penser que oui. Sans cela, il n'aurait que le quart ou le dixième de sa fortune. Il a bien certes perdu son travail dans l'intervalle, mais comme c'était à 70 ans, et qu'il a perçu de plantureuses indemnités, ce point n'a pas été véritablement problématique.

On comprend donc qu'un tel système pousse à des prises de risques majeures, car l'intérêt du PDG ne coïncide plus avec celui de l'entreprise, ceci étant lié au fait que finalement l'intérêt des actionnaires de court terme ne coïncide plus avec ceux des actionnaires de long terme...

Dernière réflexion : ne peut-on pas légitimement se poser la question de savoir pourquoi d'autres « experts » (par exemple, ceux qui avaient remarquablement prédit cette crise...) ne sont-ils pas invités plus souvent par les médias, et entend-on toujours uniquement les analyses de ceux qui n'avaient rien vu venir ?

« Je ne crois aux statistiques que si je les ai trafiquées moi-même. » [Winston Churchill].

« La théorie, c'est quand on sait tout et que rien ne fonctionne. La pratique, c'est quand tout fonctionne et que personne ne sait pourquoi. Ici, nous avons réuni théorie et pratique : Rien ne fonctionne... et personne ne sait pourquoi ! » [Albert Einstein]

« Demandez leur avis à cinq économistes, vous aurez six opinions différentes parce que Keynes à lui seul en donnera deux. » [Winston Churchill]

« **Un économiste est un expert qui saura demain pourquoi ce qu'il avait prédit hier ne s'est pas produit aujourd'hui.** » [Lawrence Peter, auteur du principe du même nom]

Enfin, on pourrait être tenté de suivre les médias et les politiques pour lancer la chasse aux banquiers, aux traders, aux PDG... Mais il convient de refuser. Il faut reconnaître que tous (ou presque...) ont joué « honnêtement » un jeu non seulement légal, mais surtout logique et parfaitement prévisible dans le cadre réglementaire qui leur a été offert.

Il ne sert à rien d'attendre « la fin de l'esclavage par appel à la vertu des planteurs », comme le dit Frédéric Lordon. Ou de demander à un alcoolique de limiter sa consommation, par autorégulation. Tout le monde préfère gagner deux fois plus que son salaire actuel. C'est normal et humain – c'est le contraire qui ne le serait pas... La recherche du profit est le moteur du système capitaliste – mais encore faut-il en limiter la puissance pour éviter les sorties de route...

© Chappatte – www.globecartoon.com

© RJ. Matson – www.rjmatson.com

L'autorégulation ne peut tout simplement pas marcher. Il est donc inutile de demander aux banquiers de limiter les bonus des traders, ni aux entreprises de limiter les rémunérations des PDG, mais il faut bel et bien **les réglementer et les plafonner**.

« **Plafonner les bonus ?** » © Goubelle – www.goubelle.net

On pourrait enfin penser que, finalement, les principaux à blâmer sont les **politiques**, car c'est bien eux qui ont défini le cadre d'une aussi large déréglementation, qui ont supprimé tous les garde-fous (issus de l'expérience des crises passées) sous couvert de « modernité », sans tenir compte ni des leçons du passé, ni des risques prévisibles qui allaient immanquablement mener à la crise actuelle. Car si personne ne pouvait être sûr de la date où elle aurait lieu, il était **certain** qu'elle finirait par subvenir. Et les attaques actuelles des politiques contre des boucs émissaires, ainsi que les nombreuses gesticulations, faisant croire qu'ils vont réguler, semblent avoir pour objectif de faire oublier leur écrasante responsabilité ; ils masquent ainsi sous de l'activisme inefficace leur incompréhension des évolutions majeures de nos économies et leur totale impuissance.

© Marc Large – http ://large.canalblog.com

« Nous avons créé une société où **le matérialisme l'emporte sur l'engagement moral** ; où la croissance rapide que nous avons atteinte n'est durable ni sur le plan environnemental, ni sur le plan social ; où n'où n'agissons pas ensemble, collectivement, pour répondre à nos besoins communs, car l'individualisme acharné et le fanatisme du marché **ont miné tout sentiment de communauté** : ils ont conduit à une exploitation éhontée des moins prudents et des moins protégés et à une fracture sociale croissante. Il y a érosion de la confiance – et pas seulement à l'égard de nos institutions financières. Il n'est pas trop tard pour colmater ces brèches. [...]

Il y a beaucoup plus difficile à pardonner : **la dépravation morale** – l'exploitation des américains pauvres et même de la classe moyenne par le secteur financier. Les institutions financières ont découvert qu'il y avait de l'argent au bas de l'échelle, et qu'elles ont fait tout ce qu'il était légalement possible (beaucoup sont même sorties de la légalité) pour le transférer vers le haut. On s'est demandé pourquoi les autorités de contrôle ne les avaient pas arrêtées, mais voici la question qu'on aurait dû poser : **qu'est-il arrivé au sens moral de ceux qui se sont livrés à ces pratiques ?** [...]

Sur les marchés financiers d'aujourd'hui, pratiquement tout le monde clame son innocence. Tous n'ont fait que leur travail. Et c'est exact. Mais leur travail consistait souvent à exploiter les autres ou à vivre des gains de cette exploitation. Il y avait de l'individualisme, mais aucune responsabilité individuelle. **À long terme, une société ne peut pas fonctionner correctement si les gens n'assument pas la responsabilité des conséquences de leurs actes.** « Je n'ai fait que mon travail » n'est pas une excuse. » [Joseph Stiglitz, *Le Triomphe de la Cupidité*, 2010]

« Ce fut une période de remords et de justification pour les banques. Je pense que cette période doit cesser. » [Robert Diamond, Barclays Bank, janvier 2011]

© Steve Sack

Mais reconnaissons enfin que nous ne sommes pas faciles à gouverner, voulant tout sans effort. Étant en démocratie, nous avons aussi les hommes politiques que nous méritons, et au final, le principal responsable est probablement... **le citoyen** !

« Saura-t-il se réveiller ? », là est la question...

« Si elle transmet généreusement les dégâts du krach, la finance conserve soigneusement pour elle seule les profits de la bulle.

Il y a de quoi s'étonner que cette combinaison de cupidité totalement déboutonnée, justifiée d'idéologie individualiste, contredite d'irresponsabilité manifeste, avide de protection quand sont chantées les louanges du risque, accapareuse de profits et partageuse de pertes, vomissant l'État mais courant s'y réfugier, **n'ait pas constitué un mélange politique hautement détonant**, particulièrement quand on pense au prix des crises financières tel qu'il est payé par l'économie réelle, sous la forme d'éventuelles contributions fiscales, mais surtout en manque à croître et en surplus de chômage. » [Frédéric Lordon]

Ce dessin illustre finalement à merveille toute l'hypocrisie actuelle des responsables politiques :

© Nate Beeler

3. 2011, année de la reprise… de la crise

« Le niveau de vie de l'Américain moyen doit **décliner** […] je pense que c'est **inéluctable**. » [Paul Volcker, ancien président de la Fed, 2010]

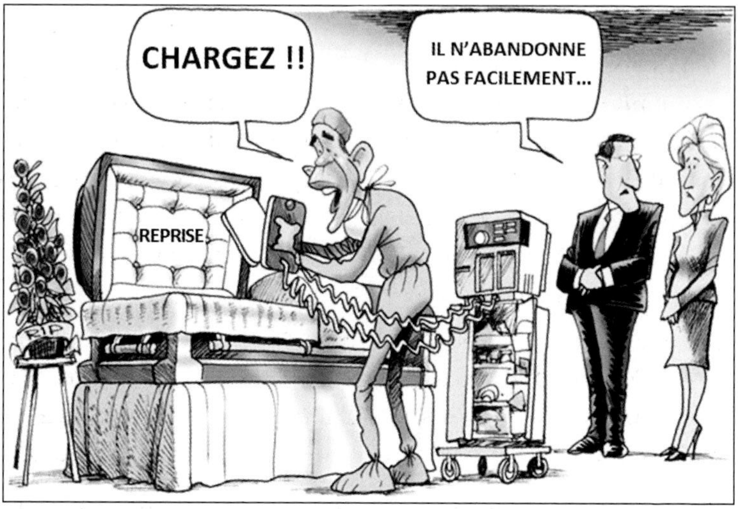

© Paul Zanetti

© Steve Sack

Septembre 2008 / Septembre 2011 : la crise financière a trois ans ; les crises se succèdent et aucune reprise réelle ne se profile à l'horizon. Mi-2010, une timide croissance est revenue aux États-Unis (ce qui est normal sachant que leur population augmente de 1 % par an), mais semble déjà décliner, qui pourrait être les prémices éventuels d'une prochaine récession.

La récession de 2009 a été très profonde et brutale. Les choses se sont un peu arrangées au prix de centaines de milliards d'argent public, empruntés et dépensés. La croissance observée est donc achetée à crédit, et n'est donc ni naturelle ni durable, car avoir 2 % de croissance du PIB en creusant un trou de 10 % du PIB dans le budget fédéral est tout de même très inquiétant, et montre une inefficacité inquiétante... Et ces plans vont s'arrêter avec l'incontournable limitation des dépenses à court terme.

Comme la machine ne repart pas, des pressions se font jour pour un nouveau plan de relance et de création monétaire. Mais, au final, tout cet argent distribué sera principalement épargné, ou alimentera les pays émergents : la machine ne repartira pas...

> « **Toute l'économie mondiale dépend du consommateur ; s'il cesse de dépenser de l'argent qu'il n'a pas pour des choses dont il n'a pas besoin, nous courons à notre perte.** »
> [Bill Bonner, éditorialiste]

Comme on l'a vu, le fond du problème de nos économies est relativement simple : au niveau de chaque entreprise, il y a compression des coûts salariaux, mais comme toutes les entreprises font cela, le consommateur n'a plus d'argent à dépenser... Le « **carburant** » du système, les salaires étant épuisés depuis dix à vingt ans, on roule depuis avec un substitut, la dette, dont on vient tout juste d'épuiser également le stock. **La consommation** va donc rester en berne.

Une bonne image est celle d'une voiture en panne sèche que l'on pousse : bien sûr qu'elle se remet à rouler. Mais quoi qu'il en soit, elle n'a plus d'essence, et stoppera avec les efforts du pousseur...

Au niveau de **l'emploi**, aucune amélioration sérieuse n'a été observée ; les Américains appellent ceci *Jobless Recovery*, « reprise sans emplois ». Mais par définition, ceci ne peut alors pas être considéré comme une reprise... On peut donc s'attendre à ce que les problèmes actuels se poursuivent puis s'amplifient :

- le consommateur va se **désendetter et épargner**, ce qui va maintenir à des niveaux faibles toutes les ventes au détail ;
- les entreprises vont continuer à **limiter leurs embauches** et leurs **investissements** ;
- les gouvernements vont cesser leurs interventions, piégés par les montagnes de dettes accumulées ;
- ce qui va probablement conduire à la replongée dans la **récession**.

La **spéculation** n'ayant pas été combattue, les milliards de dollars créés aux États-Unis s'exportent vers les pays émergents ; échaudés par le risque sur les marchés actions et obligations, ils investissent alors sur les matières premières (alimentaires, métaux...) dont les prix flambent en même temps (dépassant leur pic de 2008), et se situent au double de leurs niveaux moyens historiques. Face à une envolée aussi forte, aussi rapide, sur tous les produits, comment rester aveugle et ne pas voir l'influence (au moins partielle) de la spéculation ?

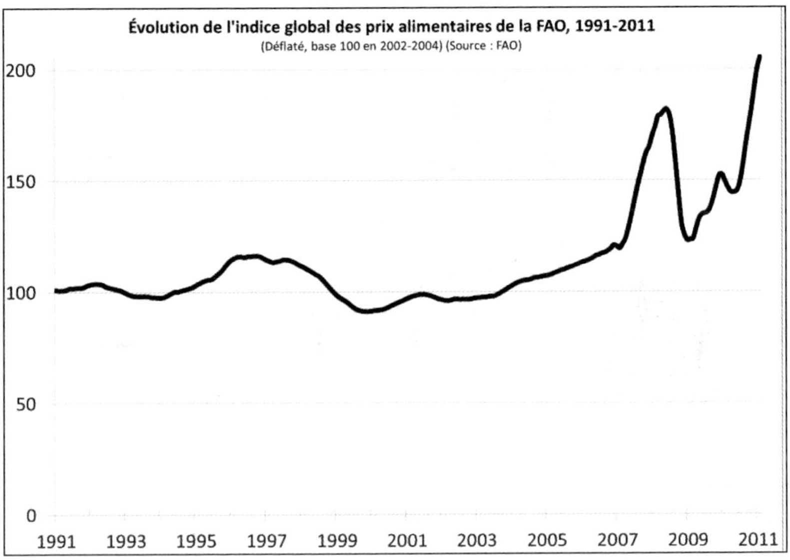

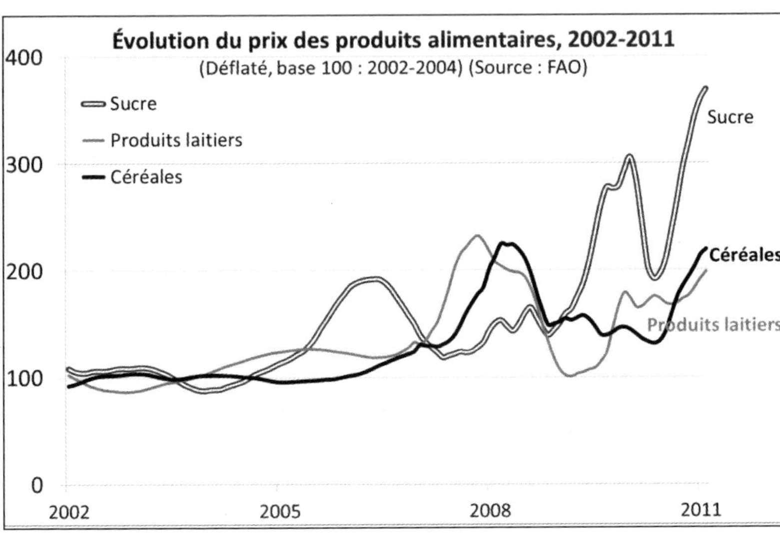

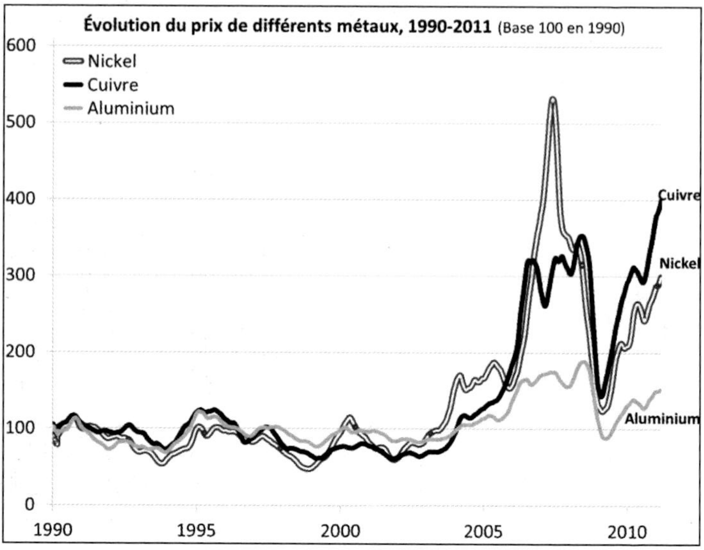

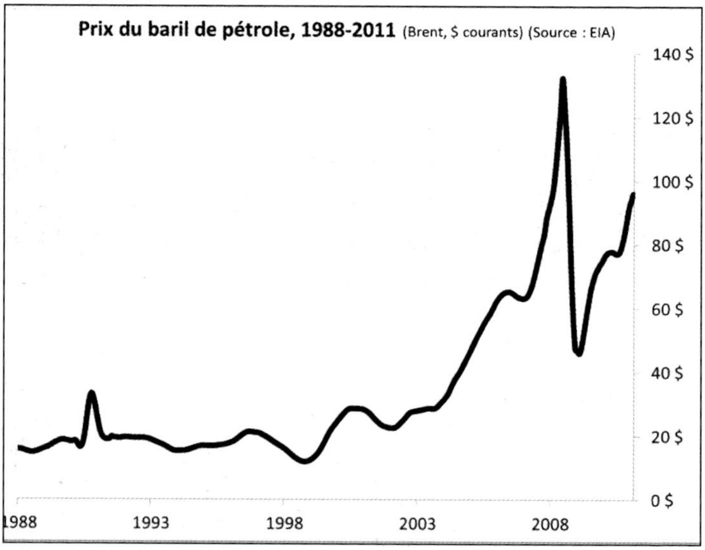

« Nous ne disons pas que la spéculation nourrit la hausse des prix. Peut-être que ça l'anticipe un peu, peut-être que ça l'accélère un peu, il y aura débat à ce sujet. Peut-être que ça n'a aucun effet, c'est aussi une éventualité. » [Christine Lagarde, 17/02/2011] [sic.]

« La course aux 100 $ »
Matières premières, nourriture, essence… Les salaires sont bons derniers… ☹
© RJ. Matson – www.rjmatson.com

© John Trever

© Pat Bagley – The Salt Lake Tribune

© Frédéric Deligne – www.deligne.com

Un point va se rajouter aux difficultés pour les banques.

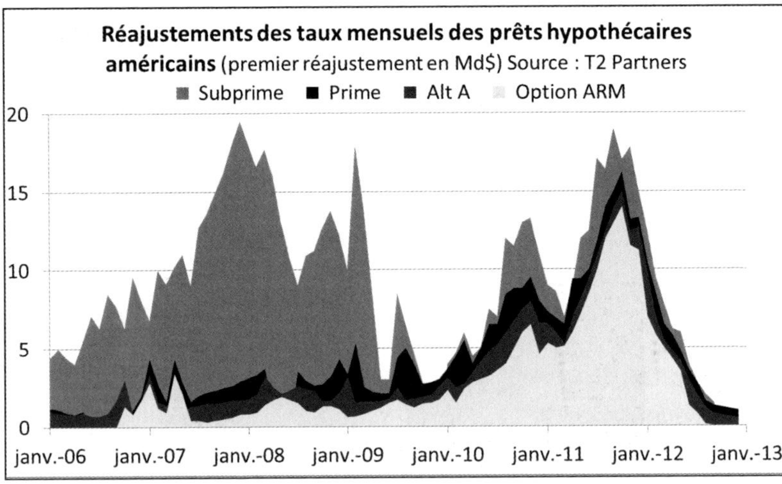

« La seconde vague »

« Ceci est le calendrier des réajustements des taux sur les crédits immobiliers résidentiels américains, réajustements à la hausse cela va sans dire. Les colonnes représentent les montants cumulés des prêts en milliards de dollars [NDR. Le cumul est de 1 600 Md$...].

Les crédits *subprime* sont en gris moyen, on voit qu'ils étaient l'actualité du jour en 2007 et 2008. On voit aussi que 2009 est une année assez calme à ce point de vue, mais les problèmes repartent sur les chapeaux de roue en 2010 pour culminer en 2011.

En gris foncé, les crédits Alt-A, encore appelés « *liars' loans* », prêts pour menteurs, accordés sur la base de déclarations de revenus non vérifiées : dans le climat de la bulle, les emprunteurs gonflaient leurs revenus déclarés pour acheter des logements les plus vastes possibles et multiplier ainsi l'effet de levier quand ils les revendraient quelques années plus tard, comptant sur les 5 % à 10 % d'appréciation annuelle qui étaient devenus la norme. On sait ce qu'il en est advenu. Versant des mensualités en accord avec le train de vie correspondant aux revenus gonflés qu'ils déclarèrent en 2005 ou 2006, exposés à un taux de chômage dont on dit qu'il atteindra bientôt les 10 %, ces ménages seront bien évidemment incapables de s'acquitter de traites encore plus élevées.

En gris clair, les crédits *Pay-Option* ARM, ceux qui offraient différentes options de paiement, dont une qui fut choisie par 85 % des emprunteurs consistant à faire des versements mensuels inférieurs même aux intérêts accrus, ce qui signifie bien entendu que le principal, la somme totale due, augmente inexorablement de mois en mois. Quand elle atteint 115 % du montant orignal du prêt, celui-ci est automatiquement converti en prêt avec amortissement, ce qui débouche sur un **quasi-doublement du montant des mensualités**.

Je vous laisse imaginer ce qui se passera. » [Paul Jorion, www.pauljorion.com/blog, 2010]

Ainsi, beaucoup de **prêts immobiliers** américains comprenaient des taux d'appels (*teaser*) : les emprunteurs payaient très peu les premières années, parfois même moins que les seuls intérêts. En conséquence, les mensualités augmentent fortement au bout de quelque temps. Ceci entraîne de nombreux défauts, les maisons ne pouvant plus être revendues avant la fin de la période d'appel avec une plus-value. Or, les défauts sur ces prêts devraient se développer **en 2011. L'immobilier** va donc continuer à souffrir de la situation économique, en particulier l'immobilier commercial. Les saisies vont donc se poursuivre en masse. Ainsi, une maison sur cinq cents a reçu un avis de saisie rien qu'en janvier 2011, ce chiffre étant de une sur quatre-vingt-dix dans le Nevada et une sur deux cents en Californie. De tels taux de saisies sont impressionnants, montrant qu'il n'y a **aucune reprise perceptible**, et qu'aucune remontée des prix n'interviendra à moyen terme. Le secteur bancaire devrait donc avoir de nouveau besoin de **soutiens** dans les mois à venir.

Les banques sont débordées, et ne disposent parfois même plus des titres hypothécaires, ce qui a causé un scandale aux États-Unis (*Foreclosure Gate*). Elles ont émis de nombreux faux titres, portant de fausses signatures. La société de recouvrement Unicredit a même été condamnée pour avoir créé un **faux tribunal** avec un **faux juge** !

© Mike Keefe – The Denver Post, 16/10/2010 – www.intoon.com

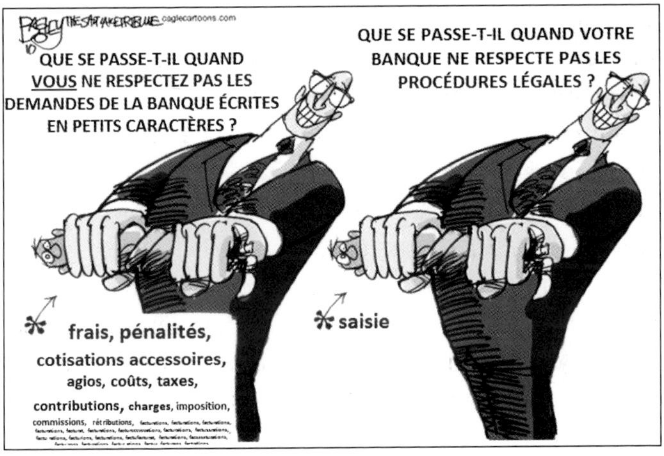

© Pat Bagley – The Salt Lake Tribune

Les pouvoirs publics ont annoncé qu'il y aura de nouveau des tests de solidité (*stress test*) des banques en Europe en 2011, mais ceux-ci ne testent pas de scénarios sévères – afin de ne pas faire apparaître les risques majeurs d'insolvabilité du secteur. Ainsi, en juillet 2010, des tests effectués sur quatre-vingt-onze banques avaient rassuré les marchés. Malheureusement, les tests de résistance n'ont pas résisté à la crise irlandaise : les banques irlandaises qui ont dû être secourues en novembre 2010 avaient passé avec succès les stress tests de juillet 2010 !

© Steve Sack

« Le stress-test »
© Joe Heller

Une des conséquences majeures du retour de la crise va être la **dislocation géopolitique globale**. Nous avons souligné l'extrême fragilité du système économique mondial en général, et de celui des États-Unis en particulier, qui ne tient plus que par la confiance des marchés et des pays exportateurs qui continuent à acheter des bons du trésor américains, alors que leur système économique est en ruine.

Les G20 n'arrivant pas à prendre des décisions sérieuses et se limitant à la rédaction de communiqués ampoulés, la perte d'influence au Moyen-Orient, le discrédit des fuites diplomatiques Wikileaks, tout ceci démontre la perte d'influence américaine.

© Vincent L'Épée – http ://lecoupdegriffe.blogspot.com

Autre exemple, au deuxième trimestre 2010, le PIB de la Chine a dépassé celui du Japon, en faisant la **deuxième économie du monde**. Et elle devrait être la première avant 2020. Ce PIB est déjà proche du niveau américain, exprimé en Parité de Pouvoir d'Achat.

© Rodrigo de Matos

« Les preuves montrant que les États-Unis sont un **État en faillite** s'accumulent plus vite que je ne peux les répertorier.

L'une des caractéristiques décisives d'un État en faillite est que les **escrocs** sont placés à l'intérieur du gouvernement, et utilisent ce gouvernement pour protéger et promouvoir leurs intérêts privés. Une autre caractéristique déterminante est **l'inégalité croissante** des revenus, lorsque ces « *insiders* », ces initiés, manipulent la politique économique pour assurer leur enrichissement au détriment de tous les autres.

Les initiés de la finance qui ont la main sur le Trésor, la Maison Blanche et la Réserve fédérale ont transféré aux contribuables le coût de la catastrophe qu'ils ont provoquée. Les *Banksters* sont toujours en place.

Existe-t-il un autre pays dans lequel, au vu et au su de l'opinion publique, une petite minorité utilise de façon aussi flagrante le gouvernement au bénéfice d'intérêts privés, aidé par une coterie d'économistes adeptes du « marché libre », prêts à justifier le pillage, au motif que « le marché fonctionne au mieux » ?

Si rien n'est fait, « cela va se produire à nouveau ». Mais rien ne peut être fait. **Les escrocs tiennent le gouvernement.** » [Paul Craig Roberts, économiste, ancien Sous-secrétaire au Trésor dans l'administration Reagan].

Cette croissance de la Chine – ainsi que celle de l'Inde – ne fait que compenser une anomalie historique, son poids économique étant largement déconnecté de son poids démographique. Ainsi, de nouveau, **le centre de gravité de l'économie mondiale va basculer**, après l'Angleterre et les États-Unis, le tour de la Chine et de l'Inde arrive...

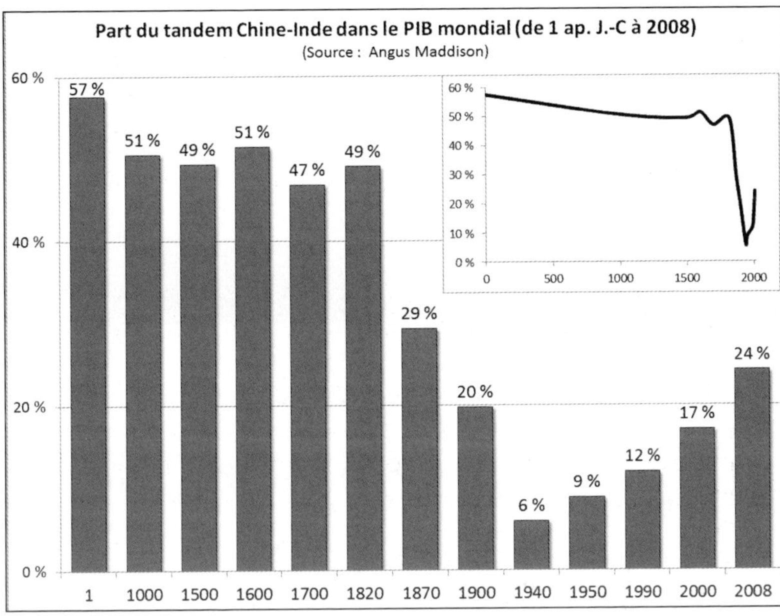

« Mr Zheng Bijian, l'un des conseillers politiques du président chinois Hu Jintao, se trouvait à Taiwan. [...] Les faits, disait-il en substance, permettent de trier entre les pratiques qui marchent et celles qui ne marchent pas. S'il est vrai que le régime de la Chine continentale doit continuer d'évoluer, concédait-il, Taiwan de son côté doit prendre conscience que **sa démocratie parlementaire doit elle aussi se modifier pour échapper aux tentations de la démagogie et du populisme, défauts habituels de ce système politique.** »
[Paul Jorion, ***La Chine a essayé le capitalisme, hélas ça ne marche pas !*** http ://www.pauljorion.com/blog/ ?p=5568]

© RJ. Matson – www.rjmatson.com

© Dave Granlund – www.davegranlund.com

Titre IV
Pistes de solutions

« Le temps de la procrastination, des demi-mesures, de l'apaisement des craintes, des expédients déconcertants et des délais touche à sa fin. **Nous voici à l'aube d'une période de conséquences**. » [Winston Churchill, 12/11/1936]

« Ce qui est frappant, c'est **combien les choses ont peu changé depuis 2008**. [...] La véritable tragédie serait d'accepter le refrain selon lequel personne ne pouvait prévoir ce qui s'est passé et qu'on ne pouvait donc rien y faire. **Si l'on accepte cette idée, elle se reproduira**. [...] C'est notre responsabilité collective. **C'est à nous de faire des choix différents si l'on veut obtenir des résultats différents**. » [Rapport Angelides du Congrès américain sur la crise financière, 2011]

« **L'histoire n'est pas faite de victoires ou de défaites momentanées, mais bien des grands mouvements qui entraînent des peuples entiers vers la gloire ou la destruction**. » [Louis Bromfield]

« **L'expérience montre qu'il est plus facile aux peuples de mourir que de réfléchir**. » [Gaston Bouthoul]

« C'est l'histoire d'un homme qui tombe d'un immeuble de cinquante étages. Le mec, au fur et à mesure de sa chute se répète sans cesse pour se rassurer : jusqu'ici tout va bien, jusqu'ici tout va bien, **jusqu'ici tout va bien**.

Mais **l'important, ce n'est pas la chute, c'est l'atterrissage**. » [*La Haine* de Mathieu Kassovitz, 1995]

« **Le monde ne sera pas détruit par ceux qui font le mal, mais par ceux qui les regardent et qui refusent d'intervenir**. » [Albert Einstein]

« **Dans les temps de tromperie universelle, dire la vérité devient un acte révolutionnaire**. » [George Orwell]

1. Sortir du financiarisme avec une vieille idée : la participation

Comme on l'a vu, le financiarisme, système économique dans lequel nous sommes rentrés depuis plus d'une vingtaine d'années, n'est pas satisfaisant : le « tout pour les actionnaires » est un cinglant échec. Le système collectiviste « « tout » pour les salariés » a également montré ses lacunes.

> « Le défaut du capitalisme, c'est qu'il répartit inégalement la richesse ; la qualité du socialisme, c'est qu'il répartit également la misère. » [Winston Churchill]

On peut dès lors se demander s'il ne serait pas temps de concevoir un mécanisme équilibré, d'économie de marché et de respect de la propriété privée, qui pourrait être nettement plus efficient. Dès lors, comment ne pas penser au programme du Conseil National de la Résistance, adopté le 15 mars 1944, qui a fondé notre pacte social de prospérité, et que les néo-conservateurs voudraient abroger ?

> « *2 - Mesures à appliquer dès la libération du territoire*
> • instauration d'une véritable démocratie économique et sociale, impliquant l'éviction des grandes féodalités économiques et financières de la direction de l'économie ;
> • [...] **participation des travailleurs à la direction de l'économie**.

Cette idée a été largement développée par le Général de Gaulle à la fin des années 1940, sous forme du projet d'Association, dont la participation marquera un début d'application. L'échec du référendum de 1969 enterrera le projet. Soixante ans plus tard, il est plus que temps de le remettre à l'ordre du jour : il reste brûlant d'actualité. La pensée du Général de Gaulle était si précise qu'elle se passe de commentaires. Prenons le temps de la relire ici posément – puisqu'elle est absente non seulement du débat public, mais ne serait-ce que d'archives facilement accessibles et d'Internet.

> « La solution humaine, française, pratique [...] est dans **l'association digne et féconde** de ceux qui mettraient en

commun, à l'intérieur d'une même entreprise, soit leur travail, soit leur technique, soit leurs biens, et qui devraient s'en partager, à visage découvert et en honnêtes actionnaires, les bénéfices et les risques.

Certes, ce n'est pas cette voie que préconisent, ni ceux qui ne veulent pas reconnaître que **rehausser la dignité** de l'homme c'est non seulement un devoir moral mais encore une **condition de rendement**, ni ceux qui conçoivent l'avenir sous la forme d'une termitière. Mais quoi ? C'est la voie de la concorde et de la justice fructifiante dans la liberté ! » [Charles de Gaulle, discours de Strasbourg, 7 avril **1947**]

« L'Association, qu'est-ce à dire ? D'abord ceci que, dans un même groupe d'entreprises, tous ceux qui en font partie, les chefs, les cadres, les ouvriers, **fixeraient ensemble entre égaux**, avec arbitrage organisé, les conditions de leur travail, notamment les rémunérations. Et ils les fixeraient de telle sorte que tous, depuis le patron ou le directeur inclus, jusqu'au manœuvre inclus, recevraient, de par la loi et suivant l'échelle hiérarchique, une **rémunération proportionnée au rendement global** de l'entreprise.

C'est alors que les éléments d'ordre moral qui font l'honneur d'un métier : autorité pour ceux qui dirigent, goût du travail bien fait pour les ouvriers, capacité professionnelle pour tous, prendraient toute leur importance, puisqu'ils commanderaient le rendement, c'est-à-dire le bénéfice commun. C'est alors qu'on verrait naître, à l'intérieur des professions, une autre psychologie que celle de l'exploitation des uns par les autres ou bien celle de la lutte des classes. [...]

Leurs représentations pourraient et devraient être incorporées à l'État. Quelle importance prendrait alors un Conseil de la République où elles siégeraient en même temps que les représentations des assemblées locales ! » [Charles de Gaulle, discours de Saint-Étienne, 4 janvier 1948]

« Oui ! L'association, par laquelle, dans toute entreprise, chacun de ceux qui y participent verra le capital que constitue sa capacité de travail rémunéré au-delà du minimum vital et suivant le rendement collectif, exactement comme tous les autres capitaux immobiliers et mobiliers sont rémunérés au-delà de leur conservation ou de leur entretien. Oui ! L'association, qui placera sur le **même plan de dignité** tous ceux qui contribuent à l'œuvre économique commune, fera que l'ingénieur, l'agent technique, l'ouvrier, l'employé, à tout échelon, seront des **sociétaires**, et fera du patron aux yeux de son personnel, non point l'homme qui paie, mais le chef, dont la valeur, l'indépendance, l'autorité sont nécessaires à l'avantage de tous. Oui ! l'association qui, formée pour le rendement et pour le progrès, régénérera le syndicalisme et, en outre, prendra à son compte ces éléments du rendement collectif que sont l'apprentissage, la formation technique, la sélection des meilleurs depuis le bas jusqu'au haut. Oui ! L'association, dont nous attendons un grand élan de productivité et **un climat social nouveau**. » [Charles de Gaulle, discours de Marseille, 17 avril 1948]

« On a fait ce qu'on a fait au point de vue économique dans le monde, en gros, avec un système qui s'appelait le libéralisme, et on a fait de très grandes choses, c'est évident. Il n'est pas moins évident que le libéralisme tel qu'on le voyait avant-hier est devenu une chose inconcevable et **insupportable** dans l'état présent du monde, et spécialement dans l'état présent de la France. Au point de vue des travailleurs, il se traduit par le salariat, et **nous ne considérons pas que le salariat, c'est-à-dire l'emploi d'un homme par un autre, doive être la base définitive de l'économie française, ni de la société française. Cela, nous ne l'admettons pas.** Nous ne l'admettons pas, sans doute, pour des raisons humaines, des raisons de justice sociale, mais nous ne l'admettons pas non plus pour des **raisons économiques** parce que nous considérons [...] que ce système-là n'est plus susceptible de donner à tous ceux qui produisent l'impulsion, la volonté, la passion de produire et de créer qui sont indispensables si nous voulons redevenir prospères, généreux et rayonnants dans le monde. Par conséquent, le vieux libéralisme, ce n'est pas la voie économique et sociale dans laquelle la France se refera telle qu'elle doit se refaire. [...] Il y a le système des communistes. [...] Nous considérons qu'il est mauvais pour tout le monde et nous considérons qu'il est spécialement mauvais pour nous [...]

Ni le vieux libéralisme, ni le communisme écrasant. Autre chose. Quoi ? Et bien, quelque chose de simple, de digne et de

pratique qui est **l'association**. C'est une vieille idée française, elle fut bien souvent dans notre histoire économique mise en valeur. [...] L'association, c'est-à-dire un système tel que, du moment que des hommes travaillent ensemble [...] dans une même entreprise, **il doit se constituer entre eux, non pas un contrat d'employeur à employé mais un contrat de société. Il faut que ces hommes s'associent**. Ils apportent chacun [...] quelque chose, les uns leur capacité de direction, leur valeur technique, pour certains autres – et quelquefois ce sont les mêmes, et même souvent – leurs capitaux, qui d'ailleurs sont très souvent un peu à tout le monde, et leur valeur technique de travailleurs, leur assiduité, leurs capacités. Dès lors que ces capacités sont prouvées, soit au point de vue de la direction technique, soit au point de vue du travail, **on est digne d'être sociétaire dans l'entreprise commune**, on y a sa place, on y a ses devoirs et on y a ses droits. Le tout doit être fixé par des contrats de société pour chaque entreprise, répondant à certaines conditions qui seront évidemment variables selon la nature des entreprises. [...] Mais les principes seront les mêmes. Ils seront fixés par une loi qui déterminera les conditions de création de ces sociétés nouvelles, destinées à remplacer le type de sociétés d'aujourd'hui, c'est-à-dire les sociétés anonymes ou sociétés à responsabilité limitée qui, pour le moment, ne prévoient de contrat qu'entre les employeurs et les employés.
Je ne crois pas du tout, d'ailleurs, que dans un système comme le nôtre [...] les gens qui ont la responsabilité de diriger les entreprises, ne souffriront en quoi que ce soit. Je suis, bien au contraire, convaincu qu'elles y gagneront et que, tout le monde se sentant intéressé matériellement et moralement à ce que la boite marche, [...] tout le monde ayant son rôle et sa part, je suis persuadé qu'il sera créé [...] un climat social nouveau. [...]
L'association est la forme qu'il faut donner à l'économie nouvelle pour la recréer et pour recréer en même temps les conditions sociales nouvelles et acceptables pour tous. [...]
Mais comment voulez-vous qu'une œuvre pareille puisse être réalisée dans le régime politique, législatif et exécutif où nous vivons. C'est évidemment impossible. [...] **Il faut changer le régime**. » [Charles de Gaulle, Allocution prononcée devant les Comités professionnels du Rassemblement du Peuple français, 31 août 1948]

« Il faut que vous [les ouvriers] preniez part largement aux responsabilités économiques françaises. Cela implique que dans la production, vous soyez, non plus des instruments, mais des associés, avec le devoir de développer l'œuvre commune et le droit de profiter de ce que vous lui ferez gagner. Nous, peuple français rassemblé, nous voulons faire en sorte que les travailleurs deviennent des sociétaires, au lieu d'être des salariés. [...] Oui ! Nous voulons l'Association du travail, du capital, de la direction [...] dans le cadre de l'entreprise. [...] Quelle forme prendra l'Association ? Je réponds : celle de contrats de société, passés sur un pied d'égalité entre les divers éléments, les engageant les uns vis-à-vis des autres, mais évidemment de type très divers, suivant la nature, la dimension des entreprises. [...] Qu'y aura-t-il dans un contrat d'association ? Je réponds : il y aura naturellement les conditions particulières que chacun des sociétaires apportera à son concours. Par exemple : rétribution de base pour les ouvriers, intérêt de base pour le capital qui procure les installations, les matières premières, l'outillage, droit de base pour les chefs d'entreprise qui ont la charge de diriger et qui doivent pourvoir, notamment, aux investissements et aux réserves. [...] Ce régime nouveau présenterait l'avantage social de lier entre eux, dans l'entreprise, au lieu de les opposer, les intérêts des patrons, des ouvriers, des capitalistes et, par là, de changer l'atmosphère. » [Charles de Gaulle, discours de Paris, 14 décembre 1948]

Un polytechnicien, Marcel Loichot, s'est essayé au début des années 1960 à proposer un modèle opérationnel de participation, ce qui lui a valu de devenir conseiller du Général de Gaulle. Il a proposé un modèle qu'il a appelé **pancapitalisme**. L'idée très intéressante de ce système est de conserver la notion de capitalisme (propriété privée des moyens de production), mais où en fait les travailleurs deviendraient *ipso facto* des capitalistes, ce qui élimine une tare majeure du système capitaliste : l'appropriation des moyens de production par **une minorité**.

La clé consiste en un **partage équitable de l'accroissement** du patrimoine de l'entreprise. Marcel Loichot refuse de s'enfermer dans un schéma préétabli, et propose de nombreuses méthodes de partage. À titre indicatif, il propose un des cadres possibles :

- toute entreprise employant par exemple plus de dix personnes doit obligatoirement être constituée en « société pancapitaliste » ;
- le capital d'une société pancapitaliste est productif d'intérêt à un taux très raisonnable, par exemple 6 % ; ces intérêts sont **nécessairement** comptabilisés en dépenses et **distribués** ;
- **le bénéfice subsistant est obligatoirement ajouté au capital** ; les actions correspondantes, incessibles pour dix années, sont réparties pour moitié entre les actionnaires antérieurs proportionnellement à leurs actions, **pour moitié entre les travailleurs** de l'entreprise proportionnellement à leurs salaires ;
- les porteurs d'actions, qu'elles soient anciennes ou nouvelles, jouissent des mêmes droits, et notamment élisent ensemble le conseil d'administration, lequel nomme le président-directeur général et contrôle sa gestion.

En synthèse, imaginons une entreprise créée avec un capital de 100. Au bout d'un an, elle procure un bénéfice de 100, grâce au travail des employés, utilisant les moyens de production. Toute la question est **que faire de ces 100** ? Dans le système capitaliste, ils reviennent aux actionnaires. Mais on peut imaginer de les répartir différemment. Dans le système Loichot, on donne obligatoirement 6 aux actionnaires pour les rémunérer, et on crée 94 actions nouvelles, réparties entre les actionnaires (47) et les salariés (47). En résumé, **les salariés deviennent actionnaires**. Il démontre qu'avec un autofinancement de 6 % l'an (la croissance était très forte à l'époque), en 25 ans, les actionnaires et les salariés deviennent égalitaires et le capital initial a quadruplé. En fait, **il ne s'agit pas de partager les richesses existantes mais les richesses futures créées ensemble par les parties prenantes**.

Car dans la vision économique gaullienne, la participation comporte trois volets : la participation aux **bénéfices**, la participation au **capital** et la participation aux **responsabilités**. « Tout le reste n'est que participation au baratin ! », disait Philippe Dechartre. Le 17 août 1967, le Général de Gaulle signait donc l'ordonnance sur « la participation des salariés aux fruits de l'expansion des entreprises », qui a fondé le régime toujours en vigueur de la participation aux résultats. Malheureusement, ce dispositif est resté limité aux bénéfices, alors que ce n'était pour le Président qu'une première étape. Son départ en a décidé autrement.

« Il faut, enfin, que dans les entreprises, **la participation directe du personnel aux résultats, au capital et aux responsabilités** devienne une des données de base de l'économie française. » [Charles de Gaulle, Conférence de presse du 27 novembre 1967]

En conclusion, ne serait-il pas temps que nos économistes réfléchissent à proposer des systèmes économiques bâtis autour de cette idée juste et simple – au lieu de nous expliquer qu'il n'y a pas d'alternative au financiarisme, ou qu'on a tout essayé ?

« Ni la police, ni les tribunaux, n'atteindront le mal dans sa source, qui est le **système économique et social** actuellement en vigueur. **Il faut avoir, pendant qu'il est temps, assez d'esprit et de cœur pour réformer ce système-là** » ! [Charles de Gaulle, discours de Paris, 11 février 1950]

« Le capitalisme dit : grâce au profit qui suscite l'initiative, fabriquons de plus en plus de richesses qui, en se répartissant par le libre marché, élèvent en somme le niveau du corps social tout entier. Seulement voilà : la propriété, la direction, le bénéfice des entreprises dans le système capitaliste n'appartiennent qu'au capital. Alors, ceux qui ne le possèdent pas se trouvent dans une sorte d'**état d'aliénation** à l'intérieur même de l'activité à laquelle ils contribuent. **Non, le capitalisme du point de vue de l'homme n'offre pas de solution satisfaisante**.

Il y a une troisième solution : **c'est la participation, qui elle, change la condition de l'homme au milieu de la civilisation moderne**. Dès lors que les gens se mettent ensemble pour une œuvre économique commune, par exemple pour faire marcher une industrie, en apportant soit les capitaux nécessaires, soit la capacité de direction, de gestion et de technique, soit le travail, il s'agit que tous forment ensemble une société où tous aient intérêt direct à son rendement et à son bon fonctionnement. Cela implique que soit attribué de par la loi, à chacun, **une part de ce que l'affaire gagne** et de ce qu'elle investit en elle-même grâce à ses gains. Cela implique aussi que tous soient **informés** d'une manière suffisante de la marche de l'entreprise et puissent, par des représentants qu'ils auront tous nommés librement, participer à la société et à ses conseils pour y faire valoir leurs intérêts, leurs points de vue et pour y faire valoir leurs propositions. C'est la voie que j'ai toujours cru bonne. C'est la voie dans laquelle j'ai fait déjà quelques pas ; par exemple, en 1945, quand, avec mon gouvernement, j'ai institué les comités d'entreprise, quand, en 1959 et en 1967, j'ai, par des ordonnances, ouvert la brèche à l'intéressement. C'est la voie dans laquelle il faut marcher. » [Charles de Gaulle, entretien avec Michel Droit, 7 juin 1968]

« **Le progrès économique, bien sûr, c'est nécessaire à la vie d'une nation, c'est essentiel, mais il ne faut jamais oublier que la seule finalité du progrès économique, c'est le progrès social**. » [Charles De Gaulle, 1944, conversation avec Philippe Dechartre]

2. Le modèle allemand… à ne surtout pas suivre !

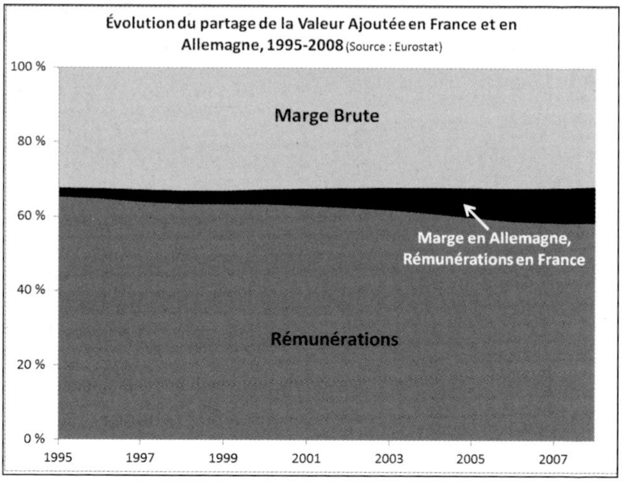

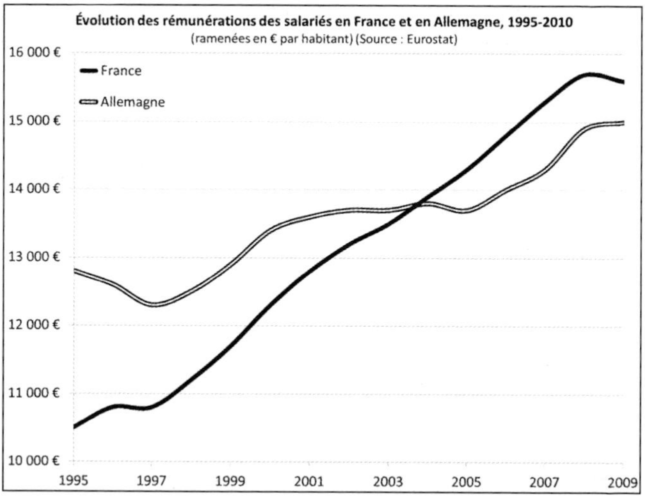

Le partage de la valeur ajoutée montre donc que les entreprises allemandes ont augmenté leurs marges, au détriment des salariés. Il apparaît clairement qu'à partir de 2000, le montant de la rémunération par habitant se met à stagner, témoignant de leur blocage, alors que les rémunérations en France augmentent continûment, et dépassent les allemandes en 2004. Conclusion : l'Allemagne a bloqué ses salaires pour améliorer la rentabilité de ses entreprises et leur compétitivité. Mais en conséquence, la consommation est du coup plus faible – l'argent du consommateur ne venant que des salaires gagnés. Ceci est de nature récessive.

Le fameux « modèle allemand » ne peut donc marcher que s'il est fortement exportateur – le consommateur allemand ne pouvant acheter les produits compétitifs réalisés. Ce n'est donc en rien un modèle, puisque tout le monde ne peut pas l'appliquer, tous les pays ne pouvant être exportateurs nets. Il repose également sur une conception d'exploitation de ses voisins : vouloir être exportateur net (donc « gagner ») signifie vouloir que ses partenaires commerciaux soient importateurs nets, et « perdent donc en permanence ». Ce genre de « jeu » ne dure jamais très longtemps...

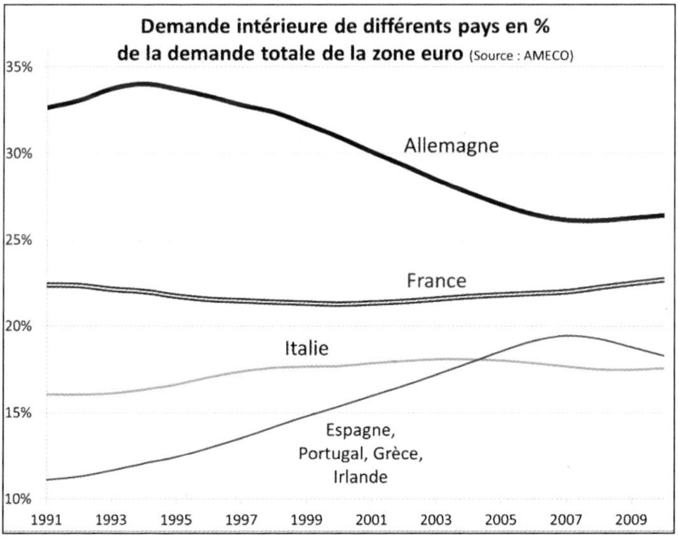

Le manque de performance de ce système « parasite » s'observe sur les deux graphiques précédents, qui illustrent que la croissance allemande a été inférieure à la croissance française 13 fois en seize ans, et que le PIB par habitant en France a désormais dépassé son homologue allemand, alors qu'il lui était inférieur de 15 % en 1995.

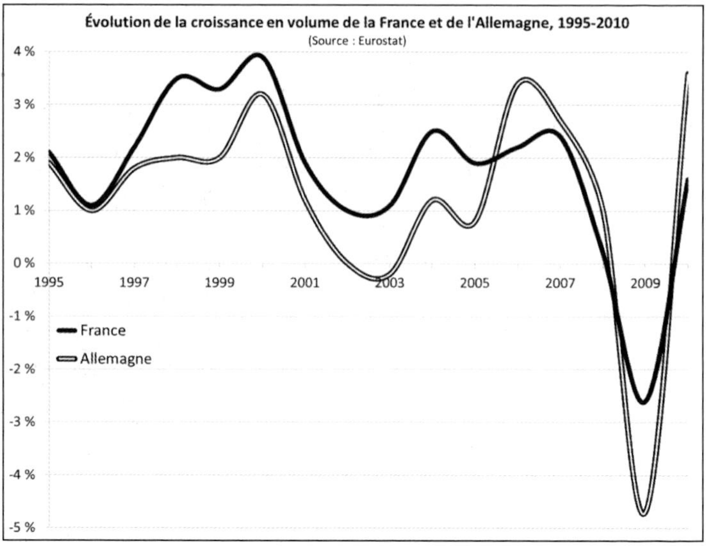

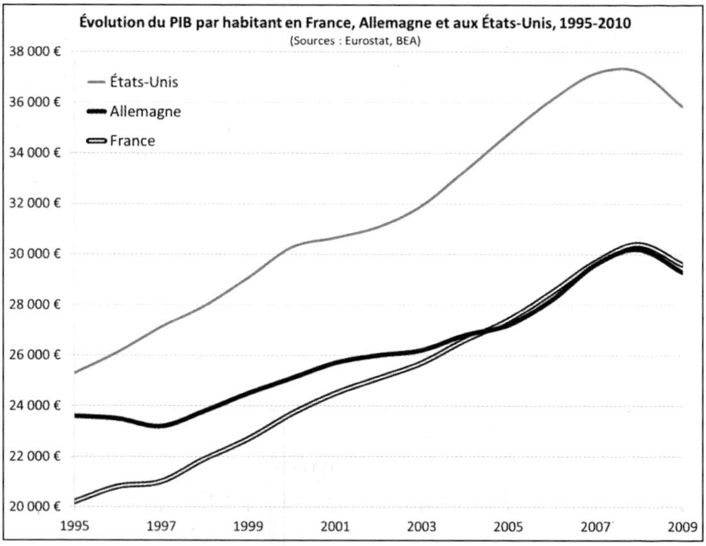

Le modèle allemand ne tient que grâce aux exportations (140 Md€ d'excédent commercial total en 2009, sur 800 Md€ d'exportations), en particulier en Europe (69 % du total en 2009 – les produits allemands sont peu attractifs en Chine ou aux États-Unis).

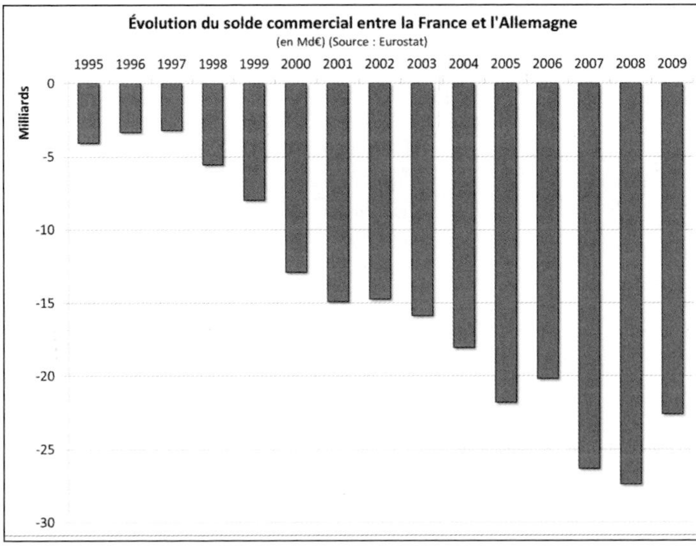

Quand ses partenaires réduiront leurs achats (en raison d'une récession économique – France –, par le développement de leur propre production intérieure – Chine – ou simplement par des barrières commerciales pour se protéger du commerce avec ce partenaire déloyal), l'Allemagne souffrira terriblement, comme on l'a vu en 2009 où elle a subi une récession historique de près de 5 %.

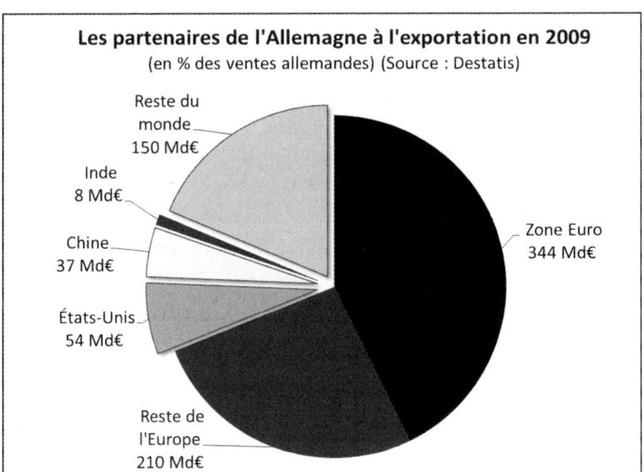

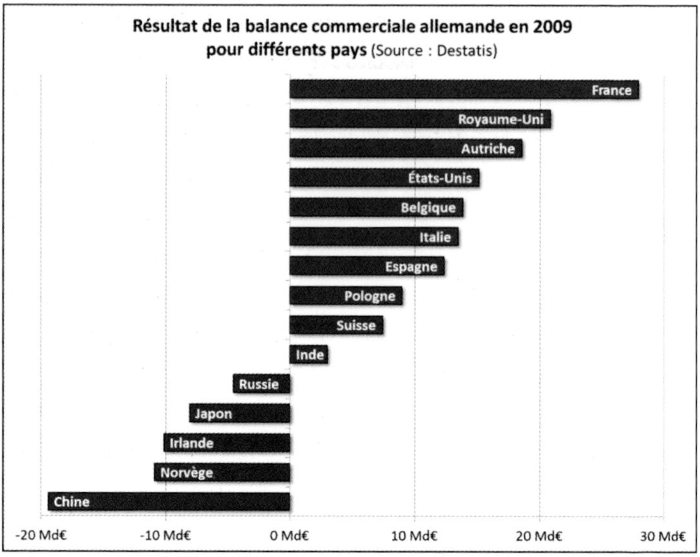

Soulignons pour l'anecdote qu'un point a cependant été préservé par l'Allemagne : sa très faible durée du temps de travail. Car on le sait peu, **mais l'Allemagne travaille 10 % de moins que la France**, 1 310 heures par habitant et par an contre 1 470 en 2009 – comme quoi la baisse du temps de travail n'empêche pas d'être compétitif...

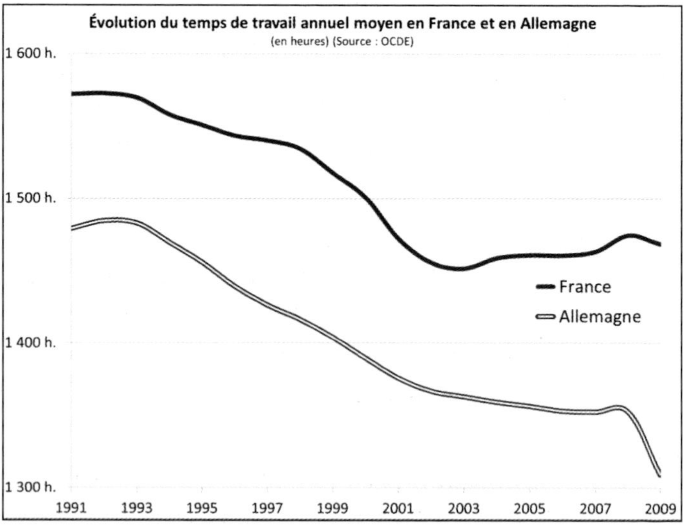

Pour revenir au « modèle allemand », soulignons enfin que l'Allemagne « exploite » non seulement sa population, mais également ses partenaires de la zone euro, puisque ce système monétaire ne peut compenser les écarts de productivité générés, n'ayant plus de monnaies nationales qui pourraient alors diverger, voire être dévaluées, afin de rééquilibrer les échanges. C'est un vice profond de l'euro en tant que monnaie unique.

En effet, si l'euro était resté une monnaie commune, comme avant 2002, le système pourrait se rééquilibrer simplement par des dévaluations de parités. Ce débat semble interdit, mais s'il ne trouve pas de réponse, l'euro explosera, comme il a failli le faire en mai 2010, en raison de l'accroissement insupportable des divergences entre les pays. Nous en reparlerons.

« Nous n'allons pas abandonner nos atouts au prétexte que nos produits sont peut-être plus demandés que ceux d'autres pays. Cela serait la mauvaise réponse à apporter à la question de la compétitivité de notre continent. **Un gouvernement économique européen doit s'aligner sur les États membres les plus rapides et les meilleurs, pas sur les plus faibles.** » [Angela Merkel, mars 2010]

« **Les excédents structurels allemands, dégagés par le secteur privé et par la balance courante, rendent virtuellement impossible pour ses voisins d'éliminer leurs déficits budgétaires, à moins d'accepter un marasme prolongé.** » [Martin Wolf, *Financial Times*, mars 2010]

Pour terminer ce tour d'horizon de l'Allemagne, il convient également de souligner son inquiétant **problème démographique** (dont nous reparlerons à la fin de ce livre), le pays ne remplaçant plus ses générations en raison de sa fécondité de 1,4 enfant par femme. Sur la tendance actuelle, sa population serait inférieure à la nôtre dès 2050.

On observe le « suicide démographique » de l'Allemagne depuis une quinzaine d'années : naissances 15 % inférieures

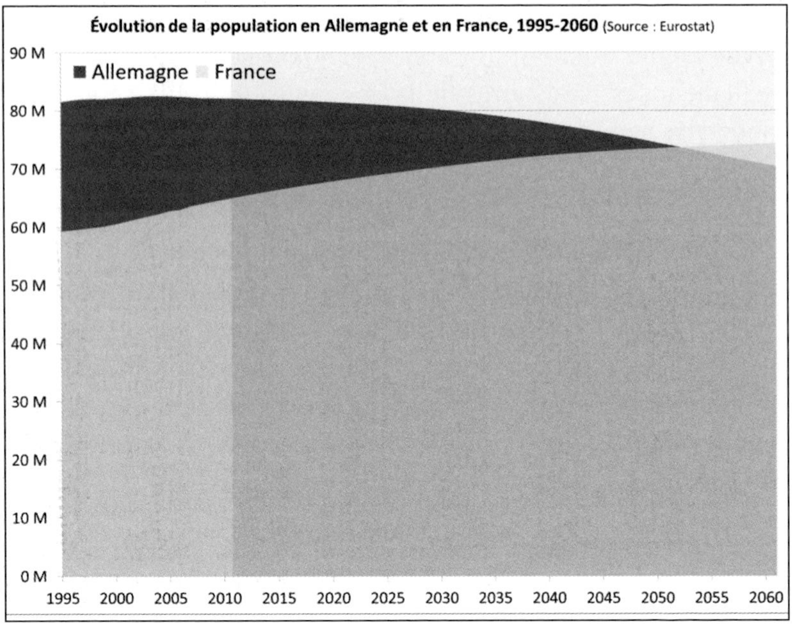
Évolution de la population en Allemagne et en France, 1995-2060 (Source : Eurostat)
Allemagne
France
90 M
80 M
70 M
60 M
50 M
40 M
30 M
20 M
10 M
0 M
1995 2000 2005 2010 2015 2020 2025 2030 2035 2040 2045 2050 2055 2060

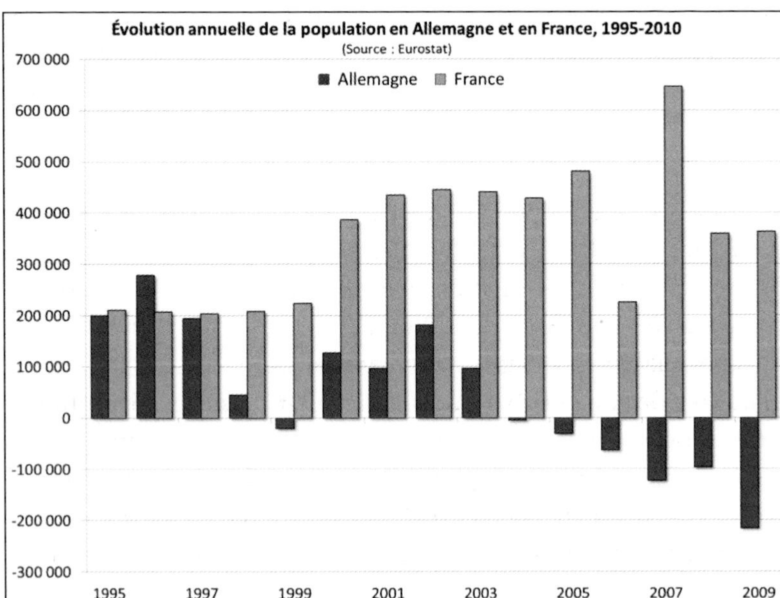
Évolution annuelle de la population en Allemagne et en France, 1995-2010
(Source : Eurostat)
Allemagne
France
700 000
600 000
500 000
400 000
300 000
200 000
100 000
0
-100 000
-200 000
-300 000
1995 1997 1999 2001 2003 2005 2007 2009

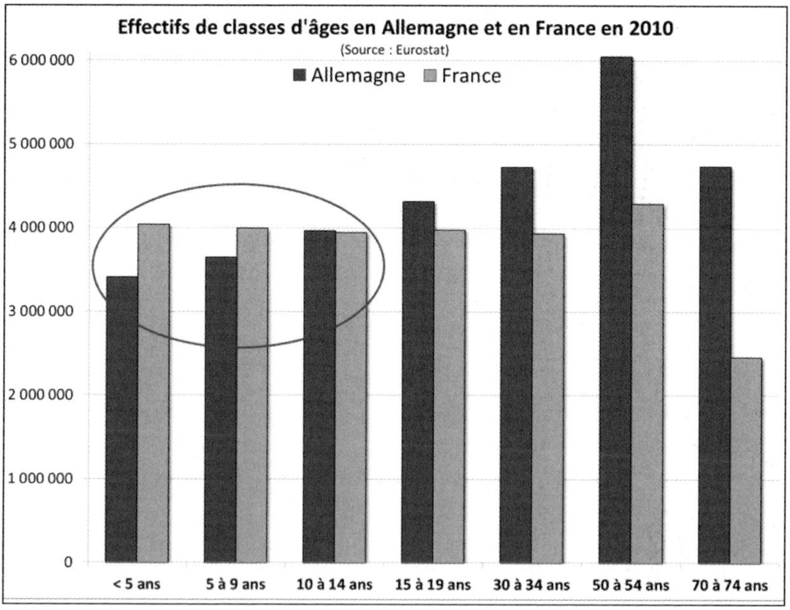

à celles de la France d'où des classes d'âges jeunes également inférieures ; comme elles sont inférieures aux classes d'âges qui disparaissent, on observe depuis 2004 une impressionnante diminution de la population – et encore, elle est amoindrie par l'immigration. La dépression de sa démographie a bien entendu un lien fort avec les choix de société de l'Allemagne.

En conclusion, il convient donc de bien réfléchir à deux fois avant de vouloir adapter le « modèle allemand » (même s'il a des points très positifs, comme son tissu de PME, l'efficacité de sa recherche et de sa formation, une gestion financière plus rigoureuse ou un système de cogestion des salariés). Ce « modèle » se résume finalement simplement : **exploiter sa population, pour produire de façon très rentable des biens vendus à l'étranger**. Cela enrichit les détenteurs allemands du capital et appauvrit la population, car nous verrons que les inégalités ont fortement augmenté en Allemagne. Quel est alors l'intérêt du peuple allemand ? Les Allemands ne sont pas plus efficaces, ils sont simplement **plus exploités** !

Et nous **acceptons** également de l'être, en refusant de protester : une monnaie commune implique une forte solidarité. Illustrons. La situation actuelle est la même que si l'Alsace décidait d'améliorer sa compétitivité en fixant, par exemple, un SMIC alsacien à 700 € (et en gardant pour elle tous les bénéfices fiscaux). Dans ces conditions, rapidement tous les SMIC des autres régions baisseraient ! On ne peut vouloir bénéficier d'une monnaie commune et du libre échange tout en conservant un comportement égoïste. **Les salaires allemands doivent augmenter** !

« En période de crise, chacun voudrait baisser les salaires et baisser la protection sociale, mais cette baisse des salaires aggrave la crise ! **Il faut donc nous donner des règles collectives pour éviter que le dumping de l'un oblige tous les autres à un dumping équivalent**. » [Henri Ford]

« Nous voulons envoyer un signal aux employeurs et responsables politiques : il faut arrêter cette **course au dumping au détriment de l'humain**. » [Berthold Huber, président du syndicat allemand de l'industrie IG Metall, 02/2011]

Cette situation justifie pleinement la vision de Christine Lagarde, qui a pourtant déclenché une controverse au printemps 2010 :

« **Ceux avec des excédents pourraient-ils faire un petit quelque chose ?** Le tango, cela se danse à deux. [...] Il est clair que l'Allemagne a accompli un **extrêmement bon travail** au cours des dix dernières années environ, améliorant la compétitivité, **mettant une forte pression sur le coût de sa main-d'œuvre**. [...]

Je ne suis pas sûre que ce soit un modèle viable à long terme et pour l'ensemble de l'eurogroupe. Il est clair que nous avons besoin d'une meilleure **convergence**. » [Christine Lagarde, *Financial Times*, 15 mars 2010]

« Chers amis allemands, l'avenir de l'Europe dépend plus que jamais de vous. [...] vous avez le sentiment, je crois, que vous avez fait votre devoir et que ce sont les autres Européens, **trop cigales**, qui portent seuls la responsabilité de la crise actuelle. Or, ce n'est pas le cas.

La politique d'austérité excessive menée en Allemagne depuis le début des années 2000 [...] porte une lourde responsabilité dans les difficultés actuelles de la zone. Compte tenu du poids de l'économie allemande, un quart de la zone euro, sa très faible croissance depuis dix ans a **plombé** ses voisins, contribuant notablement à la dérive des comptes publics des autres pays. [...] Cette **austérité excessive** s'est traduite par des excédents commerciaux colossaux : 166 milliards d'euro soit 6,6 % du PIB en 2008. Des excédents réalisés aux deux tiers en Europe : en ne consommant pas assez, votre pays a posé depuis dix ans le même type de problèmes à ses voisins que la Chine au monde...

Vous considérez généralement ces excédents comme un signe de la **bonne santé** de votre économie. Ce n'est pourtant pas le cas : vous savez bien que, du fait de cette austérité excessive, la **pauvreté** et les **inégalités** se sont envolées dans votre pays, que l'évolution démographique y est plus inquiétante que jamais et que la mauvaise qualité de votre système scolaire n'augure rien de bon pour l'avenir...

De plus, en voulant à tout prix punir sévèrement les Grecs, mais aussi les Portugais et les Espagnols, trop dépensiers, vous vous tirez une balle dans le pied : vous allez priver l'industrie allemande des **débouchés** qui lui ont permis de survivre malgré l'anémie de votre marché intérieur...

Et comme vous n'avez, me semble-t-il, aucune intention de relâcher la bride chez vous en adoptant des politiques moins restrictives, bien au contraire, **votre intransigeance risque de replonger toute l'Europe dans la récession**. » [Guillaume Duval, mars 2010]

3. Ni croissance, ni décroissance : prospérité dans la stabilité !

« **Lorsque quelque chose croît, il devient plus grand**. » [Kenneth Boulding, économiste].

« **Le développement durable est en soi une contradiction**, car on ne peut pas développer sans consommer davantage de biens et d'énergie. [...] L'homme ne croit pas à l'apocalypse qu'il fabrique. Et pourtant nous avançons déjà vers le désastre. » [René Dumont, ingénieur en agronomie et sociologue français]

« **La prospérité d'aujourd'hui ne signifie rien si elle sape les conditions dont dépend la prospérité de demain**. Et le message le plus important de la crise financière de 2008, c'est que **demain est déjà là**. » [Tim Jackson, *Prospérité sans croissance*, 2009]

© Régis Hector – www.hector-bd.com

« **Je veux 3 % de croissance** économique » [Nicolas Sarkozy, septembre 2007]

© Pétillon, Le Canard Enchaîné

« **Il faut de la croissance durable**, il faut de la croissance mieux partagée, mais il faut de la croissance. Je ne sais pas comment on crée des emplois sans croissance » [Pierre Moscovici, juin 2010]

« **Vouloir s'opposer à la croissance** et au progrès technologique, c'est engager la France dans le déclin et la détérioration du niveau de vie des Français. » [Claude Allègre, Ma vérité sur la planète, 2007]

« J'agis pour que la France ait le **meilleur taux de croissance** de l'Union européenne » [François Fillon, 11/ 2009]

« **La croissance est essentielle**, certes : on défend l'idée d'une croissance sélective, pas d'une décroissance » [Christian Paul, député PS, avril 2010]

« Notre croissance se porte bien [avec] **un magnifique +0,6 %** au deuxième trimestre » [Christine Lagarde, août 2010]

« Nous souhaitons aller vers une société du bien-être, vers une **société de croissance** saine, sélective et durable qui permette à la fois de sortir du cercle vicieux de la **mal-croissance** [sic.] et de garantir une vie meilleure, pour chacun. [...] Cette nouvelle politique fiscale couplée à une politique de **retour à une croissance durable** [re-sic.] et sélective permettra d'engager le nécessaire redressement des comptes publics. [...] **Notre politique permettra le retour de la croissance**, qui améliorera mécaniquement la situation des finances publiques. » [Nouveau modèle économique, social et écologique du PS, 2010]

« Le risque d'une **croissance négative** [sic.] à l'automne est désormais réel. » [Christine Lagarde, octobre 2008]

« **La croissance, je ne l'attendrai pas, j'irai la chercher avec les dents.** » [Nicolas Sarkozy, 2007]

© Jiho – http ://jiho.free.fr

La communauté de pensée des politiques se passe de longs commentaires. Pourtant, au-delà de toutes ces incantations, quelle est la réalité ?

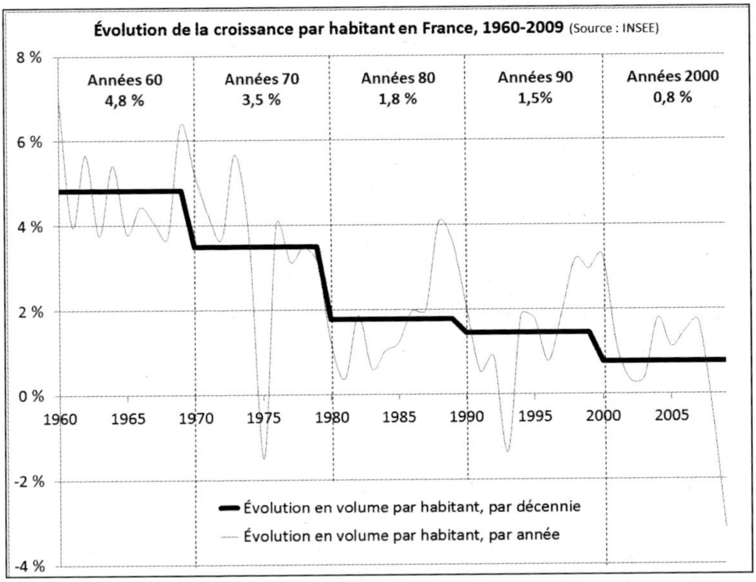

Ainsi, **depuis cinquante ans, année après année, la croissance diminue** régulièrement – elle semble même « **atterrir** ». La croissance moyenne par habitant de toute la décennie 2000 n'est plus égale qu'à 16 % de celle de la décennie 1960, et 22 % de celle de la décennie 1970 (avec ses deux crises).

Afin de mieux comprendre, il va nous falloir revenir sur trois questions importantes, qui sont rarement étudiées ni même abordées – alors que la croissance est la priorité des gouvernements :

- **Qu'est-ce** que la croissance ? Qu'est-ce qui croît ?
- **Pourquoi** est-elle nécessaire dans notre organisation économique ?
- **Jusqu'où** pourrait-elle croître ? Jusqu'où devrait-elle croître ? Pourquoi ne peut-elle pas être durable ?

La « croissance » dont on parle régulièrement correspond au taux d'augmentation en volume du Produit Intérieur Brut (PIB), donc déduction faite de l'inflation. Rappelons que ce PIB correspond pour simplifier au volume de ce qui est produit par l'économie nationale, et donc (aux ajustements près du commerce extérieur) au volume qui y est consommé. Si nous faisions une analogie avec une entreprise, on pourrait dire qu'il représenterait uniquement le **Chiffre d'Affaires**. On conçoit donc que c'est un indicateur très **imparfait**, car il ne représente ni le résultat, ni la situation patrimoniale du pays. Ainsi, de nombreux pays s'appauvrissent (par consommation de ressources non renouvelables par exemple), alors que leur croissance semble être au beau fixe.

On connaît cette forte pensée de Jared Diamond :

> « **Je ne peux pas m'empêcher de me demander ce qu'a dit l'habitant [de l'île de Pâques] qui a abattu le dernier arbre de l'île**. Est-ce qu'il disait, « Et mon travail alors ? On se préoccupe plus des arbres que du travail des bûcherons ! ». Ou peut-être « Et la propriété privé ? Virez moi de mes terres ce gouvernement des chefs ». Ou peut-être qu'il disait « Votre modèle de prédiction d'un désastre écologique n'a pas été testé, il est nécessaire d'entreprendre des recherches avant d'agir ». Ou peut-être encore « Ne vous en faites pas, la technologie va résoudre le problème. » » [Jared Diamond, *Effondrement*, 2005]

À partir de cette pensée, Jean-Marc Jancovici file dans son livre *C'est Maintenant !* une intéressante et amusante métaphore à propos de « l'énarque qui savait compter » sur l'île de Pâques, pointant les problèmes de l'utilisation de la notion de PIB.

> « Qu'est-ce que le PIB ? Sur notre île comme chez nous, il s'agit de la valeur de marché des produits disponibles pour la consommation finale, ou – ce qui revient au même – les revenus des acteurs qui ont contribué à la production en question. [...]
>
> Pourtant, cet indicateur de la richesse de la société pascuane est **partiel** : il mesure juste la valeur des échanges annuels [...] Le PIB ne mesure pas un patrimoine, mais un **flux**. [...] Ceci va avoir un effet majeur sur le monde réel : puisque seul compte le flux annuel et non le **stock résiduel**, notre énarque qui sait compter est naturellement incité – et incite tout le monde autour de lui – à ce que la forêt et les poissons disparaissent le plus vite possible. [...]
>
> Évidemment, tout le monde confond le PIB avec la réalité physique : la valorisation du stock augmente peut-être, mais le stock diminue ! [...] Tout va bien jusqu'au jour où il n'y a plus

d'arbre. Le dernier arbre vaut certes une fortune, mais le jour où il est coupé, tous les indicateurs passent instantanément et définitivement à **zéro** : le PIB pour la production d'arbres, la valeur du stock d'arbres et donc la valeur boursière de l'entreprise qui produit les arbres.

En confondant le flux et le stock (qui représente la vraie richesse), la recherche de l'augmentation indéfinie du PIB mène les Pascuans à leur ruine.

Absurde ? Peut-être, mais dans la vraie vie, nous sommes en train de suivre **exactement le même chemin**. » [Jean-Marc Jancovici et Alain Grandjean, *C'est Maintenant*, 2009]

« Épousez votre femme de ménage et vous ferez baisser le PIB. » [Alfred Sauvy, démographe et économiste]

Cette religion de la croissance aboutit ainsi à faire perdre tout bon sens aux idéologues :

« Au beau milieu de la crise de 2008, il est facile d'oublier que la libéralisation a aussi eu des conséquences positives : en facilitant l'accès des ménages et des entreprises au **crédit**, la dérégulation a contribué à la **croissance** économique. » [*The Economist*, 18/10/2008]

Se réjouir ainsi de la poussée de l'endettement au motif d'alimenter la croissance ne peut que laisser les bras ballants... Ces gens-là ne remboursent peut-être jamais leurs dettes, finalement...

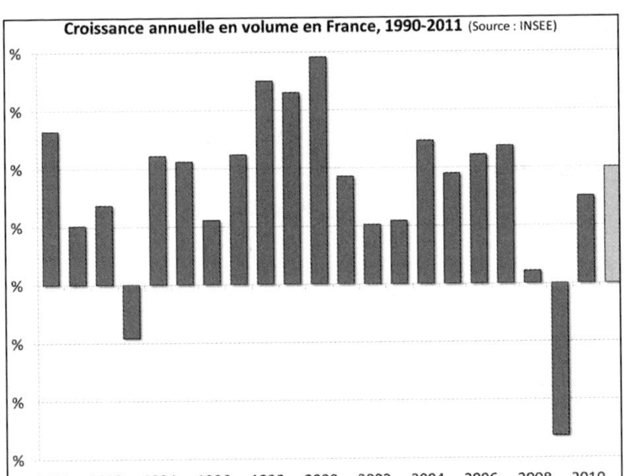

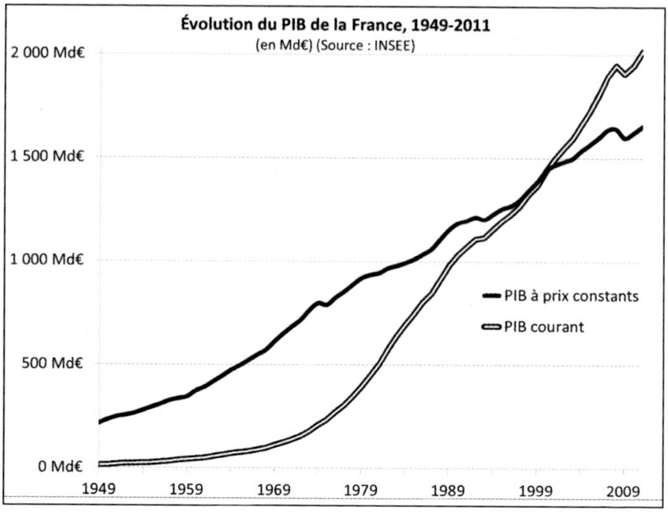

Le problème est qu'on présente souvent la croissance comme le graphique de la page précédente : une simple succession de chiffres annuels, qui semble pouvoir se poursuivre infiniment.

Pour percevoir le mouvement historique, c'est en fait le PIB qu'il convient de représenter, comme sur le graphique précédent – en volume, et à prix constants pour supprimer l'impact de l'inflation. Car une croissance constante correspond en fait à une fonction exponentielle. Et, sur une planète finie, elle ne peut se poursuivre indéfiniment.

> « Toute personne croyant qu'une croissance exponentielle peut continuer à jamais (infini) dans un monde fini est soit un fou, soit un économiste. » [Kenneth Boulding, économiste]

On observera que, dans la vision de la croissance, beaucoup d'acteurs font inconsciemment référence à l'époque des Trente Glorieuses, avec une croissance annuelle de 5 à 8 % durant de très longues périodes. Ceci fait ainsi partie du corpus intellectuel des analystes, comme une évidence. C'est ce que Jean Chamel a appelé la « perception anhistorique de la croissance » dans son article *Et si la croissance ne revenait pas ?*

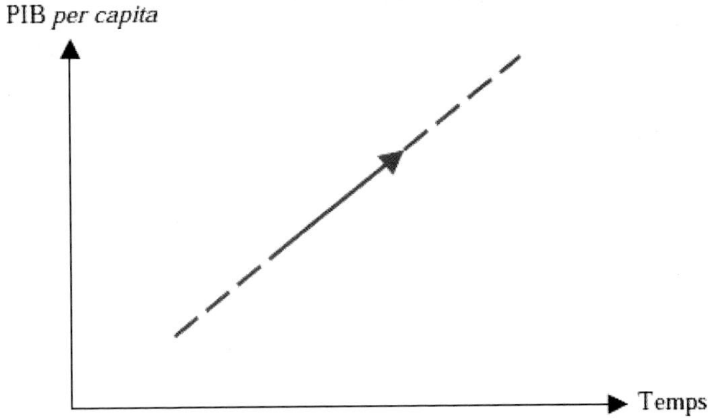

Représentation schématique d'une perception anhistorique de la croissance

Il faut savoir qu'une croissance de 7 % en volume signifie un **doublement des volumes produits en seulement dix années**... Et même une « faible » croissance de 2 % aboutit au même résultat en trente-cinq années (on obtient une approximation du temps de doublement en divisant 70 par le taux de croissance)... On comprend que ceci ne puisse pas durer, arrivé à un certain stade.

On peut estimer que notre économie repose à plus de 50 % sur les dépenses liées au logement, au transport, à l'alimentation et à l'habillement. Nos arrière-grands-parents ne réalisaient presque pas d'échanges marchants pour ces domaines – ils cultivaient leur terre, bâtissaient leur maisons, etc. Or, nous sommes arrivés à un stade où ces besoins sont désormais quasiment totalement satisfaits, et par des échanges marchands. Dès lors, on comprend bien qu'il y ait eu une forte hausse du PIB quand ces éléments se sont « marchandisés » mais que désormais, leurs montants ne peuvent plus guère augmenter. Cela s'ajoute au fait que la part des services est désormais prépondérante, alors que ces activités (coiffeur, nounou...) connaissent peu de gains de productivité.

« Ce qu'il faut comprendre, c'est qu'une fois l'agriculture moderne et l'industrie agroalimentaire développées, une fois la grande majorité des adultes équipée d'une automobile et une fois le parc de logements urbains construit et équipé, la moitié de l'économie est en place et n'appelle pas d'accroissement important de l'activité. Il existe bien sûr une demande de renouvellement et de « montée en gamme », mais elle n'est pas de nature à engendrer une croissance économique soutenue parce qu'elle ne s'apparente pas aux bouleversements que nous avons connus au cours du siècle passé. » [Jean Chamel]

Plus généralement, on comprend intuitivement que, dans nos sociétés occidentales, **la grande majorité de nos besoins élémentaires sont désormais en moyenne satisfaits** (ceci étant dit sans oublier les nombreuses situations personnelles difficiles dans le pays), et que la plupart de nos besoins accessoires le sont également – même le superflu commence à plafonner. Après la télé écran plat, après la télé écran plat 3D, il va être difficile d'inventer la télé écran plat 4D... Difficile également de monter en gamme le téléphone-appareil-photo-télé-ordinateur-GPS-organiseur-mp3 (machine à café peut-être ?).

On arrive à un tel point que l'État, endetté au possible, ne trouve désormais rien de mieux que de créer des « primes à la casse » pour les voitures – quoi de plus intelligent en effet que de payer le consommateur pour qu'il jette des objets qui marchent encore ? Attendons donc la « prime à la destruction du mp3 »...

Jean Chamel fait une très intéressante analogie avec la transition démographique. Pour mémoire, c'est la période où la mortalité a baissé, mais pas encore la natalité, avant que les deux ne se rejoignent. Durant cette période, il y a donc une forte croissance de la population. Et si finalement, nous étions dans cette situation ? Passant d'une situation de « dénuement » à une situation de « bien-être ». Durant cette phase, il y aurait bien une croissance, mais elle serait naturellement limitée – on fait rarement plus de trois repas par jour... – et finirait par se stabiliser.

On pourrait dès lors proposer le schéma suivant pour la « **transition économique** » :

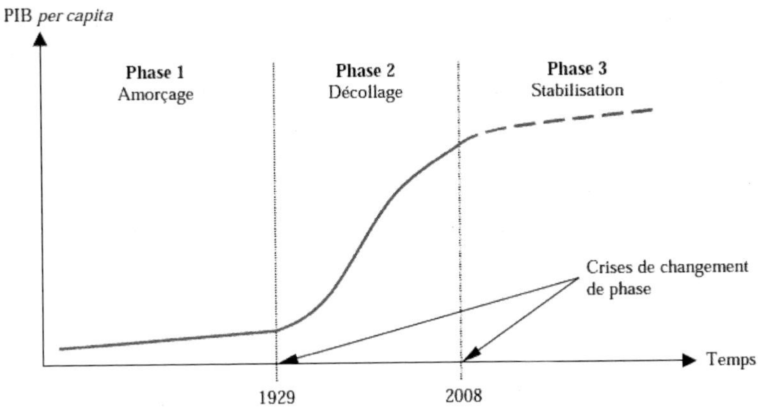

Représentation schématique de la transition économique. © Jean Chamel

« De ces faits, nous tirons l'interprétation suivante : la **croissance économique n'est qu'un phénomène transitoire**, permettant le passage d'une économie essentiellement rurale d'autosubsistance à une autre basée sur l'industrialisation, la spécialisation des tâches et la multiplication résultante des échanges marchands. Le concept de transition économique dépasse – tout en l'englobant – la notion de croissance économique, laquelle, en se focalisant sur la phase intermédiaire de forte progression du PIB, ne permet pas de penser correctement la phase terminale de cette transition, à savoir l'acheminement progressif vers une croissance nulle. » [Jean Chamel, *Et si la croissance ne revenait pas* ?]

L'économiste Kenneth Boulding a intelligemment dit « Lorsque quelque chose croît, il devient plus grand. », et on pourrait ajouter « et cela s'arrête bien un jour... ».

Si vous n'en êtes pas encore tout à fait convaincu, on peut proposer une autre analogie sur la croissance. Finalement, le meilleur exemple de croissance n'est-il pas... la nôtre ?

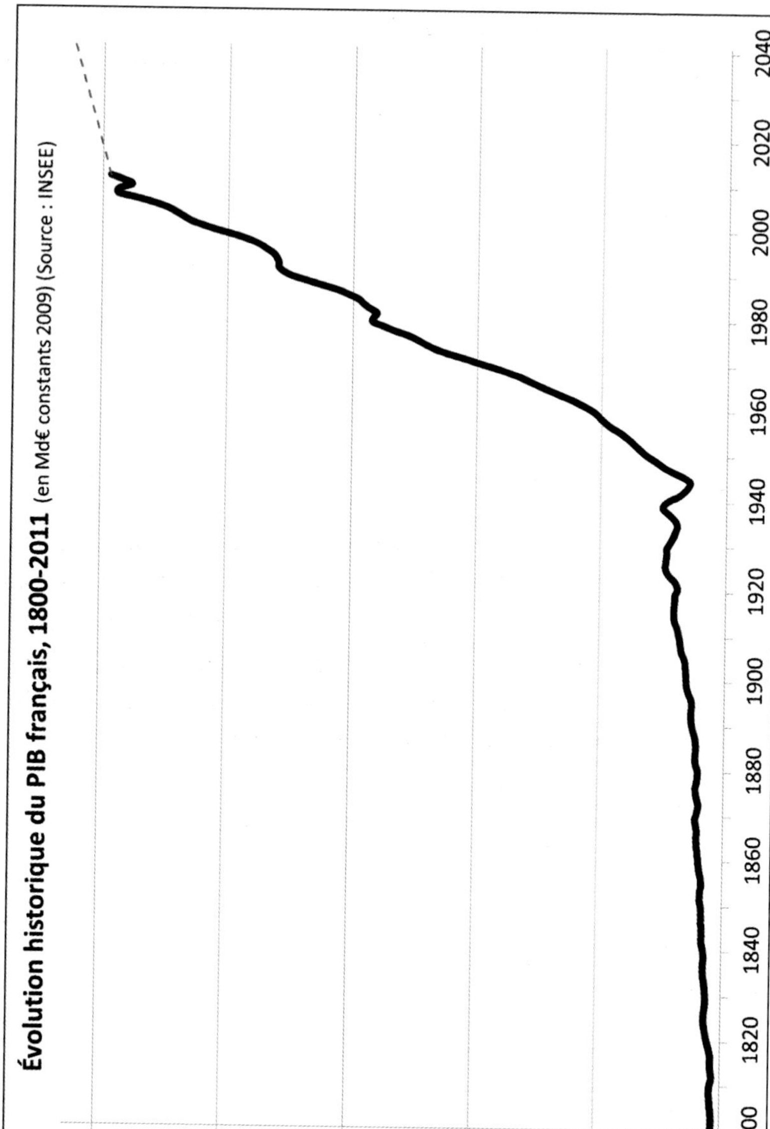

Pour passer du petit enfant à l'adulte lisant ces lignes, il a fallu alimenter une importante croissance. Elle s'est pourtant naturellement arrêtée, sans que personne ne s'en offusque. Et il n'y a pas eu décroissance – juste stabilisation à un niveau optimal !

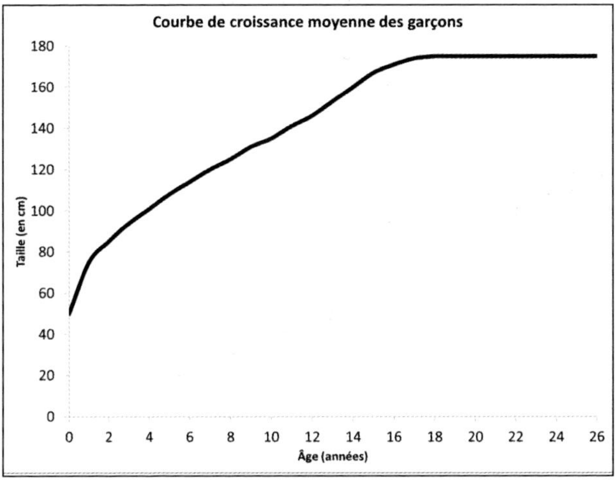

Notons que si la croissance de notre taille se poursuivait au taux de 5 % (taux existant à 7 ans), nous atteindrions 110 mètres à 100 ans – ce qui serait, convenons-en, assez peu pratique...

Pour visualiser la « fin de la croissance », on peut utiliser un diagramme dit de « linéarisation d'Hubbert » représentant la croissance annuelle en fonction de la taille atteinte.

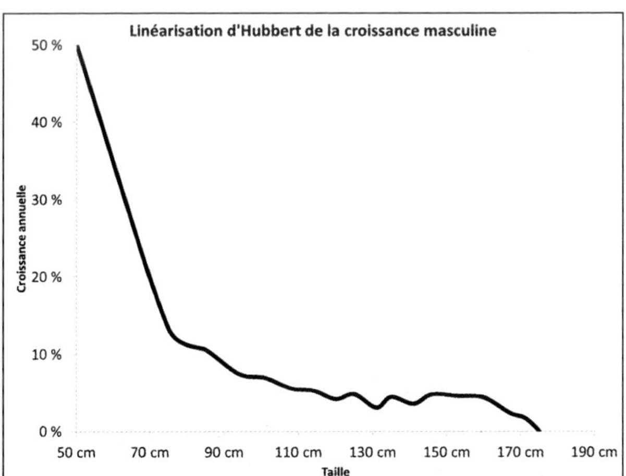

Lecture : quand le petit garçon mesure 50 cm, sa croissance annuelle est de 50 %. Pendant l'adolescence, elle tourne autour de 5 %.

Pour revenir à la croissance économique, l'analogie pourrait consister à dire que notre économie a seize ans, qu'elle a bien grandi, qu'elle se porte comme un charme, mais que désormais sa croissance s'arrête – ce qui n'est pas censé, en soi, être un drame. Il n'est d'ailleurs *a priori* pas question qu'elle diminue de taille. Mais dans ces conditions, on peut attendre longtemps toute « reprise » de sa croissance...

© Gérard Mathieu, pour *Alternatives économiques*

Ceci doit toutefois être tempéré : ce frein lié à la simple « satisfaction des besoins » (effet de « gavage ») se cumule avec un problème de « ressources globales » qui sont de plus en plus limitées, puisque nous consommons plus que ce que la planète peut produire (l'empreinte écologique est de 150 %, il nous manque une demi-planète) – un peu comme si on privait de calcium un enfant de dix ans. Soulignons également la forte inégalité entre les pays – les Chinois risquent bien de ne pas accepter de ne plus croître pour laisser les américains se vautrer dans le gaspillage...

On observe bien cet effet d'essoufflement sur le graphique suivant, où on perçoit bien que les cycles de la croissance américaine sont de moins en moins « puissants », comme un ballon rebondissant de moins en moins haut quand on le laisse tomber.

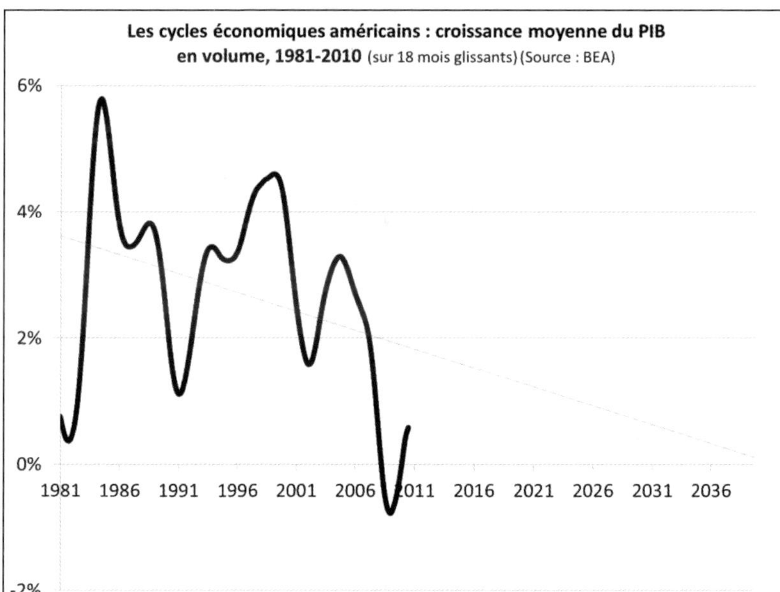

On a souligné au début de ce chapitre l'impression « d'atterrissage » que donnait la croissance française depuis cinquante ans. Le graphique suivant trace la linéarisation d'Hubbert du PIB français par habitant.

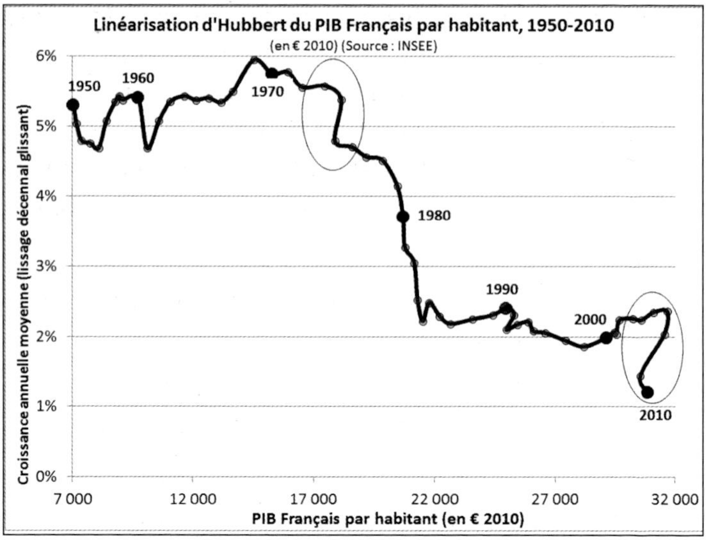

Lecture : en 1974, le PIB par habitant était de 18100 € constants 2010, et la croissance moyenne 1964-1974 était de 5,4 %. Ce type de graphique a été créé pour estimer la quantité ultime de pétrole dans un puits.

On constate la baisse tendancielle et inexorable du taux de croissance vers zéro (ou au moins 1 %, niveau historique avant la guerre), comme s'il se dirigeait vers une valeur de « PIB ultime ». L'effet de la récession de 2009 semble bien pire que celui de 1973 ; or, celle-ci a initié une division définitive par deux de la croissance. Qu'en sera-t-il cette fois-ci ?

On perçoit alors mieux la nécessité d'adapter notre « économie de croissance » à ce changement de phase. Adaptée à une croissance soutenue, elle a permis notre fulgurant développement en quelques décennies à peine. Mais maintenant que nous sommes développés, il nous faut la reconvertir en « **économie de stabilité** », tout comme une « économie de guerre » doit être reconvertie en « économie de paix » – il n'est en effet plus rationnel de continuer à produire des milliers de chars en 1946...

Ainsi, la croissance n'est évidemment pas durable. Ce n'est pas un problème « politique » ou de « volonté », et l'expression de Claude Allègre « vouloir **s'opposer à la croissance**, c'est engager la France dans le déclin » illustre bien cet aveuglement affligeant – comme si c'était un problème de volonté ou de choix politique... Les seules choses qui s'opposent à la croissance sont les lois de la nature et de la physique... Qui ne souhaiterait pas donner quatre voitures et des logements de 300 m² à chaque Chinois et Indien, dont tant vivent dans la misère ? Mais juste : on fait comment ?

« **Avant même de nous retrouver à court de pétrole, nous pourrions nous retrouver à court de planète.** » [Bill McKibben, environnementaliste]

© Chappatte – www.globecartoon.com

Cet état d'esprit (« La croissance zéro [= stabilité], je suis contre ! ») rappelle finalement ce trait d'esprit de Woody Allen :

« **Ma relation avec la mort est toujours la même, je suis contre.** » [Woody Allen]

En conclusion, comme nous avons pointé du doigt les insuffisances de la notion de PIB, il convient également de bâtir **une alternative sérieuse, pour compter correctement la richesse du pays**.

« Compter correctement, cela signifie quoi ? Cela signifie que l'on passe d'un indicateur « **chiffre d'affaires** » qui ne peut que pousser à la recherche de la croissance perpétuelle, à un indicateur de type « **compte de résultat** », qui lui pousse beaucoup plus à l'amélioration (laquelle peut passer, comme dans une entreprise, par la baisse du chiffre d'affaires). Ce compte de résultat, il peut se mettre sur pied assez facilement : il suffit de **déduire du PIB** des valorisations, nécessairement conventionnelles, correspondant aux stocks non renouvelables consommés par l'activité, ou aux dégradations futures résultant de notre activité présente.

La France a consommé 90 millions de tonnes de pétrole et environ 50 millions de tonnes équivalent pétrole de gaz ? À 2 000 euros la tonne de pétrole ou équivalent pétrole consommée (ordre de grandeur du surcoût minimal si nous avions consommé des énergies renouvelables à la place) voici 300 milliards d'euros de dotations aux amortissements à déduire de notre chiffre d'affaires qui s'appelle le PIB (et qui vaut environ 1 800 milliards).

La France a émis 560 millions de tonnes équivalent CO2 de gaz à effet de serre ? Sur la base de 500 euros la tonne de CO2 équivalent – valorisation cohérente avec ce que l'on entrevoit des catastrophes de long terme, même si elle est supérieure aux estimations généralement retenues par les économistes – voici notre PIB diminué de 250 milliards d'euros supplémentaires de provisions pour risques.

Nous ferions pareil pour les minerais, pour les pertes de sol, pour les poissons, la pollution des rivières et pour toutes les principales ressources que nous consommons, pour arriver à un espèce de résultat d'exploitation. [...] Dans ce système, l'indice poussera à la préservation des poissons et non à leur destruction. [...]

Un tel système n'est pas irréaliste, c'est d'ailleurs devenu un objet de travail, par exemple celui de la commission Sen-Stiglitz. [...] Ce qui est irréaliste, c'est de conserver le PIB avec des candidats aux élections partout sur la planète **qui promettent qu'il va encore monter pour l'éternité**, parce que 0,1 % des candidats savent ce qu'est le PIB, sur quoi il repose et quelles sont les limites à sa croissance. Changer le PIB sera donc beaucoup moins irréaliste que de satisfaire les promesses de campagne de **candidats qui rêvent en couleur**. » [Jean-Marc Jancovici et Alain Grandjean, *C'est Maintenant*, 2009]

« Étant donné que les bases de notre civilisation à croissance exponentielle (comme, par exemple, un taux d'intérêt différent de zéro) sont incompatibles avec un état de non-croissance, il serait incompréhensible que d'énormes efforts ne soient pas mis en œuvre pour éviter une cessation de la croissance.

Cependant, **les contraintes physiques et biologiques inexorables prévaudront et les ajustements culturels adéquats devront être réalisés**. » [King Hubbert, *Hubbert on the Nature of Growth* in Témoignage devant la Chambre des Représentants pour le *National Energy Conservation Policy Act* de 1974]

4. Vive les ~~35~~ 41 heures !

« Il faut essayer de retrouver l'indexation des salaires sur la productivité, car **il nous faut de la croissance**. [...] Mais pour que chacun ait sa place sur le marché du travail, **il faut tomber à moins de 35 heures par semaine**. Et c'est d'autant plus nécessaire que la durée de vie s'allonge. » [Michel Rocard, *Le Monde*, 21/01/2011]

Nous avons vu précédemment que les politiques comme beaucoup d'économistes sautent régulièrement sur leur chaise en criant « croissance, croissance ». Elle semble donc indispensable. Et c'est tout naturellement que nous en venons à ne même plus nous interroger sur le pourquoi de cette situation...

« Sur la croissance en 2007, je n'y suis quand même pour rien. En 2008, on va essayer de la doper. Et 2009, ce sera la mienne ! **Je veux être jugé sur la croissance en 2009**. Il faut que nous ayons une croissance entre 2,5 et 3 % pour arriver au plein emploi. » [Nicolas Sarkozy, France 2, 20/09/2007]

[NDR : Croissance française 2007 = 2,4 %, Croissance 2008 = 0,2 %, **Croissance 2009 = -2,6 %**]

Notons au passage que si vous avez pensé en lisant cette phrase « Le pauvre, il n'a pas eu de chance d'arriver en 2007 », il convient de rappeler que cette crise n'est en rien une catastrophe naturelle imprévisible, et qu'à la différence d'un ouragan, **elle résulte directement et naturellement des choix politiques effectués depuis vingt-cinq ans** (dérégulation, compression salariale, montée des inégalités), certes effectués par tous les camps dans la plupart des pays.

Mais revenons sur la récession historique 2009 : -2,6 % pour l'année. En fait, trimestriellement, la chute a atteint -3,9 % entre le premier trimestre de 2008 et celui de 2009, comme nous le voyons sur le graphique suivant.

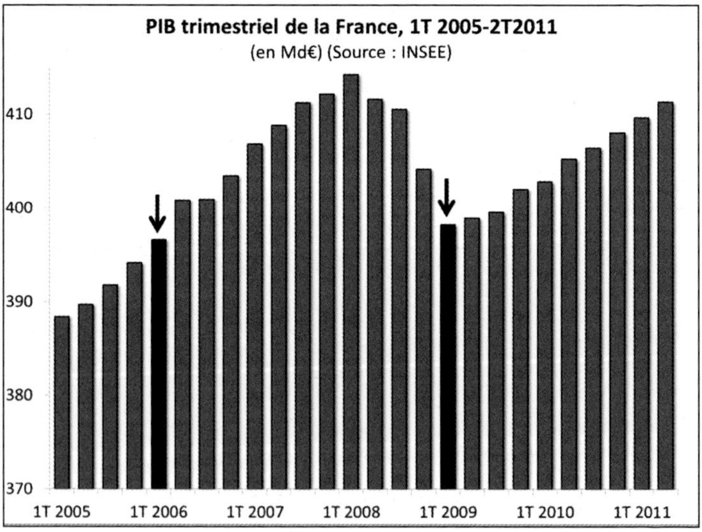

NB. L'échelle est très resserrée, la chute n'est « que » de 4 %.

Bilan dramatique : un million de chômeurs de plus.

Pourtant, ce qu'on souligne peu, c'est que cette récession historique nous a « replongé dans les ténèbres » de... **début 2006 ! Ainsi, le simple fait en 2009 de consommer exactement comme en 2006 fait dérailler en profondeur l'économie**. Il ne s'agit pas d'un voyage dans le temps en 1956, ni dans l'espace en Albanie, non, seulement trois petites années... Ceci laisse songeur, car aucun de nous n'a franchement l'impression de manger beaucoup plus qu'en 2006, de voyager plus, d'acheter plus de voitures...

D'où vient une telle fragilité – franchement inquiétante quand on voit l'étendue des défis qui se présentent à nous ? Et d'ailleurs, d'où vient la croissance ?

La réponse tient en un seul mot : **productivité** !

L'économiste Joseph Schumpeter a été le premier à suggérer que c'était en fait l'innovation qui alimentait la croissance économique, par le processus dit de « destruction créatrice » : les nouveaux produits relèguent les anciens aux oubliettes. Ce besoin d'innovation nécessite donc un cycle permanent d'investissement, alimenté par le crédit. Si l'innovation s'assèche, la croissance s'arrête.

On peut dès lors se demander s'il n'y a pas un moment où « **assez c'est assez** », un point où nous devrions arriver à **cesser de « produire plus », pour « consommer autant »**.

Pour répondre à cette question, nous allons présenter quelques équations très simples concernant la Production P du pays (qui correspond donc grossièrement au PIB). Définissons la Productivité du travail PT comme la quantité de biens et services produits par heure. On a trivialement :

Production P = Productivité du travail P_T x Quantité de Travail T

Si nous définissons DT comme la durée moyenne du travail, et NT le nombre de travailleurs, on a évidemment :

T = Durée moyenne du travail D_T x Nombre de travailleurs N_T

On aboutit donc en simplifiant :

$$PIB = P_T \times D_T \times N_T$$

De cette très simple équation, triviale, découle toute la problématique actuelle, et les solutions possibles.

En fait, la productivité horaire augmente continûment, en raison du progrès technique. Si la durée du travail et le taux de chômage restent constants, alors la croissance du PIB correspond à celle de la productivité. Ces deux notions sont donc très fortement corrélées, ce que nous observons sur les graphiques suivants.

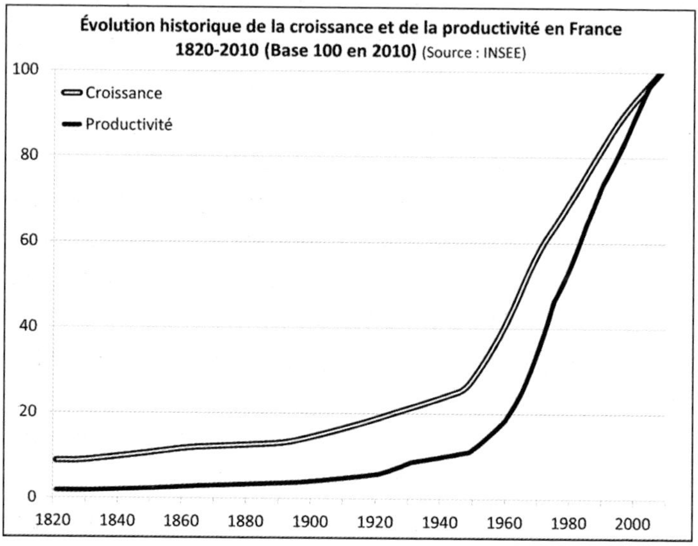

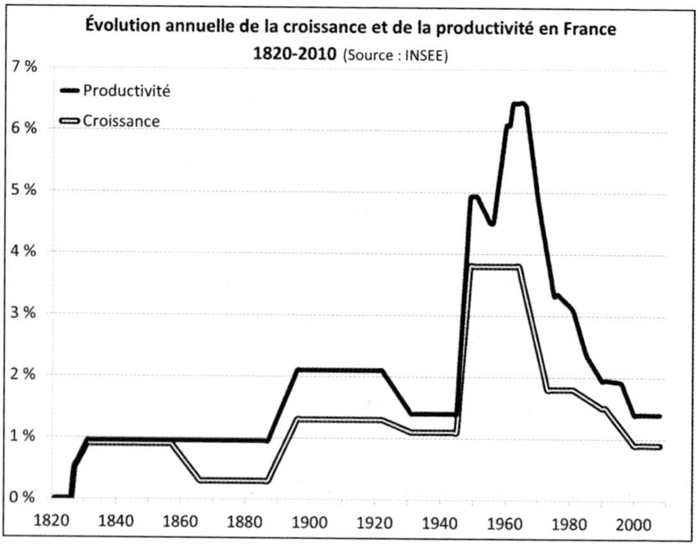

On observe bien la corrélation entre croissance et productivité, mais également la forte chute depuis 1965. La croissance de la productivité vient ainsi de retrouver dans les années 2000 son niveau d'avant le boom économique historique des années 1950.

Comme la consommation (des ménages et des entreprises) est environ égale à la production, on a :

$$\textbf{Consommation} = \mathbf{P_T \times D_T \times N_T}$$

Ainsi, si on produit 100 avec 100 travailleurs (productivité 1), et que la productivité augmente de 2 % l'année suivante (productivité 1,02), on produira alors 102 avec 100 travailleurs.

Si on vend 102, tout va bien. Mais si durablement, la consommation n'augmente pas et reste à 100, on est alors obligé de licencier deux travailleurs, pour produire 100 avec 98 travailleurs. Tout le problème se résume ici. En récession, la consommation baisse ; or, la productivité continue à augmenter ; la variable d'ajustement est donc le nombre de travailleurs qui doit baisser.

Il y a un biais qui rend cet ajustement socialement non efficient : rapidement, les cotisations chômage vont augmenter, et, d'une manière ou d'une autre, l'entreprise devra continuer à payer indirectement le salaire des deux travailleurs au chômage.

Soulignons également que les pays occidentaux connaissent une forte croissance de leur production de services, et que ce domaine, au contraire de la production agricole ou industrielle (à l'origine des très importants gains de productivité des années 1950-1980) connaît peu de gains de productivité, ce qui explique aussi la faiblesse actuelle de la croissance.

Si, comme nous l'avons défendu ici, on estime que la consommation, rassasiée, va **stagner** (phénomène accompagné de toutes façons par un épuisement physique des ressources, qui va entraîner une diminution des quantités et donc une hausse majeure des prix – à commencer par le pétrole très prochainement), et si on pose comme principe de base que **le nombre de travailleurs ne doit pas baisser**, il faut donc :

- soit supprimer tout gain de productivité. S'il convient de décourager les **courses inutiles** à la productivité visant à supprimer en permanence des emplois (augmentation des cadences...), il convient évidemment de ne pas poser en principe que tout gain de productivité ou toute innovation soit à proscrire ;

- soit, si la productivité continue à augmenter, alors **la dernière variable d'ajustement est la durée du travail**.

Ainsi, si le progrès technique continue d'augmenter la productivité horaire, **il convient, pour disposer d'un système économique prospère de plein emploi sans croissance, de diminuer régulièrement la durée du travail pour aboutir à une productivité par travailleur constante**.

> « **Réduire la durée de travail est la solution la plus simple et la plus souvent citée au défi du plein emploi sans augmentation de la production**. » [Tim Jackson, *Prospérité sans croissance*, 2009]

Sans réduction du temps de travail, la variable d'ajustement sera automatiquement le chômage, et nous paierons des chômeurs à rester chez eux au lieu de payer des travailleurs en partageant le travail (même s'il n'est pas théoriquement une « constante », contrairement aux ressources...). Pour l'entreprise, les deux solutions sont économiquement neutres – ce qui coûte en salaire est gagné en cotisations chômage. Ce système marche dans de nombreuses entreprises passées aux 32 heures.

> « Il faut **passer aux 32 heures** sans étape intermédiaire, cela obligera toutes les entreprises à créer des emplois. » [Franck Riboud, PDG de BSN Danone, 1993]

Nous ne pouvons évidemment parler de réduction du temps de travail sans une analyse de la mise en place des « 35 heures ». Ce sujet semblant déchaîner les plus grandes passions idéologiques, avec une ouverture d'esprit quasi-brejnévienne, nous allons nous en tenir le plus possible aux chiffres...

« **On perd son temps à discuter avec un adversaire qui n'a que des affirmations à opposer à des faits.** » [Harold Rogers, *Travail et salaires en Angleterre depuis le XIIIe siècle*, 1884]

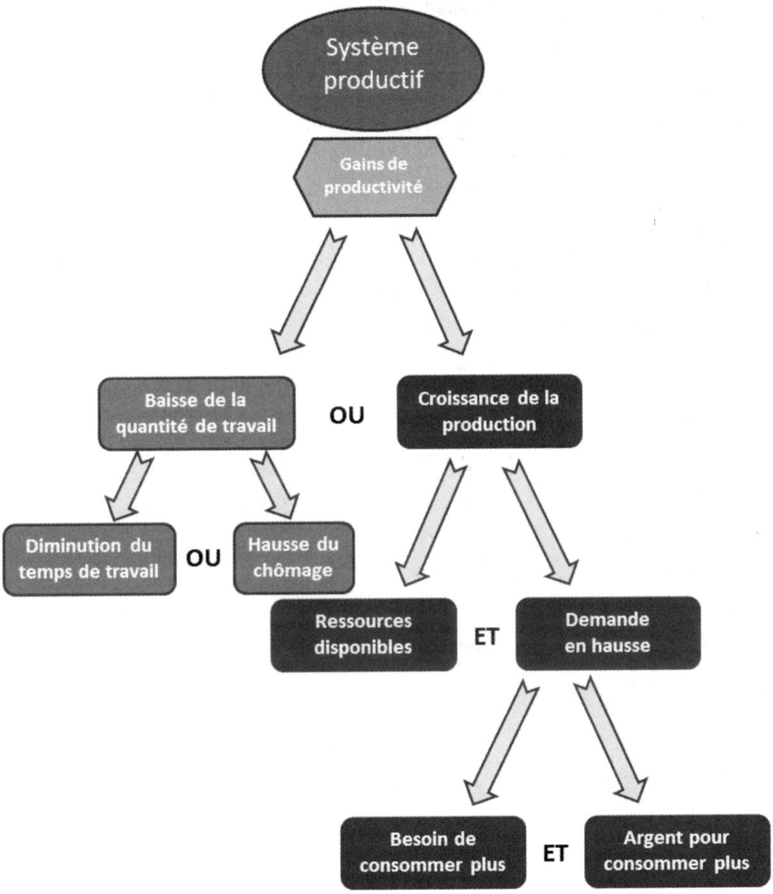

Les gains de productivité impliquent que la consommation doit augmenter afin d'éviter que le chômage n'augmente. Ceci n'est possible que si des ressources sont disponibles afin de satisfaire une demande en hausse.
Le consommateur doit donc avoir de nouveaux besoins à satisfaire, et les moyens financiers pour consommer plus.

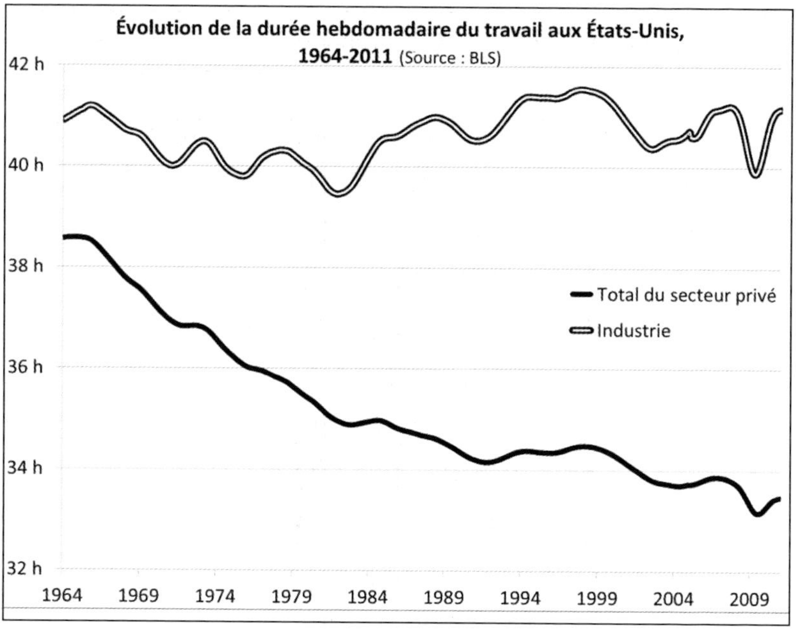
Évolution de la durée hebdomadaire du travail aux États-Unis, 1964-2011 (Source : BLS)
42 h
40 h
38 h
36 h
34 h
32 h
1964
1969
1974
1979
1984
1989
1994
1999
2004
2009
Total du secteur privé
Industrie

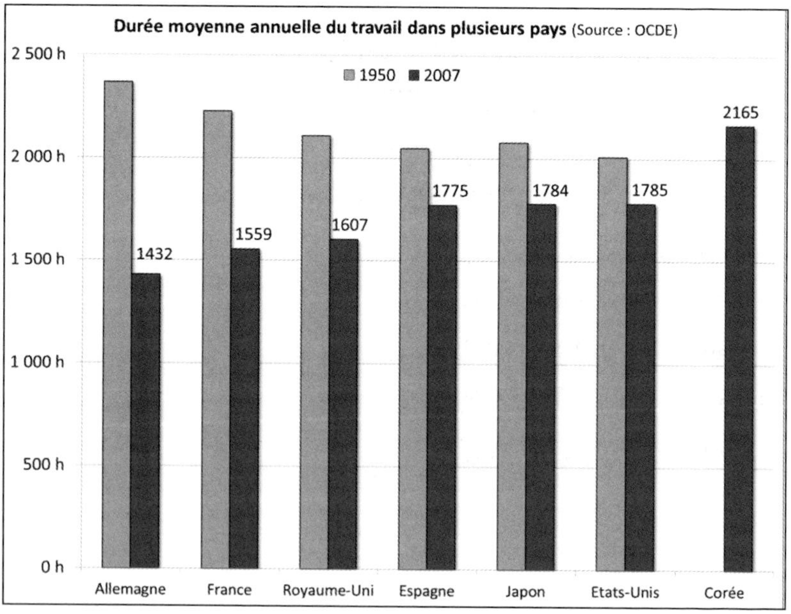
Durée moyenne annuelle du travail dans plusieurs pays (Source : OCDE)
2 500 h
2 000 h
1 500 h
1 000 h
500 h
0 h
1950
2007
1432
1559
1607
1775
1784
1785
2165
Allemagne
France
Royaume-Uni
Espagne
Japon
Etats-Unis
Corée

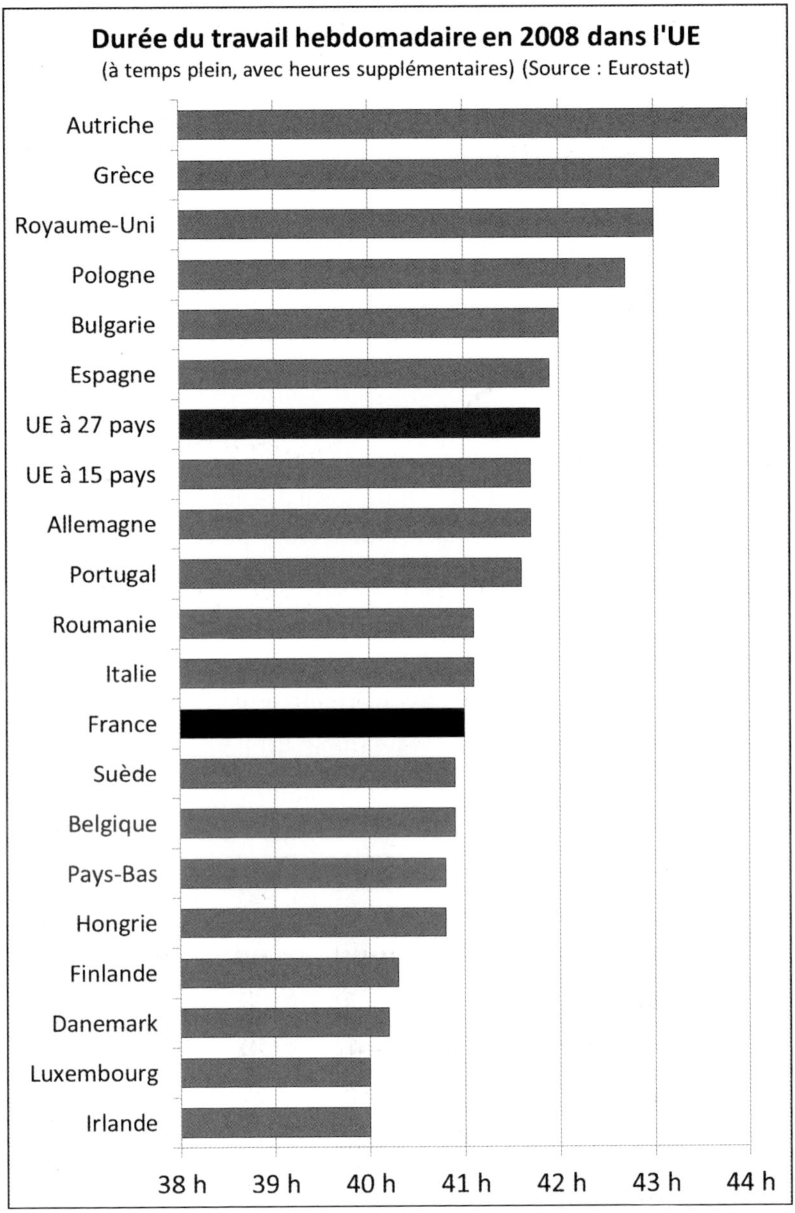
Durée du travail hebdomadaire en 2008 dans l'UE
(à temps plein, avec heures supplémentaires) (Source : Eurostat)
Autriche
Grèce
Royaume-Uni
Pologne
Bulgarie
Espagne
UE à 27 pays
UE à 15 pays
Allemagne
Portugal
Roumanie
Italie
France
Suède
Belgique
Pays-Bas
Hongrie
Finlande
Danemark
Luxembourg
Irlande
38 h
39 h
40 h
41 h
42 h
43 h
44 h

Au-delà du problème de différence de productivité, on observe sur les graphiques précédents un biais important dans les discussions sur le temps de travail : les différences de structure de l'emploi (temps partiel en particulier). Car que comparer ?

- **la durée moyenne par travailleur**, quel que soit son taux d'activité – car au final ce qui compte c'est bien la quantité de travail produite dans le pays ;
- ou la seule **durée par travailleur à temps plein**, ce qui permet une utile comparaison, mais peut fausser les conclusions car il faut bien pondérer en fonction du travail à temps partiel !

On constate en effet que là où les personnes à temps plein travaillent généralement toujours entre 41 et 42 heures par semaine, on aboutit en moyenne sur la population à des écarts beaucoup plus grands. Par exemple, les salariés du secteur privé aux États-Unis travaillent à peine **33 heures en moyenne**, ce qui montre que bon nombre ne travaillent en fait que dix heures...

Prenons un exemple, et considérons quatre pays fictifs :

- pays 1 : hommes et femmes travaillent 20 heures par semaine ;
- pays 2 : seules les femmes travaillent, 40 heures par semaine ;
- pays 3 : les hommes travaillent 40 heures par semaine et les femmes 20 heures ;
- pays 4 : hommes et femmes travaillent 40 heures par semaine.

	Nombre total d'heures par couple	Durée moyenne par semaine	Durée moyenne des travailleurs à temps plein
Pays 1	40	20	20
Pays 2	40	40	40
Pays 3	60	30	40
Pays 4	80	40	40

On aboutit ainsi à trois conclusions différentes en comparant les pays suivant le critère observé. Intuitivement, on se rend compte que c'est probablement le 1er critère (nombre annuel total d'heures travaillées) qui permet les meilleures comparaisons entre pays.

L'exemple est caricatural, mais les écarts entre pays sont très importants, reflétant les différences culturelles sur le travail féminin (le record étant détenu par les Pays-Bas avec près de 50 % de travailleurs à temps partiel, 25 % des hommes et 75 % des femmes. Ailleurs, le taux masculin varie entre 5 et 10 %)

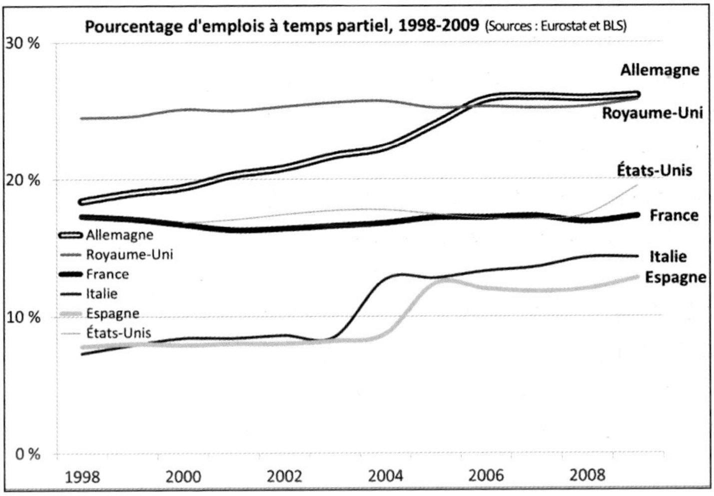

Mettons alors toutes ces données en perspective avec le débat sur les 35 heures – transformées en bouc émissaire de nos difficultés...

> « Est-ce que, dans le monde tel qu'il est aujourd'hui, avec la concurrence que nous connaissons, nous pouvons nous permettre d'être sur des idées des années 1970, 1980, 1990 ? Non. Il faut dépasser la question des 35 heures. Oui, **nous devrons déverrouiller les 35 heures**. » [Manuel Valls, Europe 1, 02/01/2011]

> « – Nicolas Sarkozy : C'est vous les ouvriers qui avez payé les 35 heures. Parce qu'on vous a fait croire – ce qui est un mensonge – qu'en travaillant moins que les autres, vous pourriez garder votre emploi et garder votre salaire. À l'arrivée, comme on vous a fait travailler moins, **les salaires ont diminué** ; [...] et alors que le monde travaillait plus, il y a eu un décrochage de compétitivité, et vos usines ont été délocalisées et les emplois ont disparu. [...] **Les emplois qui étaient en France sont partis.** [...]

– Mickaël Poillion (agriculteur, 33 ans) : Juste, Monsieur le président, que je comprenne bien. Pour ma génération, vous proposez quoi ? **Une espèce de guerre économique mondiale, où on va se mettre continent par continent les uns sur les autres** ? [...]
– Nicolas Sarkozy : Le but n'est pas la compétition simplement. [...] Mais il faut qu'on travaille. » [Paroles de Français, TF1, 08/02/2011]

© Rodho – http ://blorg.canalblog.com

« Se centrer sur les effets pervers d'une mesure progressiste relève d'une **rhétorique réactionnaire** qui n'est pas nouvelle. » [Jérôme Pélisse, sociologue du travail]

Nous allons profiter de ces déclarations persistantes pour analyser chacune des affirmations – diminution des salaires, de l'emploi, de la compétitivité, de la croissance – et analyser brièvement l'impact des 35 heures.

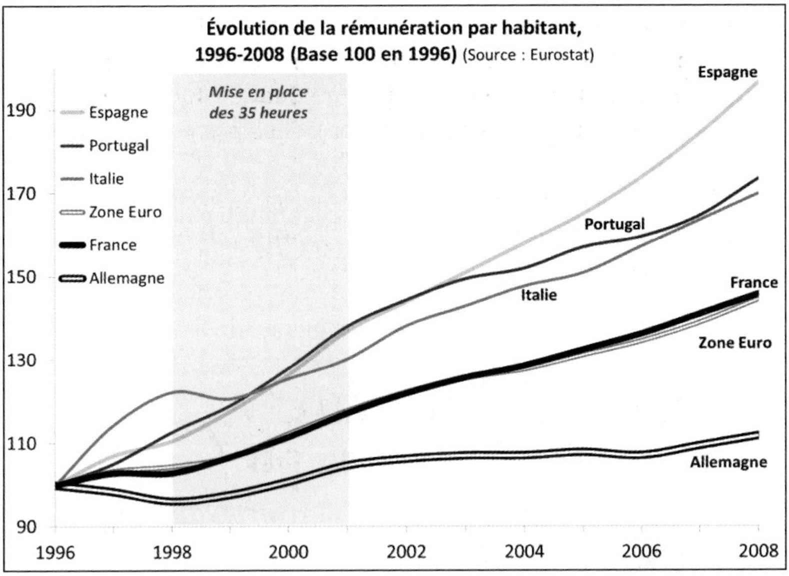

Lecture : la rémunération est exprimée ici en valeur absolue. L'Allemagne a fortement comprimé ses salaires !

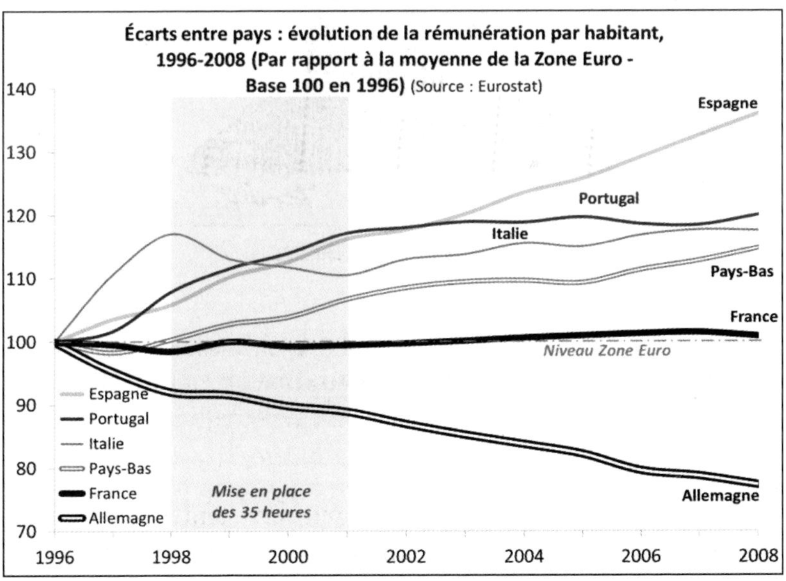

Lecture : la rémunération est exprimée ici en valeur relative. Par rapport à la moyenne de la Zone Euro, elle a baissé en Allemagne de 20 %.

Le graphique précédent illustre une méthode que nous allons utiliser plusieurs fois : elle compare l'évolution de la situation en France ramenée à l'évolution moyenne de la Zone Euro (ZE) (définie comme base 100 chaque année). Cela permet de visualiser simplement les écarts relatifs entre pays.

On observe ainsi l'énorme « effort » accompli par l'Allemagne : les **rémunérations** ont pratiquement été figées durant dix ans – cas **unique** en Europe. Ceci par des augmentations très faibles et des baisses de charges (compensées par une hausse de TVA « sociale »). La France est restée dans la moyenne de la Zone Euro.

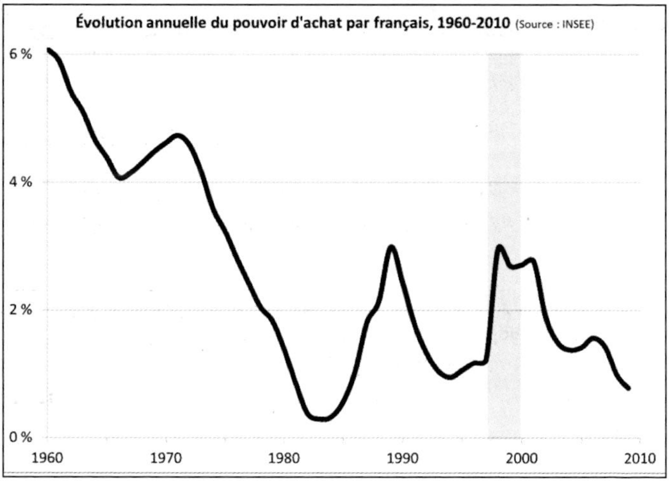

Lecture : la période grisée 98-00 correspond à la mise en place des 35 heures

On constate que la mise en place des 35 heures a coïncidé avec **la plus forte augmentation du pouvoir d'achat en France depuis dix ans.** On constate ensuite que l'augmentation du pouvoir d'achat est en baisse depuis 2003. Mais à cette date, il y a également eu l'envolée de la mondialisation avec le début du décollage de la Chine, la poussée du financiarisme, etc. Les causes sont multiples – et de mauvais esprits pourraient même parler de l'arrivée de l'euro ou de « la droite », alors que c'est sans lien... Ce freinage du pouvoir d'achat s'est observé dans tous les pays – où il n'y avait évidemment pas de 35 heures...

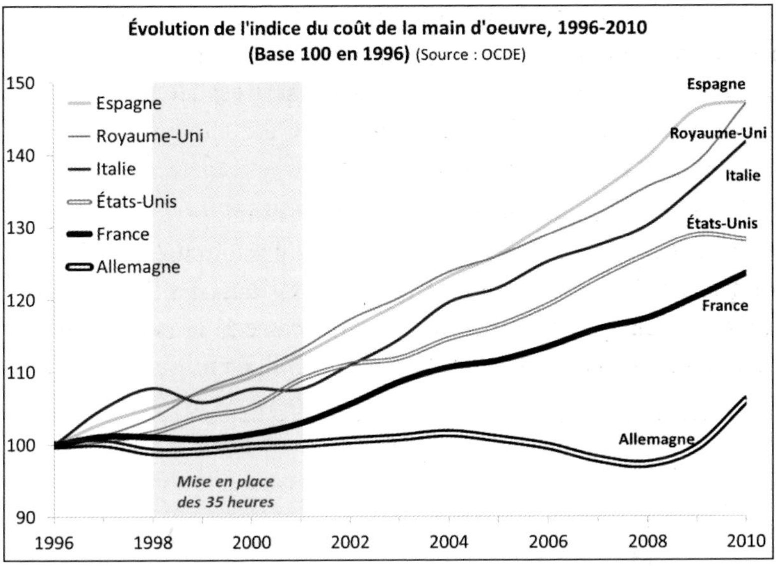

Lecture : l'indice OCDE est exprimé ici en valeur absolue.
L'Allemagne a drastiquement comprimé ses coûts salariaux !

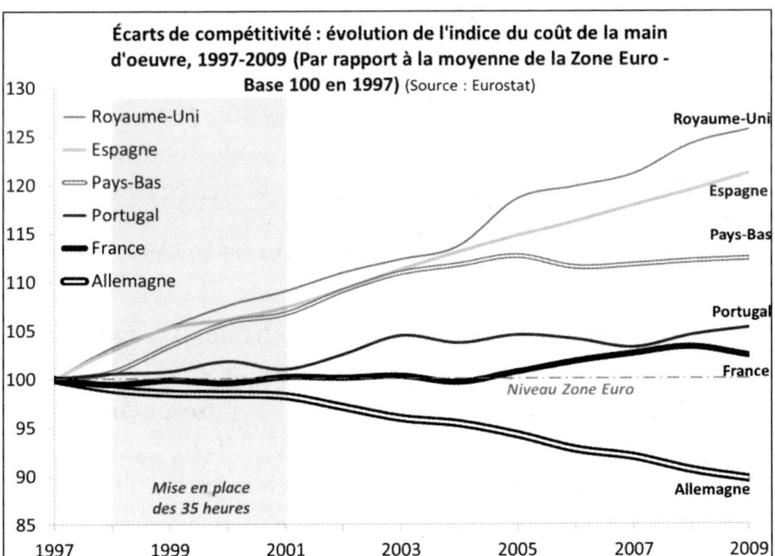

Lecture : l'indice Eurostat est exprimé ici en valeur relative. Par rapport à la moyenne de la Zone Euro, le travail allemand a baissé de près de 15 %.

Les graphiques précédents permettent d'analyser l'impact sur la **compétitivité**, en observant l'évolution du coût de la main-d'œuvre (qui corrige les salaires des écarts de productivité). On observe de nouveau les résultats de la politique salariale allemande visant à améliorer sa compétitivité au détriment de ses partenaires, et de sa consommation intérieure (et donc de la lutte contre les inégalités).

On observe cependant que **la France a également amélioré sa compétitivité** par rapport à ses voisins – mais dans une bien moindre mesure. Mais quoi qu'il en soit, au moment de la mise en place des 35 heures comme par la suite, sa compétitivité globale n'a pas diminué comparativement. Bref, il est faux de croire que la France a « perdu la course » face à l'Allemagne, en raison d'une politique de réduction du temps de travail « inconséquente ». C'est bien l'Allemagne qui a une politique singulière, la situation française est tout à fait dans la moyenne européenne. En revanche, l'Espagne comme le Royaume-Uni ont vu une nette détérioration de leur compétitivité – bien qu'elles n'aient pas, à notre connaissance, mis en place les 35 heures...

Concernant **l'emploi**, rappelons tout d'abord cette étude de l'INSEE :

> « En cherchant un équilibre entre baisse de la durée du travail, modération salariale, gains de productivité et aide de l'État, **le processus de RTT a conduit**, selon les estimations, à un rapide enrichissement de la croissance en emplois de **près de 350 000 postes sur la période 1998-2002**, et ceci, **sans déséquilibre financier** apparent pour les entreprises. »
> [INSEE, Économie et Statistique n° 376-377]

Les 35 heures n'ont donc pas détruit d'emplois quand elles ont été mises en place, **elles ont au contraire créé 350 000 emplois**.

Il saute aux yeux que, concernant l'évolution de l'emploi, la France se situe exactement dans la moyenne de la ZE depuis quinze ans. On n'observe bien **aucun impact négatif des 35 heures sur l'emploi** – au contraire, la situation de l'emploi **s'améliore** un peu comparativement. L'emploi en Allemagne a beaucoup souffert jusqu'en 2005 (par rapport à la moyenne de la ZE) ; l'évolution a été contraire au Royaume-Uni et en Espagne.

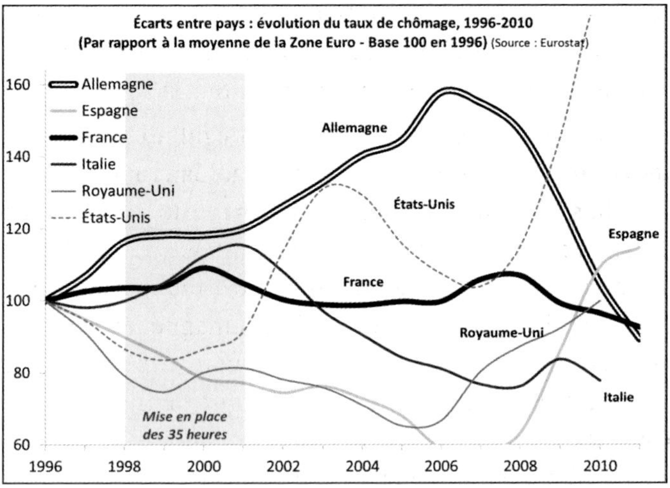

Lecture : ce graphique compare l'évolution par rapport à la moyenne de la ZE. Il ne s'agit ni d'écarts ni d'évolution absolus. Le niveau moyen de la ZE est défini à 100 sur chacune des 15 années

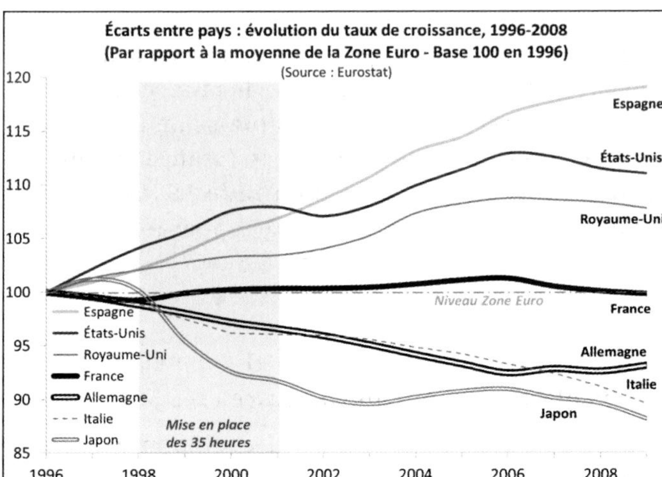

Ce dernier graphique démontre l'absence du moindre impact négatif des 35 heures sur la **croissance** : nous sommes là encore restés dans la moyenne de la Zone Euro.

On peut dès lors se demander par quel miracle la compétitivité de nos entreprises a relativement peu souffert de la baisse de quatre heures du temps de travail. Il y a trois explications principales.

1. tout d'abord, elles ont bénéficié d'**aides publiques**, par le biais de baisses de charges sociales et de subventions ;
2. les accords dans les entreprises ont modifié **le décompte du temps de travail effectif** des salariés (les pauses, les temps de formation, etc., ont été exclus du décompte), la loi ne parlant que de baisse du « temps de travail effectif ». On estime que ce subterfuge a représenté environ une heure sur les quatre ;
3. les accords ont également souvent prévu une **modulation du temps de travail** (mensualisation ou annualisation du temps de travail). Cela a permis aux entreprises une plus grande **flexibilité** ; la durée d'utilisation des équipements est par exemple passée de 51 heures en moyenne dans l'industrie en 1997 à 55 heures en 2000. Cela a également entraîné la suppression de bon nombre d'heures supplémentaires.

« Dans les faits, les allégements de cotisations sociales ont permis de réduire le coût salarial en moyenne de 2,5 %, la modulation d'environ 2 % et le calcul du temps effectif de 2 % également : il restait donc, toujours en moyenne, un surcoût de 4,5 %, partiellement rattrapé par le fait que les embauches rendues nécessaires par la RTT ont été effectuées à des tarifs horaires moindres que ceux en vigueur pour les salariés déjà en place et qui bénéficiaient d'expérience professionnelle et d'ancienneté. En fin de compte, **le solde devenait suffisamment faible pour que les entreprises puissent le rattraper en quelques années par des gains de productivité horaire supplémentaires.** » [Denis Clerc, *Alternatives économiques*, 01/10]

Précisons à ce stade que l'auteur vise ici une démarche « scientifique », et n'est en rien un « idéologue des 35 heures façon 2000 », dont les inconvénients ont également été réels, et dont il convient de tirer les leçons.

Leur **introduction autoritaire et rapide en 2000** a été une erreur. Il fallait certainement laisser plus de place à la négociation collective, qui est à privilégier. Mais comme nous l'avons montré, au vu de l'importance stratégique majeure que représente la durée du travail dans la détermination du taux de **chômage** de l'économie, **une définition législative de la durée de travail doit impérativement être conservée** – *a fortiori* dans le cadre du financiarisme, qui affaiblit le poids des syndicats. Cet outil est probablement le seul qui reste au pouvoir politique – et c'est bien pourquoi les néo-conservateurs veulent le réserver aux seules négociations dans les entreprises.

De même, l'introduction des **35 heures dans la fonction publique**, sans négociations introduisant de la souplesse et de la **flexibilité** dans les organisations et le statut a été une funeste erreur, dégradant la qualité des services publics, surtout à l'hôpital.

Plus grave, le **coût sur les finances publiques** a été très lourd. Il peut être évalué autour de **8 Md€** par an – soit un montant équivalent aux allégements de charge sur les bas salaires (qui ont créé 100 000 emplois de moins en quatre fois de temps…). Le problème est que ces montants ont contribué à la hausse des déficits publics – et qu'ils continuent à le faire tous les ans…

Rappelons enfin que nous disposons d'une des plus fortes productivités horaires mondiales (la 3e selon le BIT, après les norvégiens et les américains), qui justifie un temps de travail inférieur aux autres, sous peine de chômage massif. Avec notre productivité horaire, et comme nous ne pourrions probablement pas consommer ni exporter plus, **travailler plus conduirait à mécaniquement augmenter le nombre de chômeurs**.

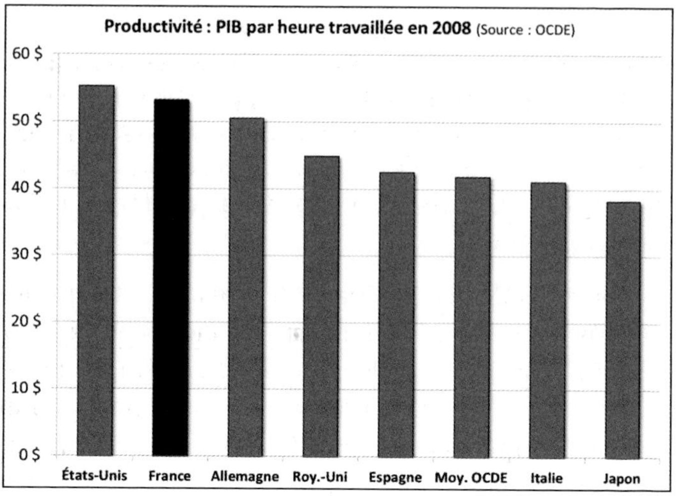

Imaginons que nous repassions à 39 heures, sans hausse de salaire. Bien sûr que nous produirions 8 à 10 % de plus, mais (et nous en revenons toujours là), qui achèterait cette production excédentaire, puisqu'il n'y aurait pas un euro de pouvoir d'achat en plus pour les salariés ? Ne resteraient que les étrangers, mais les exportations représentent moins du quart du PIB, et il n'est pas dit que les étrangers aient envie de nos produits, ni même qu'ils aient le moyen de les acheter (surtout s'ils se mettaient à mener la même politique que nous). Attendre son salut d'un déséquilibre des échanges au détriment de l'étranger est non seulement immoral (c'est une forme de colonisation économique) mais tout simplement dangereux (car non durable, personne n'aimant se faire exploiter longtemps).

« On ne le répétera jamais assez : **la production par heure travaillée est aujourd'hui encore 25 % plus faible en Grande-Bretagne qu'en France ou en Allemagne**. C'est uniquement parce que les Britanniques travaillent 25 % plus d'heures que nous qu'ils parviennent à se hisser au même niveau de PIB par habitant. [...]

La vérité est que vingt-cinq ans après l'arrivée au pouvoir de Margaret Thatcher et de ses réformes supposées salvatrices, **le Royaume-Uni demeure un pays sous-formé et faiblement**

productif (l'écart de productivité n'a quasiment pas diminué), contraint d'adopter des **méthodes de pays pauvre (dumping fiscal et longues heures de travail)** pour se hisser au même niveau que les autres. [...] La France dispose avec son système d'enseignement primaire et secondaire d'un socle solide offrant une formation de masse de qualité enviable. » [Thomas Piketty, *Libération*, 27/06/2005]

Enfin, on rappelle que la plupart des salariés à temps plein ne travaillent pas 35 heures ! **Une semaine moyenne de travail à temps plein dure ainsi 41 heures en France** (avec les heures supplémentaires). En fait, le **temps de travail moyen annuel a baissé de 6 %** entre 1998 et 2003. Cela a représenté un peu plus d'1 % par an, ce qui est resté supportable au regard des gains de productivité de l'époque (environ 2 %).

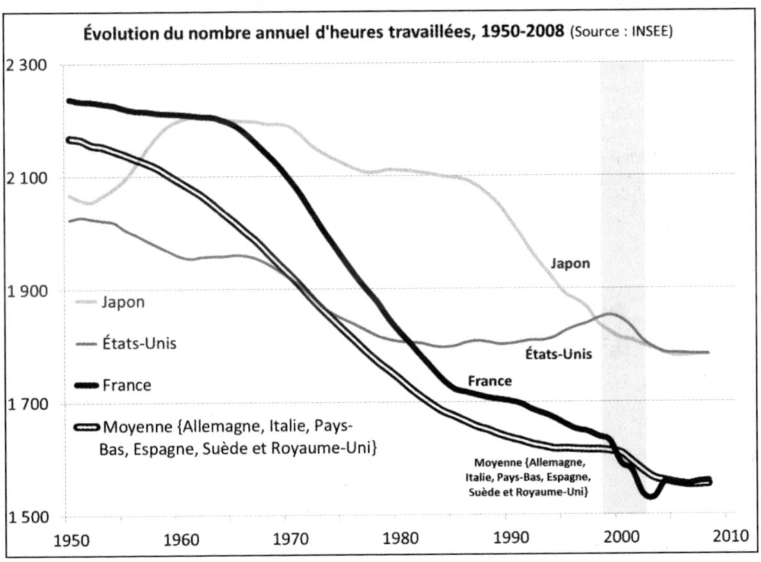

Où l'on constate que nous n'avons finalement fait que rejoindre la durée de travail de nos voisins...

Espérons que ces quelques données permettront de remettre les choses à leur place. **Les 35 heures n'ont donc été pour la société française ni une panacée** (à l'époque, le chômage de masse a été réduit, mais nullement éliminé ; les heures supplémentaires perdues aidaient certains, les cadences ont été parfois augmentées au détriment de la santé au travail...), **ni une catastrophe** (plus de flexibilité a été introduite dans le fonctionnement des entreprises, les RTT font partie du cadre de vie d'une majorité, un meilleur équilibre de vie a été rendu possible...). Une grande majorité des salariés et des entreprises ne souhaite pas supprimer les 35 heures – un équilibre difficile ayant finalement été trouvé.

Le discours actuel sur le « **travailler plus** » semble donc être une erreur historique, car toute l'histoire du développement économique depuis la révolution industrielle est une augmentation continue de la productivité du travail conjuguée à une **baisse tout aussi continue de la durée annuelle du travail**. On produit ainsi en une heure de travail vingt fois plus qu'en 1870 et on travaille deux fois moins longtemps.

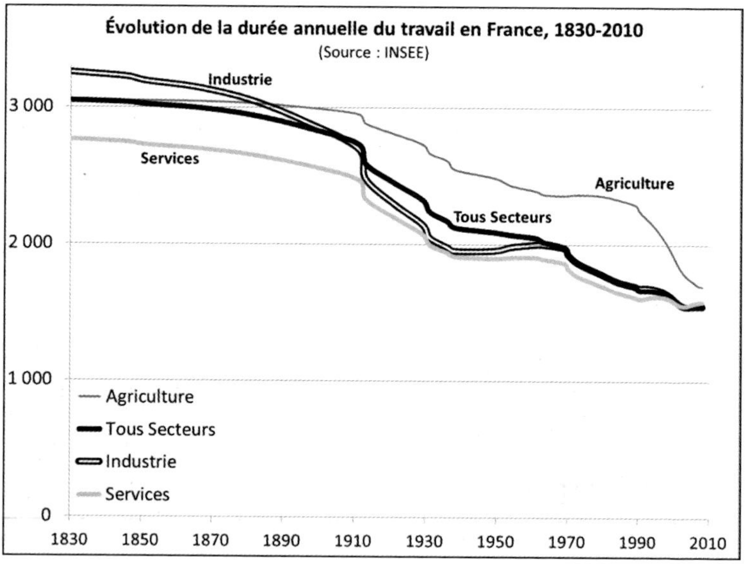

Il est donc temps de sortir du débat idéologique stérile (le même qui ponctue toutes les avancées sur la réduction du temps de travail depuis la loi de 1841 limitant le travail des enfants...) pour engager une vraie réflexion sur l'organisation des différents temps de la vie.

Mais bien évidemment, on ne peut vouloir stabiliser la croissance en stabilisant notre productivité par travailleur tout en maintenant des règles de libre-échangisme dérégulé avec des pays augmentant fortement leur propre productivité.

Cela ne peut passer, comme nous l'avons déjà indiqué, que par un **minimum de protection raisonnée** face aux pays connaissant un développement différent (tout en préservant le libre-échange avec nos concurrents loyaux). Rappelons que cette protection peut fort bien ne pas être agressive mais au contraire **solidaire**.

Concluons en déplorant le fait que très peu d'économistes travaillent sur des modèles économiques de prospérité sans croissance. On peut toutefois citer le remarquable travail de Peter Victor pour le Canada (*Managing without growth, slower by design, not disaster*, 2008), qui arrive à un résultat de diminution du chômage, de la pauvreté, des émissions de CO2 (*GHGs*) et de la dette, par une intervention politique clé sur la réduction du temps de travail.

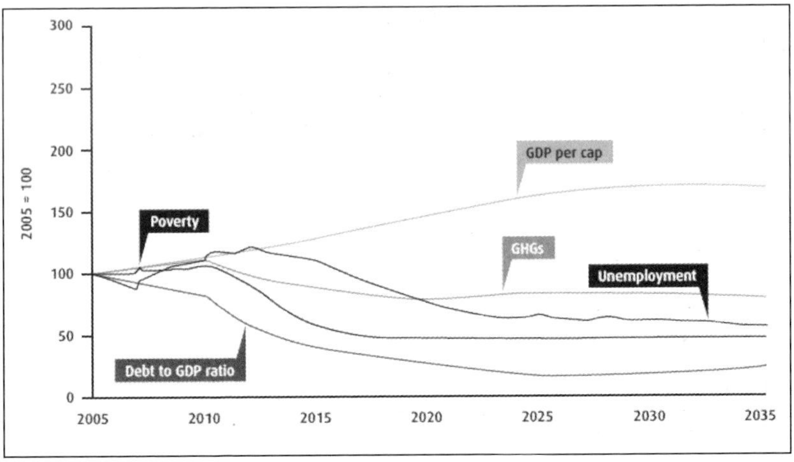

© Peter Victor, rapport *Prosperity without Growth* ?

5. Dette publique : en route vers les défauts souverains ?

© RJ. Matson – www.rjmatson.com

« **Prisonnier de la dette...** » © Nate Beeler

« **Je suis à la tête d'un État qui est en situation de faillite sur le plan financier**, je suis à la tête d'un Etat qui est depuis quinze ans en déficit chronique, je suis à la tête d'un Etat qui n'a jamais voté un budget en équilibre depuis 25 ans. Ça ne peut pas durer » [François Fillon, 21/09/**2007**]

NdR. Entre cette phrase et la mi-2011, la dette de l'État a augmenté de plus de ***400 Md€****, soit près de* **50 % de plus**...

« **Il n'y a que les dettes que l'on peut payer qui sont ennuyeuses.** » [Francis Picabia]

« Les dettes réduisent l'homme libre en esclavage. [...] **Une petite somme prêtée fait un obligé, une grosse fait un ennemi.** » [Publilius Syrus, Sentences, 50 av. J.C.]

À la fin 2010, la dette totale (privée plus publique) de chaque Américain était de près de 170 000 $ – soit **près de 700 000 $ de dette pour chaque foyer** avec deux enfants. Colossal. Comment ce ménage pourrait-il rembourser une telle somme, d'autant qu'il n'arrive déjà pas à être en équilibre ? Ainsi, à l'évidence, toutes ces dettes ne pourront jamais être totalement remboursées.

Fondamentalement, ce système est identique à une chaîne de Ponzi (rendue également célèbre par Bernard Madoff), où le capital investi par les derniers arrivés est secrètement versé aux plus anciens sous forme d'intérêts élevés. Le système ne tient que sur la confiance des prêteurs et, bien entendu, une arrivée permanente de nouvelles victimes – il s'effondre dès que le robinet de nouveaux prêteurs se ferme, puisqu'il n'y a plus d'argent pour rembourser les capitaux.

En effet, depuis trente ans, les États ne remboursent pas leurs dettes : ce sont de nouveaux prêteurs qui remboursent les anciens. **On comprend que lorsque vous prêtez à l'État en 2011 à 5 ans, il ne pourra vous rembourser que si, et seulement si, une autre personne lui prête la même somme en 2016. Sans cela, vous ne serez pas remboursé**. Bref, quand on pense prêter « sans risque », on réalise un pari fondamental sur l'existence de **capitaux disponibles dans le futur** et sur la **confiance** de futurs prêteurs.

Or, au vu de notre analyse, on comprend que le taux d'intérêt auquel un État emprunte est d'une importance cruciale pour sa solvabilité. Alors que tous les États de l'Eurozone empruntaient environ au même taux depuis le lancement de l'euro, la crise de 2010 a rompu la confiance des marchés financiers, qui exigent des taux de plus en plus élevés pour prêter aux États. Et plus les taux s'élèvent, moins les États peuvent rembourser, ce qui effraie les marchés qui exigent des taux plus élevés – le cercle vicieux est enclenché...

Soulignons que si la France empruntait comme la Grèce au taux de 13 % pour toute sa dette, ce sont près de 100 % des recettes fiscales qui seraient affectées au paiement des intérêts – avant tout remboursement... Or, fondamentalement, les pays bénéficiant des meilleures notations (États-Unis, Royaume-Uni, France et même Allemagne) sont dans des logiques strictement identiques à celles appliquées par la Grèce ou l'Irlande – leur situation est juste un peu meilleure (pour le moment)... Combien de temps « les marchés » vont-ils mettre pour s'en rendre compte ?

Alors que faire ? Que va-t-il se passer ? Nul n'est prophète, et on peut entrevoir plusieurs scénarios possibles, qui se regroupent en quatre options fondamentales.

1) Option 1 : ne rien faire et continuer à s'endetter

Cette solution qui consiste au maintien du *statu quo*, donc à ne pas limiter le déficit, ne pourrait qu'immanquablement conduire à moyen terme à la fuite des prêteurs, et donc à **l'effondrement**. Combien de temps peut durer ce moyen terme ? Difficile à dire précisément, mais la réalité nous rattrape toujours bien plus vite que ce que l'on pense. Les Américains Carmen Reinhart et Kenneth Rogoff, spécialistes des crises financières, ont très bien décrit ce syndrome du « **cette fois c'est différent** ».

> « Dans son essence, le syndrome « cette fois, c'est différent » est simple. Il trouve ses racines dans une conviction solide : **les crises financières sont des choses qui arrivent à d'autres peuples, dans d'autres pays, à d'autres moments – mais pas à nous, ici et maintenant**. Nous faisons les choses mieux, nous sommes plus intelligents, nous avons tiré les leçons du passé. Les anciennes règles de valorisation ne s'appliquent plus. Hélas, une économie très endettée peut siéger au bord du gouffre pendant bien des années avant qu'une **crise de confiance** due au hasard et aux circonstances ne l'y précipite.

[...]

La théorie économique nous enseigne que c'est précisément la nature versatile de la confiance [...] qui rend si difficile de prévoir quand se produira une crise de la dette. [...] Les économistes ne savent pas très bien ce qui fait basculer la confiance ni comment évaluer en pratique la vulnérabilité de celle-ci. Ce qu'on constate de manière répétée dans l'histoire des crises financières, c'est que **lorsqu'un accident menace de se produire, il finit par se produire. Les pays qui s'endettent trop profondément vont au-devant des difficultés.** » [Carmen Reinhart & Kenneth Rogoff, *Cette fois c'est différent*, 2009]

Nous disposons d'un cas d'école très intéressant : celui du pays qui était le « modèle » du monde occidental durant les années 1980 : le Japon, empêtré depuis vingt ans dans un marasme économique qui n'en finit pas... Et il apparaît de nouveau comme un modèle possible – mais **pour le pire** cette fois-ci...

« Le scénario le plus favorable est une sortie de crise à la japonaise. » [Xavier Timbeau, directeur à l'OFCE, avril 2009]

Le « calage » de sa croissance est frappant, son PIB étant sur une tendance baissière depuis quinze ans – ce qui fait que cet atterrissage ressemble de plus à plus à un « crash global » de l'économie...

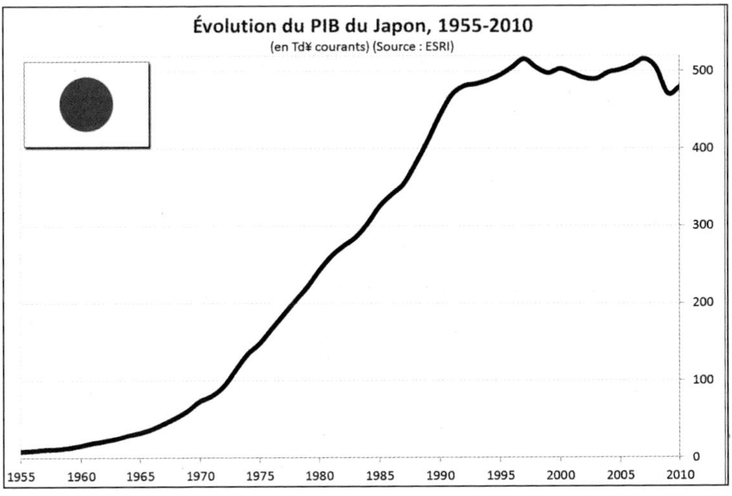

Ce « modèle » japonais est terriblement inquiétant :

- Dette publique 2010 : 200 % du PIB ;
- Déficit public : 10 % du PIB ;
- Taux d'épargne proche de 0 ;
- Taux de fertilité : 1,21 enfant par femme en 2009 (216e rang mondial) ;
- 25 % des Japonais ont plus de 65 ans (40 % en 2055)...

On peut observer sur le graphique suivant l'effet dramatique de cette crise prolongée sur ses finances publiques : **le déficit annuel japonais est ainsi désormais très largement supérieur aux recettes !** Peut-être le Japon va-t-il finalement devenir le premier pays à supprimer totalement les impôts pour ne vivre que de la dette – cela peut marcher en théorie, mais malheureusement pas très longtemps... Et encore, tout ceci était **avant le triple drame** (séisme, tsunami et accident nucléaire) qui a frappé le pays en mars 2011.

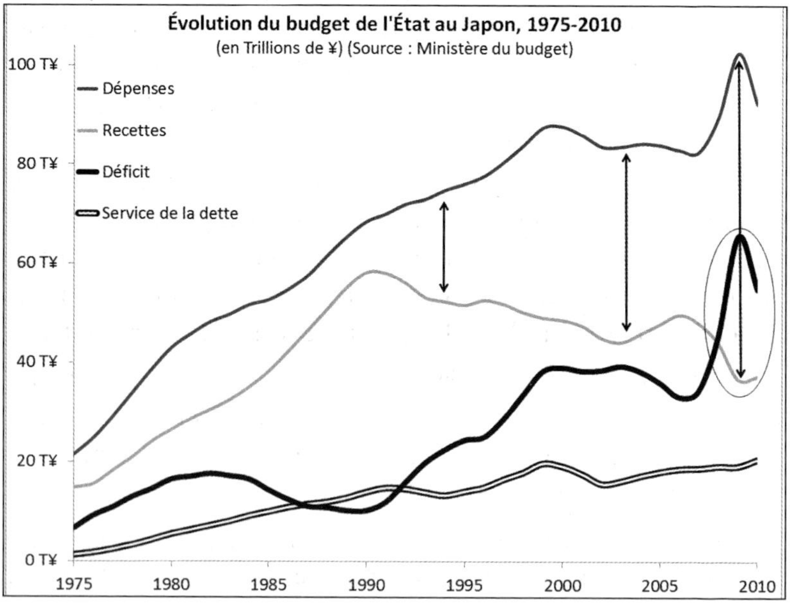

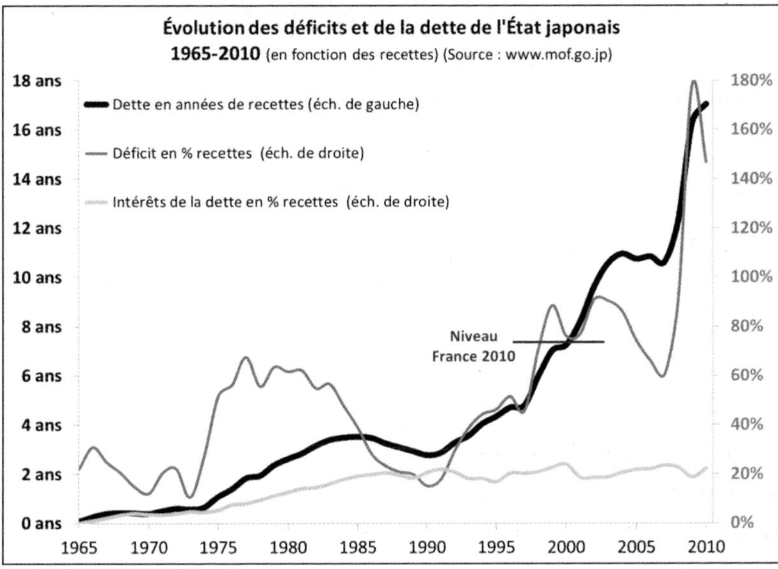

On constate que le Japon n'a **pas pu sortir de la spirale de la dette**. N'en concluons toutefois pas au passage que nous disposons encore de larges marges de manœuvre (notre dette publique étant inférieure à la moitié de la sienne). Le cas japonais est très spécifique : c'est un pays fortement exportateur, ses déficits sont financés uniquement par les ménages, il dispose de taux d'intérêts très bas (environ 0,50 % pour l'État, la banque centrale ayant passé son taux directeur à 0 % en octobre 2010)... Mais surtout, il avait l'avantage d'être **unique**, plusieurs pays ne pouvant simultanément connaître ce genre de situation sans assécher le marché des prêteurs ! Car les besoins cumulés de tous les États dépassent désormais le montant de l'épargne mondiale nouvelle, ce qui fragilise leur position, et ne pourra qu'entraîner une dangereuse hausse des taux – fatale.

D'ailleurs, les effets sur la notation de sa dette ne se sont pas fait attendre. Il a perdu son AAA (signifiant la meilleure sécurité pour les prêteurs) en 1998, puis son AA+ en 2002, et enfin son AA en janvier 2011, et reste AA- depuis lors.

D'ailleurs, depuis 2009, les dégradations par les agences de notation des dettes souveraines des pays occidentaux se multiplient.

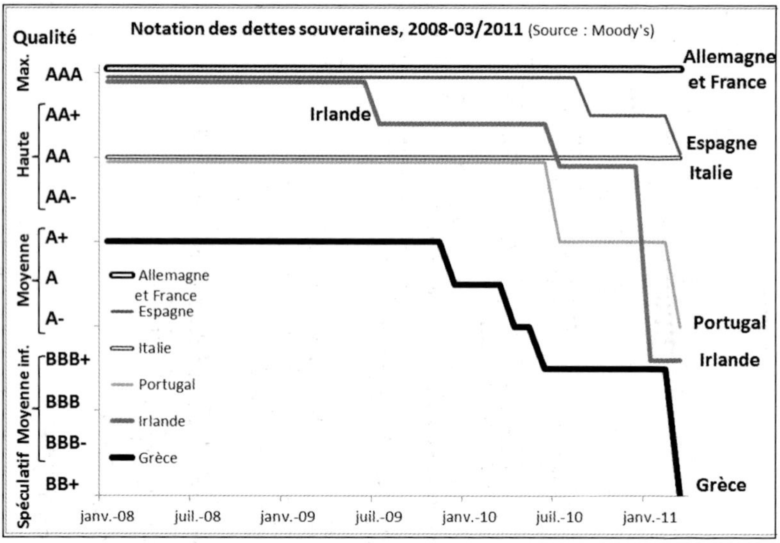

Si la notation du risque crédit de pays est une chose difficile et incertaine, on ne peut qu'être frappé de la complaisance avec laquelle sont notés les pays occidentaux, dont les finances publiques se dégradent continûment, et dont le risque augmente en conséquence. *Dagong Global Credit Rating* est la première agence de notation non occidentale. C'est une société chinoise qui vise à se distinguer des trois agences traditionnelles (Standard & Poors, Moody's et Fitch) ; ses premières notations souveraines en 2010 se sont nettement éloignées du consensus habituel, montrant le nombrilisme américain – si ce n'est l'arrogance occidentale, qui refuse de voir son **déclassement** issu de ses propres **turpitudes**...

En effet, comment peut-on estimer sérieusement que la dette de l'Espagne est encore AA, au vu de ses perspectives sombres ? Ou, début 2011, refuser de déclasser encore plus la Grèce et l'Irlande ?

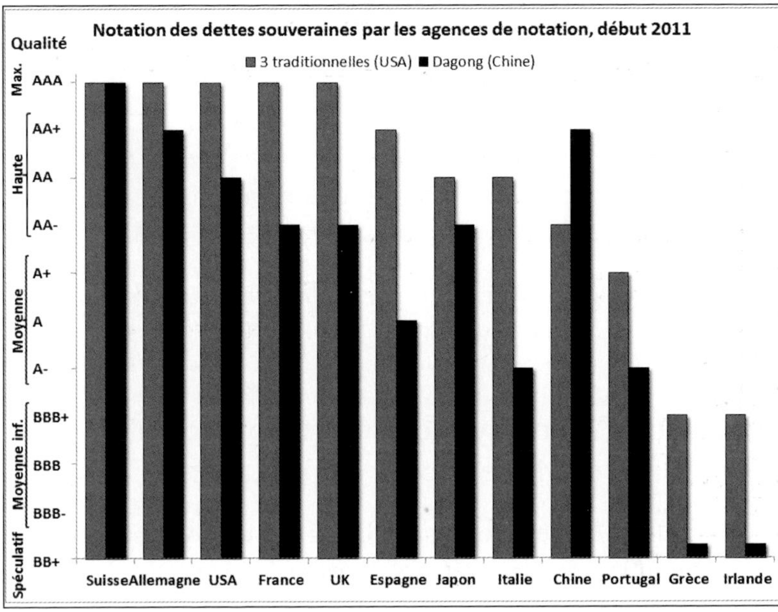

Tordons rapidement le cou aux solutions consistant à vouloir remplacer les marchés financiers pour s'endetter comme avant auprès de nouveaux intervenant, que cela soit l'Union européenne (qui n'a pas de dette à ce jour – ne commençons pas à vouloir la torpiller) via des « euro-bons », nos autres partenaires ou le FMI. Il est stupéfiant de voir tant d'économistes prôner des solutions à une **crise de solvabilité** (nous sommes surendettés et incapables de tout rembourser) qui reviennent à ouvrir un robinet à **liquidités** (et donc à aider le pays à s'endetter encore plus !). Cela entraînerait une crise encore plus forte. S'il devait y avoir une aide, peut-être nécessaire, la règle de base est qu'elle doit conduire à une **diminution de l'endettement global** (et pas dans cinq ans...), et non pas à une couche de dettes en plus ! La méthode Coué ne suffira pas...

« La crise de l'immobilier et la crise financière ne semblent **pas avoir d'effet** sur l'économie réelle américaine. Il n'y a pas de raison de penser qu'on aura un effet sur l'économie réelle **française**. » [Christine Lagarde, 5 novembre 2007, Europe 1]

« Nous aurons certainement des effets collatéraux, à mon sens mesurés. [Il est] largement **excessif** de conclure que nous sommes à la veille d'une grande crise économique » [Christine Lagarde, 18 décembre 2007, sur France-Inter]

« Nous ne prévoyons **pas de récession** dans le cas de l'Europe. » [Christine Lagarde, 10 février 2008 au G7]

« **Je suis convaincue que la France va conserver sa note AAA**. » [Christine Lagarde, 9 juillet 2010]

2) Option 2 : essayer de retrouver l'équilibre par des plans de rigueur pour rembourser

Continuer à laisser filer les déficits n'est plus tenable, car ceci précipiterait la fuite des prêteurs. Il est de bon sens de vouloir revenir à une gestion rigoureuse des finances publiques – et **le mot rigueur n'est pas une insulte** ! Et particulièrement pour ceux qui croient à un État fort, car il ne peut l'être que s'il ne tend pas la main auprès des plus fortunés pour boucler ses fins de mois...

Le problème est qu'**il aurait fallu être rigoureux il y a vingt ans** – vouloir commencer à l'être en plein surendettement est probablement bien trop tardif, au vu des montants de dette accumulés, réduisant drastiquement les marges de manœuvre des gouvernements.

Bien entendu, une **meilleure gestion publique** en France est possible et donc **indispensable**, mais les économies possibles sont très loin des besoins. Analysons le cas de la France ; il n'y a évidemment que deux manières de rééquilibrer notre budget.

i) augmenter les recettes

Il manque 90 Md€ en 2011. Cela représente 150 % de l'impôt sur le revenu ou 50 % de la TVA. On comprend aisément qu'augmenter les impôts de la sorte ne pourrait que déprimer totalement la consommation, et entraîner le pays en dépression. Cela aurait pour conséquence une explosion des dépenses (pour soutenir l'activité et indemniser les nouveaux chômeurs) et diminuer les recettes. Paradoxalement, il est probable qu'au final un tel plan ne conduise en réalité à une très forte augmentation des déficits.

ii) diminuer les dépenses

Arrêtons-nous plus longuement sur cette solution, présentée comme la panacée par les néo-conservateurs, puisque c'est la base de plusieurs des plans de rigueur adoptés en Europe. Or, elle revient pratiquement au même que la précédente !

Car évidemment, **un euro de dépense publique est un euro de salaire pour quelqu'un** ! Cela peut être un euro de salaire d'un fonctionnaire, un euro de remboursement pour un médecin, un euro de salaire pour un salarié de Dassault fabriquant un avion, etc. Et du coup, supprimer des dépenses, oui, mais lesquelles et avec quelles conséquences ?

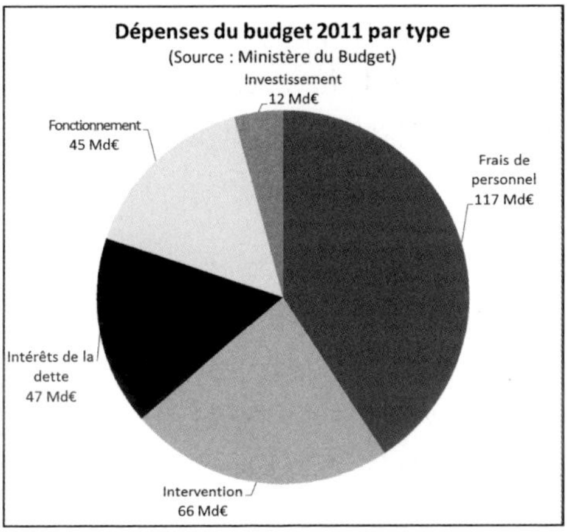

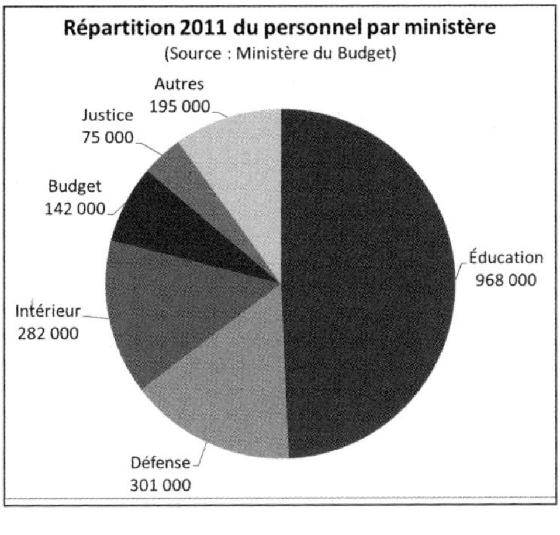

La tâche n'est pas simple pour imputer 90 Md€ d'économies sur 290 Md€ de dépenses – essayez par vous-même :

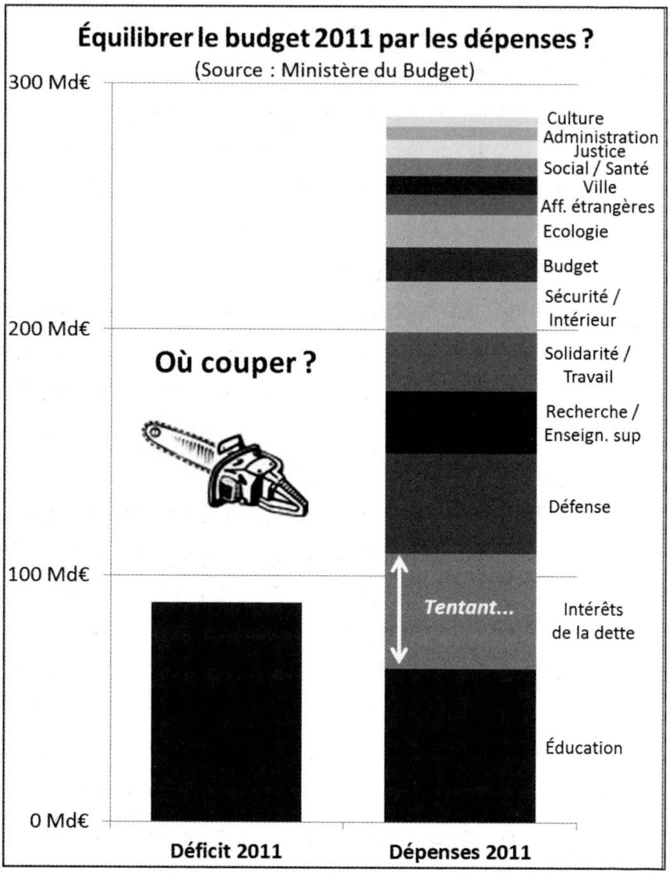

- si on touche les frais de personnel, c'est **1 500 000 fonctionnaires** de moins sur deux millions – choisissez les ministères à supprimer (et pas ceux des impôts, s'il vous plaît !)... C'est par exemple **l'éducation + la défense + l'intérieur**...
- si on supprime toutes les dépenses d'intervention et tout l'investissement, il manque encore 12 milliards...

Bien entendu, au-delà de cette présentation, il convient bien d'aller au bout des raisonnements, en étudiant sérieusement les impacts des décisions – ce qui n'est pas toujours le cas dans les discours. Prenons deux exemples provocateurs pour comprendre.

i) suppression du ministère de la Défense

Imaginons qu'on décide de supprimer du jour au lendemain le ministère de la Défense. On désarme les militaires (par prudence...), puis on les licencie tous, et on n'achète plus de matériel militaire, on jette nos bombes atomiques. On ne s'intéresse pas ici à notre sécurité, juste aux impacts économiques directs.

Quelles sont les conséquences ?

- on a donc supprimé une ligne budgétaire de 32 Md€ (hors pensions) de dépenses. C'est le tiers du déficit. Le problème est qu'il est complètement faux d'en conclure qu'on aurait 32 Md€ de déficit en moins !
- car quand on supprime les 12 Md€ de salaires, on se retrouve avec 301 000 anciens militaires au chômage. Au vu de l'état de l'économie, ils resteront au chômage ; comptons donc 10 Md€ d'allocations chômage et aides diverses à verser pour eux ;
- et quand on supprime 20 Md€ d'équipements, ceci a des conséquences majeures chez les fournisseurs. En conséquence, c'est probablement 300 000 chômeurs de plus chez Giat, Dassault, Matra, dans les chantiers navals, et les PME sous-traitantes françaises. Soit encore 10 Md€ d'indemnités chômage à verser.
- or, au vu des conséquences qu'a eu sur l'économie la crise de 2009 ayant entraîné un million de chômeurs de plus, il semble plus que probable que ces 600 000 chômeurs supplémentaires entraîneraient l'économie en récession, et feraient perdre à tout le moins 22 à 50 Md€ aux finances publiques ;

Ainsi, au total, vouloir supprimer ainsi simplement le tiers du déficit entraînerait un déficit supplémentaire de 10 (-32+10+10+22) à 38 Md€ !

ii) suppression du ministère de l'Education

Faisons plus fort alors. Imaginons qu'on décide de supprimer du jour au lendemain le ministère de l'Éducation Nationale. On privatise donc l'école publique, et on licencie tous les enseignants. Imaginons qu'on trouve des actionnaires pour récupérer l'enseignement, et imaginons qu'ils récupèrent tous les enseignants – il n'y a donc pas de profs au chômage, contrairement à l'exemple des militaires.

Quelles sont les conséquences ?

- on a donc supprimé une ligne budgétaire de 45 Md€ (hors pensions) de dépenses. Ce n'est toujours que **la moitié** du déficit. Et toujours pas 45 Md€ de déficit en moins !
- au niveau du pays, on a donc réduit les dépenses publiques, mais évidemment pas les impôts ! Donc les ménages doivent financer (en plus des impôts) une nouvelle dépense : l'école privée ! On voit mal comment cela ne coûterait pas à peu près le même prix qu'actuellement, soit environ 50 Md€, soit 2,5 % du PIB de dépenses nouvelles – qui est en fait un prélèvement quasi obligatoire égal au montant de l'impôt sur le revenu. Ceci pèsera d'autant sur la consommation du pays, donc sur la croissance (qui laissera place à une récession), donc sur les finances publiques qui en pâtiront. A tout le moins, ce sera encore 45 à 60 Md€ de déficit en plus.

Au final, le déficit augmenterait entre 0 et +15 Md€, **mais il ne baisserait pas**. C'est mieux que dans l'hypothèse des militaires, mais si c'est pour que les français payent 50 Md€ de plus, autant qu'ils le fassent sous forme d'impôts et que nous gardions notre école publique (réformée...) ! Il est ainsi plus optimal d'augmenter les impôts – avec les conséquences négatives précédemment évoquées. Pour finir cet exemple, si le privé avait décidé de ne reprendre que la moitié des enseignants (en mettant soixante élèves par classe...), il aurait fallu indemniser ces chômeurs supplémentaires, comme précédemment.

En conclusion, les déficits accumulés sont tels que les politiques de rigueur qui fleurissent partout n'ont qu'**une très faible probabilité de succès,** et risquent fort d'**aggraver le mal**. Elles vont simplement détruire inutilement une partie de nos États Providence. Soulignons que le filet social n'est pas un cadeau, c'est la contrepartie nécessaire à l'acceptabilité sociale du capitalisme, et donc à sa survie ; sans lui, il est indéfendable en raison des inégalités qu'il crée. La baisse des dépenses publiques comme la hausse des impôts risquent de précipiter les pays dans la récession, donc de diminuer les rentrées fiscales, et donc d'augmenter les déficits, alors que le but était de les réduire, conduisant à la panique des prêteurs et à la crise des finances publiques, lorsqu'ils prendront conscience de l'absence de solutions ne les frappant pas.

L'Angleterre, confronté à un incroyable déficit de 175 Md€, a choisi cette voie mi-2010, et va illustrer notre propos, car elle a choisi la voie du **capitalisme sans l'Etat Providence**, par un plan pire que du temps de Margaret Thatcher. Retraite à 66 ans dès 2020, 500 000 emplois de fonctionnaires supprimés, 91 Md€ d'euros d'économies. Les subventions allouées au logement social vont être divisées par deux, les prestations sociales diminuées. Le budget de la police va diminuer de 20 %, celui des universités de 25 % (les droits d'inscription vont être triplés, ce qui a entraîné des émeutes à Londres, dont a pâti le prince Charles...), celui de la culture de 33 %. La TVA a été augmentée de 2,5 points le 1er janvier 2011.

> « Aujourd'hui, la Grande-Bretagne sort du précipice et nous nous attaquons aux factures laissées par dix années de dettes. **Le chemin sera difficile, mais il nous conduira vers un avenir meilleur.** » [George Osborne, ministre anglais du Budget, octobre 2010]

Ou pas...

> « Le Produit intérieur brut (PIB) britannique a enregistré une **baisse de 0,5 %** au dernier trimestre de 2010 **à la stupéfaction des marchés** [sic.] qui attendaient une hausse de 0,5 % du PIB. Cette **contraction inattendue** [re-sic.] de

l'économie britannique a **surpris les investisseurs** [rere-sic.], entraînant une forte chute de la livre sterling et relançant le débat sur les mesures d'austérité prévues par le gouvernement pour réduire la dette publique. » [NouvelObs.com, 25/01/2011]

« C'est un chiffre **dramatique**. Un **désastre absolu** pour l'économie britannique. [...] L'économie semble être devenue incroyablement **vulnérable** aux chocs. Et comme le resserrement fiscal n'a pas encore eu d'effet sur l'économie, il faut nous préparer à un **avenir chaotique**. » [Hetal Mehta, analyste, janvier 2011]

« Je vois de gros problèmes à l'horizon. [...] En 2011, les salaires réels ne devraient pas être supérieurs à ceux de 2005. Il faut revenir aux années 1920 pour trouver une époque où les salaires réels ont diminué sur une période de six ans. [...]

La diminution du niveau de vie est le prix inévitable à payer pour la crise financière et le rééquilibrage à venir de l'économie du monde et du Royaume-Uni. [...]

Pour désagréable que ce soit, le Comité de politique monétaire **ne peut, ni ne doit tenter, d'éviter la diminution du niveau de vie**. » [Mervey King, gouverneur de la banque centrale anglaise]

« **Nous devons être durs**, mais il faut en finir avec ce que nous avons commencé. » [David Cameron, janvier 2011]

La Grèce a quant à elle connu une récession majeure de -4,2 % en 2010, qui devrait se poursuivre en 2011 avec -3 %.

« L'économie est en récession mais une **récession plus bénigne** qu'anticipé initialement [sic.]. L'année devrait se terminer sur une performance supérieure à la contraction de 4,0 % prévue. [re-sic.] » [George Papaconstantinou, ministre grec des Finances, août 2010]

En conclusion, comment peut-on sérieusement penser que les États pourraient arriver à se désendetter fortement pendant la crise majeure que nous vivons, alors qu'ils n'ont jamais réussi à le faire pendant les années de forte croissance, avec des marges de manœuvre budgétaires largement supérieures ?

« Certains pensent que l'austérité est le prix à payer, un mal passager mais nécessaire. Mais non – **l'austérité mène au désastre**. Elle ne fait que retarder la solution des problèmes. Les économies seront plus faibles, les rentrées fiscales aussi, et le chômage sera plus élevé. [...] C'est intenable. [...] En fait, par les tensions qu'elle génère, **l'austérité est une menace pour les démocraties**. » [Joseph Stiglitz, Marianne, janvier 2011]

« **Il y a une limite à l'intensité de la douleur qui peut être supportée dans les démocraties**. » [Edward Parker, responsable chez Fitch pour les pays émergents]

3) Option 3 : ne plus rouler la dette

Donc si la dette continue à augmenter, les prêteurs vont fuir, et si on essaie de la diminuer par de la rigueur, le remède risque d'empirer le mal, et les prêteurs vont fuir. Dans tous les cas, l'État va brutalement devoir cesser de rouler sa dette – ce sera donc la cessation de paiements. Il n'aura alors plus que 4 options.

3.1. La fausse « solution » de l'inflation

Dans les années 70, l'inflation a aidé à rembourser les emprunts. La hausse des prix permet en effet de réduire la valeur de l'argent, donc le poids de la dette. Certains aujourd'hui en arrivent à préconiser le retour à l'inflation pour alléger le fardeau de la dette publique.

Toutefois, ce choix n'est probablement **pas souhaitable**. Tout d'abord, les experts s'accordent à reconnaître que les conditions d'une inflation « maîtrisée » durable ne sont pas réunies. À l'image de la crise de 1929, nos économies souffrent d'une **trop grande capacité de production** pour une trop faible consommation. Le risque d'une baisse des prix pour écouler les marchandises est donc beaucoup plus fort que celui d'une hausse des prix.

De plus, les États (hors zone euro) utilisant de plus en plus la planche à billets pour se financer, il est également à craindre qu'un début d'inflation ne dégénère rapidement en **hyperinflation**

– comme on le voit avec la hausse des matières premières. Il n'y a pas une manette magique permettant de définir l'inflation que l'on souhaite. Et on ne peut pas facilement revenir en arrière.

Mais l'inconvénient majeur de l'inflation « euthanasie du rentier » est que dans les années 2010, elle sera également « **l'euthanasie du salarié** » – ce qui commence à faire beaucoup... En effet, le système économique et les relations sociales ne sont plus les mêmes qu'en 1970. À l'époque, une hausse des prix se traduisait mécaniquement par une hausse collective des salaires. Mais désormais, il est plus que probable qu'une hausse des prix ne soit pas compensée par une hausse des salaires, donc que le pouvoir d'achat chute, en particulier celui des moins protégés. Le pays entrerait alors probablement en récession (puis en déflation).

3.2. Ne pas rembourser

a) Le défaut souverain

L'effacement des dettes est vieux comme le monde, et reprend l'idée du **jubilé juif**.

> « 8- Tu compteras sept semaines d'années, sept fois sept ans, c'est-à-dire le temps de sept semaines d'années, quarante-

neuf ans. [...] 10 Vous déclarerez sainte cette cinquantième année et proclamerez l'affranchissement de tous les habitants du pays. **Ce sera pour vous un jubilé : chacun de vous rentrera dans son patrimoine**, chacun de vous retournera dans son clan. [...] 14 Si tu vends ou si tu achètes à ton compatriote, que nul ne lèse son frère ! » (Lévitique 25, 10.11)

Concernant les défauts des États, il convient de bien comprendre qu'il existe une distinction importante entre **volonté de payer et capacité de payer**. Et qu'un pays ne fait jamais « faillite », mais il décide de ne pas rembourser ses créanciers car le remboursement ne vaut pas le sacrifice qu'il imposerait. C'est différent d'une entreprise qui serait saisie par ses créanciers dans cette hypothèse. Personne ne saisit un pays, il ne sera pas liquidé. Il a donc toujours le choix, contrairement à un individu ou une entreprise.

« **Un pays ne fait jamais faillite !** » [Walter Wriston, ancien président de Citybank]

« Un pays ne se trouve pas ruiné au sens où une entreprise peut l'être. D'abord, il n'est généralement pas obligé de baisser le rideau. Deuxièmement, son défaut résulte souvent d'un **calcul coûts/bénéfices complexe**, où entrent en jeu des considérations politiques et sociales, et pas seulement économiques et financières. Dans la plupart des cas, **le défaut intervient longtemps avant que le pays soit littéralement à bout de ressources**.

Le plus souvent, un pays, avec assez d'efforts et de souffrances, un pays débiteur déterminé est capable de rembourser ses créanciers étrangers. La question qui se pose à la plupart des dirigeants est de savoir **où placer le curseur**.

Puisque **les prêteurs dépendent de la volonté d'une nation souveraine de rembourser ses dettes**, et pas seulement de son **aptitude** à le faire, la faillite souveraine est tout autre chose que la faillite d'une entreprise. » [Carmen Reinhart & Kenneth Rogoff, *Cette fois c'est différent*, 2009]

Les défauts souverains sont de vieux souvenirs pour nos pays développés ; ceux-ci semblent cantonnés aux pays sous-développés. Pourtant, en 1789, la France détenait le record du nombre de défauts : 1558, 1624, 1648, 1661, 1701, 1715, 1770 et 1788 (non comptés les défauts plus anciens, où le roi exécutait ses créanciers...). Depuis lors, aucun défaut n'est intervenu dans notre pays.

Les premiers défauts souverains, 1300-1799

	Année du défaut	Nombre de défauts
France	1558, 1624, 1648 1661, 1701, 1715, 1770, 1788	8
Espagne	1557, 1575, 1596, 1607, 1627, 1647	6
Angleterre	1340, 1472, 1594	3
Portugal	1560	1
Allemagne	1683	1
Autriche	1796	1

Source : Reinhart & Rogoff

Exemples de ratios de dette au moment du défaut souverain

	Année du défaut	Ratio Dette publique extérieure / Recettes	Ratio Dette publique / Recettes
Mexique	1827	1,6	4,2
Espagne	1877	5,0	15,80
Argentine	1890	4,4	12,50
Allemagne	1932	0,6	2,4
Chine	1939	3,1	9,0
Turquie	1978	1,4	2,7
Mexique	1982	3,3	5,1
Brésil	1983	0,8	2,0
Philippines	1983	0,2	1,3
Afrique du Sud	1985	0,1	1,3
Russie	1998	3,9	5,0
Pakistan	1998	3,3	6,3
Argentine	2001	1,6	2,6

Source : Reinhart & Rogoff

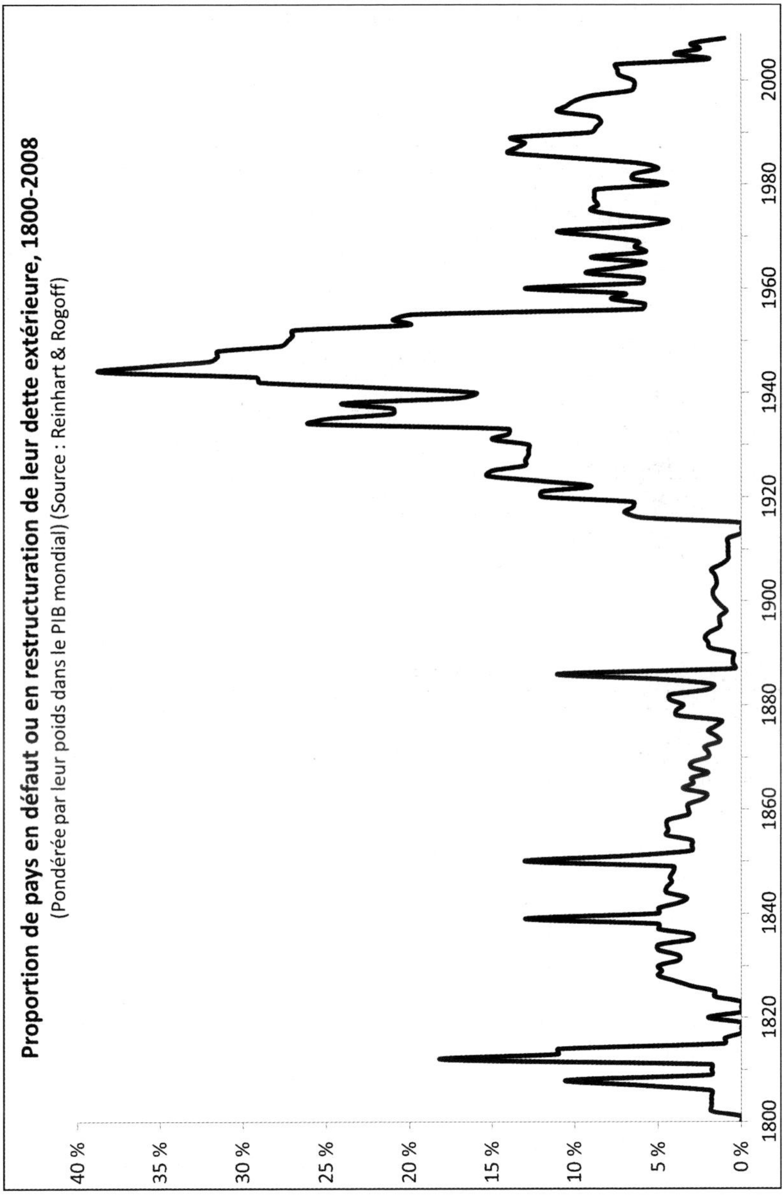

Proportion de pays en défaut ou en restructuration de leur dette extérieure, 1800-2008
(Pondérée par leur poids dans le PIB mondial) (Source : Reinhart & Rogoff)

On constate ainsi que les défauts souverains ne sont pas si rares, mais qu'il ne semble pas y avoir de « règle » magique permettant de définir le plafond de dette acceptable avant un défaut.

Plusieurs grands pays en ont connu au cours des quinze dernières années. On pense à la Russie en 1998 (90 % de décote sur 30 Md$) ou à l'Argentine en 2001 (50 % de décote sur environ 100 Md$) – qui ont apparemment plutôt bien survécu... On note qu'elles ont fait défaut à des niveaux **nettement inférieurs** à notre niveau actuel de dette.

> « L'Argentine est un bon exemple. Après avoir dévalué, et surtout restructuré sa dette, elle a payé le prix fort. Mais elle a connu ensuite six années de croissance, qui lui ont permis de réduire à 13 % un taux de pauvreté qui atteignait auparavant 40 % de la population. Le chômage est aujourd'hui inférieur à celui que connaissent les Etats-Unis. Tous les problèmes de l'Argentine n'ont pas été résolus, mais **la situation est objectivement meilleure aujourd'hui qu'auparavant**. En sortant de l'euro et en restructurant leur dette, la Grèce et l'Espagne retrouveraient leur compétitivité. Ces pays n'auraient évidemment plus accès aux marchés de capitaux. Mais c'est déjà le cas de la Grèce aujourd'hui. La pire des punitions, c'est ce qui leur arrive en ce moment... » [Joseph Stiglitz, *Marianne*, janvier 2011]

b) Le défaut partiel : la restructuration

> « **Qui perd ses dettes s'enrichit**. » [Honoré de Balzac]

Bien entendu, on ne peut sérieusement imaginer que la France déclare un défaut total sur ses 1 700 Md€ de dettes (dont 1 200 Md€ détenus par des étrangers). En revanche, un défaut partiel de paiement serait tout à fait possible. Une telle restructuration (que les Anglais appellent joliment *haircut*, coupe de cheveux) peut prendre plusieurs formes :

- diminution de tous les taux d'intérêt à 2 % (par exemple) ;
- suspension du paiement des intérêts (46 Md€ d'économies par an) ;

- allongement unilatéral de la durée de l'emprunt ;
- remboursement d'une fraction du capital, correspondant par exemple à une rémunération rétroactive limitée à 2 % ;
- remboursement d'une simple fraction du capital. Dans cette hypothèse, l'État annonce qu'il ne remboursera pas tout le capital restant dû. Il ouvre alors des négociations avec les prêteurs, étant alors en position de force (puisque les prêteurs craindront de tout perdre).

En fait, il semblerait assez normal que les citoyens demandent à renégocier la part de la dette contractée pour réparer les dégâts d'une crise financière qu'ils n'ont pas causée. La mise entre parenthèse d'une partie de la dette semble donc justifiée moralement et défendable politiquement.

c) Justifications du défaut

> « Moi, je ne me ferai jamais sauter la cervelle pour des dettes. D'abord, je n'aurai jamais autant de cervelle que de dettes. » [Jules Berry]

Plusieurs arguments peuvent justifier un défaut partiel.

i) La dette odieuse

La notion de dette odieuse pourrait trouver à s'appliquer en partie, lorsqu'elle n'est pas conclue dans l'intérêt des peuples (et même si nous ne sommes pas sous un régime despotique, bien entendu...).

> « Si un pouvoir despotique contracte une dette non pas pour les besoins et dans les intérêts de l'État, mais pour fortifier son régime despotique, pour réprimer la population qui le combat, etc., cette dette est **odieuse** pour la population de l'État entier [...] Cette dette n'est pas obligatoire pour la nation ; c'est une dette de régime, dette personnelle du pouvoir qui l'a contractée, par conséquent elle tombe avec la chute de ce pouvoir » [Alexander Sack, qui a théorisé cette doctrine en 1927]

ii) La force majeure

Un défaut partiel pourrait aussi se justifier par la théorie juridique de la force majeure.

« Une condition tacite, liée à tous les contrats, est que ceux-ci cessent d'être obligatoires dès qu'il se produit des **changements substantiels** dans l'état des faits et des conditions sur lesquels ils ont été basés. » [Charles Fenwick, 1948, à propos de la *common law*]

« Force majeure : l'impossibilité d'agir légalement [...] est la situation dans laquelle un événement imprévu et extérieur à la volonté de celui qui l'invoque le met dans l'incapacité absolue de respecter son obligation internationale en vertu du principe selon lequel « **à l'impossible nul n'est tenu** ». [...]

On ne peut attendre d'un État qu'il ferme ses écoles, ses universités et ses tribunaux, qu'il supprime les services publics de telle sorte qu'il livre sa communauté au chaos et à l'anarchie simplement pour ainsi disposer de l'argent afin de rembourser ses créanciers étrangers ou nationaux. **Il y a des limites à ce qu'on peut raisonnablement attendre d'un État, de la même façon que d'un individu.** » [Commission de Droit International de l'ONU, 1980, cité par www.cadtm.org]

La force majeure justifie que la parole donnée par l'État ne soit pas entièrement tenue.

« On nous rassure constamment sur le fait que les gouvernements ne manqueront pas à leurs engagements concernant la dette. Dans les faits, cependant, **les gouvernements un peu partout dans le monde font défaut à leurs engagements avec une incroyable régularité** soit directement soit par le biais de l'inflation ; ce qui fut le cas pour les États-Unis dans les années 70 mais aussi dans les années 30 lorsqu'ils ont procédé à la dévalorisation de l'or par rapport au dollar de 20 dollars à 34 dollars l'once. » [Kenneth Rogoff, *Project Syndicate*, 2009]

« Les sauvetages de l'Irlande et de la Grèce ainsi que la création du FESF sont des **transgressions majeures du Traité de Lisbonne.** [...] **Nous avons enfreint toutes les règles** car

> nous voulions resserrer les rangs et vraiment sauver la zone euro. » [Christine Lagarde, Wall Street Journal, 17/12/2010]

Ne peut-on pas raisonnablement penser que sauver la collectivité nationale et une génération est également important, et nécessite quelques transgressions ? On peut également rappeler cette promesse :

> « Le droit à la retraite à 60 ans doit demeurer » [Nicolas Sarkozy, 23/01/2007]

Eric Woerth a déclaré le 27 mai 2010 que cette remarque était « un très mauvais procès, on ne savait pas qu'il y aurait une crise ! ». L'argument peut s'entendre (et encore, pas complètement, la crise n'est pas une catastrophe naturelle, mais la conséquence d'années de laxisme politique), mais la crise doit-elle entraîner des conséquences douloureuses pour les **seuls salariés**, et pas pour les **détenteurs de capitaux** ?

iii) Le soutien abusif

> « Si vous devez cent dollars à la banque, c'est votre problème. Si vous devez cent millions de dollars à la banque, c'est le problème de la banque. » [John Paul Getty, homme d'affaires, 1892-1976]

On a vu que la situation des finances publiques est déplorable. Prêter de l'argent dans ces conditions, alléchés par des taux d'intérêts relativement élevés, implique d'assumer sa propre part de risque. C'est une notion jurisprudentielle qui s'applique pour justifier le non-remboursement d'une banque prêtant de l'argent à une entreprise non viable.

iv) La responsabilité du prêteur

Si un État ne doit pas faire défaut, alors le prêteur est évidemment assuré d'être remboursé. Son taux d'intérêt doit alors être égal au **taux sans risque** – environ 1 ou 2 points au-delà de l'inflation.

Quand la Grèce est obligée d'emprunter à un taux de 13 %, ce taux signifie implicitement que le prêteur anticipe de lui-même (et doit accepter) une probabilité de défaut total de 50 % ou une décote de 50 % sur son capital au moment du remboursement...

De même, faire le choix d'investir son argent à l'étranger implique également l'acceptation d'une éventuelle perte de contrôle de son argent – la naïveté n'est pas toujours une excuse.

v) La puissance levant l'impôt

« À un journaliste qui lui posait la question de sa vie politique future, James Carville, ancien conseiller de Bill Clinton, répondait plaisamment qu'il rêvait d'être réincarné en marché obligataire, à ses yeux (très justement) le summum de la puissance puisque – la Grèce s'en aperçoit assez ces temps-ci – c'est là le lieu d'où l'on peut faire plier les États et **prendre la main sur leurs options économiques les plus fondamentales.** » [Frédéric Lordon]

« Il n'y a pas de risque que l'un des pays riches ne fasse faillite, car il n'y a **pas de limite à leur solvabilité** : ils ont en effet les moyens d'augmenter leurs actifs liquides ou encore de **préempter la richesse de leurs habitants**. » [Pierre Cailleteau, ancien directeur du groupe risque souverain de Moody's]

Ainsi, les marchés voudraient qu'un pays se coupe les bras pour rembourser ses créanciers – et s'imaginent que les peuples acquiesceront tranquillement. Ceci est d'une naïveté confondante – au moins pour les démocraties, où le peuple a son mot à dire.

Soulignons que la structure étatique faisant défaut est aussi la **puissance émettrice de l'impôt** – ce qui ne permet pas de comparer un défaut souverain à un simple problème de « parole non tenue », pour un prêt entre personnes privées. Ainsi, pour rembourser, l'État peut lever des impôts – et qui mieux que les plus fortunés vont pouvoir les acquitter ? Or, ce sont également eux qui possèdent les créances de dette ! Alors rembourser la dette, oui, mais **on prend l'épargne de qui du coup ?** Ainsi, le défaut, loin d'être un seul « non-respect de la parole donnée », pourrait aussi s'analyser en une levée immédiate d'impôt, sous forme d'une **taxe** sur les bons du trésor détenus ! Bref, quelle différence quand on détient 1 000 € de bons du Trésor, entre le fait que l'État ne nous rembourse pas, ou qu'il nous prélève 1 000 € pour nous rembourser ?

vi) La justice sociale

Rappelons un fait trivial : s'il y a des déficits depuis des décennies,

- c'est bien parce qu'il n'y a **pas eu assez d'impôts** prélevés par le passé. On pourrait dire qu'il y a eu trop de dépenses, mais comme elles ont soutenu l'économie, et que sans elles, il y aurait eu des récessions et du chômage (donc de nouveaux impôts...), cela revient pratiquement au même ;
- c'est qu'il y a eu des prêteurs, qui disposaient de « trop d'argent » (à un moment donné), et décidaient de le prêter à l'État.

Comme ce sont probablement les seconds qui auraient supporté les hausses d'impôts nécessaires, on peut donc dire que les classes les plus aisées ont réalisé le tour de force de transformer des impôts qui auraient dû être versés en une épargne investie à taux garanti (face aux **1 700 Md€ de dettes** se trouvent **1 700 Md€ de créances**), l'État ayant promis de les rembourser dans le futur. Ainsi, avant, les riches payaient des impôts et l'État était en équilibre, aujourd'hui, ils ne les payent plus, l'État est en déficit, et il doit donc emprunter… aux riches cet argent, en leur payant des intérêts !

Les politiques de réduction d'impôts mises en œuvre depuis plus de dix ans ont contribué à augmenter notablement le poids de la dette. Le député UMP Gilles Carrez a calculé que l'État a perdu entre 101 et 119 Md€ de recettes fiscales annuelles entre 2000 et 2009.

> « En l'absence de baisses de prélèvements, la dette publique serait environ 20 points de PIB plus faible aujourd'hui qu'elle ne l'est en réalité, générant ainsi une économie annuelle de charges d'intérêt de 0,5 point de PIB [soit 10 Md€] » [Rapport Cotis / Champsaur sur la situation des finances publiques, avril 2010]

Finalement, on pourrait penser que cela revient à faire payer par les citoyens les plus modestes des intérêts financiers aux plus riches sur de l'argent qui aurait dû être payé sous forme d'impôt. Un défaut partiel correspondrait finalement à une **perception rétroactive des impôts non acquittés** toutes les années précédentes de déficit... Car 1 € de dette est 1 € d'impôt futur.

Enfin, soulignons que par rapport à une solution de type « inflation », un défaut partiel est la solution la plus **juste socialement** : ne sont touchés que les prêteurs, donc des personnes qui disposaient d'un patrimoine financier important. De plus, comme la dette serait alors restructurée, il serait possible de créer une « progressivité du défaut », les choix possibles étant nombreux : tout rembourser en dessous d'un seuil, rembourser en fonction du patrimoine ou de l'ancienneté du prêt...

> « Le fardeau le plus lourd sera porté par les épaules les plus solides. » [George Osborne, ministre anglais du Budget, octobre 2010, à propos du plan d'austérité]

vii) L'immoralité de la dette publique

Terminons par un mot sur **l'immoralité profonde** de l'endettement public. Il revient finalement à transmettre des dettes entre générations de contribuables. C'est déjà peu défendable, même quand la dette a servi à des investissements productifs. Mais elle devient **totalement indéfendable** quand elle ne contribue qu'au simple maintien du bien-être d'une génération.

Par exemple, la Sécurité sociale devrait avoir une interdiction absolue d'être en déficit – avec un réajustement automatique du taux de CSG pour équilibrer les comptes par exemple. S'endetter pour payer des retraites ou des feuilles de soin est **indéfendable**.

> « **Aucune génération n'a le droit de contracter des dettes qui ne pourront pas être remboursées durant sa propre existence.** » [George Washington, 1789]

© Mike Thompson – Detroit Free Press

d) Une option risquée

« Il n'y a de nouveau que ce qui est oublié. » [Rose Bertin]

« **On ne meurt pas de dettes. On meurt de ne plus pouvoir en faire.** » [Louis-Ferdinand Céline]

En économie de marché contemporaine, l'effet d'un défaut de paiement à l'échelle d'un pays comme la France n'a jamais été expérimenté. Un défaut total de paiement serait donc extrêmement risqué, et porteur de conséquences politiques difficiles à mesurer en l'état.

Risques politiques tout d'abord : une bonne partie de notre dette ayant été acquise par des résidents étrangers, ce qui montre bien le problème d'indépendance nationale. Le graphique suivant montre une estimation de la détention de la dette de différents pays. Les sommes en jeu sont extrêmement problématiques.

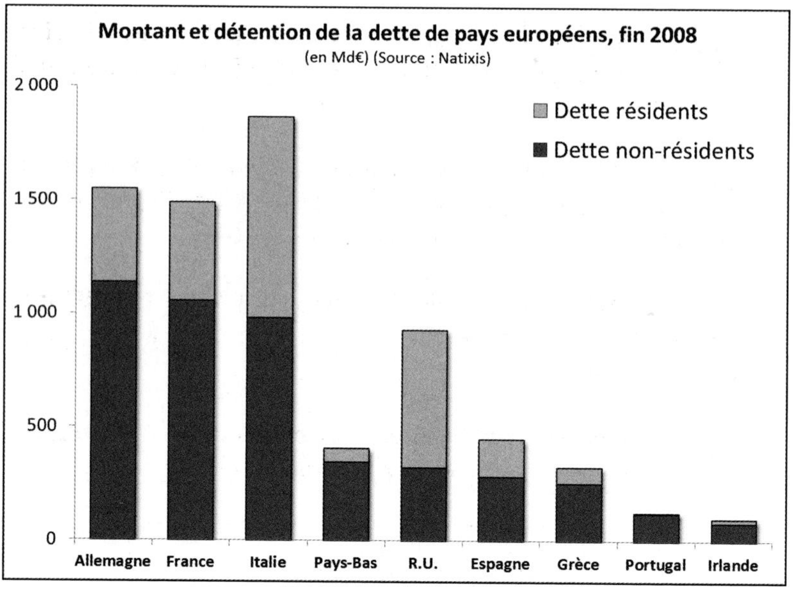

Risque de financement ensuite. Il est évident qu'un défaut fait fuir les prêteurs, qui craindront ensuite de prêter à l'État défaillant. **Il faut donc limiter au maximum le besoin de recourir aux marchés, ce qui repose le problème du déficit primaire**. Rappelons qu'en France, dans le budget 2011, le paiement des intérêts de la dette représente 47 Md€, mais le déficit est prévu à 89 Md€ – le déficit primaire, avant le service de la dette serait donc de 42 Md€. Ainsi, en cas de défaut ou même de cessation du paiement des intérêts, **il manquerait toujours 42 Md€** à l'État, qu'il ne pourra plus financer en externe et difficilement en interne.

C'est une situation très dangereuse, puisque même en suspendant le paiement de sa dette, l'État serait toujours dépendant des prêteurs et risquerait la cessation de paiement. Un État souhaitant réaliser un défaut partiel doit donc tout d'abord rétablir un quasi-équilibre primaire. C'est très probablement ce qu'est en train de faire le gouvernement grec – ce serait d'ailleurs pour lui la seule solution stratégique pérenne.

« L'euro a franchi le cap, et la zone euro a désormais le pire de la crise de la dette **derrière elle**. » [Christine Lagarde, 25/01/2011]

« Une restructuration de la dette publique n'a jamais été et **ne sera jamais** un sujet de débat. » [George Papaconstantinou, ministre grec des Finances, août 2010]

« Une restructuration de dette n'est **pas à l'ordre du jour** au sein de la zone euro » [Christine Lagarde, De Tijd, 19/12/2010]

« **Les promesses n'engagent que ceux qui les reçoivent**. » [Jacques Chirac, *Le Monde*, 22 février 1998]

© Man – www.caricatures.fr

« **La spirale mortelle de la Grèce cessera avec la restructuration de sa dette ou le défaut pur et simple sur sa dette souveraine**. [...] La restructuration de la dette peut être nécessaire pour un ou deux pays de la zone euro fiscalement fragiles. Elle pourrait être **inévitable** dans les cinq ans, mais ceci ne signifie pas la fin de l'euro, cela signifie simplement la restructuration de la dette. » [Robert Mundell, Mai 2010]

> « Une restructuration de la dette, qu'elle soit publique ou privée, est **inévitable**. [...] La question n'est pas s'il y aura une restructuration de la dette grecque mais plutôt **quand** elle aura lieu et à **quelles conditions. Le plus tôt sera le mieux** : cela serait plus favorable aux marchés et plus ordonné, attendre pour le faire signifie de plus grandes pertes pour les investisseurs. » [Nouriel Roubini, mars 2011]

Risque bancaire également : au vu des montants de dette publique de nombreux pays possédés par les banques européennes, il est probable qu'un défaut important n'abatte le système bancaire de plusieurs pays. Un défaut souverain se transmettrait alors entre pays.

> « Un défaut des pays périphériques (Espagne, Grèce, Irlande, Portugal) détruirait 60 % des fonds propres des banques allemandes, 12 % des fonds propres des banques françaises, 30 % des fonds propres des banques irlandaises, la totalité ou plus que **la totalité des fonds propres** des banques grecques, espagnoles, portugaises. » [Patrick Artus, *Flash Natixis n°696*, 12/2010]

Une législation particulière devrait alors intervenir, permettant aux banques de répercuter les pertes sur les clients réellement détenteurs, sous peine d'entraîner leur faillite. Et si les banques françaises devaient être de nouveau sauvées par l'État, il est à craindre que ce soit l'État qu'il faille alors sauver...

Enfin, soulignons aussi **le risque de perte de richesse et de recul important de la consommation**, entraînant une récession.

Pour conclure, soulignons bien que cette option de défaut partiel n'est en rien une vision « idéologique », mais bel et bien *pragmatique*. **Un défaut serait, de très loin, la pire des solutions. Mais cela risque malheureusement d'être la seule option à notre disposition – comme pour tout surendetté** qui, un jour, décide de baisser les bras et de se déclarer en faillite, plutôt que de prendre un troisième boulot et travailler quinze heures par jour pour rembourser ses dettes pendant quarante ans.

Un choix politique majeur finira rapidement par apparaître : **combien de temps, et jusqu'à quel point un peuple acceptera-t-il de souffrir pour rembourser des titulaires de gros patrimoines qui ont prêté aux États – a fortiori s'ils sont étrangers ?** Les Islandais ont donné par référendum une première réponse, les Grecs et les Anglais la complètent régulièrement par des manifestations.

© Placide - www.leplacide.com

Si un défaut total est inenvisageable, il pourrait donc bien se poser l'hypothèse d'**un défaut partiel** sur la dette. Mais la stratégie vis-à-vis du remboursement de notre dette doit être décidée collectivement, car elle est et sera assumée par tous les citoyens qui sont les contribuables. Elle ne peut donc être une affaire de spécialistes qui décident dans l'ombre. **Le remboursement à tout prix de la dette risque fort ne pas être soluble dans la démocratie**.

« ***Serait-il raisonnable d'organiser aujourd'hui un « haircut ordonné » sur les dettes publiques des pays en difficulté de la zone euro ?***

La thèse officielle est que les pays en difficulté de la zone euro (la Grèce, l'Irlande, le Portugal, l'Espagne) sont confrontés à une **crise de liquidité**. Si les prêteurs publics (EFSF, Union européenne, FMI, BCE...) se substituent aux investisseurs privés pour quelques années, les pays ont, d'après cette thèse, le temps de réduire leur déficit public, de réformer leur économie, et pourront alors se financer à nouveau sur les marchés financiers à des conditions normales.

Mais nous pensons que **ces pays sont en réalité confrontés à une crise de solvabilité** : la nature de leurs économies (désindustrialisation, croissance potentielle faible) ne leur permet pas de rembourser leur dette publique. Il n'y a alors que trois solutions :

- la mise en place du fédéralisme dans la zone euro (transferts de revenus ou émissions obligataires jointes des pays de la zone euro). Cette évolution, qui serait de loin la préférable, paraît très improbable aujourd'hui (refus des opinions, de beaucoup de gouvernements) ;
- un défaut (*haircut*) non organisé, brutal, dans quelques années quand il apparaîtra que ces pays sont encore moins solvables qu'aujourd'hui, malgré les politiques de rigueur et après une forte hausse du chômage ;
- **un défaut (haircut) organisé dès aujourd'hui**, et conçu de manière à ce que les porteurs des dettes souveraines concernées subissent, sur une période de temps longue, des pertes suffisamment faibles pour être supportables, année après année.

La troisième solution est évidemment **préférable** à la seconde. [Patrick Artus, *Flash Natixis n°76*, 01/2011]

Terminons alors par cette forte pensée :

« **Un État devrait faire défaut tous les cent ans, afin de remettre les finances publiques en équilibre**. » [Abbé Joseph-Marie Terray, ministre français des Finances de 1768 à 1774]

« Toute vérité franchit trois étapes. - D'abord, elle est **ridiculisée**. - Ensuite, elle subit une forte **opposition**. - Puis, elle est considérée comme ayant toujours été une **évidence**. » [Arthur Schopenhauer]

3.3. Monétiser

Il reste toutefois une option – au moins intermédiaire entre les précédentes : la **monétisation** de la dette. Monétiser, cela signifie qu'une banque transforme « quelque chose » en monnaie, ce qui revient à introduire de nouveaux moyens de paiement dans l'économie (c'est de la création monétaire). Ce « quelque chose » peut être une reconnaissance de dette (quand elle accorde un crédit), une hypothèque, un actif existant, etc. Comme nous l'avons vu, ce sont les banques commerciales privées qui réalisent en fait la majorité de la création monétaire, et non pas la BCE. On définit ainsi :

- la **monétisation directe**, où une Banque Centrale achète et met sur son bilan des quantités importantes de dette publique. C'est le cas aux États-Unis (avec le *Quantitative Easing 2*), mais aussi au Japon et au Royaume-Uni, mais pas dans la zone euro ;
- la **monétisation indirecte**, où les banques commerciales achètent et mettent dans leur bilan des quantités importantes de dette publique. Il s'agit bien d'une monétisation, puisque les banques peuvent ensuite utiliser ces portefeuilles de dette publique pour se refinancer à la Banque Centrale. C'est surtout le cas dans la zone euro et au Japon.

Dès lors, on peut se demander laquelle est préférable :

- quand les taux d'intérêt exigés par les prêteurs remontent, le bilan des banques souffre (puisqu'une telle hausse diminue la valeur théorique des obligations en portefeuille à des taux inférieurs ; elles sont obligées de constater cette perte latente), mais cela est plus dangereux pour les banques privées ;
- on aboutit à la même conclusion en cas de défaut partiel ;
- quand les banques commerciales possèdent de grandes quantités d'obligations, la banque centrale hésitera fortement à remonter ses taux d'intérêt, car cela provoquerait des pertes insupportables pour les banques. Les politiques monétaires expansionnistes (avec des taux très bas) deviennent alors **irréversibles** ;
- l'effet laxiste sur les gouvernements est le même dans les deux cas.

On ne peut alors que conclure avec Natixis :

> « Au total, **la monétisation indirecte par les banques nous parait beaucoup plus dangereuse que la monétisation directe par les Banques Centrales, ce qui est évidemment l'opposé de l'opinion de la BCE.** » [Patrick Artus, *Flash Natixis n°696*, 12/2010]

Soulignons un problème important issu de la monétisation indirecte. Le schéma est le suivant :

- les banques déposent leurs actifs toxiques à la BCE, en échange de liquidités, à un taux proche de 0 % ;
- puis, elles les prêtent en partie aux États pour qu'ils financent leurs déficits abyssaux, moyennant un taux d'intérêt de 3 % (par exemple). Ainsi, si une banque emprunte 10 Md€ gratuitement pour un an, elle gagne sans risque 300 M€ d'intérêts. L'écart de taux est du bénéfice immédiat pour les banques, qui leur permet de renforcer leurs fonds propres.

L'État se prive ainsi de la possibilité d'emprunter lui aussi **gratuitement** à la BCE directement (il suffirait alors de lui imposer une limite quelconque, par exemple le taux « inflation + croissance »). On a interdit à l'État la monétisation directe, alors qu'il emprunte sans aucune limite aux banques qui empruntent à la BCE, ce qui est une monétisation indirecte ! Cela revient en fait à ce que **le contribuable paie des intérêts indus directement aux banques**. Le contribuable donne ainsi sans raison de l'argent à des entreprises privées, à la place de leurs actionnaires.

Autoriser l'État français à emprunter à la BCE le remettrait ainsi dans la même situation que les États japonais ou américain, qui monétisent en partie leur dette via la Fed (mais aussi les banques centrales des pays émergents et exportateurs de pétrole) et la BoJ. Une telle monétisation doit cependant rester limitée pour éviter de relancer l'inflation. Mais sur le principe, il n'y a pas de raison qu'il y ait plus d'inflation par monétisation directe qu'indirecte (rappelons les 12 à 14 % de création monétaire annuelle par les banques privées avant la crise).

Pourra-t-on éviter une monétisation durable et complète des déficits publics dans les pays de l'OCDE ?

« Les taux d'endettement public vont considérablement augmenter dans presque tous les pays de l'OCDE. Les taux d'endettement public sont, dans les pays de l'OCDE, sur une tendance haussière qu'il sera difficile d'arrêter. Quelles sont alors les possibilités ouvertes ?

- utiliser **l'inflation** pour réduire les taux d'endettement publics. Mais la « vraie » inflation (domestique) qui réduirait les taux d'endettement publics ne sera pas présente pendant beaucoup d'années ;
- stabiliser dans le futur les taux d'endettement public par une **réduction forte des déficits** publics et le passage à un important excédent primaire du budget ; ceci conduirait à une longue période de grande faiblesse des économies, d'autant plus que le secteur privé continue à se désendetter ; l'effort budgétaire nécessaire pour stabiliser le taux d'endettement public pourrait ainsi ne pas être acceptable ;
- **faire défaut** (restructurer les dettes publiques) ; mais le coût du défaut risque d'être trop élevé.

Ces solutions apparaissant trop coûteuses, il ne reste alors qu'une seule possibilité : faire **monétiser les dettes publiques massivement et continûment** par les Banques Centrales (ou le FMI), soit directement, soit indirectement au travers des banques. C'est la solution retenue au Japon et aujourd'hui aux États-Unis. Il est ainsi possible que cette solution de monétisation perpétuelle soit finalement adoptée, y compris dans la zone euro (ce qui y serait une forte rupture).

Elle a bien sûr des inconvénients majeurs : détournement de l'épargne mondiale, création monétaire excessive et bulles sur les prix des actifs, dans le très long terme hyperinflation. »

[D'après Patrick Artus, *Flash Natixis n°42*, 01/2011]

3.4. Prélever l'épargne correspondante

Ne nous leurrons pas. Quoiqu'on dise, 1 € de dette c'est normalement 1 € d'impôt futur ou alors on ne rembourse pas ses dettes. Mais il sera impossible de rembourser sans prélever des impôts nouveaux.

Nous avons vu qu'il est impossible de les prélever de façon « classique » sous peine de détruire de l'activité. Or, si la dette ne peut plus être roulée, le passif de l'État devra d'une façon ou d'une autre être annulé, ce qui implique de détruire le même montant d'actif du patrimoine national.

La solution pourrait donc être de prélever en une fois le montant à rembourser là où cela ne détruit pas d'activité : sur l'épargne financière des ménages. Celle-ci étant de 2 500 Md€, il faudrait donc la taxer pour en prélever **la moitié** – douleurs en perspective...

Toutefois, cette solution n'est pas très éloignée du défaut, puisque 80 % de l'épargne financière est détenue par 10 % des ménages ; titulaires d'une créance de 100, on les taxerait de 100 pour leur rembourser 100 : ils perdent donc bien 100.

4) Décider !

Renforcer la crédibilité des finances publiques

« En dépit de l'amélioration des perspectives mondiales, le rythme du rééquilibrage budgétaire **ralentit** cette année dans quelques grands pays. Les États-Unis et le Japon adoptent de nouvelles mesures de relance et retardent le rééquilibrage de leur budget [...] Par contre, il est prévu que les pays avancés d'Europe continueront de **durcir** leur politique budgétaire tandis que plusieurs d'entre eux font l'objet d'une plus grande attention de la part des marchés.

Globalement, les risques souverains restent élevés et, dans certains cas, ils ont augmenté depuis novembre 2010 : il est donc urgent de mettre en place des plans de rééquilibrage à moyen terme plus solides et plus concrets. » [FMI, *Moniteur des finances publiques,* janvier 2011]

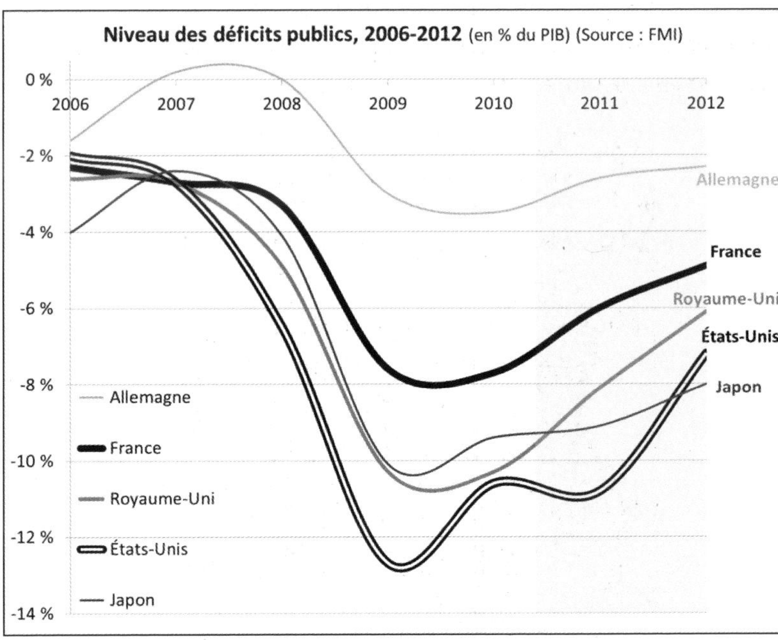

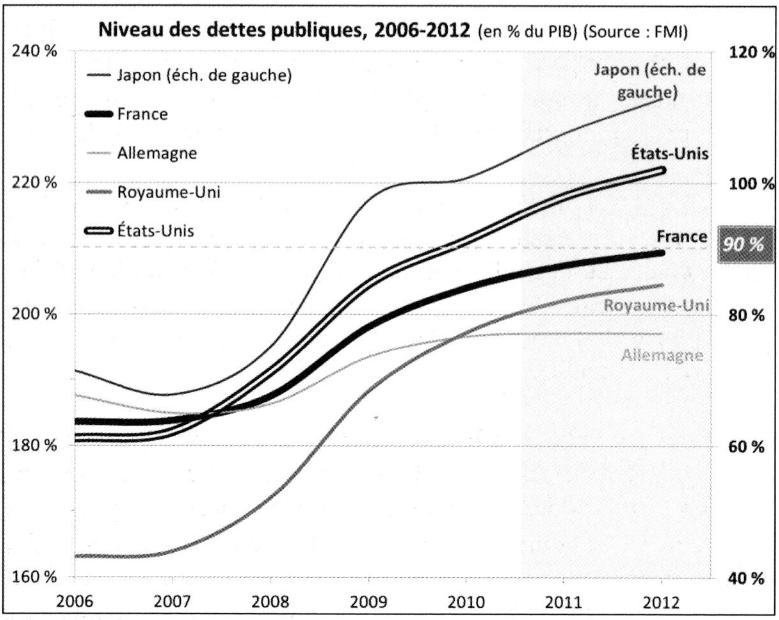

On observe sur les deux graphiques précédents la dégradation majeure des finances publiques, et les perspectives inquiétantes pour l'avenir. Rappelons que Carmen Reinhart et Kenneth Rogoff ont montré qu'il existe une barrière importante pour la dette publique, celle des **90 % du PIB**. Au-delà, aussi bien pour les pays industrialisés que les pays émergents, la croissance médiane baisse de 1 %, et la croissance moyenne de 4 %...

Percevons bien tout d'abord le **danger catastrophique** qui menace les États. **L'enjeu majeur et imminent** n'est nullement un épuisement des économies en raison de la charge de la dette qui induirait des récessions prolongées (même si cela en est un), le danger, comme dans tout mécanisme de Ponzi est une **brutale prise de conscience détruisant la confiance des prêteurs** : le placement qu'on recommandait à sa famille un jour est à fuir plus que la peste le lendemain. Une fuite des prêteurs peut survenir en quelques jours, laissant les États sans le sou du jour au lendemain.

« Pendant combien de temps la dette peut-elle enfler ? Nous l'ignorons. [...] Mais, si l'on peut identifier les vulnérabilités, il est pratiquement impossible de déterminer le *timing*. [...] On peut comparer cela à la prévision des attaques cardiaques. [...]

Pour l'instant, la bonne nouvelle, c'est que la crise sera contenue tant que les lignes de crédits publics seront maintenues. La mauvaise nouvelle, c'est que la vitesse à laquelle enfle la dette pourrait bien entraîner une seconde vague de crises financières d'ici quelques années. » [Kenneth Rogoff, *Project Syndicate*, 2009]

« Il n'y a **aucune linéarité** dans le comportement des investisseurs vis-à-vis d'une dette publique. Vous empruntez longtemps avec des taux d'intérêt bas, rien ne se passe... et soudain vous touchez votre plafond de dette, et tout bascule. On ne sait jamais quand cela se produit, si ce sera quand la dette atteint 90, 100 ou 150 % du PIB, mais **tous les pays ont un plafond. Au-delà, la situation n'est plus maîtrisable**. » [Kenneth Rogoff, NouvelObs.com, septembre 2010]

Ainsi, soyons clairs : nous ne sortirons de décennies de laxisme que **difficilement**, comme pour tout surendetté. Reste à décider comment répartir équitablement les efforts pour que la société en perçoive la justice et les accepte.

« Je n'ai rien d'autre à offrir que du sang, de la peine, des larmes et de la sueur. [...] Vous demandez quel est notre but ? Je peux répondre en un mot : **la victoire**, la victoire à tout prix, la victoire en dépit de la terreur, la victoire aussi long et dur que soit le chemin qui nous y mènera ; car sans victoire, il n'y a pas de survie. » [Winston Churchill, 13 mai 1940]

6. Pistes de réformes économiques

« Les modèles théoriques de la majorité des économistes ont été **aveugles** face à la crise et ne peuvent aujourd'hui que prévoir la reprise en raison même des hypothèses de ces modèles. » [Thomas Palley]

« **Le déclin des grandes puissances est causé par une simple hyper-expansion économique**. » [Paul Kennedy]

« **L'absence d'alternatives éclaircit miraculeusement l'esprit**. » [Winston Churchill]

« **Les problèmes à résoudre ne peuvent être résolus avec les mêmes modes de pensées qui les ont créés**. » [Albert Einstein]

« **Il y a des opportunités pour un changement réel, mais jusqu'où elles iront, cela dépend des gens, de ce que nous sommes disposés à entreprendre**. » [Noam Chomsky – www.noam-chomsky.fr]

© Dave Granlund – www.davegranlund.com

Alors, « *comment ont-il tué le capitalisme* ? » pourrait-on dire, en écho au livre prophétique de Claude Bébéar de 2003, *Ils vont tuer le capitalisme*. Et bien, comme nous l'avons vu, la crise économique est la résultante logique du développement du **financiarisme**. Suite à un large mouvement de dérégulation, nous vivons une situation où **l'actionnaire de court terme est directement aux commandes** des entreprises. S'ensuit alors une course permanente à la rentabilité, accélérée par la cupidité. Et cette tendance est soutenue par l'hyper-concurrence, rendue possible par la **mondialisation**.

On aboutit ainsi forcément à une pressurisation des salariés, donc à une **baisse du pouvoir d'achat**, dramatique pour la société. Elle a été masquée depuis vingt ans par le **recours à l'endettement**, mais évidemment, à vivre au-dessus de ses moyens, le système a naturellement trouvé sa **limite** : le consommateur est au chômage, sans le sou et surendetté. Fin de la partie. Définitivement.

Les centaines de milliards déversés dans l'économie réelle ont bien évidemment stoppé la première partie de la récession. C'est ce qu'on appelle « Reprise » – malheureusement ni saine ni durable. Elle pourra éventuellement durer encore quelque temps, jusqu'à ce que la réalité reprenne le dessus en raison :

- de la **dégradation persistante des fondamentaux** indispensables à la croissance (commerce extérieur, investissement des entreprises, pouvoir d'achat des consommateurs et leur niveau d'endettement...) ;
- du niveau de **dégradation des finances publiques** et privées ;
- de la disponibilité de plus en plus réduite des **ressources** naturelles (pétrole, gaz, métaux,...) ;
- de l'arrivée à la retraite des générations nombreuses du **baby-boom** dans les pays occidentaux.

> « Les États-Unis devraient **épargner** pour la génération du baby-boom, **pas emprunter**. » [Joseph Stiglitz, *Le Triomphe de la Cupidité*, 2010]

Plus largement, nous vivons actuellement un tournant historique, dont la crise économique actuelle n'est en fait qu'un des prémices : **l'atteinte par l'humanité des limites de son écosystème**, se produisant juste au moment où les pays en voie de développement souhaitent atteindre le niveau de vie occidental.

On ne peut donc que déplorer que, depuis près de deux ans, aucune mesure sérieuse, à la hauteur des défis à relever, n'ait été prise par les différents gouvernements. On n'observe que le **battage médiatique** des gouvernants autour de boucs émissaires (PDG, banquiers, *traders*, paradis fiscaux...) ou le **silence** et la **vacuité** des propositions des oppositions politiques. Les rares mesures prises visent à limiter un peu l'ampleur de la prochaine crise, nullement à **l'empêcher**.

« Nul ne doit imaginer que **le monde arrogant de la haute finance** des banquiers et des bulles devrait être autorisé à renaître. Les grandes banques devraient être principalement gérées par des hommes et des femmes ayant une **vision à long terme**, dotés des qualités des cadres intermédiaires, et non par les **ploutocrates** imbus d'eux-mêmes qui les animent aujourd'hui. » [James K. Galbraith, mars 2009]

« Il s'agit de fixer des limites non marchandes au marché. **Ce n'est pas la fin du libéralisme, bien au contraire**, mais la fin, au moins provisoire, d'un certain nombre d'**illusions ultralibérales**. » [André Comte-Sponville, 2009]

« Il faut prendre des mesures pour que l'intérêt individuel ne s'impose pas spontanément et qui peuvent difficilement faire l'objet d'une décision dans le processus démocratique [... pour affronter] **l'époque d'exigences et de renoncements âpres qui nous attend** [... avec un] esprit de frugalité étranger à la société capitaliste. » [Hans Jonas, *Le Principe responsabilité*]

En conclusion de cette longue analyse, nous offrons donc à la réflexion du lecteur une série de mesures visant à remettre notre système sur les rails de l'intérêt général et de la durabilité. Notre vision est qu'il convient de prendre des **mesures drastiques** –

tout comme on en prend dans une centrale nucléaire **quand la sécurité est en jeu**. Il convient également de sortir du cadre de pensée dans lequel nous sommes enfermés – de nombreuses voies s'offrent à nous.

« **Aux grands maux, les petits remèdes n'apportent pas de petits soulagements, ils n'apportent rien**. » [John Stuart Mill]

Ces mesures s'inscrivent dans le schéma de pensée suivant :

- préservation du **modèle capitaliste d'économie de marché**, qui a montré sa capacité à créer de la richesse (il en faut pour la partager...). Certes, d'autres pourraient être imaginés, mais nous souhaitons rester ici pragmatiques ;
- **humanisation** profonde de ce modèle, dont le but doit être le **plein emploi** et le progrès social ;
- **très forte réduction des inégalités**, nuisibles au corps social comme au système économique ;
- **récompense des mérites** et des talents, en fonction des apports personnels à la société ;
- **favorisation du travail**, par rapport à la rente ;
- **favorisation de l'économie** réelle par rapport à la finance ;
- **favorisation du consommateur** et lutte contre les monopoles ;
- **lutte contre la spéculation** pure ;
- **sécurité et préservation du système économique**.

La chute de 2008 n'aura finalement été que l'annonce d'une période de difficultés à venir, et **seule une large mobilisation** nous permettra de traverser cette période sans catastrophe majeure. **La gestion à long terme doit être une priorité**, dans l'optique d'une **prospérité durable**.

Les cinquante-cinq propositions qui suivent n'ont pas prétention à être un programme « clés en mains », mais visent à tirer les leçons de la crise en aidant le lecteur à sortir de la « pensée unique ». Elles montrent que de **nombreuses voies raisonnables** s'offrent à nous. Soumises au débat public, elles pourront ainsi être critiquées et **améliorées**.

Nous estimons que le bon niveau d'application de la plupart de ces mesures est la **Zone Euro**, dont la taille et la cohérence rendront l'ensemble plus efficace. Toutefois, la plupart des mesures devraient sans doute **s'appliquer d'abord dans notre pays**, ce qui ne manquera pas de susciter des réactions positives dans les opinions publiques des pays voisins.

« **Là où se trouve une volonté, il existe un chemin.** » [Winston Churchill]

« **Ce n'est pas parce que les choses sont difficiles que nous n'osons pas, c'est parce que nous n'osons pas qu'elles sont difficiles.** » [Sénèque]

Mesure 1 : Rééquilibrer la mondialisation, et encourager la régionalisation mondiale

Motif : La simple observation des chiffres montre que la mondialisation financière dérégulée n'a pas profité à la croissance économique et aux salariés de notre pays (croissance en baisse constante par exemple), n'a guère profité à la demande intérieure des pays émergents, et a introduit de profonds et dangereux déséquilibres financiers. Le libre-échange entre pays à avancements différents a contribué à la désindustrialisation massive des pays occidentaux.

1-1/ **Obliger à l'équilibre absolu des balances des paiements** entre chaque région mondiale (Europe, Asie, Amérique...), par ajustement des taux de change ou taxations temporaires.

« L'essence de Bretton Woods était que chaque pays équilibrait sa balance commerciale à moyen terme. Une période de déficit devait être suivie d'une période d'excédent, assurée par l'évolution des termes de l'échange ou par la dévaluation de la monnaie. [...] Le système était conçu pour que les pays ne s'endettent pas de façon ingérable. » [James K. Galbraith, *L'État prédateur*]

1-2/ Dénoncer pour cause de force majeure les articles des traités européens limitant les capacités à mener à bien une politique de préservation de l'activité économique européenne, (interdisant des réglementations raisonnables du marché). Limiter en particulier la liberté de circulation des capitaux en dehors de l'Union européenne, voire de la France.

➔ *Nos relations avec les pays non européens n'ont pas à être régies unilatéralement par des traités européens quasiment non modifiables. C'est un déni de démocratie.*

« L'argent plastronne et menace de partir, la misère quémande et menace de rester : raréfaction de la ressource, inflation des besoins, l'État providence n'est pas à la fête. » [Jean-Louis Bourlanges]

« Je souhaite également que nous débattions de la doctrine internationale sur les mouvements de capitaux. Nous avons vécu des années **dans l'illusion que l'ouverture des marchés de capitaux constituait toujours un progrès**. La réalité nous a montré que ce n'était pas le cas. Il est légitime que des pays très dépendants des capitaux extérieurs puissent prendre, en cas de crise, des mesures pour les **réguler**. La meilleure assurance contre la montée des risques protectionnistes, en cette matière comme en d'autres, c'est l'élaboration de **règles multilatérales**. C'est la règle qui protège la liberté. C'est l'absence de règle qui détruit la liberté. » [Nicolas Sarkozy, 25/08/2010]

1-3/ Lancer des études, puis des expérimentations **sur l'opportunité d'introduire prudemment une dose de protection de notre économie en limitant le libre-échangisme absolu actuel face aux pays faussant la concurrence par du dumping. Ce « libre-échange raisonné » pourrait passer une forme remise en vigueur de la préférence régionale** des origines de la construction européenne, visant à promouvoir le libre-échange à l'intérieur des grandes régions internationales (après harmonisation fiscale, et en veillant à l'équilibre global des échanges entre pays) et par la mise **en place d'une politique de quotas régionaux**, pour que, par exemple, dans la plupart des cas, 80 % des produits consommés dans une zone soient fabriqués dans cette zone. **Préserver le libre-échange** avec les pays présentant le même degré de développement que nous, après avoir défini les règles d'une concurrence juste (règles monétaires, harmonisations fiscales…).

➔ *Le commerce mondial doit à tout le moins s'équilibrer entre chaque région mondiale. Un ouvrier, un employé, un cadre français ne sera pas compétitif face à un chinois avant des décennies – et notre économie aura été laminée bien avant. Les pays en développement ne doivent pas s'axer sur les exportations (ce qui n'est pas durable) mais sur la croissance de leur marché interne. Cette mesure vise donc à sortir de la pensée unique et à réfléchir aux moyens pour mettre en œuvre une « concurrence libre et non faussée » par des écarts de coûts salariaux ou par du* dumping *fiscal, social, monétaire ou environnemental. Il convient de sortir des dogmes actuels du « libre-échangisme laissez-fairiste » quasi religieux et de promouvoir un* **libre-échange régional** ***et une préférence régionale – qui restera solidaire des pays en développement****. Les nouveaux droits de douane pourraient d'ailleurs être entièrement reversés aux pays en développement pour faciliter le décollage de leurs économies et financer leur protection sociale. Bref, entre une situation où on détruit les portes et une où on les mure, il y a la solution... de laisser des portes pour choisir qui rentre chez soi !*

« **La régulation de la mondialisation**, c'est la question centrale. Le monde ne peut pas être gouverné que par la loi de l'offre et de la demande. **La mondialisation ne peut pas être l'alibi de tous nos renoncements politiques, intellectuels et moraux**. Or, c'est ce à quoi nous condamne **l'absence de régulation mondiale**. Oserai-je ajouter que la mondialisation ne survivra pas à la loi de la jungle parce qu'il ne peut pas y avoir de liberté sans règles ? [...]

Face à un capitalisme financier devenu fou à force de n'être soumis à aucune règle et dont on commence à mesurer à quel point il peut être destructeur, **est-il bien raisonnable d'attendre encore ?** [...] N'avons-nous pas assez attendu pour réguler une mondialisation qui, à côté de l'abondance de richesses qu'elle contribuait à créer, faisait grandir des poches de misère et de frustration ? » [Nicolas Sarkozy, Genève, 15/06/2009]

NB. Le dire, c'est déjà bien, mais le faire, c'est mieux...

Mesure 2 : Reprendre le contrôle de notre monnaie

Motif : Dans le système actuel, les banques privées ont la possibilité de créer une partie de la monnaie qu'elles prêtent, et ce, quasiment sans limite autre que le niveau de demande solvable. La création monétaire qui s'ensuit est incontrôlée, et a pu atteindre des taux de croissance annuels à deux chiffres.

2-1/ Supprimer l'indépendance de la BCE sur la fixation des taux d'intérêt, qui doit relever du contrôle politique. Il convient toutefois de l'encadrer un minimum.

« Je considère depuis longtemps, pour paraphraser Clémenceau, que **la monnaie est une affaire trop sérieuse pour la laisser aux banquiers centraux**. Est-il acceptable en démocratie d'avoir tant de pouvoir concentré dans une institution exempte du moindre contrôle politique, direct et effectif ? » [Milton Friedman, *Policy Options*, 2001]

2-2/ **Redéfinir les objectifs de la Banque Centrale Européenne, qui ne doivent plus être seulement limités à la lutte contre l'inflation, mais comprendre un soutien au fonctionnement durable de l'économie, à la lutte contre les bulles d'actifs et le risque systémique.**

2-3/ **Revenir à une forme d'encadrement raisonnable du crédit pour limiter fermement la croissance annuelle de la masse monétaire** à la somme du niveau d'inflation et de croissance en volume (limitation par banque du volume de crédits, par type).

2-4/ **Permettre à la BCE d'utiliser des taux directeurs différents suivant la destination des sommes empruntées** (investissement durable...).

2-5/ Mettre en place des mesures visant à **limiter le taux « sans risque » au taux d'inflation**.

2-6/ **Diminuer le niveau du taux d'usure** (= taux d'intérêt maximal légal).

2-7/ Organiser des études sur l'opportunité du passage au **« 100 % Money »**, en interdisant aux banques commerciales la création monétaire, par une couverture intégrale des dépôts.

➔ *Le but est ici de rendre maîtrisable le niveau de la masse monétaire, pour éviter la formation de bulles et limiter la croissance de l'endettement. La croissance monétaire étant limitée, cela empêchera l'utilisation incontrôlée de la planche à billets et donc la constitution de bulles spéculatives.*

2-8/ **Choisir le futur de l'euro : retour au niveau de monnaie commune** (avec des monnaies nationales fixées entre elles, ajustées tous les ans et non échangeables sauf en euros) **OU plus de fédéralisme, avec harmonisations fiscales et solidarité budgétaire entre pays**. Les autres solutions ne sont pas cohérentes avec une monnaie unique, et donc non viables.

Mesure 3 : Créer une monnaie commune mondiale

Motif : Le système économique ne s'est jamais remis de la fin des accords de Bretton Woods en 1971. Les déséquilibres sont tels depuis le début des années 2000 qu'il convient d'y remédier.

3-1/ **Créer une monnaie commune mondiale. Encourager l'utilisation des DTS du FMI comme unité de compte mondiale,**

à la place du dollar, condamné à perdre rapidement son statut.

➔ *Le but est de pouvoir disposer d'une unité de compte mondiale. Les parités seront revues régulièrement, de façon à participer au rééquilibrage des balances commerciales. Il s'agit bien ici d'une sorte de monnaie commune à parités révisables (comme l'était l'euro avant 2000), mais évidemment pas d'une monnaie unique (comme l'euro aujourd'hui), qui n'existera jamais... Cela correspond au projet de Bancor de Keynes.*

© Dave Granlund – www.davegranlund.com

« L'idée d'avoir **une zone de libre-échange avec des taux de change virevoltants n'a strictement aucun sens**. Cela gâche tout simplement les effets de n'importe quel type d'accord de libre-échange. » [Robert Mundell, 10/2010]

« **La prospérité de l'après-guerre devait beaucoup à Bretton Woods**. Depuis le début des années 70, je veux le dire, même si cela est fort, **nous vivons dans un non-système international monétaire**. On n'est plus dans le système de Bretton Woods, on n'a pas réfléchi à un nouveau système, il n'y a pas de système monétaire international. [...]

Nous devons nous interroger sur l'adéquation d'un système monétaire international dominé par une seule monnaie dans un monde devenu depuis bien longtemps multipolaire. Cela n'a pas de sens. [...]

Les Droits de tirages spéciaux sont un actif international qui fait aujourd'hui l'objet d'un intérêt croissant. Nous sommes loin de la **création de la monnaie mondiale** voulue par Keynes avec le Bancor. Mais enfin, offrir un actif de réserve international qui ne soit pas émis par un seul pays, me semble-t-il, permettrait de renforcer la stabilité du système tout entier. » [Nicolas Sarkozy, 25/08/2010]

Mesure 4 : Limiter drastiquement la spéculation financière

4-1/ **Supprimer les instruments utilisés par la spéculation pour réaliser des paris sur les prix**. Interdire par exemple les ventes à découvert, les opérations d'endettement pour des achats spéculatifs, les opérations à effet de levier important, l'utilisation des produits dérivés par des spéculateurs, l'accès aux marchés à terme aux spéculateurs, les opérations de type assurantiel aux non-assureurs (CDS...), le *high frequency trading*... Interdire les transactions sur les produits financiers hors des marchés réglementés pour imposer la transparence.

➔ *Acheter un CDS sans avoir la chose assurée est comme assurer pour son compte la voiture de son voisin. Ceci ne peut qu'encourager des comportements dangereux. Le capitalisme est un pari courageux sur l'avenir, sur la réussite d'une entreprise à moyen terme. Ce n'est pas réaliser des paris spéculatifs sur le cours d'une matière première ou d'une monnaie une semaine plus tard – d'autant que les sommes sont telles que ces paris modifient les prix.*

C'est pourquoi la loi n'accorde aucune aide pour demander l'exécution d'un pari – et ce depuis quatre siècles :

« **Déclarons toutes dettes contractées pour le jeu nulles**, et toutes obligations et promesses faites pour le jeu, quelque déguisées qu'elles soient, nulles et de nul effet, et déchargées de toutes obligations civiles ou naturelles. » [Article

138 de l'ordonnance de Louis XIII du 15/01/1629, dite Code Michau]

« **La loi n'accorde aucune action pour une dette du jeu ou pour le paiement d'un pari**. » [Article 1965 du code civil, inchangé depuis 1804]

Il pourrait ainsi être intéressant de remettre en vigueur les articles 421 et 422 du code civil qui interdisaient ces paris jusqu'en 1885 :

« **Les paris qui auront été faits sur la hausse ou la baisse des effets publics** seront punis d'un emprisonnement d'un mois au moins, **d'un an** au plus. » [Article 421 du code pénal, abrogé en 1885]

« Sera réputée pari de ce genre toute convention de vendre ou de livrer des effets publics qui ne seront pas prouvés par le vendeur **avoir existé à sa disposition au temps de la convention**, ou avoir dû s'y trouver au temps de la livraison. » [Article 422 du code pénal, abrogé en 1885]

De même, le problème des marchés à terme est vu depuis longtemps :

« Ne doit-on pas considérer comme des **malveillants** ceux qui, pour avilir les effets publics, s'engagent à en livrer dans un délai convenu des quantités considérables à un cours plus bas que celui du jour ? L'homme qui offre de remettre dans un mois à 38 francs des titres de rentes qui se vendent aujourd'hui au cours de 40 francs ne proclame-t-il pas et ne prépare-t-il pas le discrédit ? Ne montre-t-il pas au moins que personnellement il n'a pas confiance dans le gouvernement, et **le gouvernement ne doit-il pas regarder comme son ennemi celui qui se déclare tel lui-même** ? » [Napoléon Bonaparte, 1801]

« Je propose trois principes de base d'une bonne gouvernance économique et financière, qui peuvent sembler du pur bon sens au commun des mortels mais qui ont de quoi désespérer le monde de la finance :

- tu ne vendras que ce que tu possèdes ;

- tu n'assureras que ce dont tu as la responsabilité directe ;
- tu prendras livraison de ce que tu commandes.

Pourtant, il va falloir vous y faire et apprendre à fonctionner sur d'autres bases. [Henri Regnault]

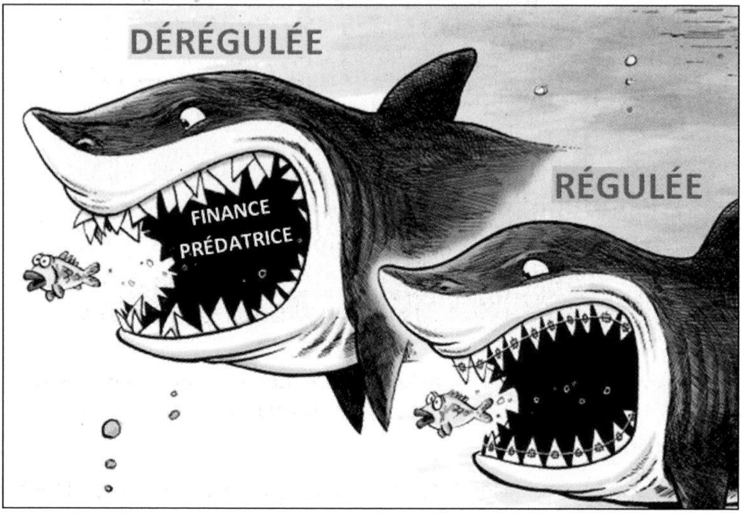

Les activités prédatrices ne doivent pas être regulée, mais supprimées !
© RJ. Matson – www.rjmatson.com

4-2/ **Taxer à 100 % tout profit financier spéculatif réalisé en moins d'une semaine, et diminuer progressivement la pression fiscale** sur les plus-values mobilières pour arriver à 0 % après douze ans.

➔ *Ce système simple permettrait de lutter très efficacement contre le court termisme et la spéculation.*

« Il est généralement admis que, dans l'intérêt même du public, **l'accès des casinos doit être difficile et coûteux**. Peut-être ce principe vaut-il aussi en matière de Bourses. [...] La création d'une **lourde taxe d'État** frappant toutes les transactions se révèlerait peut-être la plus **salutaire** des mesures permettant d'**atténuer aux États-Unis la prédominance de la spéculation sur l'entreprise**. » [John Maynard Keynes, *Théorie générale de l'emploi, de l'intérêt et de la monnaie* {Chapitre 12, VI}, 1936]

Octobre 2009 : Nicolas Sarkozy refuse une taxe sur les banques
D'après © Tartrais - www.tartrais.com

4-3/ **Supprimer la cotation en continu à la Bourse**. Réaliser un seul fixing par jour, voire par semaine.

➔ *De même, la variation du prix d'une entreprise toutes les secondes est une aberration, nuisible à l'économie. Un seul fixing quotidien (ou hebdomadaire) permettrait de disposer de la compensation d'un très large volume d'ordres, ce qui conduirait à une meilleure évaluation du prix d'échange – qui resterait de toute façon imparfait.*

« La Bourse a prédit neuf des cinq dernières récessions. » [Paul Samuelson, 1966]

« Il y a eu, aussi, une mauvaise analyse de la **mondialisation** : car **les marchés livrés à eux-mêmes ne sont pas efficients**, contrairement à ce que certains idéologues ont voulu nous faire croire. Ils se trompent. Et les gouvernements ont laissé faire. [...] Croire que les marchés sont toujours efficients, c'est une erreur. [...] Les réactions des marchés ne sont pas rationnelles. Je répète : les marchés ne sont pas efficients, **les marchés ont toujours tort et les marchés n'ont pas des réactions rationnelles**. [...] Les dirigeants d'entreprise sont bien trop à l'écoute des marchés boursiers. **Les marchés n'ont aucune vision stratégique**. [...]

C'est avant tout **la cupidité et la perte de bon sens** de tous les acteurs du système qui sont en cause : les investisseurs, qui exigent des retours irréalistes, les agences de notation, qui jouent un rôle ambigu, ou enfin les régulateurs, qui ont laissé la finance perdre tout bon sens. » [Claude Bébéar, 2009]

4-4/ **Limiter strictement la titrisation. Veiller à ce que la réglementation définisse bien les porteurs de risques et en tire les conséquences. Un risque ne peut être cédé qu'à une personne plus compétente que soi pour le gérer**, et l'accepteur de risque ne doit pas être plus averse au risque que ses clients.

Mesure 5 : Réorganiser le système bancaire pour le rendre plus sûr

« Je tiens à préciser que **je ne dénigre ni les banques ni les banquiers en général**, dont beaucoup sont des personnes dévouées à leur entreprise et souhaitent apporter le meilleur à la société. [...] Nombre de ceux qui travaillent dans ce secteur se sentent tout aussi victimes que les autres. [...] **La dénonciation ne porte que sur l'organisation du système**, et de quelques personnes, cautionnant le système. » [Joseph Stiglitz, *Le Triomphe de la Cupidité*, 2010]

5-1/ **Séparer strictement les activités de banque de dépôt de celles de banque d'investissement**. À défaut, **supprimer toute garantie publique des dépôts** pour les banques « universelles ».

➔ *Le système bancaire ne peut bénéficier à la fois d'une garantie publique et d'une liberté absolue pour des activités à risque.*

5-2/ **Interdire aux banques de spéculer avec leurs fonds propres.** (*trading* pour compte propre).

« Le bonus des *traders*, si fortement vilipendé, est une diversion. La question n'est pas de savoir si les croupiers du casino sont trop payés (oui, ils le sont) mais **pourquoi la banque de dépôt abrite un casino** en son sein.

Le système bancaire est le cœur du réacteur. Il doit être **invulnérable**. Pour ce faire, pas d'autre solution que de le ramener dans les strictes limites de sa fonction collective : **toute prise de risque excessive, et en particulier toute spéculation, doit lui être interdite**. Le casino doit être extérieur à la banque. » [Jean Peyrelevade]

5-3/ **Réintermédier en partie les marchés financiers** (revenir en partie sur les 3D du financiarisme : Décloisonnement, Déréglementation, Désintermédiation). Diriger l'épargne vers les livrets et l'assurance-vie.

5-4/ **Limiter fortement la taille du bilan des banques, en pourcentage du PIB de leur pays** (10 ou 20 % au maximum). Une situation « *Too big to fail* » est contraire au principe de base du capitalisme qu'est la responsabilité en cas d'échec. Elle n'est pas acceptable.

« **Si elles sont trop grandes pour faire faillite, c'est qu'elles sont trop grandes**. {*If they're too big to fail, they're too big*} En 1911, nous avons démantelé Standard Oil. Et bien, qu'est-il arrivé ? Les parties ont eu plus de valeur que le tout. Peut-être que c'est ce que nous devons faire. » [Alan Greenspan – Octobre 2009]

« Si on pense que certaines banques sont trop grosses pour faire faillite [...] alors c'est qu'**elles sont trop grosses**. » [Mervyn King, gouverneur de la Banque d'Angleterre]

© RJ. Matson – www.rjmatson.com

Mesure 6 : Responsabiliser les pilotes

6-1 : **Créer un crime de faute lourde de gestion, passible de dix ans d'emprisonnement, pour les PDG et administrateurs défaillants des très grandes entreprises**.

➔ *Rappelons les nouvelles normes de la « tolérance zéro » : jugements entre un et six mois de prison* ***ferme*** *pour une injure au président de la République, quatre mois* ***ferme*** *pour un jet de yaourt sur sa voiture, peine prévue de six mois en cas de drapeau tricolore brûlé en réunion... Couler une entreprise de plusieurs milliers de salariés par son incompétence, son aveuglement ou sa négligence doit donc être sévèrement puni. Le système changera le jour où, par exemple, les administrateurs d'AIG et son ancien PDG effectueront une peine de prison, et où une amende supérieure à tous les salaires et primes versés leur sera infligée.*

« C'est incroyable, Goldman... **pas un seul n'est mis en examen**. Toute la nouvelle réforme de la régulation est une farce. Le gouvernement dans son entier fonctionne comme une **pyramide de Ponzi**. » [Bernard Madoff, 02/2011]

6-2 : **Interdire le cumul de plusieurs fonctions d'administrateur, ainsi que le cumul avec une fonction de PDG d'une autre entreprise. Rémunérer correctement pour ceci les administrateurs. Renforcer l'audit interne, en le rendant indépendant du PDG.**

Administrer sérieusement une grande entreprise n'est pas une activité à temps partiel. De plus, le cercle des administrateurs du CAC 40 est particulièrement fermé, puisque 98 d'entre eux (22 %) détiennent 43 % des droits de vote.

6-3 : **Réintroduire une forme de responsabilité indéfinie et solidaire des dirigeants sur leurs fonds personnels.**

« Le système qui a si lamentablement échoué n'est pas « arrivé ». Il a été créé. Beaucoup ont d'ailleurs fait de gros efforts – et de grosses dépenses – pour qu'il prenne la forme qu'il avait. **Quiconque a contribué à mettre en place et à gérer ce système - notamment ceux qu'il a si bien rémunérés - doit rendre des comptes.** » [Joseph Stiglitz, *Le Triomphe de la Cupidité*, 2010]

« **Revenons à la règle d'or du capitalisme : chacun, libre de ses actes, peut s'y enrichir sans limite si, *a contrario*, il subit toutes les conséquences de choix malheureux.** Jusqu'à la fin du XIXe siècle, les risques pris par les entrepreneurs étaient garantis par leur fortune privée. La forme juridique dominante était la commandite dans laquelle **le gérant est responsable sur ses biens personnels en cas de faillite**. [...]

Jusqu'à la fin des années 1970, si je ne me trompe pas, toutes les banques d'investissement des États-Unis étaient organisées en *partnership*, c'est-à-dire en **commandite**. Je propose que l'on remette en vigueur cette règle pour les activités financières à risques élevés, qu'il faudrait simplement filialiser à cette fin. Ainsi seraient restaurées la légitimité du pouvoir des dirigeants et, j'imagine, l'autolimitation de leurs audaces. » [Jean Peyrelevade, *le Figaro*, 16/09/2010]

Mesure 7 : Rééquilibrer les pouvoirs dans les grandes entreprises au détriment des actionnaires

Motif : La pression croissante des actionnaires a rompu l'équilibre entre les parties prenantes de l'entreprise (actionnaires, dirigeants, salariés, clients, fournisseurs, société...). Le système ne s'équilibrant plus naturellement, il convient de l'encadrer. Bien entendu, on ne parle ici que des grandes entreprises, par exemple à partir de 2000 salariés.

7-1 : **Mettre en place une réelle participation des salariés au capital**. Favoriser (fiscalement) la transformation d'entreprises actuelles en entreprises de type « pancapitaliste », qui, après avoir obligatoirement rémunéré les actionnaires, distribueraient la moitié (par exemple) de leurs bénéfices annuels sous la forme d'actions attribuées aux salariés (et bloquées dix ans).

« Pensez-vous que ce qui appartient au peuple doive être donné au peuple ; que **ce qui a été conquis en commun doive être soumis à une répartition commune** ? » [Tiberius Sempronius Gracchus, 162 av. J.C. - 133 av. J.C]

7-2 : **Plafonner la distribution actionnariale**. Cela pourrait se faire par un prélèvement fiscal à **100 %** des revenus distribués aux actionnaires **dépassant un seuil** rémunérant de manière juste le risque pris, mais pas plus. Ce niveau dépendrait donc du secteur d'activité de l'entreprise (ceci correspond à des outils d'analyse financière déjà existants), et n'empêcherait pas celle-ci de réaliser plus de profits, mais qui seraient forcément distribués aux salariés ou réinvestis. Ceci peut parfaitement s'articuler avec le point précédent. Cette mesure vise à supprimer l'usure actionnariale (au sens d'usurier, qui demande des taux trop élevés).

➔ *Cette mesure encourage une saine gestion et la recherche de profits, et récompense les actionnaires, mais **fixe une limite** décourageant la recherche de surprofits (par exemple, un taux de rentabilité de 7 % dans l'industrie automobile). Elle permet de* *cesser l'incitation à la course au « toujours plus » de rentabilité, de pression, de risques. Elle est différente d'une simple taxation supplémentaire, qui rajouterait de la pression sur les entreprises pour compenser la taxation. Cette idée a par exemple été avancée par Frédéric Lordon avec le SLAM.*

« Constitue un prêt usuraire tout prêt conventionnel consenti à un taux effectif global qui excède, au moment où il est consenti, de plus du tiers, le taux effectif moyen pratiqué au cours du trimestre précédent par les établissements de crédit pour des opérations de même nature comportant des risques analogues. [...] Quiconque consent à autrui un prêt usuraire [...] est puni d'un emprisonnement de deux ans et d'une amende de 45 000 euros. » [Articles L.313-3 et L. 313-5 du code de la consommation]

« Si l'exigence de rendement du capital n'est pas réduite, ces deux évolutions auront comme conséquences :

• pour les entreprises non financières, la **baisse des salaires**, seul moyen pour accroître la profitabilité et rétablir la rentabilité exigée du capital,

• pour les banques, la hausse très forte de la position de **transformation** (du risque de taux d'intérêt), afin aussi d'accroître les marges.

Il faut donc absolument pour éviter ces évolutions inacceptables que dans l'économie d'après crise, les investisseurs acceptent une rentabilité plus faible du capital. » [Patrick Artus, Flash Économie 16 novembre 2009 - N° 507, *Recherche Économique Natixis*]

« Les actionnaires institutionnels exercent une pression non seulement intenable, mais exagérée sur les entreprises [avec leur exigence de] 15 % de rendement. Or, dans un monde capable de croître au rythme de 3 %, **cet impératif ne peut pas s'appliquer**. » » [Jean Peyrelevade, *L'Expansion*, 12/2010]

« **Le gain idéal, c'est 3 % à 5 % net d'inflation. Au-delà, c'est de la prédation**. » [Jean Peyrelevade, *L'Expansion*, 12/2010]

7-3/ **Mettre en place une réelle participation des salariés à la gouvernance en imposant qu'une partie des administrateurs soient des représentants des salariés.** On pourrait imaginer d'avoir un tiers de représentant des salariés, qui passerait à la moitié pour les plus grands groupes.

➔ *Cette mesure n'est pas une utopie trotskyste. Rappelons que c'est la situation en Allemagne (cogestion) depuis des décennies...*

> « L'entreprise, comme communauté d'hommes et de femmes vivant du même projet économique, est la grande victime de l'évolution en cours. Les actionnaires sont étrangers à l'entreprise qu'ils ne cherchent qu'à pressurer. Ils ne sont pour elle que des apporteurs de capitaux et doivent le rester, leur rémunération n'a nul besoin de s'accommoder d'un pouvoir de décision qui doit au contraire appartenir à ceux dont le destin dépend de l'entreprise. Les salariés dans les conseils, c'était en d'autres temps un rêve révolutionnaire. C'est devenu une condition de survie du système. » [Michel Rocard, 2011]

7-4/ **N'accorder le droit de vote qu'aux actionnaires de plus de deux ans d'ancienneté.**

➔ *Au vu de son importance, le droit de vote ne peut être accordé qu'aux véritables investisseurs dans l'entreprise. Tout comme il existe un âge de majorité en démocratie politique, il doit en exister un pour les actionnaires, afin d'encourager le gestion de long terme.*

> « La plupart des sociétés manquent cruellement d'actionnaires, entendus comme des partenaires de la stratégie des managers à moyen et long terme, susceptibles de les protéger contre les raids et la prédation. [...] Il faudra bien, un jour, créer un cadre juridique **privilégiant dans l'intérêt général, l'actionnaire stratégique**. » [Jean-Luc Gréau, L'Expansion, 01/2011]

7-5/ **Abandonner la comptabilité financière, et en revenir à la comptabilité en coût historique, modernisée.**

➔ *Les refontes des méthodes de comptabilisation imposées par la finance anglo-saxonne ont transformé notre comptabilité solide en une source d'interprétations discutables. Régissant l'activité des entreprises au jour le jour, la comptabilité revêt une importance stratégique majeure. Il convient donc de revenir à ses principes historiques.*

« Les théoriciens américains ont inspiré les normes IFRS qui visent à rapprocher la valeur comptable des entreprises de leur valeur boursière. Cette nouvelle comptabilité de type boursier permet d'asseoir les dividendes distribués sur des **profits potentiels** ; c'est ainsi que les gains potentiels sur titres financiers seront comptabilisés, et donc distribuables. [...] En communiquant aux marchés des résultats gonflés, en affichant des profits potentiels considérables, **ces nouvelles normes ont contribué à créer un climat d'optimisme irraisonnable et une absence de prudence**. [...]

Si les organes de normalisation comptable avaient été **démocratiques**, jamais les IFRS n'auraient vu le jour : l'harmonisation comptable mondiale aurait été effectuée sur la base des principes de la **comptabilité en coût historique**. [...] Ce système, **mâtiné de prudence**, exigeait qu'on tienne compte des pertes potentielles tout en interdisant l'inscription des profits potentiels, invention ultime des IFRS.

L'IASB, animé par le G8 a ainsi inventé **le principe d'imprudence, stade ultime du capitalisme comptable**. Jusqu'à quand un tel système pourra-t-il tenir ? **Nous verrons bien.** » [Jacques Richard, professeur de comptabilité, *L'Expansion*, 01/2011]

« On ne distribue pas des espérances, mais des écus ! » [Procureur Dupin, 1861]

Mesure 8 : Remettre de la raison dans les rémunérations des dirigeants et des traders

Motif : Le niveau des rémunérations des plus hauts dirigeants (surtout aux États-Unis) n'est plus lié à la réalité des services rendus. Il encourage la prise de risques démesurés et la gestion à court terme. Il nuit gravement à l'esprit d'entreprise par les jalousies et l'incompréhension suscitées. Il n'est pas acceptable par la société, *a fortiori* à un moment où des efforts importants vont être demandés à tous.

8-1/ **Instaurer un taux marginal de l'impôt sur le revenu égal à 80 % au-delà de 50 fois le SMIC** (soit environ 800 000€, donc près de **55 000€ nets par mois**), les plus fortunés devant contribuer fortement à la solidarité nationale. Ceci concernera **moins de 3000 personnes**. **Supprimer en conséquence le bouclier fiscal** au moins pour ces seules rémunérations.

© Lasserpe - http ://lasserpe.blogs.sudouest.fr

8-2/ **Plafonner à 20 % du salaire fixe les rémunérations variables des dirigeants des grandes entreprises** (et des fonctions « à risque » dans les entreprises, comme les *traders* et les gestionnaires de risques). Ceci inclut la part variable du salaire et autres bonus et stock-options ainsi que les primes de départ. Veiller à ce que la règle d'attribution du bonus soit **algébrique**, pour distribuer également des malus – le tout apprécié au moins à cinq ans.

> « Les bonus ça ne me gêne pas, ... **à condition qu'il y ait des malus**, sinon, c'est « à tous les coups on gagne ! » »
> [Nicolas Sarkozy, forum de Davos, janvier 2011]

8-3/ **Obliger les grandes entreprises à définir dans leurs statuts un salaire maximal** exprimé en multiple du SMIC. Ce point, choisi librement, sera apprécié par les notations en termes de responsabilité sociale.

➔ *Il convient de revenir à des niveaux ayant prévalu pratiquement tout au long du XXe siècle, acceptables socialement et justement proportionnés aux services rendus. Un grand dirigeant étant par hypothèse de grande qualité, et très bien rémunéré, une part variable importante ne se justifie pas car il est forcément toujours performant. La sanction de l'inefficacité ne doit pas être l'absence de bonus, mais la rupture du mandat social.*

Des taux marginaux d'impôt de 80 % à 90 % ont longtemps été en vigueur aux États-Unis et au Royaume-Uni au XXe siècle. Rappelons qu'un ratio de l'ordre de 20 à 40 fois le salaire moyen a été avancé par JP Morgan ou Rockefeller il y a un siècle, et a été appliqué en pratique jusque dans les années 70.

Très peu de personnes sont concernées, et il ne faut pas céder à un pseudo-chantage : très peu partiront et seraient de toute façon très facilement remplacées (ce ne sont pas les prétendants qui manquent à ce niveau...).

© Gérard Mathieu, pour Alternatives économiques

Mesure 9 : Reprendre le contrôle de la dette publique

9-1/ **Créer un registre des détenteurs d'obligations d'État** (à qui sont payés les intérêts).

➔ *Il s'agit ici d'étendre les articles L. 228-2 du code de commerce et L. 212-4 du code monétaire et financier relatifs à la nominativité obligatoire.*

9-2/ **Imposer aux investisseurs institutionnels un pourcentage de détention de la dette nationale** pour limiter l'appel aux marchés internationaux, et contrôler la dette souveraine.

9-3/ **Permettre à l'État d'emprunter sans intérêt auprès de la Banque de France** (avec des limites).

➔ *Le but est ici de réaliser une monétisation partielle de la dette publique, exactement comme le font les États-Unis, l'Angleterre et le Japon. Cette solution de monétisation directe présente des inconvénients, mais plus limités que la monétisation indirecte actuelle.*

9-4/ **limiter drastiquement le déficit public :**

- **supprimer tous les allégements fiscaux sur le 1 % le plus riche de la population** (plus de 15 000€ par mois). **Suppression du bouclier fiscal, réforme de l'impôt sur le revenu et alourdissement de la fiscalité sur le patrimoine ;**
- **réaliser une étude précise sur l'utilité des niches fiscales et sociales**, afin de déterminer lesquelles supprimer ;
- **lutter sans compromis contre les paradis fiscaux** (comme définis par le *Tax Justice Network*), **allant de pénalités financières à l'interdiction de toute relation commerciale avec eux**.

[Démocrates et Républicains] « Il y a deux choses sur lesquelles nous serons toujours d'accord : les déficits et les réductions d'impôts ! »
© RJ. Matson – www.rjmatson.com

Décembre 2010 : accord du congrès américain "Poursuite des réductions d'impôts pour les riches de Georges Bush contre aides sociales"
© Pat Bagley – The Salt Lake Tribune

9-5/ **Introduire dans la Constitution ou les traités européens une règle d'interdiction du déficit public (hors périodes de récession).**

➔ *Bien entendu, une règle n'est jamais parfaite et peut être contournée, mais elle rappellera à tout le moins clairement l'objectif d'un équilibre des finances publiques (hors récession).*

« Une critique souvent adressée aux règles budgétaires contraignantes : elles abrogent le choix du Parlement et les choix politiques ; elles sont la négation du politique, car c'est la règle qui prévaut. C'est bien le contraire ! La grandeur du Parlement n'est pas de toujours faire payer à la génération suivante nos dépenses publiques de consommation (s'endetter pour payer les retraites n'a rien à voir avec la préparation de l'avenir). **La grandeur du choix politique n'est pas de différer toujours à demain les conséquences de nos choix collectifs, c'est de savoir assumer ses choix devant ses électeurs.** Les vrais choix de politique budgétaire ne résident pas dans la fixation des déficits budgétaires, car, avec une dette à plus de 90 % du PIB, ceux-ci sont déjà contraints. Qui peut croire qu'avec une telle dette nous avons encore le choix de définir librement nos déficits ? » [Jacques Delpla, 2010]

9-6/ **Agir pour faire cesser la concurrence fiscale (et sociale) entre pays européens**, par des politiques d'harmonisation.

9-7/ **<u>En cas de défiance majeure des prêteurs risquant d'entraîner une cessation des paiements de l'État</u>** :

- **suspendre le paiement des intérêts**, ce qui donnera une marge de 50 Md€ par an, et permettra le remboursement du principal ;
- **si cela s'avérait insuffisant, procéder à une restructuration de la dette**, en fonction des capacités contributives des détenteurs, en commençant par les plus fortunés.

Mesure 10 : Lutter contre les inégalités

10-1/ **Réformer en profondeur l'impôt sur le revenu. Prélevé à la source, il sera fusionné avec la CSG, et disposera d'un barème progressif simple et transparent, en taux effectif.**

➔ *Le barème pourrait être celui-ci (Proposition de Thomas Piketty dans Pour une révolution fiscale). Ce taux augmente linéairement entre les bornes.*

Barème du nouvel impôt sur le revenu (version zéro)

Revenu brut mensuel individuel	Taux effectif d'imposition	Impôt mensuel
1 100 €	2%	22 €
2 200 €	10%	220 €
5 000 €	13%	650 €
10 000 €	25%	2 500 €
40 000 €	50%	20 000 €
100 000 €	60%	60 000 €

➔ *Les auteurs proposent d'ailleurs des alternatives – à chacun de se décider. Il conviendrait toutefois de prévoir une forme de taxation marginale visant à décourager les très hautes rémunérations prédatrices, comme précédemment indiqué.*

Un barème pour la droite, un barème pour la gauche

Revenu brut mensuel individuel	Taux effectif d'imposition				
	"Barème ultra-libéral" (flat tax)	"Barème de droite"	Notre proposition (version zéro)	"Barème de gauche"	"Barème ultra-égalitaire"
1 100 €	13%	3%	2%	1%	0%
2 200 €	13%	11%	10%	9%	4%
5 000 €	13%	13%	13%	13%	11%
10 000 €	13%	25%	25%	27%	40%
100 000 €	13%	50%	60%	70%	90%

« Ce barème est exprimé en taux effectifs directement applicables à la **totalité du revenu**, et non en taux marginal. Il s'applique à la somme de tous les revenus bruts individuels actuellement soumis à la CSG (salaires, revenus d'activité non salariée, retraites, chômages, revenus du capital, y compris les plus-values). L'impôt est prélevé chaque mois par l'employeur ou l'institution financière. Le taux effectif à appliquer dépend du revenu annuel finalement obtenu (correction en début d'année suivante).

Ce barème rapporte environ 147 milliards d'euros et permet de remplacer entièrement l'actuel impôt sur le revenu (IRPP, avec tranches de taux marginaux allant de 5.5 % à 41 %), la CSG pesant sur tous les revenus à 7.5 % ou 8.2 %, la CRDS à 0.5 %, le prélèvement libératoire et l'impôt proportionnel sur les plus-values à 18 %, la prime pour l'emploi, et le bouclier fiscal. Tous ces impôts, taxes et dispositifs fiscaux sont purement et simplement **supprimés**.

Ce nouvel impôt sur le revenu est **beaucoup plus simple et transparent** que le système existant. Et il permet de **rétablir la progressivité** globale de notre système fiscal, et donc de **corriger l'injustice** du système actuel. » [Thomas Piketty et al., *Pour une révolution fiscale*, 2011]

10-2/ **Augmenter l'impôt progressif sur les successions**, par exemple au-delà d'un million d'euros.

10-3/ **Taxer plus le capital que le travail** pour récompenser les services réellement rendus à la société. Réformer l'ISF, pour le rendre plus juste et efficient. Taxer lourdement les plus-values spéculatives sur l'immobilier (hors travaux et inflation), injustifiables et nuisibles à presque tous, en particulier les jeunes. Limiter par la loi la durée d'emprunt immobilier à 15 ans, et les mensualités à 30 % du revenu, pour entraîner une baisse des prix.

➔ *Il serait intéressant d'étudier d'autres systèmes encore plus révolutionnaires, comme la possibilité du remplacer l'impôt sur le revenu, l'impôt sur les sociétés et l'ISF par un impôt unique sur le capital détenu par les ménages et les entreprises (Proposition Allais). Le taux sur le capital serait de l'ordre de 1,5 % par an.*

© Marc Large – http ://large.canalblog.com

« Les réductions d'impôt pour les riches »
(Ndt : l'éléphant est le symbole du parti républicain aux États-Unis)
© Steve Greenberg – www.greenberg-art.com

10-4/ **Voter dans les lois de finance un objectif concernant les coefficients de Gini de répartition des revenus et du patrimoine**, qui sont des indicateurs simples et parlants du niveau des inégalités. Le grand public et le débat politique disposeront ainsi d'une base objective de discussion.

> **« Comment voulez-vous qu'on aille toujours plus loin vers l'enrichissement des riches et l'appauvrissement des pauvres** ? » [Charles De Gaulle, d'après Alain Peyrefitte *C'était de Gaulle*, Tome III]

© RJ. Matson – www.rjmatson.com

10-5/ **Différentier le taux d'imposition de l'impôt sur les sociétés en fonction de critères d'intérêt général.**

➔ *Par exemple, en fonction des politiques de l'emploi et de sa préservation, de la précarité, de la répartition des profits (arbitrage entre investissement et distribution aux actionnaires), des hausses salariales, de la RSE... Les cotisations chômage pourraient également être modulées en fonction des politiques passées, comme aux États-Unis (*experience rating*).*

10-6/ **Favoriser la hausse des rémunérations**

➔ *Les pouvoirs publics doivent inciter à la hausse des rémunérations, afin de soutenir la consommation et aider au désendettement privé, par les outils législatifs et fiscaux, par exemple en indexant mieux les salaires sur les gains de productivité. Il convient de lutter contre les dogmes absurdes :*

« Augmenter les salaires en Europe serait **la dernière des bêtises à faire**, et nuirait à la réduction du chômage. [...] Lorsque je regarde le succès, ou le relatif insuccès, au sein de la zone euro, il est parfaitement clair que ceux qui ont su **maîtriser**

leurs coûts connaissent un grand succès en matière de réduction du chômage [...] Il faut souligner la **santé remarquable** de l'Allemagne, qui est parvenue à réduire son chômage pendant la crise. Mais depuis la création de la zone euro, les salaires dans la fonction publique n'y ont augmenté que de 17 %, contre environ 35 % en moyenne en France et dans la zone euro. » [Jean-Claude Trichet, 20/02/2011]

Rappelons bien : Jean-Claude Trichet a parfaitement raison pour l'Allemagne : elle a comprimé ses salaires et se porte bien. MAIS il commet une erreur pourtant simple : c'est le cas car NOUS n'avons pas fait pareil, et nous pouvons donc acheter des produits allemands. Si nous avions aussi comprimé les salaires, nos deux pays seraient dans l'ornière actuellement, privés de consommation ET d'exportations...

« La baisse des salaires : jusqu'où ? »

© Rodho – http ://blorg.canalblog.com

© François Maret, Le Man In Black – www.francoismaret.ch

Mai 2010 : Nicolas Sarkozy refuse l'idée de Christine Lagarde de baisser le salaire des ministres.

© Man – www.caricatures.fr

« Un **accroissement durable des inégalités** de revenus conduit à une importante stimulation de l'emprunt auprès des riches, ce qui **augmente le risque de survenance de crises majeures**. [...]

Il y a deux moyens de réduire le ratio dette/revenu des ménages. Le premier est [...] **une crise**, avec de nombreuses **défaillances** devenues inévitables. [...]

Mais la tendance à long terme à une **hausse** de ce ratio reprend immédiatement après la réduction de la dette, car les travailleurs continuent à recevoir une part réduite du revenu national. [...] La deuxième possibilité est un **redressement des revenus** des travailleurs qui leur permet de se désendetter progressivement grâce à leurs salaires. Le ratio dette/revenu baisse alors immédiatement grâce à la hausse des revenus, et non à la baisse de la dette. Plus important : le risque d'endettement suivi d'une crise diminue tout de suite. [...]

Restaurer l'égalité par la redistribution des riches vers les pauvres ne satisferait pas seulement les Robin des Bois du monde, mais pourrait sauver l'économie globale d'une autre crise majeure. » [Michael Kumhof et Romain Rancière, économistes au FMI, *Endettement et inégalités*, 12/2010]

Mesure 11 : Préserver notre modèle social

11-1/ **Ériger l'éducation et la recherche au rang de priorité stratégique majeure.**

➔ *Une réallocation de moyens et une profonde réorganisation doit avoir lieu, afin d'empêcher notre système éducatif de connaître le déclassement observé aux États-Unis (qui se classent au 25e rang sur 34 des pays de l'OCDE pour le niveau en mathématique de leurs élèves).*

« **Pour notre génération, c'est le moment Spoutnik.** [*Ndt : référence à la prise de conscience de l'avance spatiale russe en 1957*] Il y a deux ans, j'ai dit que nous devions atteindre un **niveau de recherche et développement** jamais vu depuis la course de l'espace. Dans quelques semaines, j'enverrai au Congrès un budget pour nous aider à atteindre ce but. » [Barack Obama, Discours sur l'état de l'Union, 25/01/2011]

© Mike Keefe – The Denver Post, 10/12/2010 – www.intoon.com

© Nate Beeler

11-2/ **Mettre en place une politique européenne coordonnée de soutien à la Recherche Fondamentale et Appliquée, élevée au rang de priorité stratégique majeure**. Lutter contre les transferts de technologies de pointe.

➔ *Mesure importante au moment où les pays en développement regorgent désormais d'ingénieurs. Ils nous concurrenceront ainsi férocement sur les produits de haute technologie dans les cinq ans. Les pouvoirs publics doivent inciter les entreprises à ne pas céder au chantage des pays émergents et à conserver leurs secrets de fabrication.*

11-3/ **Créer une Sécurité sociale professionnelle et fusionner les régimes de retraite en un régime unique par points**.

Mesure 12 : Relancer la réduction du temps de travail

Comme nous l'avons montré, la réduction du temps de travail initiée par les 35 heures a créé environ 350 000 emplois et a permis plus de flexibilité. Il convient de poursuivre ce mouvement historique, tout en tirant les leçons des difficultés passées : très larges expérimentations à réaliser, neutralité sur les masses salariales, incitation au dialogue social, pas de décision brutale.

12-1/ **Mettre en place de larges expérimentations concernant la semaine de quatre jours** avec des incitations fiscales (par réductions des cotisations chômage en contrepartie d'embauches réelles).

« Comment peut-on supprimer quelque chose qui n'existe déjà pratiquement plus ? [...] En filigrane de la durée du travail, il y a la répartition des revenus, cette question que précisément le mouvement social sur les retraites vient de remettre en lumière. Baisser le temps de travail sans diminution parallèle du salaire, c'est baisser les profits. « **Travailler plus pour gagner pas plus ou même moins », c'est au contraire augmenter les profits**. » [Jean-Marie Harribey, 05/01/2011]

Pour la semaine de quatre jours

« Bien négociée et bien financée, la réduction du temps de travail est aujourd'hui le levier le plus puissant dont nous disposons pour sortir du chômage de masse et construire un meilleur partage des revenus. À condition qu'elle soit **assez forte et assez rapide**. La mise en oeuvre doit se faire avec **souplesse**, selon les métiers et selon les régimes de croisière et de pointe.

Pour vraiment faire reculer le chômage, **il faut aller, sans étape intermédiaire, à une semaine de quatre jours**. Si l'entreprise passe à quatre jours et crée au moins 10 % d'emplois nouveaux en CDI, elle a une exonération de 8 % des cotisations chômage. La semaine de quatre jours est déjà une réalité dans 400 entreprises. Une étude du ministère du travail estime qu'un mouvement général, avec le financement que nous proposons, pourrait créer **1,6 million d'emplois.**

Le principe fort est que le passage aux quatre jours doit être **neutre sur le plan de la masse salariale, et de l'équilibre des finances publiques** (qui n'ont plus à verser les indemnités des chômeurs embauchés). » [Pierre Larrouturou]

➔ *L'économiste Patrick Artus a exploré le bouclage macroéconomique de la formule Larrouturou. Pour que la semaine de quatre jours constitue un remède envisageable au problème du chômage, il faut éviter qu'elle provoque des déséquilibres graves et donc assurer à la fois le maintien du potentiel de production, la stabilité des coûts de production unitaires des entreprises, la stabilité (ou éventuellement la hausse) du revenu disponible et l'absence du déficit des administrations. Sa conclusion est formelle : « Il tient ». « Ce qui ne présage en rien de sa faisabilité pratique », précise-t-il.*

Mesures 13 : mesures diverses

13-1/ **Mettre en place la possibilité d'actions de groupes de consommateurs (*Class Actions*)**, afin de permettre de limiter les abus des entreprises au détriment du consommateur.

13-2/ **Étudier les dispositifs réglementaires et fiscaux permettant une diminution modérée mais régulière des prix de l'immobilier** (et donc des loyers), pour revenir à leur moyenne historique.

➔ *Les prix actuels de l'immobilier sont déraisonnables, et risquent de créer des générations d'endettés quasiment à vie...*

13-3/ **Accompagner la révolution qu'est le vieillissement de la population.**

➔ *Les pouvoirs publics doivent accompagner les changements induits : augmentation de la consommation médicale, hausse du coût des retraites et de la dépendance, désépargne... Un discours politique fort doit avoir lieu pour que les citoyens décident de l'allocation des ressources au moment où les premiers baby-boomers atteignent 66 ans : plus de social contre moins d'accessoire... ou le contraire ?*

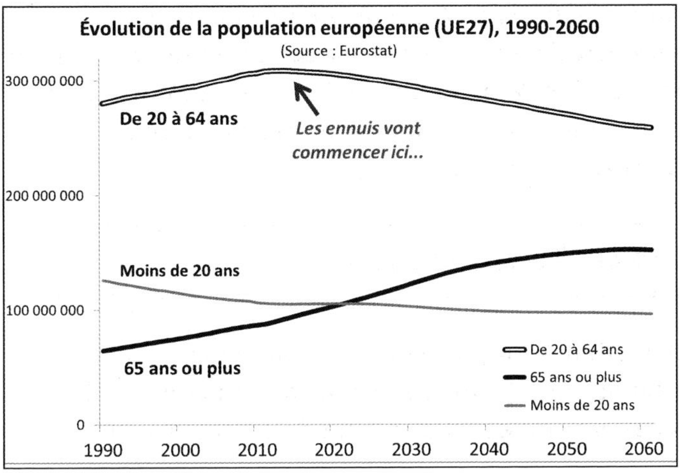

NB. D'ici 2060, la population totale de l'UE restera constante à 500 M d'habitants.

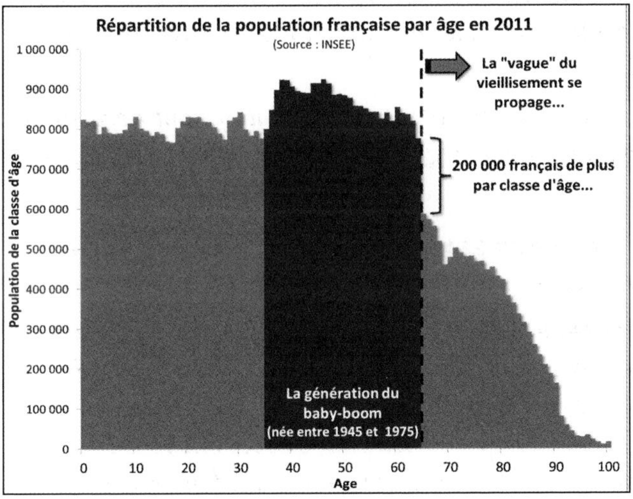

« La vague du vieillissement »

13-4/ **Créer une Agence Européenne de Notation, indépendante,** à financement public. Sa priorité sera la sécurité et la prudence. Instaurer une responsabilité personnelle des dirigeants, afin d'éviter les notations de complaisance.

13-5/ Outre la notation de la solvabilité, l'Agence Européenne de Notation établira également une **notation de la Responsabilité Sociale et Environnementale** (RSE) (niveau des salaires, emploi, précarisation, etc. / pollution, durabilité, etc.). **Imposer aux investisseurs institutionnels** qu'une part de leurs investissements soit réalisée sur des entreprises avec des notes élevées en RSE. Cette proportion sera très élevée pour les investisseurs publics et sur tout produit bénéficiant d'avantages fiscaux.

13-6/ **Créer un site Internet unique de la statistique, regroupant toutes les données publiques, convivial et très simple à utiliser**, sur le modèle de la Fed de Saint-Louis. Ce site comprendra en particulier des suivis très détaillés des inégalités et des répartitions des revenus.

> « Dans une commission internationale, notre délégué se fit moquer, un jour, par celui de la Pologne : de presque toutes les nations, nous étions les seuls à ne pouvoir produire aucune statistique sérieuse des salaires. Nos chefs d'entreprise ont toujours mis leur foi dans le secret, favorable aux menus intérêts privés, plutôt que dans la claire connaissance, qui aide l'action collective. » [Marc Bloch, *L'étrange défaite*, **1940**]

Mesures 14 : Et bien entendu, cesser la course folle à la croissance, pour atteindre la prospérité dans la stabilité

14-1/ **Bâtir un plan d'ensemble visant à instaurer les conditions d'une prospérité durable en cas de croissance très faible ou nulle. Créer pour cela un indicateur de Résultat Intérieur Brut**, venant compléter le critère du PIB par une notion de consommation des ressources. Le compléter par des analyses du type « **Bonheur Intérieur Brut** » afin de tenir compte du bien-être social. Recréer le **Commissariat au Plan** afin d'accompagner ce changement majeur.

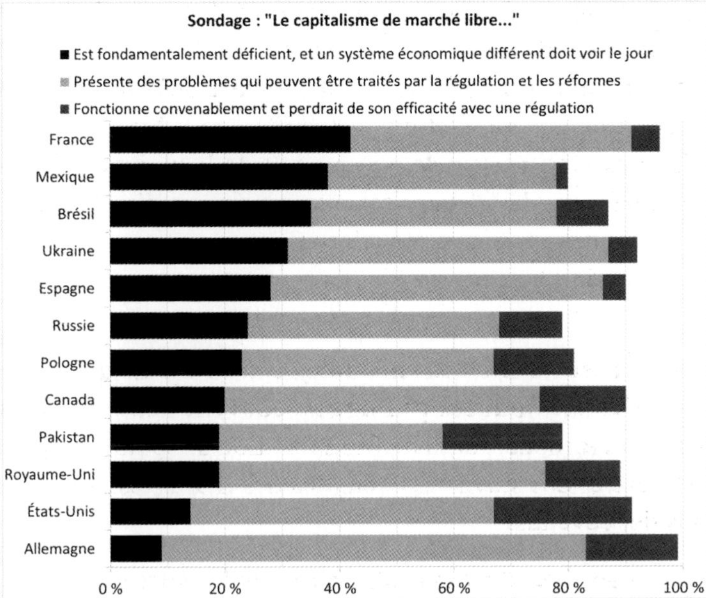

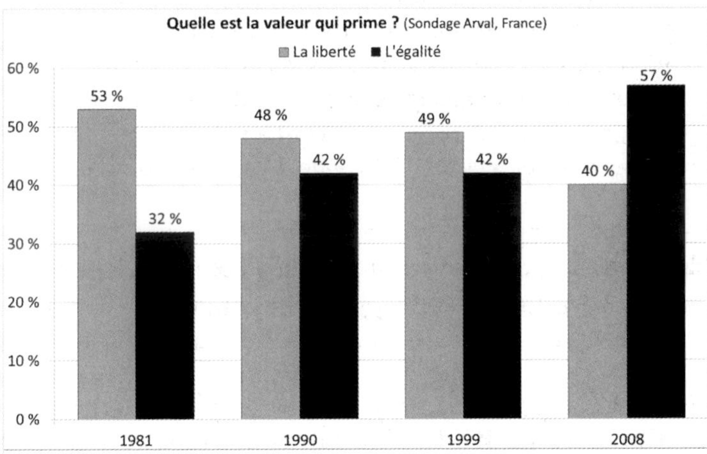

Fait intéressant : un sondage réalisé en novembre 2009 dans vingt-sept pays pour la BBC fait apparaître un très large rejet du capitalisme financier. Près d'un quart des sondés – et **43 % en France** – juge ce système fondamentalement déficient et la moitié souhaite que les gouvernements agissent pour le réguler. Mondialement, **67 % des personnes interrogées réclament une**

action des pouvoirs publics en faveur d'une redistribution plus équitable des richesses.

Ainsi, les citoyens attendent donc une intervention de l'État plus forte pour réformer en profondeur le système. Ils aspirent également comme on le voit à plus d'égalité, après ces vaines décennies de course à l'individualisme...

En conclusion, ce qui est frappant, finalement, c'est de se rendre compte que beaucoup de problèmes sont liés à des **ruptures d'équilibre des structures**. Rupture de l'équilibre entre court terme et long terme : « Tout, tout de suite ». Rupture de l'équilibre entre les parties prenantes de l'entreprise par exemple : « Tout le pouvoir aux actionnaires ! » pour paraphraser les bolcheviques...

Ou enfin, en écho au titre de la première partie de cet ouvrage, rupture entre nos valeurs républicaines. Car finalement, notre devise « Liberté, Égalité, Fraternité » symbolise l'équilibre entre les valeurs des différents citoyens. On pourrait dire – certes très schématiquement – que la Liberté représenterait « la droite », l'Égalité « la gauche » et la Fraternité « le centre ». Et que notre pays a choisi de construire son unité par un équilibre harmonieux entre elles, sans hémiplégie.

Tout donner à l'**Égalité**, c'est se priver de la Liberté – ce qui a conduit à l'échec des systèmes communistes. Mais tout donner à la **Liberté**, c'est se priver de l'Égalité et de la Fraternité, et ceci aura conduit à l'échec du financiarisme, à inégalités croissantes, promu par les néo-conservateurs. Nous vivons durement chaque jour cet échec.

Un autre modèle est donc à inventer. **Pour sauver le capitalisme, supprimons le financiarisme !**

À nous de rebâtir alors un système juste, équilibré et durable.

« **Le capitalisme doit être reformé !** » [Nicolas Sarkozy, octobre 2008]

© Charb - Charlie Hebdo

« **La ruine de l'Occident constitue un scénario crédible.** »
[Jacques Attali, *Tous ruinés dans 10 ans ?*]

© Dave Granlund – www.davegranlund.com

Prospérité sans croissance

« **L'hypothèse par défaut est que** – crises financières mises à part – **la croissance se poursuivra indéfiniment**. Pas seulement dans les pays les plus pauvres, où une meilleure qualité de vie est indéniablement nécessaire, mais aussi dans les pays plus prospères où la corne d'abondance des richesses matérielles ajoute peu au bonheur et commence à menacer les fondements de notre bien-être. [...]

Les raisons de cet **aveuglement collectif** sont assez faciles à trouver. L'économie moderne est structurellement dépendante de la croissance économique pour sa stabilité. Quand la croissance chancelle, les politiciens paniquent. [...] la spirale de la récession menace. **La remise en question de la croissance** est vue comme le fait de fous, d'idéalistes et de révolutionnaires.

Mais cette remise en question est **indispensable**. L'idée d'une économie qui ne croît pas est peut-être une hérésie pour un économiste. **Mais l'idée d'une économie en croissance continue est une hérésie pour un écologiste**. En termes physiques, aucun sous-système d'un système fini ne peut croître indéfiniment. [...]

En résumé, nous n'avons pas d'autre alternative que de **remettre la croissance en question. Le mythe de la croissance nous a trompés**. Il a trompé le milliard de personnes qui tentent encore de vivre chaque jour avec la moitié du prix d'une tasse de café. Il a trompé les fragiles systèmes écologiques dont dépend notre survie. De façon spectaculaire, il a échoué, selon ses propres critères, à offrir la stabilité économique et à assurer les moyens de subsistance des populations. [...]

Le retour au *business as usual* n'est pas envisageable. **La prospérité pour un petit nombre, fondée sur la destruction écologique et l'injustice sociale persistante, ne saurait constituer le fondement d'une société civilisée**. La reprise économique est vitale. La protection des emplois existants – et la création de nouveaux emplois – est absolument essentielle. Mais il nous est aussi urgemment nécessaire de trouver un sens renouvelé : un engagement plus profond pour la justice dans un monde fini. [...]

Le message le plus clair de la crise financière de 2008 est celui-ci : **notre modèle de réussite économique est fondamentalement vicié**. Pour les économies avancées du monde occidental, la prospérité sans croissance n'est plus un rêve utopique. C'est une nécessité financière et écologique. [...]

La crise actuelle nous offre une occasion unique d'investir dans le changement. De **balayer la pensée court-termiste** qui a gangréné la société depuis des décennies. De la remplacer par une politique réfléchie capable de s'attaquer à l'immense défi d'une **prospérité durable**.

Car en fin de compte, la prospérité va au-delà des plaisirs matériels. Elle touche à la qualité de nos vies, ainsi qu'à la bonne santé et au bonheur de nos familles. [...] Elle touche en partie à la possibilité de donner et de recevoir de l'**amour**, de bénéficier du **respect** de ses pairs, d'apporter une **pierre utile** à l'édifice de la société, de sentir qu'on **appartient** à une communauté et qu'on peut lui faire confiance, d'aider à la création du monde social et d'y trouver une place crédible. Elle est attestée par notre satisfaction au travail et notre sens d'une destinée commune. En bref, notre capacité à participer significativement à la vie de la société est une composante essentielle de la prospérité. [...]

La prospérité consiste ainsi en notre capacité à nous **épanouir en tant qu'êtres humains** – à l'intérieur des limites écologiques d'une planète finie. Le défi pour notre société est de créer les conditions dans lesquelles cela devient possible.

C'est la tâche la plus urgente de notre époque. » [Tim Jackson, commissaire à l'économie de la Commission gouvernementale anglaise pour le développement durable, *Prospérité sans croissance*, 2009]

7. Pistes de réformes politiques

« Des dirigeants qui n'osent pas suivre leur bon sens de peur d'être responsables d'un problème ne sont pas adaptés à une décennie de choix historiques. [...] **Pour avoir raison, il faut prendre le risque de se tromper.** Sinon, on ne brigue pas un rôle de dirigeant. » [Franck Biancheri, *En route pour le monde d'après,* 2010]

« La droite a gagné les élections. La gauche a gagné les élections. **Quand est-ce que ce sera la France qui gagnera les élections ?** » [Coluche]

© Subito

« Communisme versus Capitalisme »

« Deux risques principaux nous menacent. D'abord, le **risque écologique**, qui met en cause l'équilibre de la planète, donc la survie même de l'humanité. Ensuite un **risque idéologique** ou culturel : l'affrontement entre le fanatisme des uns (notamment, mais pas seulement, musulman) et le nihilisme des autres (surtout occidentaux), fût-il rebaptisé **consumérisme**, individualisme ou hédonisme. Contre ces deux risques, il n'y a qu'un seul remède : construire une politique à l'échelle du monde. » [André Comte-Sponville]

Bien évidemment, la réforme du système économique, l'orientant dans un sens social et surtout durable ne peut venir que du **politique**. C'est à lui de définir un environnement dans lequel **l'éthique et la morale** peuvent guider l'action. Mais cela ne viendra jamais sans une forte régulation du système, permettant une gestion à long terme – c'est une évidence.

Le problème est qu'il s'agit du même politique qui est grandement responsable de la crise, ayant défini toutes les règles (ou plutôt l'absence de règles, puisque ayant détruit toutes les protections issues des expériences passées) ayant conduit de façon très prévisible à la chute de l'économie.

Nous avons eu un « magnifique » exemple de cette vision court-termiste de nos politiques (de la plupart des horizons) fin-2009, avec l'élection du président européen – le « grand œuvre » longuement mis en avant durant le débat sur la Constitution européenne.

Extrait du *Canard Enchaîné* du 25 novembre 2009

« Sarkozy est enchanté par le résultat du sommet de Bruxelles : il a bien réussi sa petite cuisine [*NDR : bloquant la candidature du premier ministre Jean-Claude Junker*]. Pour lui, l'important était de confier le poste de commissaire au marché intérieur (Finances) à Michel Barnier et le secrétaire général du conseil des ministres à un autre français, Pierre de Boissieu. La rançon de cette gloire, c'est la désignation du belge Herman Von Rompuy comme président de l'Union européenne et de la Britannique Catherine Ashton comme haut représentant. « Ce n'était pas un choix par défaut », a assuré Sarko en conférence de presse, le 19 novembre car Van Rompuy sera « un président fort ».

En privé, le langage est cependant tout autre : « **ce qu'Angela et moi voulions, c'était deux personnalités qui ne feront pas obstacle aux ténors européens. C'est pour ça qu'on s'est mis d'accord sur deux tocards**. » »

Notre système politique, qui connaît finalement le même court-termiste que le pouvoir économique, fait donc qu'il est extrêmement peu probable que les mesures précédemment avancées ne soient spontanément mises en œuvre. La plupart ne sont pourtant pas extrémistes, et susciteraient même une large adhésion populaire ; elles visent simplement à retrouver une partie du cadre existant durant la prospérité des Trente Glorieuses.

Le problème est qu'actuellement beaucoup de nos hommes politiques sont au mieux **perdus**, au pire lâches, voire même **les marionnettes** du pouvoir financier, et que rien ne change profondément.

De plus, le système actuel fait que **la communication remplace désormais l'action**, que « **Dire, c'est faire** », rappelant par cela le fameux « *Comment faire les choses avec des mots* » du linguiste anglais John Langshaw Austin.

Afin de réformer notre système politique pour qu'il puisse s'adapter aux changements à venir, nous proposons ici cinq courtes mesures, de nature à changer l'organisation de notre démocratie.

Mesure 1 : Principe d'un mandat politique national unique, dont la reconduction sera limitée à une fois en tout et pour tout.

Mesure 2 : Mise en place d'un scrutin électoral visant à permettre la juste représentation de toutes les sensibilités politiques à l'Assemblée Nationale (âges, professions) – tout en facilitant l'organisation d'une majorité.

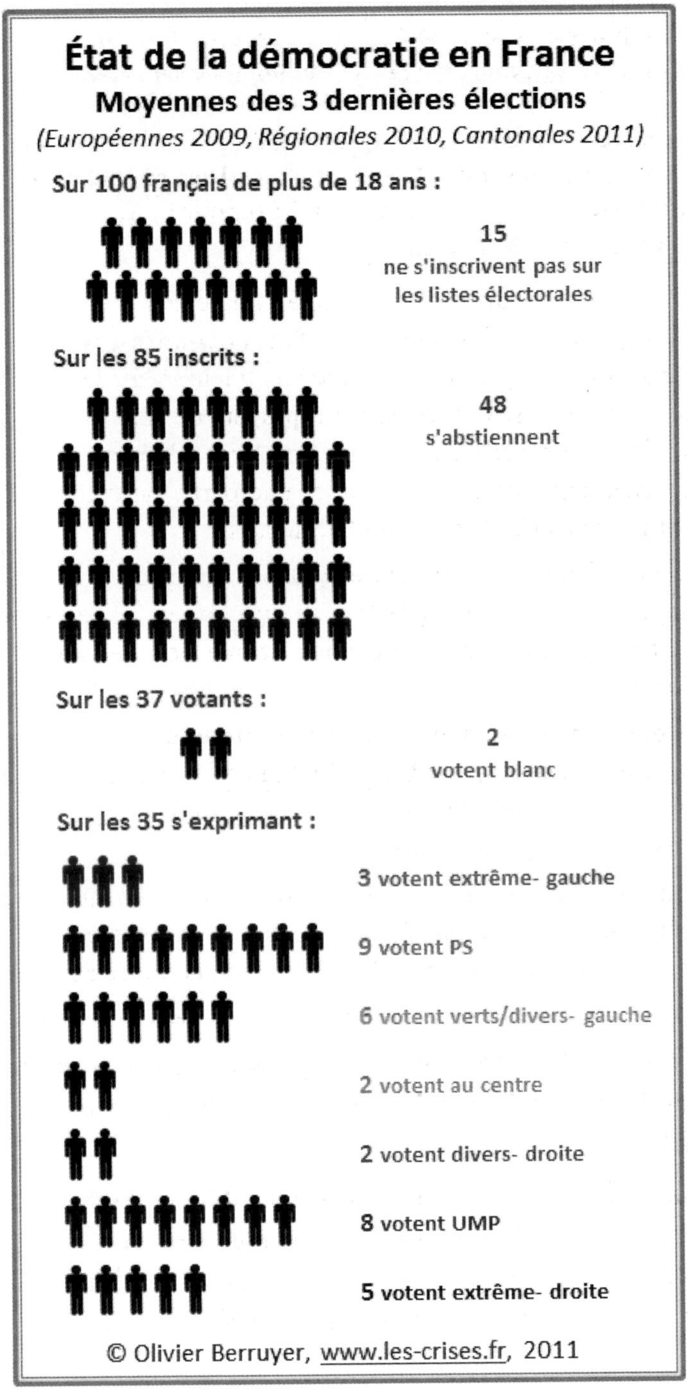
État de la démocratie en France
Moyennes des 3 dernières élections
(Européennes 2009, Régionales 2010, Cantonales 2011)
Sur 100 français de plus de 18 ans :
15
ne s'inscrivent pas sur
les listes électorales
Sur les 85 inscrits :
48
s'abstiennent
Sur les 37 votants :
2
votent blanc
Sur les 35 s'exprimant :
3 votent extrême- gauche
9 votent PS
6 votent verts/divers- gauche
2 votent au centre
2 votent divers- droite
8 votent UMP
5 votent extrême- droite
© Olivier Berruyer, www.les-crises.fr, 2011

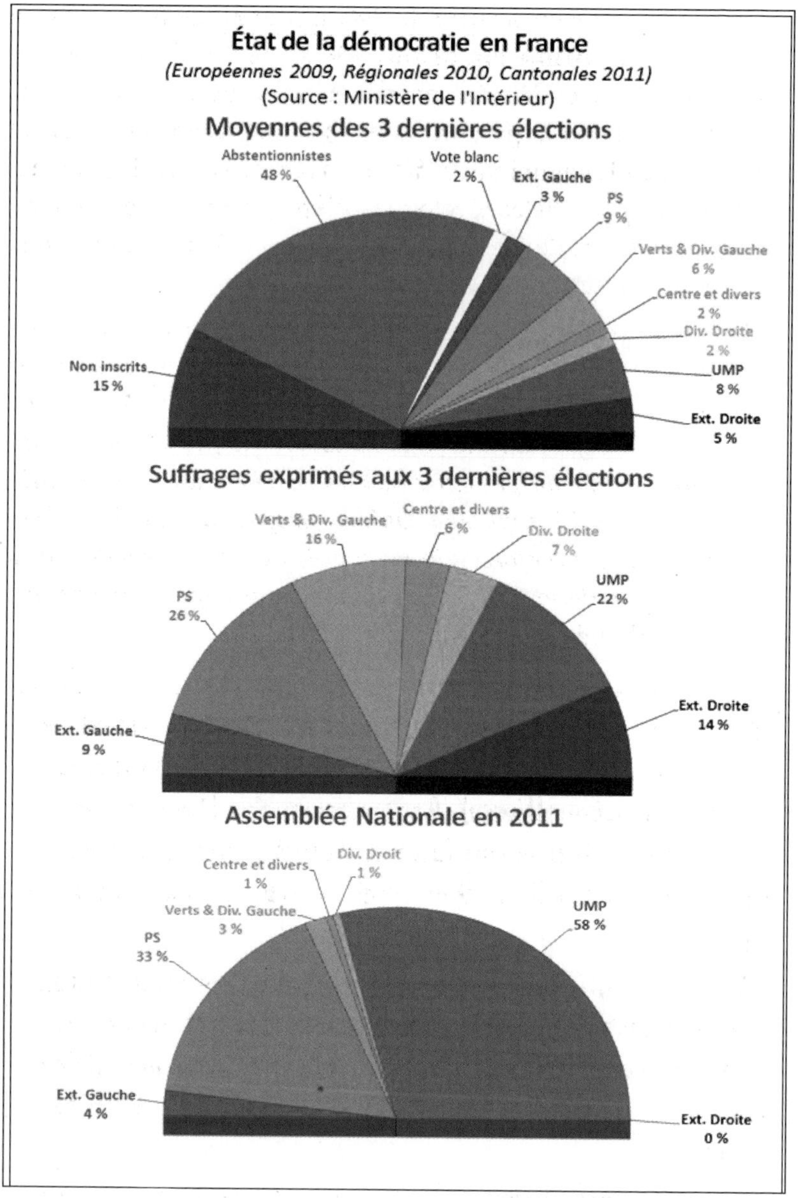
État de la démocratie en France
(Européennes 2009, Régionales 2010, Cantonales 2011)
(Source : Ministère de l'Intérieur)
Moyennes des 3 dernières élections
Abstentionnistes 48 %
Vote blanc 2 %
Ext. Gauche 3 %
PS 9 %
Verts & Div. Gauche 6 %
Centre et divers 2 %
Div. Droite 2 %
UMP 8 %
Ext. Droite 5 %
Non inscrits 15 %
Suffrages exprimés aux 3 dernières élections
Verts & Div. Gauche 16 %
Centre et divers 6 %
Div. Droite 7 %
UMP 22 %
PS 26 %
Ext. Droite 14 %
Ext. Gauche 9 %
Assemblée Nationale en 2011
Centre et divers 1 %
Div. Droit 1 %
Verts & Div. Gauche 3 %
UMP 58 %
PS 33 %
Ext. Gauche 4 %
Ext. Droite 0 %

Nous proposons un **scrutin de liste national** (de 577 noms), à deux tours, avec **prime majoritaire de 52 %** des sièges à la liste fusionnée arrivée en tête du second tour (les autres se partageant les 48 % restants à la proportionnelle). Remplacement du Sénat par le Conseil Économique et Social, avec **un quart des élus tirés au sort** sur les listes électorales. Expérimentation du vote de valeur, permettant de classer les candidats (et listes), plutôt que d'en choisir un seul.

➔ *Ce mode d'élection s'inspire du mode de scrutin actuel des régionales ; il permet de bénéficier des avantages des scrutins majoritaires et proportionnels sans les inconvénients. Rappelons que le scrutin majoritaire est antidémocratique, et que le scrutin proportionnel, qu'on présente souvent comme un épouvantail, fonctionne dans 25 pays de l'Union européenne sur 27... Ceci vise simplement à renforcer le monopole des deux grands partis sur le pays. Soulignons enfin que nous vivons depuis dix ans une grande instabilité gouvernementale.*

Mesure 3 : Création d'un statut de l'élu, et renforcement de ses moyens (en particulier du nombre de ses collaborateurs pour un contrôle efficace). Renforcement des élus régionaux (qui reprendraient le rôle local du député), après regroupement des régions (8 à 10 au total) et suppression des conseils généraux.

Mesure 4 : Introduction d'un fonctionnement et d'un contrôle démocratique des partis politiques. Les dons des personnes physiques et morales doivent être interdits. Exclusion définitive de la vie publique de tout élu condamné pour malversations.

Mesure 5 : Interdiction de toute forme de sondage d'opinion (ou de côte de popularité), favorisant la démagogie. Organisation de l'indépendance des médias des pouvoirs politiques et économiques.

« **Si les élections pouvaient changer quoi que ce soit, il y a longtemps qu'elles auraient été supprimées.** » [Coluche]

Au final, cette crise pourrait se révéler comme une belle opportunité de réorienter notre développement vers la durabilité, ou un drame historique – **à nous d'écrire la suite de l'Histoire**…

« **Il est dangereux d'avoir raison lorsque le gouvernement à tort.** » [Voltaire]

« La politique ne consiste pas à faire taire les problèmes, mais à faire taire ceux qui les posent. » [Henri Queuille]

« La démocratie libérale cessera d'être **dupe de la démagogie, ou elle périra**. » [Wladimir Drabovitch, *Fragilité de la liberté et séduction des dictatures*, 1934]

« Nous vivons aujourd'hui **l'aboutissement logique de l'absurdité ultralibérale**, qui, voulant « libérer l'individu » de tout carcan collectif, n'a réussi qu'à fabriquer un nain apeuré et transi, cherchant la sécurité dans la déification de l'argent et sa thésaurisation. En l'absence de groupes actifs, définis par des croyances collectives fortes – ouvrières, catholiques, nationales – **les hommes politiques du monde occidental sont réduits à leur taille sociale réelle, par nature insignifiante.** » [Emmanuel Todd, *L'Illusion économique*, 1998]

« Les politiciens ne trouvent pas intéressante une opinion qui ne se prête pas à des déclamations de parti, et le commun des mortels préfère les opinions qui attribuent son malheur aux machinations de ses ennemis.

Par conséquent, les hommes luttent pour ou contre des mesures tout à fait inapplicables, tout en se gardant bien d'écouter les quelques **hommes dont l'opinion est rationnelle mais qui ne flattent les passions de personne**. » [Bertrand Russel, *Essais sceptiques*, 1933]

« La droite ne peut pas réussir. Le Français est généreux, le programme de la droite, égoïste, conservateur, ne conviendra jamais à la France. Voyez-vous ce **qu'il faut appliquer, c'est un programme de gauche, avec des manières de droite**. Et cela, il n'y a que De Gaulle qui puisse le faire. » [Charles de Gaulle, discussion avec Robert Buron, cité par Raymond Tournoux dans *Le feu et la cendre*, Plon, 1973, page 203]

« Je n'aime pas les communistes parce qu'ils sont communistes.
Je n'aime pas les socialistes parce qu'ils ne sont pas socialistes.
Et je n'aime pas les miens parce qu'ils aiment trop l'argent. » [Charles de Gaulle]

« Le rôle principal du gouvernement est de veiller à ce que **les biens publics de long terme** ne soient pas menacés par les intérêts privés à court terme. N'est-il pas dès lors curieux, et même tragique, que les gouvernements partout dans le monde se soient si activement faits les champions de la recherche de libertés illimitées pour les consommateurs, élevant souvent la souveraineté du consommateur au-dessus des objectifs sociaux, et encourageant activement l'expansion du marché dans les différents aspects de la vie des personnes ? [...]

Les gouvernements ont systématiquement **promu l'individualisme matérialiste** et encouragé la recherche de la nouveauté. Cette tendance a été perpétuée tout à fait délibérément en vertu de l'hypothèse selon laquelle cette forme de **consumérisme** sert la croissance économique, protège l'emploi et maintient la stabilité. Si bien que le gouvernement s'est retrouvé enferré dans l'idée que la croissance doit supplanter tous les autres objectifs politiques.

Mais cette recherche étriquée de la croissance représente une horrible distorsion du bien commun et de nos valeurs humaines profondes. Elle sape également le rôle légitime du gouvernement. Une définition étroite de l'État, comme protecteur de la liberté de marché dans la recherche débridée du consumérisme, n'a aucun rapport avec une quelconque vision sensée du **contrat social**. L'État est le dispositif d'engagement de la société par excellence et **le principal agent de notre prospérité partagée**. Il est indispensable de développer une vision de la gouvernance qui assume ce rôle. » [Tim Jackson, *Prospérité sans croissance*, 2009]

Terminons par les paroles de trois géants du siècle passé.

« **Mon seul adversaire, celui de la France, n'a aucunement cessé d'être l'Argent**. » [Charles de Gaulle, 11 décembre 1969, discussion avec André Malraux, cité dans *Les chênes qu'on abat*, Gallimard]

« Les pratiques de **marchands du temple sans scrupules** [*NdT. : les financiers*] se trouvent incriminées devant le tribunal de l'opinion publique, et rejetées par les cœurs aussi bien que par l'esprit des hommes. Face à l'échec de l'émission de crédit, [ces trafiquants] n'ont su proposer que le prêt de davantage d'argent. [...] Ils ne connaissent que les règles d'une génération d'égoïstes. Ils n'ont aucune vision, et lorsqu'il n y a pas de vision, le peuple meurt. [...]

Le bonheur ne réside pas dans la simple possession d'argent ; il tient à la joie d'accomplir, à l'émotion profonde de l'effort créateur. **La richesse matérielle ne peut être un critère de succès.** La joie et la stimulation morale du travail ne doivent plus être oubliées dans la folle poursuite de profits évanescents. Ces jours sombres que nous vivons vaudront bien tout ce qu'ils nous coûtent s'ils nous enseignent que **notre véritable destinée n'est pas de nous laisser faire, mais de pourvoir à nos besoins et à ceux de nos prochains**. [...]

Finalement, dans notre progression vers la reprise du travail, nous aurons besoin de deux protections contre un retour des maux de l'ordre ancien ; il devra y avoir une **stricte supervision de toutes les activités bancaires**, de crédit et d'investissement ; il devra en même temps **être mis fin à la spéculation** faite avec l'argent des autres, et des dispositions devront être prises pour assurer que notre monnaie soit à la fois disponible en quantité suffisante et suffisamment solide. » [Discours d'investiture de Franklin Delano Roosevelt, 4 mars 1933]

puis

« Nous avons dû **lutter contre les vieux ennemis de la paix** – le monopole industriel et financier, la spéculation, la banque véreuse, l'antagonisme de classe, l'esprit de clan, le profiteur de guerre.

Ils avaient commencé à considérer le gouvernement des

États-Unis comme un simple appendice à leurs affaires privées. Nous savons maintenant qu'**il est tout aussi dangereux d'être gouverné par l'argent organisé que par le crime organisé**.

Jamais dans toute notre histoire ces forces n'ont été aussi unies contre un candidat qu'elles ne le sont aujourd'hui. Elles sont unanimes dans leur haine pour moi – **et leur haine me fait plaisir**. » [Franklin Delano Roosevelt au Madison Square Garden, 1936]

Enfin, cette dernière alerte, en forme de testament politique du vainqueur d'Hitler, trouve parfaitement à s'appliquer à propos du **complexe financiaro-industriel** actuel.

Discours de fin de mandat de Dwight Eisenhower, 1961

« **Des crises, il y en aura d'autres**. Quand on les affronte, qu'elles soient intérieures ou étrangères, grandes ou petites, il y a toujours la tentation de penser qu'une action spectaculaire et coûteuse pourrait être la solution miraculeuse à toutes les difficultés rencontrées [...], présentée comme la seule voie pour la route que nous souhaitons suivre.

Cependant, chaque proposition doit être pesée à la lumière d'une considération plus large : la **nécessité de maintenir l'équilibre** : équilibre entre les [différents] programmes nationaux et à l'intérieur [de chacun d'entre eux], **équilibre entre économie publique et économie privée**, équilibre entre le coût et le gain espéré, équilibre entre le nettement nécessaire et le confortablement souhaitable, équilibre entre nos exigences essentielles en tant que nation et les devoirs imposés par la nation à l'individu, équilibre entre les actions du présent et le bien-être futur de la nation. Le jugement sage recherche équilibre et progrès ; son manque amène déséquilibre et anéantissement. [...]

Mais des menaces nouvelles [...] surgissent constamment. Je n'en mentionnerai que deux ici. [...]

La présence simultanée d'un énorme secteur militaire et d'une vaste industrie de l'armement est un fait nouveau dans notre histoire. Cette combinaison de facteurs a des répercussions – d'ordre politique, économique et même spirituel – perceptibles dans chacune de nos villes, dans les chambres législatives de chacun des États qui constituent notre pays, dans chaque bureau de l'administration fédérale. Certes, cette évolution répond à un besoin impérieux. Mais nous nous devons de comprendre ce qu'elle implique, **car ses conséquences sont graves. Notre travail, nos ressources, nos moyens d'existence sont en jeu, et jusqu'à la structure même de notre société**.

Nous devons veiller à empêcher le complexe militaro-industriel d'acquérir une influence injustifiée dans les structures gouvernementales, qu'il l'ait ou non consciemment cherchée. Nous nous trouvons devant un risque réel, qui se maintiendra à l'avenir : qu'une **concentration désastreuse de pouvoir** en des mains dangereuses aille en s'affermissant. Nous devons veiller à ne jamais laisser le poids de cette association de **pouvoirs mettre en danger nos libertés ou nos procédures démocratiques. Nous ne devons jamais rien considérer comme acquis. Seul un peuple informé et vigilant** réussira à obtenir que l'immense machine industrielle et militaire qu'est notre secteur de la défense nationale s'ajuste sans grincement à nos méthodes et à nos objectifs pacifiques, pour que la sécurité et la liberté puissent prospérer ensemble. [...]

C'est la tâche de l'homme d'État que de mouler, équilibrer, intégrer toutes ces forces, anciennes et nouvelles, dans les principes de notre système démocratique – en visant toujours à atteindre les buts suprêmes de notre société libre.

Un autre facteur de maintien de l'équilibre implique l'élément de **temps**. Alors que nous envisageons la société future, nous – vous et moi, et notre gouvernement – devons **éviter la tentation de vivre seulement pour le présent, pillant pour notre propre aisance et confort les précieuses ressources de demain**. Nous ne pouvons pas hypothéquer les biens matériels de nos petits-enfants sans risquer également de dilapider leur héritage politique et spirituel. **Nous voulons que la démocratie survive pour toutes les générations à venir, et non pas qu'elle devienne le fantôme insolvable de demain**. »
[Dwight Eisenhower, Discours de fin de mandat resté connu sous le nom du *Discours du Complexe Militaro-Industriel*, 17/01/1961 {*traduction de l'auteur*}]

Épilogue :
Quelques pensées pour conclure

« **J'ai compris qu'il ne suffisait pas de dénoncer l'injustice, il fallait donner sa vie pour la combattre**. » [Albert Camus, Les Justes, 1952]

« **La chose importante à garder en tête est qu'il ne faut jamais attendre pour commencer à changer le monde**. » [Anne Franck, 1929 - 1945, écrivain]

« **L'humanité se divise en trois catégories : ceux qui ne peuvent pas bouger, ceux qui peuvent bouger, et ceux qui bougent**. » [Benjamin Franklin]

« **Si vous pensez que vous êtes trop petit pour pouvoir changer quelque chose, essayez donc de dormir avec un moustique et vous verrez lequel des deux empêche l'autre de dormir**. » [Le Dalai Lama]

« **N'attendez pas le jugement dernier - il a lieu tous les jours**. » [Albert Camus, *La Chute*, 1956]

« La première tâche consiste à nous libérer de **l'obscurantisme contemporain** qui essaie de nous faire croire que ce que nous avons fait dans le passé récent était **sage ou inévitable**. » [F.A. Hayek, La route de la servitude, 1946]

« L'utopie, ce n'est pas l'irréalisable, mais l'irréalisé. » [Théodore Monod]

« Sachez bien que l'immobilisme, la pusillanimité sont toujours plus dangereux que l'audace. Les problèmes sont si difficiles et d'une si grande ampleur, la résistance des égoïsmes est si forte que **c'est avant tout de l'audace qu'il nous faut aujourd'hui. De l'audace intellectuelle et politique**, plus rare de nos jours hélas !, que le courage physique. » [Pierre Mendès France]

« **On n'est pas seulement responsable de ce que l'on fait mais aussi de ce qu'on laisse faire**. » [Jacques Semelin]

« **Pour triompher, le mal n'a besoin que de l'inaction des gens de bien**. » [Edmund Burke]

« Dante a dit que les pires places de l'enfer sont réservées à ceux qui, dans les périodes de crise morale, ont choisi de **rester neutres**. » [John Fitzgerald Kennedy]

« Il ne faut pas une majorité de personnes pour l'emporter, mais plutôt une minorité d'infatigables minoritaires désireux de mettre le feu aux esprits » [Samuel Adams]

« D'abord ils vous ignorent, ensuite ils se moquent de vous, ensuite ils vous combattent et enfin, vous gagnez. » [Gandhi]

« Le pouvoir ne souhaite pas que les gens comprennent qu'ils peuvent provoquer des changements. » [Noam Chomsky]

« Les élites se disent **« Le bateau coule, peut-être, mais ma cabine n'est pas inondée »**... C'est ce que j'appelle la **trahison des clercs**. » [Un ancien élève d'HEC, cité par Florence Noiville, J'ai fait HEC et je m'en excuse, 2009]

« Si j'avais demandé aux gens ce qu'ils désiraient, ils m'auraient répondu « des chevaux plus rapides ». » [Henry Ford]

« Comment peut-on reprocher à un président d'avoir une Rolex ? Tout le monde a une Rolex ! **Si à cinquante ans on n'a pas de Rolex, on a quand même raté sa vie !** » [Jacques Séguéla, Télématin, 13 février 2009]

© Marc Large – http ://large.canalblog.com

D'après © Marc Large – http ://large.canalblog.com

« **Il est grand temps de remplacer l'idéal du succès par celui du service.** » [Albert Einstein]

« Ceux qui aujourd'hui ont le plus convoitent le double. La richesse devient chez l'homme folie. » [Theognis, -540 av. J.-C.].

« **Il est manifestement contre la loi de nature**, de quelque manière qu'on la définisse [...] **qu'une poignée de gens regorge de superfluités tandis que la multitude affamée manque du nécessaire**. » [Jean-Jacques Rousseau, *Discours sur l'origine de l'inégalité parmi les hommes*, 1755]

« C'est précisément parce que **la force des choses tend toujours à détruire l'égalité** que la force de législation doit toujours tendre à la maintenir. [...] C'est donc une des plus grandes affaires du gouvernement de **prévenir l'extrême inégalité des fortunes**, non en enlevant les trésors à leurs possesseurs, mais en ôtant à tous les moyens d'en accumuler ; ni en bâtissant les hôpitaux pour les pauvres, mais en empêchant les citoyens de le devenir. » [Jean-Jacques Rousseau, *L'Encyclopédie* – article Économie politique, 1754]

« Là où tous mesurent toute chose d'après l'argent, [...] il est à peu près impossible que la justice et la prospérité règnent. » [Thomas More]

« **Sans la justice, que sont les royaumes, sinon de vastes repaires de brigands ?** » [Saint Augustin, *la Cité de Dieu*, 426]

« Nous devons réintroduire dans la société un sens plus profond du but de l'existence. La tristesse qui règne dans tant de vies devrait nous apprendre que la réussite seule ne suffit pas. **La réussite matérielle nous a apporté une étrange banqueroute spirituelle et morale**. » [Ben Okri, romancier nigérian, octobre 2008]

« **L'accroissement de la richesse n'est pas du tout la même chose que la réduction de la pauvreté**. » [Joan Robinson, 1972 – Cité dans l'article Richesse et rareté de Charles Clarck, ContreInfo]

« Si la seule chose que vous désirez est le confort, alors la vie n'est pas ce qu'il vous faut. » [Werner Erhard]

« Un homme est riche de tout ce dont il peut se passer. » [H-D. Thoreau]

« Une vie sans publicité, c'est aussi absurde qu'un poisson sans bicyclette ! » [Pierre Desproges]

« Plus vous laissez à vos héritiers, moins ils vous regrettent. » [Proverbe iranien]

« Sachent donc ceux qui l'ignorent, sachent les ennemis de Dieu et du genre humain, quelque nom qu'ils prennent, **qu'entre le fort et le faible, entre le riche et le pauvre, entre le maître et le serviteur, c'est la liberté qui opprime, et la loi qui libère**. Le droit est l'épée des grands, le devoir est le bouclier des petits. » [Père Henri Lacordaire, 52e conférence de Notre-Dame, du 16 avril 1848, intitulée *Du double travail de l'homme*]

Un jour, on demanda au Dalaï-lama : « Qu'est-ce qui vous surprend le plus dans l'humanité ? »

Il répondit : « Les hommes qui perdent la santé pour gagner de l'argent et qui après, dépensent cet argent pour récupérer la santé. À penser trop anxieusement au futur, ils en oublient le présent, à tel point qu'ils finissent par ne vivre ni au présent ni au futur. **Ils vivent comme s'ils n'allaient jamais mourir et meurent comme s'ils n'avaient jamais vécu**... » [Le Dalaï-lama]

« **Quand je nourris un pauvre, on dit que je suis un saint. Mais quand je demande pourquoi il est pauvre, on me traite de communiste**. » [Hélder Câmara, prêtre brésilien]

« Que ce monde soit absurde, c'est l'affaire des philosophes et des humanistes. **Mais qu'il soit injuste, c'est notre affaire à tous**. » [Gilbert Cesbron]

« **La tendance à rivaliser** – à se comparer à autrui pour le rabaisser – est d'origine immémoriale : c'est un des traits les plus indélébiles de la nature humaine. [...] Si on met à part l'instinct de conservation, c'est sans doute dans la tendance à l'émulation qu'il faut voir le plus puissant, le plus constamment actif, **le plus infatigable des moteurs** de la vie économique proprement dite. » [Thorstein Veblen, *Théorie de la classe de loisir*, 1899]

« Taratata ! On s'aperçoit fort bien [des progrès] mais on ne veut pas les reconnaître. Alors on rouspète, on proteste pour en obtenir toujours plus et, surtout, pour en obtenir plus que les copains, car **ce qu'on souhaite, ce n'est pas tant d'en avoir beaucoup, que d'en avoir plus que les autres**. » [Charles De Gaulle, d'après Alain Peyrefitte, *C'était De Gaulle*, Tome II, 1963, Fayard]

« La disparition du sens critique fait peser une sérieuse menace sur l'avenir de la civilisation. Elle permet aux discoureurs de mystifier le peuple. Il est à remarquer que **les couches évoluées sont plus crédules que les moins évoluées**. » [Ludwig Von Mises, *La Bureaucratie*, 1955]

« La manipulation des élites est encore plus facile que celle des masses. » [Jean Yanne]

« Parce qu'après quatre ans d'analyse financière, j'étais mal à l'aise avec le modèle économique à la mise en œuvre duquel j'avais été formée. C'était dans les années 80, au début de la finance hors-sol, « la finance pour la finance » déconnectée du réel dont on voit les ravages aujourd'hui. [...] **A-t-on vraiment fait une grande école pour cela ?** Pour moi, cela pose le problème du gâchis des cerveaux. Où est le sens ? **Nombre de diplômés de business schools se bricolent d'ailleurs des secondes vies hors du travail, pour injecter du sens dans une existence** dont ils ne voient guère l'utilité sociale et avec laquelle ils sont volontiers en désaccord. [...]

Je ne fais pas le procès du capitalisme, je ne suis pas en train de rêver à je ne sais quel système dont on a bien vu dans l'histoire qu'il était inopérant. Je dis qu'il est urgent de **réorienter le curseur, de le déplacer du cash and profit vers la responsabilité, l'éthique, la distance critique, le doute, l'humilité aussi**. Là, les écoles de commerce ont un rôle-clé à jouer. » [Florence Noiville, 2009]

« **L'appât du gain existe depuis que le monde est monde. Mais cette pulsion n'est pas plus grande que l'envie du bien**. Celle-là aussi nous est constitutive, sinon, comment expliquer que nombre d'entre nous soient attirés par des organisations à but non lucratif, des ONG, des associations caritatives et même des congrégations religieuses ? » [Muhammad Yunus, Prix Nobel de la Paix, cité par Florence Noiville, *J'ai fait HEC et je m'en excuse*]

« **Si la vie n'est qu'un passage, sur ce passage au moins semons des fleurs**. » [Montaigne]

« **Apprenons à vivre comme des frères, sinon nous mourrons comme des imbéciles**. » [Martin Luther King]

Bibliographie

ALLAIS, Maurice, *La Crise Mondiale d'aujourd'hui*, Paris, Clément Juglar, 1998

ALLAIS, Maurice, *La mondialisation – La destruction des emplois et de la croissance, l'évidence empirique*, Paris, Clément Juglar, 1999

ARTUS, Patrick, et VIRARD, Marie-Paule, *Pourquoi il faut partager les revenus*, Paris, La découverte, 2010

ATTALI, Jacques, *Tous ruinés dans dix ans ?*, Paris, Fayard, 2010

BEBEAR, Claude, *Ils vont tuer le capitalisme*, Paris, Plon, 2003

CHRICHTON, Michael, *État d'urgence*, trad. de l'américain par Patrick Berthon, Paris, Pocket, 2007

CREUTZ, Helmut, *Le syndrome de la monnaie*, Paris, Economica, 2005

COCHET, Yves, *Antimanuel d'écologie*, Paris, Bréal, 2009

DESSERTINE, Patrick, *Le monde s'en va-t-en guerre – ne sait quand reviendra*, Paris, Éditions Anne Carrière, 2010

DIAMOND, Jared, *Effondrement. Comment les sociétés décident de leur disparition ou de leur survie*, trad. De l'américain par Agnès Boltz et Jean-Luc Fidel, Paris, Gallimard, 2006

DUPUY, Jean-Pierre, *Pour un catastrophisme éclairé*, Paris, Éditions du Seuil, 2002

FOUCAULD (DE), Jean-Baptiste, *L'abondance frugale – pour une nouvelle solidarité*, Paris, Odile Jacob, 2010

FREMAUX, Patrick, et, MATHIEU, Gérard, *Petit dictionnaire des mots de la crise*, Paris, Les petits matins, 2009

GALAND, Gabriel, et GRANDJEAN, Alain, *La Monnaie dévoilée*, Paris, L'Harmattan, 1997

GALBRAITH, James, *L'État prédateur*, Paris, Éditions du Seuil, 2009

GALBRAITH, John Kenneth, *La Crise économique de 1929 – anatomie d'une catastrophe financière*, Paris, Payot, 2008

GIRARD, René, *Achever Clausewitz*, Paris, Carnets Nord, 2007

GIRAUD, Gaël, et, RENOUARD, Cécile, *20 propositions pour réformer le capitalisme*, Paris, Flammarion, 2009

GREAU, Jean-Luc, *La trahison des économistes*, Gallimard, 2008

HERLIN, Philippe, *France, La faillite ?*, Paris, Eyrolles, 2010

HULOT, Nicolas, *Le syndrome du Titanic*, Paris, Calmann-Lévy, 2004

JACKSON, Tim, *Prospérité sans croissance*, Bruxelles, De Boeck, 2010

JANCOVICI, Jean-Marc, et GRANDJEAN, Alain, *Le plein s'il vous plaît !*, Paris, Éditions du Seuil, 2006

JANCOVICI, Jean-Marc, et GRANDJEAN, Alain, *C'est Maintenant !*, Paris, Éditions du Seuil, 2009

JORION, Paul, *La crise : Des subprimes au séisme financier planétaire*, Paris, Fayard, 2008

KRUGMAN, Paul, *Pourquoi les crises financières reviennent toujours*, Paris, Éditions du Seuil, 2000

KINDLEBERG, Charles, *Histoire mondiale de la spéculation financière*, Paris, Valor, 2005

LARROUTUROU, Pierre, *Crise, la solution interdite*, Paris, Desclée de Brouwer, 2009

LORDON, Frédéric, *Jusqu'à Quand ?*, Paris, Raisons d'agir, 2008

LORDON, Frédéric, *La crise de trop - Reconstruction d'un monde failli*, Paris, Fayard, 2008

MARCHAND, Olivier et THELOT Claude, *Deux siècles de travail en France*, Paris, INSEE, 1991

NOIVILLE, Florence, *J'ai fait HEC et je m'en excuse*, Paris, Stock, 2009

PEYREFITTE, Alain, *C'était de Gaulle*, Paris, Fayard, 1997, 1998, 2000

REINHART, Carmen, et ROGOFF, Kenneth, *This time is different*, Princeton University Press, 2009

ROUBINI, Nouriel, et MIHM Stephen, *Économie de crise – une introduction à la finance du futur*, Paris, Jean-Claude Lattès, 2010

STIGLITZ, Joseph, *Le triomphe de la cupidité*, Paris, Les liens qui libèrent, 2010

TODD, Emmanuel, *L'illusion économique*, PARIS, Gallimard, 1998

VEBLEN, Thorstein, *Théorie de la classe de loisir*, Paris, Gallimard, 1970

YERGIN, Daniel, et STANISLAW, Joseph, *La Grande Bataille. Les marchés à l'assaut du pouvoir*, Paris, Odile Jacob, 2000.

Les éditeurs « écolo-compatibles » s'engagent !

Afin d'indiquer aux lecteurs que leur production éditoriale respecte une série de critères environnementaux, les éditeurs écolo-compatibles s'engagent par une charte.

Il n'existe en effet à ce jour aucun label « bio » ou « écolo » concernant l'édition papier des livres ou des revues. Se retrouvent donc côte à côte en librairie, sans aucun signe distinctif, des livres pourtant très différents : certains ont été imprimés à plusieurs milliers de kilomètres sur des papiers issus de la destruction de forêts primaires ; d'autres, au contraire, ont fait l'objet à toutes les étapes de leur vie d'une grande attention portée à leur impact sur l'environnement.

En tant que membres du collectif des éditeurs écolo-compatibles, nous nous engageons :

1. à imprimer au moins 80 % de notre production éditoriale sur des papiers recyclés, ou certifiés issus de forêts gérées durablement ;

2. à imprimer au moins 80 % de notre production éditoriale à moins de 800 km de notre principal lieu de stockage ;

3. à valoriser plutôt que pilonner les ouvrages en fin de vie ; si la destruction est nécessaire, celle-ci sera réalisée dans une filière assurant un recyclage intégral ;

4. à partager leurs expériences de bonnes pratiques environnementales.

Premiers éditeurs signataires de cette charte :

La Plage, Rue de l'échiquier, La Salamandre, Plume de Carotte, Petite Plume de Carotte, Yves Michel, Le Souffle d'Or, Rossolis, Pour Penser à l'endroit

www.leseec.org

FSC
www.fsc.org
MIX
From responsible sources
FSC® C011782

IMPRIM'VERT 2010

Achevé d'imprimer par XL Print - 42010 Saint-Etienne
sur du papier recyclé avec des encres végétales
Dépôt légal : août 2011
N° d'imprimeur : V8132/00

Imprimé en France